Gîtes du Passant^MD
uberges du Passant^MD
Passant^MD à la Ferme
Campagne et de Ville
Tables Champêtres^MD
Relais du Terroir^MD
Fermes Découverte

Le Québec

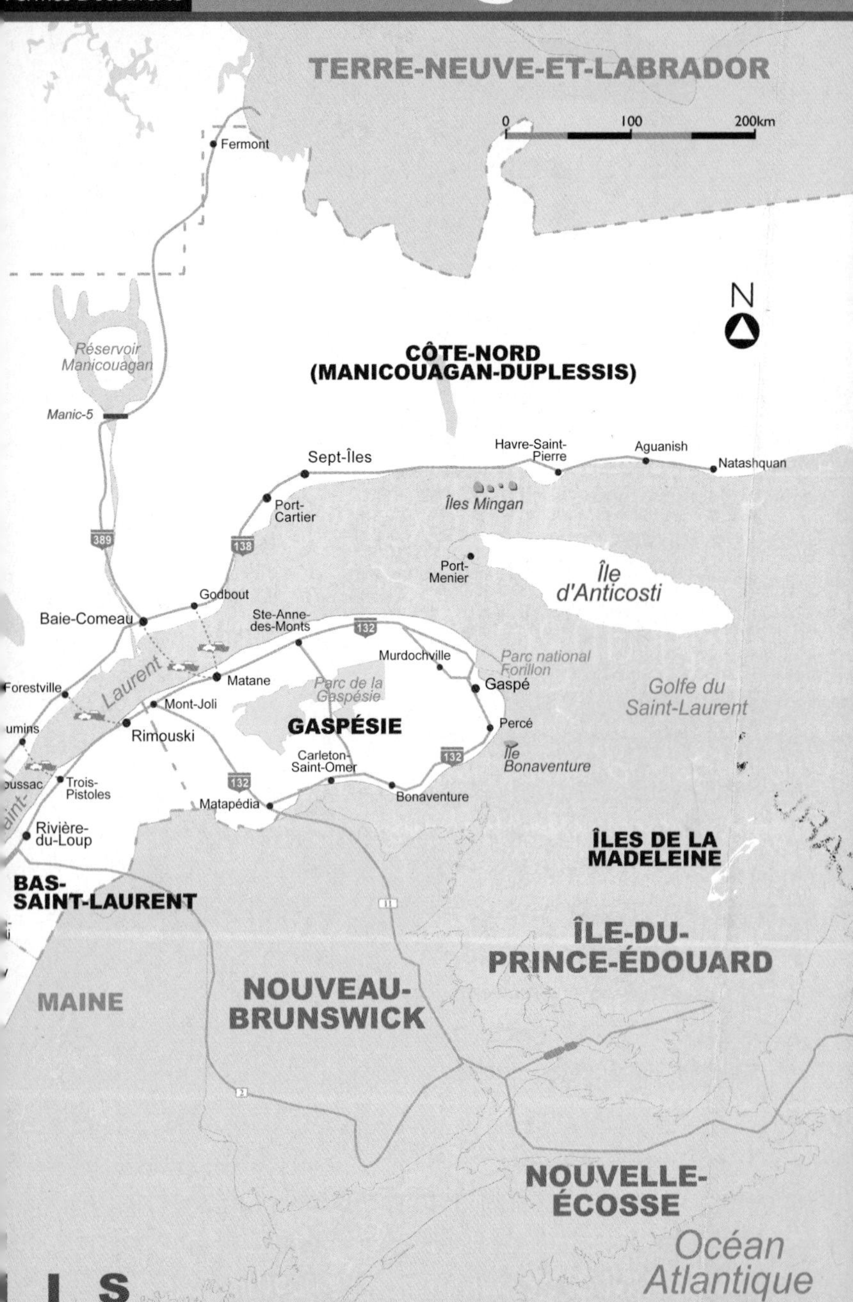

I S

Gîtes et Auberges du Passant[MD] au Québec

A
Gîtes du
Maisons de

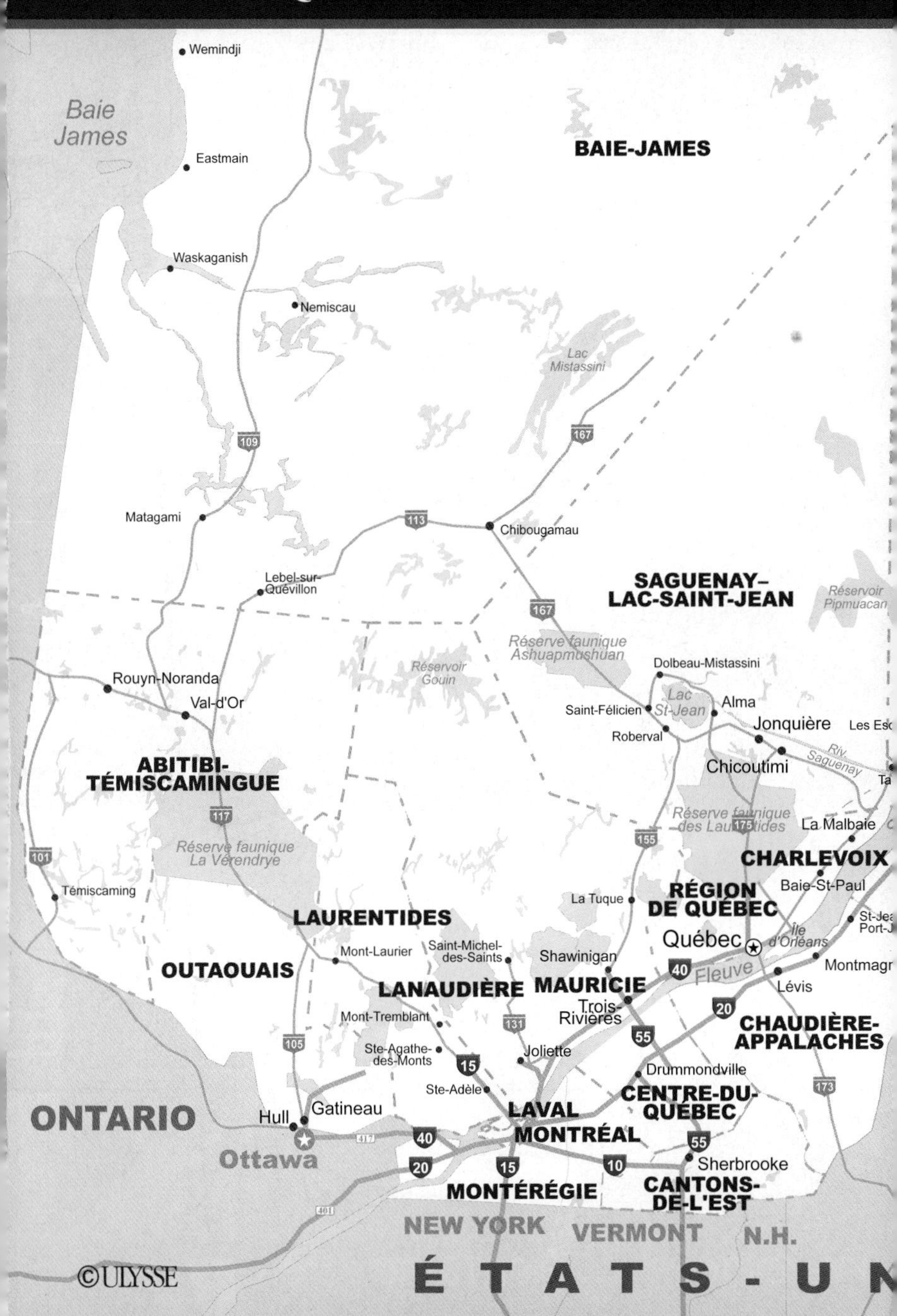

Chambres
pittoresques
À LOUER
chef
volupté
foyer
rêverie
fontaine

St-Joseph

intemporelle

Martin

jardin

Photos : Simon Jutras

Le circuit des

Relais du Terroir[MD] certifiés

Découvrez et dégustez des produits du terroir québécois, tout en partageant la passion des producteurs agricoles de chez nous !

MONTÉRÉGIE

1. **BERGERIE RICHELIEU**, produits dérivés de l'agneau. P. 250
2. **BRASSERIE SAINT-ANTOINE-ABBÉ**, boissons alcoolisées de miel. P. 247
3. **CIDRERIE MICHEL JODOIN**, boissons alcoolisées de la pomme. P. 248
4. **CLOS DE LA MONTAGNE**, vins et produits dérivés. P. 248
5. **CLOS SAINT-DENIS**, vins et produits dérivés. P. 249
6. **ÉRABLIÈRE L'AUTRE VERSAN**, produits d'érable. P. 252
7. **FROMAGERIE AU GRÉ DES CHAMPS**, fromages. P. 249
8. **LA FACE CACHÉE DE LA POMME**, cidres de glace. P. 247
9. **LES FRAISES LOUIS-HÉBERT**, petits fruits frais et transformés. P. 251

CANTONS-DE-L'EST

10. **DOMAINE PINNACLE**, cidres de glace. P. 83
11. **FERME LE SEIGNEUR DES AGNEAUX**, Ferme Découverte certifiée, produits dérivés de l'agneau. P. 85
12. **LA GIRONDINE**, produits dérivés du canard. P. 83
13. **LE VIGNOBLE LE CEP D'ARGENT**, vins et produits dérivés. P. 84
14. **VERGER CHAMPÊTRE**, petits fruits frais et transformés. P. 84

CENTRE-DU-QUÉBEC

15. **CHÈVRERIE L'ANGELAINE**, Ferme Découverte certifiée, produits du mohair. P. 95

CHAUDIÈRE-APPALACHES

16. **ÉLEVAGE DE CERFS ROUGES CLÉMENT LABRECQUE**, produits dérivés du cerf rouge. P. 137
17. **LE CANARD GOULU**, produits dérivés du canard. P. 136
18. **LE RICANEUX**, boissons alcoolisées aux petits fruits. P. 136

BAS-SAINT-LAURENT

19. **LE DOMAINE ACER**, boissons alcoolisées à l'érable. P. 46

SAGUENAY-LAC-SAINT-JEAN

20. **FERME BENOÎT ET DIANE GILBERT ET FILS**, Ferme Découverte certifiée, savons. P. 329
21. **FERME LAITIÈRE 3J INC**, Ferme Découverte certifiée, fromages. P. 329
22. **FERME LA TERRE PROMISE**, produits dérivés de l'agneau. P. 330
23. **LA MAGIE DU SOUS-BOIS**, produits de petits fruits nordiques. P. 328

CHARLEVOIX

24. **CENTRE DE L'ÉMEU DE CHARLEVOIX**, Ferme Découverte certifiée, produits dérivés de l'émeu. P. 118
25. **LA FERME BASQUE DE CHARLEVOIX**, produits dérivés du canard. P. 118
26. **LES FINESSES DE CHARLEVOIX**, produits charlevoisiens. P. 117
27. **VERGER PEDNEAULT**, produits de la pomme et petits fruits. P. 117

QUÉBEC

28. **DOMAINE ORLÉANS**, produits dérivés de la truite. P. 306
29. **VIGNOBLE ISLE DE BACCHUS**, vins. P. 306

MAURICIE

30. **FERME PÉDAGOGIQUE CHAMPS DE RÊVE**, Ferme Découverte certifiée, produits du mohair. P. 229

LANAUDIÈRE

31. **LES SUCRERIES DES AÏEUX**, produits d'érable. P. 177
32. **MIEL DE CHEZ-NOUS**, produits de miel. P. 178

LAURENTIDES

33. **CIDRERIE LES VERGERS LAFRANCE**, produits de la pomme. P. 213
34. **FROMAGIERS DE LA TABLE RONDE**, fromages. P. 214
35. **INTERMIEL**, Ferme Découverte certifiée, produits de miel et d'hydromel. P. 211
36. **L'AMBROISIE DE MIRABEL**, boissons alcoolisées à l'érable. P. 211
37. **NID'OTRUCHE**, Ferme Découverte certifiée, produits dérivés de l'autruche. P. 212
38. **VERGER RICHARD LEGAULT**, produits de la pomme. P. 214
39. **VIGNOBLE DE LA RIVIÈRE DU CHÊNE**, vins. P. 212

Le Canard Goulu, Chaudière-Appalaches

Dolbeau-Mistassini 23
21 St-Félicien
Roberval
MAURICIE
Ste-Geneviève-de-Batiscan 30
Trois-Rivières
15 Bécancour
LANAUDIÈRE
32 Ste-Mélanie
Lac St-Pierre
31 Rawdon
Joliette
CENTRE-DU-QUÉBEC
Drummondville
5 St-Denis-sur-Richelieu
6 Ste-Hélène
1 St-Marc-sur-Richelieu
St-Hyacinthe
OUTAOUAIS
LAURENTIDES
34 Ste-Sophie
36 Mirabel
St-Eustache 37
Laval
Gatineau
St-Benoît-de-Mirabel 35
39
Montréal
Longueuil
Rougemont 3
St-Joseph-du-lac 33
38
St-Jean-sur-Richelieu 7
4 Mont-St-Grégoire
Granby
14 11 Stukely Sud
MONTÉRÉGIE
9 St-Valentin
Lacolle
Hemmingford 8
Franklin 2
13 Magog
10 12 Frelighsburg
NEW YORK (É.-U.)
VERMONT (É.-U.)

Centre de l'Émeu de Charlevoix

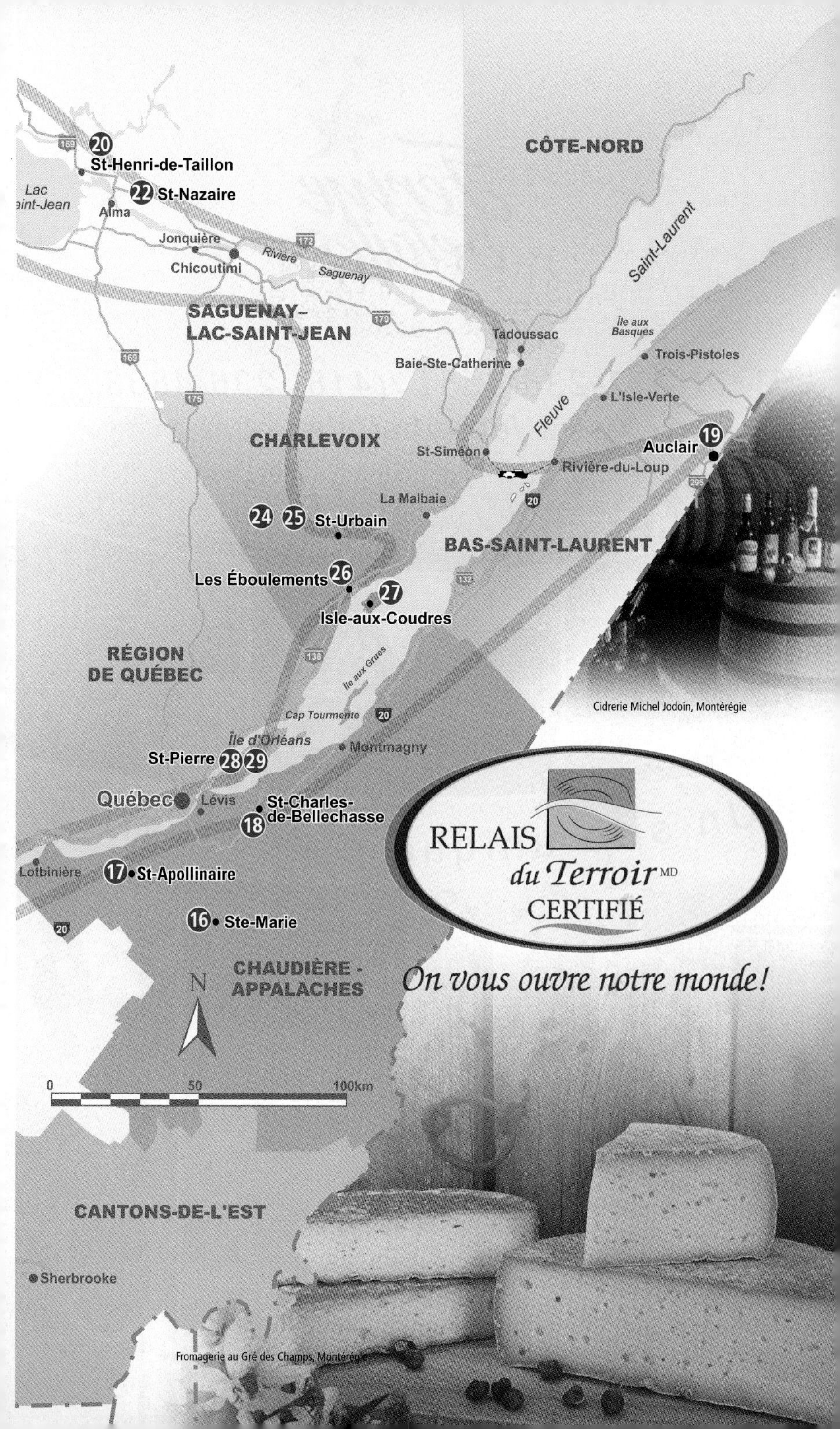

Cidrerie Michel Jodoin, Montérégie

Fromagerie au Gré des Champs, Montérégie

Direction du projet
Odette Chaput
Directrice générale
(Fédération des Agricotours du Québec)
André Duchesne
(Guides de voyage Ulysse)

Supervision du projet
Diane Drapeau

Mise à jour
Isabelle Trudeau

Recherche et rédaction des textes régionaux
Diane Drapeau

Conception graphique
Martine Lavallée
(Spin design)

Mise-en-page
André Duchesne

Collaboration
Diane Lamoureux
Hélène Bérubé

Publicité
Diane Lamoureux

Cartographes
Pascal Biet
Philippe Thomas

Développement informatique
Alain Berthiaume
André Duchesne
Raphaël Corbeil
Jean-Raynald Lemay
(Imega)

Photographie de page couverture
La Maison du Vignoble
Saint-Pierre-de-l'Île-d'Orléans
(région de Québec)
Photo: Diane Drapeau

Distribution

Canada:
Guides de voyage Ulysse
4176, rue Saint-Denis, Montréal (Québec)
H2W 2M5,
☎514-843-9882, poste 2232,
fax: 514-843-9448, info@ulysse.ca, www.guidesulysse.com

Belgique:
Interforum Bénélux
117, boulevard de l'Europe
1301 Wavre, ☎010 42 03 30,
fax: 010 42 03 52

France:
Interforum
3, allée de la Seine
94854 Ivry-sur-Seine Cedex
☎01 49 59 10 10
fax: 01 49 59 10 72

Suisse:
Interforum Suisse
☎(26) 460 80 60
fax: (26) 460 80 68

Pour tout autre pays, contactez les Guides de voyage Ulysse (Montréal).

Catalogage avant publication de Bibliothèque et Archives Canada
Vedette principale au titre :
Gîtes et auberges du passant au Québec
Comprend un index.
ISSN 1701-7629
ISBN 978-2-89464-799-8

1. Chambre et petit déjeuner (Hôtellerie) - Québec (Province) - Répertoires. 2. Tourisme rural - Québec (Province) - Répertoires. 3. Auberges - Québec (Province) - Répertoires.

TX907.5.C22Q8 917.1406'45 C2002-300424-X

Bibliothèque nationale du Québec Dépôt légal
- Second trimestre 2006
ISBN-2-89464-709-3

Imprimé au Canada

Sommaire

À la Chouette, Charlevoix

On vous ouvre notre monde !

C'est avec beaucoup de fierté que nous vous présentons notre « cuvée 2007 » ; une sélection de 573 établissements certifiés selon des normes de qualité supérieure.

Saviez que depuis 32 ans, la Fédération des Agricotours du Québec accorde une certification distinctive aux meilleurs bed & breakfasts et petites auberges du Québec ? En effet, les établissements que nous certifions doivent non seulement être classifiés 3 soleils ou 2 étoiles et plus, mais leurs propriétaires doivent également respecter, de façon constante, des normes de qualité et d'éthique touchant l'accueil, la connaissance de leur région touristique, les repas servis et l'aménagement. De plus, des mesures de contrôle, telles que des fiches d'appréciation et des visites, sont également mises en place pour assurer le respect des normes ainsi que la promesse de qualité faite à notre clientèle.

Outre ses renommés « Gîtes et Auberges du Passant^MD », la Fédération certifie également des fermes agrotouristiques, pour vous faire découvrir la passion des producteurs agricoles de chez nous et leurs succulents produits du terroir québécois.

Pour faciliter votre choix, parmi nos certifications d'hébergement et d'agrotourisme, chaque région est présentée en trois sections :

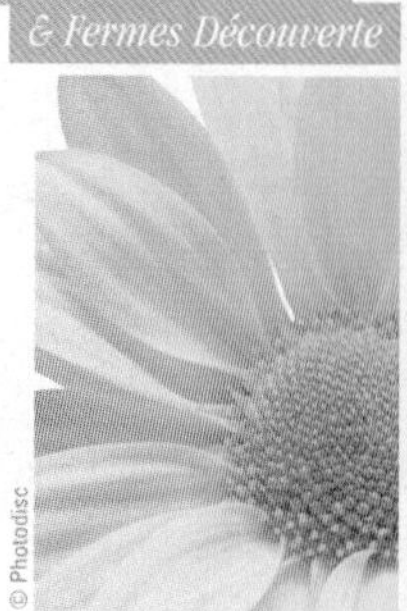

Il ne me reste plus qu'à vous souhaiter un agréable séjour à l'intérieur du plus grand réseau de qualité au Québec !

Pierre Pilon, *président*
Fédération des Agricotours du Québec*

www.agricotours.qc.ca
www.gitesetaubergesdupassant.com

*Propriétaire des marques de certification :
Gîte du Passant^MD, Auberge du Passant^MD, Maison de Campagne ou de Ville, Table Champêtre^MD, Table aux Saveurs du Terroir^MD, Relais du Terroir^MD et Ferme Découverte.

Notre promesse de qualité

« En choisissant un établissement certifié, vous vous assurez de vivre une expérience humaine et authentique. Véritables ambassadeurs de leur région, les propriétaires de nos établissements vous ouvrent leur monde. "Vivez les belles régions du Québec... comme personne" en découvrant leurs attraits, leur histoire, leurs saveurs et les gens qui les habitent. »

Le Petit Clocher, Laurentides

Chambre d'hôte avec service d'un petit-déjeuner aux saveurs régionales. Situé à la campagne, à la ferme, en banlieue ou à la ville, il offre 5 chambres ou moins en location. Le Gîte du Passant MD à la Ferme offre en plus des activités reliées à la ferme. Classification minimale : 3 soleils.

Chambre d'hôte offerte dans une petite auberge au cachet typique de la région (25 ch. et moins). Inclus le service d'un petit-déjeuner aux saveurs régionales. Plusieurs d'entre elles se démarquent par l'offre d'une « table régionale » où les produits du terroir québécois sont à l'honneur. Classification minimale : 2 étoiles.

Maison, chalet, appartement ou studio tout équipés (literie et serviettes de bain incluses) pour un séjour autonome. Ces maisons offrent toutes les attentions souhaitées pour rendre votre séjour agréable. La *Maison de Campagne à la Ferme* offre en plus des activités reliées à la ferme.

Table d'hôte offerte dans l'intimité chaleureuse d'une maison de ferme ou d'une dépendance. Les repas mettent en valeur majoritairement les produits de la ferme. Possibilité d'une visite des lieux. À chaque ferme ses productions, à chaque « Table Champêtre MD » ses spécialités...

Lieu pour acheter des produits du terroir québécois provenant directement de la ferme et de la région. Possibilité d'une visite de l'exploitation agricole, pour en savoir plus sur ce que vous achetez et, par le fait même, sur les différentes méthodes de production et de transformation des produits.

Service d'animation offert par un exploitant agricole dans le cadre d'une activité récréative et éducative pour les groupes, la famille ou individuellement. 5 catégories : centre d'interprétation, promenade à la ferme, chasse et pêche, ferme éducative et visite de jardin.

Table aux Saveurs du Terroir MD : nouveau concept de restauration mettant en valeur les produits issus du terroir québécois et les particularités culinaires de nos belles régions. Autant de saveurs à découvrir que de façons de servir les produits du Québec selon un savoir-faire culinaire bien de chyez nous...

Le Domaine Acer, Bas-Saint-Laurent

On vous ouvre notre monde!

www.agricotours.qc.ca
www.gitesetaubergesdupassant.com

Renseignements pratiques

Prix de l'Excellence

Découvrez nos lauréats de l'Excellence dans les différentes régions touristiques. Catégorie « *Coup de cœur du public* » : un hommage aux hôtes qui se sont illustrés de façon remarquable par leur accueil de tous les jours envers leur clientèle. Catégorie « *Réalisation* » : un hommage aux hôtes qui se sont illustrés de façon remarquable par leurs efforts à développer, promouvoir et offrir une prestation de qualité.

Fiche d'appréciation et concours

Merci de nous faire parvenir vos commentaires et suggestions en utilisant la fiche d'appréciation disponible dans nos établissements certifiés. Les informations ainsi recueillies sont très précieuses, car elles nous permettent d'améliorer constamment la qualité des services offerts. C'est aussi à partir des fiches d'appréciation que nous décernons les Prix de l'Excellence « *Coup de cœur du public* ». **GAGNEZ UN SÉJOUR** : chacune des fiches d'appréciation que vous nous faites parvenir, vous donne la chance de gagner un séjour de 2 nuits pour 2 personnes.

Pour une découverte régionale

- **Forfait-Charme :** offrez-vous un forfait pour deux personnes incluant deux nuits d'hébergement, deux petits-déjeuners, un cocktail, un souper aux saveurs régionales et un petit cadeau de la région. Réservez directement dans les Gîtes et Auberges du Passant[MD] certifiés annonçant le Forfait-Charme.
- **Table aux Saveurs du Terroir[MD] :** table mettant à l'honneur les produits du terroir des régions du Québec.

Certification « Bienvenue cyclistes ![MD] »

Surveillez la mention **Certifié « Bienvenue cyclistes ![MD] »**, une certification qui garantit aux cyclotouristes un hébergement avec des services adaptés à leurs besoins : un abri sécurisé pour les vélos, de l'outillage, de l'information sur les lieux de réparation, un petit-déjeuner adapté, s'il y a un service de restauration. Pour plus d'information : 1 800 567-8356, www.routeverte.com

Taxes et modalités de paiement

Ce guide publie le prix maximum de la chambre la plus chère et le prix maximum de la chambre la moins chère peu importe la saison. Le tarif des gîtes et auberges inclut le petit-déjeuner et certains offrent le plan PAM incluant le repas du soir. Le tarif enfant signifie : enfant de 12 ans et moins partageant la chambre de ses parents.

Si l'établissement est soumis aux lois fédérales et provinciales en matière de taxation, des taxes de 7 % et 7,5 % (TPS, TVQ) s'ajouteront au coût du séjour. Plusieurs régions touristiques appliquent une taxe par nuit d'hébergement, (2 $ ou 3 %) pour chaque unité louée.

Les établissements qui acceptent des cartes de crédit et de débit sont indiqués par l'un des pictogrammes suivants : **VS, MC, AM, ER** et **IT.**

Lors de votre réservation, prenez soin de vérifier auprès de l'établissement la politique de dépôt et d'annulation.

Interdiction de fumer

La nouvelle législation en matière de lutte contre le tabac, ne permet plus de fumer dans des espaces publics. Par contre, un établissement d'hébergement peut offrir des unités pour fumeurs. S'il tel est le cas, le pictogramme « non fumeur » ne sera pas affiché.

Révision annuelle du guide

À tous les ans, il y a mise à jour de l'information et édition d'une nouvelle publication. Tous les renseignements contenus dans celle-ci peuvent être sujets à changement sans préavis. Seuls les tarifs déclarés sont valides du 1er janvier au 31 décembre.

Pictogrammes
et abréviations

Services

 Classification gîte touristique

 Classification hôtelière et résidence de tourisme

 Établissement en cours de classification

 Anglais parlé couramment

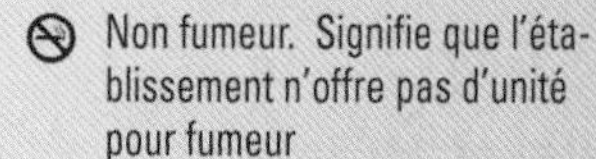 Non fumeur. Signifie que l'établissement n'offre pas d'unité pour fumeur

Accessible aux personnes handicapées avec l'aide d'une autre personne

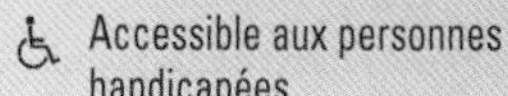 Accessible aux personnes handicapées

 Langage des signes

Présence d'animaux domestiques dans l'établissement

Visite de la ferme en saison

Baignade sur place

AC Air climatisé dans quelques unités

AC Air climatisé dans toutes les unités

Restauration sur place

Situé à moins de 3 km de la Route verte

AV Établissement qui travaille avec les agences de voyages

@ Connexion Internet dans les chambres

Au Manoir de la Rue Merry, Cantons-de-l'Est

Mentions

Offre une Table aux Saveurs du Terroir[MD]**:** établissement offrant une table du soir mettant à l'honneur les produits du terroir des régions du Québec.

Certifié «Bienvenue cyclistes ![MD]**» :** établissement offrant des services adaptés aux cyclotouristes. Information : 1 800 567-8356, www.routeverte.com

Modes de paiement

VS Visa
AM American Express
MC MasterCard
ER En Route
IT Paiement Interac

Classification

La classification «Hébergement Québec» est administrée par la Corporation de l'industrie touristique du Québec. Pour en savoir davantage : 1 866 499-0550.

Soleil ou étoile	*Définition des niveaux de classification*
✷ ou ★	Confort élémentaire, aménagement et services conformes aux normes de qualité.
✷✷ ou ★★	Bon confort, aménagement de bonne qualité. Quelques services et commodités.
✷✷✷ ou ★★★	Très confortable, aménagement de qualité appréciable. Plusieurs services et commodités.
✷✷✷✷ ou ★★★★	Confort supérieur avec aménagement de qualité remarquable. Éventail de services et de commodités.
✷✷✷✷✷ ou ★★★★★	Confort exceptionnel doté d'aménagement haut de gamme. Multitude de services et de commodités.

Si aucun résultat de classification n'est affiché, voici les raisons :
l'établissement a décidé de ne pas publier son résultat de classification ;
l'établissement est en cours de classification : 

NOUVEAU!

AUTANT DE SAVEURS À DÉCOUVRIR QUE DE FAÇONS DE SERVIR LES PRODUITS DU TERROIR QUÉBÉCOIS, SELON UN SAVOIR-FAIRE CULINAIRE BIEN DE CHEZ NOUS!

CHAUDIÈRE-APPALACHES

Auberge Restaurant la Belle Époque
Montmagny
1-800-490-3373
www.epoque.qc.ca

Spécialités: assortiment de fromages du terroir. Déclinaison de poisson boucané du Kamouraska. Omble chevalier de Rivière-au-Renard. Magret de canard du Lac Brome aux abricots.

Auberge des Glacis
Saint-Eugène-de-l'Islet
1-877-245-2247
www.aubergedesglacis.com

Spécialités: la spécialité de la maison est la Quenelle lyonnaise de volaille, de veau ou de brochet. «Les quenelles avaient la texture d'un nuage», La Presse 2002.

BAS-SAINT-LAURENT

Auberge Comme au Premier Jour
Saint-Pacôme
(418) 852-1377
www.aubergecommeaupremierjour.com

Spécialités: goûtez l'agneau du Kamouraska, le foie gras, le canard de Bellechasse, les gibiers du Québec et laissez la mer vous charmer de ses arrivages. Légumes biologiques de la région.

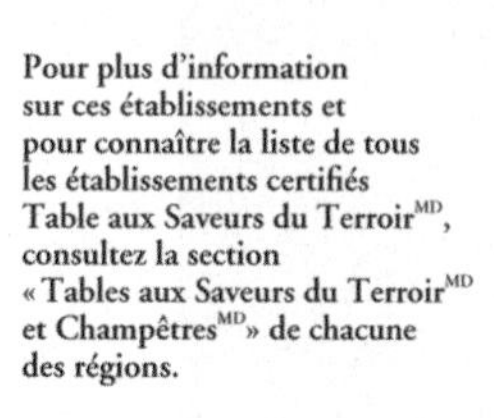

CHARLEVOIX

Auberge la Muse
Baie-Saint-Paul
1-888-835-8898
www.lamuse.com

Spécialités du terroir charlevoisien: veau, émeu, omble, canard, cerf, agneau, chevreau, faisan, pintade, sanglier, fromages, cidres, fruits et légumes.

Pour plus d'information sur ces établissements et pour connaître la liste de tous les établissements certifiés Table aux Saveurs du Terroir[MD], consultez la section « Tables aux Saveurs du Terroir[MD] et Champêtres[MD] » de chacune des régions.

We're opening our world to you!

We are very proud to be able to present to you our '2007 Vintage' – a selection of 573 establishments certified according to the highest standards for quality.

Did you know that for the past 32 years, the Fédération des Agricotours du Québec has been awarding a distinctive certification to the best bed & breakfasts and small inns in Québec? In fact, the establishments that we certify must not only be classified as three-sun or two-star and higher, but their proprietors must continually meet our standards for quality and ethics with regard to hospitality, knowledge of their tourist region, meals served and amenities. In addition, we provide control measures, such as guest comment sheets and inspection visits, to ensure that these standards and the promise of quality made to the clientele are respected.

Apart from its well known 'Gîtes et Auberges du Passant™', the Fédération also certifies agrotourism farms that will allow you to discover the passion of our agricultural producers and their delicious local products from Québec.

To help you choose from among our lodging and agrotourism certifications, each region is presented in three sections:

Gîtes et Auberges du Passant™
Maisons de Campagne et de Ville

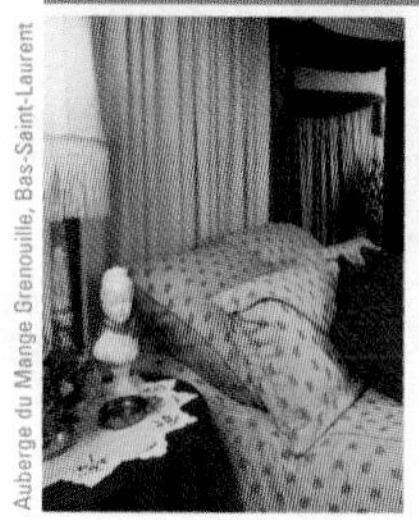

Auberge du Mange Grenouille, Bas-Saint-Laurent

Bed & Breakfasts and Country Inns
Country and City Homes

Tables aux Saveurs du Terroir™ & Champêtres™

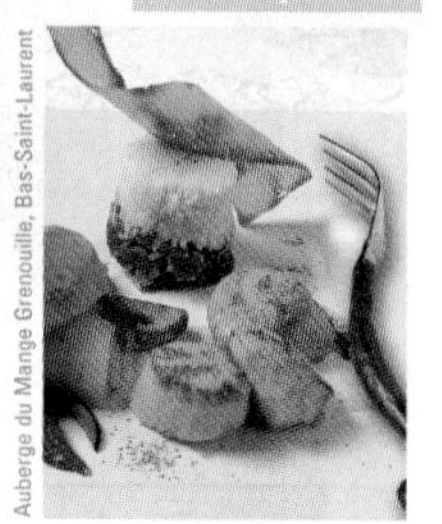

Auberge du Mange Grenouille, Bas-Saint-Laurent

Terroir Cuisine & Country-style Dining

Relais du Terroir™ & Fermes Découverte

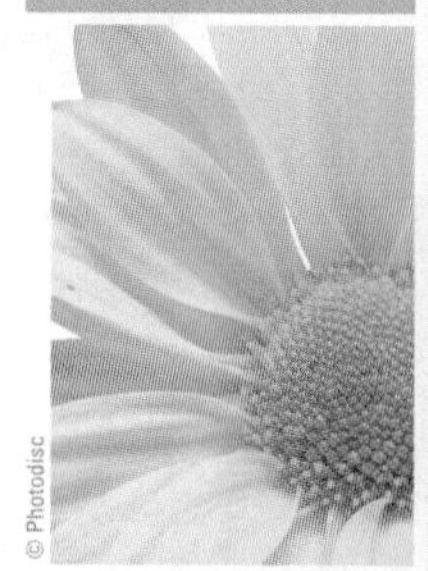

© Photodisc

Farm Shops & Farm Explorations

All that remains is for me to wish you a very pleasant stay!

Pierre Pilon, *president*
Fédération des Agricotours du Québec*

www.agricotours.qc.ca
www.inns-bb.com

*Owner of the marks of certification: Gîte du Passant™ (Bed & Breakfasts), Auberge du Passant™ (Country Inns), Maison de Campagne ou de Ville (Country and City Homes), Table Champêtre™ (Country-style Dining), Table aux Saveurs du Terroir™ (Terroir Cuisine), Relais du Terroir™ (Farm Shops) and Ferme Découverte (Farm Explorations).

NOUVEAU !

AUTANT DE SAVEURS À DÉCOUVRIR QUE DE FAÇONS DE SERVIR LES PRODUITS DU TERROIR QUÉBÉCOIS, SELON UN SAVOIR-FAIRE CULINAIRE BIEN DE CHEZ NOUS!

CANTONS-DE-L'EST

L'iris Bleu
Bolton Est
1-877-292-3530
www.irisbleu.com

Spécialités : canard du Lac Brome, fromages de Saint-Benoît-du-Lac et produits saisonniers réinventent la cuisine méditerranéenne.

Le Bocage
Compton
(819) 835-5653
www.lebocage.qc.ca

Spécialités : canard de notre élevage, gibiers, terrines, rillettes, confits, pain, desserts, le tout concocté sur place. Fruits, légumes et herbes de producteurs locaux et de notre jardin.

Auberge Jeffery
Danville
1-888-302-2711
www.cerises.com

Spécialités : flan de têtes de violons et sa tuile de chèvre noir, agneau de la ferme Manasan, foie gras Les Bontés Divines, fromages régionaux, chutney de canneberges.

La Ruée vers Gould
Gould, Lingwick
(819) 877-3446
www.rueegouldrush.com

Spécialités : cuisine d'inspiration de traditions écossaises. Terrines de foies et coeur d'agneau, agneau au scotch, lapin à la bière de Kingwick, poulet sauce crème et citron...

Pour plus d'information sur ces établissements et pour connaître la liste de tous les établissements certifiés Table aux Saveurs du Terroir[MD], consultez la section « Tables aux Saveurs du Terroir[MD] et Champêtres[MD] » de chacune des régions.

Our Promise of Quality

'By choosing a certified establishment you are assured an authentic and caring experience. True ambassadors for their regions, the owners of our establishments will open their world to you. 'Experience the beautiful regions of Québec... as never before' by discovering their attractions, their history, their flavours and their people.'

Le Petit Clocher, Laurentides

Guest bedroom with breakfast reflecting the flavours of the region. In the country, on a farm, in the suburbs or in the city, this establishment has up to 5 guest rooms available. The '*Gîte du Passant™ à la Ferme*' also offers farm-related activities. Minimum classification: 3 suns.

Guest room in a small inn typical of the region in character (up to 25 rms.). Includes breakfast reflecting the flavours of the region. Several of these inns are well known for offering a 'regional menu' showcasing local Québec products. Minimum classification: 2 stars.

A house, cottage, apartment or studio fully equipped (bed linens and towels included) for an independent stay in the city, in the country or on a farm. These homes provide all the facilities you need for a comfortable stay. The *'Maison de Campagne à la Ferme'* (Country Home on a Farm) also offers farm-related activities.

Meals served in the farmhouse dining room or in an outbuilding on the farm; most of the food products served come from the farm itself. Some farms offer guided tours and activities.

Sale of products produced on the farm or in the region. A farm visit introduces you to the various production and processing methods used for the products on sale, the flavours of which are typical of Québec.

Tour the farm with the farmer for an experience that's both fun and educational. 5 categories: 'centre d'interprétation', 'promenade à la ferme', 'chasse et pêche', 'ferme éducative' or 'visite de jardin'.

NEW!

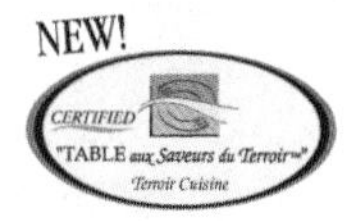

'*Table aux Saveurs du Terroir* ™' (Terroir Cuisine): a new concept in food service highlighting products from Quebec and the culinary specialities of our beautiful regions. Discover the flavours of Quebec as well as the many different ways to prepare and serve its products using our great culinary skills...

Le Domaine Acer, Bas-Saint-Laurent

We're opening our world to you!

www.agricotours.qc.ca
www.inns-bb.com

Practical Information

Prizes for Excellence

Discover our Excellence award winners in the different tourist regions. The '*Coup de cœur du public*' (People's Special Favourite) category : a tribute to these hosts and hostesses for the remarkable welcome and service they have consistently offered their guests. The '*Réalisation*' (Achievement) category: a tribute to these hosts and hostesses for their remarkable efforts in developing, promoting and offering high-quality services.

Evaluation form and contest

Thank you for sending us your comments and suggestions by completing the evaluation form available in our establishments. The information gathered is very valuable to us, because it allows us to constantly improve the quality of the services offered. We also use these evaluation forms to determine the Prizes for Excellence in the 'People's Special Favourites' category. **WIN A STAY**: each evaluation form you fill out and send in to us gives you a chance to win a 2-night stay for 2 people.

Explore one of the regions

- **'Forfait-Charme'** (Enchantment Package): Package is for two people and includes two nights lodging, two breakfasts, cocktails on arrival, dinner for two featuring the flavours of the region and a small gift made locally. Book directly with the certified Gîtes et Auberges du Passant™ (Inns and Bed & Breakfasts) that advertise this 'Forfait-Charme' (Enchantment Package).
- **'Table aux Saveurs du Terroir™'** (Terroir Cuisine): menu specializing in products from the various regions of Quebec.

Certification « Bienvenue cyclistes !MD »

Watch for the designation **'Certifié « Bienvenue cyclistes !MD »'** (Certified « Bienvenue cyclistes!™ ») a certification guaranteeing bicycle tourists accommodations offering services adapted to meet their needs: a locked shelter for bicycles, tools, information on repair centres and, at establishments with restaurants, nutritionally appropriate breakfasts. For more information: 1 800 567-8356,www.routeverte.com

Rates and Methods of Payment

This guide publishes the maximum price for the most expensive room and the maximum price for the least expensive room, no matter the season. The rate for Bed & Breakfasts and Inns includes breakfast; some establishments offer the MAP plan which includes supper. Child rate: 12 years of age and under sharing the parents' room.

If the establishment is registered for federal and provincial sales taxes (7% and 7.5%), these will be added to the cost of the stay. Some tourist regions must charge an additional tax per night ($2 or 3%) for each unit or room rented.

Establishments that accept credit and debit cards (Interac) display the following symbols: **VS**, **MC**, **AM**, **ER** and **IT**.

When you book, check with the establishment regarding its deposit and cancellation policies.

No Smoking

The new anti-smoking legislation no longer allows smoking in public areas. However, a lodging establishment may offer rooms for smokers. If this is the case, the "No Smoking" symbol will not appear.

Annual revision of the guide

A new issue of the guide is published every year to include new information, which may change without notice. However, the rates listed will remain valid from January 1 to December 31.

NOUVEAU !

AUTANT DE SAVEURS À DÉCOUVRIR QUE DE FAÇONS DE SERVIR LES PRODUITS DU TERROIR QUÉBÉCOIS, SELON UN SAVOIR-FAIRE CULINAIRE BIEN DE CHEZ NOUS!

LANAUDIÈRE

Auberge du Petit Bois d'Autray
Lanoraie
1-877-836-7696
www.aubergepetitbois dautray.com

Spécialités: osso buco de bison, carpaccio de cerf, brie fumé farci de truite fumée, porc élevé à l'ancienne, oie, fromages régionaux, petits fruits et légumes du jardin.

MAURICIE

Auberge à l'Arrêt du Temps
Sainte-Anne-de-la-Pérade
1-877-325-3590
www.laperade.qc.ca/arretdutemps

Spécialités: poulamon en fine gastronomie, cerf au «Ciel de Charlevoix», autruche, côte de biche au fromage Peradiem le «Baluchon», ainsi qu'un menu au goût plus conservateur.

MONTÉRÉGIE

De Par Chez Nous
Saint-Antoine-sur-Richelieu
1-888-962-3884
www.deparcheznous.ca

Spécialités: Parfait de foie de pintade et son chutney de raisins, longe de cerf de Boileau, sauce de gibier aux baies de genièvre, poulet de Cornouailles à l'ancienne, terrines maison.

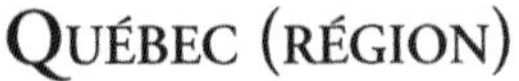

QUÉBEC (RÉGION)

L'Auberge sur les Pendants
Saint-Pierre-de-l'Île-d'Orléans
(418) 828-1139
www.giteetaubergedupassant.com/pendants

Spécialités: fine cuisine intuitive et inventive où les fruits, légumes et produits du terroir se marient avec viandes et poissons. Tout est fait maison. Fraîcheur et saveurs garanties.

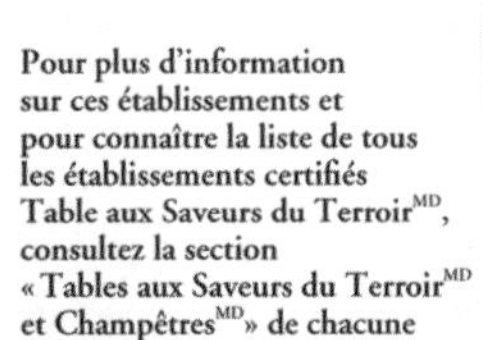

Pour plus d'information sur ces établissements et pour connaître la liste de tous les établissements certifiés Table aux Saveurs du Terroir[MD], consultez la section « Tables aux Saveurs du Terroir[MD] et Champêtres[MD] » de chacune des régions.

Symbols and abbreviations

Services

- Bed & Breakfast classification
- Hotel & tourist home classification
- Establishment classification in progress
- **A** English spoken fluently
- No smoking. Indicates that the establishment does not offer rooms for smokers.
- Assisted wheelchair access
- Wheelchair access
- Sign language
- Pets on premises
- Farm visits in season
- Swimming on site
- AC Some units have air-conditioning
- AC All units have air-conditioning
- Dining facilities on site
- Located within 3 km of the 'Route verte'
- **AV** Establishment works with travel agencies
- @ Internet Connection in guest rooms

Special features

'Table aux Saveurs du Terroir™' (Terroir Cuisine): establishment offering a dinner menu showcasing local products from Québec.

'Certifié « Bienvenue cyclistes !MD »' (Certified « Bienvenue cyclistes !™): establishment offering bicycle-friendly tourist services.
Information: 1800 567-8356, www.routeverte.com.

Methods of Payment

VS Visa
MC MasterCard
AM American Express
ER En Route
IT Interac payment

Classification

"Hébergement Québec" classification is administered by the Corporation de l'industrie touristique du Québec. For more information: 1 866 499-0550.

Sun or star	*Definitions for the levels of classification*
✷ or ★	Basic facilities and services meeting the quality standards
✷✷ or ★★	Comfortable facilities, offering some services and amenities
✷✷✷ or ★★★	Excellent facilities, offering several services and amenities
✷✷✷✷ or ★★★★	Superior facilities, offering a wide range of services and amenities
✷✷✷✷✷ or ★★★★★	Exceptional facilities, offering a full range of services and amenities

Here are the reasons why a classification may not have been posted:

The establishment decided not to publish the classification result;

The establishment is currently undergoing classification: ✎

Bas-Saint-Laurent

Le jardin d'Eden du Saint-Laurent!

De sa saisissante mosaïque de paysages idylliques à ses incroyables couchers de soleil, vous serez captivé, voire ensorcelé, et voudrez y revenir encore et encore…

Le Bas-Saint-Laurent: les beautés du fleuve à portée de regard et d'excursions, mais aussi des îles, des montagnes, des lacs et surtout de pittoresques villages qui ne s'apprécient qu'en prenant son temps... Sachez-le, car les secrets du Bas-Saint-Laurent ne se révèlent pas autrement, et c'est bien là toute la magie de ce pays.

Que vous preniez la «Route des Navigateurs» longeant le fleuve, la «Route des hauts plateaux» surplombant le littoral, ou, enfin, la «Route des Frontières» pour découvrir l'arrière-pays, vous y trouverez partout un riche patrimoine et de petites merveilles. Admirez ces «monadnocks», des formations de roches dures à l'aspect arrondi qui ponctuent typiquement le paysage.

Écotouristes avertis ou néophytes, vous serez émerveillés par ces petites perles d'îles, dont l'Île Saint-Barnabé, l'Île aux Lièvres, l'Île aux Basques et cette fabuleuse Île Verte à la quiétude verdoyante d'un autre temps.

Le vélo est une autre belle façon de parcourir et d'apprécier le Bas-Saint-Laurent. En hiver, c'est un contraste insoupçonné qui vous attend, et, si le cœur vous en dit, un vaste réseau de 1 800 km de sentiers de motoneige.

Patrick Escudero
Patrick Escudero
Philippe Renault

Saveurs régionales

Le Bas-Saint-Laurent, c'est un terroir aux arômes raffinés, parfois salins.

- Favorisée par une saison de production écourtée avec moins d'insectes, l'agriculture biologique est très présente (production laitière, acériculture, élevage de bovins et d'agneaux, culture maraîchère et de petits fruits).
- Où le fleuve a déjà le goût salin, on y pêche l'esturgeon, mais l'anguille est sans conteste la vedette pour y avoir même son centre d'interprétation à Kamouraska. Arrêtez-vous dans les fumoirs pour y découvrir la chair tendre de ces poissons fumés.
- Sur la table régionale, on retrouve aussi l'agneau de Kamouraska, l'agneau pré-salé de L'Isle-Verte, le lapin, le canard, la perdrix ainsi que de bons fromages fabriqués selon les méthodes traditionnelles.
- Il faut goûter au cipaille du Bas-Saint-Laurent, ce plat traditionnel composé d'un rang de pâte, d'un rang de viandes de gibier, d'un rang de pâte… et ainsi de suite… Costaud, mais tellement réconfortant!
- La culture des arbres fruitiers, dont la prune occupe une place de choix. Quant à la sève d'érable, on peut dire qu'on rivalise d'originalité pour en faire de délicieux produits dans le Témiscouata, dont un type « porto à l'érable ».
- Cette région est reconnue aussi pour les pommes de terre et les herbes salées.

Produits du terroir à découvrir et déguster

- Boissons alcoolisées et chocolats à base de sève d'érable, vins apéritifs et porto du vignoble *Le Domaine Acer*. P. 46

*La région compte cinq (5) Tables aux Saveurs du Terroir*MD *certifiées. Une façon originale de découvrir les saveurs de la région !* *(P. 44.)*

Bas-Saint-Laurent

Patrick Escudero

Le saviez-vous?

Ce sont les grands vents d'automne qui poussent les anguilles dans les baies et les filets qui les garderont prisonnières à marée basse. L'anguille adulte (15-20 ans) est obligée de s'arrêter dans cette région en raison de la variance de la salinité des eaux qui lui permet de s'adapter avant d'entreprendre sa spectaculaire migration vers la mer des Sargasses au large des États-Unis. C'est le lieu où toutes les anguilles d'Amérique naissent et, à ce que l'on croit, meurent après avoir frayé entre 2 et 20 millions de larves, selon leur grosseur. Après 2 années en mer, les jeunes anguilles remontent les fleuves et les rivières. L'anguille est pêchée depuis plus de trois siècles dans la région et fait les délices de ceux qui aiment son bon goût.

Patrick Escudero

Clin d'œil sur l'histoire

Le Bas-Saint-Laurent, paradis de l'écotourisme et de la villégiature, fut jadis la destination à la mode et huppée des grandes dames et hommes richissimes du Québec, de l'Ontario et même des Etats-Unis. Ils venaient y «prendre les eaux» pour se refaire une santé. Déjà, au XIXe siècle, les vertus thérapeutiques de l'air salin, des embruns iodés et des eaux froides du fleuve Saint-Laurent étaient reconnues. Subsistent de cette époque des résidences cossues et luxueuses faisant la beauté des villages riverains, notamment de Kamouraska et de Cacouna.

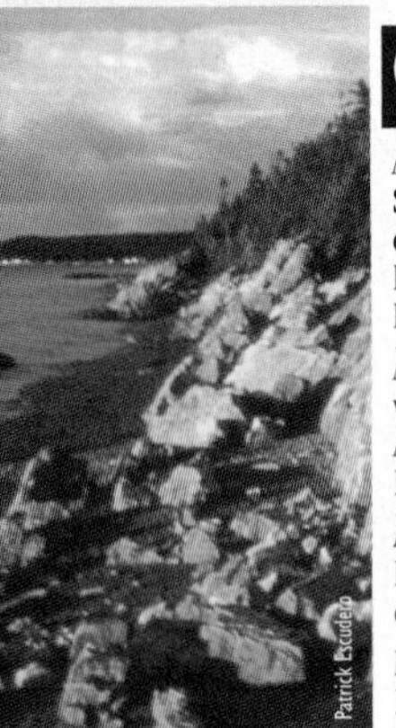

Patrick Escudero

Quoi voir? Quoi faire?

Arrêtez-vous dans les beaux villages de Saint-Pacôme, Kamouraska, Notre-Dame-du-Portage et Cacouna. Sans oublier Saint-Pascal, Saint-Alexandre, Saint-Fabien, Le Bic, Sainte-Luce et leurs environs.

À Rivière-Ouellle, aux abords du quai, vous y verrez la pêche aux anguilles. Au Site d'interprétation de l'anguille de Kamouraska, vous pourrez en déguster.

À Rivière-du-Loup,Trois-Pistoles et Rimouski, faites une croisière sur le littoral ou visitez leurs attraits, musées et environs.

Musée du Domaine (Pohénégamook). Parcourez l'un des plus beaux ensembles patrimoniaux du Québec à l'Isle-Verte.

Deux haltes fort intéressantes à Pointe-au-Père: le Musée de la mer et le Phare.

Tour du lac Témiscouata et de ses petits villages et attraits.

Fort Ingall: emblème de l'empire britannique et symbole de paix (Cabano).

Le Domaine Acer, ÉCONOMUSÉE® de l'érable (Auclair).

Partez en balade le long de la route 289, la route des Frontières, qui vous mènera de Saint-Alexandre-de-Kamouraska au village de Saint-Jean-de-la-Lande, près de la frontière du Nouveau-Brunswick et de l'état du Maine aux É.-U.

Faites le plein de nature

Excursions guidées pour découvrir toutes les richesses du fleuve, dont sa faune et ses îles exceptionnelles.

La Réserve nationale de faune de la baie de la municipalité de L'Isle-Verte, trésor naturel à parcourir en vélo ou à pied.

Le parc national du Bic: côtoyez la mer et la forêt le long des berges et voyez les plus beaux couchers de soleil.

La réserve faunique de Rimouski: une aventure au cœur d'une nature toujours surprenante et diversifiée.

Envie de vélo? Le Parc linéaire Monk (226 km), Le Petit Témis (114 km) et la piste Rimouski-Grand-Témis.

Domaine du Canyon des Portes de l'Enfer, une descente aux enfers de 300 marches, une passerelle haute de 63 m et des sentiers pédestres (Saint-Narcisse-de-Rimouski).

Ski alpin ou de fond et raquette au parc du Mont-Comi. Aussi, un sentier pédestre de 25 km (Saint-Donat).

Plusieurs autres sites pour l'observation des oiseaux et la randonnée pédestre.

Pour plus d'information sur le Bas-Saint-Laurent : 1-800-563-5268

www.tourismebas-st-laurent.com

Patrick Escudero

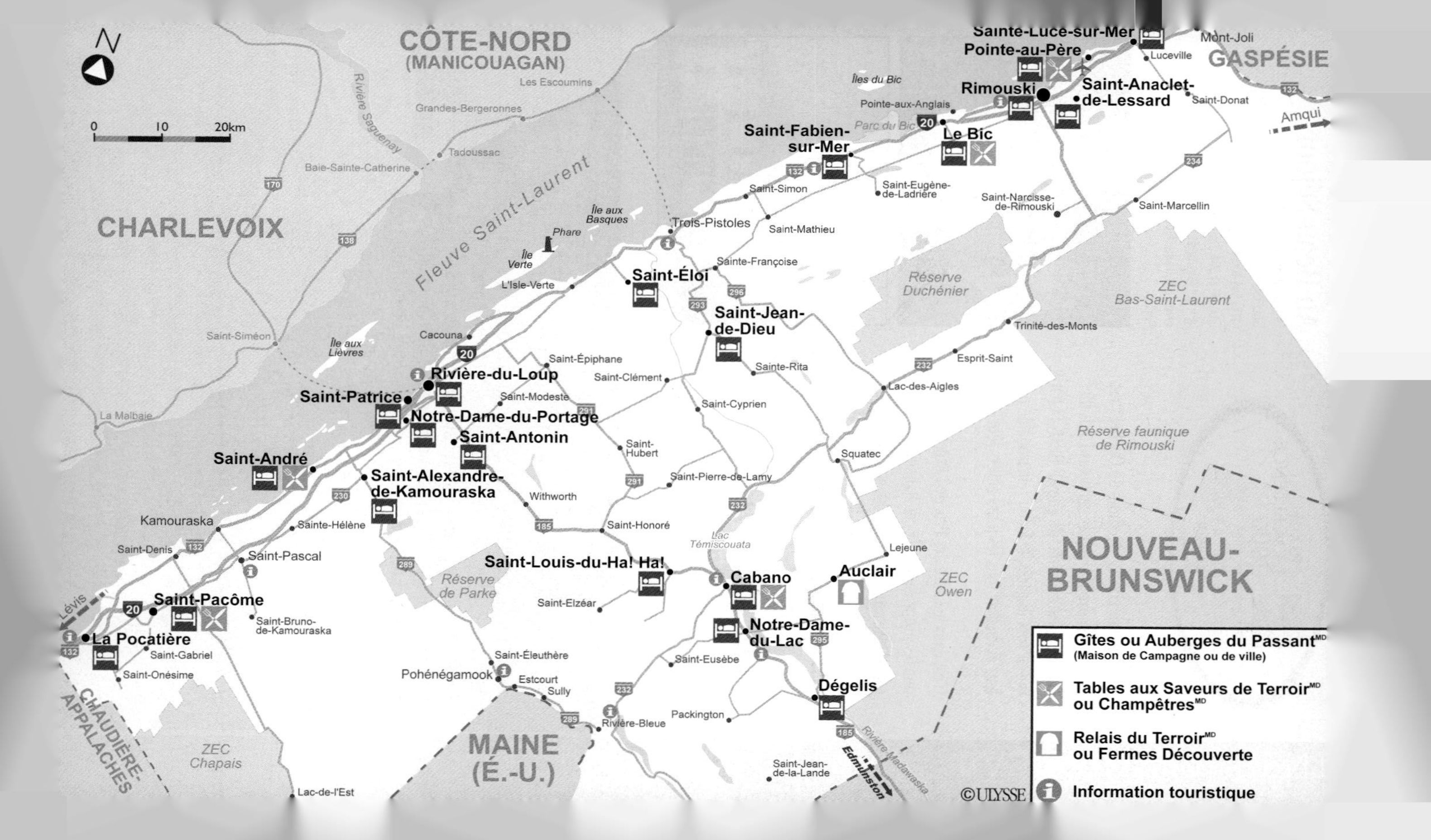
CÔTE-NORD
(MANICOUAGAN)
CHARLEVOIX
GASPÉSIE
NOUVEAU-BRUNSWICK
MAINE (É.-U.)
CHAUDIÈRE-APPALACHES
0 10 20km
Fleuve Saint-Laurent
Rivière Saguenay
Les Escoumins
Grandes-Bergeronnes
Tadoussac
Baie-Sainte-Catherine
Saint-Siméon
La Malbaie
Île aux Lièvres
Île aux Basques
Phare
Île Verte
Îles du Bic
Sainte-Luce-sur-Mer
Pointe-au-Père
Mont-Joli
Luceville
Rimouski
Saint-Anaclet-de-Lessard
Saint-Donat
Amqui
Pointe-aux-Anglais
Parc du Bic
Le Bic
Saint-Fabien-sur-Mer
Saint-Eugène-de-Ladrière
Saint-Narcisse-de-Rimouski
Saint-Marcellin
Saint-Simon
Trois-Pistoles
Saint-Mathieu
Sainte-Françoise
Saint-Éloi
L'Isle-Verte
Saint-Jean-de-Dieu
Réserve Duchénier
ZEC Bas-Saint-Laurent
Trinité-des-Monts
Esprit-Saint
Lac-des-Aigles
Sainte-Rita
Cacouna
Saint-Épiphane
Saint-Clément
Rivière-du-Loup
Saint-Patrice
Saint-Modeste
Notre-Dame-du-Portage
Saint-Cyprien
Saint-Antonin
Saint-Hubert
Réserve faunique de Rimouski
Squatec
Saint-André
Saint-Alexandre-de-Kamouraska
Saint-Pierre-de-Lamy
Withworth
Kamouraska
Sainte-Hélène
Saint-Honoré
Lac Témiscouata
Lejeune
Saint-Denis
Saint-Pascal
Saint-Louis-du-Ha! Ha!
Cabano
Auclair
ZEC Owen
Réserve de Parke
Saint-Elzéar
Lévis
Saint-Pacôme
Saint-Bruno-de-Kamouraska
La Pocatière
Saint-Gabriel
Saint-Onésime
Notre-Dame-du-Lac
Saint-Éleuthère
Saint-Eusèbe
Pohénégamook
Estcourt
Sully
Dégelis
Rivière-Bleue
Packington
ZEC Chapais
Saint-Jean-de-la-Lande
Edmundston
Rivière Madawaska
Lac-de-l'Est
Gîtes ou Auberges du Passant[MD]
(Maison de Campagne ou de ville)
Tables aux Saveurs de Terroir[MD] ou Champêtres[MD]
Relais du Terroir[MD] ou Fermes Découverte
Information touristique
©ULYSSE

St-Louis-du-Ha!Ha!

Au Beau-Séjour

145, rang Beauséjour
G0L 3S0
(418) 854-0559
Fax: (418) 854-2691
lgauvin@sympatico.ca
www.gitebeausejour.com
P. 41

La Fédération des Agricotours du Québec* est fière de rendre hommage aux hôtes Louiselle Ouellet et Paul Gauvin, du gîte AU BEAU-SÉJOUR, qui se sont illustrés de façon remarquable par leur accueil de tous les jours envers leur clientèle.

C'est dans le cadre des Prix de l'Excellence 2006 que les propriétaires de cet établissement, certifié Gîte du Passant[MD] depuis 1999, se sont vu décerner le « Coup de Cœur du Public régional » du Bas-Saint-Laurent.

Félicitations !

**La Fédération des Agricotours du Québec est propriétaire des marques de certification : Gîte du Passant[MD], Auberge du Passant[MD], Maison de Campagne ou de Ville, Table Champêtre[MD], Relais du Terroir[MD] et Ferme Découverte.*

Merci au nom des lauréats!

Chaque année, les fiches d'appréciation permettent de décerner le Prix de l'Excellence, dans la catégorie « Coup de Cœur du Public », aux établissements qui se sont démarqués de façon remarquable par leur accueil. En remplissant une fiche d'appréciation, vous contribuez non seulement à maintenir la qualité constante des services offerts, mais également à rendre hommage à tous ces hôtes.

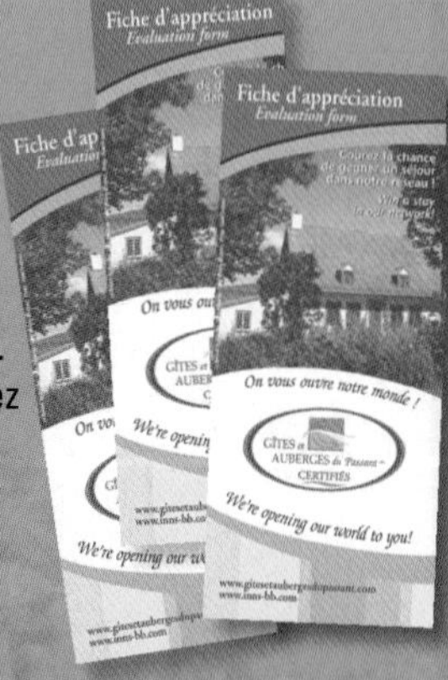

COUREZ LA CHANCE DE GAGNER UN SÉJOUR !

Chacune des fiches d'appréciation , vous donne la chance de gagner un séjour de 2 nuits pour 2 personnes dans un « Gîte ou une Auberge du Passant[MD] » de votre choix. La fiche d'appréciation est disponible dans tous les établissements certifiés et sur Internet :

www.gitesetaubergesdupassant.com

La Halte du Verger
www.lahalteduverger.com
341 , route de la Montagne Notre-Dame-du-Portage
Tel.: 1-866-863-5726

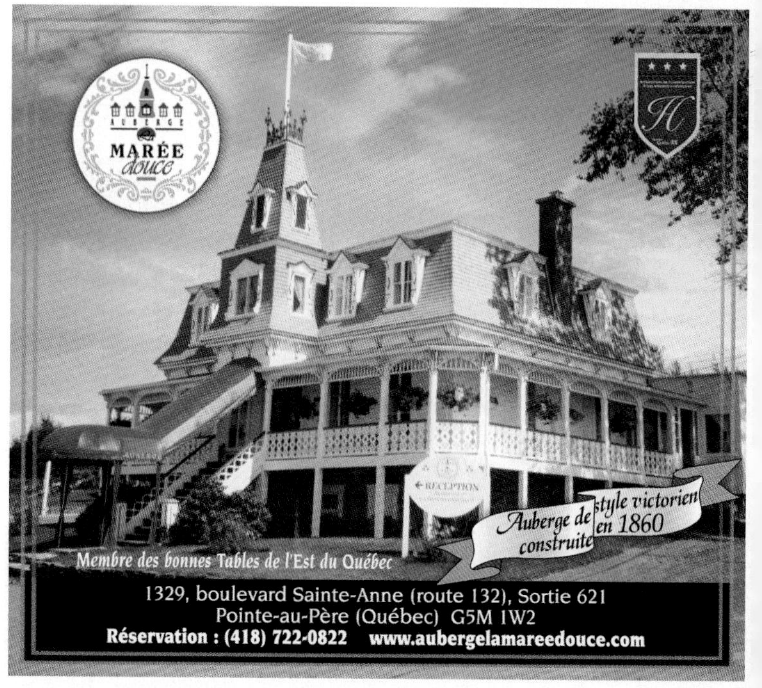
AUBERGE
MARÉE
douce
RECEPTION
Auberge de style victorien
construite en 1860
Membre des bonnes Tables de l'Est du Québec
1329, boulevard Sainte-Anne (route 132), Sortie 621
Pointe-au-Père (Québec) G5M 1W2
Réservation : (418) 722-0822 www.aubergelamareedouce.com

Bic, Le

Auberge du Mange Grenouille ★★★

Auberge du Passant
certifiée

Jean Rossignol et Carole Faucher
148, rue Ste-Cécile
Le Bic G0L 1B0
Tél. (418) 736-5656
Fax (418) 736-5657
www.aubergedumangegrenouille.qc.ca
admg@globetrotter.net

De Québec, aut. 20 jusqu'à Rivière-du-loup, route 132 qui mène au village Bic. 1 heure de Rivière-du-Loup.

Une escale d'exception, une invitation au rêve pour les amants de la campagne. Auberge de charme, riche de son décor romantique et théâtral. Table gourmande et excellente carte des vins. Spa extérieur et jardin surplombant les îles du Bic. Trois fois lauréate nationale aux Grands Prix du tourisme québécois, gastronomie, cuisine et hébergement. Certifié Table aux Saveurs du Terroir[MD]. P. 44 et endos de la carte géographique au début du guide.

Aux alentours: parc du Bic, théâtre du Bic, golf (18 trous), kayak de mer, excursions en mer, Musée de la mer.
Chambres: de rêve, décorées par les fées pour y recevoir des amis chers.
22 ch. S. de bain privée(s) ou partagée(s)
Forfaits: golf, romantique, théâtre.
Ouvert: 5 mai au 30 octobre.
2 pers: B&B 72-158$ **1 pers B&B** 72-158$
Enfant (12 ans et –): B&B 20$
Taxes en sus. AM ER IT MC VS

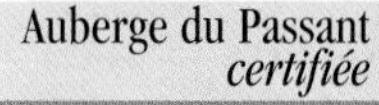
Certifié: 2004

Cabano

Auberge du Chemin Faisant ★★★

Auberge du Passant
certifiée

Liette Fortin et Hugues Massey
12, rue du Vieux Chemin
Cabano G0L 1E0
Tél. / Fax (418) 854-9342 Tél. 1-877-954-9342
www.cheminfaisant.qc.ca
info@cheminfaisant.qc.ca

Aut. 20, à Rivière-du-Loup, rte 185 sud. À Cabano, 1re sortie, rue Commerciale, 1 km, rue du Vieux Chemin à droite.

Maison historique, alliant beauté et richesse, devenue un endroit de prédilection des amants de bonheur et de plaisir. Laissez-vous envoûter par le son du piano, la chaleur du foyer et notre fine cuisine artistique régionale influencée des cultures gastronomiques internationales. Grand Prix du tourisme 2001, développement de la gastronomie. Certifié Table aux Saveurs du Terroir[MD]. **Certifié «Bienvenue cyclistes![MD]».** P. 44.

Aux alentours: lac Témiscouata, piste cyclable Le Petit Témis, sentier national, golf et jardins.
Chambres: thématiques au décor romanesque avec leur propre identité.
6 ch. S. de bain privée(s)
Forfaits: charme, gastronomie, golf, vélo.
Ouvert: à l'année.
2 pers: B&B 85-125$ **PAM** 155-195$ **1 pers B&B** 85-125$ **PAM** 120-160$
Enfant (12 ans et –): B&B 15$ **PAM** 20-50$
Taxes en sus. AM ER IT MC VS
Réduction: hors saison.

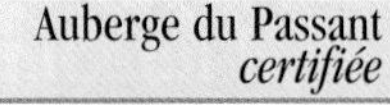
Certifié: 2000

Dégelis

Gîte la Belle Maison Blanche ☼☼☼

Gîte du Passant
certifié

Monique et André Lavoie
513, avenue Principale
Dégelis G5T 1L8
Tél. / Fax (418) 853-3324
www.labellemaisonblanche.com
moniqueandre@sympatico.ca

De Rivière-du-Loup, rte 185 sud. À Dégelis, sortie rue Principale sud. Du Nouveau-Brunswick, rte 185 nord. À Dégelis, rue Principale sud. 513 à votre droite.

Coup de Coeur du Public régional 2005. Bienvenue dans notre maison centenaire accueillante où jardin d'eau, cascades et fleurs, bancs de parc, balançoires, gazebo pour pique-nique et accès direct à la piste cyclable vous feront passer un agréable séjour. Repos assuré. Pour vous: balcon, salle de séjour, TV et frigo. Déjeuner copieux sous la verrière. Au plaisir de vous accueillir! **Certifié «Bienvenue cyclistes![MD]».**

Aux alentours: piste cyclable Le Petit Témis, golf, roseraie, observatoire, Domaine Acer, Jardins de la République.
Chambres: chacune est désignée par un nom de fleur et décorée selon ses couleurs, TV. **5 ch. S. de bain partagée(s).**
Ouvert: à l'année.
2 pers: B&B 57-67$ **1 pers B&B** 52-62$
Enfant (12 ans et –): B&B 15$
Réduction: long séjour.

Certifié: 1990

La Pocatière
La Chevrière ✵✵✵✵

Gîte du Passant *certifié*

Il nous fait chaud au cœur de vous accueillir dans ce havre de paix et d'harmonie. Grands espaces, confort, beauté et magnifique panorama sur le St-Laurent et Charlevoix. Petit-déjeuner copieux et raffiné, confitures maison. Souper 5 services. Table recommandée en 2004 par un guide réputé. Piscine, pétanque, pergola, terrain de jeux.

Aux alentours: Seigneurie des Aulnaies, musée F. Pilote, théâtre, équitation, jardin floral, pêche au saumon.

Chambres: 2 ch. pour 1 s.d.b. partagée, décoration thématique, antiquités. **4 ch. S. de bain privée(s) ou partagée(s).**

Ouvert: à l'année.

2 pers: **B&B** 65-80$ **PAM** 125-140$ **1 pers** **B&B** 60-80$ **PAM** 90-110$

Enfant (12 ans et –): **B&B** 10-15$ **PAM** 20-35$

VS

Réduction: hors saison et long séjour.

A ⊗ ⬢ ✗ **AV** AC **Certifié: 2002**

Louise et Jean-Philippe Tirman
105, rue Boucher
La Pocatière G0R 1Z0
Tél. (418) 856-4331
www.gitelachevriere.com
lachevriere@gitelachevriere.com

Aut. 20, sortie 439, après l'église, 1re rue, rue de la Gare à gauche. Longer la voie ferrée. Martineau à droite en haut de la côte, rue Chamberland à gauche. 1re à droite.

La Pocatière
Le Grand Fortin ✵✵✵✵✵

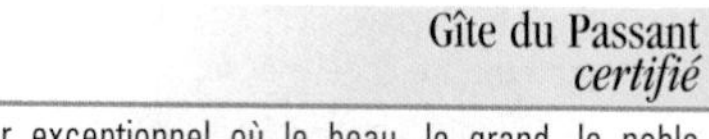

Gîte du Passant *certifié*

Un manoir exceptionnel où le beau, le grand, le noble, côtoient la nature brute d'une montagne accidentée et d'un fleuve majestueux. Chacune des saisons dévoile une flore riche, vierge et sauvage, modelant à l'infini de nouveaux paysages apaisants pour le corps et pour l'esprit. Ce gîte 5 soleils abrite un centre d'interprétation de l'icône. P. 32.

Aux alentours: ski, raquette, motoneige, marche en forêt, baignade, golf, patin, bibliothèque, musées, cinéma.

Chambres: lit baldaquin, foyer, vue sur la montagne et sur le fleuve, insonorisées. **3 ch. S. de bain privée(s)**

Forfaits: détente & santé, hiver, romantique.

Ouvert: à l'année.

2 pers: **B&B** 120-250$ **1 pers** **B&B** 90-180$

Réduction: long séjour.

A ⊗ @ **AV** AC **Certifié: 2007**

Michèle Fortin
189, av. Industrielle, rte 132 O.
La Pocatière G0R 1Z0
Tél. (418) 856-3179 1-877-856-3179
www.legrandfortin.com
grandfortin@bellnet.ca

Aut. 20 est, sortie 439 dir. La Pocatière, 1er feu de circulation, av. Industrielle à droite.

Notre-Dame-du-Lac
Auberge La Dolce Vita ★★

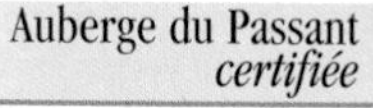

Auberge du Passant *certifiée*

Située au cœur de Notre-Dame-du-Lac, là où tout est bercé par le magnifique lac Témiscouata, notre auberge se fait charmante, afin de vous accueillir «là où la vie est douce». Chez nous, les gens tout comme les paysages sont vrais et chaleureusement accueillants. Galerie d'art régionale. Authenticité témiscouataine au petit accent européen. **Certifié «Bienvenue cyclistes!MD».**

Aux alentours: piste cyclable Le Petit Témis, Jardin de la Petite école, observatoire Aster, golf du Temiscouata.

Chambres: douillettes, confortables avec un petit accent à l'européenne. **10 ch. S. de bain privée(s) ou partagée(s)**

Forfaits: croisière, vélo, autres.

Ouvert: 15 mai au 15 octobre.

2 pers: **B&B** 70-95$ **PAM** 155-195$ **1 pers** **B&B** 65-90$ **PAM** 90-120$

Enfant (12 ans et –): **B&B** 10-15$

Taxes en sus. AM IT MC VS

A ⊗ ✗ AC **Certifié: 2005**

Annie Lavoie et Marc Lagacé
693, rue Commerciale
Notre-Dame-du-Lac G0L 1X0
Tél. (418) 899-0333 1-877-799-0333
Fax (418) 899-0928
www.aubergeladolcevita.ca
info@aubergeladolcevita.ca

Aut. 20 est, à Rivière-du-Loup, rte 185 sud, à Notre-Dame-du-Lac, sortie 29 dir. centre-ville. De Rimouski, route 232, à Cabano, rte 185 sud, à Notre-Dame-du-Lac, sortie 29.

Notre-Dame-du-Lac
Nimba ✵✵✵✵

Gîte du Passant *certifié*

Le gîte Nimba vous fera vivre l'atmosphère d'une maison d'époque tout en alliant la chaleur exotique que dégagent les objets ethniques rapportés d'Afrique. Vue imprenable sur le lac Témiscouata, près de la piste cyclable Le Petit Témis. Séjourner au Nimba, c'est faire un voyage dans le temps ou sur un autre continent. Un dépaysement assuré.

Aux alentours: piste cyclable Le Petit Témis, lac, sentier de marche, ÉCONOMUSÉE® Érable, jardins, observatoire.
Chambres: décoration harmonieuse africo-québécoise pour un sommeil propice aux rêves. **3 ch. S. de bain privée(s) ou partagée(s)**
Forfaits: plein air, romantique, vélo.
Ouvert: à l'année.
2 pers: B&B 75-95$
Réduction: hors saison et long séjour.

A @ **AV** **Certifié: 2005**

Yves Perron et Martine Lévesque
1490, route 185
Notre-Dame-du-Lac G0L 1X0
Tél. (418) 899-0344
www.gitenimba.com
info@gitenimba.com

Aut. 20 est, route 185 sud, entre municipalités de Notre-Dame-du-Lac et Dégelis. En face de la halte routière.

Notre-Dame-du-Portage
Gîte Chute Couette Café ✵✵✵

Gîte du Passant *certifié*

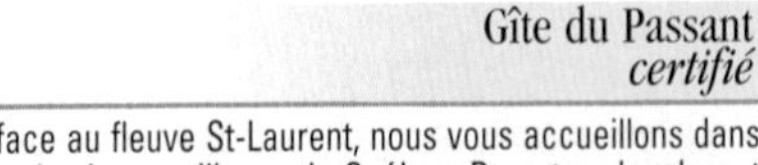

Situé face au fleuve St-Laurent, nous vous accueillons dans un des plus beaux villages du Québec. De votre chambre et de notre balcon, admirez les plus beaux couchers de soleil. Savoureux déjeuner servi avec vue sur le fleuve. Relaxez au rythme des vagues, humez l'air salin et écoutez le murmure de la chute, un moment inoubliable.

Aux alentours: piscine à l'eau de mer chauffée, piste cyclable, centre de santé, visite des îles, croisière.
Chambres: 3 avec vue magnifique sur le fleuve. 2 avec salle de bain privée. **5 ch. S. de bain privée(s) ou partagée(s)**
Forfaits: croisière, golf, ski de fond.
Ouvert: à l'année.
2 pers: B&B 65-90$ **1 pers B&B** 55-75$
Enfant (12 ans et –): B&B 15-20$
Taxes en sus. IT MC VS
Réduction: hors saison.

@ AC **Certifié: 2003**

Colbert Lebel et Francine Pelletier
408, route du Fleuve
Notre-Dame-du-Portage G0L 1Y0
Tél. (418) 862-5367 1-888-739-5367
Fax (418) 862-2548
www.chutecouettecafe.com
chute@qc.aira.com

200 km à l'est de Québec. Aut. 20 ou rte 132, sortie Notre-Dame-du-Portage. 1 km à l'est de l'église sur la route du Fleuve.

Notre-Dame-du-Portage
La Halte du Verger ✵✵✵✵

Gîte du Passant *certifié*

La Halte du Verger, cette demeure de campagne, où le bois est tout à l'honneur, vous offre le calme, la beauté et une atmosphère chaleureuse. Venez admirer nos majestueux couchers de soleil sur la terrasse extérieure tout en vous imprégnant de l'air salin. Nos déjeuners raviront les plus fins palais. Service de massothérapie sur place. P. 29.

Aux alentours: visite des îles, croisières aux baleines, théâtre, musées, golf et piscine à l'eau salée.
Chambres: confortables, lits queen ou double. **5 ch. S. de bain privée(s) ou partagée(s)**
Forfaits: charme, automne, croisière, détente & santé.
Ouvert: à l'année.
2 pers: B&B 65-90$ **1 pers B&B** 50-75$
Enfant (12 ans et –): B&B 15$
Taxes en sus. IT MC VS
Réduction: hors saison.

A @ **AV** AC **Certifié: 2003**

Yves Poussard
341, route de la Montagne
Notre-Dame-du-Portage G0L 1Y0
Tél. (418) 863-5726 1-866-863-5726
www.lahalteduverger.com
la.halte.duverger@qc.aira.com

Aut. 20, sortie 496, à l'arrêt, rte 132 à gauche, dir. Rivière-du-Loup à droite, environ 2 km à gauche côté fleuve.

Rimouski, Bic
La Maison Bérubé ☼☼☼☼

Gîte du Passant à la Ferme *certifié*

Louise Brunet et Marcel Bérubé
1216, boul. Saint-Germain, route 132
Rimouski G5L 8Y9
Tél. / Fax (418) 723-1578
www.giteetaubergedupassant.com/maisonberube
maisonberube@globetrotter.net

Aut. 20 est, rte 132 est. À la sortie est de Bic, au feu clignotant, rte 132 à gauche, 6,5 km. Du pont de la rivière Rimouski, 7 km.

Coup de Coeur du Public régional 2003. Une bicentenaire au charme d'antan. Pour jaser, un salon spacieux, une musique omniprésente et un vieux poêle à bois pour vous réchauffer. Si vous désirez le calme, le petit salon et son foyer vous apaiseront. Au petit-déj., produits régionaux à l'honneur. Dans votre assiette, les fleurs de la saison charmeront votre oeil et votre palais. P. 43.

Aux alentours: parc du Bic, Jardins de Métis, restos, théâtre, golfs, musées, croisières et une mer à contempler.
Chambres: chacune nous rappelle les enfants qui les ont habitées. Lits king ou queen.
3 ch. S. de bain privée(s).
Ouvert: à l'année.
2 pers: B&B 90$ **1 pers B&B** 65$
Enfant (12 ans et –): B&B 15$
Taxes en sus. MC VS

 **Certifié: 1993**

Rimouski, Pointe-au-Père
Auberge la Marée Douce ★★★

Auberge du Passant *certifiée*

Marguerite Lévesque et Fernand Dubé
1329, boul. Sainte-Anne
Pointe-au-Père G5M 1W2
Tél. (418) 722-0822
www.aubergelamareedouce.com

Aut. 20 est, rte 132 ou sortie 621 Pointe-au-Père.

Venez rêver de voyage dans cette demeure victorienne, construite vers 1860, à l'architecture exceptionnelle. Vous retrouverez l'authenticité des appliqués de plâtre, boiseries, foyer en marbre d'Italie, plafonniers, etc. Ce havre de paix vous permet d'admirer la mer et le spectacle flamboyant du coucher de soleil. Certifié Table aux Saveurs du Terroir[MD]. P. 29, 44.

Aux alentours: Musée de la mer, Portes de l'Enfer, Jardins de Métis, Golf l'Emprise, Golf des Saules.
Chambres: 7 avec vue sur la mer, 2 avec vue sur le jardin. **9 ch. S. de bain privée(s).**
Ouvert: mai à octobre.
2 pers: B&B 95-130$ **PAM** 160-185$
Taxes en sus. IT MC VS

Certifié: 1997

Rivière-du-Loup
Auberge la Sabline ☼☼☼☼

Gîte du Passant *certifié*

Monique Gaudet et Jean Cousineau
343, rue Fraser
Rivière-du-Loup G5R 5S9
Tél. (418) 867-4890
Fax (418) 867-1097
www.giteetaubergedupassant.com/sabline

Rte 132 entre Notre-Dame-du-Portage et Rivière-du-Loup. Aut. 20, sortie 503, à l'arrêt à gauche, 11e maison. Aut. 185, sortie 96, rte 132 ouest.

Venez vivre l'ambiance chaleureuse de ce manoir anglais construit en 1895 par un riche commerçant de fourrures. Situé dans le site patrimonial du Vieux St-Patrice, La Sabline vous charmera par son architecture et son grand terrain boisé. Les chambres spacieuses allient beauté et confort. Succulent déjeuner. Tout pour un séjour mémorable.

Aux alentours: piste cyclable, sentiers pédestres, tennis, golf, croisière, plage, piscine à l'eau de mer, théâtre.
Chambres: spacieuses et confortables. Lit queen et divan dans les chambres.
5 ch. S. de bain privée(s) ou partagée(s).
Ouvert: à l'année.
2 pers: B&B 78-98$ **1 pers B&B** 70-90$
Enfant (12 ans et –): B&B 10$
Taxes en sus. MC VS
Réduction: hors saison.

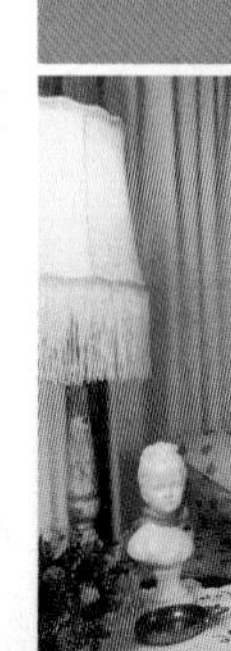

Rivière-du-Loup

Au Terroir des Basques

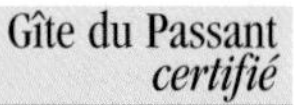

Gîte du Passant *certifié*

Marguerite Filion
197, rue Fraser
Rivière-du-Loup G5R 1E2
Tél. / Fax (418) 860-2001 Tél. 1-877-647-8078
www3.sympatico.ca/marpierre
marpierre@sympatico.ca

Aut. 20, sortie 503, à l'arrêt à droite, dir. rue Fraser, 1,4 km.

Coup de Cœur du Public régional 1997-98. «Eh qu'on est bien chez nous!». Maison coquette, meubles antiques, air climatisé, terrasse, jardin, vue sur le fleuve, pain et confitures maison. Près du traversier, croisière, musée, théâtre d'été, bons restaurants. Grand Prix du tourisme régional 1999. Pour partager notre bonheur, il ne manque que vous. **Certifié «Bienvenue cyclistes!MD».**

Aux alentours: Noël au Château, piste cyclable, golf, parc des Chutes, croisière aux baleines.

Chambres: Papillons, Colibris, Amoureux, Safari. Coquettes, pour vous séduire. **4 ch. S. de bain partagée(s).**

Ouvert: 1er mai au 31 octobre.

2 pers: B&B 68$ **1 pers B&B** 58$

Enfant (12 ans et –): B&B 10$

AC **Certifié: 2006**

Rivière-du-Loup

Les Rochers

Gîte du Passant *certifié*

Audrey Dionne, hôtesse
336, rue Fraser
Saint-Patrice-de-la-Rivière-du-Loup G5R 5S8
Tél. (514) 393-1417 (418) 868-1435
Fax (514) 393-9444
www.giteetaubergedupassant.com/rochers
chq@total.net

Rte 185, sortie 96, suivre les panneaux pour le traversier, au MacDo à gauche, 3 km à l'ouest de Riv.-du-Loup sur rte 132. Aut. 20, sortie Riv.-du-Loup, à l'arrêt à gauche, rte 132.

Résidence d'été du premier ministre du Canada, Sir John A. MacDonald de 1872 à 1891. Pour nos visiteurs, cette demeure historique offre une vue magnifique sur le fleuve Saint-Laurent, une ambiance paisible et de délicieux petits-déj. maison. Les couchers de soleil sont renommés. Nous parlons anglais et français. Maison non-fumeur.

Aux alentours: golf de Rivière-du-Loup (1km), Tennis Jutras (.5km), Le Petit Témis sentier (16km), baleines.

Chambres: hauts plafonds victoriens s'harmonisant avec les meubles intéressants. **5 ch. S. de bain privée(s) ou partagée(s).**

Ouvert: 24 juin au 6 septembre.

2 pers: B&B 90-105$ **1 pers B&B** 70-90$

IT MC VS

A **Certifié: 1998**

Rivière-du-Loup, St-Antonin

La Maison de mon Enfance

Gîte du Passant *certifié*

Roseline Desrosiers
718, chemin de Rivière-Verte
Saint-Antonin G0L 2J0
Tél. (418) 862-3624
Fax (418) 862-8969
www.infogp.com/maisonenfance
roselinedesrosiers@sympatico.ca

Au sud de Rivière-du-Loup, aut. 85, sortie 89 dir. St-Modeste, à l'arrêt, vous y êtes. De Rivière-du-Loup, rte 132 dir. Edmunston, rue Témiscouata, 5 km.

Située à 5 km de Rivière-du-Loup, «La Maison de mon Enfance» vous attend. De Québec, Charlevoix, Gaspé ou des Maritimes, c'est la halte idéale. Nombreux attraits et restos à proximité. Point de départ pour votre randonnée sur le Petit Témis, stationnement gratuit et abri pour vélos et motos. J'aurai plaisir à partager son histoire avec vous.

Aux alentours: piste cyclable Le Petit Témis, sentiers pédestres et d'interprétation, musées, croisières, golf.

Chambres: «époque 1950». Du lit simple au lit king, selon votre besoin... **5 ch. S. de bain partagée(s).**

Ouvert: à l'année. De septembre à juin, sur réservation.

2 pers: B&B 55-65$ **1 pers B&B** 45-55$

Enfant (12 ans et –): B&B 10$

VS

Réduction: long séjour.

AV **Certifié: 2006**

St-Alexandre, Kamouraska

Gîte des Fleurs ☼☼☼

Gîte du Passant *certifié*

Alice et Julien Ouellet
526, av. Marguerite D'Youville
Saint-Alexandre G0L 2G0
Tél. / Fax (418) 495-5500
www.giteetaubergedupassant.com/desfleurs

Aut. 20 est, sortie 488 dir. St-Alexandre, route 289. Après l'Église, av. Marguerite D'Youville.

Pour un accueil chaleureux et une maison spacieuse située au coeur du village... Notre gîte est un havre de tranquillité avec son grand terrain garni d'arbres fruitiers, de potagers et de jolies fleurs. Sans oublier notre grande verrière pour vous détendre. Copieux petit-déjeuner servi avec des confitures maison; un repas santé. Bienvenue!

Aux alentours: base de plein air Pohénégamook, escalade, kayak, croisières, camp musical, théâtre d'été, carillons.

Chambres: 2 avec lit queen. Très bien aménagées et 1 vaste chambre familiale. **3 ch. S. de bain partagée(s).**

Ouvert: à l'année.

2 pers: B&B 65$ **1 pers B&B** 45$

Enfant (12 ans et –): B&B 15$

Réduction: hors saison et long séjour.

AV AC **Certifié: 2001**

St-Alexandre, Kamouraska

La Maison au Toit Bleu ☼☼☼

Gîte du Passant *certifié*

Daria Dumont
490, avenue Saint-Clovis
Saint-Alexandre G0L 2G0
Tél. (418) 495-2701 (418) 495-2368
www.giteetaubergedupassant.com/maisonautoitbleu

Aut. 20 est, sortie 488 direction Saint-Alexandre, 1re maison à gauche à la jonction de la rte 230 (5 min de l'aut.).

Coup de Cœur du Public régional 2002 et 1994-95. Agréable séjour dans la belle maison ancestrale où vécut Marie-Alice Dumont, première photographe professionnelle de l'Est du Québec. Nourrissants petits-déjeuners dégustés devant la verrière de l'ancien studio. Présentation de photographies anciennes. Accueil plus que chaleureux.

Aux alentours: près des décors champêtres de Notre-Dame-du-Portage, Pohénégamook, Kamouraska...

Chambres: confortables avec cachet ancestral. **3 ch. S. de bain partagée(s).**

Ouvert: à l'année.

2 pers: B&B 65$

Enfant (12 ans et –): B&B 10$

ER

AV **Certifié: 1991**

St-Anaclet-de-Lessard

Le Gîte Repos et Santé ☼☼☼

Gîte du Passant *certifié*

Lyne Proulx et Jean-Marie Bouillon
55, 4e Rang Est
Saint-Anaclet-de-Lessard G0K 1H0
Tél. (418) 724-4822 1-866-724-4822
Fax (418) 721-5301
http://pages.globetrotter.net/repos.sante
repos.sante@globetrotter.net

Rte 132, Pointe-au-Père direction St-Anaclet-de-Lessard. Aut. 20, sortie 621, av. Père Nouvel, St-Anaclet-de-Lessard.

Située sur une ferme, notre maison familiale chaleureuse des années 1900, entièrement rénovée pour votre confort, vous fera découvrir la tranquillité de la campagne. Savoureux déjeuners servis avec confitures maison. Long séjour: massothérapie et soins du corps disponibles. Au plaisir de vous accueillir!

Aux alentours: Musée de la mer, Jardins de Métis, canyon, golf, parc du Bic, ski, traîneau à chiens, raquette.

Chambres: 2 lits doubles, 2 lits simples ou 1 lit queen. **3 ch. S. de bain partagée(s)**

Forfaits: charme, détente & santé, hiver, romantique.

Ouvert: à l'année.

2 pers: B&B 65$ **1 pers B&B** 50$

Enfant (12 ans et –): B&B 15$

Taxes en sus. AM MC VS

Réduction: long séjour.

A AV **Certifié: 2006**

St-André, Kamouraska
Auberge des Aboiteaux ☼☼☼☼

Gîte du Passant
certifié

Paul Beaulne et Sylvianne Guay
280, route 132 Ouest
Saint-André, Kamouraska G0L 2H0
Tél. (418) 493-2495
Fax (418) 493-2779
www.aubergedesaboiteaux.com
info@aubergedesaboiteaux.com

Aut. 20 ouest, sortie 465 dir. Kamouraska, rte 132 est à droite, 10 km. Aut. 20 est, sortie 480 dir. St-André-de-Kamouraska, rte 132 ouest à gauche, 5 km.

Au coeur de la campagne du Kamouraska, dans le décor majestueux des battures du fleuve St-Laurent et la féerie de ses îles, au pied d'un monadnock (crête rocheuse témoignant du passé géologique de la région), l'Auberge des Aboiteaux est un relais de campagne qui offre la tranquillité dans une atmosphère de simplicité et de chaleur. P. 30.

Aux alentours: sur la Route verte (vélo), 25 km de sentiers pédestres, escalade, kayak, 15 min de Kamouraska.
Chambres: douillettes avec vue sur le fleuve ou sur la montagne. **5 ch. S. de bain privée(s)**
Forfaits: charme, gastronomie, plein air.
Ouvert: du début mai à la fin octobre.
2 pers: B&B 91$ **PAM** 161$ **1 pers B&B** 86$ **PAM** 121$
Enfant (12 ans et –): B&B 25$ **PAM** 55$
Taxes en sus. IT MC VS

A ⊘ ✕ **Certifié: 2005**

St-André, Kamouraska
Auberge La Solaillerie ★★★

Auberge du Passant
certifiée

Isabelle Poyau et Yvon Robert
112, rue Principale
Saint-André, Kamouraska G0L 2H0
Tél. (418) 493-2914
Fax (418) 493-2243
www.aubergelasolaillerie.com
lasolaillerie@bellnet.ca

Aut. 20, sortie 480, dir. St-André (jusqu'au fleuve). À l'entrée du village, à droite. Ou accès direct par la route des Navigateurs (132). Située au centre du village.

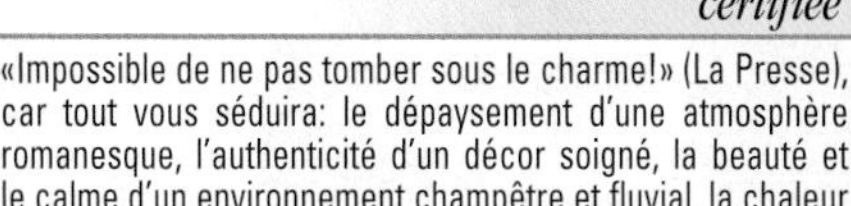

«Impossible de ne pas tomber sous le charme!» (La Presse), car tout vous séduira: le dépaysement d'une atmosphère romanesque, l'authenticité d'un décor soigné, la beauté et le calme d'un environnement champêtre et fluvial, la chaleur d'un accueil attentionné et le raffinement d'une grande table. Une auberge magnifique où l'on se sent bien. Certifié Table aux Saveurs du Terroir[MD]. **Certifié «Bienvenue cyclistes![MD]».** P. 38, 44.

Aux alentours: fleuve et campagne, sentiers pédestres, cyclisme, soins de santé, golf, croisières, musées, kayak.
Chambres: confort et atmosphère de charme, lit double ou queen, baignoire ou douche. **10 ch. S. de bain privée(s)**
Forfaits: détente & santé, régional, romantique.
Ouvert: de la fin de semaine de Pâques au 1er dimanche de janvier.
2 pers: B&B 95-135$ **1 pers B&B** 80-115$
Taxes en sus. IT MC VS

⊘ ✕ **AV** **Certifié: 1994**

St-André, Kamouraska
Le Pavillon Vert ☼☼☼☼

Gîte du Passant
certifié

Jocelyne Bélanger et Daniel Michaud
103, chemin Mississipi
Saint-André, Kamouraska G0L 2H0
Tél. (418) 493-2785
www.lepavillonvert.ca
duchim@videotron.ca

Aut. 20 est, sortie 480 dir. St-André. 1re intersection, chemin Mississipi à gauche, 1,7 km.

Dans le confort et la beauté d'une demeure ancestrale typique, suite sur deux étages avec une chambre, salon et salle de bain privée avec grande douche. Téléviseur, système audio/vidéo, prise téléphonique pour ordinateur, bibliothèque, table d'écriture, petit réfrigérateur. Un grand foyer en pierre occupe l'espace central du salon. Entrée privée.

Aux alentours: pistes cyclables, sentiers pédestres en montagne et en bordure de fleuve, kayak de mer, escalade.
Chambres: dans le comble, poutres et pierres, bibliothèque, lit double. **1 ch. S. de bain privée(s).**
Ouvert: 18 mai au 8 octobre.
2 pers: B&B 98$ **1 pers B&B** 88$
Enfant (12 ans et –): B&B 20$
IT VS

A ⊘ @ **Certifié: 2007**

St-Éloi
Au Vieux Presbytère ❋❋❋

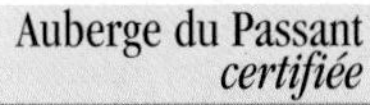
Auberge du Passant *certifiée*

Raymonde et Yvon Pettigrew
350, rue Principale Est
Saint-Éloi G0L 2V0
Tél. (418) 898-6147
Fax (418) 898-6148
http://vieuxpresbytere.iquebec.com
aubergeauvieux@qc.aira.com

Rte 132 est, 17 km, rte Saint-Eloi, 5 km, rue Principale est à gauche.

Au coeur du petit village de St-Eloi. Venez vivre avec nous l'histoire d'un magnifique presbytère qui vous fera revivre l'époque du temps. Endroit paisible loin des bruits de la grande route. Venez respirer l'air pur et admirer les merveilleux couchers de soleil sur le fleuve. Bienvenue aux enfants. Une nuit chez nous et vous serez aux anges.

Aux alentours: sentier pédestre, piste cyclable, théâtre, sentier de motoneige, musée.
Chambres: toutes les ch. ont un lavabo. Monseigneur, Vicaire, Prédicateur, Curé. **4 ch. S. de bain partagée(s).**
Ouvert: à l'année.
2 pers: B&B 55-65$ **1 pers B&B** 40-50$
Enfant (12 ans et –): B&B 10$
Taxes en sus. AM IT MC VS

AV Certifié: 1989

St-Fabien-sur-Mer
L'Accueillante ❋❋❋

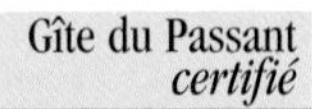
Gîte du Passant *certifié*

André Pagé
24, chemin à Grand-Papa
Saint-Fabien-sur-Mer G0L 2Z0
Tél. (418) 869-2032
Fax (418) 869-2979
www.laccueillante.com
laccueillante@globetrotter.net

Aut. 20, rte 132. À St-Fabien, au clignotant à gauche, chemin Grand-Papa à droite. Au bout du chemin.

St-Fabien-sur-Mer est un des plus beaux coins de villégiature du Bas-St-Laurent. Notre site pittoresque vous offre une vue imprenable sur le fleuve et ses magnifiques couchers de soleil. Que ce soit pour vos vacances estivales ou pour vos moments de détente en d'autres temps de l'année, nous sommes dévoués à rendre votre séjour mémorable. **Certifié «Bienvenue cyclistes![MD]».**

Aux alentours: parc national du Bic, théâtres, galeries d'art, golf, équitation, kayak et excursions en mer.
Chambres: certaines avec vue sur la mer, lit douillet queen, double, décor invitant. **3 ch. S. de bain partagée(s)**
Forfaits: gastronomie, golf, plein air.
Ouvert: à l'année.
2 pers: B&B 70-85$ **1 pers B&B** 60-75$
Enfant (12 ans et –): B&B 15$
Taxes en sus.
Réduction: hors saison et long séjour.

A @ AV Certifié: 2006

St-Jean-de-Dieu
La Ferme Paysagée ❋❋❋

Gîte du Passant à la Ferme *certifié*

Gabrielle et Régis Rouleau
121, route 293 Sud
Saint-Jean-de-Dieu G0L 3M0
Tél. (418) 963-3315
http://ferme-paysagee.com
rouls@globetrotter.net

Rte 132 est dir. Trois-Pistoles, rte 293 sud jusqu'à St-Jean-de-Dieu. 4 km après l'église.

À 20 min du fleuve Saint-Laurent, nous vous invitons à séjourner sur une ferme laitière. Venez cajoler nos petits animaux: chevreuils, lamas, moutons, chèvres, bernaches, paons... Notre spécialité : un déjeuner avec crêpes au sirop d'érable, pain maison, confitures... pour une chaude atmosphère et nourriture saine. Bienvenue aux familles. P. 43.

Aux alentours: golf, baignade, équitation, visite de châteaux de canettes.
Chambres: spacieuses et ancestrales. **3 ch. S. de bain partagée(s)**
Forfaits: à la ferme, golf, vélo.
Ouvert: à l'année.
2 pers: B&B 50$ **PAM** 70$ **1 pers B&B** 35$ **PAM** 45$
Enfant (12 ans et –): B&B 5-15$ **PAM** 5-15$

@ AC Certifié: 1987

St-Louis-du-Ha! Ha!
Au Beau-Séjour ☼☼☼☼

Gîte du Passant *certifié*

Coup de Coeur du Public régional 2006. À 500 km de Montréal, sur la route des Maritimes, maison patrimoniale nichée au cœur des montagnes et offrant un point de vue inoubliable. L'accueil chaleureux des hôtes, le calme, le confort et la propreté vous donneront le goût d'y revenir. Coup de Coeur du Public régional 2000 et 2006. Lauréat du Gala de l'entreprise Témiscouataine 2003. P. 28.

Aux alentours: piste cyclable Le Petit Témis, club de golf du Témis, observatoire Aster, Roseraie du Témiscouata.
Chambres: décor soigné, panorama, lit double ou queen, peignoirs. 2 ch. avec lavabo. **4 ch. S. de bain partagée(s)**
Forfaits: golf, vélo.
Ouvert: à l'année.
2 pers: **B&B** 70-80$ **1 pers** **B&B** 55$
Enfant (12 ans et –): **B&B** 15$
VS

A ⊘ @ **AV** **Certifié: 1999**

Louiselle Ouellet et Paul Gauvin
145, rang Beauséjour
Saint-Louis-du-Ha! Ha! G0L 3S0
Tél. (418) 854-0559
Fax (418) 854-2691
www.gitebeausejour.com
lgauvin@sympatico.ca

À Rivière-du-Loup, rte 185 sud, 56 km. Au feu clignotant, dir. St-Elzéar à droite. 1,6 km, rang Beauséjour à gauche.

St-Pacôme
Auberge Comme au Premier Jour ☼☼☼

Auberge du Passant *certifiée*

Ancien presbytère de 1868 entièrement rénové. Classée monument patrimonial, notre auberge possède une architecture exceptionnelle et des intérieurs chaleureux tout en offrant un hébergement douillet et des repas de fine cuisine régionale. Une des meilleures tables de la région! Ambiance apaisante, tout pour le romantisme et le plaisir de vivre. Certifié Table aux Saveurs du Terroir[MD]. P. 16, 45.

Aux alentours: golf, pêche au saumon, vélo, sentiers pédestres, belvédère, ski, vin artisanal, circuit patrimonial.
Chambres: reposantes, identifiées au pianiste André Gagnon, lit double ou queen. **5 ch. S. de bain privée(s) ou partagée(s)**
Forfaits: charme, gastronomie, golf, plein air.
Ouvert: à l'année.
2 pers: **B&B** 73-115$ **PAM** 135-180$ **1 pers** **B&B** 65-110$ **PAM** 90-135$
Enfant (12 ans et –): **B&B** 15$
Taxes en sus. IT MC VS
Réduction: long séjour.

A ⊘ ✕ **AV** **Certifié: 2005**

Doris Parent et Jean Santerre
224, boul. Bégin
Saint-Pacôme G0L 3X0
Tél. (418) 852-1377
www.aubergecommeaupremierjour.com
commeaupremierjour@bellnet.ca

Aut. 20, sortie 450 dir. St-Pacôme. À l'église, boul. Bégin, se garer à l'arrière de l'église.

Ste-Luce-sur-Mer
Auberge de l'Eider

Auberge du Passant *certifiée*

Auberge balnéaire située directement sur la plage de Ste-Luce. Oasis de paix en harmonie avec les cadences de la mer. Venez vivre des moments magiques «image et son» en témoignant des plus beaux couchers de soleil. Salle à manger dans la verrière côté mer pour le petit-déj. 2 terrasses pour la détente. Randonnée sur 2 km de plage en sable fin.

Aux alentours: Jardins de Métis, Musée de la mer, golfs, parc du Bic, kayak de mer, vélo, patins à roues alignées.
Chambres: toutes avec vue sur la mer. **19 ch. S. de bain privée(s).**
Ouvert: 15 juin au 15 septembre.
2 pers: **B&B** 70-125$
Taxes en sus. MC VS
Réduction: hors saison.

A ⊘ **Certifié: 1995**

Maurice Gendron et Johanne Cloutier
90, route du Fleuve Est
Sainte-Luce-sur-Mer G0K 1P0
Tél. (418) 739-3535
Tél. / Fax (450) 448-5110
www.geocities.com/aubergedeleider

Aut. 20 est, sortie Ste-Luce à gauche, tout droit, au feu de circulation, en bas de la côte, arrêt à droite, 1,5 km.

Ste-Luce-sur-Mer

La Maréchante ☀☀☀☀

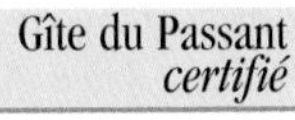

Ghislaine Beaulieu
36, route du Fleuve Ouest
Sainte-Luce-sur-Mer G0K 1P0
Tél. (418) 739-5393
Fax (418) 739-5065
www.giteetaubergedupassant.com/marechante
marechante@globetrotter.net

Aut 20, rte 132, à Ste-Luce au bar laitier, rte du Fleuve. Face au bureau de poste et au marché Ste-Luce.

Située sur les rives du St-Laurent, notre maison, construite en 1915, est d'inspiration éclectique et en partie néo-renaissance italienne par sa corniche. Une plage privée et même une terrasse sur le toit d'où vous pourrez admirer nos magnifiques couchers de soleil...

Aux alentours: Jardins de Métis, Musée de la mer, Canyon des Portes de l'Enfer, parc du Bic, traversier Côte-Nord.
Chambres: grandes et bien éclairées pour vous accueillir et apprécier votre séjour. **4 ch. S. de bain partagée(s).**
Ouvert: à l'année.
2 pers: B&B 85-90$ **1 pers B&B** 75$
Enfant (12 ans et –): B&B 20-25$
Taxes en sus. IT MC VS

Certifié: 2004

Ste-Luce-sur-Mer

Maison des Gallant ☀☀☀☀

Gîte du Passant
certifié

Nicole Dumont et Jean Gallant
40, route du Fleuve Ouest
Sainte-Luce-sur-Mer G0K 1P0
Tél. (418) 739-3512 1-888-739-3512
www.giteetaubergedupassant.com/gallant
jean.gallant@cgocable.ca

À mi-chemin entre Rimouski et Mont-Joli par la rte 132. Entrer dans le pittoresque village de Ste-Luce en longeant le fleuve. À 0,2 km, à l'ouest de l'église, côté fleuve.

Coup de Coeur du Public régional 2004. Sur les rives du St-Laurent, notre maison de 1920 aux coloris champêtres charme par son grand jardin fleuri et sa plage privée. Déj. créatif «accroche l'oeil» qui ravive l'appétit du matin. Gazebo pour détente. Spa à l'eau salée sur terrasse (2e étage). Le soir, spectacle inoubliable; admirez le soleil embrasser la mer. Invitation pour l'apéro.

Aux alentours: Jardins de Métis, parc du Bic, traversier vers la Côte-Nord. Restos & bistros à saveurs régionales.
Chambres: magnifiquement décorées avec meubles antiques. **3 ch. S. de bain partagée(s).**
Ouvert: à l'année.
2 pers: B&B 75-90$ **1 pers B&B** 65-80$
Enfant (12 ans et –): B&B 20$

A @ **Certifié: 1998**

Ste-Luce-sur-Mer

Moulin Banal du Ruisseau à la Loutre ☀☀☀☀

Gîte du Passant
certifié

Sylvie Dubé et Gervais Sirois
156, route du Fleuve Ouest
Sainte-Luce-sur-Mer G0K 1P0
Tél. (418) 739-3076 (418) 750-3741
www.cedep.ca
gsirois@cgocable.ca

Entre Rimouski et Ste-Flavie par la route 132. Après Pointe-au-Père, route du Fleuve à gauche, 1.5 km, côté fleuve.

Témoin de l'époque seigneuriale, construit en 1848, il en impose par son architecture en pierre et par sa situation; un ruisseau longe le côté ouest et le fleuve est à ses pieds. Grand terrain, plage privée et terrasse permettent un repos des plus vivifiants. Déjeuners variés à saveur maison et régionale servis à la grande salle communautaire. P. 30.

Aux alentours: parc du Bic, Jardins de Métis, musées, 4 terrains de golf, traversier vers la côte nord, kayak, vélo
Chambres: murs en pierre et de bois avec vue sur le fleuve. Lit queen. **3 ch. S. de bain privée(s) ou partagée(s).**
Ouvert: 1er juin au 30 octobre.
2 pers: B&B 90-100$ **1 pers B&B** 80-90$
Taxes en sus. IT MC VS

Information supplémentaire sur l'hébergement à la ferme

Rimouski, Bic
La Maison Bérubé

Gîte du Passant à la Ferme *certifié*

Activités: Durant la belle saison, je vous invite à participer aux travaux de la ferme: traite des vaches, soin des animaux, cueillette des oeufs, fenaison, moisson, jardinage, etc. Si ces travaux s'avèrent trop durs, je vous propose une balade dans les champs ou au fleuve. P. 35.

Animaux: La Ferme Flots Bleus est une ferme laitière. Le troupeau comprend 35 vaches laitières pur sang, pour un total de 70 têtes de bétail, incluant les taures et les veaux.

1216, boul. Saint-Germain, route 132, Rimouski
Tél. / Fax (418) 723-1578
www.giteetaubergedupassant.com/maisonberube
maisonberube@globetrotter.net

St-Jean-de-Dieu
La Ferme Paysagée

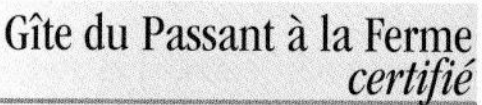

Gîte du Passant à la Ferme *certifié*

Activités: Respirez le grand air de la campagne, tout en allant chercher les vaches au pâturage et en participant à l'initiation de la traite des vaches. Vous pourrez aussi aller nourrir les petits animaux et ramasser les oeufs frais des poules et des cailles. P. 40.

Animaux: Chevreuils, lamas, faisans dorés, poules, poney, moutons, chèvres, lapins, cailles, vaches, paons.

121, route 293 Sud, Saint-Jean-de-Dieu
Tél. (418) 963-3315
http://ferme-paysagee.com
rouls@globetrotter.net

Bic, Le
Auberge du Mange Grenouille

Table aux Saveurs du Terroir
certifiée

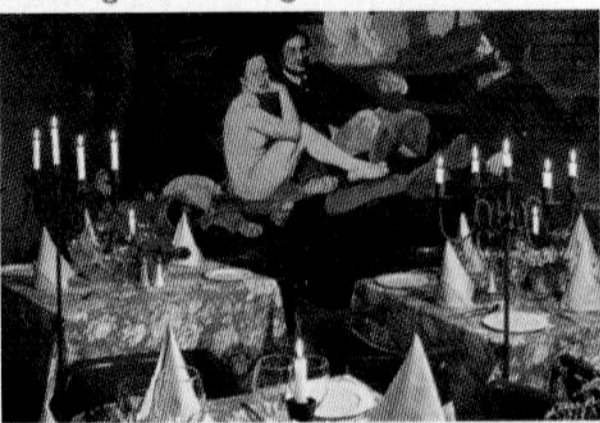

148, rue Ste-Cécile, Le Bic
Tél. (418) 736-5656
Fax (418) 736-5657
www.aubergedumangegrenouille.qc.ca
admg@globetrotter.net

Sitôt le seuil franchi, le voyageur se voit transporté dans une autre époque, un univers artistique où tout est grâce et élégance. Sa réputation est faite de cette chaleur humaine et de l'excellence de sa table confirmant l'amour et la passion qui animent ses artisans-concepteurs. P. 31 et endos de la carte géographique au début du guide.

Spécialités : Une expérience gustative incontournable, basée sur nos produits régionaux, pour gourmets parcourant le monde à la recherche de nouveaux terroirs et d'expériences culinaires.

Repas offerts : soir. Réservation recommandée.

Cabano
Auberge du Chemin Faisant

Table aux Saveurs du Terroir
certifiée

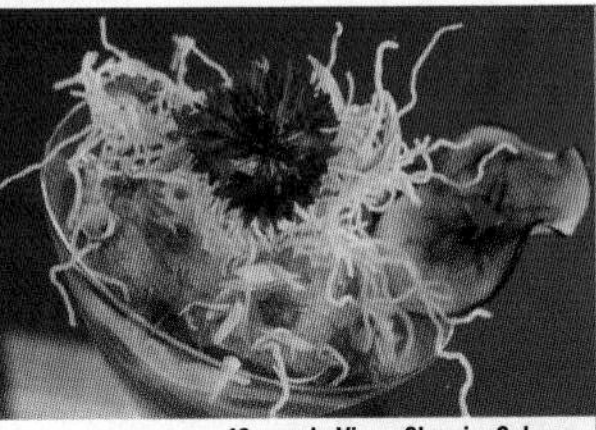

12, rue du Vieux Chemin, Cabano
Tél. / Fax (418) 854-9342 Tél. 1-877-954-9342
www.cheminfaisant.qc.ca
info@cheminfaisant.qc.ca

L'équilibre des goûts, des saveurs, des couleurs et des textures, la création d'une assiette comme une oeuvre artistique, une carte des vins recherchée, la mise à contribution de tous vos sens pour une expérience sensorielle extraordinaire. Voici la table que nous vous proposons. P. 31.

Spécialités : Produits du terroir québécois influencés par les tendances internationales. Fruits de mer, gibiers, porc du Québec, foie gras mis en valeur dans nos festivals gastronomiques.

Repas offerts : soir. Réservation recommandée.

Rimouski, Pointe-au-Père
Auberge la Marée Douce

Table aux Saveurs du Terroir
certifiée

1329, boul. Sainte-Anne, Pointe-au-Père
Tél. (418) 722-0822
www.aubergelamareedouce.com

Après une journée remplie de découvertes, les bonnes fourchettes sauront apprécier un bon repas à notre table. Pour le plaisir de l'oeil, notre salle à manger vous permet de contempler la mer et ses couchers de soleil. P. 29, 35.

Spécialités : Les hors-d'oeuvre, langues de morue, bouillabaisse, fruits de mer, crabe des neiges, agneau, etc. Les grands crus de notre cave à vin sauront agrémenter nos petits plats.

Repas offerts : soir. Réservation recommandée.

St-André, Kamouraska
Auberge La Solaillerie

Table aux Saveurs du Terroir
certifiée

112, rue Principale, Saint-André, Kamouraska
Tél. (418) 493-2914
Fax (418) 493-2243
www.aubergelasolaillerie.com
lasolaillerie@bellnet.ca

Cuisine créative, généreuse et authentique, mettant en valeur les meilleurs produits de notre terroir. Une «destination gastronomique incontournable» concoctée par le «chef-artiste» Yvon Robert (Le Soleil). Grand Prix de la Gastronomie régional 2004 et national 2002. P. 38, 39.

Spécialités : Agneau, canard, lapin, fruits de mer, légumes bio de notre potager et des maraîchers locaux, saumon fumé de notre fumoir, champignons sauvages, plantes du bord de mer.

Repas offerts : soir. Réservation recommandée.

St-Pacôme

Auberge Comme au Premier Jour

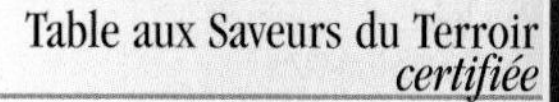

224, boul. Bégin, Saint-Pacôme
Tél. (418) 852-1377
www.aubergecommeaupremierjour.com
commeaupremierjour@bellnet.ca

Deux salles à manger intimes, ambiance feutrée, service et accueil personnalisés, propice à la détente. Les produits du terroir sont à l'honneur. Excellente table! Menu «Bistro». P. 16, 41.

Spécialités : Goûtez l'agneau du Kamouraska, le foie gras, le canard de Bellechasse, les gibiers du Québec et laissez la mer vous charmer de ses arrivages. Légumes biologiques de la région.

Repas offerts : soir. Réservation recommandée.

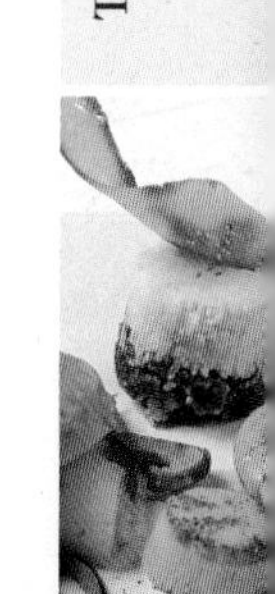

Auclair

Le Domaine Acer

Relais du Terroir *certifié*

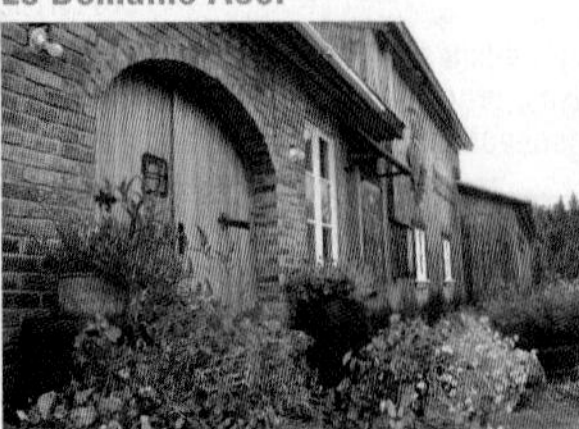

Vallier Robert et Nathalie Decaigny
145, route du Vieux Moulin
Auclair, G0L 1A0

Tél. (418) 899-2825
Fax (418) 899-6620
www.agricotours.qc.ca/domaineacer
robert.vallier@sympatico.ca

Aut. 20 est, rtes 85, 185 et 295. Rtes 232 et 295.

IT MC VS

Ouvert: à l'année. Voir l'horaire dans la section services.

A ♿ ● **Certifié: 2005**

De l'érable aux boissons alcoolisées, en passant par les objets d'autrefois, les caves de vieillissement et les recettes de chefs renommés, découvrez comment un savoir-faire traditionnel évolue en produits haut de gamme et novateurs. Bois, briques, meubles anciens, jardinet de vivaces, autant d'aménagements superbes au sein de l'érablière.

Produits: Les spécialités de la maison - les acéritifs «Val Ambré» et «Charles-Aimé Robert», respectivement de type Pineau des Charentes et porto, l'acer blanc sec «Prémices d'Avril» et l'acer brut mousseux «Mousse des Bois» - forment la collection acer, à savoir 4 boissons alcoolisées issues de la sève d'érable. Les acéritifs vieillissent 3 ans en fûts de chêne.

D'autres dérivés de l'érable sont également offerts: beurre aux noix de Grenoble ou nature, gelées, sucres dur, fin ou en pépites, sirop, tire, ainsi que 5 variétés de chocolats belges truffés de «Charles-Aimé Robert» ou fourrés de l'un de nos beurres ou de pépites. En petit ou grand format, nos produits présentés sur plateaux de bois font de prestigieux cadeaux.

Activités: Visite commentée: ÉCONOMUSÉE® de l'érable, spécialité boissons alcoolisées. Découverte des procédés de transformation de la sève d'érable en sirop et en boissons alcoolisées. Tournée des caves de vieillissement. Dégustation.

Services: Boutique de vente des produits. Tables de pique-nique. Idées cadeaux, aussi pour le corporatif. Horaire: à l'année du lundi au vendredi de 9h à 17h. Visite guidée fin mars à mi-octobre du lundi au dimanche de 9h à 17h ou 18h* (*du 24 juin au 4 septembre).

Aux alentours: piste cyclable «Petit Témis», sentier national, lac Témiscouata, ÉCONOMUSÉE®, herboristerie, jardin.

Cantons-de-l'Est

Le charme au pied des vallons...

Les Cantons-de-l'Est, un écrin de beauté parsemé de petits villages patrimoniaux de style anglo-saxon. Entre de gracieux vallons vous attendent de pittoresques panoramas enjolivés de lacs, de rivières, de forêts et de montagnes.

Lieu de villégiature recherché à moins d'une heure de Montréal et longeant la frontière des États-Unis sur plus de 300 km, les Cantons-de-l'Est offrent une gamme variée d'activités. Située dans les contreforts des Appalaches, la région compte un grand nombre de sentiers pédestres, de ski de fond et de raquettes, des centres de ski alpin et des pistes cyclables.

Et que dire de ses charmants villages historiques parsemés de jolies églises catholiques et de chapelles anglicanes, de prestigieuses résidences du XIXe siècle de style victorien ou vernaculaire américain et de ces énigmatiques granges rondes et jolis ponts couverts qui surgissent du passé? Bref, que vous soyez un amant de plein air ou d'histoire, mais aussi de théâtre d'été, de festivals, de boutiques, d'antiquaires, de terroir ou de gastronomie... vous y reviendrez! À l'automne, les couleurs sont si belles qu'on ne peut s'en lasser.

À l'Ancestrale B&B, Magog

Saveurs régionales

Deux produits vedettes : le canard et le vin. Qu'il prenne la forme de saucisse, de foie gras ou de confit, le canard du lac Brome a acquis une réputation internationale. Alors que le vin est une belle trouvaille que l'on découvre en parcourant La Route des vins. On consacre même un événement à ces deux produits « Canards, vins et cie » (fin septembre). Depuis plusieurs générations, les vergers, cidreries, vignobles, érablières, petits fruits, poissons et gibiers font aussi la joie des gastronomes. Se sont ajoutés, entre autres, les produits des chocolatiers, pâtissiers et fromageries, dont l'Abbaye de Saint-Benoît-du-Lac, fondée en 1913 par des moines bénédictins.

Aux Jardins Champêtres, Magog

Produits du terroir à découvrir et déguster

- Cidre de glace, cidre de glace pétillant et le Signature Réserve Spéciale du *Domaine Pinnacle*. P. 83.
- Foie gras frais, cuit ou au torchon, confits, rillettes, terrines et pâtés de canard de *La Girondine*. P. 83.
- Petits fruits frais et transformés du *Verger Champêtre*. P. 84.
- Vins, apéritifs, mousseux, gelées, vinaigrettes et chocolats du *Vignoble le Cep d'Argent*. P. 84.
- Viande d'agneau et plats cuisinés de la *Ferme le Seigneur des Agneaux et Asinerie du Rohan*. P. 85.

La région compte sept (7) Tables aux Saveurs du Terroir^MD et quatre (4) Tables Champêtres^MD certifiées. Une façon originale de découvrir les saveurs de la région ! (P. 79.)

Peter Quine

Agricotours

Cantons-de-l'Est

Le saviez-vous?

Ici l'expérience québécoise vinicole est tellement surprenante et la concentration de vignobles si unique, qu'on peut en conclure que l'enthousiasme l'a remporté sur la rudesse des saisons. Bien que la région bénéficie d'un microclimat et d'un sol propice à la culture de la vigne, les viticulteurs doivent parfois même louer des hélicoptères pour sauver leurs vignes du gel. Les pales des hélices qui créent une circulation d'air empêchent le gel au sol aux moments critiques (mois de mai).

Peter Quine

Clin d'œil sur l'histoire

Certains descendants de colons britanniques vinrent s'installer dans la région que l'on nommait « Eastern Townships » à la fin du XVIIIe siècle. Alors que la Nouvelle-France est sous domination anglaise, la guerre d'indépendance des États-Unis entraîne la persécution et la confiscation des terres des Loyalistes, nommés ainsi pour leur fidélité à la Couronne britannique et leur refus de participer à la guerre. Des terres, divisées en cantons, leur furent octroyées et ils y fondèrent des villages. S'explique alors la présence d'un riche patrimoine architectural anglo-saxon, même si aujourd'hui la population est à plus de 94% francophone.

Zoo de Granby

Quoi voir? Quoi faire?

Mine Cristal Québec (Bonsecours).

Musée du Chocolat (Bromont) et Musée Beaulne (Coaticook).

Lieu historique national du Canada de Louis-S.-St-Laurent (Compton).

Arbre Aventure (Eastman).

Zoo de Granby et parc aquatique Amazoo.

Centre d'arts Orford : concerts, expositions.

Mine Capelton, renversant! (North Hatley).

L'ASTROlab, centre d'interprétation en astronomie (Notre-Dame-des-Bois).

Centre d'Art (Richmond) et Musée Incroyable (Saint-Adrien).

Abbaye de Saint-Benoît-du-Lac.

Musée de la Nature et des Sciences et quartier du parc Mitchell (Sherbrooke).

Musée Missisquoi et Jardins à Fleur d'Eau (Stanbridge East).

Moulin à laine d'Ulverton, Musée J. Armand Bombardier (Valcourt) et La Poudrière de Windsor.

Route des vins (route 202 Ouest, entre Dunham et Stanbridge).

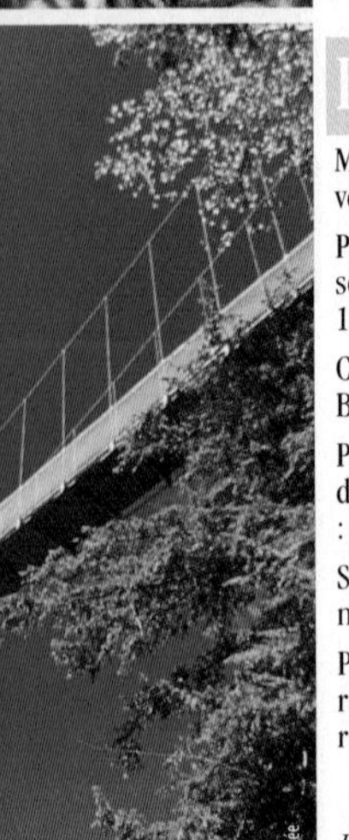

Paul Laramée

Faites le plein de nature

Mont Bromont : ski alpin, glissades d'eau, vélo de montagne…

Parc de la Gorge de Coaticook : vélo, sentiers pédestres et une passerelle de 169 m.

Centre d'interprétation de la nature du lac Boivin (Granby).

Parcs nationaux de la Yamaska (Granby), de Frontenac (Lambton) et du Mont-Orford : plage, canot, marche, vélo…

Station touristique Owl's Head : ski, golf, marche (Mansonville).

Parc national du Mont-Mégantic : randonnée pédestre, ski de fond ou raquette, 50 km (Notre-Dame-des-Bois).

Mont Ham-Sud : 18 km de sentiers pédestres, patin...

Raquette au Pic Chapman, situé dans le massif des monts Stoke.

Parc régional Mont-Sutton : raquette, ski alpin et de fond, sentiers pédestres

Envie de vélo ? Asbestos et sa région : La Campagnarde (79 km), L'Estriade (22 km), La Montérégiade (48 km), La Montagnarde (50 km), Réseau Les Grandes-Fourches (124 km), La Cantonnière (77 km)…

Randonnée pédestre : Sentiers de L'Estrie (160 km), Sentiers Frontaliers (96 km)…

Plusieurs golfs et plages, dont celle du Lac Memphrémagog.

Pour plus d'information sur la région des Cantons-de-l'Est : 1-800-355-5755
www.cantonsdelest.com

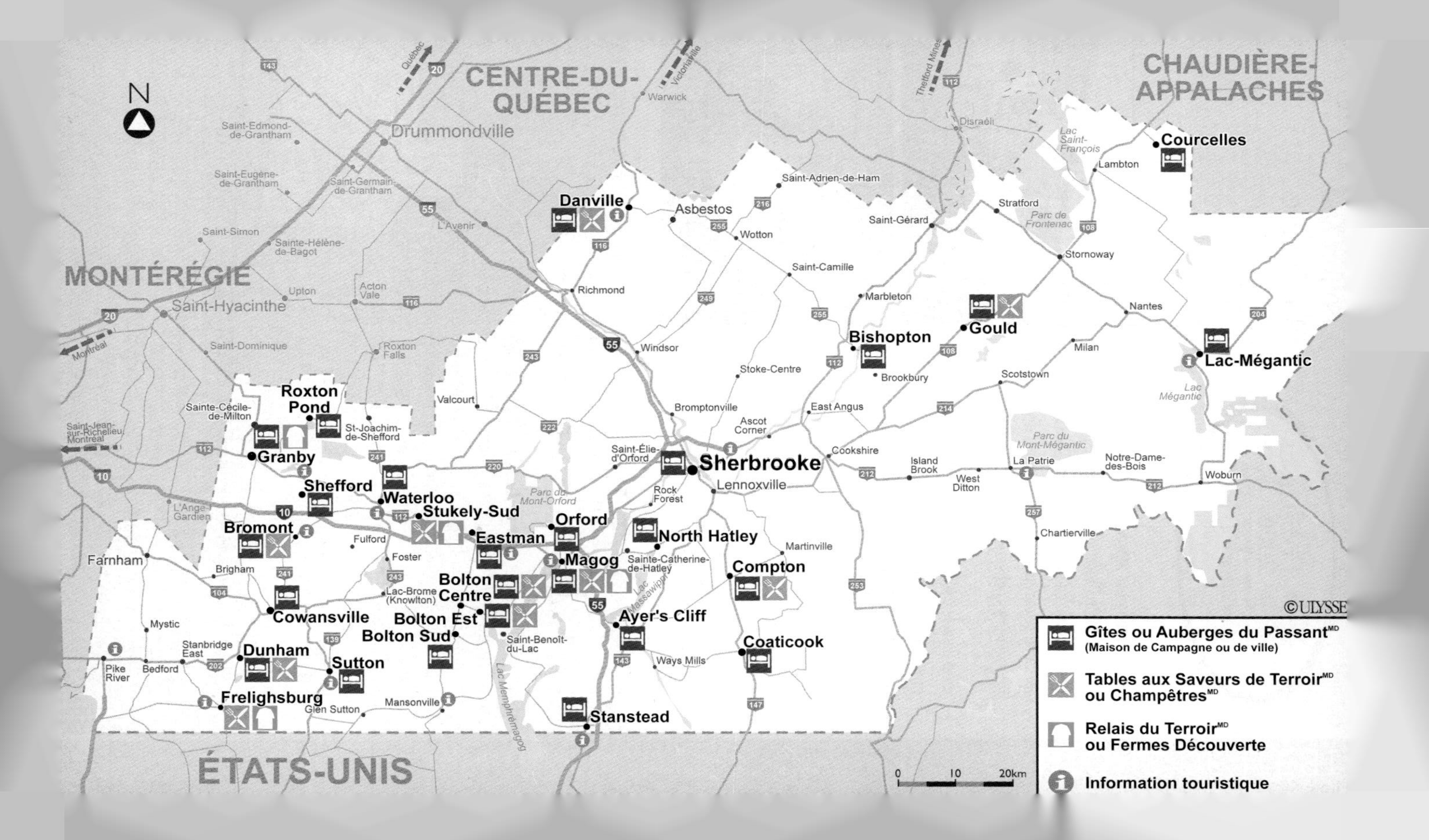
CHAUDIÈRE-APPALACHES
CENTRE-DU-QUÉBEC
MONTÉRÉGIE
ÉTATS-UNIS
N
Québec
Victoriaville
Thetford Mines
Montréal
Drummondville
Warwick
Disraëli
Lac Saint-François
Courcelles
Lambton
Saint-Edmond-de-Grantham
Saint-Eugène-de-Grantham
Saint-Germain-de-Grantham
Saint-Simon
Sainte-Hélène-de-Bagot
L'Avenir
Danville
Asbestos
Saint-Adrien-de-Ham
Stratford
Parc de Frontenac
Saint-Gérard
Wotton
Stornoway
Saint-Camille
Richmond
Upton
Acton Vale
Saint-Hyacinthe
Saint-Dominique
Roxton Falls
Marbleton
Nantes
Gould
Bishopton
Brookbury
Lac-Mégantic
Lac Mégantic
Milan
Windsor
Stoke-Centre
Scotstown
Valcourt
Roxton Pond
Sainte-Cécile-de-Milton
St-Joachim-de-Shefford
Saint-Jean-sur-Richelieu Montréal
Bromptonville
East Angus
Ascot Corner
Granby
Saint-Élie-d'Orford
Sherbrooke
Cookshire
Island Brook
La Patrie
Parc du Mont-Mégantic
Notre-Dame-des-Bois
Woburn
Shefford
Waterloo
Lennoxville
West Ditton
Parc du Mont-Orford
Rock Forest
L'Ange-Gardien
Stukely-Sud
Orford
Bromont
Eastman
North Hatley
Chartierville
Fulford
Martinville
Farnham
Foster
Magog
Sainte-Catherine-de-Hatley
Brigham
Compton
Lac-Brome (Knowlton)
Bolton Centre
Lac Massawippi
Cowansville
Bolton Est
Ayer's Cliff
Mystic
Bolton Sud
Saint-Benoît-du-Lac
Coaticook
Stanbridge East
Dunham
Sutton
Pike River
Bedford
Ways Mills
Frelighsburg
Glen Sutton
Mansonville
Lac Memphrémagog
Stanstead
©ULYSSE
Gîtes ou Auberges du Passant[MD]
(Maison de Campagne ou de ville)
Tables aux Saveurs de Terroir[MD] ou Champêtres[MD]
Relais du Terroir[MD] ou Fermes Découverte
Information touristique
0 10 20km

Bolton Sud

La Tanière

30, chemin Cameron
J0E 1G0
(450) 292-0571
info@lataniere.qc.ca
www.lataniere.qc.ca
P. 57

La Fédération des Agricotours du Québec* est fière de rendre hommage à l'hôtesse Marthe Beirnaert, du gîte LA TANIÈRE, qui s'est illustrée de façon remarquable par son accueil de tous les jours envers sa clientèle.

C'est dans le cadre des Prix de l'Excellence 2006 que la propriétaire de cet établissement, certifié Gîte du Passant[MD] depuis 2005, s'est vu décerner le « Coup de Cœur du Public régional » des Cantons-de-l'Est.

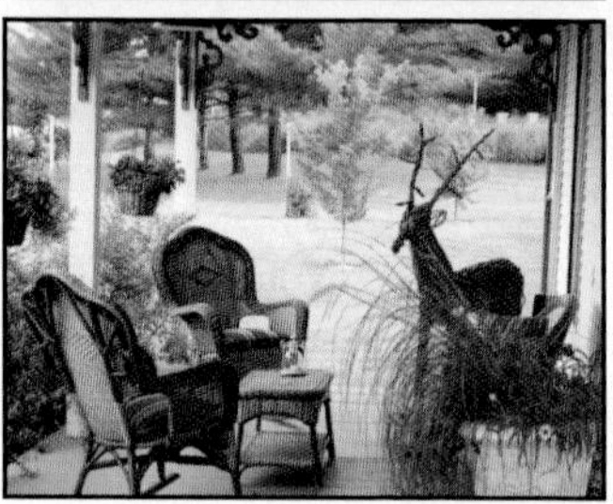

Félicitations !

**La Fédération des Agricotours du Québec est propriétaire des marques de certification : Gîte du Passant[MD], Auberge du Passant[MD], Maison de Campagne ou de Ville, Table Champêtre[MD], Relais du Terroir[MD] et Ferme Découverte.*

Merci au nom des lauréats!

Chaque année, les fiches d'appréciation permettent de décerner le Prix de l'Excellence, dans la catégorie « Coup de Cœur du Public », aux établissements qui se sont démarqués de façon remarquable par leur accueil. En remplissant une fiche d'appréciation, vous contribuez non seulement à maintenir la qualité constante des services offerts, mais également à rendre hommage à tous ces hôtes.

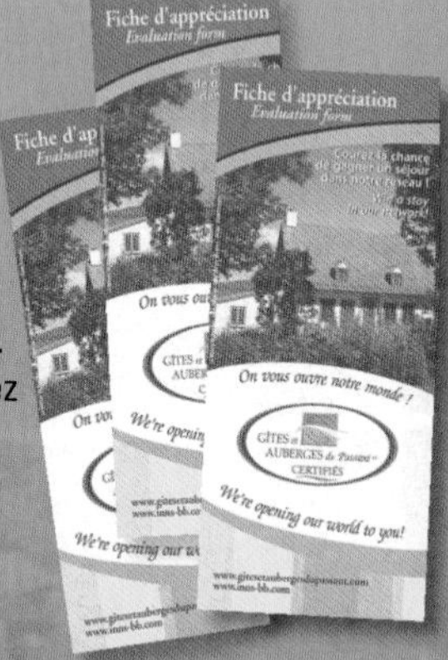

COUREZ LA CHANCE DE GAGNER UN SÉJOUR !

Chacune des fiches d'appréciation , vous donne la chance de gagner un séjour de 2 nuits pour 2 personnes dans un « Gîte ou une Auberge du Passant[MD] » de votre choix.
La fiche d'appréciation est disponible dans tous les établissements certifiés et sur Internet :
www.gitesetaubergesdupassant.com

Sherbrooke

Au Marquis de Montcalm, gîte & spa

797, rue du Général-De Montcalm
J1H 1J2
(819) 823-7773 1-866-421-7773 Fax: (819) 562-9294
info@marquisdemontcalm.com
www.marquisdemontcalm.com
P. 73.

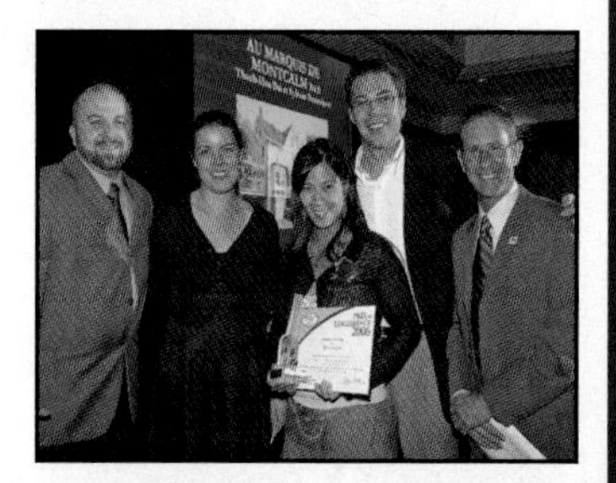

La Fédération des Agricotours du Québec* est fière de rendre hommage aux hôtes Thanh-Hoa Bui et Sylvain Beauséjour, du gîte AU MARQUIS DE MONTCALM, qui se sont illustrés de façon remarquable dans leurs efforts à développer, promouvoir et offrir une prestation de qualité.

C'est dans le cadre des Prix de l'Excellence 2006 que les propriétaires de cet établissement, certifié Gîte du Passant[MD] depuis 2005, se sont vu décerner la « Mention spéciale du jury » dans la catégorie Réalisation du volet hébergement.

« Le comité jury tient à souligner, par une mention spéciale, les efforts d'un candidat qui a su développer une offre qui non seulement apporte harmonie, détente et confort à leurs invités, mais les convie à vivre une expérience unique. Leur réalisation, axée sur la qualité de l'environnement, reflète ce souci à tous les égards. Et quoi de mieux que d'offrir un volet santé par un service de massothérapie, un spa, ainsi que des forfaits avec des restaurateurs. La conviction de ces hôtes, leur sensibilité, leurs efforts et leur accueil raffiné, ont conquis plus d'un visiteur. »

La Fédération des Agricotours du Québec est propriétaire des marques de certification : Gîte du Passant[MD], Auberge du Passant[MD], Maison de Campagne ou de Ville, Table Champêtre[MD], Relais du Terroir[MD] et Ferme Découverte.

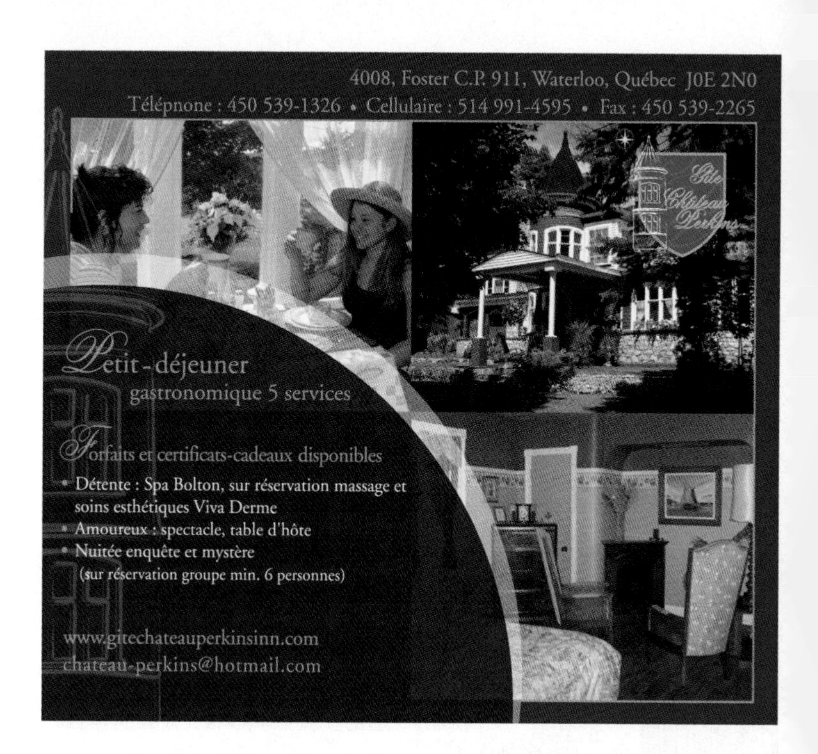
4008, Foster C.P. 911, Waterloo, Québec J0E 2N0
Télépnone : 450 539-1326 • Cellulaire : 514 991-4595 • Fax : 450 539-2265
Gîte Château Perkins
Petit-déjeuner
gastronomique 5 services
Forfaits et certificats-cadeaux disponibles
• Détente : Spa Bolton, sur réservation massage et soins esthétiques Viva Derme
• Amoureux : spectacle, table d'hôte
• Nuitée enquête et mystère (sur réservation groupe min. 6 personnes)
www.gitechateauperkinsinn.com
chateau-perkins@hotmail.com

Les Matins de Victoria
PRIX de L'EXCELLENCE 2005
Gîtes et Auberges du Passant certifiés
Coup de cœur du public provincial
Waterloo
(450) 539-5559 • lesmatinsdevictoria.com

Ayer's Cliff
Gîte Lauzier

Gîte du Passant
certifié

Cécile Lauzier
3119, ch. Audet, Kingscroft
Ayer's Cliff J0B 1C0
Tél. (819) 838-4433
www.giteetaubergedupassant.com/cecilelauzier

Aut. 10 est, sortie 121. Aut. 55 sud, sortie 21, rte 141 sud. Environ 2,5 km après l'intersection de la route 143, chemin Audet à gauche.

Maison centenaire située à la campagne avec vue panoramique. Endroit calme. Nourriture maison. Baignade au lac Massawippi à 3 km, théâtre d'été, Gorge de Coaticook, North Hatley, mont Orford et Magog. Ski de fond et ski alpin à 15 min, golf à 8 min, motoneige à 200 pieds et équitation à 15 min. Idéal pour randonnée pédestre et vélo.

Aux alentours: monts Orford et Magog, Gorge de Coaticook, lac Massawippi, parc Découverte nature à 15 min, pêche.
Chambres: confortables, lits jumeaux et double. **4 ch. S. de bain partagée(s).**
Ouvert: à l'année.
2 pers: B&B 65-80$ **1 pers B&B** 60$
Enfant (12 ans et –): B&B 10$

Certifié: 1975

Ayer's Cliff
Lune et Croissant ✻✻✻✻

Gîte du Passant
certifié

Linda Di Giantomasso et Lucille Renault
1300 Main
Ayer's Cliff J0B 1C0
Tél. / Fax (819) 838-5185 Tél. 1-866-551-5185
www.luneetcroissant.com
luneetcroissant@bellnet.ca

Aut. 10, sortie 121, aut. 55, sortie 21. À Ayer's Cliff, rte 141.

Situé à Ayer's Cliff, un des plus jolis villages des Cantons-de-l'Est. Lune et Croissant a su rallier confort et chaleur au charme de cette vieille demeure victorienne. Venez-y découvrir les trésors de la région tout en profitant des plaisirs de chaque saison. Nos copieux petits-déjeuners vous laisseront une saveur inoubliable.

Aux alentours: piste cyclable, golf, sentiers pédestres, lac, ski, raquettes, antiquaires, vignobles, etc.
Chambres: décor chaleureux et romantique, antiquités, climatisées. **3 ch. S. de bain privée(s).**
Ouvert: à l'année.
2 pers: B&B 85-100$ **1 pers B&B** 75-90$
Enfant (12 ans et –): B&B 0-15$
MC VS
Réduction: hors saison et long séjour.

Certifié: 2006

Bishopton
La Maison Bleue ✻✻✻

Gîte du Passant à la Ferme
certifié

Hélène Dumesnil
35, chemin Gosford
Bishopton J0B 1G0
Tél. (819) 578-3155
www.lamaisonbleue.ca
gite@lamaisonbleue.ca

Aut. 73, sortie Vallée-Jonction. Ou aut. 10, sortie 143, rte 112, à Dudswell, rte 255 nord, 50 m, rue Bloomfield à gauche, chemin Gosford à droite.

Nous vous accueillons dans le confort d'une maison ancienne entourée de fleurs et de jardins qui a su conserver toute sa chaleur. Le calme de la campagne ajouté à la chaleur d'un foyer vous assurent la détente. Les petits-déjeuners sont composés de produits santé faits maison. Des sentiers sont aménagés et un petit lac permet la baignade. P. 78.

Aux alentours: golfs, ponton ou canot rivière St-François, ski de fond, raquette, randonnée, vélo, théâtre d'été.
Chambres: des chambres au lit douillet et au bon air de la campagne vous attendent. **3 ch. S. de bain partagée(s)**
Forfaits: détente & santé, plein air, vélo.
Ouvert: à l'année.
2 pers: B&B 75$ **1 pers B&B** 65$
Taxes en sus.

Certifié: 2007

Bolton Centre

Chez la Mère Poule ✵✵✵✵

Auberge du Passant
certifiée

Denis et Stéphanie Depelteau
900, route 245
Bolton Centre J0E 1G0
Tél. / Fax (450) 292-4548
www.merepoule.qc.ca
merepoule@merepoule.qc.ca

Aut.10, sortie 106, rte 245 sud dir. Mansonville, 12 km. Dernière maison du village à droite.

Une spacieuse résidence centenaire au cœur d'un village loyaliste, offre 5 chambres accueillantes meublées d'antiquités et dotées de confort moderne. Auberge non-fumeur. Venez déguster un repas santé du midi dans le nouveau Café Bistro Castafiore et un repas du soir sur réservation concocté par les aubergistes. Certifié Table aux Saveurs du Terroir[MD]. P. 81.

Aux alentours: Abbaye St-Benoît-du-Lac, Spa des chutes de Bolton, vélo, randonnée, forfaits divers.

Chambres: 3 chambres avec lit double, 1 avec lit queen et une suite avec lit queen. **5 ch. S. de bain privée(s)**

Forfaits: charme, détente & santé, gastronomie, ski alpin.

Ouvert: à l'année.

2 pers: B&B 105-135$ **PAM** 165-215$

Taxes en sus. IT MC VS

A **Certifié: 2000**

Bolton Est

L'iris Bleu ✵✵✵✵

Gîte du Passant
certifié

Ginette Breton
895, chemin Missisiquoi
Bolton Est J0E 1G0
Tél. (450) 292-3530 1-877-292-3530
www.irisbleu.com
information@irisbleu.com

Aut. 10, sortie 106, rte 245 sud dir. Mansonville pour 12 km. Dernière maison du village à gauche.

Une maison bourgeoise de style «Nouvelle-Angleterre» (circa 1850) entourée d'un grand parc. Un boisé, une rivière, un jardin fleuri... Vous tomberez sous le charme! Des livres, de la musique, des couleurs chatoyantes, des arômes invitants, des fleurs... Nous vous attendons ! Petits-déjeuners copieux à déguster dans la verrière ou sous le pommier. Certifié Table aux Saveurs du Terroir[MD]. P. 18, 81.

Aux alentours: Spa des chutes de Bolton, Abbaye St-Benoît-du-Lac, sentiers de l'Estrie. Ski, golf à Orford.

Chambres: spacieuses, confortables et insonorisées. Décoration soignée. **3 ch. S. de bain privée(s)**

Forfaits: charme, golf, printemps, vélo.

Ouvert: à l'année.

2 pers: B&B 105-135$ **PAM** 165-195$ **1 pers B&B** 85-95$ **PAM** 115-125$

Enfant (12 ans et –): B&B 15$ **PAM** 30-45$

Taxes en sus. MC VS

Réduction: long séjour.

A **Certifié: 2003**

Bolton Sud

La Tanière ✵✵✵✵

Gîte du Passant
certifié

Marthe Beirnaert
30, chemin Cameron
Bolton Sud J0E 1G0
Tél. (450) 292-0571
www.lataniere.qc.ca
info@lataniere.qc.ca

Aut 10, sortie 106 Eastman, route 245 sud Mansonville USA, 15 km. À l'arrêt, route 243 sud Mansonville USA, gîte à 200 m à gauche dans le virage, après la fusée blanche.

Coup de Coeur du Public régional 2006. Maison à la campagne de style colonial anglais (1850) nichée dans un jardin arboré. Sous sa belle galerie et blotti dans un hamac ou un fauteuil, vous admirerez le début des Appalaches. Entrez! La décoration épurée aux couleurs claires, les meubles québécois et la chaleur de l'accueil vous feront oublier le quotidien et retrouver la sérénité. P. 50.

Aux alentours: lac Memphrémagog, Abbaye St-Benoît, Théâtre la Marjolaine, monts Owl's Head et Jay Peak, golf, spa.

Chambres: vue sur les monts, chaleureuses, décorées et meublées différemment. **5 ch. S. de bain privée(s) ou partagée(s)**

Forfaits: golf, ski alpin, théâtre.

Ouvert: à l'année.

2 pers: B&B 85-105$ **1 pers B&B** 75-95$

Enfant (12 ans et –): B&B 0-30$

VS

Réduction: long séjour.

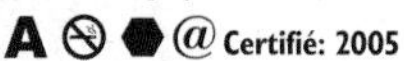

Bromont

Auberge-Spa Le Madrigal ★★★

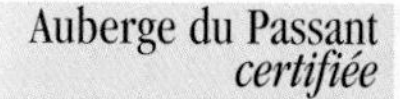

Le Madrigal est le rendez-vous idéal pour les vacances ou les affaires : centre de santé, salle de réunion, bar, terrasse ainsi qu'une superbe salle à manger avec foyer sont à votre disposition, à proximité d'un vaste choix d'activités, dont une variété de soins (massage, enveloppement, etc.) prodigués sur place par des thérapeutes diplômés. Certifié Table aux Saveurs du Terroir[MD]. P. 58, 81.

Aux alentours: ski, parc, golf, vélo, équitation, théâtre, musée, galerie d'art, antiquaires, boutiques.
Chambres: confortables, climatisées, lit king, foyer/tourb., décorées de boiseries. **11 ch. S. de bain privée(s)**
Forfaits: charme, détente & santé, gastronomie, romantique.
Ouvert: à l'année.
2 pers: B&B 130-180$ **PAM** 218-268$ **1 pers B&B** 105-150$ **PAM** 150-195$
Taxes en sus. AM ER IT MC VS

A ⊗ @ ✕ **AV** AC **Certifié: 2007**

Jeanne et Claude Massé
46, boul. Bromont
Bromont J2L 2K3
Tél. (450) 534-3588 (450) 534-3702
Fax (450) 534-4799
www.lemadrigal.ca
info@lemadrigal.ca

Entre Montréal et Sherbrooke, sortie 78 à 500 m de l'autoroute 10.

Bromont

Le Pavillon du Mont Gale ★★★

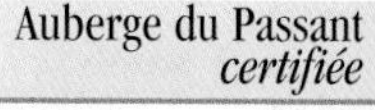

Au coeur des Cantons-de-l'Est, nous sommes près des centres de ski et terrains de golf du Lac Brome, Sutton et Orford. Notre spa offre des soins esthétiques et corporels et des massages avec produits certifiés biologiques. Piscine et tourbillon fonctionnels à l'année. La salle à manger vous offre une sélection de menus aux saveurs du terroir.

Aux alentours: ski alpin, théâtre d'été, centre équestre, golf, piste cyclable, randonnée pédestre.
Chambres: douillettes, calmes, confortables, literie de qualité. **6 ch. S. de bain privée(s)**
Forfaits: détente & santé, ski alpin.
Ouvert: à l'année.
2 pers: B&B 95-120$ **1 pers B&B** 80-110$
Taxes en sus. IT MC VS
Réduction: long séjour.

A ⊗ ✕ **AV** AC **Certifié: 2007**

Kathline Léger et Diane Béland
360, boul. Pierre-Laporte
Bromont J2L 2W1
Tél. (450) 534-5552
Fax (450) 534-0966
www.lepavillondumontgale.com
info@lepavillondumontgale.com

Aut. 10 est, sortie 74, boul. Pierre-Laporte à gauche, 7,2 km, rue du Mont-Gale à gauche.

Bromont

Sur la Bonne Piste ☼☼☼☼

Gîte du Passant *certifié*

Partez en ski ou en vélo de montagne de la maison. Vous êtes à 5 minutes de très bons restaurants, antiquaires et boutiques, à une heure de Montréal vous êtes Sur la Bonne Piste! Maison canadienne meublée d'antiquités et décorée d'artisanat, salon avec foyer pour visiteurs, copieux petit-déjeuner maison. Venez nous voir, nous vous attendons!

Aux alentours: sur les pistes de ski Bromont, spectacle, golfs, antiquaires, boutiques, vélo, randonnée, piscine.
Chambres: chaleureuses avec lit queen, cable/tv, coin repas et détente et la vue! **3 ch. S. de bain privée(s)**
Forfaits: ski alpin, spectacle, autres.
Ouvert: à l'année.
2 pers: B&B 97-102$ **1 pers B&B** 97-102$
Enfant (12 ans et –): B&B 0-10$
MC VS

A ⊗ ⬢ @ **AV** **Certifié: 2007**

Denise Drolet et Pierre Plourde
170, rue des Deux-Montagnes
Bromont J2L 1N8
Tél. (450) 522-5193
www.surlabonnepiste.com
droletplourde@videotron.ca

Aut. 10, sortie 78, boul. Bromont, suivre les indications pour P5 de Ski Bromont, chemin Huntington à droite, 2e rue à droite, rue des Deux-Montagnes.

Coaticook
Gîte chez Marie-Marthe

Gîte du Passant *certifié*

Marthe Tremblay
1452, ch. Riendeau
Coaticook J1A 2S4
Tél. (819) 849-7445 (819) 437-8397
Fax (819) 849-2698
www.giteetaubergedupassant.com/marie-marthe
gitechezmarie-marthe@axion.ca

Aut. 10, sortie 121, aut. 55 sud, sortie 21 Ayer's Cliff, rte 141 sud.

Au coeur de l'Estrie, un havre de paix et de tranquillité où vous séjournerez avec grand plaisir. Séjournez en Estrie, c'est choisir le calme, les paysages fabuleux, les activités à profusion et le Gîte chez Marie-Marthe pour son cachet particulier, son confort et son hospitalité. Vous ne voudrez plus quitter! À tout le moins, vous y reviendrez avec plaisir.

Aux alentours: légendaire grange ronde, la gorge de Coaticook, musée, mont Pinacle, golf, lacs.
Chambres: lit queen ou king. **5 ch. S. de bain privée(s) ou partagée(s).**
Ouvert: 1er mars au 1er décembre.
2 pers: B&B 75-80$ **1 pers B&B** 70-75$
Enfant (12 ans et –): B&B 10$

Certifié: 2007

Compton
Le Bocage

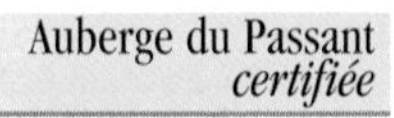
Auberge du Passant *certifiée*

François Dubois
200, chemin de Moe's River
Compton J0B 1L0
Tél. (819) 835-5653
www.lebocage.qc.ca
francois.dubois@bellnet.ca

Aut. 10, sortie 121, aut. 55 sud, sortie 21, à Ayer's Cliff, rte 208 est, 25 km.

Résidence de campagne de 1825 abritant l'une des plus romantiques auberges de la région. Située au coeur du bucolique hameau de Moe's River, l'auberge et sa table réputée vous offrent des soupers gastronomiques servis en salle ou en terrasse. Une piscine chauffée est à votre disposition. Calme, romantisme, dépaysement... le tout à votre portée. Certifié Table aux Saveurs du Terroir^MD. P. 18, 81.

Aux alentours: parc de la Gorge de Coaticook, Sentiers poétiques de St-Venant, Mines de Capelton, musée St-Laurent.
Chambres: charmantes, certaines avec foyer, meublées à l'ancienne, lits Q, K, double. **4 ch. S. de bain privée(s) ou partagée(s).**
Ouvert: à l'année.
2 pers: B&B 110-225$ **PAM** 190-300$ **1 pers B&B** 80-210$ **PAM** 125-235$
Enfant (12 ans et –): B&B 45$
Taxes en sus. AM MC VS
Réduction: hors saison.

A **Certifié: 2005**

Courcelles
Auberge Andromède

Gîte du Passant à la Ferme *certifié*

Gina et Gilles Leclerc
495, rang 6
Courcelles G0M 1C0
Tél. / Fax (418) 483-5442
www.aubergeandromede.com
andromedetour@sympatico.ca

Aut. 10, sortie 143, rte 112 est, rte 214 est dir. Lac Mégantic jusqu'au bout, rte 108 est toujours tout droit jusqu'au rang 6 (après Lambton).

Prix Réalisation 2004 - Hébergement. Parc du Mont-Mégantic et de Frontenac. Forfaits: équestre amoureux, massothérapie Suédoise et cours de cuisine du Périgord pour l'hiver. Piscine et lac. Sentiers de ski de fond et raquette sur place. Randonnée équestre d'hiver. Table de fine cuisine du terroir champêtre. Apportez votre vin. Ambiance feutrée. P. 78.

Aux alentours: équitation, vélo, piscine, montagne et randonnée, lac, canoë, kayak, raquette, ski de fond et alpin.
Chambres: bain sur pieds, belles antiquités, romantiques, panoramas , lit queen. **3 ch. S. de bain privée(s)**
Forfaits: charme, détente & santé, plein air, romantique.
Ouvert: à l'année.
2 pers: B&B 80$ **PAM** 145$ **1 pers B&B** 65$ **PAM** 115$
Enfant (12 ans et –): B&B 15$ **PAM** 25$
Taxes en sus. VS
Réduction: long séjour.

A AV AC **Certifié: 1998**

Cowansville
Domaine sur la Colline B&B

Gîte du Passant *certifié*

Coup de Cœur du Public régional 1999. Près de Bromont et du Lac-Brome. Sur une colline de 10 acres, surplombant le lac d'Avignon avec vue sur les montagnes, découvrez notre paradis. Piscine creusée, jardin, foyer aux salons. Venez séjourner dans une ambiance chaleureuse et retrouver le repos bien mérité. Forfaits: relaxation, ski, Route des vins.

Aux alentours: espaces fleuris, golf, ski, théâtre, vélo, Route des vins, sentiers pédestres, étang, jardin.
Chambres: chaleureuses avec lit queen ou king, bien meublées et décorées avec goût. **4 ch. S. de bain privée(s) ou partagée(s)**
Forfaits: golf, vélo, autres.
Ouvert: à l'année.
2 pers: B&B 75-125$ **1 pers B&B** 75-125$
Enfant (12 ans et –): B&B 20$
Taxes en sus. AM MC VS
Réduction: hors saison et long séjour.

A @ **AV** AC **Certifié: 1998**

Nicole et Gilles Deslauriers
1221, rue Principale
Cowansville J2K 1K7
Tél. (450) 266-1910 1-888-222-1692
Fax (450) 266-4320
www.surlacolline.qc.ca
info@surlacolline.qc.ca

Aut. 10, sortie 74, boul. Pierre-Laporte dir. Cowansville. En face de l'hôpital BMP rue Principale à gauche, 0,5 km.

Danville
Auberge Jeffery

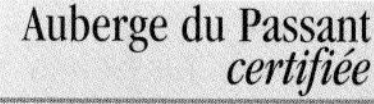

Auberge du Passant *certifiée*

Petite auberge de la fin du siècle dernier, au charme victorien et au confort moderne, située dans un vieux village loyaliste. Tout à côté, découvrez une magnifique petite église presbytérienne transformée en restaurant «Le Temps des Cerises». Grand Prix du tourisme régional en développement de la restauration 2001. Forfait souper-théâtre. Certifié Table aux Saveurs du Terroir[MD]. P. 18,82.

Aux alentours: Route verte, Théâtre des Grands Chênes (Kingsey Falls), parc Marie-Victorin, golf.
Chambres: air climatisé avec contrôle, TV, câble, téléphone, Internet sans fil. **6 ch. S. de bain privée(s)**
Forfaits: gastronomie, golf, théâtre.
Ouvert: à l'année. Fermeture annuelle les 3 premières semaines de janvier.
2 pers: B&B 75-130$ **PAM** 152-207$ **1 pers B&B** 70-125$ **PAM** 110-164$
Enfant (12 ans et –): PAM 10$
Taxes en sus. AM ER IT MC VS
Réduction: long séjour.

A @ **AV** AC **Certifié: 2004**

Patrick et Martine Satre
91, rue Water C.P. 496
Danville J0A 1A0
Tél. (819) 839-2711 1-888-302-2711
Fax (819) 839-2186
www.cerises.com
jeffery@cerises.com

Aut. 20 E., sortie 147, rte 116 E. À Danville, au feu à droite dir. centre-ville. Aut. 20 O., sortie 253, rte 116 O. À Danville, 2e feu à gauche dir. centre-ville.

Danville
Maison Mc Cracken

Gîte du Passant *certifié*

Située dans l'un des plus beaux villages des Cantons-de-l'Est, cette élégante maison victorienne, entièrement restaurée, meublée d'époque, vous charmera par la chaleur de son accueil. Salon, foyer, solarium et jardin vous attendent. Somptueux petit-déjeuner «maison». Bienvenue spéciale aux cyclistes. Remise pour vélo. **Certifié «Bienvenue cyclistes![MD]»**. P. 52.

Aux alentours: piste cyclable, club de ski à 10 minutes, observation des oiseaux sauvages et sanctuaire d'oiseaux.
Chambres: très confortables, meublées d'époque, lits queen, double ou simple. **3 ch. S. de bain privée(s) ou partagée(s)**
Forfaits: golf, théâtre, vélo.
Ouvert: à l'année.
2 pers: B&B 80$ **1 pers B&B** 70$
Enfant (12 ans et –): B&B 15$
VS
Réduction: hors saison et long séjour.

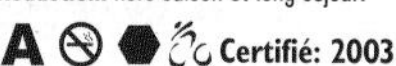
A **Certifié: 2003**

Nicole Marcq-Jousselin
126, rue Grove B.P 749
Danville J0A 1A0
Tél. (819) 839-2963 1-866-839-2963
www.maison-mc-cracken.com
reservation@maison-mc-cracken.com

Aut. 20 E., sortie 147, rte 116 E. À Danville, 1re à dr., rue Grove à g. Aut. 20 O., sortie 253, rte 116 O. À Danville, rue Daniel Johnson à g., rue Grove à g.

Dunham

Auberge aux Douces Heures ★★★

Auberge du Passant *certifiée*

Francis Cansier et Françoise Del-Vals
110, rue du Collège
Dunham J0E 1M0
Tél. 1-877-295-2476 (450) 295-2476
Fax (450) 295-1307
www.giteetaubergedupassant.com/doucesheures
auxdoucesheures@videotron.ca

Aut. 10, sortie 68, rte 139 dir. Cowansville, 18 km. Au 2e feu dir. rte 202 à droite dir. Dunham, 8 km, rte 213, 200m après le dépanneur, rue du Collège à gauche.

Au départ de la Route des vins, somptueuse et authentique demeure de style victorien qui a su marquer le cœur des gens. Vous tomberez en amour et vous garderez à jamais en souvenir ces «douces heures» vécues avec des hôtes inoubliables, venus de France, qui vous feront partager une cuisine aux parfums et saveurs provençales. Hablamos espanôl. **Certifié «Bienvenue cyclistes!MD».** P. 52.

Aux alentours: vignobles, circuit patrimonial, musée, antiquaires, golfs, vélo, ski, chasse aux chevreuils, Sutton.
Chambres: haut de gamme, pure détente, lits douillets, décor raffiné, insonorisées. **8 ch. S. de bain privée(s)**
Forfaits: charme, gastronomie, golf, autres.
Ouvert: à l'année.
2 pers: B&B 115$ **PAM** 189$ **1 pers B&B** 80$ **PAM** 120$
Enfant (12 ans et –): B&B 40$ **PAM** 80$
Taxes en sus. IT MC VS
Réduction: hors saison et long séjour.

A @ **AV** AC **Certifié: 1999**

Dunham

Au Temps des Mûres ✻✻✻✻

Gîte du Passant *certifié*

Marie-Josée Potvin et Pierre Cormier
2024, chemin Vail
Dunham J0E 1M0
Tél. (450) 266-1319 1-888-708-8050
Fax (450) 266-1303
www.tempsdesmures.qc.ca

Aut. 10, sortie 68, rte 139 sud, dir. Cowansville, 20 km. À Cowansville, au 2e feu, rte 202 sud dir. Dunham, 2 km, ch Fitchett à gauche, 2 km, ch Vail à gauche, 2 km.

«Une belle trouvaille qui s'appelle fort joliment d'ailleurs, le Temps des Mûres... Une superbe maison, tenue par un jeune couple. À cet endroit-là, les grands arbres du chemin font un tunnel de feuillage... On se croirait déjà au Vermont... somptueux petit-déjeuner...» (Pierre Foglia, La Presse). Piscine chauffée, sentiers pédestres, érablière.

Aux alentours: villages pittoresques, randonnées, antiquaires, tables gourmandes, lacs et montagnes, Rte des vins.
Chambres: abondamment meublées d'antiquités. **5 ch. S. de bain privée(s) ou partagée(s)**
Forfaits: charme, détente & santé, golf, autres.
Ouvert: à l'année.
2 pers: B&B 65-85$ **1 pers B&B** 55-75$
Enfant (12 ans et –): B&B 15-25$
Taxes en sus. MC VS
Réduction: hors saison et long séjour.

A AV Certifié: 1995

Eastman

Arkadia Eastman ✻✻✻✻

Gîte du Passant *certifié*

Halina Leszczynska
17, rue Caron
Eastman J0E 1P0
Tél. (450) 297-3332 (514) 995-4875
Fax (450) 445-4875
www.arkadiaeastman.com
arkadiaeastman@bellnet.ca

Aut. 10, sortie 106, rte 245 nord. À Eastman, rte 112 est à droite, rue Georges-Bonnallie à gauche, rue Lambert à droite, rue Caron à gauche.

À 10 min de Magog et 5 min de Orford, Arkadia Eastman, vous offre un environnement exceptionnel avec son spa, son sauna et ses services professionnels de massothérapie sur place. Sentiers de randonnée pédestre sur le site. Vélos disponibles. Salle à manger exclusive à nos clients. Forfaits offerts: ski, golf, santé, théâtre La Marjolaine. **Certifié «Bienvenue cyclistes!MD».**

Aux alentours: ski, golf, lac d'Argent, parc du Mont-Orford, pistes cyclables, vignobles, centre d'art, théâtre.
Chambres: décorées avec charme, très intimes avec foyer et salle de bain privée. **4 ch. S. de bain privée(s)**
Forfaits: détente & santé, golf, autres.
Ouvert: à l'année.
2 pers: B&B 90-99$ **1 pers B&B** 70$
Enfant (12 ans et –): B&B 20$
Réduction: long séjour.

A @ AC **Certifié: 2007**

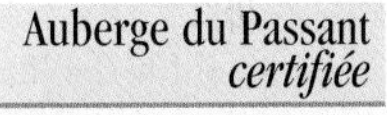

Eastman

Gîte les Peccadilles ❋❋❋❋

Gîte du Passant *certifié*

Christine et Jean-Marie Foucault
1029, route Principale
Eastman J0E 1P0
Tél. (450) 297-3551 (514) 482-5347
www.giteetaubergedupassant.com/lespeccadilles
lespeccadilles@videotron.ca

Aut. 10, sortie 106, Eastman, rte 112 est, 3 km après le village.

Coup de Coeur du Public régional 2004. Des petits riens qui forment un grand tout: site divin, lac où vous baigner, mont Orford en toile de fond... Déjeuners gourmands servis au solarium, au coin du feu ou sur la terrasse. Réunion d'affaires, certificat-cadeau. Réservez tout le gîte, souper en sus! Apportez votre vin. Là où il fait bon commettre des péchés sans souci du repentir.

Aux alentours: Parc du Mont-Orford, théâtre d'été, 8 km Magog, sentiers pédestres, pistes cyclables, équitation.
Chambres: vue sur le lac ou sur les arbres, décorées avec charme, confort douillet.
4 ch. S. de bain privée(s) ou partagée(s)
Forfaits: gastronomie, théâtre, autres.
Ouvert: à l'année.
2 pers: B&B 80-100$ **1 pers B&B** 80-100$
Enfant (12 ans et –): B&B 20$
MC VS

A **AV** **Certifié: 2001**

Gould, Lingwick

La Ruée vers Gould ★★

Auberge du Passant *certifiée*

Daniel Audet et Stéphanie Palle
19, route 108
Gould, Lingwick J0B 2Z0
Tél. / Fax (819) 877-3446
www.rueegouldrush.com
info@rueegouldrush.com

Aut. 10, sortie 143, rte 112 est. À East Angus, rtes 214 et 108 est. De Québec, aut. 73 dir. Ste-Marie, rte 173 dir. Vallée-Jct, rte 112 dir. Thetford et Weedon, rte 257 sud.

Prix Réalisation 2003 - Hébergement. Au cœur des Highlands des Cantons-de-l'Est, le magasin général (1850) et la maison Mc Auley (1913), vous accueilleront à l'écossaise. Meubles d'époque, cuisine franco-écossaise, scotchs, bières régionales et petits-déjeuners typiques vous transporteront à cent lieux du monde moderne. Certifié Table aux Saveurs du Terroir[MD]. P. 18, 82.

Aux alentours: Festival écossais, Centre Culturel, cours d'art et de cuisine écossaise, théâtre, plage, sentiers.
Chambres: écossaises et provençales, meubles et objets anciens, esprit campagnard.
5 ch. S. de bain privée(s) ou partagée(s)
Forfaits: charme, motoneige, romantique, spectacle.
Ouvert: à l'année. Fermé du 2 au 23 janvier.
2 pers: B&B 75-95$ **PAM** 135-155$ **1 pers B&B** 55-75$ **PAM** 85-115$
Enfant (12 ans et –): B&B 25$ **PAM** 50$
Taxes en sus. IT MC VS
Réduction: long séjour.

A **AV** **Certifié: 2006**

Granby

À La Maison DuClas ❋❋❋❋

Gîte du Passant *certifié*

Ginette Canuel et Camil Duchesne
213, rue du Nénuphar
Granby J2H 2J9
Tél. (450) 360-0641
Fax (450) 375-9988
www.maisonduclas.com
info@maisonduclas.com

Aut. 10, sortie 74 dir. Granby. Au feu, rte 112 à gauche, de L'Iris à droite, de la Potentille à gauche et du Nénuphar à gauche. À vélo au km 1 de l'Estriade.

Coup de Coeur du Public régional 2000. De la terrasse de notre gîte, directement sur l'Estriade et sur le bord du lac Boivin, vous pourrez admirer des couchers de soleil exceptionnels dans un décor enchanteur. Salle de séjour privée avec foyer, BBQ en saison, vélo, ski, patin, randonnée pédestre... Tout pour le confort et la détente! **Certifié «Bienvenue cyclistes![MD]».**

Aux alentours: vélo, patins à roues alignées et à glace, randonnées pédestres, Zoo et Amazoo, restos et boutiques.
Chambres: lit queen, tranquillité assurée, accès Internet. **2 ch. S. de bain privée(s)**
Forfaits: spectacle, autres.
Ouvert: à l'année.
2 pers: B&B 85$ **1 pers B&B** 65$
Enfant (12 ans et –): B&B 10$
Réduction: hors saison.

A @ **AV** **Certifié: 1998**

Granby
Auberge du Zoo ☼☼☼☼

Gîte du Passant *certifié*

Vaste résidence située sur le site du Zoo de Granby et de l'Amazoo. Décor feng-shui et aménagement spa. Ouvert à l'année. Pour groupes (12 à 18 personnes) et familles. Un concept familial unique avec 5 chambres thématiques, salles de bain privées et lits queen. Forfaits zoo, vélo, groupes, spa-évasion. **Certifié «Bienvenue cyclistes!MD».**

Aux alentours: Zoo de Granby et Amazoo.
Chambres: 5 avec lits queen et 2 avec bain tourbillon. **5 ch. S. de bain privée(s)**
Forfaits: détente & santé, famille, vélo.
Ouvert: à l'année.
2 pers: B&B 75-85$ **1 pers B&B** 50-60$
Enfant (12 ans et –): B&B 15$
Taxes en sus. IT MC VS
Réduction: hors saison et long séjour.

A AV AC **Certifié: 1999**

Claude Gladu et Lisette Lapointe
347, rue Bourget Ouest
Granby J2G 1E8
Tél. (450) 378-6161 1-888-882-5252
Fax (450) 378-0470
www.aubergeduzoo.com
info@aubergeduzoo.com

Suivre les directions du Zoo de Granby. Gîte situé du côté sud-ouest du terrain du zoo.

Granby
B&B Chat l'Heureux ☼☼☼☼

Gîte du Passant *certifié*

Gîte chaleureux dans un décor antique avec aire de repos extérieure fleurie. Chambres climatisées. Situé à quelques pas des pistes cyclables l'Estriade et la Route verte. Coin salon avec foyer. Déjeuner complet servi dans notre verrière avec vue sur le lac. Foyer extérieur et remise pour vélo. Spa extérieur. Accès à une connexion Internet.

Aux alentours: pistes cyclables, zoo, Amazoo, monts Bromont et Orford, motoneige et patin, sentier pédestre, plage.
Chambres: lits simples, double ou queen. Téléviseur. **3 ch. S. de bain privée(s).**
Ouvert: à l'année.
2 pers: B&B 90$ **1 pers B&B** 75$
Enfant (12 ans et –): B&B 0-15$
Réduction: hors saison.

AV AC **Certifié: 2007**

Diane Desloges et André Major
85, rue Jeanne-d'Arc
Granby J2G 4H7
Tél. (450) 375-9078 (450) 531-9078
www.giteetaubergedupassant.com/chatlheureux
b2b2c@chatlheureux.ca

Aut. 10, sortie 74 dir. Granby. Au feu, rte 112 à gauche, après 2e feu, rue Vittie à gauche, rue Jeanne-d'Arc à droite.

Granby
Une Fleur au Bord de l'Eau ☼☼☼☼

Gîte du Passant *certifié*

Carole et Michel vous accueillent dans leur résidence de couleur framboise. Laissez-vous choyer en ce lieu de détente au bord du lac Boivin. Relaxez à la piscine. Voisin de la Route verte. Remise pour vélos. Le charme de la campagne en ville. En hiver, notre salon avec foyer saura vous réchauffer. Petits-déj. copieux. **Certifié «Bienvenue cyclistes!MD».** P. 64.

Aux alentours: restos, théâtre, piste cyclable, zoo, parc, centre-ville, montagne, Rte des vins, CINLB, boutiques.
Chambres: climatisées, confortables, douillettes, lits double et queen. **5 ch. S. de bain privée(s) ou partagée(s)**
Forfaits: spectacle, vélo, autres.
Ouvert: à l'année.
2 pers: B&B 70-95$ **1 pers B&B** 65-90$
Enfant (12 ans et –): B&B 15$
Taxes en sus. AM ER MC VS

A AV AC **Certifié: 1997**

Carole Bélanger et Michel Iannantuono
90, rue Drummond
Granby J2G 2S6
Tél. (450) 776-1141 1-888-375-1747
Fax (450) 375-0141
www.unefleur.ca
fleur@unefleur.ca

Aut. 10 est, sortie 74 dir. Granby, au feu, rte 112 ouest à gauche. Au 2e feu, rue de La Gare à droite, rue Drummond à droite.

Lac-Mégantic

La Maison Blanche ✻✻✻✻

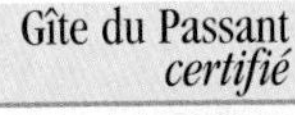

Gîte du Passant *certifié*

Noreen Kavanagh Legendre
4850, rue Dollard
Lac-Mégantic G6B 1G8
Tél. (819) 583-2665
www.giteetaubergedupassant.com/lamaisonblanche

Rte 161, 3e feu, rue Maisonneuve à gauche, rue Dollard à droite. Rte 204, rue Villeneuve à droite, rue Champlain à gauche, rue Cousineau à gauche, rue Dollard à gauche.

Située au centre-ville dans un quartier résidentiel paisible et à proximité du lac, de la marina et des restaurants. Maison très accueillante et chaleureuse décorée avec goût. Les déjeuners sont également très copieux et vous bénéficiez de l'air climatisé central. Nous vous raconterons l'histoire et les activités de la région.

Aux alentours: plage du lac Mégantic, golf, marina, piste cyclable, Astrolab, parc Mont-Mégantic, parc Frontenac.
Chambres: décorées avec goût, agréables, confort, tranquillité, lit double, simple. **2 ch. S. de bain privée(s) ou partagée(s)**
Forfaits: golf.
Ouvert: à l'année.
2 pers: B&B 70-80$
Enfant (12 ans et –): B&B 30$
Taxes en sus.

A ⊘ ⬢ **AV** AC **Certifié: 1998**

Magog

À Amour et Amitié ✻✻✻✻

Gîte du Passant *certifié*

Nathalie et Pascal Coulaudoux
600, ch. Hatley Ouest
Magog J1X 3G4
Tél. (819) 868-1945 1-888-244-1945
www.bbamouretamitie.com
info@bbamouretamitie.com

Aut. 10, sortie 118, rte 141 sud dir. Magog, passer le pont de la rivière (lac Memphrémagog à droite), ch. Hatley à gauche. Stat. à l'arrière du gîte.

Plus de 7 ans de fidélité et toujours aussi passionnés. Le temps retrouvé en amoureux entre amis, en famille, pour s'offrir une escapade dans notre maison de campagne au décor antique, à deux pas du centre de Magog et du lac. Nous vous offrons un choix de déjeuners préparés avec des produits de qualité choisis pour vous. Laissez-vous séduire!

Aux alentours: piste cyclable, restos, galerie, Vieux Clocher, mont Orford, Abbaye, vignobles. Activités à l'année.
Chambres: coquettes avec jacuzzi ou douche. Suite de charme et suite de 2 à 4 pers. **5 ch. S. de bain privée(s)**
Forfaits: charme, détente & santé, romantique, ski alpin.
Ouvert: à l'année.
2 pers: B&B 73-129$ **1 pers B&B** 60-100$
Enfant (12 ans et –): B&B 15-20$
Taxes en sus. MC VS
Réduction: hors saison et long séjour.

⊘ **AV** AC **Certifié: 1999**

Magog

À l'Ancestrale B&B ✻✻✻✻

Gîte du Passant *certifié*

Monique Poirier
200, rue Abbott
Magog J1X 2H5
Tél. (819) 847-5555
www.ancestrale.com
infos@ancestrale.com

Aut. 10, sortie 118 dir. Magog, 2 km, devant l'église, rue St-Patrice à gauche, 1re rue Abbott à gauche.

Voilà, vous avez trouvé! Maison ancestrale datant de 1892 au coeur de Magog, spa 4 saisons, salon des invités, foyer, piano, musique d'ambiance, grande salle à manger. Retrouvailles ou amoureux, partagez des moments intimes en toute tranquillité. Bain tourbillon ou antique. Possibilité de louer la maison entière et recevez vos amis ou collègues. **Certifié «Bienvenue cyclistes!MD».**

Aux alentours: à distance de marche, boutique, café, restos, croisière Memphrémagog, randonnée pédestre, lac.
Chambres: savourez le confort des chambres spacieuses aux noms romantiques. **5 ch. S. de bain privée(s)**
Forfaits: charme, détente & santé, gastronomie, romantique.
Ouvert: à l'année. Possibilité de location complète au mois, semaine ou week-end.
2 pers: B&B 85-145$ **1 pers B&B** 85-135$
Enfant (12 ans et –): B&B 0-20$
Taxes en sus. AM ER IT MC VS
Réduction: hors saison et long séjour.

A ⊘ @ ✕ **AV** **Certifié: 2000**

Magog
À Tout Venant B&B et Massothérapie ☀☀☀☀
Gîte du Passant *certifié*

Vicky B. & Luc St-Jacques
624, rue Bellevue Ouest
Magog J1X 3H4
Tél. / Fax (819) 868-0419 Tél. 1-888-611-5577
www.atoutvenant.com
info@atoutvenant.com

Aut. 10, sortie 118, 141 sud, rue Merry dir. Magog. Après 2 feux de circulation, traverser le pont, au clignotant, rue Hatley à gauche.

Maison centenaire au coeur jeune qui respire la détente et vous offre un service de massothérapie à domicile (massage en couple disponible). Relaxez devant le foyer au salon des skieurs l'hiver ou dans un hamac dans notre jardin paisible l'été. Une halte qui vibre de bonne humeur, de sourires et de bons souvenirs. À Magog sur la piste cyclable.

Aux alentours: piste cyclable, plage, croisière, boutique, ski, golf, Vieux-Clocher, Abbaye St-Benoît, gastronomie.
Chambres: douillettes, spacieuses, originales, 2 ch. familiale, antiquités, solarium.
5 ch. S. de bain privée(s)
Forfaits: détente & santé, gastronomie, autres.
Ouvert: à l'année.
2 pers: B&B 85-105$ **1 pers B&B** 80-100$
Enfant (12 ans et –): B&B 10$
Taxes en sus. AM ER MC VS
Réduction: hors saison.

A @ **AV** **Certifié: 1994**

Magog
Au Gîte du Cerf Argenté ☀☀☀☀
Gîte du Passant *certifié*

Marc Hébert
2984, chemin Georgeville
Magog J1X 3W4
Tél. (819) 847-4264
Fax (819) 847-4036
www.cerfargente.com
info@cerfargente.com

De Montréal, aut. 10, sortie 118 dir. Magog à droite, 13 km. De Québec, aut. 20 ouest, aut. 55 sud, sortie 118 dir. Magog à gauche, 13 km.

Maison de ferme (1850), isolée au coeur d'une nature idyllique sur les hauteurs du lac Memphrémagog, avec vue sur le mont Orford, coucher de soleil grandiose et entourée d'un vaste parc fleuri avec jardins, étangs, fontaine, colonnade, gloriette, préau, pergola, bosquets, cabane des pionniers (1800) sur fond de clairière et de forêt. **Certifié «Bienvenue cyclistes!MD».**

Aux alentours: abbaye, théâtres, parc Orford, plages, ski, randonnées, vélo, golf, croisières, spa, équitation.
Chambres: vue splendide, foyer au bois, baignoire thérapeutique double, lits queen.
5 ch. S. de bain privée(s)
Forfaits: croisière, golf, ski alpin.
Ouvert: à l'année.
2 pers: B&B 85-128$ **1 pers B&B** 68-105$
Enfant (12 ans et –): B&B 20-35$
Réduction: hors saison et long séjour.

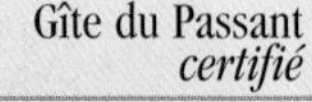
A **Certifié: 2006**

Magog
Au Manoir de la Rue Merry ☀☀☀☀
Gîte du Passant *certifié*

Diane Morissette et Bryan McMahon
92, rue Merry Sud
Magog J1X 3L3
Tél. (819) 868-1860 1-800-450-1860
www.manoirmerry.com
info@manoirmerry.com

Aut. 10, sortie 118, direction Magog, 4 km. Gîte à gauche après le pont.

Prix Réalisation 2005 - Hébergement. Au coeur de Magog, paisible maison centenaire au cachet ancien qui accroche bien des coeurs. Au gré des saisons, offrez-vous un répit dans une atmosphère chaleureuse. Profitez de la piscine chauffée, du jardin, du foyer et de nos coins lecture. Certificats-cadeaux, divers forfaits, remise pour vélos et motos disponible. **Certifié «Bienvenue cyclistes!MD».**

Aux alentours: lac, pistes cyclables, golf, restos, théâtre, montagne, sentiers pédestres, ski alpin et de fond.
Chambres: vue partielle sur la montagne ou côté jardin. **5 ch. S. de bain privée(s)**
Forfaits: charme, été, hiver, spectacle.
Ouvert: à l'année.
2 pers: B&B 85-110$ **1 pers B&B** 75-100$
Enfant (12 ans et –): B&B 0-25$
Taxes en sus. IT MC VS
Réduction: hors saison.

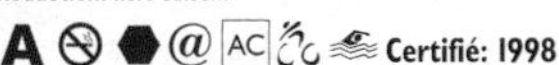
A @ AC **Certifié: 1998**

Magog
Au Virage ✵✵✵✵

Gîte du Passant *certifié*

Jean Barbès
172, rue Merry Nord
Magog J1X 2E8
Tél. (819) 868-5828 1-866-868-5828
www.auvirage.com
info@auvirage.com

Aut.10, sortie 118 dir. Magog, rte 141 sud, 3 km.

Coup de Cœur du Public régional 2002. Profitez d'une belle demeure loyaliste du début des années 1900, calme, chaleureuse, sans fumée, près d'une église historique, Le Vieux Clocher et de toutes les activités de plein air ou culturelles de Magog-Orford. Déjeuner de fête à ravir les athlètes et les épicuriens. Abri vélo. Certificat-cadeau. **Certifié «Bienvenue cyclistes!MD».**

Aux alentours: montagnes, plages, golf, vélo, piste glacée, boutiques et galeries d'art, gastronomie, jazz.
Chambres: bien éclairées. 1ch. offre lits jumeaux. **5 ch. S. de bain privée(s) ou partagée(s).**
Ouvert: à l'année.
2 pers: B&B 75-110$ **1 pers B&B** 65-90$
Enfant (12 ans et –): B&B 30$
Taxes en sus. MC VS
Réduction: hors saison et long séjour.

A @ AC **Certifié: 2000**

Magog
Aux Jardins Champêtres ✵✵✵✵

Auberge du Passant *certifiée*

Monique Dubuc et Yvon Plourde
1575, chemin des Pères, R.R. 4
Magog J1X 5R9
Tél. (819) 868-0665 1-877-868-0665
Fax (819) 868-6744
www.auxjardinschampetres.com
auxjardinschampetres@qc.aira.com

Aut. 10, sortie 115 sud Magog/St-Benoît-du-Lac, 1,8 km. Chemin des Pères à droite, 6.1 km. Aut. 20 ouest, 55 sud et 10 ouest, sortie 115.

Auberge de charme située à la campagne dans un décor des plus champêtres. Une balade dans les jardins, au potager, à la ferme ou dans notre nouveau spa, vous assure un plein d'énergie. Nos inoubliables déjeuners 5 services et nos soupers 6 services, servis dans notre verrière, combleront tous les appétits. Forfait détente. Apportez votre vin. Certifié Table aux Saveurs du TerroirMD. P. 68, 82.

Aux alentours: lac, parc, activités plein air, spa, théâtre, golf, galerie d'art, savonnerie artisanal.
Chambres: vue sur les montagnes ou nos jardins. Meubles antiques et décor champêtre. **5 ch. S. de bain privée(s)**
Forfaits: charme, détente & santé, gastronomie, golf.
Ouvert: à l'année.
2 pers: B&B 100-150$ **PAM** 188-238$
Taxes en sus. IT MC VS
Réduction: long séjour.

A AV AC **Certifié: 1994**

Magog
Café Crème B&B ✵✵✵✵✵

Gîte du Passant *certifié*

Véronique et Christophe
235, rue des Pins
Magog J1X 2H8
Tél. (819) 868-7222 1-877-631-7222
www.bbcafecreme.com
info@bbcafecreme.com

Aut. 10 est, sortie 118 dir. Magog. 2e arrêt à gauche McDonald. 2e rue à droite, rue des Pins.

Lieu de détente par excellence! Entourée d'érables centenaires, notre chaleureuse maison victorienne vous surprendra. Atmosphère du siècle dernier au confort moderne et douillet. Décor unique pour chacune des 5 chambres avec foyer et air climatisé. Cuisine fait maison servie dans une verrière ou sur la terrasse. Jardin paysager avec spa.

Aux alentours: à deux pas de toutes les activités: mont Orford, lac, spectacles, restos...
Chambres: finement décorées style Queen-Ann, luxueuses, queen, king et jumeaux. **5 ch. S. de bain privée(s)**
Forfaits: détente & santé, gastronomie, autres.
Ouvert: à l'année.
2 pers: B&B 100-120$ **1 pers B&B** 95-115$
Enfant (12 ans et –): B&B 30$
Taxes en sus. MC VS
Réduction: long séjour.

@ **AV** AC **Certifié: 2007**

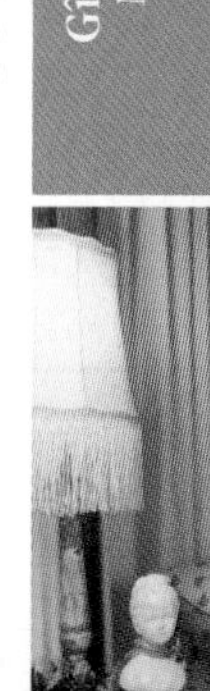

Magog
La belle Victorienne

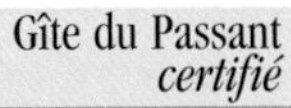

Chantal Leclerc et Mario Marois
142, rue Merry Nord
Magog J1X 2E8
Tél. (819) 847-0476 1-888-440-0476
www.bellevic.com
info@bellevic.com

Aut. 10, sortie 118, rte 141 sud, 3 km. En face de l'église.

Laissez-vous charmer par le romantisme et la chaleur de cette demeure, au coeur de Magog. Réputée pour ses jardins magnifiques, elle se distingue par ses 14 pièces à saveur d'autrefois. Votre bien-être, étant au centre de nos préoccupations, vous y trouverez tout pour vous reposer et relaxer, sans oublier la chaleur de notre spa ouvert à l'année.

Aux alentours: parc du Mont-Orford, lac Memphrémagog, ski, golf, théâtre, équitation, traîneau à chiens.
Chambres: au caractère unique empreint du charme d'antan avec baignoires sur pattes. **5 ch. S. de bain privée(s)**
Forfaits: détente & santé, gastronomie, ski alpin.
Ouvert: à l'année.
2 pers: B&B 92-128$ **1 pers B&B** 87-123$
Enfant (12 ans et –): B&B 0-25$
Taxes en sus. IT MC VS
Réduction: hors saison.

A @ AV **Certifié: 2006**

Magog
La Maison de Ville, Bed & Bistro

Gîte du Passant
certifié

Simon Beaupré et Martin Gagné
353, rue Saint-Patrice Ouest
Magog J1X 1W7
Tél. (819) 868-2417 (819) 571-4527
www.giteetaubergedupassant.com/lamaisondeville
lamaisondeville@hotmail.com

Aut. 10 est, sortie 115 sud, 3e feu, rue Saint-Patrice ouest à gauche. Stationnement à l'arrière par la rue Victoria.

Dégustez une nouvelle expérience! Un bed & bistro chaleureux emprunt de modernité et de simplicité. Laissez-vous charmer par le confort de nos 5 chambres et savourez une expérience de création culinaire. Offrez-vous un repas du soir servi dans notre bistro. Ambiance feutrée sur fond de musique «lounge». Formule «apportez votre vin».

Aux alentours: plages, montagnes, spectacles, centre-ville, piste cyclable, SPA, ski, randonnée, croisières...
Chambres: confort et propreté pour un séjour de détente inégalé. **5 ch. S. de bain privée(s) ou partagée(s)**
Forfaits: charme, détente & santé, gastronomie, spectacle.
Ouvert: à l'année.
2 pers: B&B 83-110$ **1 pers B&B** 74-101$
Enfant (12 ans et –): B&B 20$
Taxes en sus. MC VS
Réduction: hors saison et long séjour.

A AC **Certifié: 2007**

Magog
La Maison Hatley

Gîte du Passant
certifié

Christiane et Vincent Arena
558, rue Hatley Ouest
Magog J1X 3G4
Tél. (819) 868-6606 1-888-995-6606
www.lamaisonhatley.com
lamaisonhatley@cgocable.ca

Aut. 10, sortie 118, rte 141 sud, dir. Magog. Après le pont, au feu clignotant à gauche et garder la gauche.

Gîte climatisé, situé dans le pittoresque village de Magog, à distance de marche de la rue principale et du lac Memphrémagog. Maison centenaire avec son spa extérieur ouvert à l'année, jardin d'eau et large terrasse en bois. Endroit idéal où l'on refait le plein avec un grand déj. avant de partir à la découverte des paysages des Cantons-de-l'Est.

Aux alentours: lac Memphrémagog, parc du Mont-Orford, Vieux-Clocher, croisière, Abbaye St-Benoît-du-Lac, ski, golf.
Chambres: climatisées, vue sur jardin. Lit queen, double. Ch. familiale disponible. **5 ch. S. de bain privée(s) ou partagée(s)**
Forfaits: charme, été, ski alpin, autres.
Ouvert: à l'année.
2 pers: B&B 75-120$ **1 pers B&B** 65$
Enfant (12 ans et –): B&B 25$
Taxes en sus. AM ER MC VS
Réduction: hors saison et long séjour.

Magog
Ô Bois Dormant ✻✻✻✻

Gîte du Passant *certifié*

Vos hôtes Lucie et Jean vous invitent à profiter d'un séjour douillet dans leur maison centenaire. Vous pourrez vous promener dans le boisé fleuri, relaxer sur le balcon, vous rafraîchir dans la piscine creusée ou vous blottir devant la chaleur du foyer. Venez faire l'expérience d'un déjeuner gastronomique, souvent copié, mais jamais égalé.

Aux alentours: lac Memphrémagog, l'Abbaye St-Benoît, monts Orford et Owls Head, théâtre de la Marjolaine.

Chambres: décorées de façon spéciale, balcon privé, queen, king et lits simples. **4 ch. S. de bain privée(s)**

Forfaits: charme, gastronomie, ski alpin, autres.

Ouvert: à l'année.

2 pers: B&B 100-115$ **1 pers B&B** 90-105$

Enfant (12 ans et –): B&B 25$

Taxes en sus. IT MC VS

A ⊗ @ AC **Certifié: 2005**

Lucie DeBlois et Jean Renaud
205, rue Abbott
Magog J1X 2H4
Tél. (819) 843-0450 1-888-843-0450
Fax (819) 843-8846
www.oboisdormant.qc.ca
dormant@oboisdormant.qc.ca

Aut. 10, sortie 118 dir. Magog. 1er feu à gauche, rue St-Patrice, 1re rue à gauche, rue Abbott.

North Hatley
À la Cornemuse ✻✻✻✻

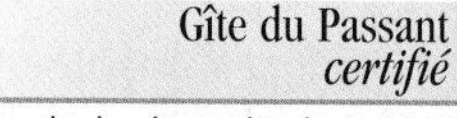

Gîte du Passant *certifié*

Petite auberge historique d'inspiration écossaise devenue un gîte au confort de qualité supérieure. Déj. gourmands servis sur de belles terrasses. Chambres de charme sises dans un écrin de boiseries et de meubles d'époque. Plusieurs forfaits disponibles à quelques pas du village et du lac. Lauréat des Grands Prix du tourisme des Cantons-de-l'Est. P. 53.

Aux alentours: piste cyclable, golf, kayak, croisières, tennis, équitation, concerts, marché public, ski, raquette.

Chambres: lit queen, balcon, foyer, vue sur le lac, baignoire sur pattes, antiquités. **5 ch. S. de bain privée(s)**

Forfaits: charme, détente & santé, golf, romantique.

Ouvert: à l'année.

2 pers: B&B 120-159$ **1 pers B&B** 120-159$

Enfant (12 ans et –): B&B 25$

Taxes en sus. AM MC VS

Réduction: hors saison et long séjour.

A ⊗ @ AV **Certifié: 2007**

Diane Brisson
1044, rue Massawippi
North Hatley J0B 2C0
Tél. (819) 842-1573
Fax (819) 842-3553
www.cornemuse.qc.ca
info@cornemuse.qc.ca

Aut. 10, sortie 121, aut. 55 sud, sortie 29, rte 108 est dir. North Hatley, après le pont, rue Principale à droite, rue Massawippi à gauche.

North Hatley
Le Cachet ✻✻✻✻

Gîte du Passant *certifié*

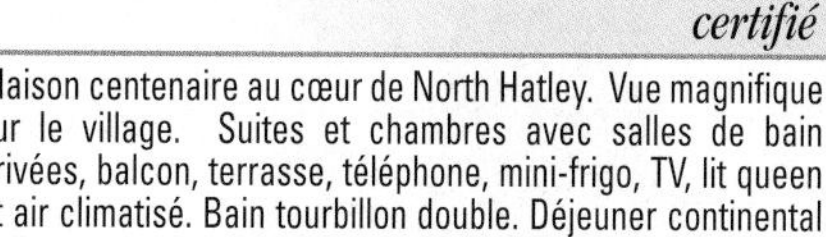

Maison centenaire au cœur de North Hatley. Vue magnifique sur le village. Suites et chambres avec salles de bain privées, balcon, terrasse, téléphone, mini-frigo, TV, lit queen et air climatisé. Bain tourbillon double. Déjeuner continental raffiné. Bienvenue chez nous! Spa extérieur et sauna, accès à tous.

Aux alentours: restaurants, randonnée à pied, à cheval ou à vélo, lac Massawippi, parc du Mont-Orford, Mont-Joye.

Chambres: bain tourbillon, bain sur pattes, balcon, TV, frigo, climatisées. **4 ch. S. de bain privée(s).**

Ouvert: à l'année.

2 pers: B&B 90-145$

Enfant (12 ans et –): B&B 25$

Taxes en sus. IT MC VS

Réduction: long séjour.

A ⊗ @ AC **Certifié: 2003**

Marcel Brassard
3105, chemin Capelton rte 108
North Hatley J0B 2C0
Tél. (819) 842-4994 1-866-842-4994
Fax (819) 842-1092
www.lecachetnorthhatley.com
gitelecachet@bellnet.ca

Aut. 10, sortie 121, aut. 55 sud, sortie 29, rte 108 est, chemin Capelton à gauche. Voisin de l'église Ste-Elizabeth.

Orford
Au Chant du Coq ☼☼☼☼

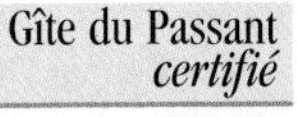
Gîte du Passant *certifié*

Francine Bergeron
2387, chemin du Parc
Orford J1X 7A2
Tél. / Fax (819) 843-2247
www.chantducoq.com
info@chantducoq.com

Aut.10, sortie 118, dir. nord sur la rte 141, 2 km. Le gîte est à votre droite.

Situé au coeur des activités touristiques et des différents festivals qui animent la région Magog-Orford durant toute l'année. Les produits du terroir sont mis à l'honneur dans la préparation de votre déjeuner. Nous pouvons vous concocter un forfait sur mesure selon vos goûts et vos besoins. Accès direct à la piste cyclable La Montagnarde. **Certifié «Bienvenue cyclistes!MD».**

Aux alentours: Parc Mt-Orford, Centre d'arts d'Orford, golf, ski, piste cyclable, lacs, théâtre, Tables Champêtres.
Chambres: lit double, queen ou jumeau, ch. famillliale, une chambre au premier étage. **4 ch. S. de bain privée(s)**
Forfaits: charme, détente & santé, gastronomie, romantique.
Ouvert: à l'année.
2 pers: B&B 95-110$ **1 pers B&B** 80-85$
Enfant (12 ans et –): B&B 0$
Taxes en sus. AM MC VS
Réduction: long séjour.

@ **AV** AC **Certifié: 2006**

Orford
Au Gîte de la Maison Hôte ☼☼☼☼☼

Gîte du Passant *certifié*

Carole Daoust
2037, chemin du Parc
Orford J1X 7A2
Tél. / Fax (819) 868-2604 Tél. 1-866-507-0517
www.maisonhote.com
info@maisonhote.com

Aut. 10, sortie 118, dir. 141 nord, chemin du Parc, 1 km.

La Maison Hôte se distingue par sa localisation, son raffinement et ses petites attentions. Située sur une colline surplombant un vaste terrain fleuri avec vue sur le mont Orford, vous apprécierez le calme, le confort, le service de massothérapie sur place, les installations SPA avoisinantes, la proximité d'activités de plein air et touristiques. **Certifié «Bienvenue cyclistes!MD».**

Aux alentours: parc national et mont Orford, la Route verte, Magog, lac Memphremagog, plusieurs terrains de golf.
Chambres: style champêtre et classique, vue sur le mont Orford ou le jardin fleuri. **5 ch. S. de bain privée(s)**
Forfaits: charme, plein air, romantique, théâtre.
Ouvert: à l'année.
2 pers: B&B 95-130$ **1 pers B&B** 85-120$
Enfant (12 ans et –): B&B 0-20$
Taxes en sus. IT MC VS
Réduction: long séjour.

A @ **AV** AC **Certifié: 2007**

Roxton Pond
Gîte Sous le Pin ☼☼☼

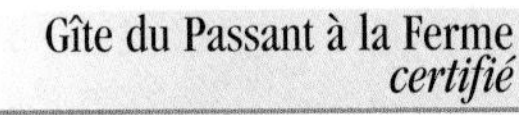
Gîte du Passant à la Ferme *certifié*

France Bédard et Rock Morin
813, 4e rang C.P. 536
Roxton Pond J0E 1Z0
Tél. (450) 372-3279 (450) 522-3731
Fax (450) 372-2023
www.gitesouslepin.com
rock.morin@sympatico.ca

Route 139, à Roxton Pond, rang 4, dir. Golf le Rocher.

Le gîte, c'est la maison familiale paisible, chaleureuse, décorée et aménagée avec goût. Nous vous offrons le confort, la tranquillité et la rusticité tout en respectant votre intimité. Situé près du Golf Le Rocher, à 10 min. de Granby et 20 min. de Bromont. Vous aimez le golf, la nature et les animaux? Vous aimerez votre séjour chez nous! P. 78.

Aux alentours: golf, zoo d'oiseaux exotiques, piste cyclable, centre d'interprétation, parc Yamaska.
Chambres: confortables, choix de lits king, queen, double ou simple. **3 ch. S. de bain privée(s) ou partagée(s)**
Forfaits: à la ferme, golf, vélo.
Ouvert: 1er mai au 10 octobre.
2 pers: B&B 65$ **1 pers B&B** 55$
Enfant (12 ans et –): B&B 15$

A AC **Certifié: 2005**

Shefford

L'Oasis du Canton

Gîte du Passant *certifié*

Un accueil chaleureux vous attend dans un endroit paisible invitant à la détente; la combinaison parfaite pour faire le plein d'énergie. L'été, prélassez-vous au soleil au bord de la piscine. Un BBQ est aussi à votre disposition. L'hiver, détendez-vous au salon près du foyer. L'endroit parfait pour trouver la tranquillité tout au long de l'année. **Certifié «Bienvenue cyclistes!MD».**

Aux alentours: Zoo de Granby, Knowlton, ski, glissade d'eau, parc Yamaska, vignobles, théâtres, vélo, équitation.
Chambres: Champêtre (king), Coloniale (double), Contemporaine (double et simple).
3 ch. S. de bain privée(s)
Forfaits: gastronomie.
Ouvert: à l'année.
2 pers: B&B 80-90$ **1 pers B&B** 60-70$
Enfant (12 ans et –): B&B 20$
Taxes en sus.
Réduction: hors saison et long séjour.

A AV AC Certifié: 2006

Madeleine Fortin
200, chemin Lequin
Shefford J2M 1K4
Tél. (450) 539-2212 1-877-827-2212
Fax (514) 634-0034
www.giteetaubergedupassant.com/oasisducanton
berdavid@qc.aira.com

Aut. 10, sortie 88, boul. Horizon à gauche, Western Furlford à gauche, ch. Lequin à droite.

Sherbrooke

À Aurore Boréale

Gîte du Passant *certifié*

Grande maison centenaire située sur la Route verte, à 2 minutes du centre-ville. SPA et terrasse extérieures pour votre relaxation. Nos déjeuners savoureux sont préparés par un chef diplômé et mettent en valeur les produits de la région et de notre jardin. Soupers gastronomiques aussi disponibles sur demande. **Certifié «Bienvenue cyclistes!MD».**

Aux alentours: parc du Lac-des-Nations, gorge rivière Magog (sentiers pédestres), piste cyclable, théâtre, cinéma
Chambres: chambres spacieuses, rénovées pour vous offrir confort et relaxation. **3 ch. S. de bain privée(s)**
Forfaits: charme, gastronomie.
Ouvert: à l'année.
2 pers: B&B 85-95$ **1 pers B&B** 72-82$
Réduction: hors saison et long séjour.

A @ AV Certifié: 2006

Maud Pelletier de Simini
74, boul. Queen Victoria
Sherbrooke J1H 3P5
Tél. / Fax (819) 573-0720
www.giteetaubergedupassant.com/aboreale
giteaboreale@hotmail.com

Aut. 10 ou aut. 55, sortie 140, aut. 410, sortie 2, boul. de Portland, 5 km, boul. Queen-Victoria à droite.

Sherbrooke

Au Marquis de Montcalm, gîte & spa

Gîte du Passant *certifié*

Prix Réalisation 2006 - Mention spéciale. Lauréat national «OR», Grand Prix du tourisme québécois 2005 et 2006. Située à deux pas du centre-ville, notre maison centenaire offre une kyrielle de bonheurs dans un luxe, un confort et un romantisme hors de l'ordinaire. Venez vivre le Marquis de Moncalm, au gré des saisons. P. 51.

Aux alentours: Restos, antiquaires, musées, Lac des Nations, gorge de rivière Magog, piste cyclable, centre-ville.
Chambres: Suites luxueuses, lit king ou queen, TV, Internet à haut débit, frigo, etc.
5 ch. S. de bain privée(s)
Forfaits: détente & santé, gastronomie, spectacle.
Ouvert: à l'année.
2 pers: B&B 89-119$ **1 pers B&B** 79-99$
Enfant (12 ans et –): B&B 25$
Taxes en sus. MC VS
Réduction: hors saison et long séjour.

A @ AC Certifié: 2005

Thanh-Hoa Bui
797, rue du Général-De Montcalm
Sherbrooke J1H 1J2
Tél. (819) 823-7773 1-866-421-7773
Fax (819) 562-9294
www.marquisdemontcalm.com
info@marquisdemontcalm.com

Aut. 10, sortie 140, sortie 4-Est dir. centre-ville, rue King, 5,4 km, rue Belvédère nord, 2e feu, rue du Général-De Montcalm à gauche.

Stanstead

La Grenouillère des Trois Villages 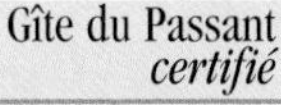

Gîte du Passant *certifié*

Francyne et Serge Tougas
25, rue Canusa
Stanstead J0B 3E5
Tél. (819) 876-5599
Fax (819) 876-5699
www.giteetaubergedupassant.com/lagrenouillere
stougas@abacom.com

De Montréal, aut. 10, sortie 121. Aut. 55 dir. Stanstead. Du Vermont, sortie 1, rte 247 nord, 4,5 km.

Gîte situé dans l'un des plus beaux villages du Québec, sur une des seules rues frontalières en Amérique du Nord. Notre gîte a tout pour rendre votre séjour des plus agréables. Tranquillité et douceur de vivre sont au rendez-vous. Petit-déjeuner gastronomique imprégné de saveurs régionales.

Aux alentours: Musée Colby-Curtis, opéra, plage Weir, Golf Dufferin Heights, Haskell, Tomifobia, Bleu Lavande.
Chambres: 1 avec s. de bain privée, 1 avec s. d'eau, 2 avec s. de bain partagée. **4 ch. S. de bain privée(s) ou partagée(s).**
Ouvert: à l'année.
2 pers: B&B 95$ **1 pers B&B** 90$
Enfant (12 ans et –): B&B 20$
Taxes en sus. AM MC VS

A ⊗ **Certifié: 2000**

Sutton

Auberge des Appalaches ★★

Auberge du Passant *certifiée*

Micheline Côté et Daniel Martin
234, rue Maple
Sutton J0E 2K0
Tél. (450) 538-5799 1-877-533-5799
Fax (450) 538-0510
www.auberge-appalaches.com
info@auberge-appalaches.com

Aut. 10, sortie Sutton, rte 139 sud, au cœur du village, rue Maple à gauche, 2 km.

Petite auberge de montagne, plein air, simplicité, calme. Petit-déj. copieux, soupers aux bonnes saveurs régionales, solarium & couchers de soleil, salon, feu de bois, bar sympa. Route des vins, golf, réseau 88 km de sentiers pédestres 4 saisons, raquette, ski de fond et alpin, piscine. Activités thématiques. Groupe: une auberge «clé en main».

Aux alentours: randonnée, ski, Arbre en Arbre, Route des vins, 4 golfs, théâtre, galeries d'art, kayak, vélo, spa.
Chambres: cachet rustique, sobres et propres, 2 lits doubles, vue sur le paysage. **14 ch. S. de bain privée(s)**
Forfaits: automne, été, hiver.
Ouvert: à l'année.
2 pers: B&B 76-103$ **PAM** 115-142$ **1 pers B&B** 65-89$ **PAM** 84-108$
Enfant (12 ans et –): B&B 15$ **PAM** 25$
Taxes en sus. IT MC VS
Réduction: hors saison et long séjour.

Sutton

B&B Domaine Tomali-Maniatyn

Gîte du Passant *certifié*

Alicja Bedkowska
377, ch. Maple
Sutton J0E 2K0
Tél. (450) 538-6605
www.maniatyn.com
info@maniatyn.com

Aut 10, sortie 68, rte 139 sud. À Sutton, ch. Maple dir. Mont-Sutton à gauche, 2 km, à droite.

Gîte de qualité blotti dans un cadre bucolique et tranquille, sur les pentes du Mont-Sutton. Suites chaleureuses avec vue panoramique, piscine intérieure chauffée, accès direct aux pistes de ski, à la Route verte et aux sentiers de randonnée du Corridor appalachien. Ski à proximité: Sutton (1 min), Jay Peak, Bromont, Owl's Head (20 min).

Aux alentours: Mont-Sutton, Orford, Jay Peak, Bromont, Arbre en Arbre, Route des vins, lac Brome, parcours de golf.
Chambres: lit queen, sofa-lit queen, vue panoramique, coin salon, Internet, TV cable. **3 ch. S. de bain privée(s)**
Forfaits: détente & santé, hiver, autres.
Ouvert: à l'année.
2 pers: B&B 120-200$ **1 pers B&B** 120-200$
Enfant (12 ans et –): B&B 20-50$
Taxes en sus. IT MC VS
Réduction: hors saison et long séjour.

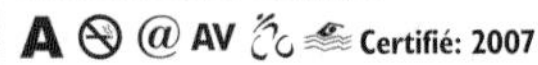

Sutton
Chevalier Mont Écho ☀☀☀☀

Gîte du Passant *certifié*

Haruna Dankaro et Jean-Marie Vouton
937, rue Parmenter
Sutton J0E 2K0
Tél. / Fax (450) 243-5284
www.chevaliermontecho.com
info@chevaliermontecho.com

Aut. 10 est, sortie 68, rte 139 sud, à Sutton, rue Maple dir. Mont-Sutton, rue Poissant à gauche, rue Parmenter à gauche.

Étape idéale pour les amoureux de nature et de grand air. Niché dans un écrin forestier, c'est un véritable havre de paix, de coeur et d'esprit. Nos 4 ch., de vrais cocons montagnards à l'atmosphère feutrée et rassurante. Un gîte de charme où il fait bon vivre, été comme hiver, après avoir arpenté les massifs du mont Sutton au coeur de l'Estrie. P. 54.

Aux alentours: nature, ski, randonnée, bicyclette, golf, Route des vins, musées, antiquaires, galeries d'art...
Chambres: demeure style Alpin, 4 chambres, 4 pays, 4 décors. Petit-déj. à la carte. **4 ch. S. de bain privée(s) ou partagée(s)**
Forfaits: gastronomie, ski alpin, autres.
Ouvert: à l'année.
2 pers: **B&B** 100-125$ **1 pers** **B&B** 80-90$
Enfant (12 ans et –): **B&B** 30$
Taxes en sus.
Réduction: long séjour.

A 🚭 **Certifié: 2005**

Sutton
Les Caprices de Victoria ☀☀☀☀

Gîte du Passant *certifié*

Sylvie Hamel
63, rue Principale Nord
Sutton J0E 2K0
Tél. (450) 538-1551
www.capricesdevictoria.qc.ca
b.b@capricesdevictoria.qc.ca

De Québec, aut. 20, aut. 55, sortie 139. De Montréal, aut. 10, sortie 68. D'Ottawa, aut. 417, aut. 10 sortie 68.

Maison victorienne centenaire. Pour un moment d'évasion… un amalgame où parfums, coloris et décor se côtoient harmonieusement. Baignoires sur pieds, foyers, grand terrain bordé d'un ruisseau, bain tourbillon extérieur, sauna et bain vapeur. Déjeuner gastronomique. Massage sur place.

Aux alentours: à l'entrée du village, au cœur des montagnes : vignobles, antiquaires, sentiers en forêt, canards.
Chambres: lieu magique qui enveloppe ses visiteurs d'un doux voile de repos. **5 ch. S. de bain privée(s)**
Forfaits: détente & santé, gastronomie, ski alpin.
Ouvert: à l'année.
2 pers: **B&B** 115-165$ **1 pers** **B&B** 100$
Taxes en sus.

🚭 @ AC **Certifié: 2005**

Waterloo
Chez Mr. Robinson

Gîte du Passant *certifié*

Jacques Lussier
911, rue Western C.P. 698
Waterloo J0E 2N0
Tél. (450) 539-1162
Fax (450) 539-0930
www.chezmrrobinson.ca
info@mrrobinson.ca

Aut. 10, sortie 88, boul. Horizon à gauche dir. Waterloo, à l'arrêt, rue Western à droite. Au coin de la rue Allen.

Construite en 1834 par Hezekiah Robinson, un des fondateurs de Waterloo, cette superbe maison loyaliste en pierre, chêne et pin a conservé son superbe cachet architectural. Admirez la collection d'art contemporain et de tapis orientaux dans ce chaleureux et convivial décor. Maison du comédien Jacques Lussier, fils et petit-fils d'hôtelier! **Certifié «Bienvenue cyclistes!MD».** P. 76.

Aux alentours: 3 pistes cyclables, circuit du patrimoine, parc Yamaska, golf, ski, ski de fond, théâtre.
Chambres: bien éclairées, grandes, 2 ch. avec salle de bain privée. **4 ch. S. de bain privée(s) ou partagée(s)**
Forfaits: golf, ski alpin, théâtre.
Ouvert: à l'année. Relâche: 2 premières semaines d'avril et tout le mois de novembre.
2 pers: **B&B** 80-95$ **1 pers** **B&B** 75-90$
Enfant (12 ans et –): **B&B** 20$
IT
Réduction: long séjour.

A 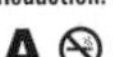 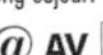 **AV** AC **Certifié: 2007**

Waterloo

Gîte Château Perkins Inn ✱✱✱✱

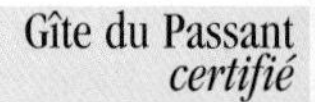
Gîte du Passant *certifié*

Situé sur le circuit du patrimoine du Québec, notre gîte est un château victorien qui fut bâti en 1903 par la famille de J.B. Perkins; concepteur et embouteilleur (sur place) de la liqueur John Collins. Petit-déj. 5 services servi devant foyer ou à la véranda. Remise pour vélos. Location de vélos et kayaks. Coin info touristique et accès Internet. **Certifié «Bienvenue cyclistes!MD»**. P. 55.

Aux alentours: Bromont, Magog, Granby, 3 pistes cyclables, Route verte, golf, restos, théâtre, plage municipale.
Chambres: au château il y a 3 salons dont un réservé à la suite, étage climatisée.
5 ch. S. de bain privée(s) ou partagée(s)
Forfaits: charme, détente & santé, romantique, vélo.
Ouvert: à l'année.
2 pers: B&B 85-135$ **PAM** 135-185$ **1 pers B&B** 65-115$ **PAM** 90-140$
Enfant (12 ans et –): B&B 15-20$ **PAM** 25-40$
VS
Réduction: hors saison.

A @ AV AC **Certifié: 2007**

Carole Langevin et Sylvain Bilodeau
4008, rue Foster C.P. 911
Waterloo J0E 2N0
Tél. (450) 539-1326 (514) 991-4595
Fax (450) 539-2665
www.gitechateauperkinsinn.com
chateau_perkins@hotmail.com

Aut. 10, sortie 90, rte 243 à g., rte 112 à g., rue Foster. Ou aut. 55 dir. Drummondville, sortie Acton Vale, rte 116 vers Roxton Falls, rte 241 à dr., à Waterloo, rte 112.

Waterloo

Les Matins de Victoria ✱✱✱✱

Gîte du Passant *certifié*

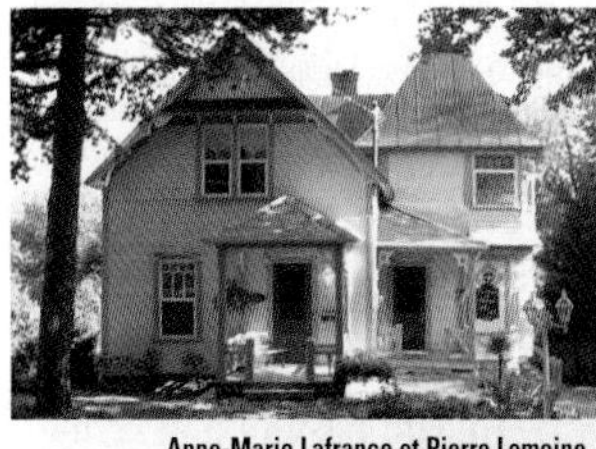

Coup de Coeur du Public provincial 2005 - Hébergement. Vous serez certainement charmé par l'histoire et la beauté de cette maison victorienne érigée depuis 1890. Elle a su marier son caractère d'hier au confort d'aujourd'hui. Des petits bouts d'histoire vous côtoient dans chacune de ses pièces. Nous sommes situés au coeur de la ville de Waterloo, sur une rue faisant partie du circuit du patrimoine. **Certifié «Bienvenue cyclistes!MD»**. P. 55.

Aux alentours: lac, pistes cyclables l'Estriade, Campagnarde, Montagnarde, parc de la Yamaska, golf et ski de fond.
Chambres: bien éclairées. 3 avec s. de bain privée et véranda en saison. **5 ch. S. de bain privée(s) ou partagée(s)**
Forfaits: charme, gastronomie, golf, théâtre.
Ouvert: relâche durant les mois d'avril et de novembre.
2 pers: B&B 85-100$ **1 pers B&B** 75-90$
Enfant (12 ans et –): B&B 25$
Taxes en sus. IT MC VS
Réduction: long séjour.

@ AC **Certifié: 2004**

Anne-Marie Lafrance et Pierre Lemoine
950, rue Western C.P. 1161
Waterloo J0E 2N0
Tél. (450) 539-5559 1-877-539-5559
www.lesmatinsdevictoria.com
info@lesmatinsdevictoria.com

Aut. 10 sortie 88, boul. Horizon à gauche dir. Waterloo, à l'arrêt rue Western à droite.

Waterloo

O'Berge du Pignon ✱✱✱

Gîte du Passant *certifié*

À la jonction des pistes cyclables et de la Route verte. Bienvenue chez nous! Maison victorienne de 1910, avec le confort d'aujourd'hui, qui vous offre 4 chambres douillettes au décor raffiné. Déjeuner concocté avec amour. Remise pour vélo. Les amoureux de la nature seront servis. **Certifié «Bienvenue cyclistes!MD»**.

Aux alentours: pistes cyclables Estriade, Campagnarde et Montagnarde. Parc de la Yamaska, golf, ski, équitation.
Chambres: grandes chambres bien éclairées. **4 ch. S. de bain partagée(s)**
Forfaits: charme, golf, printemps, vélo.
Ouvert: à l'année.
2 pers: B&B 80-95$ **1 pers B&B** 70-85$
Enfant (12 ans et –): B&B 15$
Taxes en sus. IT
Réduction: long séjour.

@ AV AC **Certifié: 2007**

Colette Bélanger
4805, rue Foster
Waterloo J0E 2N0
Tél. (450) 539-4343 1-866-494-4343
www.obergedupignon.com
obergedupignon@hotmail.com

Aut. 10, sortie 88 dir. centre-ville, 1er feu de circulation à droite.

Bishopton
La Maison Bleue

Gîte du Passant à la Ferme *certifié*

35, chemin Gosford, Bishopton
Tél. (819) 578-3155
www.lamaisonbleue.ca
gite@lamaisonbleue.ca

Activités: Promenade dans les jardins potagers où il y a plusieurs variétés de petits fruits et de légumes. Vous pouvez participer à la cueillette des oeufs du matin et visiter notre basse-cour. P. 56.

Animaux: Nous avons un élevage de lapins et quelques moutons que l'on peut approcher, des chèvres et de nouvelles acquisitions à chaque année.

Courcelles
Auberge Andromède

Gîte du Passant à la Ferme *certifié*

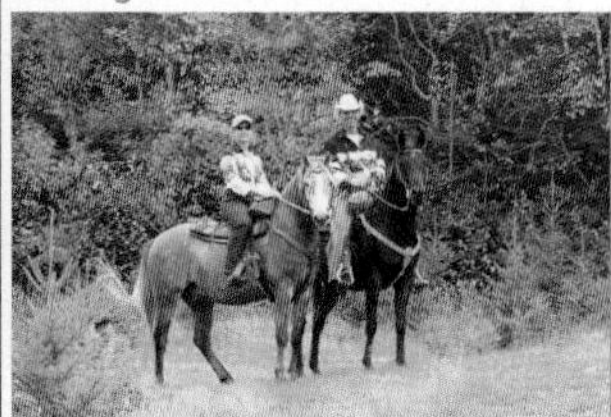

495, rang 6, Courcelles
Tél. / Fax (418) 483-5442
www.aubergeandromede.com
andromedetour@sympatico.ca

Activités: Montez à cheval, découvrez nos forfaits cours d'équitation, cueillir des framboises bio, flattez Chico, dégustez des crêpes de sarrasin, des oeufs frais du poulailler à la poêle, du sirop d'érable... Une excellente table gastronomique. Foie gras de canard fait maison. P. 60.

Animaux: Jolie ferme et mignon poulailler. Lapins nains, chevaux canadiens de travail (fleuron du pays). Paulie, Indian et Osco pour les promenades et bien d'autres amis à aimer.

Roxton Pond
Gîte Sous le Pin

Gîte du Passant à la Ferme *certifié*

813, 4e rang C.P. 536, Roxton Pond
Tél. (450) 372-3279 (450) 522-3731
Fax (450) 372-2023
www.gitesouslepin.com
rock.morin@sympatico.ca

Activités: Nourrissez les animaux, faites une randonnée dans un sentier aménagé de notre érablière ou admirez la nature. P. 72.

Animaux: Une volière avec des faisans dorés, paon et oiseaux de toutes races, des moutons, agneaux, chevaux, vaches Highland et 2 chiens vous attendent.

Dunham
La Chèvrerie des Acacias

Table Champêtre *certifiée*

Renée Ducharme
356, chemin Bruce (rte 202)
Dunham, J0E 1M0

Tél. (450) 295-2548
Fax (450) 295-2447
www.chevrerie.ca
info@chevrerie.ca

Aut. 10, sortie 68 dir. Cowansville, rte 139, rte 202 à droite dir. Dunham. À l'arrêt du village, au magasin général chez Ben, ch. Bruce à droite, rte 202, 1,3 km.

Nbr pers. semaine: 15-35
Nbr pers. week-end: 15-35
Sur réservation.

Repas: 35$ / pers.
Taxes en sus.

Ouvert: à l'année
Certifié: 1999

Sur la route des vignobles, notre ferme est partagée entre l'élevage de chevreaux de boucherie et la reproduction de chevaux de course. Notre table est une aventure gastronomique orchestrée autour des produits de notre ferme avec la complicité de nos voisins agriculteurs. Les mets sont servis dans l'ambiance d'une maison du siècle dernier.

Spécialités: Élevage de chevreaux de boucherie. Notre ferme est auto-suffisante en viande, oeufs et plusieurs légumes, afin de produire le plus (sainement) biologiquement possible.

Menu
Canapés de frais de chèvre au pesto
et pâté de chevreau sur bruschetta
Mosaïque de légumes au fromage, coulis de tomates
ou potage au navet parfumé aux canneberges et orange
Gigot de chevreau, sauce au vin rouge
ou cuisses de canard aux pruneaux
accompagnés de chou rouge aux pommes et à l'érable
et de feuilles de vigne farcies
Granité aux pommes sur cidre local
Salade de betteraves, pommes et carottes à l'aïoli
Panna cotta accompagné d'un coulis de framboises

Aux alentours: gîtes, nombreux vignobles, cidrerie, verger, piste cyclable, golf, ski, théâtre.

Frelighsburg
La Girondine

Table Champêtre *certifiée*

Sylvie Campbell et François Desautels
104 A, route 237 Sud
Frelighsburg, J0J 1C0

Tél. (450) 298-5206
Fax (450) 298-5216
www.lagirondine.ca
info@lagirondine.ca

Aut. 10, sortie 22, aut. 35 sud à la fin, rte 202 dir. St-Alexandre à gauche, 7 km, indication Frelighsburg à droite.

Nbr pers. semaine: 10-45
Nbr pers. week-end: 10-45

Réservation recommandée
Repas: 28-54$ / pers.
Taxes en sus. IT MC VS

Ouvert: à l'année. Sur réservation seulement.
A **Certifié: 2001**

Laissez-vous charmer par une expérience culinaire dans une belle ferme familiale. Sylvie et François, les propriétaires, vous feront découvrir les merveilles de notre terroir. Salle champêtre climatisée avec une vue imprenable sur le mont Pinacle. Repas de 4 à 7 services allant des charcuteries maison au lapin à La Girondine. Un délice! P. 83.

Spécialités: Lapin à la Girondine, magret de canard, charcuterie maison, foie gras, cassoulet, confit de canard, cuisses de pintade farcie.

Menu
Potage et charcuteries maison
Salade de magret fumé ou landaise
Magret de canard à la liqueur de cassis ou
Cuisses de canard confites ou
Lapin Girondine (cidre et pommes) ou
Sauté de lapin à l'érable et aux framboises des Cantons ou
Poitrines de pintade farcies aux canneberges ou
Cuisses de canard confites, pommes de terre sarladaises ou
Cassoulet ou
Gigot d'agneau ou
Magret de canard en aiguillettes selon l'humeur
Sorbet
Salade et fromages fins du Québec
Dessert gourmand de saison

Aux alentours: Route des vins (Dunham), Mont Pinacle, Sutton, Knowlton, Brome.

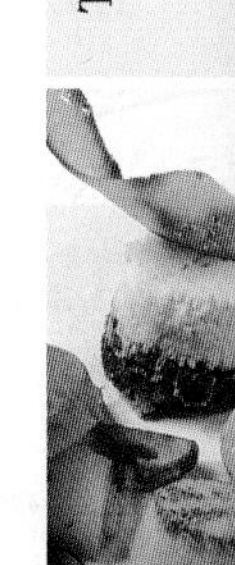

Magog
Au Gré du Vent

Table Champêtre *certifiée*

Laissez vos sens vous guider à travers les panoramas de la région. Vous serez séduits par les odeurs et les saveurs de la cuisine préparée par le chef propriétaire. Découvrez ses recettes de veau, de lapin, de volaille et autres produits de la ferme. Les menus varient chaque jour selon l'inspiration du chef et les arrivages. Apportez votre vin.

Spécialités: Lapin, veau, volaille, truite, cerf rouge, agneau. Menu gastronomique de 6 services.

Patrick Bélanger
225, chemin Roy
Magog, J1X 3W3

Tél. (819) 843-9207 1-866-414-9207
www.augreduvent.ca
bpatrick@bellnet.ca

Aut. 10 est, sortie 115 sud, rte 112, chemin Roy à gauche. Aut. 20 ouest, aut. 55 sud et aut. 10 ouest, sortie 115.

Nbr pers. semaine: 2-30
Nbr pers. week-end: 2-30
Sur réservation.

Repas: 25-45$ / pers.
Taxes en sus. IT MC VS

Ouvert: à l'année

A **Certifié: 2003**

Menu
Salade de lapin confit aux herbes fraîches
Potage de saison
Croustillant de lapin confit, caramel, vinaigre de vin rouge
Trou normand
Tournedos de lapin farci à la saucisse de gibier ou
Poitrine de canard farcie aux pruneaux ou
Veau au goût du jour ou
Blanc de volaille aux poivrons et lardons ou
Agneau (carré - gigot - ragoût) ou
Médaillon de cerf rouge, sauce au bleu Bénédictin
Crème brûlée ou
Génoise à la crème et fruits frais ou
Gâteau mousse au chocolat et aux poires
Autres menus sur demande

Aux alentours: piste cyclable, lac Memphrémagog, mont Orford, Abbaye St-Benoît-du-Lac et beaucoup de nature.

Stukely-Sud
Ferme le Seigneur des Agneaux & Asinerie du Rohan

Table Champêtre *certifiée*

Située sur un chemin patrimonial, la ferme a été transformée en exploitation ovine et asine en 2003. Les bâtiments, âgés de plus de 176 ans, offrent un merveilleux regard sur le passé. Dans un cadre champêtre et chaleureux, nous vous proposons une table d'hôte sur réservation et des méchouis de mai à oct. Aussi, vente d'agneau et produits maison. P. 54, 85.

Spécialités: Agneau, chevreau, lapin, truite, veau, chevreuil, sanglier.

Annick et Christophe Balayer
262, chemin de la Diligence
Stukely-Sud, J0E 2J0

Tél. (450) 297-2662 1-866-330-2662
www.leseigneurdesagneaux.com
info@leseigneurdesagneaux.com

De Montréal, aut. 10, sortie 100 dir. Stukely-Sud, rte 112, 4 km, ch. de la Diligence à gauche. À 20 km de Granby, Bromont et Magog.

Nbr pers. semaine: 6-120
Nbr pers. week-end: 2-120
Min. de pers. exigé varie selon les saisons.
Sur réservation.

Repas: 30-45$ / pers.
Taxes en sus. IT VS

Ouvert: à l'année

A AV AC **Certifié: 2006**

Menu
Aumônières à l'agneau, sauce aux poivrons rouges ou
Feuilleté d'agneau et de chevreau aux agrumes
Potage aux légumes du potager
Salade du Père Magott
Granité de saison
Côtelettes ou carré d'agneau ou
Tajine d'agneau ou
Rouelles de truites aux herbes salées ou
Chevreuil sauce aux bleuets et citron ou
Cassoulet d'agneau
Fromages de brebis et des Cantons
Tarte aux petits fruits
Profiteroles ou
Crème caramel
Autres menus sur demande

Aux alentours: mont Orford, Bromont, Spa Eastman, Route verte, Granby.

Bolton Centre

Chez la Mère Poule

Table aux Saveurs du Terroir *certifiée*

900, route 245, Bolton Centre
Tél. / Fax (450) 292-4548
www.merepoule.qc.ca
merepoule@merepoule.qc.ca

Venez vous faire chatouiller les papilles gustatives en dégustant nos tables d'hôtes aux saveurs régionales et champêtres, élaborées avec minutie par vos aubergistes Stéphanie & Denis dans la quiétude d'une belle salle à manger. Apportez votre vin. P. 57.

Spécialités : Pintadine au miel, Baron d'agneau à la fleur d'ail, Quenelles de filets de doré à la rillettes de truite et crevettes fumées, Civet de lapin, sauce au chocolat.

Repas offerts : soir. Sur réservation.

Bolton Est

L'iris Bleu

Table aux Saveurs du Terroir *certifiée*

895, chemin Missisiquoi, Bolton Est
Tél. (450) 292-3530 1-877-292-3530
www.irisbleu.com
information@irisbleu.com

Notre priorité: choisir des produits frais saisonniers, offerts par des producteurs locaux ou régionaux. Créativité et amour du travail bien fait transforment ces produits du terroir en plaisir de la table. Un air de jazz, feu de foyer, un décor raffiné, et voilà, madame est servie! P. 18, 57.

Spécialités : Canard du Lac Brome, fromages de St-Benoît-du-Lac et produits saisonniers réinventent la cuisine méditerranéenne.

Repas offerts : soir. Sur réservation.

Bromont

Auberge-Spa Le Madrigal

Table aux Saveurs du Terroir *certifiée*

46, boul. Bromont, Bromont
Tél. (450) 534-3588 (450) 534-3702
Fax (450) 534-4799
www.lemadrigal.ca
info@lemadrigal.ca

C'est dans le décor bucolique des Cantons-de-l'Est, que notre salle à manger vous accueille dans une ambiance conviviale et chaleureuse (au coin du feu ou à la terrasse) pour savourer une fine cuisine inspirée de notre terroir québécois. P. 58, 59.

Spécialités : Canard du lac Brome, foie gras, fromages, gibiers et agneau du Québec, saumon fumé de la Gaspésie, et plus encore...

Repas offerts : soir. Sur réservation.

Compton

Le Bocage

Table aux Saveurs du Terroir *certifiée*

200, chemin de Moe's River, Compton
Tél. (819) 835-5653
www.lebocage.qc.ca
francois.dubois@bellnet.ca

L'Auberge vous reçoit dans l'atmosphère feutrée de l'une de ses salles à dîner, l'éclairage aux candélabres et à la lampe à l'huile d'époque est discret, mais omniprésent, et ce, même en terrasse. Vous y dégusterez une cuisine régionale hors du commun. Apportez votre vin. P. 18, 60.

Spécialités : Canard de notre élevage, gibiers, terrines, rillettes, confits, pain, desserts, le tout concocté sur place. Fruits, légumes et herbes de producteurs locaux et de notre jardin.

Repas offerts : soir. Sur réservation.

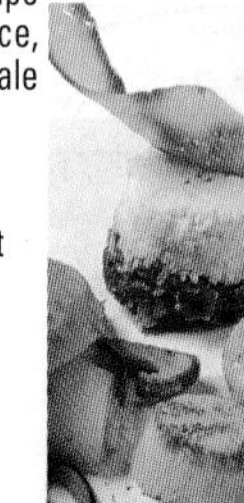

Danville
Auberge Jeffery

Table aux Saveurs du Terroir *certifiée*

91, rue Water C.P. 496, Danville
Tél. (819) 839-2711 1-888-302-2711
Fax (819) 839-2186
www.cerises.com
jeffery@cerises.com

Cuisine régionale savoureuse servie dans une superbe chapelle presbytérienne dont les propriétaires se sont mérités le Grand prix régional en restauration (2001) et une mention pour la qualité de la rénovation du lieu patrimonial. Carte des vins où le Québec est à l'honneur. P. 18, 61.

Spécialités : Flan de têtes de violons et sa tuile de chèvre noir, agneau de la ferme Manasan, foie gras Les Bontés Divines, fromages régionaux, chutney de canneberges.

Repas offerts : midi et soir. Réservation recommandée.

Gould, Lingwick
La Ruée vers Gould

Table aux Saveurs du Terroir *certifiée*

19, route 108, Gould, Lingwick
Tél. / Fax (819) 877-3446
www.rueegouldrush.com
info@rueegouldrush.com

Ambiance campagnarde et dans la tradition légendaire de l'hospitalité des Highlands. Décor XIXe siècle avec foyer, cuisinière à bois, etc... Vos cinq sens seront touchés. P. 18, 63.

Spécialités : Cuisine d'inspiration de traditions écossaises: terrines de foies et coeur d'agneau, agneau au scotch, lapin à la bière de Kingwick, poulet sauce crème et citron...

Repas offerts : midi et soir. Sur réservation.

Magog
Aux Jardins Champêtres

Table aux Saveurs du Terroir *certifiée*

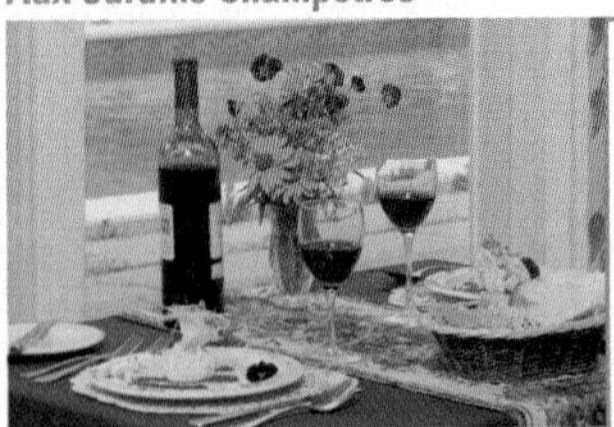

1575, chemin des Pères, R.R. 4, Magog
Tél. (819) 868-0665 1-877-868-0665
Fax (819) 868-6744
www.auxjardinschampetres.com
auxjardinschampetres@qc.aira.com

Un repas à notre table vous fera découvrir les saveurs des Cantons-de-l'Est en une seule visite. Chez nous tout est fait maison! Menu dégustation gargantuesque de 6 services. Site exceptionnel situé sur une route panoramique. Ambiance feutrée et champêtre. Apportez votre vin. P. 68, 69.

Spécialités : Fine cuisine préparée à partir de nos élevages, nos produits maison et régionaux. Fromage l'Abbaye, cerf de Highwater, canard du lac Brome, truite des Bobines, agneaux...

Repas offerts : soir. Sur réservation.

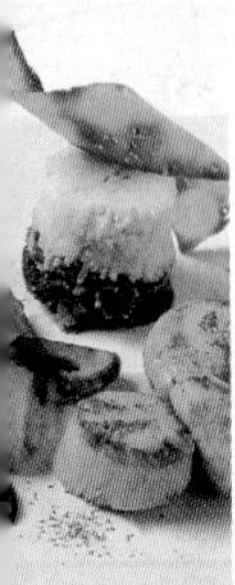

Frelighsburg
Domaine Pinnacle

Relais du Terroir *certifié*

Charles Crawford & Susan Reid
150 Chemin Richford
Frelighsburg, J0J 1C0

Tél. (450) 298-1226 (450) 263-5835
Fax (450) 263-6540
www.domainepinnacle.com
info@domainepinnacle.com

Aut. 10, sortie 68, rte 139 sud, rte 202 ouest, rte 213 sud, rte 237 sud, chemin Richford à gauche.

AM IT MC VS

Ouvert: mai à la fin décembre.

A ⊗ AC **Certifié: 2007**

Fondé en 2000, le Domaine Pinnacle est une entreprise familiale composée d'un verger et d'une cidrerie situés sur une propriété de 430 acres sur le flanc du mont Pinacle, près du village historique de Frelighsburg dans les Cantons-de-l'Est. Notre spécialité: la production du meilleur cidre de glace au monde. P. 53.

Produits: Riches, dorés et complets en bouche, les cidres de glace du Domaine Pinnacle sont faits d'un mélange exceptionnel de six différentes variétés de pommes cueillies à la main après les premières gelées, pressées tard dans la saison et fermentées lentement jusqu'à la perfection. Le nectar doux et généreux qui en résulte a permis à ce fleuron du terroir québécois de se tailler une place de renommée mondiale.

Le «cidre de glace du Domaine Pinnacle»: richesse incroyable, plus de 80 pommes sont utilisées pour chaque bouteille! Le «Domaine Pinnacle Cidre de glace pétillant» : premier cidre de glace pétillant au monde! Un cidre délicieusement pétillant qui se déguste avec plusieurs mets. Le «Signature Réserve Spéciale»: une richesse inégalée, plus de 100 pommes utilisées pour chaque bouteille!

Activités: La salle de dégustation et la boutique sont ouvertes de mai jusqu'à la fin décembre. Notre nouveau centre d'interprétation du cidre de glace vous permettra d'en savoir plus sur ce produit extraordinaire.

Services: Vente de cidres de glace et autres spécialités gastronomiques de la région.

Aux alentours: village historique de Frelighsburg, ski alpin au mont Sutton, randonnée, camping, galeries d'art.

Frelighsburg
La Girondine

Relais du Terroir *certifié*

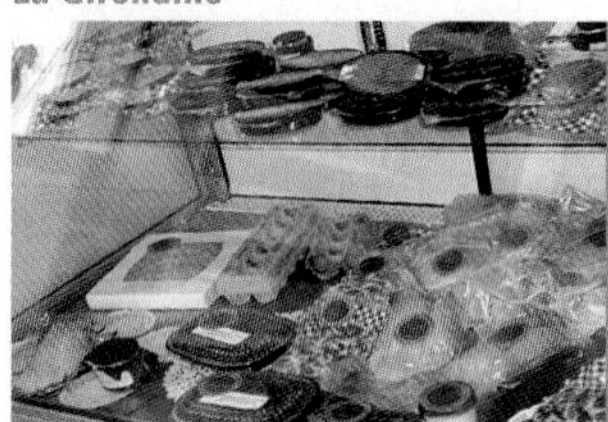

Sylvie Campbell et François Desautels
104 A, route 237 Sud
Frelighsburg, J0J 1C0

Tél. (450) 298-5206
Fax (450) 298-5216
www.lagirondine.ca
info@lagirondine.ca

Aut. 10, sortie 22, aut. 35 sud à la fin, rte 202 dir. St-Alexandre à gauche, 7 km, indication Frelighsburg à droite.

IT MC VS

Ouvert: la boutique est ouverte à l'année de 10h à 18h.

A ⊗ ✕ AC **Certifié: 2001**

Venez découvrir une superbe maison champêtre, une boutique de vente de produits du canard et une magnifique salle à manger conviviale climatisée. Sylvie cuisine des plats artisanaux à partir de canards mulard, pintades, lapins, etc., selon des recettes françaises. Sylvie, François, Mathieu, Keven et Kim vous accueillent chaleureusement à la boutique et à la salle. P. 79.

Produits: Foie gras frais, cuit au torchon, boudin blanc au foie gras, mousse foie gras au cidre de glace, rillettes de canard, pâté de campagne, terrine de canard aux 3 P (pruneaux, pistaches et porto), magret frais et fumé, graisse fine, pâté de lapin noisettes et whisky, terrines de lapin pistaches et Pommeau d'Or, rillettes de lapin au madère, pâté de campagne aux morilles, terrine de pintade.

Plats cuisinés: confit de canard, gésiers en confit, cassoulet, lapin au cidre et aux pommes, lapin à la moutarde, tourtière de canard, coucous d'agneau, navarin d'agneau, saucisses merguez, saucisses toulouse, cuisses de pintade confites. Fromages de la région. Liste de tous les produits disponible sur notre site Internet.

Activités: Saisonnières et à proximité: Route des vins, visites et dégustations dans les vergers, produits de l'érable, produits de lait de chèvre, produits de miel.

Services: Possibilité de pique-niquer en bordure d'un plan d'eau. Service de dégustation.

Aux alentours: Route des vins, mont Pinacle, randonnées et ski au mont Sutton.

Granby

Verger Champêtre

Relais du Terroir *certifié*

Thérèse Choinière et Mario Mailloux
2300, rue Cowie
Granby, J2G 9H9

Tél. (450) 379-5155
Fax (450) 379-9531
www.agricotours.qc.ca/vergerchampetre

Aut. 10, sortie 68 dir. Granby. Au 4e feu de circulation, rue Cowie à gauche.
IT VS
Ouvert: 1er juillet au 31 décembre.
Certifié: 2007

Le Verger Champêtre, situé aux portes des Cantons-de-l'Est, vous offre des visites de leur mini-ferme, de l'auto-cueillette de plusieurs variétés de fruits et une boutique de produits transformés. Visite libre, observation des animaux et de leur habitat, visite des bâtiments, des vergers et des jardins.

Produits: Boutique sur place vous offrant une variété de produits transformés : jus, tarte, sirop, miel, gelée, confitures, saucisses d'agneau, de chèvres et de lapin, marinades, relish, pâtés à la viande, poulet, poisson, etc.

Possibilité d'auto-cueillette de la pomme, poire, prune, citrouille, courge.

Activités: Une mini-ferme variée : mouton, chèvre, lapin, caille, veau, faisan, poule, âne, cheval miniature, pigeon de chair. Pêche sur réservation. Randonnée pédestre sur le site. Vente de sapins de Noël. Aire de jeux. Stationnement, pause-café, boutique.

Services: Boutique, aire de jeux, stationnement, pause-café.

Aux alentours: zoo de Granby, golf de Bromont, parc de la Yamaska, piste cyclable l'Estriade.

Magog

Le Vignoble le Cep d'Argent Inc.

Relais du Terroir *certifié*

Denis Drouin, Jean-Paul et François Scieur
1257, chemin de la Rivière
Magog, J1X 3W5

Tél. (819) 864-4441 1-877-864-4441
Fax (819) 864-7534
www.cepdargent.com
info@cepdargent.com

Aut. 10, sortie 128. Aut. 20, rte 55 sud, sortie 128. Suivre les panneaux bleus.
AM IT MC VS
Ouvert: avril-mai de 11-16h, juin-oct de 10-18h, oct-déc de 11-16h, janv-avril week-end.
A AV AC
Certifié: 2003

Un des plus vieux et importants vignobles du Québec, vous invite à visiter ses installations et goûter ses vins maintes fois médaillés au niveau international. Jusqu'à la fête du Travail, vous pouvez prendre un repas sur la terrasse. Deux salles de réception sont disponibles pour toutes vos activités. Faites personnaliser vos vins préférés.

Produits: Vin blanc: le Cep d'Argent, Cuvée des Seigneurs. Vins rouges: Réserve des Chevaliers et Délice du Chai. Vin aromatisé (type Kyr): Fleur de lys. Vin de vendanges tardives: Fleuret. Vin apéritif: Mistral. Vin de dessert (type Porto): L'Archer. Vin mousseux méthode champenoise: Sélection des Mousquetaires. Le trio: 3 petites bouteilles empilables de 250 ml chacune contenant: Mistral-Fleur de Lys-Archer.

Nous avons aussi en boutique des gelées de vin (9 variétés), des terrines de canard (4 variétés), des vinaigrettes (3 variétés), de même que des chocolats remplis de Mistral et d'Archer. Tous ces produits sont créés à partir de nos vins.

Activités: Visites guidées et dégustations. Les visites guidées comprennent: la visite des vignes avec explications, la cuverie où sont faits les vins et une dégustation de 5 vins. 7.00$/pers. Durée: 45-50 min. Vous pouvez acheter des vins sur place. Les groupes doivent réserver.

Services: Nous avons 2 superbes salles pour réceptions de mariage, parties de bureau, etc. La salle Médiévale: 200 personnes. Des Chevaliers: 120 personnes. Nous avons aussi une plate-forme au milieu des vignes pour célébrer votre mariage.

Aux alentours: golf 36 trous, mont Orford, Fête des vendanges au début septembre de chaque année.

Stukely-Sud

Ferme le Seigneur des Agneaux & Asinerie du Rohan

Ferme Découverte *certifiée*

Promenade à la ferme – Ferme éducative – Centre d'interprétation

Située sur un chemin patrimonial, la ferme a été transformée en exploitation ovine et asine en 2003. Les bâtiments, âgés de plus de 176 ans, offrent un merveilleux regard sur le passé. Dans un cadre champêtre et chaleureux, nous vous proposons une table d'hôte sur réservation et des méchouis de mai à oct. Aussi, vente d'agneau et produits maison. P. 54, 80.

Annick et Christophe Balayer
262, chemin de la Diligence
Stukely-Sud, J0E 2J0

Tél. (450) 297-2662 1-866-330-2662
www.leseigneurdesagneaux.com
info@leseigneurdesagneaux.com

De Montréal, aut. 10, sortie 100 dir. Stukely-Sud, rte 112, 4 km, ch. de la Diligence à gauche. À 20 km de Granby, Bromont et Magog.

Tarif(s) : 5-10$ adulte / 3-8$ enfant
Tarif de groupe offert.
IT VS
Ouvert: à l'année
A AV AC
Certifié: 2006

Activités: Visites de ferme. Randonnées avec ânes. Camp d'âniers & stage berger d'un jour. Asinothérapie. Sentiers de randonnée et raquette. Accueil de groupe. Accessible handicapés avec aide. Pêche. Animation médiévale.

Ferme ovine et asine à vocation agrotouristique, dont la mission est la réintégration de l'âne en milieu rural et la valorisation de l'élevage ovin. Balade en tracteur, boutique à la ferme, dégustations. Bâtiments de ferme de plus de 176 ans, plusieurs salles d'accueil avec audiovisuel. Élevage d'ânes de pure race. Stationnement pour autobus. Venez partager notre passion au rythme des saisons!

Services: Table d'hôte. Méchouis. Lunch du berger. Banquet médiéval. Certificats-cadeaux. Organisation de tours guidés agrotouristique dans les Cantons-de-l'Est pour groupe jusqu'à 21 personnes.

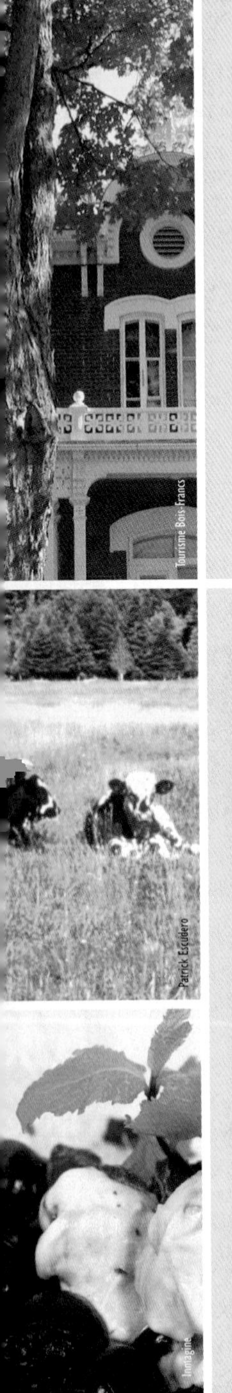

Centre-du-Québec

Des petits trésors à découvrir...

Jeune, dynamique et ouverte sur le monde, la région du Centre-du-Québec déborde de vitalité avec ses succulents produits du terroir et ses festivals des plus variés. Laissez-la vous étonner!

Bien nommée, cette région située au centre du Québec allie avec simplicité et originalité agrotourisme, plein air, golf, vélo, motoneige, motoquad, culture et patrimoine.

De nombreux antiquaires jalonneront votre route et de nombreux festivals vous attireront tout au long de l'année. Son réputé Mondial des Cultures de Drummondville (juillet) et son formidable Festival international de musique actuelle de Victoriaville (mai) ne sont qu'une minime facette de la diversité de ses festivités.

Une région où les plaines et les vallons se côtoient pour vous offrir de doux et jolis paysages, vous y trouverez aussi une grande variété de produits du terroir. Son territoire étant occupé à 85% par le secteur agricole, le Centre-du-Québec a de quoi avoir fière allure en agrotourisme!

Saveurs régionales

Cette région est riche en événements agroalimentaires. Le Festival des fromages de Warwick, le Festival du Cochon (Sainte-Perpétue), le Festival du Bœuf (Inverness), le Festival de la Canneberge (Villeroy), le Festival de l'Érable (Plessisville)... bref, voilà bien moult occasions de chatouiller vos palais.

- La région et ses nombreuses fromageries vous proposent un circuit gourmand des plus intéressants pour découvrir les fromages au lait de vache, de chèvre et de brebis.
- Là où l'oie des neiges fait escale, des producteurs ont développé un élevage d'appellation contrôlée. Découvrez-la sous forme de rillettes, de terrines, de pâtés ou de confits.
- La culture de la canneberge a pris un essor tellement considérable que l'on a créé à Saint-Louis-de-Blandford un centre d'interprétation.
- À ne pas oublier, l'esturgeon fumé d'Odanak et de Notre-Dame-de-Pierreville, un pur délice traditionnel hérité des Abénaquis.
- Plus au sud, place à un paysage dominé par les érablières. À vrai dire, c'est un royaume d'érablières et de cabanes où se sucrer le bec.
- Saveur cocasse... Même si l'on ne s'entend pas sur son lieu de naissance (Warwick, Drummondville ou Victoriaville), la « poutine » est bien originaire du Centre-du-Québec. Composé de frites, de sauce et de fromage en grains, ce mélange particulier est maintenant servi à certains endroits aux États-Unis et même en Europe!

La région compte une (1) Table aux Saveurs du TerroirMD et une (1) Table ChampêtreMD certifiée. Une façon originale de découvrir les saveurs de la région ! *(P. 93.)*

Centre-du-Québec

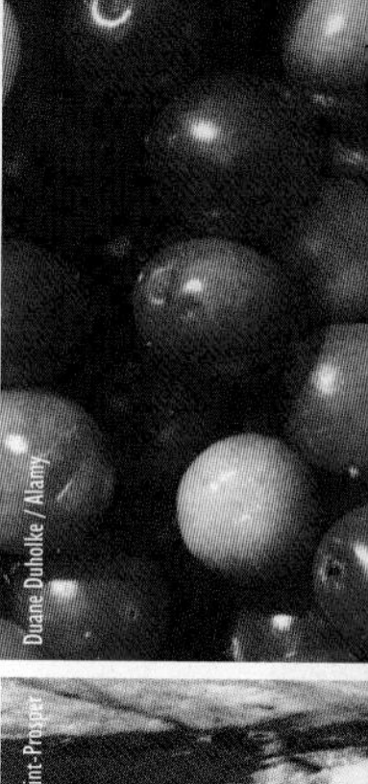
Duane Duholke / Alamy

Le saviez-vous?

On récolte la canneberge en inondant ses plants que l'on bat mécaniquement pour en détacher le fruit. On élève ensuite le niveau de l'eau pour la faire flotter et l'empêcher d'être retenue dans les herbes. On appelle aussi ce petit fruit: pomme des près, Atoca et Airelle, entre autres. Si les marins ignoraient sa haute teneur en vitamine C, ils savaient à tout le moins qu'elle les protégeait du scorbut. Les Amérindiens la consommaient pour prévenir les infections urinaires et soigner les troubles de digestion. On a donc tout intérêt à découvrir ce merveilleux petit fruit, et autrement qu'en traditionnelle gelée accompagnant la dinde. Séchée, elle est un délice!

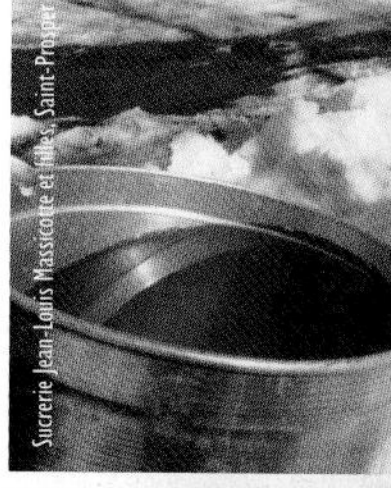
Sucrerie Jean-Louis Massicotte et filles, Saint-Prosper

Clin d'œil sur l'histoire

Au temps des premiers colons, la fabrication du sirop d'érable était bien établie chez les différentes cultures indigènes. Les Amérindiens n'avaient cependant pas les matériaux nécessaires pour chauffer un récipient à très haute température. Ils utilisaient donc des pierres chauffées qu'ils lançaient dans l'eau d'érable pour la faire bouillir. Une autre méthode consistait à laisser l'eau d'érable geler la nuit pour ensuite enlever la couche de glace le lendemain, répétant l'opération jusqu'à ce qu'il ne reste qu'un épais sirop. Le sirop d'érable constituait un élément important de l'alimentation, de la culture et de la religion des Amérindiens.

Tourisme Bois-Francs

Quoi voir? Quoi faire?

Le Village Québécois d'Antan, un retour au XIXe siècle (Drummondville).

Légendes Fantastiques, spectacle à grand déploiement en plein air (Drummondville).

Arrêtez-vous chez le plus important producteur de roses de l'est du Canada, Rose Drummond (Drummondville).

Parc Marie-Victorin: 5 magnifiques jardins thématiques de 3 km (Kingsey Falls).

Musée du Bronze d'Inverness (ÉCONOMUSÉE ®): production d'objets d'art et découverte du joli village d'Inverness.

Le moulin Michel de Gentilly, moulin à farine où l'on moud toujours le grain de façon ancestrale (Bécancour).

Le Centre de la biodiversité du Québec, un laboratoire naturel en plein air (Bécancour).

Le Musée des Religions, axé sur les grandes traditions religieuses (Nicolet).

Le Musée des Abénakis, idéal pour s'initier aux cultures autochtones (Odonak).

Lieu historique national de la Maison Wilfrid-Laurier (Arthabaska).

La récolte (de la fin sept. à la fin oct.) des canneberges au Centre d'interprétation de la canneberge (Saint-Louis-de-Blandford).

Coulis de Campagne, Saint-Ferdinand

Faites le plein de nature

Ski de randonnée ou balade au mont Arthabaska (Victoriaville).

Randonnée pédestre au Parc régional de la rivière Gentilly (Sainte-Marie-de-Blandford).

Patin en forêt et ski de fond au Parc écologique de Godefroy (Bécancour).

Observation de l'oie des neiges au Centre d'interprétation de Baie-du-Febvre.

En longeant la rivière Saint-François (de Saint-François-du-Lac à Bécancour) 80 km de campagne et de superbes panoramas.

Envie de vélo? Le parc linéaire des Bois-Francs (77km) et le Circuit des Traditions (57km) traversent des campagnes pittoresques, des forêts et d'accueillants milieux urbains.

La piste cyclable qui traverse la forêt de Drummond est l'un des secrets les mieux gardés du Circuit des Traditions.

Le lac Saint-Pierre (réserve de la biosphère de l'UNESCO) où l'on retrouve 40% des milieux humides du Saint-Laurent et la plus importante héronnière d'Amérique du Nord.

Pour plus d'information sur le Centre-du-Québec : 1-888-816-4007
www.tourismecentreduquebec.com

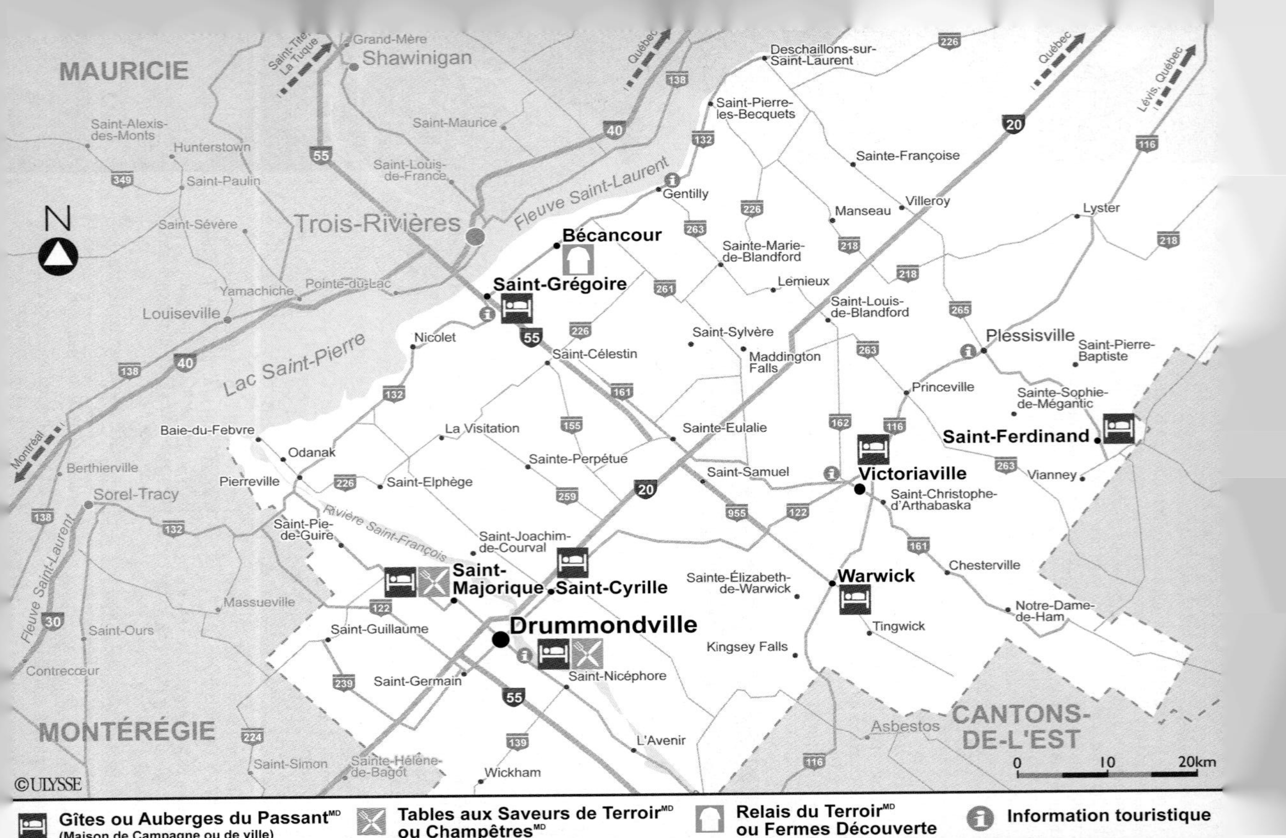

MAURICIE
Shawinigan
Grand-Mère
Saint-Tite, La Tuque
Québec
Deschaillons-sur-Saint-Laurent
Lévis, Québec
Saint-Alexis-des-Monts
Hunterstown
Saint-Paulin
Saint-Maurice
Saint-Louis-de-France
Saint-Sévère
Trois-Rivières
Fleuve Saint-Laurent
Gentilly
Saint-Pierre-les-Becquets
Sainte-Françoise
Manseau
Villeroy
Lyster
N
Bécancour
Saint-Grégoire
Sainte-Marie-de-Blandford
Lemieux
Saint-Louis-de-Blandford
Yamachiche
Pointe-du-Lac
Louiseville
Nicolet
Saint-Célestin
Saint-Sylvère
Maddington Falls
Plessisville
Saint-Pierre-Baptiste
Lac Saint-Pierre
Princeville
Sainte-Sophie-de-Mégantic
Saint-Ferdinand
Baie-du-Febvre
La Visitation
Sainte-Eulalie
Odanak
Sainte-Perpétue
Montréal
Berthierville
Pierreville
Saint-Elphège
Saint-Samuel
Victoriaville
Vianney
Sorel-Tracy
Saint-Christophe-d'Arthabaska
Rivière Saint-François
Saint-Pie-de-Guire
Saint-Joachim-de-Courval
Chesterville
Saint-Majorique
Saint-Cyrille
Sainte-Élizabeth-de-Warwick
Warwick
Massueville
Notre-Dame-de-Ham
Saint-Ours
Saint-Guillaume
Drummondville
Tingwick
Kingsey Falls
Contrecœur
Saint-Germain
Saint-Nicéphore
CANTONS-DE-L'EST
Asbestos
MONTÉRÉGIE
L'Avenir
Saint-Simon
Sainte-Hélène-de-Bagot
Wickham
0
10
20km
©ULYSSE
20
40
55
30
116
218
226
132
263
261
265
161
155
162
259
955
122
138
349
239
224
139
Gîtes ou Auberges du Passant[MD]
(Maison de Campagne ou de ville)
Tables aux Saveurs de Terroir[MD] ou Champêtres[MD]
Relais du Terroir[MD] ou Fermes Découverte
Information touristique

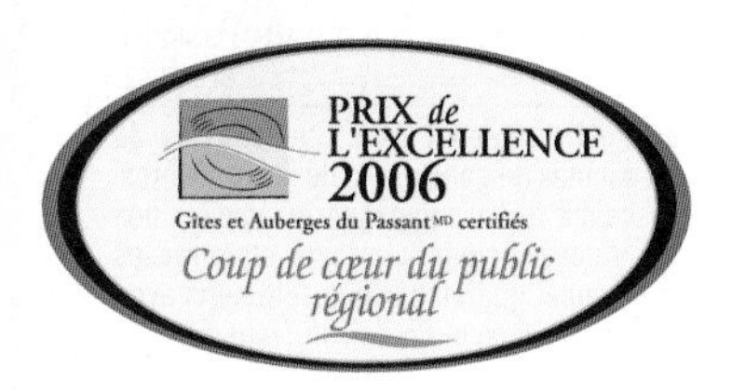

Bécancour, Saint-Grégoire

Regard sur le Fleuve

18440, boul. Bécancour (rue Gaillardetz)
G9H 2G5
(819) 233-2360 Fax : (819) 233-2963
ritagc@tlb.sympatico.ca
www.giteetaubergedupassant.com/regardsurlefleuve
P. 90

La Fédération des Agricotours du Québec* est fière de rendre hommage aux hôtes Rita et André Caya, du gîte REGARD SUR LE FLEUVE, qui se sont illustrés de façon remarquable par leur accueil de tous les jours envers leur clientèle.

C'est dans le cadre des Prix de l'Excellence 2006 que les propriétaires de cet établissement, certifié Gîte du Passant[MD] depuis 2002, se sont vu décerner le « Coup de Cœur du Public régional » du Centre-du-Québec.

Félicitations !

**La Fédération des Agricotours du Québec est propriétaire des marques de certification : Gîte du Passant[MD], Auberge du Passant[MD], Maison de Campagne ou de Ville, Table Champêtre[MD], Relais du Terroir[MD] et Ferme Découverte.*

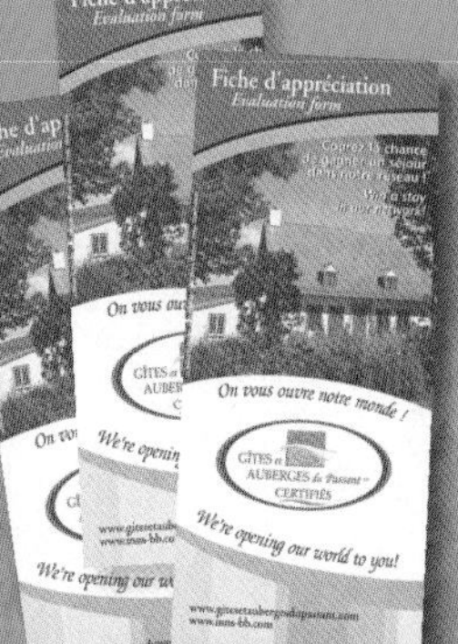

Merci au nom des lauréats!

Chaque année, les fiches d'appréciation permettent de décerner le Prix de l'Excellence, dans la catégorie « Coup de Cœur du Public », aux établissements qui se sont démarqués de façon remarquable par leur accueil. En remplissant une fiche d'appréciation, vous contribuez non seulement à maintenir la qualité constante des services offerts, mais également à rendre hommage à tous ces hôtes.

COUREZ LA CHANCE DE GAGNER UN SÉJOUR !

Chacune des fiches d'appréciation , vous donne la chance de gagner un séjour de 2 nuits pour 2 personnes dans un « Gîte ou une Auberge du Passant[MD] » de votre choix.
La fiche d'appréciation est disponible dans tous les établissements certifiés et sur Internet :
www.gitesetaubergesdupassant.com

Bécancour, St-Grégoire
Regard sur le Fleuve

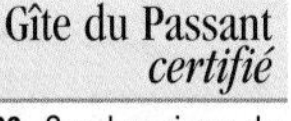

Rita et André Caya
18440, boul. Bécancour (rue Gaillardetz)
Saint-Grégoire, Bécancour G9H 2G5
Tél. (819) 233-2360
Fax (819) 233-2963
www.giteetaubergedupassant.com/regardsurlefleuve
ritagc@tlb.sympatico.ca

À Trois-Rivières, traverser le pont Laviolette, sortie 176 Sainte-Angèle. Face au fleuve, boul. Bécancour ouest à gauche, 1,6 km.

Coup de Coeur du Public régional 2006. Sur les rives du Saint-Laurent, à dix minutes du centre-ville de Trois-Rivières, venez découvrir le calme de la campagne et admirer nos couchers de soleil. Accueil, confort, piscine et terrasses vous attendent. Le déjeuner gourmand vous sera servi avec une magnifique vue sur le fleuve. En saison, vous pourrez admirer les hérons, canards et oies. **Certifié «Bienvenue cyclistes![MD]».** P. 89.

Aux alentours: Centre de biodiversité, musée, golf, piste cyclable, patin, ski de fond, équitation, théâtre, resto.
Chambres: douillettes, confortables, lits queen et jumeaux. **3 ch. S. de bain privée(s)**
Forfaits: printemps, régional, vélo.
Ouvert: à l'année.
2 pers: B&B 70$ **1 pers B&B** 55$
Enfant (12 ans et –): B&B 20$

AC **Certifié: 2002**

Drummondville
Auberge à la Bonne Vôtre

Auberge du Passant
certifiée

Pascal Allard et Diane Bouchard
207, rue Lindsay
Drummondville J2C 1N8
Tél. (819) 474-0008
Fax (819) 474-0162
www.alabonnevotre.ca
info@alabonnevotre.ca

Aut. 20, sortie 177 centre-ville de Drummondville, boul. St-Joseph à droite, 5 min, rue St-Georges à gauche, rue Lindsay à droite.

L'Auberge à la Bonne Vôtre, un havre de paix champêtre au cœur de la ville de Drummondville. Des chambres douillettes au décor soigné. Une table où les saveurs locales et québécoises sont préparées avec raffinement. Que ce soit pour un séjour en amoureux ou une réunion d'affaires, nous vous accueillons avec simplicité et efficacité. Certifié Table aux Saveurs du Terroir[MD]. P. 93.

Aux alentours: musée populaire de la photographie, piste cyclable la Route verte, Village Québécois d'Antan.
Chambres: climatisées, confortables au cachet ancien, grands lits, balcon. **5 ch. S. de bain privée(s) ou partagée(s)**
Forfaits: charme.
Ouvert: à l'année.
2 pers: B&B 75-100$
Taxes en sus. AM IT MC VS

A @ **AV** AC **Certifié: 2007**

Drummondville, St-Cyrille
L'Oasis

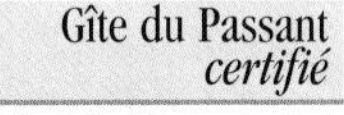

Johanna Beier Putzke
3500, route 122
Saint-Cyrille J1Z 1C3
Tél. (819) 397-2917
www.giteetaubergedupassant.com/oasis

Aut. 20, sortie 185, 2 km. À l'église, rte 122 à droite, 1 km.

L'Oasis, à mi-chemin entre Montréal et Québec est situé sur un grand terrain entouré d'arbres et de fleurs, d'un jardin d'eau et du murmure de la cascade. À l'intérieur, une touche européenne. Non-fumeur. Déjeuners variés et produits maison selon les saisons. À 7 km du centre-ville et en face à la piste cyclable...

Aux alentours: Village d'Antan, Légendes Fantastiques, le Mondial des cultures, théâtre, festival du cochon.
Chambres: une touche européenne, lits queen et jumeaux. **4 ch. S. de bain privée(s) ou partagée(s).**
Ouvert: à l'année.
2 pers: B&B 55-70$ **1 pers B&B** 35-40$
Enfant (12 ans et –): B&B 10$
Réduction: long séjour.

AV AC **Certifié: 1996**

St-Ferdinand

Coulis de Campagne ☼☼☼

Gîte du Passant *certifié*

Maya Boivin-Lalonde et Hugo Joannette-Hamel
814, route McKillop
Saint-Ferdinand G0N 1N0
Tél. (418) 428-4884 1-866-428-4884
www.giteetaubergedupassant.com/coulisdecampagne
gite@couliscampagne.com

Aut. 20, sortie 253 ou 228. À Plessisville, rte 165 sud, 19 km, ch. Gosford à gauche, 3 km, rang 10 sud à droite, rue McKillop à gauche.

Maison ancestrale aux confins des Appalaches. Dans un cadre enchanteur, vous découvrirez une fine cuisine régionale mijotée par le chef propriétaire. Un repas copieux, un repos bienfaiteur et une nuitée de rêve vous y attendent... Pour votre plus grande intimité, les appartements des propriétaires sont séparés du gîte.

Aux alentours: randonnées pédestres, équitation, traîneau à chiens, ski, Musée du Bronze, visite horticole.
Chambres: chacune de nos chambres a sa saveur, lit douillet et tranquillité. **3 ch. S. de bain partagée(s).**
Ouvert: à l'année. Sur réservation seulement.
2 pers: B&B 80$ **PAM** 160$ **1 pers B&B** 60$ **PAM** 100$
Enfant (12 ans et –): B&B 20$ **PAM** 40$
VS

Certifié: 2006

St-Majorique

Fleur en Bouchée ☼☼☼

Gîte du Passant à la Ferme *certifié*

Edith Fleurent Boucher et Robert Boucher
1915 boul. Lemire Ouest
Saint-Majorique J2B 8A9
Tél. / Fax (819) 477-7760 Tél. (819) 473-4175
www.fleur-en-bouchee.ca
robertboucher_4@sympatico.ca

Aut. 20 est, sortie 175, 4,5 km dir. St-Bonaventure.

Facile d'accès et près des centres d'activités. Il nous fait plaisir de vous accueillir avec la chaleur et la simplicité des gens de chez nous. Nous aimons ce que l'on fait et il est agréable de vous préparer de bons petits plats maison. Qualité, propreté et raffinement sont des nôtres et nous souhaitons que la satisfaction parte avec vous. P. 92, 93.

Aux alentours: Village Québécois d'Antan, Mondial des cultures et autres festivals, circuit motoneige, quad, vélo.
Chambres: Hydrangea: lit queen, couleur douce. Gerbera: 2 lits simples, fleurie. **2 ch. S. de bain privée(s)**
Forfaits: charme, golf, spectacle, autres.
Ouvert: à l'année.
2 pers: B&B 85$ **PAM** 135$ **1 pers B&B** 70$ **PAM** 95$
Enfant (12 ans et –): B&B 15$ **PAM** 25$
Taxes en sus.
Réduction: long séjour.

AV **Certifié: 2006**

Victoriaville

Au Lit de l'Ange ☼☼☼☼☼

Gîte du Passant *certifié*

Mélissa Pepin et Marc Fleury
199, rue des Appalaches
Victoriaville G6S 1K6
Tél. / Fax (819) 357-1658
www.gitedelange.com
fleurypepin@videotron.ca

Aut. 20, sortie 210 dir. St-Albert, boul. Jutras à droite, rue Laurier à droite, rue des Appalaches à gauche.

Un site unique au Québec, le seul gîte classifié 5 soleils au Centre-du-Québec. Nous offrons une vue splendide sur la région. À l'arrière de la maison, on retrouve une roseraie, cascades d'eau, terrasses, spa, sentier pédestre. Venez également profiter de notre excellente table qui offre des soupers où les produits du terroir sont à l'honneur.

Aux alentours: théâtre d'été, golf, piste cylable, centre de ski alpin, ski fond, raquette, motoneige, fromagerie.
Chambres: insonorisés, lit queen, 5 belles vues différentes, 2 ch. avec divan lit. **5 ch. S. de bain privée(s)**
Forfaits: charme, gastronomie, hiver, romantique.
Ouvert: à l'année.
2 pers: B&B 95-110$ **1 pers B&B** 85-100$
Enfant (12 ans et –): B&B 0-25$
Taxes en sus. IT MC VS

Warwick
Gîte du Champayeur ☀☀☀☀

Gîte du Passant *certifié*

Jacques Charlebois
5, rue de l'Hôtel- de-Ville
Warwick J0A 1M0
Tél. (819) 358-9101 (819) 358-9155
Fax (819) 358-9151
www.champayeur.qc.ca
info@champayeur.qc.ca

Aut. 20, sortie 210. Rte 955 dir. St-Albert. À St-Albert, dir. Warwick, 10 km.

Lauréat national bronze des Grands Prix du tourisme québécois 2006. Le Champayeur: une symphonie pour vos sens. Charme du décor et tic-tac de l'horloge grand-père, cuisine régionale et arôme des herbes du jardin, lit moelleux. Vivez la générosité d'hôtes passionnés pour leur coin de pays, les Bois-Francs. **Certifié «Bienvenue cyclistes!MD».**

Aux alentours: Maison des fromages, antiquaires et musées, ski Mont-Gleason. Forfaits-détente, 6 magnifiques golfs.
Chambres: accueillantes et douillettes. Décor soigné. Intimes et relaxantes. **4 ch. S. de bain privée(s)**
Forfaits: gastronomie, théâtre, vélo.
Ouvert: à l'année.
2 pers: B&B 88-93$ **1 pers B&B** 78-83$
Enfant (12 ans et –): B&B 25$
Taxes en sus. MC VS
Réduction: hors saison et long séjour.

A @ AC **Certifié: 2007**

■ Information supplémentaire sur l'hébergement à la ferme

St-Majorique
Fleur en Bouchée

Gîte du Passant à la Ferme *certifié*

1915 boul. Lemire Ouest, Saint-Majorique
Tél. / Fax (819) 477-7760 Tél. (819) 473-4175
www.fleur-en-bouchee.ca
robertboucher_4@sympatico.ca

Activités: Visites intérieure et extérieure de la ferme. Quelle différence y a-t-il entre un veau de grain, de lait et un veau d'embouche? Il nous fera plaisir de répondre à toutes vos questions. P. 91, 93.

Animaux: Le veau de grain, notre production principale est élevé dans une bâtisse des plus récentes. Nous avons également des chevaux, la fierté de nos fils.

St-Majorique

Fleur en Bouchée

Table Champêtre *certifiée*

Edith Fleurent Boucher et Robert Boucher
1915, boul. Lemire Ouest
Saint-Majorique, J2B 8A9

Tél. / Fax (819) 477-7760 Tél. (819) 473-4175
www.fleur-en-bouchee.ca
robertboucher_4@sympatico.ca

Aut. 20 est, sortie 175, 4,5 km dir. St-Bonaventure.

Nbr pers. semaine: 4-30
Nbr pers. week-end: 4-30
Min. de pers. exigé varie selon les saisons.
Sur réservation.

Repas: 25-49$ / pers.
Taxes en sus.

Ouvert: à l'année
AV **Certifié: 2002**

Soucieux de la constante qualité de nos produits et de la propreté, on ne néglige pas pour autant l'accueil chaleureux de nos invités. Cuisinière et pâtissière diplômée, il m'est possible de personnaliser le menu selon vos besoins sans négliger le raffinement des saveurs et de la présentation. Venez profiter des douceurs de la vie... P. 91, 92.

Spécialités: D'une bâtisse des plus modernes, nous produisons le veau de grain. Le porc et le poulet sont également au menu. Miel et sirop d'érable, potager et jardin complètent le tout.

Menu
Fantaisies sur canapés ou pâté de campagne aux pruneaux ou
Tomate farcie au taboulé à la menthe et épinards
Potage double parfum ou
Crème butternut et orange
Crêpe aux asperges sauce au bleu ou
Fettucini de veau parfumé à l'érable
Granité mousseux et canneberge ou
Yogourt glacé aux fruits
Poitrine de poulet farcie au veau, sauce érable et kiwi ou
Paupiette de veau farcie sauce crémeuse au vin
Buisson de laitue sauce échalote et miel
Gâteau mousse au fromage fruité
Les mignardises Fleur en Bouchée
Autres menus sur demande

Aux alentours: Légendes Fantastiques, Village Québécois d'Antan, golf, sentiers: pédestre, vélo, motoneige, quad.

Drummondville

Auberge à la Bonne Vôtre

Table aux Saveurs du Terroir *certifiée*

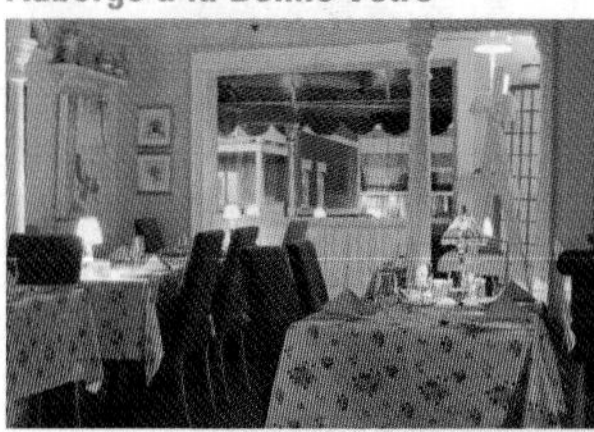

207, rue Lindsay, Drummondville
Tél. (819) 474-0008
Fax (819) 474-0162
www.alabonnevotre.ca
info@alabonnevotre.ca

La cuisine chez nous est intuitive et intègre les produits locaux. L'atmosphère est feutrée et conviviale à la fois. On aime se rencontrer chez nous entre amis ou en amoureux. L'été, nous vous invitons à notre terrasse fleurie et champêtre. P. 90.

Spécialités : Foie gras de canard du Canard Goulu. Ris de veau à la gelée de menthe de Madame Caya. Les linguinis de chez Maestro pasta, sauce aux tomates séchées.

Repas offerts : midi et soir. Réservation recommandée.

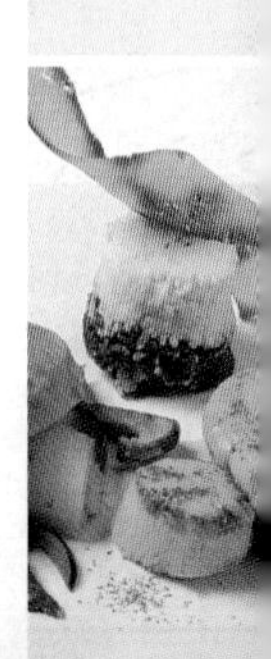

Les Anges
de L'Angélaine

Bécancour, Ste-Angèle

Chèvrerie L'Angélaine

Ferme Découverte *certifiée*

Michèle et Donald Lanteigne
12285, boul. Bécancour
Bécancour, G9H 2K4

Tél. (819) 222-5702 1-877-444-5702
Fax (819) 222-5690
www.langelaine.com
info@langelaine.com

Aut. 40 sortie 55 sud, aut 20 sortie 55 nord, sur la rive sud du pont Laviolette, sortie Ste-Angèle dir. rte 132 est.

Tarif(s) : 6$ adulte / 0-4$ enfant
Tarif de groupe offert.
Taxes en sus. IT MC VS

Ouvert: Boutique ouverte à l'année. Visite guidée de mai à octobre (sur réservation).

A ♿ **Certifié: 2005**

Ferme éducative – Centre d'interprétation

L'Angélaine, c'est un site touristique hors du commun comprenant une véritable chèvrerie, un remarquable pavillon d'interprétation du mohair et une chaleureuse boutique (unique au Canada) que vous prendrez plaisir à découvrir. L'agrotourisme à L'Angélaine, c'est une partie intégrante de notre mission envers notre fidèle clientèle depuis 1980! P. 94.

Activités: L'Angélaine vous propose une aventure palpitante au coeur d'un pittoresque village situé sur les rives du St-Laurent. Venez découvrir l'histoire de notre élevage de chèvres Angora, productrices de la fibre mohair, avec laquelle nous créons plus d'une centaine de différents produits uniques «Qualité Métiers d'Art».

Explorez notre boutique ancestrale datant de 1878 et découvrez nos fabuleux tricots main, nos fameuses chaussettes Kidmohair, nos nouvelles semelles de feutre Kidmohair Originales de L'Angélaine et de nos nombreux accessoires et idées cadeaux. Venez vivre une expérience agro touristique fascinante et découvrez la beauté et la douceur du mohair; fibre unique aux propriétés multiples!

Services: Visite familiale: durée environ 45 minutes, tarif 6$ + tx/adulte. Visite guidée en groupe: durée environ 2 heures: tarif 5.50$ + tx/adulte (25 personnes et plus). Venez découvrir notre incomparable boutique ancestrale, unique au Canada, ouverte 7 jours/semaine à l'année! Activités ou attraits aux alentours: Bécancour vous propose une multitude d'attraits incontournables! Venez nous y rencontrer...

Jean-François Bergeron

Charlevoix

Montagnes et escarpements magistraux!

Lorsque les caps et les falaises tombent abruptement vers les eaux salées du fleuve et que les vallées et les montagnes se succèdent en une enfilade de panoramas incroyables, vous saurez que vous êtes dans Charlevoix...

La nature fit tellement bien les choses en Charlevoix que L'UNESCO reconnut en 1989 le caractère exceptionnel de son patrimoine naturel en lui accordant le statut international de Réserve mondiale de la biosphère.

En longeant le fleuve Saint-Laurent, vous y verrez des villages installés au creux des baies, au sommet des caps ou bien agrippés à flanc de montagne. Et, s'ajoutant à tout ce charme, un riche patrimoine architectural. En quittant les berges, vous pénétrerez dans un territoire sauvage et montagneux. Vous y verrez les plus hautes parois rocheuses de l'est du Canada et traverserez de longs plateaux entrecoupés de tapis de lichens. Absolument vivifiant!

La région s'étirant jusqu'à la rivière Saguenay où se mêlent eaux douces et salées, vous pourrez même y observer des baleines. En prenant le traversier de Saint-Joseph-de-la-Rive vous pourrez explorer, en voiture ou vélo, la charmante Isle-aux-Coudres. Depuis toujours, peintres, poètes et écrivains ont succombé à la beauté charlevoisienne. Il en sera ainsi pour vous! Au temps des couleurs automnales, c'est un pur ravissement que d'y faire un séjour.

Saveurs régionales

Sur la Route des Saveurs, où les producteurs et les restaurateurs se sont unis pour vous faire connaître leurs produits et leurs bonnes tables, laissez-vous tenter par:

- la soupe aux gourganes, le pâté de sauvagine, le pâté croche de l'Isle-aux-Coudres et les plats de canard ou d'oie;
- le porc, le poulet biologique, le dindon, le veau et l'agneau de Charlevoix, des appellations bien connues qui font le délice des gourmets, sans oublier l'émeu;
- les fromages, dont le Migneron, le Ciel de Charlevoix et le cheddar de Saint-Fidèle, la truite, le confit et le foie gras de canard, les terrines et pâtés de canard, les herbes salées, la bière et les pains artisanaux et plusieurs autres délices.

Produits du terroir à découvrir et déguster

- Produits de petits fruits et de la pomme : cidres, apéritifs, crèmes, mistelles, moûts et vinaigres du *Verger Pedneault*. P. 117.
- Produits maison: confitures, gelées, huiles, vinaigres, moutardes, beurres, sirops et chocolats de *Les Finesses de Charlevoix*. P. 117.
- Canard élevé et gavé traditionnellement: confits, rillettes, terrines, magrets, foie gras frais ou mi-cuit... de *La Ferme Basque de Charlevoix*. P. 118.
- Viandes d'émeu du *Centre de l'Émeu de Charlevoix*. P. 118.

La région compte quatre (4) Tables aux Saveurs du Terroir^MD et une (1) Table Champêtre^MD certifiées. Une façon originale de découvrir les saveurs de la région ! (P. 115.)

Auberge Cap aux Corbeaux, Baie-Saint-Paul

Charlevoix

Le saviez-vous?

Charlevoix est essentiellement un immense cratère (de Baie-Saint-Paul à La Malbaie) causé par la chute d'un colossal météorite il y a 350 millions d'années. Un bolide de 2 km de diamètre pesant 15 milliards de tonnes qui creusa une demie- lune de 56 km de diamètre dans le bouclier canadien, tout en s'enfonçant à 5km sous la surface! Le ressac de 768 m qu'il provoqua créa le mont des Éboulements. Lorsque vous amorcerez votre descente vers Baie-Saint-Paul, vous « entrerez » alors dans le cratère. Si vous montez le mont du Lac des Cygnes (Parc national des Grands-Jardins), vous dominerez alors la couronne d'effondrement au pourtour du cratère. Ironiquement, n'eut été de la chute de ce colossal météorite, Charlevoix aurait présenté un paysage austère.

Clin d'œil sur l'histoire

Vous êtes ici dans l'une des premières régions où s'est développé le tourisme en Amérique du Nord! Dès la fin du XVIIIe siècle, la beauté des paysages y attirait déjà de nombreux visiteurs. Au début du XXe siècle, la région devint si populaire qu'on y construisit le luxueux Manoir Richelieu de 250 chambres à « Murray Bay », aujourd'hui La Malbaie (Pointe-au-Pic). La haute société québécoise, canadienne et étasunienne s'y rendait en croisière sur de luxueux bateaux à vapeur.

Quoi voir? Quoi faire?

À Baie-Saint-Paul : galeries d'art, boutiques, Centre d'histoire naturelle de Charlevoix, Centre d'art, ÉCONOMUSÉE® du fromage, Les Jardins secrets du Vieux-Moulin, entre autres.

Les Éboulements, Port-au-Persil, Saint-Joseph-de-la-Rive et Saint-Irénée sont parmi les plus beaux villages du Québec.

L'ÉCONOMUSÉE® du papier de la Papeterie Saint-Gilles (Saint-Joseph-de-la-Rive).

Le Musée maritime de Charlevoix et ses goélettes (Saint-Joseph-de-la-Rive).

Tour de l'Isle-aux-Coudres (en voiture ou en vélo).

Le Domaine Forget, ses concerts et son Festival international de juin à août (Saint-Irénée).

La Malbaie et ses environs : le Manoir Richelieu, le Casino de Charlevoix, le Musée de Charlevoix, la forge-menuiserie Cauchon, le Centre écologique de Port-au-Saumon, les Jardins du cap à l'Aigle.

À Baie-Sainte-Catherine : Centre d'interprétation et d'observation de Pointe-Noire du Parc marin du Saguenay-Saint-Laurent, diverses croisières aux baleines et Tadoussac à 10 minutes de traversée.

Des croisières et des excursions un peu partout.

Faites le plein de nature

Au domaine de Charlevoix, une panoplie d'activités de plein air (Baie-Saint-Paul).

Ski alpin au Massif de Petite-Rivière-Saint-François avec son sublime panorama sur le fleuve.

Mont Grand-Fonds: ski alpin, raquette, ski de fond (La Malbaie).

Le Sentier des caps de Charlevoix: marche, raquette, vues magnifiques sur le fleuve.

Un superbe spectacle d'oies blanches sur le parcours de la Cîme (octobre).

Le parc national des Grands-Jardins: une faune et une flore exceptionnelles (Saint-Urbain).

Le parc national des Hautes-Gorges-de-la-Rivière-Malbaie, à voir absolument. Une foule d'activités.

Sentier l'Acropole des Draveurs, pour une superbe randonnée (Saint-Aimé-des-Lacs).

Le Site régional de la montagne de la Croix de Clermont.

Envie de vélo? De Saint-Siméon à Baie-Sainte-Catherine: un itinéraire splendide de 37 km.

Le Parc d'Aventure en montagne, Les Palissades – L'Ascensation (Saint-Siméon).

Pour plus d'information sur la région de Charlevoix : 1- 800-667-2276
www.tourisme-charlevoix.com

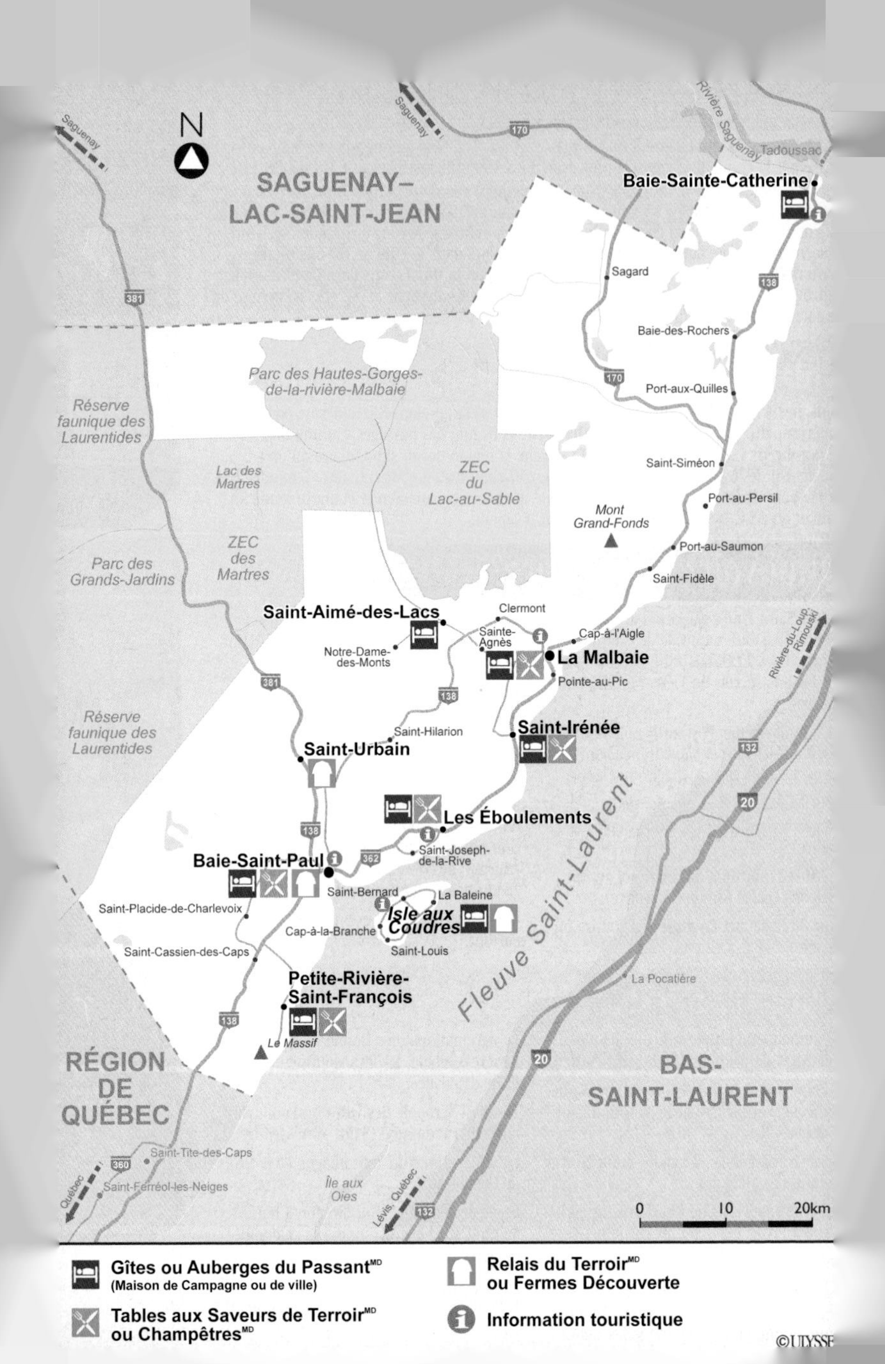
N
SAGUENAY–
LAC-SAINT-JEAN
Saguenay
Saguenay
Rivière Saguenay
Tadoussac
Baie-Sainte-Catherine
Sagard
Baie-des-Rochers
Port-aux-Quilles
Saint-Siméon
Port-au-Persil
Port-au-Saumon
Saint-Fidèle
Mont
Grand-Fonds
Parc des Hautes-Gorges-
de-la-rivière-Malbaie
Réserve
faunique des
Laurentides
Lac des
Martres
ZEC
du
Lac-au-Sable
Parc des
Grands-Jardins
ZEC
des
Martres
Saint-Aimé-des-Lacs
Notre-Dame-
des-Monts
Clermont
Sainte-
Agnès
Cap-à-l'Aigle
La Malbaie
Pointe-au-Pic
Rivière-du-Loup,
Rimouski
Saint-Hilarion
Saint-Irénée
Saint-Urbain
Réserve
faunique des
Laurentides
Les Éboulements
Saint-Joseph-
de-la-Rive
Baie-Saint-Paul
Saint-Bernard
La Baleine
Isle aux
Coudres
Cap-à-la-Branche
Saint-Louis
Saint-Placide-de-Charlevoix
Saint-Cassien-des-Caps
Petite-Rivière-
Saint-François
Le Massif
Fleuve Saint-Laurent
La Pocatière
RÉGION
DE
QUÉBEC
BAS-
SAINT-LAURENT
Saint-Tite-des-Caps
Saint-Ferréol-les-Neiges
Québec
Île aux
Oies
Lévis, Québec
170
381
138
362
132
20
360
0
10
20km
Gîtes ou Auberges du Passant^MD
(Maison de Campagne ou de ville)
Tables aux Saveurs de Terroir^MD
ou Champêtres^MD
Relais du Terroir^MD
ou Fermes Découverte
Information touristique
©ULYSSE

Baie-Saint-Paul

Dentelle et Flanelle Couette et Café

14, Côte de la Chapelle
G3Z 2Z8
(418) 435-2778 (418) 240-0790
Fax : (418) 435-5098
dentelle_flanelle@hotmail.com
www.charlevoix.net/dentelleetflanelle
P. 105.

La Fédération des Agricotours du Québec* est fière de rendre hommage à l'hôtesse Brigitte Tremblay, du gîte DENTELLE ET FLANELLE COUETTE ET CAFÉ, qui s'est illustrée de façon remarquable par son accueil de tous les jours envers sa clientèle.

C'est dans le cadre des Prix de l'Excellence 2006 que la propriétaire de cet établissement, certifié Gîte du Passant[MD] depuis 2004, s'est vu décerner le « Coup de Cœur du Public régional » de Charlevoix.

Félicitations !

**La Fédération des Agricotours du Québec est propriétaire des marques de certification : Gîte du Passant[MD], Auberge du Passant[MD], Maison de Campagne ou de Ville, Table Champêtre[MD], Relais du Terroir[MD] et Ferme Découverte.*

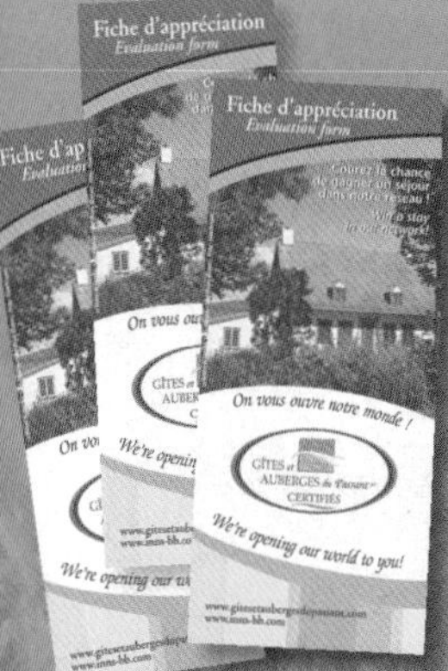

Merci au nom des lauréats!

Chaque année, les fiches d'appréciation permettent de décerner le Prix de l'Excellence, dans la catégorie « Coup de Cœur du Public », aux établissements qui se sont démarqués de façon remarquable par leur accueil. En remplissant une fiche d'appréciation, vous contribuez non seulement à maintenir la qualité constante des services offerts, mais également à rendre hommage à tous ces hôtes.

COUREZ LA CHANCE DE GAGNER UN SÉJOUR !

Chacune des fiches d'appréciation , vous donne la chance de gagner un séjour de 2 nuits pour 2 personnes dans un « Gîte ou une Auberge du Passant[MD] » de votre choix. La fiche d'appréciation est disponible dans tous les établissements certifiés et sur Internet :
www.gitesetaubergesdupassant.com

Gîte
Les Colibris
Le gîte où il fait bon butiner les petits plaisirs de la vie.
PRIX de L'EXCELLENCE
2005
Coup de cœur du public régional
80, rue Sainte-Anne
Baie-Saint-Paul QC G3Z 1P3
Tél.: (418) 240-2222
Sans frais : 1 888 508-4483
www.charlevoix.net/lescolibris

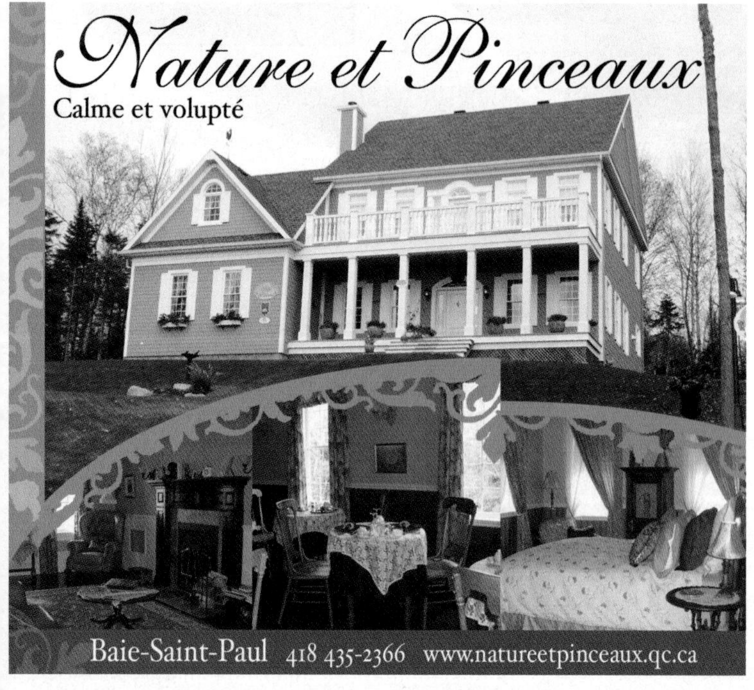
Nature et Pinceaux
Calme et volupté
Baie-Saint-Paul 418 435-2366 www.natureetpinceaux.qc.ca

Baie-St-Paul

À la Chouette ☼☼☼☼

Gîte du Passant *certifié*

Ginette Guérette et François Rivard
2, rue Leblanc
Baie-Saint-Paul G3Z 1W9
Tél. (418) 435-3217 1-888-435-3217
www.alachouette.com
chouettephoto@sympatico.ca

À Baie-St-Paul, rte 362 est. À l'église, rue Ste-Anne à droite, rue Leblanc, 2e à droite. Rte 362 ouest, à l'église, rue Ste-Anne à gauche.

6 fois en nomination pour la qualité de l'accueil. Grand gagnant en 2001. Maison de photographe. Spacieuse, colorée, lumineuse. Ouverte sur la campagne (tranquillité assurée). À proximité de la ville (5 min à pied). Déjeuners réputés avec produits maison et régionaux. Généreuse bibliothèque sur Charlevoix et le Québec, piano, terrasses, jardins.

Aux alentours: devant: ville, restos, galeries. Derrière: campagne, balade au fleuve. Autour: randonnées, vélo...

Chambres: très lumineuses, aérées, ouvertes sur la campagne. Balcons. Lits queen. **5 ch. S. de bain privée(s)**

Forfaits: croisière, golf, spectacle.

Ouvert: mai à décembre.

2 pers: B&B 95-125$ **1 pers B&B** 85-120$

Enfant (12 ans et –): B&B 15$

Taxes en sus. AM MC VS

Réduction: hors saison et long séjour.

A ⊗ @ **Certifié: 1992**

Baie-St-Paul

À la Lune Bleue ☼☼☼☼

Gîte du Passant *certifié*

Sophie Paquot et Christophe Lacombe
44, chemin de la Martine
Baie-Saint-Paul G3Z 2E1
Tél. / Fax (418) 435-5102 Tél. (418) 240-6309
www.alalunebleue.com
info@alalunebleue.com

Rte 138 Est, à Baie-Saint-Paul, 1re rue à droite.

Au coeur de la nature québécoise, à 5 minutes du centre de Baie-St-Paul, nous vous accueillons en toutes saisons dans une ambiance familiale et chaleureuse. Venez profiter du calme et de la beauté de notre paysage. Après une bonne nuit dans l'une de nos chambres, dégustez un gourmand petit-déjeuner composé de produits régionaux et maison.

Aux alentours: parcs nationaux, baleines, kayak, galeries d'art, route des saveurs, ski, chiens de traîneau...

Chambres: spacieuses et décorées toutes en couleur. Lits king et queen. **4 ch. S. de bain privée(s)**

Forfaits: croisière, détente & santé, ski alpin.

Ouvert: à l'année.

2 pers: B&B 98$ **1 pers B&B** 78$

Enfant (12 ans et –): B&B 25$

Taxes en sus. IT MC VS

Réduction: hors saison et long séjour.

A ⊗ ⬢ @ **AV** **Certifié: 2006**

Baie-St-Paul

Auberge Cap-aux-Corbeaux ★★★

Auberge du Passant *certifiée*

Murielle Otis et Pierre Prud'homme
62, rue du Nordet
Baie-Saint-Paul G3Z 3C1
Tél. (418) 435-5676 1-800-595-5676
Fax (418) 435-4125
www.cap-aux-corbeaux.com
info@cap-aux-corbeaux.com

À Baie-St-Paul, à l'église, rte 362 est. dir. Les Éboulements, 5 km. Rue Cap-aux-Corbeaux à droite, 1 km. Rte 362 ouest, rue Cap-aux-Corbeaux à gauche.

Coup de Coeur du Public régional 2004. En haut du Cap-aux-Corbeaux, à quelques min de Baie-St-Paul, une auberge et un panorama uniques. Toutes les chambres ont une vue exceptionnelle sur le fleuve, le Massif et l'Isle-aux-Coudres. Petits-déjeuners servis sur la terrasse, en admirant le passage des bateaux. Salle de réunion, galerie d'art et table d'hôte l'hiver.

Aux alentours: le fleuve, les montagnes, Baie-St-Paul, galeries d'art, ski, golf, casino, parcs.

Chambres: avec vue sur le fleuve, lit queen, bois-franc. **10 ch. S. de bain privée(s)**

Forfaits: croisière, golf, ski alpin.

Ouvert: à l'année.

2 pers: B&B 95-150$ **PAM** 163-218$ **1 pers B&B** 95-129$ **PAM** 129-174$

Enfant (12 ans et –): B&B 0-10$ **PAM** 0-27$

Taxes en sus. IT MC VS

Réduction: hors saison.

A ⊗  **Certifié: 2002**

Baie-St-Paul

Auberge la Muse ★★★

Auberge du Passant
certifiée

Détente et enchantement au coeur de Baie-St-Paul. Une victorienne au charme centenaire nichée sous les érables. Service attentionné. Salle à manger verrière avec foyer, terrasse et grand jardin. Déjeuner buffet complet. Fine cuisine des produits du terroir servie en table d'hôte. Massothérapie sur place. Boutique cadeaux et mode sur place aussi. Certifié Table aux Saveurs du Terroir[MD]. P. 16, 115.

Aux alentours: au coeur de la ville et des attraits de la région. Ski, golf, parcs, casino, plage, île, croisières.
Chambres: chaleureuses, personnalisées et confortables. De économique à luxueuse. **14 ch. S. de bain privée(s)**
Forfaits: charme, gastronomie, golf, ski alpin.
Ouvert: à l'année.
2 pers: B&B 110-190$ **PAM** 166-246$ **1 pers B&B** 100-200$ **PAM** 128-228$
Enfant (12 ans et –): B&B 20$ **PAM** 40$
Taxes en sus. IT MC VS
Réduction: hors saison et long séjour.

A AC **Certifié: 1989**

Evelyne Tremblay et Robert Arsenault
39, rue Saint-Jean-Baptiste
Baie-Saint-Paul G3Z 1M3
Tél. (418) 435-6839 1-888-835-8898
Fax (418) 435-6289
www.lamuse.com
lamuse@lamuse.com

À 100 km à l'est de Québec sur la rte 138. À Baie-Saint-Paul, rte 362 à droite. À l'intersection de l'église, rue St-Jean-Baptiste à gauche.

Baie-St-Paul

Au Clocheton

Gîte du Passant
certifié

Notre maison centenaire, dont le jardin s'étend jusqu'à la rivière, est située sur l'une des rues les plus pittoresques de Baie-St-Paul et à quelques pas des bons restaurants et des galeries d'art. Des déjeuners copieux, aux saveurs régionales et produits maison, vous attendent.

Aux alentours: ski Le Massif, parcs des Grands-Jardins et des Hautes-Gorges, Isle-aux-Coudres, Sentier des caps.
Chambres: lit queen, lit double, 2 lits, petite suite avec balcon privé. **4 ch. S. de bain privée(s) ou partagée(s)**
Forfaits: croisière, ski alpin, spectacle.
Ouvert: à l'année.
2 pers: B&B 85-125$ **1 pers B&B** 75-115$
Taxes en sus. MC VS
Réduction: hors saison et long séjour.

AV **Certifié: 1992**

Johanne et Laurette Robin
50, rue Saint-Joseph
Baie-Saint-Paul G3Z 1H7
Tél. (418) 435-3393 1-877-435-3393
Fax (418) 435-6432
www.auclocheton.com
info@auclocheton.com

De Québec, dir. Ste-Anne-de-Beaupré, rte 138 est, 100 km. À Baie-St-Paul, rte 362 est, à l'église, après le pont, 1re rue à droite.

Baie-St-Paul

Au Perchoir

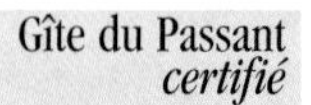

Gîte du Passant
certifié

À 4 km du centre-ville, gîte de confort supérieur perché à flanc de montagne. Salle de séjour et salle à manger pourvues de grandes fenêtres, vue panoramique sur le fleuve et l'Isle-aux-Coudres. À 15 min de marche du bord du fleuve. Site paisible et enchanteur. Idéal pour le repos et le ressourcement. Déj. copieux et varié à saveur régionale.

Aux alentours: parcs: Grands-Jardins et Hautes-Gorges, Massif Petite-Rivière-St-François, casino, Isle-aux-Coudres.
Chambres: de grand confort, vue panoramique sur le fleuve. 3 ch. terrasse privée. **3 ch. S. de bain privée(s)**
Forfaits: ski alpin, spectacle, autres.
Ouvert: de janvier à octobre et du 14 au 31 décembre.
2 pers: B&B 100-130$ **1 pers B&B** 95-125$
Enfant (12 ans et –): B&B 15$
Taxes en sus. MC VS

A @ **Certifié: 1996**

Jacinthe Tremblay et Réjean Thériault
443, ch. Cap-aux-Rets
Baie-Saint-Paul G3Z 1C1
Tél. / Fax (418) 435-6955 Tél. 1-800-435-6955
www.auperchoir.com
info@auperchoir.com

Rte 138 E. À Baie-St-Paul, rte 362 est, 3 km. À l'enseigne «Au Perchoir», ch. Cap-aux-Rets à droite, 2e maison à gauche après la croix.

Baie-St-Paul

Dentelle et Flanelle Couette et Café

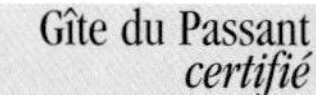

Gîte du Passant *certifié*

Brigitte Tremblay
14, Côte de la Chapelle
Baie-Saint-Paul G3Z 2Z8
Tél. (418) 435-2778 (418) 240-0790
Fax (418) 435-5098
www.charlevoix.net/dentelleetflanelle
dentelle_flanelle@hotmail.com

À 3 km de Baie-St-Paul dir. La Malbaie. Rte 138, au Camping le Genévrier à gauche, 2e rue à droite.

Coup de Coeur du Public régional 2006. Construite dans les années 20, la vieille maison rénovée et agrandie en 2003 vous accueille en toutes saisons dans une ambiance chaleureuse et personnalisée. Venez déguster nos copieux déjeuners: confitures maison, café chaud, fruits frais et quelques surprises à l'humeur de votre hôte, vous attendent chaque matin dans notre verrière ensoleillée. P. 99.

Aux alentours: galeries d'art, musées, ateliers d'artistes, activités de plein air de toutes sortes, casino...
Chambres: pour plus d'info, consultez notre site web et visitez chacune de nos ch.
4 ch. S. de bain privée(s)
Forfaits: ski alpin.
Ouvert: à l'année.
2 pers: B&B 86-138$ **1 pers B&B** 64-108$
Taxes en sus. AM ER IT MC VS

Certifié: 2004

Baie-St-Paul

Gîte de la Maison Blanche

Gîte du Passant *certifié*

Michel Duchesne
28, du Lac Ami
Baie-Saint-Paul G3Z 1A3
Tél. (418) 435-2454 (418) 240-0216
Fax (418) 435-9952
http://charlevoix.net/gites/Baie-Saint-Paul/maisonblanche
michelduchesne46@hotmail.com

À 100 km de Québec sur la rte 138.

Pour un endroit calme, dans la nature au bord d'un lac, au pied de belles montagnes, à proximité du parc des Grands-Jardins, vous y êtes! Une ambiance chaleureuse et un confort douillet où chaque visiteur peut relaxer ou faire un plongeon dans la piscine chauffée. Déj. copieux servi dans un décor de rêve par votre hôte à l'accueil proverbial.

Aux alentours: au centre de toutes les activités présentées dans Charlevoix.
Chambres: chacune a son histoire, spacieuses, avec vue sur le lac ou sur la montagne.
4 ch. S. de bain privée(s).
Ouvert: à l'année.
2 pers: B&B 78$ **1 pers B&B** 68$
Enfant (12 ans et –): B&B 15$
Taxes en sus. VS
Réduction: hors saison.

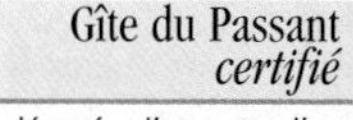

@ **AV** **Certifié: 2005**

Baie-St-Paul

Gîte le 121 Côté Est

Gîte du Passant *certifié*

Lise Mineau et Pierre Sévigny
121, route 362
Baie-Saint-Paul G3Z 1R4
Tél. (418) 240-2333
www.gitele121.com
gite121@sympatico.ca

À Baie-St-Paul, rte 362 est. À l'église, après le pont, tout droit (courbe à droite) et, plus loin, à gauche au pied de la côte après l'entrée du Balcon Vert.

C'est dans une maison canadienne décorée d'oeuvres d'art et où le bois domine, que vos hôtes vous accueilleront avec plaisir. Pour les pupilles et les papilles, la vue sur le fleuve, les petits-déjeuners gourmands, la flambée en hiver ou la terrasse en été, c'est au 121 Côté Est que vous pourrez «chouenner» à votre guise et vous faire dorloter.

Aux alentours: canot, kayak, plage, galeries d'art, Grands-Jardins, ÉCONOMUSÉES®, vélo, planeurs, ski.
Chambres: vastes chambres sous les combles. Cachet, charme et confort assurés.
2 ch. S. de bain partagée(s).
Ouvert: à l'année.
2 pers: B&B 60-70$ **1 pers B&B** 60-70$
Réduction: long séjour.

Certifié: 2004

Baie-St-Paul

Gîte le Noble Quêteux ✵✵✵✵

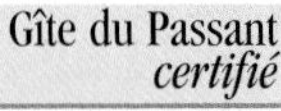

Marie Lou Jacques et Claude Marin
8, ch. Côte-du-Quêteux
Baie-Saint-Paul G3Z 2C7
Tél. (418) 240-2352 1-866-744-2352
Fax (418) 240-2377
www.noblequeteux.com
info@noblequeteux.com

Rte 138 est, 4 km avant Baie-St-Paul, au bureau d'info touristique à droite. À la sortie, 300 m, 1re rue à droite.

Située à flanc de montagne, cette maison bicentenaire, tout en bois, offre depuis 2 siècles l'hospitalité aux «nobles quêteux»! Décor paisible et douillet. Feu de bois. Déj. copieux aux saveurs maison et régionales. Ch. avec vue sur le fleuve. Lit queen. Forfaits: ski Massif, traîneau à chiens, resto, concerts... Venez, un sourire vous attend!

Aux alentours: parc nationaux, nature, baleines, kayak, galeries d'art, boutiques, ski et... la Route des saveurs!
Chambres: au décor et meubles d'antan, ambiance champêtre et romantique. Lit queen.
5 ch. S. de bain privée(s) ou partagée(s)
Forfaits: charme, croisière, romantique, ski alpin.
Ouvert: à l'année.
2 pers: B&B 80-95$ **1 pers B&B** 75-90$
Enfant (12 ans et –): B&B 25$
Taxes en sus. MC VS
Réduction: hors saison et long séjour.

A ⊘ ⬣ @ **AV Certifié: 2000**

Baie-St-Paul

Gîte les Colibris ✵✵✵✵

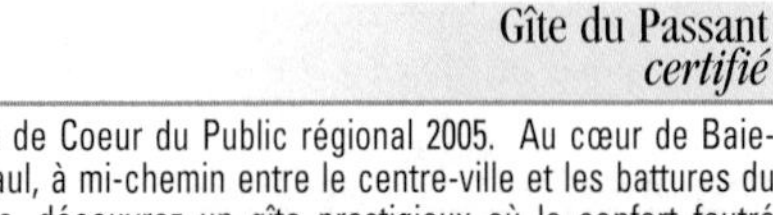

Danielle Comeau et Robert Dufour
80, rue Ste-Anne
Baie-Saint-Paul G3Z 1P3
Tél. 1-888-508-4483 (418) 240-2222
Fax (418) 240-2803
www.charlevoix.net/lescolibris
colibris@charlevoix.net

À Baie-St-Paul, à l'église, rue Ste-Anne à droite.

Coup de Coeur du Public régional 2005. Au cœur de Baie-St-Paul, à mi-chemin entre le centre-ville et les battures du fleuve, découvrez un gîte prestigieux où le confort feutré et l'élégance du début du siècle se mêlent avec beaucoup d'atmosphère et de chaleur. Avec ses allures de grande demeure bourgeoise, elle vous charmera. Déj. copieux, produits maison et régionaux. P. 100.

Aux alentours: à 5 min à pied vous trouverez: galeries, centre d'art et d'exposition, boutiques, cafés-terrasses.
Chambres: couettes duveteuses et meubles anciens rendent nos ch. des plus agréables. **5 ch. S. de bain privée(s) ou partagée(s)**
Forfaits: croisière, détente & santé, ski alpin.
Ouvert: du 1er juin au 15 novembre et du 27 décembre au 1er mai.
2 pers: B&B 98-125$ **1 pers B&B** 88-115$
Taxes en sus. AM MC VS

⊘ **AV Certifié: 2001**

Baie-St-Paul

Gîte les Mésanges ✵✵✵✵

Gîte du Passant
certifié

Mariette Desgagnés et Réjean Ouellet
1067, boul. Mgr-de-Laval
Baie-Saint-Paul G3Z 2W7
Tél. (418) 435-6273
Fax (418) 435-0259
www.gitelesmesanges.com
gitemesanges@caramail.com

Rte 138 est. À Baie-St-Paul, après la grande côte, continuer sur la rte 138 est, 3e feu de circulation, 1 km, à votre gauche.

Maison centenaire québécoise, entourée de fleurs et de verdure. Petits-déjeuners copieux à volonté, plats faits maison servis dans une verrière ouverte sur le jardin et la montagne. Natifs de la région, vos hôtes vous feront découvrir ses secrets: nature, culture, arts, histoire et gastronomie. Accueil chaleureux assuré et ambiance romantique.

Aux alentours: parcs Grands-Jardins, Hautes-Gorges, Isle-aux-Coudres, baleines, galeries d'art, canot, kayak.
Chambres: mobilier rustique, lits doubles ou jumeaux, décorées à la manière d'antan.
4 ch. S. de bain privée(s)
Forfaits: croisière, plein air.
Ouvert: 15 mai au 9 octobre.
2 pers: B&B 77$ **1 pers B&B** 72$
Enfant (12 ans et –): B&B 10-15$
MC VS

A ⊘ **AV** AC **Certifié: 2007**

Baie-St-Paul

Gîte Saint-Antoine ✵✵✵✵

Gîte du Passant *certifié*

Situé entre le centre-ville de Baie-St-Paul et le centre de ski Le Massif, nous vous offrons un séjour à la campagne dans notre maison ancestrale toute en bois de cèdre. Un panorama exceptionnel vous y attend, ainsi que les magnifiques levers de soleil entre fleuve et montagnes. Déjeuner 4 services accompagné de notre réputé saumon fumé maison.

Aux alentours: à proximité de toutes les activités de Charlevoix.
Chambres: avec vue. TV, frigo, lavabo. Grande suite avec bain tourbillon. **3 ch. S. de bain privée(s) ou partagée(s)**
Forfaits: croisière, ski alpin.
Ouvert: à l'année.
2 pers: B&B 89-119$ **1 pers B&B** 84-114$
Enfant (12 ans et –): B&B 20$
MC VS

A 🚭 **Certifié: 2006**

Johane Roy et Serge Garneau
219, rang St-Antoine Nord
Baie-Saint-Paul G3Z 2C2
Tél. (418) 240-2491 1-866-740-2491
Fax (418) 240-3422
www.gitestantoine.com
gitest-antoine@derytele.com

Rte 138 est, à Baie-St-Paul, 5 km avant la ville, rang Saint-Antoine Nord à gauche, 1,5 km.

Baie-St-Paul

La Chambre des Maîtres ✵✵✵✵

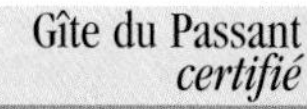
Gîte du Passant *certifié*

Maison de style anglais, située à 5 minutes de marche des galeries, boutiques, restaurants et du quai. Notre piscine creusée et chauffée agrémentera vos journées d'été. Peignoirs et serviettes de plage sont aussi à votre disposition. Forfaits hébergement et ski disponibles.

Aux alentours: galeries, boutiques, restaurants, quai, golf, le tout à quelques minutes.
Chambres: TV avec satellite. Lits king ou queen. Peignoirs. **5 ch. S. de bain privée(s)**
Forfaits: ski alpin.
Ouvert: à l'année.
2 pers: B&B 89-119$ **1 pers B&B** 79-99$
Enfant (12 ans et –): B&B 25$
Taxes en sus. IT MC VS
Réduction: hors saison.

A 🚭 ⬢ @ **AV** **Certifié: 2006**

Jacinthe et Réjean Pitre
109, rue Sainte-Anne
Baie-Saint-Paul G3Z 1N9
Tél. (418) 435-3059
www.lachambredesmaitres.com
info@lachambredesmaitres.com

Rte 138, à Baie-St-Paul, rte 362, à l'église, rue Sainte-Anne à droite.

Baie-St-Paul

L'Estampilles ★★★★

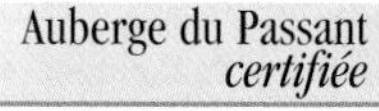
Auberge du Passant *certifiée*

Une petite auberge avec un grand coeur située en Charlevoix. L'auberge L'Estampilles, c'est la marque d'authenticité dans l'accueil et l'assurance d'un séjour mémorable. Le plaisir des sens qu'offre Charlevoix a été l'inspiration derrière la construction de L'Estampilles qui compte sauna, spa et onze chambres à coucher avec salle de bain privée.

Aux alentours: ski alpin & fond, raquette, traîneau à chiens, baleines, golf, équitation, kayak, Domaine Forget.
Chambres: lit queen, peignoir, pantoufles, séchoir, bain podium, foyer aux suites.
11 ch. S. de bain privée(s)
Forfaits: charme, croisière, hiver, ski alpin.
Ouvert: à l'année.
2 pers: B&B 170-229$ **PAM** 240-299$ **1 pers B&B** 160-219$ **PAM** 195-254$
Enfant (12 ans et –): B&B 35$ **PAM** 55$
Taxes en sus. AM ER IT MC VS
Réduction: hors saison et long séjour.

🚭 @ ✕ **AV Certifié: 2007**

Linda Manseau et Michel Baril
188, chemin Cap-aux-Corbeaux Nord
Baie-Saint-Paul G3Z 1A7
Tél. (418) 435-2533 1-800-471-2533
Fax (418) 435-3186
www.lestampilles.ca
info@lestampilles.ca

Rte 138 est dir. Baie-St-Paul, rte 362 est dir. La Malbaie, 5 km, chemin Cap-aux-Corbeaux à gauche.

Baie-St-Paul

Nature et Pinceaux ☀☀☀☀

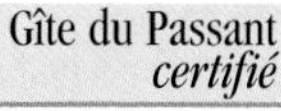
Gîte du Passant
certifié

Michel Goudreau et Francine Peltier
33, rue du Nordet
Baie-Saint-Paul G3Z 3B8
Tél. (418) 435-2366
Fax (418) 435-3229
www.natureetpinceaux.qc.ca
peltier-goudreau@natureetpinceaux.qc.ca

Rte 138 est, à Baie-St-Paul, rte 362 est, 5 km, rue du Nordet à droite, 1 km.

À deux pas du village, au coeur de la montagne, Nature et Pinceaux vous offre le fleuve à perte de vue, l'accueil chaleureux de ses hôtes, le confort douillet de ses chambres et les délices du matin. Allie le confort et les commodités d'un hôtel au charme et à la chaleur qui caractérisent les gîtes. P. 100.

Aux alentours: Le Massif, parcs des Grands-Jardins et des Hautes-Gorges, baleines, Isle-aux-Coudres.
Chambres: décorées avec soin, couette et oreillers en duvet. **4 ch. S. de bain privée(s)**
Forfaits: croisière, ski alpin, spectacle.
Ouvert: à l'année.
2 pers: B&B 120-130$ **1 pers B&B** 100-110$
Enfant (12 ans et –): B&B 20$
Taxes en sus. AM IT MC VS
Réduction: hors saison.

A @ **Certifié: 2005**

Baie-Ste-Catherine

Gîte Entre Mer et Monts ☀☀☀☀

Gîte du Passant
certifié

Anne-Marie et Réal Savard
476, Route 138
Baie-Sainte-Catherine G0T 1A0
Tél. (418) 237-4391
Fax (418) 237-4252
www.entre-mer-et-monts.com
anne.berube23@sympatico.ca

Rte 138 est dir. La Malbaie. Au pont, dir. Tadoussac. À Baie-Ste-Catherine, suivre les panneaux bleu, 1 km. De Tadoussac, le traversier, 5,3 km.

Tantôt emporté par la fureur des flots, tantôt enchanté par la tranquillité des bois, Notre-Dame de l'Espace veille sur le monde secret des baleines et sur notre village. Table d'hôte d'Anne-Marie disponible en basse saison. Billets croisières, traîneau à chiens. Coup de Coeur du Public régional 1994-95.

Aux alentours: sentiers pédestres, croisière sur le fjord du Saguenay et aux baleines, golf, théâtre.
Chambres: 3 ch. avec lavabo. Lit queen. **5 ch. S. de bain partagée(s)**
Forfaits: croisière, plein air.
Ouvert: à l'année.
2 pers: B&B 55-60$ **1 pers B&B** 40-45$
Enfant (12 ans et –): B&B 20$
MC VS

Certifié: 1990

Isle-aux-Coudres

Auberge du Capitaine ★★

Auberge du Passant
certifiée

La famille Desbiens
3031, chemin des Coudriers
Isle-aux-Coudres G0A 2A0
Tél. (418) 438-2242 1-888-520-2242
Fax (418) 438-2918
http://charlevoix.qc.ca/hotelducapitaine
desbiens@charlevoix.net

Aut. 20 ou 40, rte 138. À Baie-St-Paul, 1re sortie, rte 362, route du fleuve, St-Joseph-de-la-Rive: traversier Isle-aux-Coudres, 5 km à gauche.

Une Isle? Des vacances au bord du fleuve, chez le Capitaine! Hébergement douillet, levers de soleil inoubliables, cuisine campagnarde réputée, inspirée des ancêtres et actualisée de couleurs saisonnières et de saveurs du terroir, en salle à manger ou en terrasse ombre-soleil, piscine d'eau salée chauffée et bien d'autres petits bonheurs! . P. 101.

Aux alentours: vélo à louer, ÉCONOMUSÉES®: Les Moulins de l'Isle et Cidrerie Pedneault, théâtre, musées, boutiques.
Chambres: la plupart avec vue fleuve et lit queen, chaleureuses, confortables. **20 ch. S. de bain privée(s)**
Forfaits: été, spectacle, théâtre.
Ouvert: 1er mai au 31 octobre.
2 pers: B&B 75-125$ **PAM** 140-180$ **1 pers B&B** 68-108$ **PAM** 95-135$
Enfant (12 ans et –): B&B 10-15$ **PAM** 25-35$
Taxes en sus. IT MC VS
Réduction: hors saison.

Certifié: 2007

La Malbaie
Auberge de la Miscoutine ★★

Auberge du Passant *certifiée*

Chrystel et François Jérôme Parent
62, rang 2
La Malbaie G5A 2B2
Tél. (418) 439-4820 1-888-801-0082
Fax (418) 439-5636
www.miscoutine.com
info@miscoutine.com

Rte 138 est dir. La Malbaie, au feu clignotant orange, rang 2 à gauche dir. Notre-Dame-des-Monts, 3 km.

Idéalement située au cœur de la région de Charlevoix, dans le cadre unique d'une ancienne grange charlevoisienne, l'auberge centenaire vous accueille dans une ambiance romantique et de détente avec ses 10 jolies chambres et sa table d'hôte dans laquelle vous découvrirez nos spécialités du terroir ainsi que nos viandes des bois. Certifié Table aux Saveurs du Terroir MD. P. 115.

Aux alentours: parcs des Hautes-Gorges, des Grands-Jardins, croisières aux baleines, ski, motoneige.

Chambres: jolies chambres, balcon, vue panoramique sur les montagnes de Charlevoix. **10 ch. S. de bain privée(s).**

Ouvert: 1er décembre au 25 mars et 15 mai au 10 octobre.

2 pers: B&B 55$ **PAM** 85$ **1 pers B&B** 99$ **PAM** 129$

Enfant (12 ans et –): B&B 0-55$ **PAM** 0-85$

Taxes en sus. IT MC VS

A ⊗ @ ✕ **AV Certifié: 2007**

La Malbaie
Gîte E.T. Harvey ☀☀☀

Gîte du Passant *certifié*

Etudienne Tremblay et Jacques Harvey
19, rue Laure-Conan
La Malbaie G5A 1H8
Tél. (418) 665-2779
Fax (418) 665-4650
www.giteetaubergedupassant.com/et_harvey

Routes 138 et 362, sur le bord du fleuve, rue Laure-Conan avant ou après le feu de circulation du centre d'achat, 3e maison à droite.

Le gîte est situé près du fleuve et des montagnes, ainsi vous pourrez profiter des activités touristiques et culturelles. La demeure se veut accueillante en tout temps. Endroit calme et enchanteur. Vous pourrez ainsi savourer les déjeuners copieux et variés. Jardin fleuri avec piscine pour vous rafraîchir. Bienvenue chez nous!

Aux alentours: Hautes-Gorges, casino, ski, concert, vélo, golf, patin, croisière, galerie d'art, équitation.

Chambres: spacieuses, chaleureuses et confortables. **4 ch. S. de bain partagée(s).**

Ouvert: à l'année.

2 pers: B&B 52-62$ **1 pers B&B** 45$

Enfant (12 ans et –): B&B 15$

A ⊗ **AV** AC **Certifié: 1998**

La Malbaie
La Maison Dufour-Bouchard ☀☀☀☀

Gîte du Passant *certifié*

Micheline Dufour
18-1, rue Laure-Conan
La Malbaie G5A 1H8
Tél. (418) 665-4982
www.charlevoix.qc.ca/maisondufourbouchard
maisondufourbouchard@hotmail.com

Rte 138 est dir. La Malbaie. De la Maison du tourisme, 1re rue à droite, rue Laure-Conan. Rte 362 jusqu'à La Malbaie, 2e rue après le centre d'achat. Maison à gauche.

Coup de Coeur du Public régional 2003. Votre bien-être étant le centre de nos préoccupations, une kyrielle d'attentions spéciales vous attend. SPA ext., foyer int. et ext., douches massages à multi-jets et bain thérapeutique. Nos déjeuners, une aventure gastronomique orchestrée autour de la complicité de recettes familiales et de produits régionaux. Informez-vous de nos forfaits.

Aux alentours: casino Charlevoix, Domaine Forget, excursions aux baleines, parc des Hautes-Gorges.

Chambres: 2 avec s. de bain privée, 1 avec lavabo, lit queen, TV, Internet. **3 ch. S. de bain privée(s) ou partagée(s).**

Ouvert: à l'année.

2 pers: B&B 60-78$ **1 pers B&B** 48-58$

Enfant (12 ans et –): B&B 20$

AM MC VS

Réduction: hors saison.

A ⊗ @ **AV** AC **Certifié: 1998**

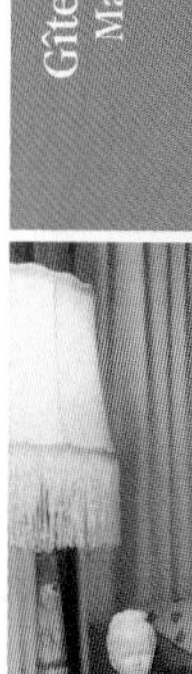

La Malbaie

La Maison Frizzi

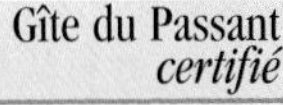

Raymonde Vermette
55, rue Côteau-sur-Mer
La Malbaie G5A 3B6
Tél. (418) 665-4668
Fax (418) 665-1143
www.giteetaubergedupassant.com/maisonfrizzi

À Baie St-Paul, rte 362 est dir. La Malbaie. Du golf Fairmont Manoir Richelieu, 2 km, à droite. Du pont Leclerc, rte 362 ouest, 4.4 km, Côteau-sur-Mer à gauche.

Coup de Coeur du Public régional 2000 et 1995-96. Surplombant les nuances du fleuve, une chaleureuse maison autrichienne, éloignée de l'artère principale pour votre calme et confort. Entrée privée, foyer, balcon, terrasse et jardins fleuris. La convivialité de notre table n'a d'égal que la couleur et la variété de nos succulents petits-déjeuners.

Aux alentours: parc des Hautes-Gorges, fjord, baleines, golf, spa, Domaine Forget, galeries d'art, casino.
Chambres: spacieuses, fonctionnelles, lits simples, queen, king, toutes avec lavabo.
4 ch. S. de bain partagée(s).
Ouvert: 1er juin au 15 novembre.
2 pers: B&B 85-90$ **1 pers B&B** 80-85$
Enfant (12 ans et –): B&B 15$
MC VS

A AV **Certifié: 1993**

La Malbaie

La Maison sous les Lilas

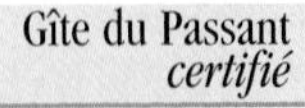

Suzanne Rémillard
649, rue Saint-Raphaël
La Malbaie G5A 2P1
Tél. (418) 665-8076
www.giteetaubergedupassant.com/sousleslilas
lamaisonsousleslilas@hotmail.com

Rte 138, dir. La Malbaie. À Cap-à-l'Aigle, rue St-Raphaël. À la limite est des Jardins du cap à l'Aigle.

Une demeure ancestrale entourée de jardins odorants. Les lilas et les roses rivalisent pour vous offrir leurs splendeurs parfumées. Son intérieur saura vous charmer par son mobilier d'époque, ses 3 cheminées en pierre, ses oeuvres de maîtres. Au petit-déj.: gelée de lilas au vin blanc, terrines, pain maison, quelques délices pour votre plaisir. P. 101.

Aux alentours: parc des Hautes-Gorges, musées, casino, ski fond, ski, kayak, canot, randonnées, voile, golf, vélo.
Chambres: vue sur le fleuve, lit queen, meublées d'antiquités, luxe, calme et beauté.
4 ch. S. de bain privée(s) ou partagée(s).
Ouvert: à l'année. Hors saison sur réservation.
2 pers: B&B 75-105$ **1 pers B&B** 70-100$

A **Certifié: 2003**

Les Éboulements

Auberge la Bouclée ★★

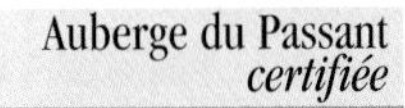

Ginette et Mario Ouellet
6, Route du Port C.P. 82
Les Éboulements G0A 2M0
Tél. (418) 635-2531 1-888-635-2531
www.quebecweb.com/labouclee
ginette_ouellet@hotmail.com

À Baie St-Paul, rte 362 est dir. Isle-aux-Coudres, 16 km. Au feu clignotant à droite. À 500 m à gauche.

Surplombant le fleuve St-Laurent et l'Isle-aux-Coudres, centrée entre toutes les merveilles de Charlevoix, «l'Auberge la Bouclée» est un havre de paix au cachet d'ancienneté qui accroche les coeurs. Tombez en amour... Pour chacun d'entre vous, du plus petit au plus grand, notre famille vous ouvre ses portes.

Aux alentours: parcs des Hautes-Gorges et des Grands-Jardins, Isle-aux-Coudres, casino de Charlevoix.
Chambres: vue sur le fleuve ou vue sur la cour. 2 ch. familiales. Doux cocon blanc.
9 ch. S. de bain partagée(s).
Ouvert: à l'année.
2 pers: B&B 69-94$ **1 pers B&B** 49-52$
Enfant (12 ans et –): B&B 0-20$
Taxes en sus. IT MC VS
Réduction: hors saison.

Les Éboulements
Aux Volets Verts ✻✻✻

Gîte du Passant *certifié*

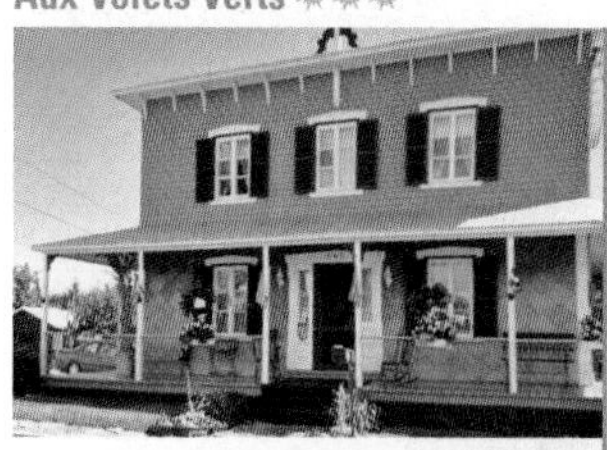

Maison centenaire au décor d'antan et encerclée d'une galerie terrasse avec vue sur le fleuve Saint-Laurent. Une grande cour l'accompagne pour vous permettre de goûter le calme et le confort dans une ambiance de détente campagnarde. Déj. aux saveurs du terroir de Charlevoix. Gîte situé au centre de Charlevoix. Tarifs spéciaux 3 nuits et plus.

Aux alentours: casino, Île-aux-Coudres, parcs des Grand-Jardins et des Hautes-Gorges, croisière aux baleines AML.
Chambres: certaines ont une magnifique vue sur le fleuve. **5 ch. S. de bain partagée(s)**
Forfaits: croisière, été, famille.
Ouvert: mai à fin octobre.
2 pers: B&B 55-65$ **1 pers B&B** 45-55$
Enfant (12 ans et –): B&B 10-15$
VS
Réduction: hors saison et long séjour.

A AV **Certifié: 2005**

Lucille Tremblay
293, rue Principale
Les Éboulements G0A 2M0
Tél. (418) 635-2804
www.quebecweb.com/auxvoletsverts
avv@bellnet.ca

À Baie-St-Paul, rte 362 qui longe le fleuve dir. Les Éboulements. À 16 km de Baie-St-Paul et 35 km de La Malbaie.

Les Éboulements
Gîte du Vacancier «La Maison de mes Ancêtres» ✻✻✻✻

Gîte du Passant *certifié*

Assise au milieu d'une côte, la maison bicentenaire de mes ancêtres séduit par son emplacement. De la galerie, l'immensité du paysage vous charmera. L'ambiance d'antan, la présence d'animaux domestiques et la nature omniprésente donnent à chacun le calme et le repos recherchés. Un sourire et un déjeuner copieux et savoureux vous surprendront.

Aux alentours: le gîte est situé au coeur de tous les attraits touristiques de Charlevoix.
Chambres: ravissantes et particularisées avec goût. **5 ch. S. de bain privée(s) ou partagée(s).**
Ouvert: à l'année.
2 pers: B&B 60-90$ **1 pers B&B** 50-80$
Enfant (12 ans et –): B&B 15$
Réduction: hors saison et long séjour.

 **Certifié: 1998**

Jacqueline Audet
104, rg St-Joseph (Route 362)
Les Éboulements G0A 2M0
Tél. (418) 635-2736 1-866-236-2736
http://charlevoix.net/giteduvacancier

À Baie-St-Paul, à l'église, tout droit dir. Les Éboulements, rte 362 est, 12 km.

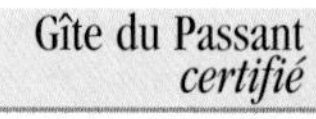

Les Éboulements
Gîte Villa des Roses ✻✻✻

Gîte du Passant *certifié*

Maison ancestrale en face de l'Isle-aux-Coudres. Aménagement au goût d'antan. Grande galerie permettant d'admirer les montagnes et le fleuve, entre les maisons, tout en vous berçant. Un paradis à découvrir au coeur des attraits touristiques de la région. Déjeuner varié à volonté, agrémenté de petites gâteries préparées avec amour par vos hôtes.

Aux alentours: Domaine Forget (concerts), croisière, golf, vélo, randonnée pédestre, ski de fond, motoneige.
Chambres: lavabo, ventilateur. 2 ch. avec vue partielle sur le fleuve. **5 ch. S. de bain privée(s) ou partagée(s).**
Ouvert: à l'année.
2 pers: B&B 60-80$ **1 pers B&B** 50-55$
Enfant (12 ans et –): B&B 0-15$
Réduction: hors saison.

Certifié: 1999

Pierrette Simard et Léonce Tremblay
290, rue du Village
Les Éboulements G0A 2M0
Tél. (418) 635-2733
www.giteetaubergedupassant.com/villadesroses

À Baie-St-Paul, rte. 362 est dir. Les Éboulements.

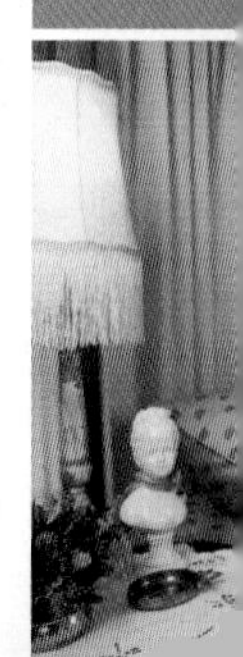

Les Éboulements
Le Nichouette ☀☀☀

Gîte du Passant *certifié*

Gilberte Tremblay
216, rue du Village
Les Éboulements G0A 2M0
Tél. (418) 635-2458
www.chouette.freeservers.com/nichouette.html
ni_chouette@sympatico.ca

De Québec, dir. Ste-Anne-de-Beaupré, rte 138 E. jusqu'à Baie-St-Paul, env. 100 km. À Baie-St-Paul, rte 362 E. jusqu'aux Éboulements, 20 km. De La Malbaie, rte 362 O., 25 km.

Nichée entre les montagnes et le fleuve, cette maison bicentenaire vous offre calme, rêve et bien-être. Ses chambres familiales et confortables avec salle de bain privée, ses meubles d'antan, son accueil souriant et le délice de ses pâtisseries et confitures maison en font un véritable «Nid-Chouette».

Aux alentours: boutiques, galeries, moulin banal, papeterie, casino, parcs, tables gourmandes, Relais du Terroir.
Chambres: meublées à l'ancienne. 2, 3 ou 4 personnes. **3 ch. S. de bain privée(s).**
Ouvert: du 1er mai au 31 octobre.
2 pers: B&B 60$ **1 pers B&B** 50$
Enfant (12 ans et –): B&B 0-12$
MC VS
Réduction: hors saison.

A ⊘ **AV Certifié: 1995**

Petite-Rivière-St-François
Auberge La Côte d'Or ★★★★

Auberge du Passant *certifiée*

Jean-Michel Dirand et Sylvie Bardou
348, rue Principale
Petite-Rivière-Saint-François G0A 2L0
Tél. (418) 632-5520 1-877-632-5520
Fax (418) 632-5589
www.quebecweb.com/lacoted'or
aubergelacotedor@charlevoix.net

Rte 138 est, à l'indication Petite-Rivière-St-François à droite, 4 km.

Ambiance relaxante et environnement féerique à quelques minutes de Baie-Saint-Paul et du Massif. Des chambres ou du restaurant, vous aurez une vue spectaculaire sur le fleuve. Massothérapie. Confort, chaleur et beauté du bois dans un décor champêtre créé par le propriétaire, un artisan-tourneur, ébéniste reconnu. Atelier-boutique sur place. Certifié Table aux Saveurs du Terroir[MD]. P. 116.

Aux alentours: ski, randonnée (Le Massif, Sentier des caps), golf. croisière, baleines, kayak, casino, art.
Chambres: romantiques, lit queen ou king, bain thérapeutique, terrasse, vue fleuve. **9 ch. S. de bain privée(s)**
Forfaits: charme, croisière, détente & santé, ski alpin.
Ouvert: à l'année.
2 pers: B&B 102-147$ **PAM** 148-185$ **1 pers B&B** 81-116$ **PAM** 105-141$
Taxes en sus. AM IT MC VS
Réduction: hors saison et long séjour.

A ⊘ ✕ **AV Certifié: 2003**

Petite-Rivière-St-François
Gîte l'Écureuil ☀☀☀☀

Gîte du Passant *certifié*

Viviane De Bock et Éric Velghe
264, rue Principale
Petite-Rivière-Saint-François G0A 2L0
Tél. (418) 632-1058 1-877-632-1058
Fax (418) 632-1059
www.gitelecureuil.com
eric.velghe@sympatico.ca

Rte 138 est, 90 km de Québec. À l'indication Petite-Rivière-St-François, à droite, 2,5 km.

Entre mer et montagnes, c'est dans un site enchanteur qu'est nichée notre maison. Confort douillet, goûtez nos déj. santé à saveur belge québécoise. Tout comme Gabrielle Roy, romancière qui a passé de nombreux étés dans ce paysage de carte postale, venez donc vous ressourcer au coeur de la nature calme et reposante. Spa, salon avec foyer.

Aux alentours: Le Massif, Sentier des caps, randonnées pédestres, kayak de mer et de rivière, croisières baleines.
Chambres: personnalisées, terrasse, vue sur le fleuve, lac et montagnes. **3 ch. S. de bain privée(s)**
Forfaits: croisière, ski alpin.
Ouvert: à l'année.
2 pers: B&B 90$ **1 pers B&B** 70$
Enfant (12 ans et –): B&B 20$
Taxes en sus. VS
Réduction: hors saison et long séjour.

⊘ @ **AV Certifié: 2002**

St-Aimé-des-Lacs
Gîte du Petit Lac ☀☀☀

Gîte du Passant
certifié

Aline et Raymond Tremblay
18, rue Principale
Saint-Aimé-des-Lacs G0T 1S0
Tél. (418) 439-4929
www.gitedupetitlac.com
aline@gitedupetitlac.com

Rte 138 est dir. Saint-Aimé-des-Lacs. Face au lac Sainte-Marie, à l'entrée du village.

Situé devant le lac Sainte-Marie au début du village, on vous attend pour des vacances charlevoisienne à son meilleur. Ce sera avec plaisir que nous vous ferons apprécier les gens et la nature de notre région. Nous partagerons le secret de belles balades et de bonnes adresses.

Aux alentours: parcs des Hautes-Gorges et des Grands-Jardins, vélo, kayak, randonnée à cheval, traîneau à chiens.
Chambres: il y a deux chambres situées à l'étage et une au premier plancher. **3 ch. S. de bain privée(s) ou partagée(s).**
Ouvert: à l'année.
2 pers: B&B 65-80$ **1 pers B&B** 55-70$
Enfant (12 ans et –): B&B 0-10$
AM IT MC VS

A AC **Certifié: 2007**

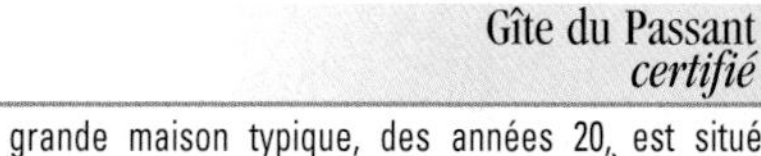

St-Irénée
La Luciole ☀☀☀

Gîte du Passant
certifié

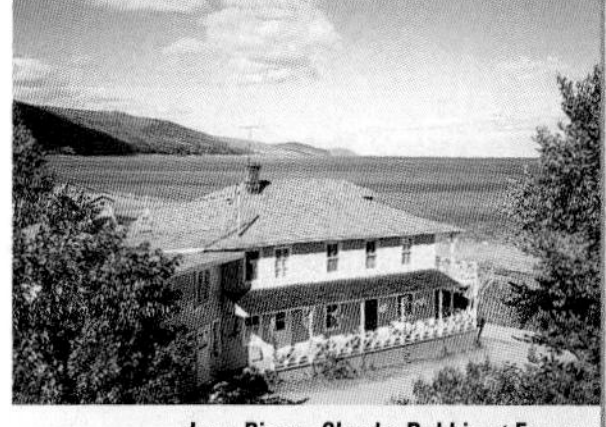

Jean-Pierre, Claude, Debbie et France
35, chemin des Bains
Saint-Irénée G0T 1V0
Tél. (418) 452-8283 (514) 717-5834
Fax (514) 280-5317
www.quebecweb.com/luciole
laluciole@bellnet.ca

Rte 138. À Baie-St-Paul, rte 362 est dir. St-Irénée, 25 km.

Cette grande maison typique, des années 20, est situé directement au bord du fleuve à hauteur de mer. À quelques pas de la plage, cette ancienne auberge offre une ambiance chaleureuse avec ses 5 chambres, ses galeries (vue imprenable du fleuve) et ses boiseries intérieures. Ambiance de calme et de détente, se veut un endroit idéal pour le repos.

Aux alentours: Domaine Forget, galeries d'art, casino, parcs des Grands-Jardins et Hautes-Gorges, golf, trains...
Chambres: à l'image de la maison typiquement ancestrale avec vue au fleuve. **5 ch. S. de bain privée(s) ou partagée(s)**
Forfaits: spectacle, autres.
Ouvert: mai à octobre. La maison est disponible pour location sur demande toute l'année.
2 pers: B&B 75-95$ **1 pers B&B** 65-85$
Taxes en sus. AM IT MC VS
Réduction: hors saison.

A **Certifié: 2006**

St-Irénée
Le Rustique

Auberge du Passant
certifiée

Diane Lapointe
102, rue Principale
Saint-Irénée G0T 1V0
Tél. (418) 452-8250
www.charlevoix.qc.ca/lerustique
lerustique@sympatico.ca

À Baie-St-Paul, rte 362 dir. St-Irénée, 25 km, 500 m à droite de l'église. De La Malbaie, rte 362 ouest, 15 km.

Le Rustique charme immanquablement ses visiteurs, séduits par son site imprenable perché sur le fleuve. Cette majestueuse maison manoir accueille depuis 16 ans ceux qui veulent oublier la ville, les voyageurs au long cours et les mélomanes (forfait du Domaine Forget). La table, l'ambiance chaleureuse, le superbe déjeuner marqueront votre séjour. Certifié Table aux Saveurs du Terroir[MD]. P. 116.

Aux alentours: Domaine Forget, plage, kayak, équitation, parc des Hautes-Gorges, bicyclette, casino.
Chambres: 4 chambres avec vue sur le fleuve. **6 ch. S. de bain privée(s)**
Forfaits: spectacle.
Ouvert: 1er mai au 26 octobre.
2 pers: B&B 75-98$ **1 pers B&B** 65-88$
Taxes en sus. IT MC VS
Réduction: hors saison.

 **Certifié: 2000**

Les Éboulements
Les Saveurs Oubliées

Table Champêtre *certifiée*

Grand Prix du tourisme québécois. Régis Hervé et Guy Thibodeau vous invitent, dans une ambiance très conviviale, pour un repas composé de produits régionaux, dont l'agneau de Charlevoix en spécialité. Une cuisine du terroir pleine de saveurs à découvrir. Service de traiteur personnalisé. Chef à domicile. Cours de cuisine.

Spécialités: Agneau de Charlevoix, foie gras au torchon, légumes biologiques, rillettes de canard, ris de veau, tarte tatin, gâteau au fromage le Migneron.

Menu
Tartare d'agneau de la ferme et légumes grillés ou
Tempura de truite de chez Smith et jeunes pousses ou
Foie d'agneau, Merguez aux pommes et vinaigre de menthe ou
Mon fameux foie gras au torchon et sa Mistelle à Pedneault
Les marmites du moment
Colombo d'agneau en cuisson lente Éboulmontaise ou
Tajine d'agneau aux petits légumes et pruneaux ou
Noisette d'agneau grillé, confit tomate et beurre herbes ou
Jarret de cerf rouge, gâteau d'orge au citron confit ou
Magret de canard aux épices et caramel de poires ou
Ris de veau croustillants aux pleurotes de Charlevoix ou
Duo d'éperlans frits et pavé de morue à l'huile de homard
Choix de fromages du Québec et ses fruits
Petites surprises sucrées
Autres menus sur demande

Aux alentours: Isle-aux-Coudres, musée, galerie d'art, casino, kayak, parcs des Grands-Jardins et Hautes-Gorges.

Régis Hervé et Guy Thibodeau
350, rang Saint-Godefroy, rte 362
Les Éboulements, G0A 2M0

Tél. (418) 635-9888 (418) 439-4100
Fax (418) 439-0616
www.agneausaveurscharlevoix.com
saveursoubliees@coopnddm.com

À Baie-St-Paul, rte panoramique 362, à la sortie des Éboulements, 1re ferme à gauche avec 2 silos.

Nbr pers. semaine: 1-52
Nbr pers. week-end: 1-52
Min. de pers. exigé varie selon les saisons.
Sur réservation.

Repas: 30-65$ / pers.
Taxes en sus. IT MC VS

Ouvert: 26 décembre au 1er novembre. Décembre à mai: 10 pers. et plus.

A Certifié: 2001

Baie-St-Paul
Auberge la Muse

Table aux Saveurs du Terroir *certifiée*

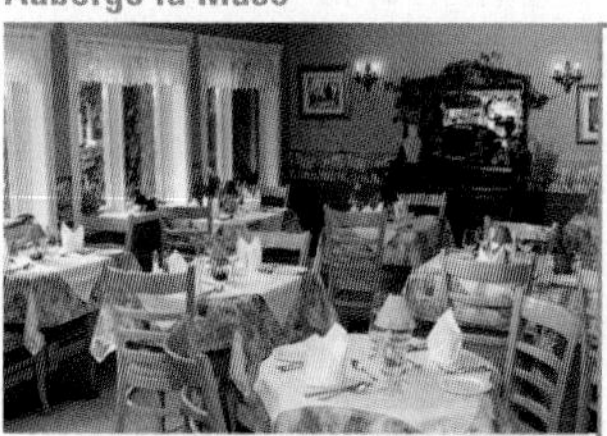

Le Chef Hank Suzuki vous convie à découvrir une gastronomie internationale. Une fusion Japon, France et Charlevoix, unique à La Muse. Table d'hôte: «Terroir de Charlevoix», «Végétarienne» et «Poissons Fruits de mer et Sushi». P. 16, 104.

Spécialités : Du terroir charlevoisien: veau, émeu, omble, canard, cerf, agneau, chevreau, faisan, pintade, sanglier, fromages, cidres, fruits et légumes.

Repas offerts : soir. Réservation recommandée.

39, rue Saint-Jean-Baptiste, Baie-Saint-Paul
Tél. (418) 435-6839 1-888-835-8898
Fax (418) 435-6289
www.lamuse.com
lamuse@lamuse.com

La Malbaie
Auberge de la Miscoutine

Table aux Saveurs du Terroir *certifiée*

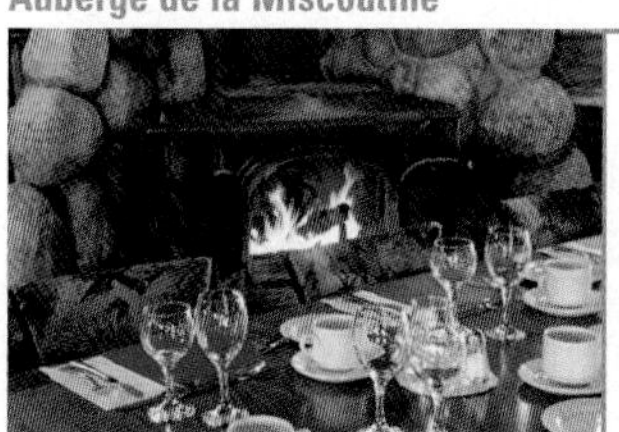

Dans une ambiance romantique et chaleureuse, découvrez une cuisine française élaborée avec les produits du terroir ainsi que notre spécialité de viande des bois tel que le wapiti, le caribou, le bison. Ensuite venez vous relaxer autour du foyer et y déguster un digestif de la région. P. 109.

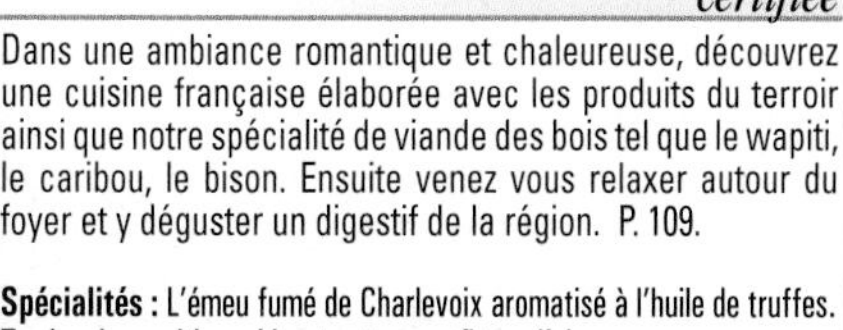

Spécialités : L'émeu fumé de Charlevoix aromatisé à l'huile de truffes. Terrine de wapiti aux bleuets et sa confiture d'oignons.

Éclairs aux vieux cheddar de Charlevoix.

Repas offerts : soir. Sur réservation.

62, rang 2, La Malbaie
Tél. (418) 439-4820 1-888-801-0082
Fax (418) 439-5636
www.miscoutine.com
info@miscoutine.com

Petite-Rivière-St-François

Auberge La Côte d'Or

348, rue Principale, Petite-Rivière-Saint-François
Tél. (418) 632-5520 1-877-632-5520
Fax (418) 632-5589
www.quebecweb.com/lacoted'or
aubergelacotedor@charlevoix.net

Salle à manger panoramique où nous proposons une table d'hôte cinq services, mettant à l'honneur une cuisine d'inspiration française, familiale, aux saveurs du terroir de Charlevoix. Carte des vins sélectionnés avec soin. P. 112.

Spécialités : Terrines de lièvre, d'émeu. Caille farcie de cerf et faisan. Émeu, veau, canard et fromages de Charlevoix. Gelée de cèdre, de thym, miel de pissenlit, tapenade d'olives.

Repas offerts : soir. Sur réservation.

St-Irénée

Le Rustique

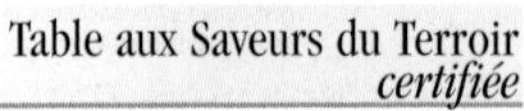

102, rue Principale, Saint-Irénée
Tél. (418) 452-8250
www.charlevoix.qc.ca/lerustique
lerustique@sympatico.ca

Salle à manger d'une cinquantaine de places avec un décor inspiré de nombreux voyages et une ambiance qui conjugue la simplicité au plaisir des nouvelles connaissances. Table d'hôte raffinée en accord avec les vins et prix abordables en font une des meilleures adresses de la région. P. 113.

Spécialités : Cuisine simple, goûteuse et composée de spécialités régionales du Québec (mignon de porc, veau, agneau) avec un accent d'ailleurs (curry, moussaka) qui se marie bien au décor.

Repas offerts : soir. Réservation recommandée.

Baie-St-Paul
Les Finesses de Charlevoix

Relais du Terroir *certifié*

Nathalie Savard
1167, boul. Mgr-de-Laval
Baie-Saint-Paul, G3Z 2W7

Tél. (418) 635-1407 (418) 435-2184
www.finessesdecharlevoix.com
finessesdecharlevoix@qc.aira.com

De Québec, Rte 138 E. dir. La Malbaie à environ 2,5 km du centre commercial de Baie-St-Paul. Directement situé à l'intérieur de la Laiterie Charlevoix.

AM IT MC VS
Ouvert: à l'année

A ⊘ **AV** AC **Certifié: 2003**

Entreprise lauréate de nombreux prix régionaux et provinciaux et l'endroit par excellence pour les produits du terroir charlevoisien. Située dans la réserve mondiale de la biosphère, vous serez chaleureusement accueillis à notre boutique remplie de produits maisons.

Produits: En tout, nous fabriquons une gamme de plus de 100 variétés de produits maison dont: confitures régulières et à faible teneur en sucre, gelées, marmelades, coulis, sirop de fruits, vinaigrettes, huiles, vinaigres, moutardes aux fruits et aux fines herbes, beurres, sauces, trempettes, tartes aux fruits, pâtés à la viande et autres produits maison.

De plus, produits du miel et de l'érable, chocolats, saucisse et terrines de veau, fromages de la région, saumon fumé, pains, savons de chèvre, d'émeu et de fleurs, et plus encore...

Activités: Aire de pique-nique et de repos disponible avec toilettes. Nous recevons les autobus. Divers produits prêt à manger aux comptoirs dont: terrines, fromages, saumons fumé, sandwichs, croissants, desserts, breuvages offerts en saison.

Services: Service d'emballage-cadeau personnalisé offert à l'année. Dégustation possible sur réservation. Emballages-cadeaux corporatifs que ce soit pour: remercier un client important, un tournoi de golf, un congrès, une assemblée, Noël ou tout autres évènements.

Aux alentours: Le Massif. ÉCONOMUSÉE® du fromage.

Isle-aux-Coudres
Verger Pedneault

Relais du Terroir *certifié*

Michel, Marie-Claire Pedneault et Eric Desgagnés
3384, ch. des Coudriers
Isle-aux-Coudres, G0A 3J0

Tél. (418) 438-2365 (418) 435-8710
Fax (418) 438-2801
www.charlevoix.net/vergerpedneault
verpedno@charlevoix.net

Rte 138, rte 362 à Baie-St-Paul dir.Les Éboulements. Prendre le traversier à St-Joseph-de-la-Rive (gratuit). Sur l'île, à l'intersection à gauche.

IT MC VS
Ouvert: à l'année

Certifié: 2005

L'une des cidreries offrant de nombreux produits: cidre, apéritif, digestif, crème, jus, moût, beurre. Nos vergers ont l'âge de nos grands-parents. De vieilles variétés donnent aux produits des goûts et arômes uniques. Cultivons: pomme, prune, poire, cerise et amélanchier. Médaillés d'or et d'argent à 7 reprises, nos mistelles sauront vous ravir.

Produits: Produits alcoolisés. Cidres: Écume de Mer, Rêve de mon Père, Vieux Verger, Matin d'Automne, Pierre-Étienne. Apéritifs: Ombre du Coteau, Envolée, Petite Poire, Cerisier Rose et Pommier Blanc. Crème de Petite Poire. Mistelles: Pomme (médaille d'or), Prune, Pomme et Poire, Pomme et Amélanchier (médaille d'argent), Pomme de glace (médaille d'or), cidre de glace, cooler à la poire et à l'Amélanchier, crème d'amélanchier.

Produits non alcoolisés: Moûts de pomme et pomme de glace, beurre, gelée, sirop, miel de pommes, beurre, sirop, gelée de poires, confitures de prunes bleues, jaune, et de pruneaux, jus de pomme brut, tartinade de pommes et poires, vinaigre de cidre de pomme.

Activités: Visite de l'ÉCONOMUSÉE® de la pomiculture, dégustation sur place de plus de 20 produits, auto-cueillette de pommes du 25 sept. à la fin octobre.

Services: Boutique, dégustation, coffret cadeau, visite. Nous pouvons recevoir des groupes, autobus.

Aux alentours: pistes cyclables, kayak de mer, ÉCONOMUSÉE® de la farine.

St-Urbain

Centre de l'Émeu de Charlevoix

Ferme Découverte *certifiée*

Raymonde, Damien et Gertrude Tremblay
706, rue Saint-Édouard
Saint-Urbain, G0A 4K0

Tél. (418) 639-2205
Fax (418) 639-1130
www.emeucharlevoix.com
info@emeucharlevoix.com

Rte 138 est. À 10 km après Baie-St-Paul, rte 381 nord, 4 km.

Tarif(s) : 2-5$ adulte / 1-2$ enfant
Tarif de groupe offert.
Taxes en sus. IT MC VS

Ouvert: 8 juin au 8 octobre.

A AV **Certifié: 1993**

Ferme éducative

Nous avons la plus grande ferme d'émeus au Québec avec plus de 400 émeus de tous âges et un nandou qui aime bien la visite. Nos guides, disponibles à tous les jours, vous feront découvrir le monde des ratites et l'industrie qui s'y rattache. Autant d'intérêt pour les enfants que pour les adultes. Boutique et dégustation sur place. P. 102.

Activités: Deux formules de visites: guidée et autoguidée. La visite guidée (1 hre) est très appréciée pour son introduction au monde des ratites. Permet d'observer des émeus de tous âges, de les différencier de l'autruche et du nandou, de visiter les bâtiments incluant les aires de ponte, d'incubation et la poussinière, d'être sensibilisé à leur habitat et à leurs moeurs, tant en milieu naturel qu'à la ferme. Découverte des nombreux produits dérivés de l'émeu (huile, viande, ...).

Visite guidée (7/ jour) entre 9h30 et 15h30, départ à la demi-heure. En septembre et octobre, samedi et dimanche seulement. Autre temps: la visite autoguidée. Elle permet, à l'aide d'un document, d'observer les émeus et le nandou, de visualiser les oeufs d'émeu à différents stades évolutifs, de découvrir les produits dérivés de l'émeu et leurs bienfaits et de répondre à vos questions. Non relié à un horaire. Enfin, nous accueillons annuellement plusieurs milliers de visiteurs.

Services: Pour mieux vous accueillir, 2 ou 3 guides sur place. Aire de stationnement gratuit pour voitures et autobus, tables à pique-nique, vente de produits du terroir et de breuvages. Accessibilité aux fauteuils roulants avec aide. Référence à nos divers points de vente. Boutique où les produits de l'émeu sont offerts à l'unité ou encore en emballage cadeau artisanal, oeuf d'émeu peint, collier... Dégustation.

St-Urbain

La Ferme Basque de Charlevoix

Relais du Terroir *certifié*

Isabelle et Jean-Jacques Etcheberrigaray
813, rue St-Édouard
Saint-Urbain, G0A 4K0

Tél. (418) 639-2246
Fax (418) 639-2144
www.lafermebasque.ca
contact@lafermebasque.ca

Rte 138 est, après Baie-St-Paul, à 10 min, rte 381 nord à gauche dir. Saint-Urbain. La ferme est située à 4 km, en plein cœur du village.

MC VS

Ouvert: 7jrs/7 de mai à octobre, 10h-17h. Novembre à avril, sur réservation.

A Certifié: 2005

Située à la porte du parc des Grands Jardins, La Ferme Basque est spécialisée dans la production artisanale de canards à foie gras. En vous y rendant, vous découvrirez des méthodes traditionnelles d'élevage et de gavage qui, tout en respectant le bien-être de l'animal, garantissent d'authentiques produits artisanaux.

Produits: Nos produits du canard sont fabriqués entièrement à la ferme, à partir de recettes de chez nous, du Pays Basque. Nous cuisinons, à la fois, des produits dérivés du canard: confits, rillettes, terrines, pâtés à la viande, magrets, ou encore, ceux du foie gras, comme le foie gras au naturel, mousse, foie gras mi-cuit...

Activités: Visite guidée des installations d'élevage et de gavage. Adulte 4$, enfant gratuit (12 ans et moins). Dégustation sur place des produits de la ferme, possibilité de se promener et de pique-niquer, accès au sentier Les Florents.

Services: Tous les produits dérivés du canard sont disponibles à la boutique (foie gras, magrets, confits, terrines, graisse...) Guide bilingue. Stationnement privé.

Aux alentours: Centre de l'Émeu, «Wi-Tentes»: fabrication de tipis indiens, parc des Grands-Jardins.

Chaudière-Appalaches

Un secret champêtre fort bien gardé...

On y vient pour voir se côtoyer, en une belle harmonie, une nature généreuse et un patrimoine où subsistent de superbes manoirs, seigneuries et moulins. Certains villages sont même reconnus parmi les plus beaux du Québec.

Partout en longeant le fleuve Saint-Laurent (route des Navigateurs) vous vous régalerez de voir une succession de charmants villages côtiers. Entre les escarpements passablement élevés, vous jouirez d'une vue imprenable sur le fleuve et la rive opposée où se succèdent la ville de Québec (à une traversée du pont de Lévis), l'Île d'Orléans, l'archipel de l'Isle-aux-Grues, les rondeurs de Charlevoix et de saisissants couchers de soleil et aurores boréales en hiver.

Grimpant lentement vers les contreforts des Appalaches, s'opposent à la côte de pittoresques paysages agricoles, urbains, forestiers et miniers. Sans oublier la belle rivière Chaudière, qui prend sa source dans le lac Mégantic, et ponctue magnifiquement la région, de sa traversée jusqu'au fleuve.

Offrant une agréable variété d'attraits et d'activités de par ses sept secteurs touristiques (Lotbinière, L'Amiante, Lévis, La Beauce, Les Etchemins, Bellechasse et la Côte-du-Sud), vous verrez que la région Chaudière-Appalaches est chaleureusement animée en toutes saisons. C'est aussi un lieu de prédilection pour le plein air, le cyclotourisme et l'observation d'oiseaux, dont le fascinant spectacle des oies blanches. Bref, une région bucolique à souhait!

Auberge Restaurant La Belle Époque, Montmagny

Saveurs régionales

La région de Chaudière-Appalaches est un château fort de la production acéricole avec ses nombreuses érablières où se sucrer le bec, mais bien d'autres délices gourmands y sont à l'honneur :

- des fromages, dont le Riopel et le cheddar de l'Isle-aux-Grues. Une tarte aux pommes garnie du cheddar de l'Isle-aux-Grues, un vrai régal!
- des cidres, des vins, des chocolats, des pâtisseries et pains artisanaux;
- des cultures maraîchères, dont de délicieuses tomates non hybrides donnant les plus belles formes et couleurs de rouge, de jaune et de mauve;
- aux traditionnelles productions s'ajoutent des élevages de cailles, de faisans, de perdrix, de lapin, de veau, de cerf, de sanglier et de bison;
- des fruits sauvages (fraises, framboises, amélanchiers, petites merises);
- pour les amoureux de foie gras, confit et pâtés d'oies et canards gavés;
- le pavé d'esturgeon, voilà un grand classique tout à fait délicieux!

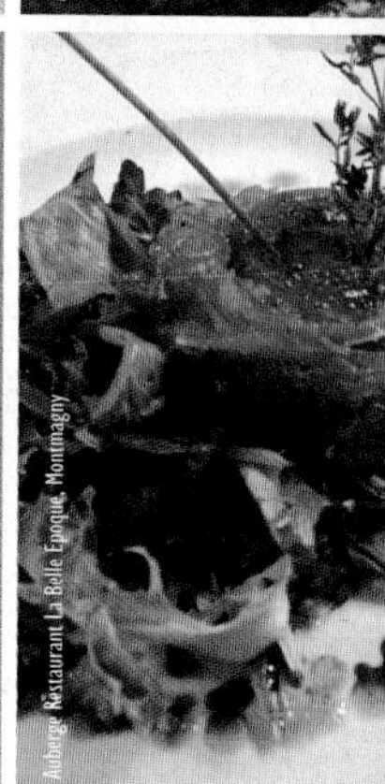

Auberge Restaurant La Belle Époque, Montmagny

Produits du terroir à découvrir et déguster

- Magret et confit de canard, rillettes, cassoulet, foie gras et plats mijotés du *Canard Goulu Inc.* P. 136.
- Apéritifs, rosés mousseux, porto, vinaigre et crèmes à base de fraises, framboises, sureaux, casseilles et aronias noirs du vignoble *Le Ricaneux.* P. 136.
- Viandes certifiées Grands gibiers du Québec de l'*Élevage de cerfs rouges Clément Labrecque prop.* P.137.

La région compte trois (3) Tables aux Saveurs du Terroir^MD certifiées. Une façon originale de découvrir les saveurs de la région ! *(P. 135.)*

Au Manoir de Lévis – Gîte le Rosier

Chaudière-Appalaches

Le saviez-vous?

Des centaines de milliers d'oies blanches font halte chaque année sur les battures du Saint-Laurent, dont celles de Montmagny, pour se gaver et refaire leurs réserves de graisses énergétiques. Présentes au printemps après avoir parcouru sans escale 900 km depuis la côte est américaine, les oies blanches migrent vers l'Arctique canadien pour aller nidifier. Lorsque le gel entrave leur alimentation, elles reviennent à l'automne plus nombreuses qu'au printemps. Et, lorsqu'à nouveau le gel arrive annonçant cette fois-ci notre hiver, elles partent vers le Sud. Tentez de deviner les oies qui font le guet, le cou bien droit et prêtes à donner l'alerte. Et c'est l'envol...

Eric Gevaert / Dreamstime.com

Clin d'œil sur l'histoire

En 1831, afin de protéger la Nouvelle-France de l'épidémie de choléra qui sévissait en Europe, on fit de Grosse-Île une station de quarantaine pour les immigrants qui arrivaient en grand nombre. Cette première vague d'immigration fut marquante, mais pas autant que celle de 1847. C'est la Grande Famine en Europe, et cette petite île, accueillant tout au plus 1000 personnes à la fois, est vite débordée avec plus 100 000 immigrants, la plupart des Irlandais. Plus de 10 000 personnes moururent. Aujourd'hui un important site patrimonial, cette île a joué un rôle considérable dans l'histoire du peuplement du Québec, du Canada et même des États-Unis, pour avoir freiné pendant 105 ans le développement de diverses maladies et épidémies.

Quoi voir? Quoi faire?

Moulin du Portage (Lotbinière) et Domaine Joly-De Lotbinière (Sainte-Croix).

Héritage Kinnear's Mills où un guide vous racontera la vie des ancêtres du village.

Musée minéralogique et minier et sa visite souterraine de 350 m (Thetford Mines).

À Lévis : lieu historique national du Canada des Forts-de-Lévis, Maison Alphonse-Desjardins, Terrasse de Lévis...

La Maison J.-A.-Vachon, une pâtisserie devenue une véritable institution (Sainte-Marie).

Vallée-Jonction : Centre d'interprétation ferroviaire et balades en trains.

Village des défricheurs (Saint-Prosper).

Le plus long pont couvert du Québec, d'une longueur de 154 m (Notre-Dame-des-Pins).

Excursion à l'Isle-aux-Grues et au lieu historique national du Canada de la Grosse-Île-et-le-Mémorial-des-Irlandais. Festival de la Mi-Carême (mars).

Centre des Migrations, Festival de l'Oie Blanche, Carrefour mondial de l'accordéon (Montmagny).

Musée maritime du Québec (L'Islet).

Saint-Jean-Port-Joli : galeries d'art, musées, sculptures, théâtre...

Seigneurie des Aulnaies, les splendeurs de l'époque du régime seigneurial (Saint-Roch-des-Aulnaies).

Faites le plein de nature

Corbis

Les sentiers pédestres des 3 Monts de Coleraine, 35 km.

Parc national de Frontenac : activités nautiques, randonnées pédestres, vélo...

Parc des Chutes-de-la-Chaudière : chutes de 35 m, belvédères, passerelle (près de Charny).

Éco-Parc des Etchemins : plage, glissades, pique-nique, canot, kayak...

Archipel de l'Isle-aux-Grues : kayak, vélo...

Parc régional Massif du Sud : sentiers pédestres écotouristiques.

Parc régional des Appalaches : marche, kayak, canot, chutes, ponts suspendus, belvédères... (Sainte-Lucie-de-Beauregard).

Envie de vélo? Parcours des Anses (15 km, Lévis), Parc linéaire de la MRC de Lotbinière (25 km), la Véloroute de la Chaudière (45 km), Piste Saint-Daniel-Lambton (8 km), etc.

Pour plus d'information sur la région de Chaudière-Appalaches : 1-888-831-4411
www.chaudiereappalaches.com

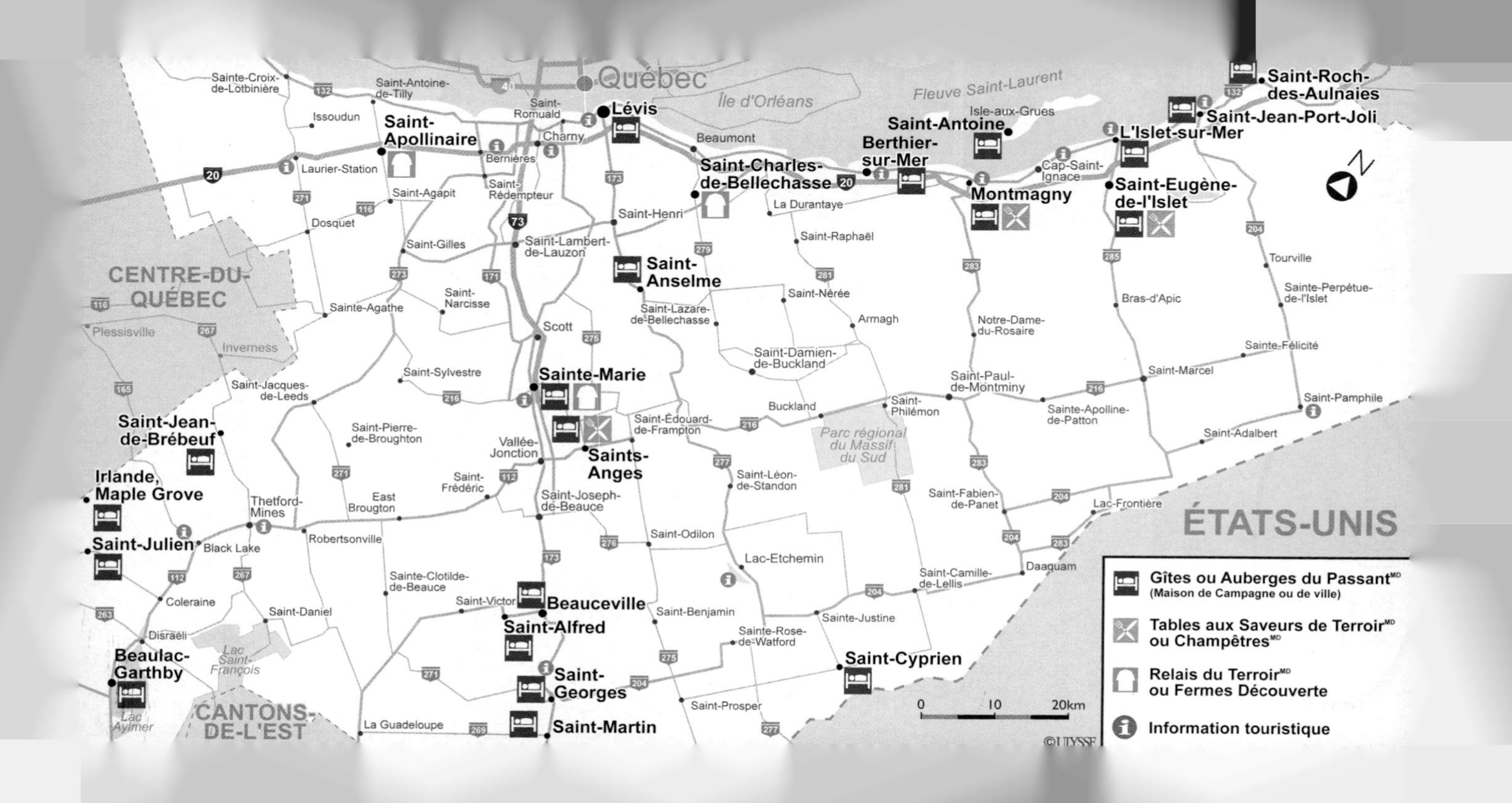
Québec
Lévis
Île d'Orléans
Fleuve Saint-Laurent
Isle-aux-Grues
Saint-Roch-des-Aulnaies
Saint-Jean-Port-Joli
L'Islet-sur-Mer
Saint-Antoine
Berthier-sur-Mer
Cap-Saint-Ignace
Montmagny
Saint-Eugène-de-l'Islet
Saint-Charles-de-Bellechasse
Beaumont
La Durantaye
Saint-Raphaël
Saint-Henri
Saint-Lambert-de-Lauzon
Saint-Anselme
Saint-Nérée
Armagh
Notre-Dame-du-Rosaire
Tourville
Sainte-Perpétue-de-l'Islet
Bras-d'Apic
Sainte-Félicité
Saint-Marcel
Saint-Pamphile
Saint-Adalbert
Saint-Paul-de-Montminy
Sainte-Apolline-de-Patton
Saint-Philémon
Buckland
Parc régional du Massif du Sud
Saint-Damien-de-Buckland
Saint-Lazare-de-Bellechasse
Sainte-Croix-de-Lotbinière
Saint-Antoine-de-Tilly
Issoudun
Saint-Apollinaire
Saint-Romuald
Charny
Bernières
Saint-Rédempteur
Laurier-Station
Saint-Agapit
Dosquet
Saint-Gilles
CENTRE-DU-QUÉBEC
Plessisville
Inverness
Sainte-Agathe
Saint-Narcisse
Scott
Sainte-Marie
Saint-Sylvestre
Saint-Jacques-de-Leeds
Saint-Jean-de-Brébeuf
Saint-Pierre-de-Broughton
Vallée-Jonction
Saints-Anges
Saint-Édouard-de-Frampton
Saint-Léon-de-Standon
Saint-Fabien-de-Panet
Lac-Frontière
ÉTATS-UNIS
Irlande, Maple Grove
Thetford-Mines
East Broughton
Saint-Frédéric
Saint-Joseph-de-Beauce
Saint-Odilon
Lac-Etchemin
Saint-Camille-de-Lellis
Daaquam
Saint-Julien
Black Lake
Robertsonville
Sainte-Clotilde-de-Beauce
Saint-Victor
Beauceville
Saint-Benjamin
Sainte-Justine
Coleraine
Saint-Daniel
Disraëli
Lac Saint-François
Saint-Alfred
Sainte-Rose-de-Watford
Saint-Cyprien
Beaulac-Garthby
Lac Aylmer
CANTONS-DE-L'EST
Saint-Georges
Saint-Prosper
La Guadeloupe
Saint-Martin
0
10
20km
Gîtes ou Auberges du Passant[MD]
(Maison de Campagne ou de ville)
Tables aux Saveurs de Terroir[MD] ou Champêtres[MD]
Relais du Terroir[MD] ou Fermes Découverte
Information touristique
©ULYSSE

Saint-Julien

O'P'tits Oignons

917, chemin Gosford, route 216
G0N 1B0
Tél./fax : (418) 423-2512
optitsoignons@globetrotter.net
www.minfo.net/ptits-oignons
P. 131.

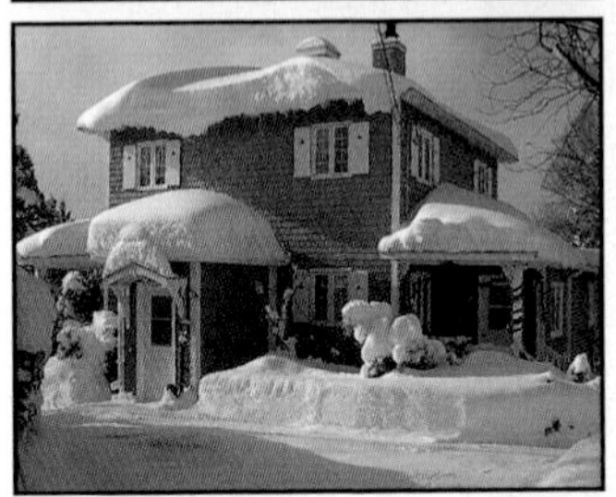

La Fédération des Agricotours du Québec* est fière de rendre hommage aux hôtes Brigitte et Gérard Marti, du gîte O'P'TITS OIGNONS, qui se sont illustrés de façon remarquable par leur accueil de tous les jours envers leur clientèle.

C'est dans le cadre des Prix de l'Excellence 2006 que les propriétaires cet établissement, certifié Gîte du Passant[MD] depuis 1996, se sont vu décerner le « Coup de Cœur du Public régional » de Chaudière-Appalaches.

Félicitations !

**La Fédération des Agricotours du Québec est propriétaire des marques de certification : Gîte du Passant[MD], Auberge du Passant[MD], Maison de Campagne ou de Ville, Table Champêtre[MD], Relais du Terroir[MD] et Ferme Découverte.*

Merci au nom des lauréats!

Chaque année, les fiches d'appréciation permettent de décerner le Prix de l'Excellence, dans la catégorie « Coup de Cœur du Public », aux établissements qui se sont démarqués de façon remarquable par leur accueil. En remplissant une fiche d'appréciation, vous contribuez non seulement à maintenir la qualité constante des services offerts, mais également à rendre hommage à tous ces hôtes.

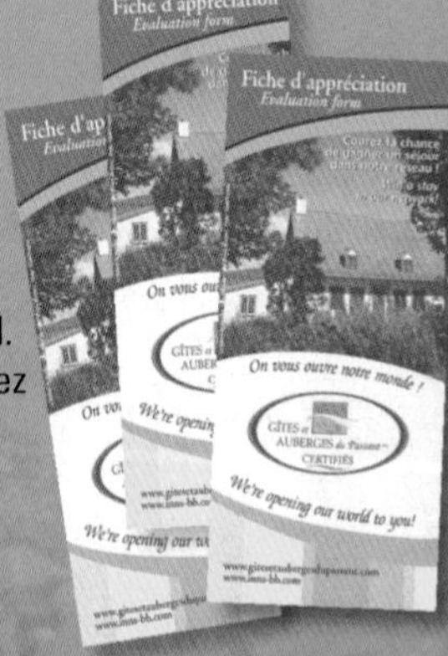

COUREZ LA CHANCE DE GAGNER UN SÉJOUR !

Chacune des fiches d'appréciation , vous donne la chance de gagner un séjour de 2 nuits pour 2 personnes dans un « Gîte ou une Auberge du Passant[MD] » de votre choix. La fiche d'appréciation est disponible dans tous les établissements certifiés et sur Internet :

www.gitesetaubergesdupassant.com

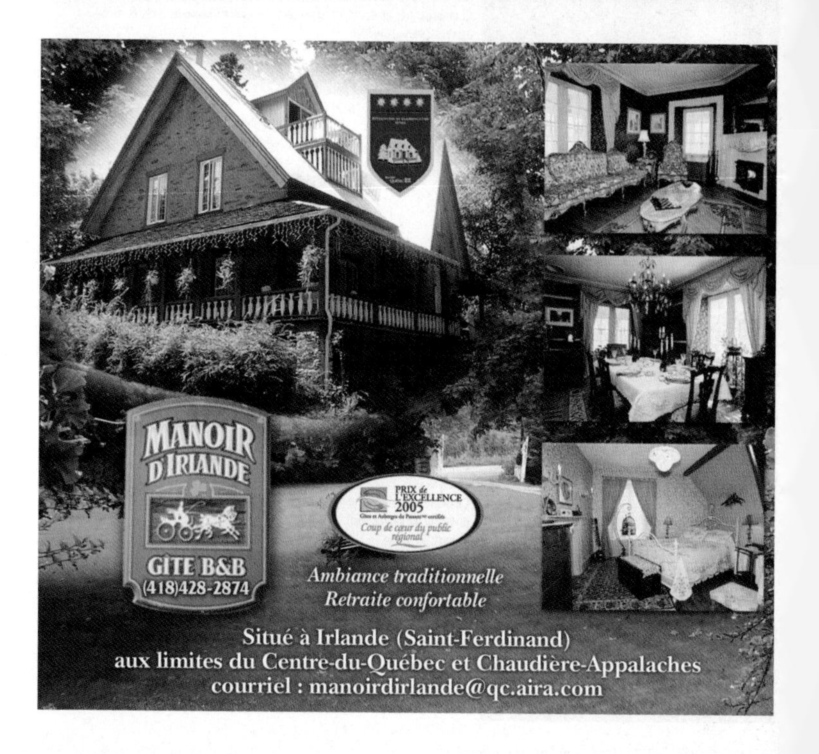
MANOIR D'IRLANDE
GÎTE B&B
(418)428-2874
PRIX de L'EXCELLENCE 2005
Coup de cœur du public régional
Ambiance traditionnelle
Retraite confortable
Situé à Irlande (Saint-Ferdinand)
aux limites du Centre-du-Québec et Chaudière-Appalaches
courriel : manoirdirlande@qc.aira.com

Beauceville

Gîte Chez-Toit

Gîte du Passant *certifié*

Maria Schirripa Gagnon
642, boul. Renault
Beauceville G5X 1M6
Tél. (418) 774-3728
Fax (418) 774-3900
www.chez-toit.com
calabria@sogetel.net

Aut. 73 sud, à St-Joseph, rte 173 sud, à Beauceville, juste avant 3e lumière, voisin de Subway.

Séjour d'affaires ou de détente, maison centenaire, ambiance familiale et chaleureuse. Décor champêtre et déjeuners copieux. Venez y écouter toutes sortes d'histoires en français, en anglais et même en italien! Sur place, photos et vidéos de nos spectaculaires débâcles. Chez-Toit, là où l'on vous reçoit comme des rois. Inoubliable!

Aux alentours: motoneige, ski, golf, musées, piste cyclable, village miniature, parc, cabane à sucre.
Chambres: spacieuses avec grand lit, balcon avec vue sur la rivière Chaudière. **4 ch.** .
Ouvert: à l'année.
2 pers: B&B 75-85$ **1 pers B&B** 55-65$
IT MC VS

A @ AC **Certifié: 2007**

Beauceville

La Maison d'Elyse

Gîte du Passant *certifié*

Lise Bouthillier et André Lafleur
218, avenue Lambert
Beauceville G5X 1S5
Tél. (418) 774-3169 (418) 774-0100
Fax (418) 774-5111
www.maisondelyse.com
maisondelyse@sogetel.net

Aut. 73 sud, à St-Joseph, rte 173 sud, à Beauceville, traversez le pont, av. Lambert à droite. Rte 108 dir. Beauceville, av. Lambert à gauche.

Lauréat régional des Grands Prix du tourisme québécois 2005. Le gîte est situé au coeur de la Beauce, à proximité de toutes les activités de la région. Notre maison de prestige de style victorien, bâtie vers 1890 pour le notaire F.-G. Fortier, est érigée face à la rivière Chaudière et a conservé tout son charme et son architecture d'antan. P. 123.

Aux alentours: musées, théâtre, piste cyclable, motoneige, ski.
Chambres: très confortables avec vue sur la rivière Chaudière. **3 ch. S. de bain privée(s) ou partagée(s)**
Forfaits: détente & santé.
Ouvert: à l'année.
2 pers: B&B 79-89$ **1 pers B&B** 64-74$
Enfant (12 ans et –): B&B 0-10$
MC VS
Réduction: long séjour.

A @ **Certifié: 2006**

Beaulac-Garthby

La Vie est Belle

Gîte du Passant *certifié*

Suzanne Cardinal
19, rue Saint-Jacques
Beaulac-Garthby G0Y 1B0
Tél. (418) 458-1043 (450) 444-7558
www.giteetaubergedupassant.com/lavieestbelle
gitelavieestbelle@hotmail.com

Rte 112, à Beaulac-Garthby, rue Saint-Jacques.

Une maison centenaire, aux couleurs pimpantes, vous convie au plaisir de prendre votre temps. Un somptueux petit-déjeuner vous est servi sur le balcon avec vue sur le lac Aylmer ou à l'intérieur avec vue sur le jardin. Chaque chambre vous offre un confort douillet avec ses fleurs et son lit queen luxueux.

Aux alentours: avec le lac Aylmer en arrière-plan, les amateurs de pêche, de voile ou de kayak seront comblés.
Chambres: douillettes et insonorisées, lit queen de grand luxe. **4 ch. S. de bain privée(s) ou partagée(s).**
Ouvert: à l'année.
2 pers: B&B 65-85$ **1 pers B&B** 60-85$
Enfant (12 ans et –): B&B 10-15$

A @ AC **Certifié: 2007**

Berthier-sur-Mer

Auberge de Mikami ✵✵✵✵✵

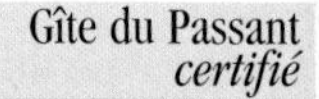

Gîte du Passant
certifié

Anna Ouellet et Camilien Pelletier
351, boul. Blais Ouest
Berthier-sur-Mer G0R 1E0
Tél. / Fax (418) 259-2320 Tél. 1-866-922-2320
www.mikami.ca
capelletier@webnet.qc.ca

Aut. 20, sortie 364, dir. Berthier-sur-Mer à gauche, au 1er arrêt à gauche, route 132 ou boul. Blais ouest, environ 3 km.

Lauréat régional 2003 et 2006 des Grands Prix du tourisme québécois. Prix 2002 catégorie Accueil. Maison juchée sur le haut d'une falaise en pierre rouge, arborant un immense jardin de fleurs, située face au fleuve St-Laurent. Dans notre verrière, vous serez comblés par un panorama de 100 km de montagnes. Déj. royal 5 services fait avec amour.

Aux alentours: croisières, théâtre, marina, musée, Route verte, équitation, golf, plage, gastronomie, marche, ski.
Chambres: avec vue sur le fleuve, salon, porte-fenêtre, balcon, TV et frigo. **5 ch. S. de bain privée(s)**
Forfaits: charme, croisière, théâtre, autres.
Ouvert: à l'année.
2 pers: B&B 98-165$ **1 pers B&B** 98-165$
Enfant (12 ans et –): B&B 55$
Taxes en sus. MC VS

AC **Certifié: 2005**

Irlande, Maple Grove

Manoir d'Irlande ✵✵✵✵

Gîte du Passant
certifié

Rose-Hélène Robidas et Florian Fortin
175, ch. Gosford
Irlande, Maple Grove G6H 2N7
Tél. (418) 428-2874 1-877-447-2027
www.giteetaubergedupassant.com/manoirdirlande
manoirdirlande@qc.aira.com

De Montréal, aut. 20, sortie 228. De Québec, aut. 20, sortie 253. Rtes 165 sud, 216 ouest, 2,4 km. De Sherbrooke ou Beauce, rtes 112, 165 nord, 216 ouest, 2,4 km.

Coup de Coeur du Public régional 2005. Presbytère patrimonial anglican en pierre, 1840, style anglais d'esprit néogothique, boiseries, moulures et rosaces d'époque, poêle à bois Royal Bélanger 1915, grand salon avec foyer, majestueuse salle à manger. Baigné en pleine nature, retiré de la route, un boisé d'érables et de conifères lui confère un attrait enchanteur en toutes saisons. P. 123.

Aux alentours: circuit historique des chemins Craig et Gosford, 1re rte de diligence reliant Québec et Boston.
Chambres: baptisées du nom de nos aïeules irlandaises, décor d'époque. **4 ch. S. de bain privée(s) ou partagée(s)**
Forfaits: golf, romantique, théâtre.
Ouvert: 1er mai au 30 novembre.
2 pers: B&B 69-119$ **1 pers B&B** 60-110$
Enfant (12 ans et –): B&B 15$
Taxes en sus. MC VS
Réduction: long séjour.

AC **Certifié: 2004**

Lévis

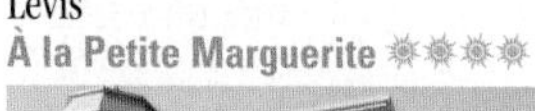

À la Petite Marguerite ✵✵✵✵

Gîte du Passant
certifié

Renald Binet
122, Côte du Passage
Lévis G6V 5S9
Tél. (418) 835-4606
Fax (418) 835-2292
www.gitealapetitemarguerite.qc.ca
renaldbinet@sympatico.ca

Aut. 20 est, sortie 325 nord, dir. boul. A. Desjardins à droite, au feu à gauche, tout droit 2,7 km. Aut. 20 ouest, sortie 325 nord, au feu tout droit.

Au cœur du Vieux-Lévis, une jolie ancestrale avec galerie ornée de dentelles. Entrée privée et stationnement arrière avec abris pour vélos et motos. Patio fleuri ainsi qu'une terrasse. Petit-déjeuner servi dans une ambiance chaleureuse.

Aux alentours: Vieux-Québec et Vieux-Lévis, golf, piste cyclable, théâtre, chocolaterie.
Chambres: chacune a son cachet particulier et offre une vue sur la ville de Québec. **4 ch. S. de bain privée(s) ou partagée(s).**
Ouvert: à l'année.
2 pers: B&B 75-90$ **1 pers B&B** 65-80$
Enfant (12 ans et –): B&B 10$
Taxes en sus. ER
Réduction: hors saison et long séjour.

A AC **Certifié: 2005**

Lévis

Au Gré du Vent B&B ☼☼☼☼☼

Gîte du Passant *certifié*

Michèle Fournier et Jean L'Heureux
2, rue Fraser
Lévis G6V 3R5
Tél. (418) 838-9020 1-866-838-9070
Fax (418) 838-9074
www.au-gre-du-vent.com
augreduvent@msn.com

Aut. 20 ou rte 132 ou traversier: suivre indications (panneaux bleus) pour la Maison Alphonse-Desjardins. De là, descendre Guénette jusqu'à Fraser.

Grands Prix du tourisme régional 2004. À pied du traversier menant au cœur du Vieux-Québec, authentique gîte de charme, classique et raffiné, situé devant l'un des plus beaux points de vue sur le Vieux-Québec, le Château Frontenac et le St-Laurent. Imposante victorienne de style anglais construite en 1890 par une importante banque canadienne.

Aux alentours: à pied des meilleurs restos et boutiques du Vieux-Québec et du Vieux-Lévis, musées, festivals.
Chambres: TV, Internet, vue Vieux-Québec et fleuve ou Vieux-Lévis. Jardins. Piscine.
5 ch. S. de bain privée(s)
Forfaits: charme, croisière, détente & santé, romantique.
Ouvert: à l'année.
2 pers: B&B 105-135$ **1 pers B&B** 95-115$
Enfant (12 ans et –): B&B 15$
Taxes en sus. AM IT MC VS
Réduction: hors saison et long séjour.

A @ AV AC **Certifié: 1997**

Lévis

Au Manoir de Lévis - Gîte le Rosier ☼☼☼☼

Gîte du Passant *certifié*

Carole Hamelin et André Mailhot
473, rue Saint-Joseph
Lévis G6V 1G9
Tél. (418) 833-6233 1-866-626-6473
Fax (418) 833-1089
www.bblerosier.com
aumanoirdelevis@bellnet.ca

Aut. 20, sortie 327, Mgr Bourger nord, rue St-Joseph à droite.

Venez séjourner dans une magnifique maison victorienne de l'an 1890. Accueil chaleureux et familial. Située au bord du fleuve St-Laurent, elle offre une superbe vue sur la chute Montmorency et l'île d'Orléans.

Aux alentours: à 3.5 km du traversier, Vieux-Québec, vue sur les Grands Feux de Loto-Québec de notre terrasse.
Chambres: vous serez séduit par le décor d'autrefois de nos chambres spacieuses.
4 ch. S. de bain privée(s)
Forfaits: croisière, théâtre, autres.
Ouvert: à l'année.
2 pers: B&B 90-100$ **1 pers B&B** 60-65$
Enfant (12 ans et –): B&B 15-20$
Taxes en sus. IT MC VS

Lévis

Au Petit Château ☼☼☼☼

Gîte du Passant *certifié*

Richard et Hélène
664, rue St-Joseph
Lévis G6V 1J4
Tél. (418) 833-2798 (418) 655-1938
Fax (418) 833-5439
www.aupetitchateau.com
aucha55070@aol.com

Aut. 20 est, sortie 330. Au feu de circulation à droite, 1 km, rue St-Joseph, 1 km.

Situé à quelques minutes du Vieux-Québec, Au Petit Château vous offre des chambres avec vue sur le fleuve et ameublement authentique et de bon goût. Pour votre confort, le Château offre lit double ou queen. Air climatisé dans chaque chambre, réfrigérateur, foyer, peignoirs et autres commodités de luxe. Déjeuner complet inclus.

Aux alentours: Vieux-Québec, sites historiques, piste cyclable, kayak, voile, ski, festivals.
Chambres: salle de bain privée dans La Tourelle et La Suite. **4 ch. S. de bain privée(s) ou partagée(s).**
Ouvert: à l'année.
2 pers: B&B 95-185$ **1 pers B&B** 95-165$
Enfant (12 ans et –): B&B 0-15$
Taxes en sus. AM MC VS
Réduction: hors saison et long séjour.

Lévis
Au Vieux Bahut ☼☼☼☼

Gîte du Passant *certifié*

Laissez-vous charmer par cette superbe maison inondée de soleil; meubles antiques, vitraux, boiseries et photos d'époque. Chambres climatisées. Des hôtes attentionnés raviront votre palais avec leurs petits plats: pains et pâtisseries maison, fruits frais, produits du terroir. Détente assurée, jardin et patios semi-ombragés. **Certifié «Bienvenue cyclistes!MD».**

Aux alentours: vue panoramique du Château Frontenac, visite du Vieux-Québec, croisières sur le fleuve.
Chambres: confort douillet, lits queen, double. Décor inspiré de pays étrangers. **4 ch. S. de bain privée(s) ou partagée(s)**
Forfaits: charme, croisière, spectacle.
Ouvert: à l'année.
2 pers: B&B 85-95$ **1 pers B&B** 75-85$
Enfant (12 ans et –): B&B 15$
Taxes en sus. MC VS
Réduction: hors saison et long séjour.

A ⊗ @ AC **Certifié: 2001**

France Gingras et Yvon Lamontagne
116, Côte du Passage
Lévis G6V 5S9
Tél. (418) 835-9388
www.gite-au-vieux-bahut.com
auvieuxbahut@globetrotter.net

Aut. 20 est, sortie 325 nord, boul. A.-Desjardins à droite, au feu à gauche, tout droit, 2,7 km. (Boul. A.-Desjardins devient Côte-du-Passage).

Lévis
La Maison sous l'Orme ☼☼☼☼

Gîte du Passant *certifié*

La campagne à la ville. Tranquillité assurée, à 5 min de marche du traversier pour le Vieux-Québec. Quartier très pittoresque, près de la piste cyclable. Belle ancestrale (1870), meubles d'époque, collections. Petit-déjeuner copieux, recettes spéciales, tables individuelles avec service. Au rez-de-chaussée, suite familiale avec cuisinette. **Certifié «Bienvenue cyclistes!MD».**

Aux alentours: traversier Vieux-Québec, croisières St-Laurent.
Chambres: certaines ont une vue sur le Château Frontenac, lit queen, climatisées. **4 ch. S. de bain privée(s)**
Forfaits: charme, gastronomie, romantique, autres.
Ouvert: à l'année.
2 pers: B&B 95-115$ **1 pers B&B** 85-95$
Enfant (12 ans et –): B&B 15-20$
Taxes en sus. IT MC VS
Réduction: hors saison et long séjour.

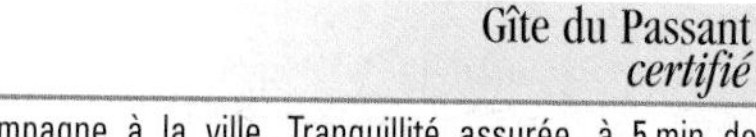
A ⊗ @ **AV** AC **Certifié: 2000**

Maud et Bruno Chouinard
1, rue Saint-Félix
Lévis G6V 5J1
Tél. (418) 833-0247 1-888-747-0247
Fax (418) 833-6675
www.geocities.com/sousorme
sous.orme@qc.aira.com

Aut. 20, sortie 325 nord, rte 132 ou traversier dir. Maison Alphonse-Desjardins, descendre Guénette, rue Wolfe à droite et après le 3e arrêt, 1re rue, St-Félix à gauche.

L'Isle-aux-Grues, St-Antoine
Gîte le Nichoir ☼☼☼

Gîte du Passant *certifié*

Situé sur l'une des plus belles îles du St-Laurent, on vous convie à la détente avec vue sur le fleuve. En été, vous pourrez bénéficier des différentes attractions de l'Isle-aux-Grues. En mars, des balades de motoneige vous sont offertes, ainsi que la fête de la Mi-Carême, expérience unique au Québec. Au printemps, le retour des oies blanches...

Aux alentours: grenier, exposition Mi-Carême, fromagerie, église, sentier pédestre, observation d'oiseaux, piscine.
Chambres: Star Choice, TV, réfrigérateur et 1 ch. avec petite cuisinette. **3 ch. S. de bain privée(s)**
Forfaits: charme, golf, motoneige, vélo.
Ouvert: de mars jusqu'au milieu décembre.
2 pers: B&B 65-80$ **1 pers B&B** 60-70$
Enfant (12 ans et –): B&B 5-10$

⊗ **Certifié: 2004**

Chantal Vézina
120, chemin Basse-Ville
Saint-Antoine-de-l'Isle-aux-Grues G0R 1P0
Tél. / Fax (418) 248-4518
www.giteetaubergedupassant.com/nichoir

Aut 20, sortie Montmagny centre-ville, rte 132, boul. Taché à droite, av. du Quai à gauche. Suivre les indications de la traverse.

L'Islet-sur-Mer

Auberge la Marguerite ★★★

Auberge du Passant *certifiée*

Johanne Martel & Luc Morrier
88, ch. des Pionniers Est, rte 132
L'Islet-sur-Mer G0R 2B0
Tél. (418) 247-5454 1-877-788-5454
Fax (418) 247-7725
www.aubergelamarguerite.com
marguerite100@videotron.ca

Aut. 20, sortie 400, rte 285 nord, 3,5 km, route 132 est, 1 km.

Au coeur des activités de la Côte-du-Sud. À proximité du fleuve, une invitation à vivre l'histoire de la Côte-du-Sud dans un grand manoir datant du régime français. L'Auberge la Marguerite, située au centre du village, fait partie du patrimoine québécois. L'Auberge est un manoir à cinq lucarnes et aux larmiers cintrés. **Certifié «Bienvenue cyclistes!MD».**

Aux alentours: visite de Grosse-Île, Musée Maritime Bernier, visite de l'Isle-aux-Grues, golf, circuits cyclables.
Chambres: Cadette, Emma, Grande-Dame, Bohème, Roméo, Marie-Thérèse, Neptune, J-Yvan. **8 ch. S. de bain privée(s).**
Ouvert: à l'année.
2 pers: B&B 78-128$
Taxes en sus. IT MC VS
Réduction: hors saison et long séjour.

A AV AC **Certifié: 1999**

Montmagny

Auberge Restaurant la Belle Époque ★★★

Auberge du Passant *certifiée*

Carole Gagné et Lucien Dubé
100, rue Saint-Jean-Baptiste Est
Montmagny G5V 1K3
Tél. (418) 248-3373 1-800-490-3373
Fax (418) 248-7957
www.epoque.qc.ca
info@epoque.qc.ca

Aut. 20 est, sortie 376 ou 378 dir. centre-ville ou rte panoramique 132. Sentiers de motoneige 75 et 55.

Laissez-vous séduire... Un p'tit coin d'Europe au coeur du Vieux-Montmagny. Table gourmande, raffinée et créative. Salle à manger avec foyer, magnifique terrasse. Plusieurs forfaits disponibles. Certifié Table aux Saveurs du TerroirMD. **Certifié «Bienvenue cyclistes!MD».** P. 16, 135.

Aux alentours: Grosse-Île, Isle-aux-Grues, golf, vélo, théâtre, musée, archipel de Montmagny.
Chambres: profitez d'un séjour douillet dans nos chambres d'époque. **5 ch. S. de bain privée(s)**
Forfaits: charme, croisière, gastronomie, vélo.
Ouvert: à l'année.
2 pers: B&B 87-137$ **PAM** 147-187$ **1 pers B&B** 78-128$ **PAM** 108-148$
Enfant (12 ans et –): B&B 10$
Taxes en sus. AM ER IT MC VS

A AV **Certifié: 2000**

St-Alfred-de-Beauce

Au Coeur du Tournesol ☀☀☀☀

Gîte du Passant à la Ferme *certifié*

Gilles Robitaille et Micheline Gosselin
315, rang St-Etienne
Saint-Alfred-de-Beauce G0M 1L0
Tél. (418) 774-5037
www.giteetaubergedupassant.com/aucoeurdutournesol
aucoeurdutournesol@sogetel.net

À Beauceville, route 108, à St-Alfred, route du Cap, rang St-Étienne à droite.

Venez en cette maison de ferme centenaire, cet oasis beauceron où l'on fait corps et cœur avec la nature. Atelier de peinture. Repos et massage. Tournesols et fleurs. Saveurs du terroir. Vous recevoir est un art qui vous fera sentir sur une autre planète. P. 134.

Aux alentours: équitation, festival western, musée, parachutisme, aviation, théâtre d'été, golf.
Chambres: vue panoramique, lit double ou lits simples. **2 ch. S. de bain partagée(s)**
Forfaits: détente & santé, autres.
Ouvert: à l'année.
2 pers: B&B 80$ **1 pers B&B** 70$

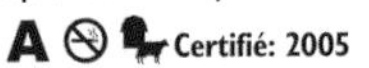

A **Certifié: 2005**

St-Anselme
Douces Évasions ☼☼☼☼

Gîte du Passant
certifié

Gabrielle Corriveau et Gérard Bilodeau
540, Route Bégin, rte 277
Saint-Anselme G0R 2N0
Tél. / Fax (418) 885-9033 Tél. (418) 882-6809
www.giteetaubergedupassant.com/doucesevasions
gabycor@globetrotter.net

20 min de Québec. Aut. 20, sortie 325 sud dir. Lac Etchemin, à l'entrée Saint-Anselme à droite.

Aux portes de la Beauce, un endroit de rêve décoré en vue d'assurer bonheur, confort, évasion et détente. Boudoirs, salon, foyer, bain tourbillon, etc. Amoureux du plein air : foyer extérieur, piscine chauffée, patio, terrasse, arbres, jardin d'eau et de fleurs. Séjourner à Douces Évasions est énergisant et enrichissant.

Aux alentours: golf, vélo, natation, descente de rivière en canoë, marche, théâtre d'été, ski, raquette, etc.
Chambres: 1 ch. avec salon, cuisinette et salle de bain. Insonorisées. **4 ch. S. de bain partagée(s)**
Forfaits: golf, vélo, autres.
Ouvert: à l'année.
2 pers: B&B 75$
Enfant (12 ans et –): B&B 15$

AC **Certifié: 1997**

St-Cyprien-des-Etchemins
Le Jardin des Mésanges ☼☼☼

Gîte du Passant à la Ferme
certifié

Hélène Couture et Roger Provost
482, route Fortier
Saint-Cyprien-des-Etchemins G0R 1B0
Tél. (418) 383-5777 1-877-383-5777
www.lejardindesmesanges.com
mesanges@sogetel.net

Aut. 20, sortie 325 dir. Lac-Etchemin, rte 277 sud jusqu'à rte 204 est dir. Ste-Justine, à droite vers St-Cyprien. Face à l'église, à droite, 3,5 km, rte Fortier à droite.

Au coeur d'une nature généreuse, découvrez un oasis de paix où il fait bon vivre. «Goûtez» la campagne : oiseaux, jardin, ferme et forêt. Chaleureuse maison de 1930, entièrement rénovée pour votre confort et ayant conservé son cachet d'autrefois. Savoureux déjeuner avec produits maison et du terroir. Vous accueillir est un plaisir. P. 134.

Aux alentours: plage et glissades, Parc Massif du Sud, cabane à sucre, circuits cyclables, théâtre, golf, musée.
Chambres: chacune a son charme unique. Confortables et paisibles. **4 ch. S. de bain privée(s) ou partagée(s)**
Forfaits: charme, famille, théâtre, autres.
Ouvert: à l'année.
2 pers: B&B 65-75$ **PAM** 91-101$ **1 pers B&B** 50-60$ **PAM** 63-73$
Enfant (12 ans et –): B&B 10$ **PAM** 20$
Taxes en sus. AM ER MC VS
Réduction: long séjour.

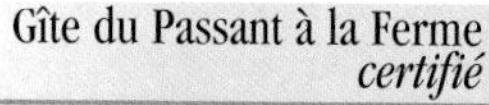

St-Eugène-de-l'Islet
Auberge des Glacis ★★★

Auberge du Passant
certifiée

Nancy Lemieux et André Anglehart
46, Route de la Tortue
Saint-Eugène-de-l'Islet G0R 1X0
Tél. (418) 247-7486 1-877-245-2247
Fax (418) 247-7182
www.aubergedesglacis.com
info@aubergedesglacis.com

Aut. 20 est, sortie 400 dir. St-Eugène-de-l'Islet à gauche, rang Lamartine à gauche, rte de la Tortue à gauche.

Cet ancien moulin seigneurial vous séduira par son ambiance chaleureuse, son décor champêtre et sa table gastronomique renommée. Située au cœur d'un vaste domaine, l'auberge bénéficie d'un environnement exceptionnel: rivière, petit lac pour baignade, sentiers ornithologiques. Forfaits offerts: golf, vélo, croisière, massage, ski, romantique. Certifié Table aux Saveurs du Terroir[MD]. P. 16, 135.

Aux alentours: croisières à Grosse-Île et Isle-aux-Grues, parc Appalaches, village de Saint-Jean-Port-Joli, golf.
Chambres: le Chasseur, le Jardinier...., elles ont toutes une touche particulière. **10 ch. S. de bain privée(s)**
Forfaits: croisière, golf, romantique.
Ouvert: à l'année.
2 pers: B&B 120-140$ **PAM** 200-220$
Taxes en sus. AM ER IT MC VS
Réduction: long séjour.

St-Georges-de-Beauce

Gîte de la Rivière ☼☼☼☼

Gîte du Passant
certifié

Solange Thibodeau et Marc-André Bérubé
2953, 1re Avenue
Saint-Georges-de-Beauce G5Y 5P9
Tél. / Fax (418) 228-0015 Tél. (418) 225-4412
www.gitedelariviere.com
solange@gitedelariviere.com

Aut. 73 sud dir. Saint-Georges. Sur la rive ouest, 1re Avenue à gauche, 1 km.

Niché au creux de la vallée, le gîte vous accueille aux abords de la rivière Chaudière. Au coeur de la Beauce, savourez la tranquillité au fil de l'eau qui passe. Nouvellement construit avec des éléments d'époque, toutes nos chambres sont insonorisées. Salon des invités avec balcon et vue sur la rivière. Accès à Internet haute vitesse.

Aux alentours: piste cyclable, randonnée pédestre, forfait-golf, forfait-théâtre, forfait-gastronomie.
Chambres: entrée privée, insonorisées, lit queen, lit double, planchers bois francs.
4 ch. S. de bain privée(s) ou partagée(s)
Forfaits: gastronomie, golf, théâtre.
Ouvert: à l'année.
2 pers: B&B 75-90$ **1 pers B&B** 60-75$
Réduction: long séjour.

A @ **Certifié: 2007**

St-Georges-de-Beauce

Gîte la Sérénade ☼☼☼

Gîte du Passant
certifié

Berthe et Bernard Bisson
8835, 35e Avenue
Saint-Georges-de-Beauce G5Y 5C2
Tél. (418) 228-1059
www.gitelaserenade.com
berthe@gitelaserenade.com

De Québec, rte 173 sud. À Vallée Jonction, rte 173 sud dir. St-Georges. Passé le McDonald, 90e Rue à gauche. 3 km, 35e Ave à gauche.

Décor de rêve avec lequel vous tomberez en amour. Grande maison décorée de nombreuses antiquités. Dormez dans la Baldaquin, la Romance pour ses dentelles et lampes anciennes, l'Ancêtre pour ses photos d'époque et la Théâtrale pour son décor. Déjeuners copieux. Nous avons aussi une boutique d'antiquités sur place (meubles, vaisselle, etc.).

Aux alentours: galerie d'art, musée, golf, théâtre d'été.
Chambres: dormez dans un baldaquin de 125 ans, grand confort, décor soigné. **4 ch. S. de bain privée(s) ou partagée(s)**
Forfaits: golf, romantique, théâtre.
Ouvert: à l'année.
2 pers: B&B 70-85$ **1 pers B&B** 50-55$
Enfant (12 ans et –): B&B 18$
VS

AV **Certifié: 2005**

St-Jean-de-Brébeuf

À l'Aurore Boréale

Auberge du Passant
certifiée

Denise Lavoie et Alain Tousignant
612, chemin Craig
Saint-Jean-de-Brébeuf G6G 5R5
Tél. (418) 453-3588
www.giteetaubergedupassant.com/alauroreboreale
alauroreboreale@sympatico.ca

Aut. 20, sortie 228, rte 153 sud dir. Thetford Mines, rte 216 est à gauche, chemin Craig.

Notre gîte est situé sur le bord de la rivière Bullard. Venez relaxer au son de la rivière en été comme en hiver. Chambres douillettes avec leur salle de bain privée. Profitez également d'une bonne table sur réservation. Circuit historique des chemins Craig et Gosford, 1re diligence reliant Québec et Boston.

Aux alentours: venez découvrir le chemin des artisans sur deux fins de semaine, pendant la fête des couleurs.
Chambres: 3 lits queen avec vue sur la riviere, 1 lit double avec vue sur la riviere.
4 ch. S. de bain privée(s)
Forfaits: charme, croisière, golf, vélo.
Ouvert: à l'année.
2 pers: B&B 85$ **PAM** 150$ **1 pers B&B** 70$ **PAM** 100$
Enfant (12 ans et –): B&B 20$ **PAM** 45$
Taxes en sus. VS

A  **Certifié: 2007**

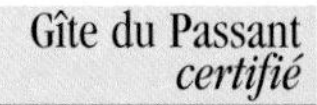

St-Jean-Port-Joli
Au Boisé Joli ☼☼☼

Gîte du Passant *certifié*

Michelle Bélanger et Hermann Jalbert
41, rue de Gaspé Est
Saint-Jean-Port-Joli G0R 3G0
Tél. / Fax (418) 598-6774
www.auboisejoli.com
auboise@globetrotter.qc.ca

Aut. 20 est, sortie 414, rte 132 à droite, 0,4 km à droite.

Authentique maison canadienne bicentenaire, située au coeur de la capitale de la sculpture sur bois en bordure du fleuve St-Laurent. Grand salon avec foyer en pierre, piano à queue, livres et TV. Accès au fleuve, couchers de soleil grandioses, jardins, aires de détente. On vous y reçoit comme un ami à qui on veut faire plaisir. **Certifié «Bienvenue cyclistes!MD».**

Aux alentours: restaurants, boutiques, marina, parc des sculptures, musées, piste cyclable, théâtre d'été.
Chambres: spacieuses et ensoleillées, confort moderne dans un décor rustique. **5 ch. S. de bain partagée(s).**
Ouvert: à l'année.
2 pers: B&B 60-65$ **1 pers B&B** 55-60$
Enfant (12 ans et –): B&B 15$
Taxes en sus. MC VS
Réduction: hors saison.

A ⊗ **AV** **Certifié: 1994**

St-Jean-Port-Joli
Gîte de la Belle Époque ☼☼☼

Gîte du Passant *certifié*

Jeannine Caron
63, rue de Gaspé Est
Saint-Jean-Port-Joli G0R 3G0
Tél. (418) 598-9905
www.giteetaubergedupassant.com/gite_belle_epoque

Une heure à l'est de Québec. Aut. 20 est, rte 204 nord, sortie 414, rte 132 est, 0,5 km de l'église.

Belle et grande demeure construite en 1893 offrant un cachet unique. Petit-déjeuner copieux agrémenté de produits frais maison et locaux. Salon avec foyer, salle de séjour et abri vélo. Chambre pour quatre personnes disponible. **Certifié «Bienvenue cyclistes!MD».**

Aux alentours: restaurants, boutiques, marina, théâtre d'été, artisanat et galerie d'art.
Chambres: spacieuses et décorées avec distinction. **5 ch. S. de bain privée(s) ou partagée(s).**
Ouvert: à l'année.
2 pers: B&B 55-85$
Enfant (12 ans et –): B&B 10$
Taxes en sus. MC VS
Réduction: hors saison.

⊗ @ **Certifié: 2002**

St-Julien
O'P'tits Oignons ☼☼☼

Gîte du Passant *certifié*

Brigitte et Gérard Marti
917, chemin Gosford, route 216
Saint-Julien G0N 1B0
Tél. / Fax (418) 423-2512
www.minfo.net/ptits-oignons/
optitsoignons@globetrotter.net

Aut. 20, sortie 228 ou 253 dir. Thetford-Mines. Passé St-Ferdinand, rte 216 O., 13 km. De Sherbrooke, rtes 112 E, à Disraëli 263 N, 216 E, à 400 m à gauche, après le village.

Coup de Coeur du Public régional 2006. Coup de Cœur du Public régional 2000. Amis de la nature, notre gîte en bardeaux de cèdre de style cottage ancien vous attend au coeur des Appalaches. Calme, repos, vue, «ornithologie de fauteuil», promenade. Après un bon repas (sur demande), refaites le monde sur la terrasse ou devant le foyer. Faites-vous plaisir! Découvrez un gîte autrement! À 2h15 de Montréal ou 1h15 de Québec. P. 122.

Aux alentours: musées, théâtre d'été, randonnées: pédestres, cheval, traîneau à chiens, skis, raquettes, pêche.
Chambres: claires, lits simples ou grands lits. **3 ch. S. de bain privée(s) ou partagée(s)**
Forfaits: théâtre.
Ouvert: à l'année.
2 pers: B&B 65-75$ **PAM** 101-111$ **1 pers B&B** 60-70$ **PAM** 78-88$
Réduction: long séjour.

⊗ ✕ **Certifié: 1996**

St-Martin
La Maison Martin ☀☀☀☀

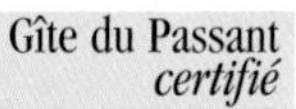

Violette Bolduc et Serge Thibault
116, 1re Avenue Est
Saint-Martin G0M 1B0
Tél. (418) 382-3482
Fax (418) 382-3484
www.giteetaubergedupassant.com/maisonmartin
st12@globetrotter.net

Rte 204 sud St-Martin Beauce, dir. Lac-Mégantic. Aut. 10, rtes 108 et 269. Aut. 73 sud.

Coup de Coeur du Public régional 2003. Maison de 1916 avec vue sur la rivière. Charme d'époque conservé, salon à l'étage, 2 salles à manger, l'une pouvant servir de salle de réunion. Aménagement personnalisé mariant la présence du passé et le confort moderne de la climatisation centrale. Le petit-déj. 4 «soleils» est un secret de l'hôtesse.

Aux alentours: circuits vélo et pédestre, moto-tourisme, musées, antiquaires, pistes VTT/motoneige, beaux jardins.
Chambres: romantique, meubles anciens, tout pour la détente et le sommeil. **3 ch. S. de bain partagée(s).**
Ouvert: à l'année.
2 pers: B&B 60$ **1 pers B&B** 45$
VS
Réduction: long séjour.

A  AC **Certifié: 2001**

St-Roch-des-Aulnaies
Au Soir qui Penche ☀☀☀

Gîte du Passant
certifié

Guy Gilbert
800, ch. de la Seigneurie
Saint-Roch-des-Aulnaies G0R 4E0
Tél. (418) 354-7744
www.ausoirquipenche.qc.ca
guygilb@videotron.ca

Aut. 20, sortie 430, à gauche.

Goûtez aux charmes d'une maison bicentenaire sur le bord du fleuve. Émerveillez-vous du retour des oies blanches, des couchers de soleil, des grandes marées, des tempêtes hivernales, bien au chaud devant le foyer. Déj. copieux servis avec vue sur le fleuve. Location en séjour autonome disponible. Bain de boue. Piste cyclable long du fleuve.

Aux alentours: accès au fleuve, boulangerie artisanale, golf, pêche au saumon, motoneige, érablière, vélo.
Chambres: l'Outarde, la Mésange, le Héron, le Geai Bleu. Chacune saura vous plaire.
4 ch. S. de bain partagée(s).
Ouvert: à l'année.
2 pers: B&B 58-70$ **1 pers B&B** 55-60$

A AV Certifié: 2006

Ste-Marie
Niapisca ☀☀☀☀

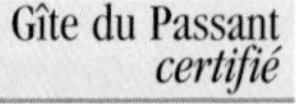

Lise Dufour et Réjean Lavoie
487, boul. Taschereau Sud
Sainte-Marie G6E 3H6
Tél. (418) 387-4656
Fax (418) 386-4202
www.niapisca.com
info@niapisca.com

De Québec, aut. 73 sud, sortie 91, route Carter, 4e rue à droite, 2 arrêts, 5e maison à gauche.

Gîte haut de gamme à 20 min de Québec. Vous profiterez d'une ambiance chaleureuse, toute de détente et de confort, de l'intimité d'une salle de séjour où vous sera servi un petit-déj. copieux et varié. Juste pour vous, une cuisine tout équipée pour un séjour autonome. L'air climatisé prédispose à reprendre la route pour Québec ou le Maine.

Aux alentours: train touristique, aréna, golfs, cabane à sucre, piste cyclable, motoneige, location de quad.
Chambres: lits king, queen ou jumeaux, TV, Internet, séchoir à cheveux, peignoir...
3 ch. S. de bain privée(s).
Ouvert: à l'année.
2 pers: B&B 75-85$ **1 pers B&B** 65-75$
Enfant (12 ans et –): B&B 20$
AM MC VS
Réduction: hors saison et long séjour.

Sts-Anges
La Chartreuse des Anges

Gîte du Passant à la Ferme
certifié

Danielle Jacques & Gilles Lévesque
443, rang de la Grande-Ligne
Saints-Anges G0S 3E0
Tél. / Fax (418) 253-6570
www.lachartreuse.ca
lachartreusedesanges@globetrotter.net

Aut. 73 sud, sortie 81, rte 112 est, 2 km après Saints-Anges, rang de la Grande-Ligne à gauche.

Une vaste résidence familiale d'antan classifiée Centre de Vacances 4 étoiles. Une ferme artisanale. Une table réputée parmi les meilleures du Québec. Une école d'équitation certifiée Équi-Qualité. Un environnement champêtre apaisant et des hôtes chaleureux. Tous les ingrédients d'un séjour réussi au cœur du pays beauceron. Passez nous voir! Certifié Table aux Saveurs du Terroir[MD]. P. 134, 135.

Aux alentours: musées, théâtres d'été, festivals, Véloroute, golf, nautisme, observatoire astronomique, etc.
Chambres: confort douillet, décor personnalisé, ambiance invitant au repos, gâteries.
4 ch. S. de bain partagée(s)
Forfaits: charme, gastronomie, autres.
Ouvert: à l'année.
2 pers: B&B 70-85$ **PAM** 100-115$ **1 pers B&B** 55-70$ **PAM** 70-85$
Enfant (12 ans et –): B&B 15$ **PAM** 25$

A ⊗ @ ✕ **Certifié: 2007**

St-Alfred-de-Beauce

Au Coeur du Tournesol

Gîte du Passant à la Ferme *certifié*

315, rang St-Etienne, Saint-Alfred-de-Beauce
Tél. (418) 774-5037
www.giteetaubergedupassant.com/aucoeurdutournesol
aucoeurdutournesol@sogetel.net

Activités: Visite de jardins de vivaces, de tournesols. Photographie. Visite du studio de peinture. Observation des animaux, possibilité de promener le lama ou le poney. Promenade en carriole tirée par le poney (frais additionnels). P. 128.

Animaux: Lapins, poules, oies, canards, pigeons, dindes sauvages, faisans, cerfs rouges, lamas, poney, nos chiens Caboche et Patoff et notre chatte Delphine.

St-Cyprien-des-Etchemins

Le Jardin des Mésanges

Gîte du Passant à la Ferme *certifié*

482, route Fortier, Saint-Cyprien-des-Etchemins
Tél. (418) 383-5777 1-877-383-5777
www.lejardindesmesanges.com
mesanges@sogetel.net

Activités: Fabrication du sirop d'érable à notre cabane à sucre (forfait). Petit lac, soin des animaux, récolte du foin ... sur notre terre de 100 acres. Profitez des belles couleurs d'automne pour la marche. L'hiver à raquettes (prêt) ou en motoneige accessible par le sentier. P. 129.

Animaux: Vaches, veaux, poules pondeuses, poulets de grain, lapins, chèvre, cheval. Blanchette, la chatte, et notre préféré de tous: Café, le chien.

Sts-Anges

La Chartreuse des Anges

Gîte du Passant à la Ferme *certifié*

443, rang de la Grande-Ligne, Saints-Anges
Tél. / Fax (418) 253-6570
www.lachartreuse.ca
lachartreusedesanges@globetrotter.net

Activités: L'été: tournée des animaux, visite de l'écurie, baignade. À l'année: visite de l'écurie. Cours d'équitation. Visites guidées pour découvrir et apprendre un peu plus sur le mode de vie, les besoins, les règles sociales des animaux. Dégustez notre table gourmande. P. 133, 135.

Animaux: Chevaux, chèvres, agneaux, cochons, canards, dindes, oies, pintades, cailles, etc.

Montmagny
Auberge Restaurant la Belle Époque

Table aux Saveurs du Terroir *certifiée*

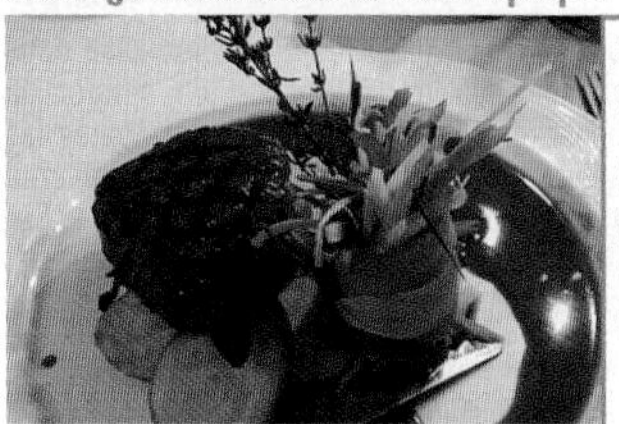

100, rue Saint-Jean-Baptiste Est, Montmagny
Tél. (418) 248-3373 1-800-490-3373
Fax (418) 248-7957
www.epoque.qc.ca
info@epoque.qc.ca

Une table d'hôte gourmande, créative, raffinée et concoctée par le chef Lucien Dubé, vous attend. P. 16, 128.

Spécialités : Assortiment de fromages du terroir. Déclinaison de poisson boucané du Kamouraska. Omble chevalier de Rivière-au-Renard. Magret de canard du Lac Brome aux abricots.

Repas offerts : midi et soir. Réservation recommandée.

St-Eugène-de-l'Islet
Auberge des Glacis

Table aux Saveurs du Terroir *certifiée*

46, Route de la Tortue, Saint-Eugène-de-l'Islet
Tél. (418) 247-7486 1-877-245-2247
Fax (418) 247-7182
www.aubergedesglacis.com
info@aubergedesglacis.com

Une salle à manger romantique, complice d'aventures gastronomiques inoubliables. Table de renom où les produits régionaux et du terroir québécois sont à l'honneur. «La sainte paix et une cuisine divine», La Presse 2002. P. 16, 129.

Spécialités : La spécialité de la maison est la Quenelle lyonnaise de volaille, de veau ou de brochet. «Les quenelles avaient la texture d'un nuage», La Presse 2002.

Repas offerts : soir. Réservation recommandée.

Sts-Anges
La Chartreuse des Anges

Table aux Saveurs du Terroir *certifiée*

443, rang de la Grande-Ligne, Saints-Anges
Tél. / Fax (418) 253-6570
www.lachartreuse.ca
lachartreusedesanges@globetrotter.net

Simplicité, convivialité et authenticité sont au rendez-vous. Découvrez une table gourmande unique et ses menus sur mesure au coeur de la Beauce. L'endroit rêvé pour déguster un repas champêtre raffiné et découvrir une cuisine sans cesse renouvelée. Apportez votre vin. P. 133, 134.

Spécialités : Viandes et volailles élevées sur place, apprêtées et servies par les chefs propriétaires. Produits locaux et régionaux de première qualité. Un pur plaisir.

Repas offerts : midi et soir. Sur réservation.

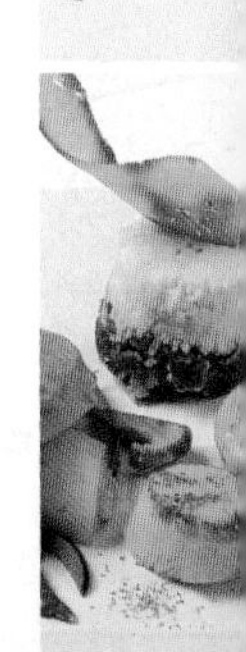

St-Apollinaire

Le Canard Goulu Inc.

Relais du Terroir *certifié*

Marie-Josée Garneau et Sébastien Lesage
524, rang Bois Joly Ouest
Saint-Apollinaire, G0S 2E0

Tél. (418) 881-2729
Fax (418) 881-4186
www.canardgoulu.com
lecanardgoulu@globetrotter.net

Aut. 20, sortie 291. Suivre les panneaux bleus de signalisation touristique.

IT

Ouvert: à l'année

A Certifié: 2006

Entreprise artisanale, Le Canard Goulu se spécialise dans l'élevage, le gavage et la transformation du canard de Barbarie. Elle réalise et contrôle, avec éthique, toutes les étapes de production, du caneton âgé d'un jour à la vente et la distribution de produits de foie gras et de canard. Sur une ferme ancestrale dont le patrimoine est mis en valeur, l'établissement ouvre ses portes aux fins gourmets.

Produits: Le Canard Goulu propose une gamme variée de produits de foie gras et de canard à cuisiner ou prêts à servir qui conviennent à toutes les occasions. Sains, les produits ne contiennent aucun additif chimique. Authentiques, ils sont cuisinés uniquement de canard de Barbarie. Bref, pour un moment festif ou un repas sans prétention, ils invitent à la découverte et à la cuisine créative.

La boutique de l'entreprise, joliment aménagée dans un vieux poulailler, accueille les amateurs de bonne chère et leur offre magret, confit de canard, rillettes, cassoulet, foie gras, plats mijotés ainsi que certaines exclusivités. En saison estivale, un panier dégustation incluant un assortiment de produits avec une demi-baguette de pain ainsi que des bouchées chaudes grillées sur le barbecue sont disponibles.

Activités: Sur un site enchanteur, «La petite ferme de Jérémi», comportant des canards bien sûr, mais aussi une dizaine d'espèces d'animaux, invite petits et grands à une visite, un pique-nique ou tout simplement à vivre un moment paisible et charmant.

Services: 5 à 7 goulu! Le contexte idéal pour une rencontre entre collègues de travail ou entre amis. Le Canard Goulu propose son activité de dégustation «tout canard». Sur réservation seulement.

Aux alentours: Domaine Joly de Lotbinière, Parc de la chute de Sainte-Agathe, antiquaires et vergers.

St-Charles-de-Bellechasse

Le Ricaneux

Relais du Terroir *certifié*

Jacques McIsaac
5540, rang Sud-Est
Saint-Charles-de-Bellechasse, G0R 2T0

Tél. (418) 887-3789
Fax (418) 887-6332
www.ricaneux.com
ricaneux@globetrotter.net

Aut. 20 E., sortie 337 dir. St-Charles ou aut. 20 O., sortie 348 dir. La Durantaye ou rte 132 dir. St-Charles, suivre les panneaux bleus pour «Vin artisanal Le Ricaneux».

IT MC VS

Ouvert: à l'année, tous les jours de 9h à 18h (les soirs sur réservation).

A Certifié: 2005

Le Ricaneux est une ferme familiale spécialisée dans la production de petits fruits. En opération depuis 1988, c'est la plus ancienne et la plus importante entreprise de fabrication artisanale de boissons alcooliques de petits fruits au Québec. On y transforme fraise, framboise, casseille, mûre, sureau blanc et aronia noir en produits uniques.

Produits: Le Ricaneux s'est d'abord spécialisé dans la fabrication d'apéritifs et de rosés mousseux à partir de fraises et de framboises, selon un procédé de fermentation alcoolique. Se sont ajoutées des crèmes fabriquées selon un procédé de macération dans l'alcool: de framboises (la plus populaire), de fraises et de sureaux (goût de moka) et de casseilles (croisement de cassis et de groseille, excellent en kir).

Le dernier né, de type porto aux petits fruits, est fabriqué à partir de fraise, framboise, sureau blanc et aronia noir, communément appelé «gueule noire», un produit du terroir incontournable. Un vinaigre de vin de framboise vieilli 10 ans ainsi que des emballages-cadeaux complètent notre offre de produits.

Activités: Visite des aires de production et de la cave à vin. Dégustation des produits, tarification pour les groupes de 10 pers. et plus (forfaits disponibles incluant dégustation et visites guidée). Point de départ et halte pour une balade en vélo.

Services: Aire de pique-nique aménagée avec tables et parasols. Supports à vélo, toilettes et eau potable. Sentiers menant aux champs, où l'on cultive les petits fruits, et à l'érablière. Boutique-cadeaux ouverte à l'année, tous les jours de 9h00 à 18h00.

Aux alentours: Moulin de Beaumont, boulangerie artisanale La levée du jour et la Coop La Mauve à St-Vallier.

Sainte-Marie

Élevage de cerfs rouges Clément Labrecque prop.

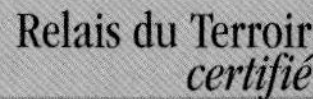

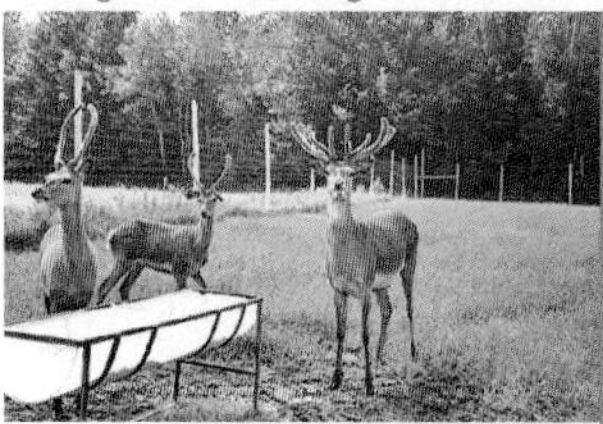

Clément Labrecque et Natalie LeBlanc
1580, rang St-Étienne Nord
Sainte-Marie, G6E 3A7

Tél. (418) 387-8346 (418) 387-9756
Fax (418) 387-4346
www.lecerflabrecque.com
info@lecerflabrecque.com

Aut. 73, sortie 101. À Scott, rte 173 sud, traverser le pont de la Rivière Chaudière, rang St-Étienne sud à gauche. Nous sommes à 1 km avant le Golf de Beauce.

IT VS

Ouvert: excursions guidées du 1er avril au 31 octobre, sur réservation seulement.

Certifié: 2007

C'est dans la beauté des Appalaches que vous retrouverez, notre élevage artisanal. Depuis 2000, nous vous proposons, une excursion éducative pour vous familiariser avec le cerf rouge, originaire de l'Europe centrale. Vous pourrez voir, approcher, nourrir et même caresser des cerfs tout en découvrant leur histoire.

Produits: Procurez-vous notre viande extra maigre et bien «protéiné», d'une tendreté inégalée, certifiée Grands gibiers du Québec, à notre comptoir de vente pour la clientèle privée et les restaurateurs. Que ce soit pour une coupe de viande ou un de nos produits transformés, vous en redemanderez. Nous avons aussi les capsules de bois de velours, 100% naturelle, tant recherchées.

Comptoir de vente de viande ouvert 6 jours, du mardi au vendredi de 9h à 19h, samedi de 9h à 16h et dimanche de 13h à 16h.

Activités: Excursion sur réservation seulement. Horaire : 6 jours semaine, du mardi au samedi, aux heures suivantes 10h30, 13h30, 15h30 et le dimanche à 13h30. Coûts: excursion: 3$ par personne. Excursion avec dégustation: 5$ par personne. Enfants de 5 ans et moins gratuit.

Services: Un air de pique-nique et toilette sont à la disposition des personnes qui effectuent une visite. Réservation de groupe, accepté du 1er avril au 31 octobre, avec ou sans dégustation. Stationnement pour autobus sur place. Excursion en français seulement.

Aux alentours: hébergement.

Une grande séductrice qui fait rêver...

Si la Côte-Nord n'existait pas, il aurait fallu inventer cet extraordinaire paysage plus grand que nature! Plus qu'une région de barrages et de mines, ouvrez grands vos yeux, c'est une véritable panoplie de beautés naturelles.

Trésor de faune, de flore, d'îles, de plages et de forêts, la Côte-Nord se découvre en randonnée pédestre, en kayak de mer et en croisières. Il faut aussi s'arrêter dans les villes et villages côtiers qui parsèment la Route des Baleines le long du fleuve Saint-Laurent,. Pour saisir toute la démesure de la Côte-Nord, rendez-vous jusqu'à Natashquan, là où prend fin le réseau routier du Québec, comme si on était au bout du monde. Les magnifiques paysages ne s'arrêtent toutefois pas là... Par voie maritime ou en motoneige, parcourez la pittoresque Basse-Côte-Nord. De quoi rêver éveillé!

S'ajoutent à ces richesses l'Archipel-de-Mingan, l'île Anticosti et, partout dans la région, des gens colorés qui prennent plaisir à vous raconter leur pays. Si vous prenez la direction de la Côte-Nord, c'est aussi pour la fascination qu'exercent les plus beaux mammifères marins de la planète. La Côte-Nord est l'un des cinq meilleurs endroits au monde pour observer les baleines, présentes en grand nombre de juin à août.

Patrick Escudero

Saveurs régionales

Jean-Guy Lavoie, ATR

Évidemment, les produits de la mer sont à l'honneur et on peut les trouver frais de façon générale. L'une des choses qui frappent le plus les visiteurs est la rareté des fruits et des légumes frais. Ceci s'explique par l'éloignement de la région et son climat trop rude pour l'agriculture.

Toutefois, cela est largement compensé par l'abondance des bons produits frais des eaux froides du Saint–Laurent.

- Crevettes nordiques, pétoncles princesse, concombre de mer, mye crabe, Marctre de Stimpson abondent donc dans cette région de mer.
- Les couteaux de mer ou les buccins, moins traditionnels, sont aussi des bons mollusques à déguster.
- Outre la mer, il y aussi les forêts et leur généreux gibier à chasser. Souvent cuites avec du lard salé, les viandes sauvages font aussi partie du menu typique dans les foyers de la Côte-Nord.
- Plus méconnus, des petits fruits de saison agrémentent les saveurs de la région. De la catherinette, aux lingonnes et à L'Airelle du Nord, le plus populaire de ces petits fruits est la Chicoutai, aussi connue sous le nom de «plaque-bière». Ce n'est que dans la région de Duplessis que l'on déguste la Chicoutai, l'airelle du Nord. On en fait d'excellentes confitures, des pâtisseries et des boissons alcoolisées.

Inmagine

Côte-Nord

Le saviez-vous?

La baleine à bosse est sans doute la plus acrobatique des baleines avec ses impressionnants bonds. Ses nageoires pectorales, qui peuvent atteindre 5 m de long, lui servent non pas à nager mais à changer de direction. Les baleines retiennent leur souffle longtemps, voire 120 minutes pour le cachalot. Fait étonnant, leurs poumons ne sont pas gros, ce qui les avantage, car la plongée en eaux profondes exerce une forte pression sur ceux-ci et sur leur cage thoracique. Elles emmagasinent donc l'air dans leurs muscles et leur sang, en plus d'économiser leur énergie en ralentissant leur rythme cardiaque et en abaissant leur température.

Patrick Escudero

Clin d'œil sur l'histoire

Point de convergence des Inuits et des nations amérindiennes depuis les temps immémoriaux, la Côte-Nord était également connue des Européens avant même la découverte du Canada par Jacques Cartier en 1534. Au XVIe siècle, elle était fréquentée par les pêcheurs basques et bretons qui y faisaient, eux aussi, la chasse aux cétacés. La précieuse graisse de baleine, fondue sur place dans de grands fours, servait à la fabrication de chandelles et de pommades. À l'exploitation de la pêche et des fourrures, succède au XXe siècle celle des forêts, de l'eau (projets hydroélectriques) et des mines (fer, titane).

ATR Manicouagan

Quoi voir? Quoi faire?

Tadoussac, l'une des plus belles baies au monde!

Au parc national du Saguenay, la Maison des Dunes et le centre d'interprétation « Le Béluga ».

Le centre d'interprétation Archéo-Topo, pour mieux connaître l'emblème du Canada, le castor (Bergeronnes).

Pour une plongée sous-marine interactive, le Centre de découverte du milieu marin (Les Escoumins).

À Baie-Comeau, Manic-2 et surtout Manic-5, le plus grand barrage à voûtes et contreforts au monde. Incroyable!

Goûtez au pain banique au Musée Amérindien et Inuit (Godbout).

Région témoin de plusieurs naufrages, le Musée Louis-Langlois vous en racontera l'un d'eux (Pointe-aux-Anglais).

Le Parc régional de l'archipel des Sept Îles, pour observer les petits pingouins, les guillemots à miroir et les marmettes.

À Longue-Pointe-de-Mingan et Havre-Saint-Pierre, faites une halte aux centres d'interprétation.

La Maison Johan-Beetz, un détour des plus sympathiques (Baie-Johan-Beetz).

Denis Landry, ATRD

Faites le plein de nature

Randonnée pédestre ou kayak de mer au Parc marin du Saguenay, remarquable atout du patrimoine naturel.

Au Banc de sable de Sainte-Anne-de-Portneuf et au Parc Nature de Pointe-aux-Outardes, observation d'oiseaux et de superbes plages.

Expédition aux baleines avec la Station de recherche des îles Mingan, expérience unique pour ceux qui n'ont pas peur du large (Longue-Pointe-de-Mingan).

La réserve faunique de Port-Cartier-Sept-Îles, d'une tranquillité inoubliable.

Pause revigorante à la Chute Manitou.

La réserve de parc national du Canada de l'Archipel-de-Mingan et ses spectaculaires monolithes et macareux!

Excursion dans l'arrière-pays et le site spectaculaire du Trait de scie.

Le Centre Boréal du Saint-Laurent est un parc d'aventure à découvrir en kayak de mer, bateau de croisière, randonnée ou vélo de montagne (Baie-Comeau)

L'île Anticosti et ses paysages somptueux de rivières, de canyons, de grottes et de forêts. Un petit bijou de nature!

Pour plus d'information sur la Côte-Nord : 1-888-463-5319 (Manicouagan), 1-888-463-0808 (Duplessis), www.tourismecote-nord.com

Côte-Nord

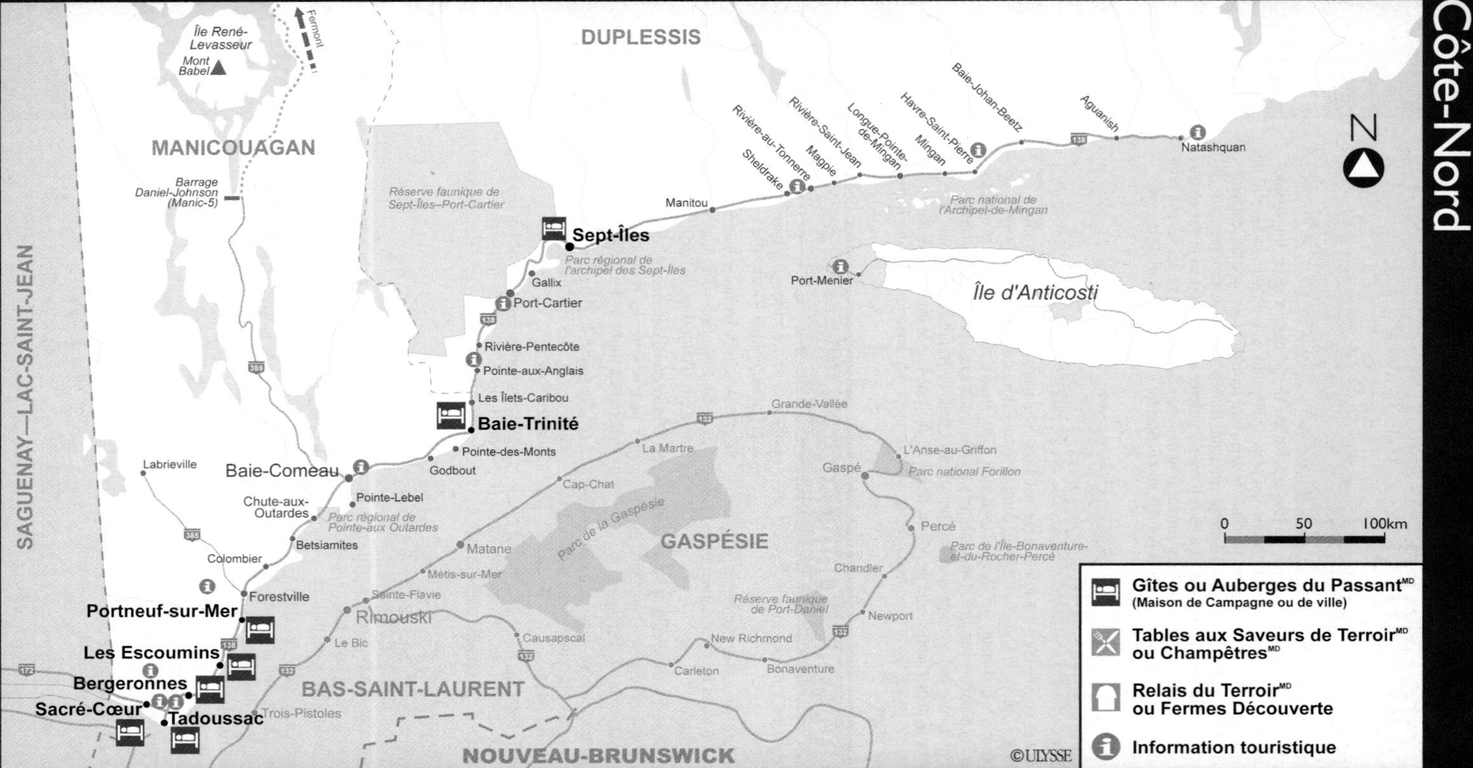

N
0
50
100km
Gîtes ou Auberges du Passant[MD]
(Maison de Campagne ou de ville)
Tables aux Saveurs de Terroir[MD]
ou Champêtres[MD]
Relais du Terroir[MD]
ou Fermes Découverte
Information touristique
©ULYSSE
DUPLESSIS
MANICOUAGAN
SAGUENAY—LAC-SAINT-JEAN
BAS-SAINT-LAURENT
GASPÉSIE
NOUVEAU-BRUNSWICK
Île d'Anticosti
Natashquan
Aguanish
Baie-Johan-Beetz
Havre-Saint-Pierre
Mingan
Longue-Pointe-de-Mingan
Rivière-Saint-Jean
Magpie
Rivière-au-Tonnerre
Sheldrake
Manitou
Sept-Îles
Gallix
Port-Cartier
Rivière-Pentecôte
Pointe-aux-Anglais
Les Îlets-Caribou
Baie-Trinité
Pointe-des-Monts
Godbout
Pointe-Lebel
Baie-Comeau
Chute-aux-Outardes
Betsiamites
Colombier
Forestville
Labrieville
Portneuf-sur-Mer
Les Escoumins
Bergeronnes
Sacré-Cœur
Tadoussac
Port-Menier
Parc national de l'Archipel-de-Mingan
Parc régional de l'archipel des Sept-Îles
Réserve faunique de Sept-Îles–Port-Cartier
Parc régional de Pointe-aux Outardes
Barrage Daniel-Johnson (Manic-5)
Île René-Levasseur
Mont Babel
Fermont
Grande-Vallée
L'Anse-au-Griffon
Parc national Forillon
Gaspé
Percé
Parc de l'Île-Bonaventure-et-du-Rocher-Percé
Chandler
Newport
Réserve faunique de Port-Daniel
Bonaventure
New Richmond
Carleton
La Martre
Cap-Chat
Parc de la Gaspésie
Matane
Causapscal
Métis-sur-Mer
Sainte-Flavie
Rimouski
Le Bic
Trois-Pistoles
138
132
389
385
172

Bon lit
Bonne table
Sur réservation
Auberge de la Baie
267, route 138
Les Escoumins
Québec, QC
G0T 1K0
1 800 287-2010
www.aubergedelabaie.com
La Route des
BALEINES
GOÛTEZ

Gîte Maison Hovington
Maison Hovington
285
www.maisonHovington.com
Tadoussac: Tél. 418-235-4466
Montréal: Tél. 450-671-4656

Baie-Trinité
Le Gîte du Phare de Pointe-des-Monts

Auberge du Passant
certifiée

Jean-Louis Frenette et Eileen Yacyno
1937, chemin du Vieux Phare
Baie-Trinité G0H 1A0
Tél. (418) 939-2332 1-866-369-4083
www.pointe-des-monts.com
pointe-des-monts@globetrotter.net

De Québec ou du traversier Matane-Godbout, rte 138 est, à l'entrée Pointe-des-Monts à droite, 11 km sur l'asphalte jusqu'à la chapelle.

Sur une pointe forestière qui s'avance de 11km dans le golfe du St-Laurent, une salle à manger, une boutique d'artisanat et des chalets qui s'échelonnent sur 1,2 km de littoral privé. On aperçoit les baleines de la galerie! Restauration de fine cuisine surtout dédiée à la mer de la mi-juin à la fin août. Classifié Pourvoirie 4 étoiles.

Aux alentours: Vieux-Phare, chapelle historique, excursions en mer, kayak, vélo, sentier patrimonial, ornithologie.
Chambres: chalets en bois rond. Tous situés au bord de la mer. Literie de qualité.
12 ch. S. de bain privée(s)
Forfaits: croisière, vélo, autres.
Ouvert: mi-juin à mi-sept. Restauration le soir. Excursion en mer: juillet et août.
2 pers: B&B 69-84$ **1 pers B&B** 60-75$
Enfant (12 ans et –): B&B 10$
Taxes en sus. AM IT MC VS
Réduction: hors saison et long séjour.

A ✕ **AV Certifié: 1988**

Baie-Trinité
Maison du Gardien

Auberge du Passant
certifiée

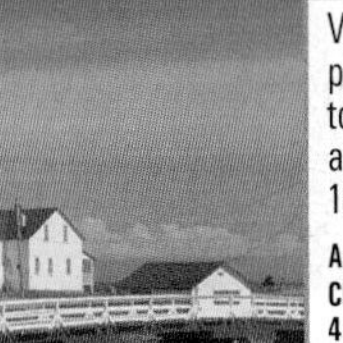

28, route 138
Baie-Trinité G0H 1A0
Tél. (418) 939-2231 #3 (418) 939-2400
Fax (418) 939-2616
www.giteetaubergedupassant.com/maisondugardien
baie-trinite.phare@globetrotter.net

Route 138 est. Surveiller les affiches avant Baie-Trinité. Suivre la petite route sur 11 km pour accéder au vieux phare et la Maison du Gardien.

Vieille maison du gardien bâtie en 1911 demeurée intacte pour les chambres. Construction de bois. Murs extérieurs et toiture en bardeaux de cèdre blanc et rouge. Salle à manger avec spécialités régionales, ouverte 7 jours à compter de 18h. Visite du Phare Historique de Pointe-des-Monts.

Aux alentours: centre national des naufrages du Saint-Laurent à Baie-Trinité.
Chambres: chacune a un grand lit et lit simple. Nommées en l'honneur des gardiens.
4 ch. S. de bain partagée(s)
Forfaits: gastronomie, autres.
Ouvert: mi-juin à la mi-septembre.
2 pers: B&B 89$ **1 pers B&B** 79$
Enfant (12 ans et –): B&B 10$
Taxes en sus. IT VS

A ⊘ ✕ **AV Certifié: 2005**

Bergeronnes
Gîte du Centre du Mieux-Être ✻✻✻

Gîte du Passant
certifié

Eugène Gaudreault et Cécile Bélanger
81, route 138
Bergeronnes G0T 1G0
Tél. (418) 232-1414 1-866-288-1414
www.tourismemanicouagan.com/sites/centredumieuxetre
centredumieuxetre@msn.com

Rte 138 est dir. Tadoussac. Après le traversier, rte 138 est, 20 km. Suivre les indications.

Entre rivières et montagnes, le Gîte du Centre du Mieux-Être, reflète la tranquillité et le repos. Le spa vous est offert gratuitement pour vous permettre de relaxer. Nous vous offrons une gamme complète de soins de santé. Plusieurs forfaits disponibles. Offrez-vous une part de paradis!

Aux alentours: croisière, équitation, kayak, sentier pédestre, safari à l'ours noir.
Chambres: une chambre avec vue sur la rivière. **2 ch. S. de bain partagée(s)**
Forfaits: croisière, détente & santé, romantique.
Ouvert: à l'année.
2 pers: B&B 60$ **1 pers B&B** 60$
Taxes en sus. AM ER IT MC VS
Réduction: long séjour.

Bergeronnes

La Bergeronnette ★★

Auberge du Passant *certifiée*

Anne Roberge et Daniel Brochu
65, rue Principale
Bergeronnes G0T 1G0
Tél. (418) 232-6642 1-877-232-6605
Fax (418) 232-1285
www.bergeronnette.com
info@bergeronnette.com

Rte 138 est, à 22 km de Tadoussac.

Charmante et colorée petite auberge aux airs classiques et jazzés, située au coeur des Bergeronnes. Observation des mammifères marins du rivage, excursion aux baleines en zodiac, kayak ou cyclisme. Table d'hôte de gibiers et fruits de mer. Forfaits disponibles. Au plaisir de vous rencontrer.

Aux alentours: excursion aux baleines, cyclisme, marche, théâtre, expédition en kayak de mer, golf.
Chambres: chambres avec lavabo, douillettes et oreillers de plumes. **4 ch. S. de bain partagée(s)**
Forfaits: croisière, autres.
Ouvert: 1er mai au 31 octobre.
2 pers: B&B 70$ **PAM** 110$ **1 pers B&B** 60$ **PAM** 80$
Taxes en sus. IT MC VS

A ⊘ ⬣ @ ✕ AC **Certifié: 2007**

Bergeronnes

La P'tite Baleine ☼☼☼

Gîte du Passant *certifié*

Geneviève Ross
50, rue Principale
Bergeronnes G0T 1G0
Tél. (418) 232-6756 (418) 232-2000
Fax (418) 232-2001
www.giteetaubergedupassant.com/baleine
nross@notarius.net

Place de l'église.

Coup de Coeur du Public régional 2001. Un sourire s'ouvre et invite. De pièce en pièce, l'âme respire les parfums d'hier. Nostalgique, un piano noir. Au lit, une catalogne pour rêve! La nappe de soleil effleure le cristal et joue la coquette au bal des confitures où trône la chicouté. Ô «Cendrillon du Nord», tu charmes les matins d'ici. P. 144.

Aux alentours: Cap-de-Bon-Désir, école de la mer, musée archéo, sentier Morillon, croisières baleines, ours.
Chambres: la romantique, la mer, en musique, joie de vivre... **5 ch. S. de bain privée(s) ou partagée(s).**
Ouvert: à l'année.
2 pers: B&B 75$ **1 pers B&B** 65$
Enfant (12 ans et –): B&B 25$

AV Certifié: 1997

Les Escoumins

Auberge de la Baie ★★★

Auberge du Passant *certifiée*

Esther Gagné
267, route 138, C.P. 3035
Les Escoumins G0T 1K0
Tél. (418) 233-2010
Fax (418) 233-3378
www.aubergedelabaie.com
aubergedelabaie@bellnet.ca

Rte 138 est, aux Escoumins, l'auberge est face à la baie des Escoumins. Distance de 1,5 km entre l'auberge et le quai du traversier Trois-Pistoles (du 15/05 au 15/10).

«Une étape dans la découverte de la Côte-Nord...» Relais accueillant, confortable et personnalisé. Bons lits, bonne table. Service sur mesure pour découvrir: fleuve et baleines, rivière et saumon, lacs et truites. C'est un rendez-vous pour de belles plongées sous-marines! Excursion aux baleines et plus! Pour motoneigistes, proximité de la T.Q. 3! P. 141.

Aux alentours: baleines, kayak de mer, plongée sous-marine, motoneige, promenade, vélo, etc.
Chambres: au décor coquet et différent. **12 ch. S. de bain privée(s)**
Forfaits: croisière, motoneige, autres.
Ouvert: à l'année. Sur réservation (relâche: novembre et janvier).
2 pers: B&B 75-105$ **1 pers B&B** 65-85$
Enfant (12 ans et –): B&B 0-15$
Taxes en sus. IT MC VS

A ⊘ @ ✕ **AV** AC **Certifié: 1996**

En Haute-Côte-Nord...

Portneuf-sur-Mer
La Maison Fleurie

Gîte du Passant
certifié

Thérèse Fournier
193, route 138, C.P. 40
Portneuf-sur-Mer G0T 1P0
Tél. (418) 238-2153
www.giteetaubergedupassant.com/maisonfleurie
lamaisonfleurie@hotmail.com

Rte 138 E, 288 km de Québec. À 3 maisons de l'église côté est. 84 km de Tadoussac. Traversiers: 17 km de Forestville, 135 km de Baie-Comeau et 189 km de Godbout.

Coup de Coeur du Public régional 2002. Aller chez Thérèse, c'est comme visiter une bonne amie de la Côte-Nord qui écrit, fait du théâtre et de la photo. Crêpes, confitures et fous rires vous attendent dans cette maison centenaire au passé coloré du temps du cinéma et de l'épicerie. Bienvenue dans ce pays grand comme le vent, la mer et la forêt.

Aux alentours: croisières aux baleines, musée, observations d'oiseaux et des kilomètres de plage.
Chambres: orange est la Colorée, rose est la Romantique et bleue est la Paisible. **3 ch. S. de bain partagée(s).**
Ouvert: à l'année.
2 pers: B&B 55$ **1 pers B&B** 45$
Enfant (12 ans et –): B&B 15$

@ **Certifié: 1989**

Sacré-Coeur
Ferme 5 Étoiles

Gîte du Passant à la Ferme
certifié

Stéphanie et Claude Deschênes
465, route 172 Nord
Sacré-Coeur G0T 1Y0
Tél. (418) 236-4833 1-877-236-4551
Fax (418) 236-1404
www.ferme5etoiles.com
info@ferme5etoiles.com

De Tadoussac, dir. Chicoutimi. 17 km de l'intersection des rtes 138-172 et 6 km de l'église. De Chicoutimi-Nord, rte 172 sud à droite, 60 m avant la halte routière.

«Une des adresses les plus intéressantes au Québec et nous pesons soigneusement nos mots», publié dans un guide reconnu en 2004-2005. Découvrez l'originalité de cette ferme familiale par ses activités adaptées aux familles et groupes, ainsi que ses forfaits disponibles aux 4 saisons. Cuisine québécoise. Classifié Centre de Vacances 3 étoiles. P. 147.

Aux alentours: 15 min. de Tadoussac, croisières aux baleines, musées, golf, sentiers pédestres...
Chambres: situées à l'étage, décorées aux couleurs printanières. **4 ch. S. de bain partagée(s)**
Forfaits: famille, motoneige, autres.
Ouvert: à l'année.
2 pers: B&B 60-65$ **PAM** 105$
Taxes en sus. AM IT MC VS

A @ AV **Certifié: 1991**

Sept-Îles
Chalets de l'Étale

Maison de Campagne
certifiée

Barbara Morneau et Mario Sévigny
745, rue de la Rive
Sept-Îles G4R 4K2
Tél. (418) 962-1777 (418) 965-1491
Fax (418) 961-2019
www.giteetaubergedupassant.com/chaletsdeletale
giteletale@cgocable.ca

Rte 138 est, à 7 km de Sept-Îles, 2 km de l'aéroport, plage Ferguson à droite, 0,5 km.

Situés à 7 km de Sept-Îles, les Chalets de l'Étale offrent un accès direct à la mer et à ses longues plages sablonneuses. Ces petites résidences, pourvues d'une décoration thématique, inspirent à la détente. Autonomes et confortables avec tout l'équipement nécessaire pour la cuisine, balcon privé face à la mer, poêle BBQ.

Aux alentours: aéroport, parc récréatif, piste cyclable, plage sablonneuse, rivière à saumon, dépanneur.
Maison(s): vue sur la mer, balcon, Internet sans fil, téléphone, TV, divan-lit.
3 maison(s) 3-3 ch. 3-12 pers.
Forfaits: croisière, spectacle, théâtre.
Ouvert: à l'année.
SEM 395-475$ **JR** 79-89$
Taxes en sus. MC VS
Réduction: hors saison et long séjour.

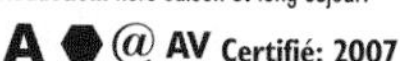

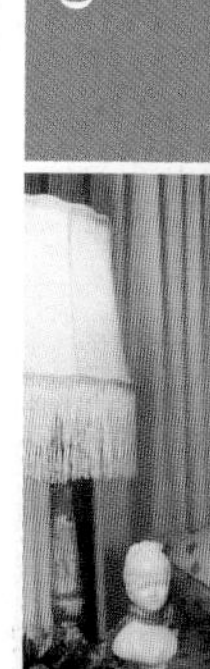

Sept-Îles

Gîte de l'Étale ✺✺✺

Gîte du Passant
certifié

Barbara Morneau et Mario Sévigny
745, rue de la Rive
Sept-Îles G4R 4K2
Tél. (418) 962-1777 (418) 965-1491
Fax (418) 961-2019
www.giteetaubergedupassant.com/gitedeletale
giteletale@cgocable.ca

Rte 138 est, à 7 km de Sept-Îles, 2 km de l'aéroport, plage Ferguson à droite, 0,5 km de la rte 138, coin rue de la Rive, Walter et chemin Ferco.

Construit en 2005, le Gîte de l'Étale est situé à 7 km de Sept-Îles, près de la mer. Des chambres insonorisées, une vue sur la mer et un décor accueillant et chaleureux attendent les fervents du calme et du grand air. Le déjeuner, offert à la salle de séjour réservée à la clientèle, met à l'honneur les produits régionaux, dont la chicoutai.

Aux alentours: aéroport, parc récréatif, piste cyclable, plage sablonneuse, rivière à saumon, dépanneur.
Chambres: insonorisées, vue sur la mer, balcon privé, Internet, TV, téléphone. **4 ch. S. de bain partagée(s)**
Forfaits: croisière, spectacle, théâtre.
Ouvert: à l'année.
2 pers: B&B 69-79$ **1 pers B&B** 69-79$
Taxes en sus. MC VS
Réduction: hors saison et long séjour.

A ⊘ @ **AV Certifié: 2007**

Tadoussac

Gîte au Vieux Pommier ✺✺✺

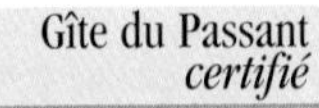

Linda Harvey
247, rue des Forgerons
Tadoussac G0T 2A0
Tél. (418) 235-4528
Fax (418) 235-1143
www.vieuxpommiers.com
vieuxpommiers@hotmail.com

Rte 138 est dir. Tadoussac. Après le traversier, rue des Pionniers à droite, rue des Forgerons à gauche.

Venez relaxer dans une maison ancestrale au décor chaleureux qui a su conserver son authenticité. Située au coeur du village, la grande galerie au 2e étage offre une vue panoramique du fleuve Saint-Laurent et de l'embouchure du fjord. Accueil chaleureux. Délicieux petit-déjeuner.

Aux alentours: croisières aux baleines et fjord, kayak, safari ours, golf, tennis, baignade, randonnée pédestre.
Chambres: confortables, quelques unités avec vue sur fleuve, 2 s. de bain partagées. **5 ch. S. de bain partagée(s).**
Ouvert: 15 mai au 31octobre.
2 pers: B&B 85-95$ **1 pers B&B** 70-80$
Enfant (12 ans et –): B&B 20$
Taxes en sus. AM MC VS
Réduction: hors saison et long séjour.

A ⊘ @ **AV** ♿ **Certifié: 2007**

Tadoussac

La Maison Harvey-Lessard ✺✺✺✺

Gîte du Passant
certifié

Sabine Lessard et Luc Harvey
16, rue Bellevue
Tadoussac G0T 2A0
Tél. (418) 235-4802
Fax (418) 235-8495
www.harveylessard.com
info@harveylessard.com

Du traversier, rte 138, 1 km. Au milieu de la côte, sous panneaux signalisation, rue des Forgerons à gauche, rues de la Montagne et Bellevue. Surveillez enseigne de la maison.

Coup de Coeur du Public régional 1999. «Sûrement la plus belle vue sur Tadoussac» (selon un guide reconnu). Au sommet du village, vue panoramique sur fleuve, fjord, lac, montagnes, jardin de fleurs. Accueil chaleureux et intimité assurée. Séance d'infos. Forfaits (baleines et fjord). Petits-déj. remarquables. Rapport qualité/prix exceptionnel.

Aux alentours: conseils sur les forfaits croisières aux baleines et fjord et forfait fidélité.
Chambres: insono., balcon, lit queen. Suite de luxe: bain théra, lit king, AC, TV. **4 ch. S. de bain privée(s)**
Forfaits: croisière, été, autres.
Ouvert: 1er mai au 15 octobre.
2 pers: B&B 89-165$ **1 pers B&B** 85-160$
Enfant (12 ans et –): B&B 25$
MC VS

A ⊘ @ AC ♿ **Certifié: 1996**

Tadoussac
Maison Gauthier et les Suites de l'Anse ★★

Auberge du Passant
certifiée

Lise et Paulin Hovington
159, rue du Bateau-Passeur
Tadoussac G0T 2A0
Tél. (418) 235-4525 (450) 671-4656
Fax (450) 671-7586
www.maisongauthier.com

Rte 138 est dir. Tadoussac, à la sortie du traversier, 250 m à gauche. Fax Tadoussac: (418) 235-4897.

Au cœur du village de Tadoussac, la Maison Gauthier et son annexe Les Suites de l'Anse marient l'ancien et le nouveau. Située à proximité de la rivière Saguenay et sur les rives du lac, cette auberge vous offre charme, confort et commodités. Copieux petits-déj. buffet aux saveurs de la région. Idéal pour famille. Prix exceptionnel hors saison. Maison Hovington, P. 147.

Aux alentours: croisières, golf, tennis, randonnée pédestre, lac, natation.
Chambres: lit double ou queen, certaines avec foyer ou cuisine. Câble. Confortables.
12 ch. S. de bain privée(s)
Forfaits: croisière, été, autres.
Ouvert: 1er mai au 31 octobre.
2 pers: B&B 90-140$ **1 pers B&B** 85-120$
Enfant (12 ans et –): B&B 20$
Taxes en sus. IT MC VS
Réduction: hors saison.

A @ AC **Certifié: 1990**

Tadoussac
Maison Hovington ✱✱✱✱

Gîte du Passant
certifié

Lise et Paulin Hovington
285, rue des Pionniers
Tadoussac G0T 2A0
Tél. (450) 671-4656 (418) 235-4466
Fax (450) 671-7586
www.maisonhovington.com

Rte 138 est dir. Tadoussac, à la sortie du traversier, 1re rue à droite, rue des Pionniers, 285. Fax Tadoussac: (418) 235-4897.

Lauréat régional des Grands Prix du tourisme québécois 2003. Située dans l'une des plus belles baies au monde, vous serez charmés par cette chaleureuse maison tout en bois construite en 1865. Confort douillet et commodités répondant aux besoins actuels, vue reposante sur la mer et petits-déjeuners copieux aux saveurs du terroir. P. 141 et Maison Gauthier, P. 147.

Aux alentours: croisières, golf, tennis, randonnée, kayak, natation, safari à l'ours.
Chambres: couleurs chaudes, confortables lit queen/double, certaine avec vue sur mer.
5 ch. S. de bain privée(s)
Forfaits: croisière.
Ouvert: 1er mai au 31 octobre.
2 pers: B&B 90-120$ **1 pers B&B** 85-100$
Enfant (12 ans et –): B&B 25$
Taxes en sus. IT MC VS

A **Certifié: 1990**

■ Information supplémentaire sur l'hébergement à la ferme

Sacré-Coeur
Ferme 5 Étoiles

Gîte du Passant à la Ferme
certifié

465, route 172 Nord, Sacré-Coeur
Tél. (418) 236-4833 1-877-236-4551
Fax (418) 236-1404
www.ferme5etoiles.com
info@ferme5etoiles.com

Activités: Activités «nature» pour tous. Visite et soin des animaux, cabane à sucre, tennis, piscine, sentiers pédestres avec panorama sur le fjord, kayak de mer, canot, pêche, excursion en véhicule tout-terrain «quad», motoneige, traîneau à chiens et sports d'hiver... P. 145.

Animaux: Observez plus de 32 espèces d'animaux sauvages et domestiques se baladant librement dans leur enclos (bisons, chevreuils, daims, cerfs, chevaux, loups arctiques, orignal...).

Gaspésie

Mythique, grandiose et spectaculaire!

Cliché tout cela? Pourtant c'est insuffisant, car la Gaspésie est vraiment d'une inlassable beauté. La mer, les falaises, les forêts, les montagnes et les hauts sommets bousculent le paysage de façon saisissante.

Patrick Escudero

Que l'on parle des sublimes et sauvages parcs nationaux (Gaspésie, Forillon, Miguasha), des plus hautes montagnes québécoises à couper le souffle (les monts Jacques-Cartier et Albert), de l'une des plus belles baies au monde (la baie des Chaleurs), de l'envoûtant Rocher Percé, de la mystérieuse île Bonaventure, de la séduisante vallée de la Matapédia, des pittoresques paysages et villages de l'arrière-pays et de la côte ou des multiples splendeurs qui ceinturent la péninsule... voyez par vous-même, la Gaspésie mérite plus que d'en faire seulement le «tour». Découvrez-la en profondeur!

Dès votre première excursion, vous serez attaché à ce «bout du monde» où l'air est salin et la mer est ensorcellante. Elle vous ira droit au cœur et vous voudrez y retourner. Alors, sortez des sentiers battus et osez son hiver! Le Québec est un pays nordique et la Gaspésie en est son joyau. C'est donc sous la neige que les contrastes scintillants de la côte, du ciel et de la mer sont les plus impressionnants. Imaginez, le bonheur à ski, en raquettes, en motoneige...

Surtout, ne faites pas que visiter la Gaspésie... Partagez l'intimité de cet «entre mer et terre» avec les Gaspésiens et «piquez une jasette» avec ces gens attachants. Vous y découvrirez la vraie Gaspésie.

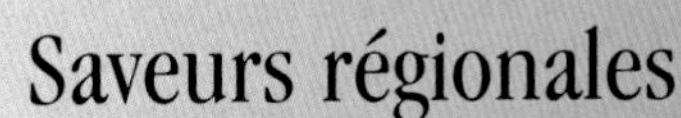

Saveurs régionales

Patrick Escudero

La Gaspésie tire ses saveurs de la mer, mais elle a aussi son terroir agricole.

- On n'a qu'à penser aux petits pois de Cap-d'Espoir ou aux pommes, poires et cerises de la péninsule, qu'un mûrissement tardif rend délicieux.
- L'élevage de cervidés et la culture maraîchère se développent également: à Saint-Simon, on trouve un brocoli des plus croquants.
- Dans la vallée de la Matapédia, la cueillette des «têtes de violon» (jeunes pousses de fougères) est fort populaire au printemps. Servies en accompagnement du saumon ou de la truite, elles font le délice des Matapédiens.
- Fromages, herbes salées, framboises, miel: d'autres produits à savourer.
- Bien entendu, le homard, la morue et le hareng sont à l'honneur. Vous trouverez aussi de nombreux fumoirs.
- Et la crevette de Matane, direz-vous? Cette crevette nordique qui ne remonte pourtant pas le fleuve jusqu'à Matane est pêchée au large de la péninsule. Le nom de la ville lui a été accolé parce que c'est à Matane que s'est installée la première usine de transformation des crevettes. Vous aurez tout de même le plaisir de la déguster partout dans la région.

Auberge Au Pirate 1775, Percé

La région compte six (6) Tables aux Saveurs du Terroir^{MD} certifiées. Une façon originale de découvrir les saveurs de la région ! *(P. 167.)*

Gaspésie

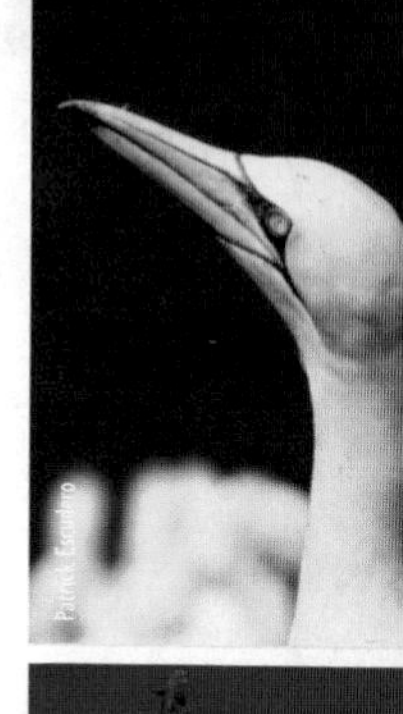

Le saviez-vous?

La plus importante colonie de fous de Bassan en Amérique du Nord niche sur l'île Bonaventure. Il faut voir ces 80 000 volatiles former un immense tapis blanc sur les crêtes de l'île. Les couples restent unis pendant des années et, à chacun de leurs retours sur l'île, reprennent leur nid pour couver conjointement leur progéniture. En plongeant vertigineusement sur sa proie aquatique, le fou de Bassan peut faire gicler une gerbe d'écume de 3 m de hauteur. Heureusement, un réseau de petites poches d'air sous sa peau amortit le choc. Grâce aux courants d'air formés à la crête des vagues, cet acrobate de l'air peut voler pendant de longues heures en ne donnant que quelques coups d'ailes.

Clin d'œil sur l'histoire

C'est en Gaspésie que Jacques Cartier planta la croix de prise de possession du Canada au nom du roi de la France en 1534. Si la Gaspésie est le berceau de l'histoire de la Nouvelle-France, elle marque aussi le début de sa fin lors de la conquête de la Grande-Bretagne. Brillant le général Wolfe? À qui le dites-vous. En 1758, suivant un plan de combat bien établi, il débarque à Gaspé. Un peu plus de 15 jours lui suffisent pour ravager la côte gaspésienne et la vider de ses occupants. Ses arrières ainsi protégées, il pourra poursuivre son avancée. Une année plus tard, il prendra la ville de Québec.

Quoi voir? Quoi faire?

Les Jardins de Métis (Grand Métis), 8e merveille du monde! Une splendeur le long du littoral.

Le Centre d'interprétation de la Baie-des-Capucins, seul marais salé du côté nord de la péninsule (Cap-Chat).

Le Centre d'interprétation de l'Énergie éolienne Éole et son éolienne de 110 m, la plus haute au monde (Cap-Chat).

Exploramer, Sainte-Anne-des-Monts, lieu de découvertes du milieu marin.

La mine d'agates à ciel ouvert du Mont-Lyall (Réserve faunique des Chic-Chocs).

Mont-Saint-Pierre, la capitale du vol libre de tout l'est du Canada.

Le village en chanson de Petite-Vallée et son populaire festival (fin juin à début juillet).

À marée basse, le Rocher Percé se dresse à 86 m. Sans oublier l'île Bonaventure!

Le Magasin Général Historique Authentique 1928 de l'Anse-à-Beaufils.

L'ÉCONOMUSÉE® du salage et séchage de la morue (Sainte-Thérèse-de-Gaspé).

Le site historique du Banc-de-pêche-de-Paspébiac.

Le Bioparc de la Gaspésie et la Grotte de Saint-Elzéar (Bonaventure).

Le village gaspésien d'héritage britannique de New Richmond et les plages de Carleton.

Faites le plein de nature

Parc national de la Gaspésie avec 25 des 40 plus hauts sommets du Québec.

Le mont Jacques-Cartier (1268 m) et mont Albert (1154 m), ravissants autant pour le randonneur expert que pour le novice.

Le sentier du mont Olivine (mont Albert) et sa vue spectaculaire sur les Chic-Chocs.

Observation des caribous aux monts Jacques-Cartier, McGerrigle et Albert.

Le Parc national du Canada Forillon et la fin de la longue chaîne des Appalaches (Gaspé).

Le Parc national de Miguasha, sanctuaire paléontologique sur la liste du patrimoine mondial de l'UNESCO.

La Réserve faunique des Chic-Chocs et ses paysages saisissants (Cap-Chat-Est).

La réserve faunique de Matane et ses nombreux orignaux remarquables.

La Réserve faunique de Port-Daniel, petit coin de paradis méconnu.

Le belvédère de Matapédia: une incroyable vue sur les rivières à saumon Ristigouche et Matapédia, reconnues mondialement.

Pour plus d'information sur la Gaspésie : 1-800-463-0323
www.tourisme-gaspesie.com

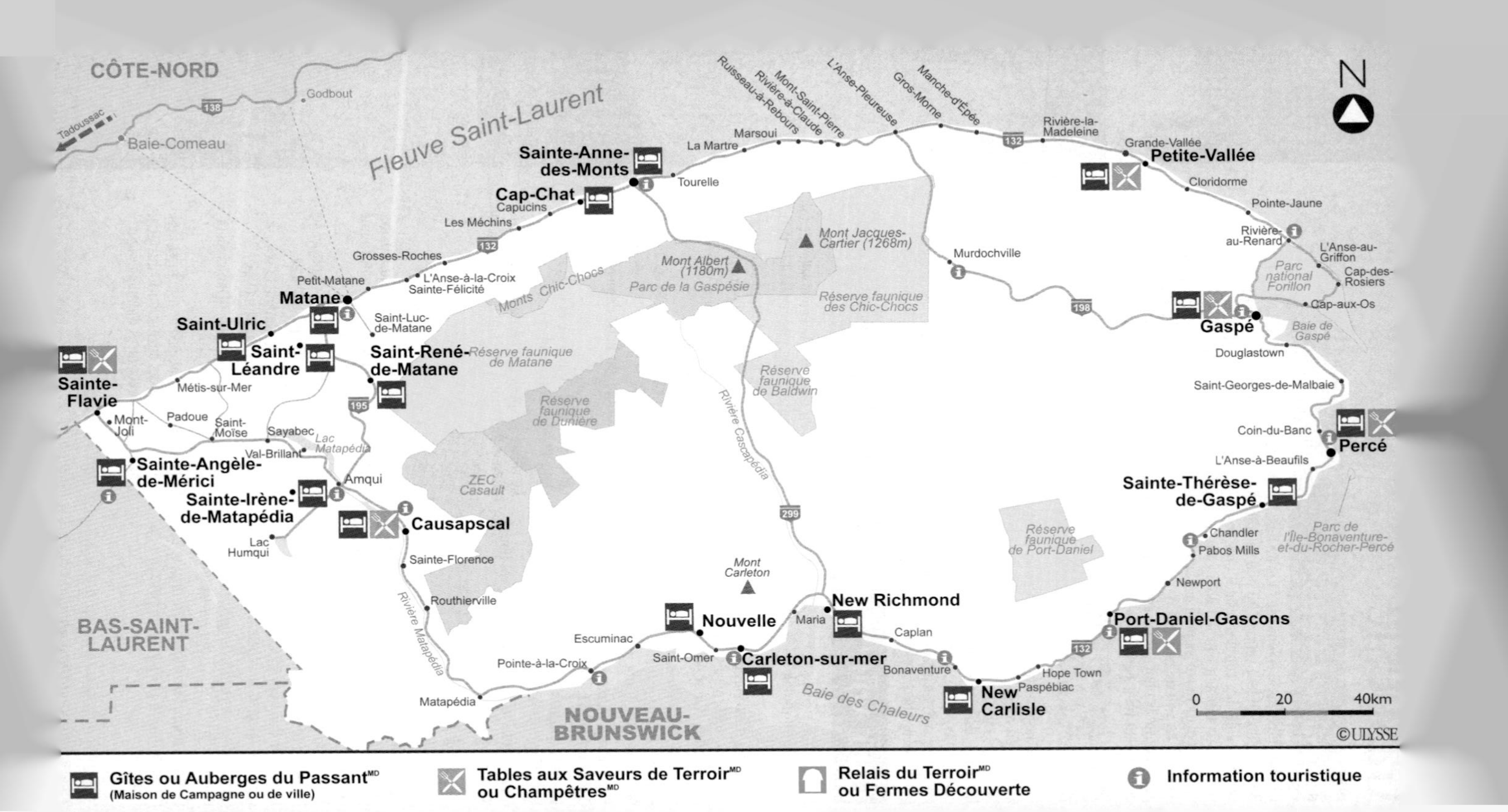
CÔTE-NORD
Fleuve Saint-Laurent
Tadoussac
Baie-Comeau
Godbout
138
Sainte-Anne-des-Monts
Cap-Chat
Capucins
Les Méchins
Grosses-Roches
L'Anse-à-la-Croix
Sainte-Félicité
Petit-Matane
Matane
Saint-Luc-de-Matane
Saint-Ulric
Saint-Léandre
Saint-René-de-Matane
Sainte-Flavie
Métis-sur-Mer
Mont-Joli
Padoue
Saint-Moïse
Sayabec
Lac Matapédia
Val-Brillant
Sainte-Angèle-de-Mérici
Sainte-Irène-de-Matapédia
Amqui
Lac Humqui
Causapscal
Sainte-Florence
Routhierville
Rivière Matapédia
Matapédia
Pointe-à-la-Croix
Escuminac
Saint-Omer
Nouvelle
Carleton-sur-mer
Maria
New Richmond
Caplan
Bonaventure
New Carlisle
Paspébiac
Hope Town
Port-Daniel-Gascons
Newport
Pabos Mills
Chandler
Sainte-Thérèse-de-Gaspé
L'Anse-à-Beaufils
Percé
Coin-du-Banc
Saint-Georges-de-Malbaie
Douglastown
Gaspé
Baie de Gaspé
Cap-aux-Os
Cap-des-Rosiers
L'Anse-au-Griffon
Parc national Forillon
Rivière-au-Renard
Pointe-Jaune
Cloridorme
Petite-Vallée
Grande-Vallée
Rivière-la-Madeleine
Manche-d'Épée
Gros-Morne
L'Anse-Pleureuse
Mont-Saint-Pierre
Rivière-à-Claude
Ruisseau-à-Rebours
Marsoui
La Martre
Tourelle
Murdochville
Mont Jacques-Cartier (1268m)
Mont Albert (1180m)
Parc de la Gaspésie
Monts Chic-Chocs
Réserve faunique des Chic-Chocs
Réserve faunique de Matane
Réserve faunique de Dunière
Réserve faunique de Baldwin
Rivière Cascapédia
ZEC Casault
Mont Carleton
Réserve faunique de Port-Daniel
Parc de l'Île-Bonaventure-et-du-Rocher-Percé
Baie des Chaleurs
132
195
198
299
BAS-SAINT-LAURENT
NOUVEAU-BRUNSWICK
N
0
20
40km
©ULYSSE
Gîtes ou Auberges du Passant[MD]
(Maison de Campagne ou de ville)
Tables aux Saveurs de Terroir[MD]
ou Champêtres[MD]
Relais du Terroir[MD]
ou Fermes Découverte
Information touristique

Gaspé

L'Ancêtre de Gaspé

55, boul. York Est
G4X 2L1
(418) 368-4358 1-888-368-4358
Fax : (418) 368-4054
ancetre.gaspe@globetrotter.net
www.aubergeancetre.com
P. 156.

La Fédération des Agricotours du Québec* est fière de rendre hommage aux hôtes Diane Lauzon et Ronald Chevalier, du gîte L'ANCÊTRE DE GASPÉ, qui se sont illustrés de façon remarquable par leur accueil de tous les jours envers leur clientèle.

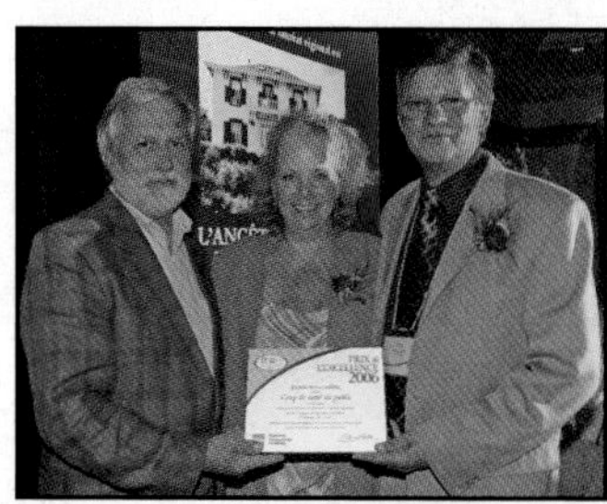

C'est dans le cadre des Prix de l'Excellence 2006 que les propriétaires de cet établissement, certifié Gîte du Passant[MD] depuis 1999, se sont vu décerner le « Coup de Cœur du Public régional » de la Gaspésie.

Félicitations !

**La Fédération des Agricotours du Québec est propriétaire des marques de certification : Gîte du Passant[MD], Auberge du Passant[MD], Maison de Campagne ou de Ville, Table Champêtre[MD], Relais du Terroir[MD] et Ferme Découverte.*

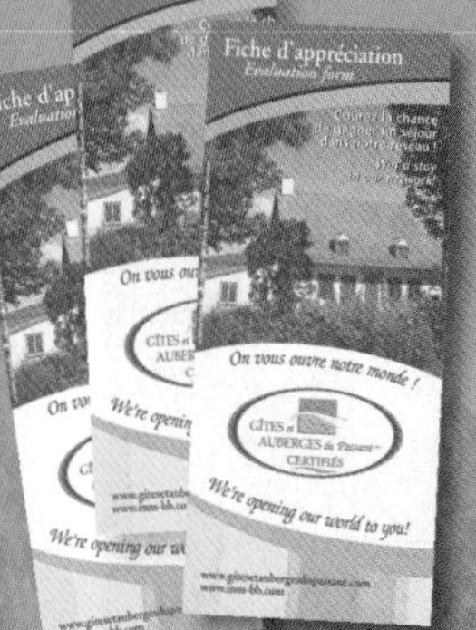

Merci au nom des lauréats!

Chaque année, les fiches d'appréciation permettent de décerner le Prix de l'Excellence, dans la catégorie « Coup de Cœur du Public », aux établissements qui se sont démarqués de façon remarquable par leur accueil. En remplissant une fiche d'appréciation, vous contribuez non seulement à maintenir la qualité constante des services offerts, mais également à rendre hommage à tous ces hôtes.

COUREZ LA CHANCE DE GAGNER UN SÉJOUR !

Chacune des fiches d'appréciation , vous donne la chance de gagner un séjour de 2 nuits pour 2 personnes dans un « Gîte ou une Auberge du Passant[MD] » de votre choix.
La fiche d'appréciation est disponible dans tous les établissements certifiés et sur Internet :
www.gitesetaubergesdupassant.com

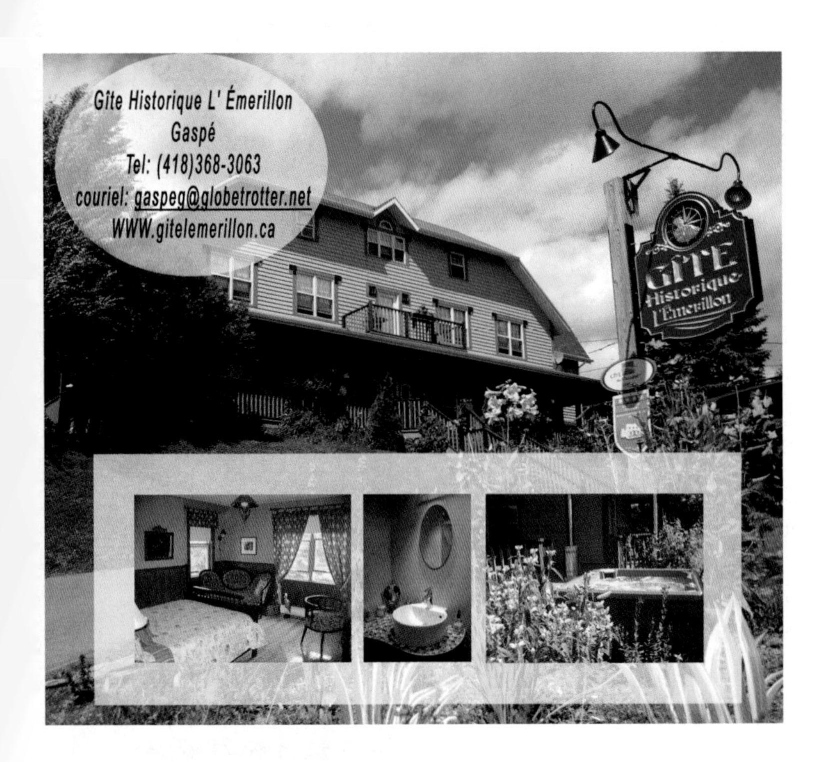
Gîte Historique L' Émerillon
Gaspé
Tel: (418)368-3063
couriel: gaspeg@globetrotter.net
WWW.gitelemerillon.ca
GÎTE
Historique
l'Émerillon

Membre de l'A.T.R. de la Gaspésie

Au Pirate
1775
Restaurant-Auberge

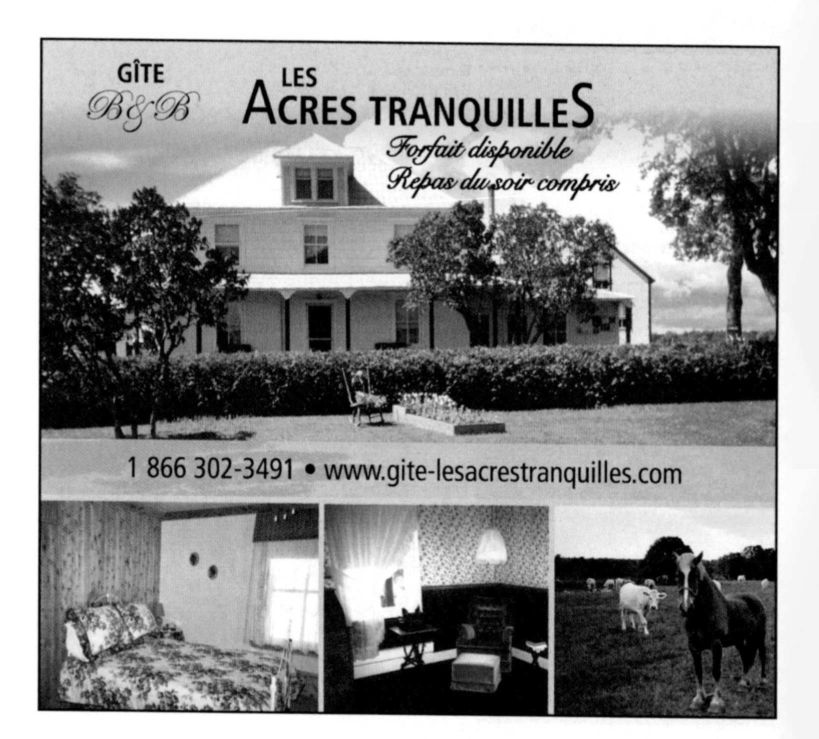
Gîte
B&B
Les
Acres tranquilleS
Forfait disponible
Repas du soir compris
1 866 302-3491 • www.gite-lesacrestranquilles.com

Cap-Chat, Capucins

Auberge aux Capucins ☀☀☀☀

Gîte du Passant *certifié*

Sylvie Garant
274, rue du Village
Cap-Chat G0J 1H0
Tél. / Fax (418) 786-9026 Tél. 1-866-786-9026
www.giteetaubergedupassant.com/aubergeauxcapucins
aubergeauxcapucins@globetrotter.net

Rte 132 est, Cap-Chat(secteur Capucins), en bordure du fleuve, rue du Village.

Respirer l'air iodé de la mer, contempler le coucher de soleil, dormir au bruit des vagues, déjeuner face au fleuve dans un décor artistique. Voici une expérience de bord de mer qui vous est offerte.

Aux alentours: observation faune aviaire (Environnement Canada), parc national de la Gaspésie, pêche au saumon.

Chambres: personnalisées, avec vue sur le fleuve, couette en duvet. **2 ch. S. de bain privée(s).**

Ouvert: à l'année. Du 15 octobre au 15 mai, sur réservation.

2 pers: B&B 90$ **1 pers B&B** 80$

Taxes en sus. AM MC VS

Certifié: 2001

Carleton-sur-Mer

Gîte la Perdrix ☀☀☀

Gîte du Passant *certifié*

Yolande et Viateur Roy
92, rue de la Montagne
Carleton-sur-Mer G0C 1J0
Tél. (418) 364-7493 (418) 391-4545
www.giteetaubergedupassant.com/laperdrix
gitelaperdrix@globetrotter.net

Rte 132 est dir. Carleton.

Endroit paisible, calme et très confortable tant à l'intérieur qu'à l'extérieur. Accueil chaleureux, accompagné d'un excellent et copieux déj. Grand stationnement et garage fermé pour moto. Situé à 0,5 km de plage et au pied du mont St-Joseph. Au gîte, s'il ne fait pas soleil à l'extérieur, il fait toujours soleil à l'intérieur. Venez nous voir!

Aux alentours: plage, musée fossilifère, vue panoramique sur le mont St-Joseph, golf, sentier pédestre, chevreuils.

Chambres: lits simples, double, queen et divan-lit. **4 ch. S. de bain privée(s) ou partagée(s).**

Ouvert: à l'année.

2 pers: B&B 60-70$ **1 pers B&B** 50-60$

Enfant (12 ans et –): B&B 10$

Réduction: hors saison et long séjour.

A @ **AV** **Certifié: 2007**

Carleton-sur-Mer

Gîte les Leblanc ☀☀☀

Gîte du Passant *certifié*

Jocelyne et Rosaire LeBlanc
346, boul. Perron
Carleton-sur-Mer G0C 1J0
Tél. (418) 364-7601 (418) 364-3208
Fax (418) 364-6333
www.giteetaubergedupassant.com/leblanc
lesleblanc@globetrotter.net

Aut. 20 est, rte 132 est. À l'entrée de Carleton, voisin de «Optique Chaleurs». Entrée rue des Érables, 1re maison à droite. Rte 132 ouest, de l'église, 3 km, voisin du Motel l'Abri.

Deux Acadiens vous accueillent dans leur maison 1 étage ½, style canadien en pierre de granite, construite sur un des plus anciens sites au coeur de Carleton. Au petit-déj., admirez la famille de colibris s'alimentant à la mangeoire suspendue à la fenêtre. À l'arrière de la maison, grande véranda avec vue sur le mont Joseph et champs de verdure.

Aux alentours: sentiers pédestres, plage, kayak, marina, golf, resto, théâtre, mont Joseph, parc de Miguasha.

Chambres: 2 ch. familiales et certaines avec lavabo. **4 ch. S. de bain partagée(s).**

Ouvert: 1er mai au 31 octobre.

2 pers: B&B 60$ **1 pers B&B** 50$

Enfant (12 ans et –): B&B 15$

MC VS

A **AV** AC **Certifié: 1995**

Causapscal

Gîte des Tilleuls ☀☀☀☀

Auberge du Passant
certifiée

Lise Desmarais et Claude Rivard
107, rue Saint-Jacques Sud
Causapscal G0J 1J0
Tél. (418) 756-5050
Fax (418) 756-5051
www.gite-tilleuls.ca
info@gite-tilleuls.ca

Aut. 20 est. À Cacouana, rte 132 dir. Rimouski. À Ste-Flavie dir. Mont-Joli à droite.

Le Gîte des Tilleuls est situé en plein coeur de Causapscal, dans l'une des plus belles régions du Québec; la vallée de la Matapédia. Chez nous, les immenses tilleuls chantent avec le vent et veillent sur la maison. L'ambiance de calme et de bien-être qui règne à l'intérieur enveloppe les visiteurs dès leur arrivée. Petits-déj. servis à la carte. Certifié Table aux Saveurs du Terroir[MD]. P. 167.

Aux alentours: site historique Matamajaw, pêche au saumon, piste de motoneige et de quad, Fort Causapscal, golf.
Chambres: confort irréprochable, matelas de haute qualité, couettes en duvet d'oie.
5 ch. S. de bain privée(s) ou partagée(s)
Forfaits: motoneige, plein air, ski alpin.
Ouvert: à l'année.
2 pers: B&B 65-95$ **1 pers B&B** 55-80$
Enfant (12 ans et –): B&B 0-15$
Taxes en sus. AM IT MC VS
Réduction: long séjour.

Certifié: 2006

Gaspé

Gîte au Petit Bonheur ☀☀☀

Gîte du Passant
certifié

Marina Petitpas
196, rue Jacques-Cartier
Gaspé G4X 1N2
Tél. (418) 368-1386 1-888-368-1386
www.giteaupetitbonheur.com
contact@giteaupetitbonheur.com

Rte 132 est dir. Gaspé, rue Jacques-Cartier à gauche. Rte 132 ouest dir. Gaspé, rue Jacques-Cartier à droite. Au coin de la rue Wakeham.

À 20 min du parc national Forillon et 50 min de Percé, venez goûter à notre joie de vivre au coeur de la ville de Gaspé. Nous vous offrons un gîte douillet comprenant un coin de lecture, un boudoir, un petit-déjeuner préparé avec tendresse. Au plaisir de partager une parcelle de vie avec vous, un petit bonheur au quotidien.

Aux alentours: musée, golf, piste cyclable, plage, voile, kayak, parc Forillon, Percé.
Chambres: chaleureuses, meubles antiques, vue panoramique, lit double ou queen.
4 ch. S. de bain privée(s) ou partagée(s).
Ouvert: à l'année.
2 pers: B&B 77-87$ **1 pers B&B** 67-77$
Enfant (12 ans et –): B&B 5-10$
Réduction: hors saison.

Certifié: 2007

Gaspé

Gîte Historique l'Émerillon ☀☀☀☀

Gîte du Passant
certifié

Caroline Leclerc et Olivier Nolleau
192, rue de la Reine
Gaspé G4X 1T8
Tél. (418) 368-3063
Fax (418) 368-3263
www.gitelemerillon.ca
gaspeg@globetrotter.net

De Percé, en arrivant à Gaspé, 1er feu tout droit, 2e feu à gauche. Du parc Forillon, au 1er feu à droite, au 2e à gauche.

Pour un séjour de rêve, venez vous évader dans un cadre exceptionnel. Une vue sur la baie de Gaspé. Profitez de notre jardin pour découvrir un oasis de paix ou pour relaxer dans notre spa. Caroline et Olivier vous accueillent dans un décor de rêve et ils ont le plaisir de vous faire découvrir leur magnifique région, ainsi que l'histoire de leur ville. P. 152.

Aux alentours: parc Forillon, croisière aux baleines, randonnée en kayak à la colonie de phoques, théâtre.
Chambres: chacune a son histoire et son charme, vue sur la baie ou sur le jardin. **5 ch. S. de bain privée(s) ou partagée(s).**
Ouvert: à l'année.
2 pers: B&B 70-100$
Enfant (12 ans et –): B&B 20$
Taxes en sus. MC VS

A @ **Certifié: 2001**

Gaspé
La Maison William Wakeham ★★

Auberge du Passant *certifiée*

Située en plein cœur de Gaspé, cette maison, construite en 1860, attire bien des regards, car elle constitue un élément majeur de notre patrimoine architectural. Terrasse avec vue sur l'embouchure de la rivière York et sur la baie de Gaspé. Endroit enchanteur, tant par notre accueil courtois, notre service personnalisé que notre cuisine raffinée. Certifié Table aux Saveurs du Terroir MD. **Certifié «Bienvenue cyclistes! MD».** P. 20, 167.

Aux alentours: parc national Forillon, Rocher Percé, marina, golf, promenade, 3 rivières à saumon.
Chambres: lit queen, vue sur rivière York, suite avec entrée privée, air climatisé. **5 ch. S. de bain privée(s) ou partagée(s)**
Forfaits: charme, détente & santé, gastronomie, autres.
Ouvert: 1er mai au 15 octobre et 3 semaines à Noël.
2 pers: B&B 89-149$ **1 pers B&B** 79-139$
Enfant (12 ans et –): B&B 0-15$
Taxes en sus.

A @ AV AC Certifié: 2007

Desmond Ogden
186, rue de la Reine
Gaspé G4X 1T6
Tél. (418) 368-5537 (418) 368-5792
www.maisonwakeham.ca
desmond.ogden@cgocable.ca

Rte 132. Au centre ville de Gaspé, rue de la Reine à gauche, sens unique vers la fin à droite. De Murdochville, rte 198, rue de la Reine à gauche, 300 m.

Gaspé
L'Ancêtre de Gaspé ☀☀☀☀

Gîte du Passant *certifié*

Coup de Coeur du Public régional 2006. Un rendez-vous avec l'histoire, voilà l'impression que vous sentirez en entrant dans cette belle maison bâtie au milieu 1800. Cachet fort accueillant avec son escalier sculpté, ses riches boiseries, sa décoration soignée et la vue panoramique sur Gaspé. Déjeuner appétissant et gourmand servi sur notre terrasse. À proximité de tous les services. P. 151, 152.

Aux alentours: piste cyclable, golf, plages, voile, kayak. À 20 min parc Forillon et 50 min de Percé.
Chambres: spacieuses, confortables, vue panoramique, ventilateurs, TV, lit queen. **4 ch. S. de bain privée(s).**
Ouvert: 1er mai au 30 novembre.
2 pers: B&B 65-90$ **1 pers B&B** 65-90$
Enfant (12 ans et –): B&B 20$
Taxes en sus. MC VS
Réduction: hors saison.

Certifié: 1999

Diane Lauzon et Ronald Chevalier
55, boul. York Est
Gaspé G4X 2L1
Tél. (418) 368-4358 1-888-368-4358
Fax (418) 368-4054
www.aubergeancetre.com
ancetre.gaspe@globetrotter.net

Rte 132 jusqu'à Gaspé, situé sur le boul. York est ou rte 198, face à la ville, au bord de la baie, près de l'information touristique.

Matane
Auberge la Seigneurie ★★★

Auberge du Passant *certifiée*

Coup de Coeur du Public régional 2004. Ancien site de la Seigneurie Fraser, au confluent de la rivière Matane et du fleuve St-Laurent. Près du centre-ville, maison ancestrale, terrain boisé, balcons et balançoires. Une chasse aux trésors pour terminer devant le foyer avec un cocktail de bienvenue. Dentelles aux fenêtres. Accueil sympathique et chaleureux de Raymonde et Guy.

Aux alentours: promenade des Capitaines, maison de la culture, église de style dombello, piste cyclable.
Chambres: décorées avec soin et reflétant l'époque de la maison. **9 ch. S. de bain privée(s) ou partagée(s)**
Forfaits: charme, motoneige, romantique, autres.
Ouvert: à l'année.
2 pers: B&B 59-159$
Enfant (12 ans et –): B&B 15$
Taxes en sus. AM IT MC VS
Réduction: hors saison et long séjour.

Certifié: 1997

Raymonde et Guy Fortin
621, rue Saint-Jérôme
Matane G4W 3M9
Tél. (418) 562-0021 1-877-783-4466
Fax (418) 562-4455
www.aubergelaseigneurie.com
info@aubergelaseigneurie.com

À Matane, avenue du Phare, après «Tim Horton», rue Druillette à droite, au 148. Accueil et stationnement au 621 St-Jérôme.

Matane, St-Léandre

Gîte Le Jardin de Givre ✺✺✺✺

Gîte du Passant
certifié

Ginette Couture et Gérald Tremblay
3263, route du Peintre
Saint-Léandre-de-Matane G0J 2V0
Tél. / Fax (418) 737-4411 Tél. 1-800-359-9133
www.giteetaubergedupassant.com/jardindegivre
jardin-de-givre@globetrotter.net

Rte 132, à St-Ulric, dir. sud St-Léandre (Caravane Joubert), suivre les 7 panneaux bleus du gîte sur 14 km. Rte pavée en montagne. Gîte à 15 min de la mer.

Coup de Cœur du Public régional 2000. À la campagne, à 15 min de Matane, une demeure au charme ancestral d'un ancien manoir, là où la montagne parle de silence. En hommage à Nelligan, boiseries et meubles d'époque, poésie et romance au coin de l'âtre. Raffinement, délicatesse et plaisir de vivre. Chien golden affectueux. Piano pour musicien.

Aux alentours: la mer, Jardins de Métis, parc de la Gaspésie, Passe migratoire, sentiers pédestres, cascade.

Chambres: dans leur écrin de silence, les ch. parées de poésie invitent à la rêverie. **5 ch. S. de bain privée(s) ou partagée(s)**

Forfaits: été, autres.

Ouvert: à l'année.

2 pers: B&B 70-85$ **1 pers B&B** 55-65$

Enfant (12 ans et –): B&B 15$

Taxes en sus. VS

A ⊘ **AV Certifié: 1995**

Matane, St-René

Gîte des Sommets ✺✺

Gîte du Passant à la Ferme
certifié

Marie-Hélène Mercier et Louis-Philippe Bédard
161, Route 10e et 11e Rang
Saint-René-de-Matane G0J 3E0
Tél. (418) 224-3497
www.giteetaubergedupassant.com/sommets
gitedessommets@globetrotter.net

De Matane, rte 195 sud, à l'église de St-René, 5,5 km vers le sud, route du 10e et 11e Rang à gauche, 6,2 km.

Gîte rénové à l'ancienne, sur la route menant au village de St-Nil. Un village défriché durant la crise économique et qui s'est éteint en 1970 avec 15 autres villages de l'arrière-pays gaspésien. Situé à deux pas de la réserve faunique de Matane. Venez pratiquer plusieurs activités en pleine nature. Souper sur réservation. Vos hôtes vous attendent. P. 166.

Aux alentours: réserve faunique de Matane, rivière, snowmobile, érablière, centre d'interprétation en forêt.

Chambres: jolies chambres pratiques, belle vue, lit double. **3 ch. S. de bain partagée(s).**

Ouvert: à l'année.

2 pers: B&B 50$ **PAM** 80$ **1 pers B&B** 35$ **PAM** 50$

Enfant (12 ans et –): B&B 18$ **PAM** 26$

@ **Certifié: 1999**

Matane, St-Ulric

Chez Nicole ✺✺✺

Gîte du Passant
certifié

Nicole et René Dubé
3371, route 132
Saint-Ulric-de-Matane G0J 3H0
Tél. / Fax (418) 737-4896 Tél. 1-866-268-4896
www.giteetaubergedupassant.com/nicole
gitenicole@globetrotter.net

Aut. 20 est, rte 132 est, 45 km à l'est de Ste- Flavie. Rte 132 ouest, 18 km à l'ouest de Matane.

Aux portes de la Gaspésie, une maison accueillante et ensoleillée vous attend. Venez respirer l'air pur du fleuve, observer les superbes couchers de soleil et les éoliennes uniques au Canada. Venez déguster nos confitures maison et admirer notre magnifique potager fleuri, différent à chaque année. Grand terrain et vaste plage à parcourir. Bienvenue!

Aux alentours: maison de l'art indiscipliné, théâtre, la passe migratoire du saumon, pont couvert.

Chambres: 1 ch. familiale pour 4 pers. et 2 ch. avec vue sur le potager fleuri. **3 ch. S. de bain partagée(s).**

Ouvert: à l'année.

2 pers: B&B 50-60$ **1 pers B&B** 45$

Enfant (12 ans et –): B&B 10-15$

⊘ **AV Certifié: 1987**

New Carlisle
Gîte les Trois Lucarnes ☼☼☼

Gîte du Passant *certifié*

Myreille Proulx et John Brilotti
143, boul. Gérard-D.-Lévesque
New Carlisle G0C 1Z0
Tél. / Fax (418) 751-0060
www.giteetaubergedupassant.com/lestroislucarnes

Aut. 20 est, rte 132 est à Ste-Flavie dir. Mont-Joli jusqu'à New Carlisle.

Maison canadienne située dans un endroit où se côtoient arbres matures, fleurs et bassin d'eau, invitant à la détente. L'intérieur, décoré avec goût, donnera l'impression d'être chez vous. Vous y découvrirez une salle télé avec écran géant. Au matin, un succulent petit-déjeuner à saveur régionale, vous sera servi dans une ambiance conviviale.

Aux alentours: plage municipale, golf Fauvel, monument René-Lévesque, Bioparc, Route verte, site historique.
Chambres: coquette Isabelle, paisible Marguerite, sobre Charles, vous enchanteront. **3 ch. S. de bain privée(s) ou partagée(s).**
Ouvert: à l'année. 30 octobre au 1er mai sur réservation.
2 pers: B&B 70-95$ **1 pers B&B** 50-70$
Enfant (12 ans et –): B&B 20$
MC VS

A @ AC **Certifié: 2006**

New Richmond
Gîte les Bouleaux ☼☼☼

Gîte du Passant *certifié*

Patricia Fallu et Charles Gauthier
142, rue de la Plage
New Richmond G0C 2B0
Tél. (418) 392-4111 1-877-392-4111
www.giteetaubergedupassant.com/bouleaux
gitelesbouleaux@globetrotter.net

Aut. 20 E., rte 132 E. dir. New Richmond. À la rte 299, à dr., 3,5 km, rue de la Plage à dr. Rte 132 O., dir. New Richmond. À la rte 299 à g., 3,5 km, rue de la Plage à dr.

Une maison située dans une nature aux accents sauvages. Bâtie sur une pointe, elle vous offre un grand jardin et une vue magnifique sur la baie des Chaleurs. Un petit sentier, donnant accès au bord de mer, vous permet d'y marcher ou de vous détendre au rythme des marées dans un décor de grand calme.

Aux alentours: sentiers pédestres de Pointe Taylor, Centre d'interprétation de l'héritage britannique, bord de mer.
Chambres: vue sur la baie ou côté jardin, coquettes et très bien éclairées. Lavabo. **4 ch. S. de bain partagée(s).**
Ouvert: à l'année.
2 pers: B&B 60-70$ **1 pers B&B** 50-60$
Enfant (12 ans et –): B&B 10-15$
VS

A AV **Certifié: 1992**

Nouvelle
À l'Abri du Clocher ☼☼☼☼

Gîte du Passant *certifié*

Sylvie Landry et Sylvain Savoie
5, rue de l'Église
Nouvelle G0C 2E0
Tél. (418) 794-2580 1-877-794-2580
www.giteetaubergedupassant.com/labriduclocher
alabriduclocher@globetrotter.net

Rte 132 est ou ouest, au centre du village, en retrait de la rte 132, voisin de l'église.

Cet ancien presbytère (1896) vous offre une halte hors du commun. Vous serez charmés par cette vaste demeure ancestrale superbement restaurée et aménagée avec goût. Accueil attentionné laissant place à l'intimité. Déj. copieux aux saveurs régionales. Situé en retrait de la rte principale, vous apprécierez le confort et la tranquillité des lieux.

Aux alentours: 5 min du parc national de Miguasha, 200 mètres de la piste cyclable, 15 min de Carleton.
Chambres: personnalisées, dont la suite de MonSeigneur et la ch. du Curé de Campagne. **4 ch. S. de bain privée(s)**
Forfaits: vélo, autres.
Ouvert: à l'année. Sur réservation du 15 octobre au 31 mai.
2 pers: B&B 83-88$ **1 pers B&B** 73-78$
Enfant (12 ans et –): B&B 25$
MC VS
Réduction: hors saison.

Certifié: 2001

Percé

Auberge Au Pirate 1775 ☼☼☼☼

Auberge du Passant *certifiée*

Une histoire d'amour dans une maison de style, construite au 18e siècle directement sur la mer. Pauline Vaillancourt et Jean-François Guité vous proposent des séjours douillets dans un décor de rêve. Votre table est mise sur la véranda, face au Rocher Percé. L'auberge et le restaurant sont inscrits aux meilleurs guides de voyage. Animaux acceptés. Certifié Table aux Saveurs du Terroir^MD^. P. 153, 167.

Aux alentours: accès direct à la plage, au Rocher et aux bateaux pour les excursions à l'île et aux baleines.
Chambres: suites aux charmes particuliers, demeure historique, TV, frigo, cafetière. **5 ch. S. de bain privée(s)**
Forfaits: charme, gastronomie, romantique, autres.
Ouvert: 10 juin au 10 octobre.
2 pers: B&B 175-200$
Enfant (12 ans et –): B&B 35$
Taxes en sus. AM ER IT MC VS
Réduction: hors saison.

A ⊗ @ ✕ AV Certifié: 2001

Pauline Vaillancourt
169, route 132
Percé G0C 2L0
Tél. (418) 782-5055
Fax (418) 782-5680
www.giteetaubergedupassant.com/pirate1775
aupirate@globetrotter.net

Rte 132, au centre du village, côté mer, une maison peinte en bleu.

Percé

Au Presbytère ☼☼☼

Gîte du Passant *certifié*

Coup de Cœur du Public régional 2003. Maison centenaire située dans la paisible rue de l'Église, dont l'emplacement et l'ambiance unique, qui témoignent de son passé, vous assureront paix et tranquillité. S'y ajoutent: vue sur le rocher, village à deux pas, déjeuner généreux, gâteries maison et service Internet.

Aux alentours: parc du Rocher Percé, île Bonaventure, excursions, plongée, kayak, sentiers, musée, théâtre, plage.
Chambres: sobres, confortables et charmantes. Simple, double et suite familiale. **5 ch. S. de bain privée(s) ou partagée(s).**
Ouvert: 30 avril au 15 décembre.
2 pers: B&B 69-99$ **1 pers B&B** 59-79$
Enfant (12 ans et –): B&B 15$
Taxes en sus. MC VS
Réduction: hors saison et long séjour.

A ⊗ @ Certifié: 2001

Michel Boudreau
47, rue de l'Église, C.P. 178
Percé G0C 2L0
Tél. (418) 782-5557 1-866-782-5557
Fax (418) 782-5587
www.perce-gite.com
info@perce-gite.com

Face à la rue du Quai, au centre du village, prendre la rue de l'Église jusqu'à l'extrémité.

Percé

Gîte du Cap Blanc ☼☼☼

Gîte du Passant *certifié*

Situé à 2 km du Rocher Percé et de l'île Bonaventure. Accueil familial et chaleureux, havre de paix avec vue sur la mer, patio pour relaxer ou pour pique-niquer, jeux de pétanque et de fer. Copieux déjeuner fait de produits maison. À l'occasion, un petit air de violon pour vous détendre.

Aux alentours: croisières baleines, île Bonaventure, magasin historique, sentiers pédestres, plongée sous-marine.
Chambres: confortables et spacieuses, certaines avec vue sur la mer. **5 ch. S. de bain privée(s) ou partagée(s)**
Forfaits: croisière.
Ouvert: à l'année.
2 pers: B&B 65-90$ **1 pers B&B** 60-65$
Enfant (12 ans et –): B&B 15-20$
VS
Réduction: hors saison.

A ⊗ @ AV Certifié: 2001

Nicole Laflamme et Adélard Dorion
442, Route 132 Ouest
Percé G0C 2L0
Tél. (418) 782-2555 1-888-782-2555
Fax (418) 782-2662
www.iquebec.com/giteducapblanc
ndorion@bmcable.ca

Route 132 ouest, 2 km du bureau d'information touristique de Percé. Face à la mer.

Percé, Ste-Thérèse
Gîte du Moulin à Vent ☼☼☼

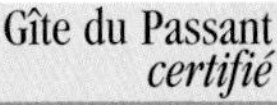
Gîte du Passant
certifié

Janine Desbois
247, route 132, C.P. 10
Sainte-Thérèse-de-Gaspé G0C 3B0
Tél. (418) 385-4922 1-866-385-3103
Fax (418) 385-3103
www.giteetaubergedupassant.com/moulinavent
moulinavent@bmcable.ca

Rte 132 ouest, à Ste-Thérèse, à mi-chemin entre le quai et l'église. Moulin à Vent, en face du restaurant le Bria.

Séjournez dans ce pittoresque village de pêcheurs. En entrant, un ancien pêcheur, sculpté dans la porte par un artiste de St-Jean-Port-Joli, vous accueille. Copieux déjeuners servis dans une spacieuse salle à manger de style Bahutier et attenante à la cuisine aux couleurs ensoleillées. Patio, poêle B.B.Q. disponibles.

Aux alentours: musée de la pêche, visite de l'usine de poissons, glissades d'eau, Go Car, magasin historique.
Chambres: confortables et bien décorées. Chacune à son cachet. **5 ch. S. de bain privée(s) ou partagée(s).**
Ouvert: 1er juin au 30 septembre.
2 pers: B&B 60-75$ **1 pers B&B** 40-50$
Enfant (12 ans et –): B&B 15$
ER

@ **AV** **Certifié: 1998**

Petite-Vallée
La Maison Lebreux ★★

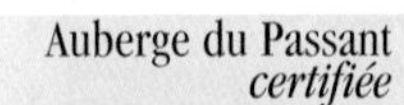
Auberge du Passant
certifiée

Denise Lebreux
2, rue Longue-Pointe
Petite-Vallée G0E 1Y0
Tél. (418) 393-2662 1-866-393-2662
Fax (418) 393-3105
www.lamaisonlebreux.com
lamaisonlebreux@globetrotter.net

Rte 132 est jusqu'à Petite-Vallée. À l'entrée du village, rue Longue-Pointe à gauche, à l'embranchement à gauche.

Sur une longue pointe qui s'avance dans la mer, en retrait de la route 132 et à une heure (70 km) du parc Forillon, notre maison centenaire ouvre grand ses portes pour vous offrir un accueil familial dans un cadre tout à fait exceptionnel. Cuisine traditionnelle où poissons et fruits de mer sont à l'honneur. Certifié Table aux Saveurs du TerroirMD. P. 6, 160, 167.

Aux alentours: salle de spectacle du Théâtre de la Vieille Forge, centre d'interprétation de la chanson au Québec.
Chambres: la catalogne distingue chacune des ch. 4 ont un lit queen et un lavabo.
8 ch. S. de bain partagée(s)
Forfaits: motoneige, spectacle, théâtre.
Ouvert: à l'année.
2 pers: B&B 55-65$ **PAM** 100-110$ **1 pers B&B** 45-50$ **PAM** 65-70$
Enfant (12 ans et –): B&B 8-12$ **PAM** 18-23$
Taxes en sus. IT MC VS

AV **Certifié: 1981**

Petite-Vallée
La Maison Lebreux ★★

Maison de Campagne
certifiée

Denise Lebreux et Simon Coté
2, Longue-Pointe
Petite-Vallée G0E 1Y0
Tél. 418-393-2662 1-866-393-2662
Fax (418) 393-3105
www.lamaisonlebreux.com
lamaisonlebreux@globetrotter.net

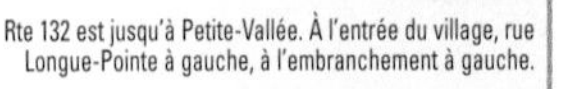
Rte 132 est jusqu'à Petite-Vallée. À l'entrée du village, rue Longue-Pointe à gauche, à l'embranchement à gauche.

En bordure de mer, de magnifiques chalets, entièrement équipés pour un séjour autonome, vous procureront la détente désirée. Vous endormir et vous réveiller au bruit des vagues, surprendre le coucher ou le lever du soleil sur la mer; voilà ce qui vous attend ici. Animaux domestiques acceptés à un coût supplémentaire. P. 6, 160, 167.

Aux alentours: salle de spectacle du Théâtre de la Vieille Forge, centre d'interprétation de la chanson du Québec.
Maison(s): 1 ou 2 chambres fermées, salon ou vivoir avec divan-lit, 2 à 6 pers. **4 maison(s) 2 ch. 4-6 pers.**
Ouvert: à l'année.
SEM 625-650$ **JR** 90-110$
Taxes en sus. IT MC VS
Réduction: hors saison.

Certifié: 1981

Port-Daniel-Gascons
Gîte la Conche Saint-Martin ☼☼☼☼

Auberge du Passant *certifiée*

Daniel Deraiche
252, rue de la Rivière
Port-Daniel-Gascons G0C 2N0
Tél. / Fax (418) 396-2481
www.gitelaconchesaintmartin.com
gitelaconchesaintmartin@globetrotter.net

Aut. 20, à Ste-Flavie, rte 132 dir. Percé. À Port-Daniel, ch. de la Rivière à gauche.

Grand Prix du tourisme régional 2005. Maison en bois rond de style scandinave. Tranquillité assurée. Du gîte, vous apercevez la vue splendide du barachois sous le coucher du soleil. Excellent endroit pour les adeptes d'ornithologie. Du balcon, on peut observer: hérons, outardes, pygargues à tête blanche. Déj. 5 services, différent chaque jour. Certifié Table aux Saveurs du Terroir[MD]. **Certifié «Bienvenue cyclistes![MD]».** P. 20, 168.

Aux alentours: le phare de la Pointe, réserve faunique, le tunnel ferroviaire (190 m), plage sablonneuse.
Chambres: au décor personnalisé avec vue sur la montagne ou sur le barachois. **3 ch. S. de bain privée(s)**
Forfaits: charme, gastronomie.
Ouvert: à l'année.
2 pers: B&B 85-115$ **PAM** 205-235$ **1 pers B&B** 75-105$ **PAM** 135-165$
Enfant (12 ans et –): B&B 35$ **PAM** 75$
Taxes en sus. VS

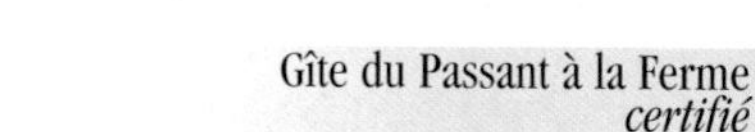

A @ AV **Certifié: 2006**

Port-Daniel-Gascons
Les Acres Tranquilles ☼☼☼☼

Gîte du Passant à la Ferme *certifié*

Myra Roussy et Normand Roussy
252, route Gérard-D.-Lévesque
Port-Daniel-Gascons G0C 2N0
Tél. (418) 396-3491 1-866-302-3491
Fax (418) 396-2014
www.gite-lesacrestranquilles.com
mynor@globetrotter.net

De Percé, rte 132 O., 85 km (2,5 km plus loin que «Maison du Homard»), Gérard-D.-Lévesque à droite. De Bonaventure, rte 132 E., 45 km, Gérard-D.-Lévesque à gauche.

Maison ancestrale meublée avec antiquités et décoration faite par les propriétaires. Déj. de 3 services préparés avec produits de la ferme et régionaux. Repas du soir «table gourmande». Aussi disponibles, forfaits avec déj. et souper inclus. Prix réduits pour une réservation faite directement avec nous. La Gaspésie et nous, vous attendons! P. 153, 166.

Aux alentours: réserve faunique, Musée Bolduc, plage, site historique, centre thalassothérapie, pêche truite.
Chambres: meublées d'antiquités et vue sur la baie des Chaleurs, lit queen, double. **3 ch. S. de bain privée(s) ou partagée(s)**
Forfaits: été, motoneige, vélo.
Ouvert: à l'année.
2 pers: B&B 55-80$ **PAM** 90-115$ **1 pers B&B** 55-70$ **PAM** 70-80$
Enfant (12 ans et –): B&B 25$ **PAM** 30-35$
IT MC VS
Réduction: long séjour.

A @ **Certifié: 2004**

Ste-Angèle-de-Mérici
La Guimontière ☼☼☼

Gîte du Passant *certifié*

Jeanne-Mance Guimont
515, av. Bernard-Lévesque
Sainte-Angèle-de-Mérici G0J 2H0
Tél. (418) 775-5542 (418) 725-9135
www.giteetaubergedupassant.com/guimontiere

Aut. 20 et rte 132 est. À Ste-Flavie dir. Mont-Joli. Après Mont-Joli, 12 km. Au village, boul. de la Vallée à droite.

Situé à 14 km de Ste-Flavie et du fleuve, au coeur du village de Ste-Angèle, centre naturel de la région métissienne. Piscine creusée, petit-déjeuner copieux servi à votre heure. Descente en canot et kayak sur la rivière Métis à 300 m, aéroport de Mont-Joli. Rimouski: 48 km.

Aux alentours: parc Mont-Comi, Jardins de Métis, pêche au saumon, golf de la Pointe, plage de Ste-Luce.
Chambres: douillettes et confortables. **5 ch. S. de bain privée(s) ou partagée(s)**
Forfaits: gastronomie, motoneige, ski alpin.
Ouvert: à l'année.
2 pers: B&B 65-70$ **PAM** 95-100$ **1 pers B&B** 45-50$ **PAM** 60-70$
Enfant (12 ans et –): B&B 15$ **PAM** 20$
IT
Réduction: hors saison et long séjour.

A @ AV AC **Certifié: 1999**

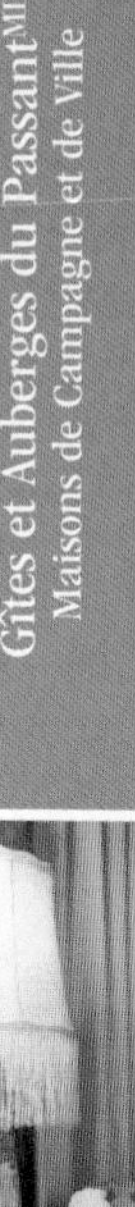

Ste-Anne-des-Monts

Chez Marthe-Angèle ☀☀☀

Gîte du Passant *certifié*

Marthe-Angèle Lepage
268, 1re avenue Ouest
Sainte-Anne-des-Monts G4V 1E5
Tél. / Fax (418) 763-2692
www.giteetaubergedupassant.com/marthe_angele

Rte 132 dir. Ste-Anne-des-Monts. Avant le pont à gauche. 1re avenue à gauche.

Maison de style bungalow, spacieuse et confortable, avec un grand stationnement et près de tous les services. Venez partager notre coin de pays! Vous serez enchantés de découvrir les attraits du milieu rural et l'accueil chaleureux de ses habitants. Bienvenue à tous les visiteurs!

Aux alentours: Exploramer, parc de la Gaspésie, parc du Petit-Bois pour randonnée pédestre, golf, baignade.
Chambres: confortables avec lits doubles et simples, chambre familiale. **5 ch. S. de bain partagée(s).**
Ouvert: à l'année.
2 pers: B&B 62-67$ **1 pers B&B** 47$
Enfant (12 ans et –): B&B 10-15$
Réduction: long séjour.

AV Certifié: 1983

Ste-Anne-des-Monts

Gîte l'Estran ☀☀☀

Gîte du Passant *certifié*

Monelle Pelletier
43, 1re Avenue Est
Sainte-Anne-des-Monts G4V 1A2
Tél. (418) 763-3261 (418) 763-2330
www.giteetaubergedupassant.com/estran

Rte 132 est, sortie rue de l'Église, 300 m à droite de l'église, face au port de pêche.

Maison de style ancien située entre mer et montagne. Proche de la marina et des centres d'achats. Chambres confortables, salle de séjour, vaste stationnement, parc de la Gaspésie à 1 km. On y parle aussi l'allemand. Assez grand pour vous offrir le confort, suffisamment petit pour préserver votre intimité.

Aux alentours: parc de la Gaspésie, ski de fond, croisières, Musée de la mer, centres d'achats.
Chambres: avec thèmes décoratifs sur les fleurs locales, vue sur le port de mer. **3 ch. S. de bain partagée(s)**
Forfaits: golf, vélo, autres.
Ouvert: à l'année.
2 pers: B&B 70$ **1 pers B&B** 65$
Enfant (12 ans et –): B&B 20-25$

A Certifié: 2002

Ste-Anne-des-Monts

La Seigneurie des Monts ★★★

Auberge du Passant *certifiée*

Andrée Poisson et Mario Bellemare
21, 1re Avenue Est
Sainte-Anne-des-Monts G4V 1A2
Tél. (418) 763-5308 1-800-903-0206
Fax (418) 763-5398
www.bonjourgaspesie.com
info@bonjourgaspesie.com

Rte 138 est, 3e feu à gauche, 1re Av est à droite. Nous sommes à 3 maisons de l'église, directement face à la mer et de biais avec le quai.

Auberge située à Sainte-Anne-des-Monts, près des services, sur la route longeant le fleuve, à moins de 20 min de l'entrée du parc de la Gaspésie. Datant de 1864, 14 chambres dont 4 suites, certaines avec bain thérapeutique. Boutique et galerie d'art sur place. Informez-vous du forfait observation de l'orignal avec Mario votre hôte.

Aux alentours: parc de la Gaspésie, éolienne de Cap-Chat, Centre Explorama, mines d'agathes, phares, golf.
Chambres: bain thérapeutique, coin café, mini réfrigérateur, balcon, vue sur mer. **14 ch. S. de bain privée(s)**
Forfaits: gastronomie, plein air.
Ouvert: à l'année.
2 pers: B&B 95-175$ **1 pers B&B** 85-165$
Enfant (12 ans et –): B&B 20$
Taxes en sus. IT MC VS
Réduction: hors saison.

A @ AV Certifié: 2007

Ste-Flavie

Au Gîte du Vieux Quai ☼☼☼

Gîte du Passant *certifié*

Pierrette Chiasson
457, route de la Mer
Sainte-Flavie G0J 2L0
Tél. (418) 775-9111 1-866-575-9111
www.giteetaubergedupassant.com/vieuxquai
pierrette.jean-guy@cgocable.ca

Que vous fassiez le tour de la Gaspésie par le sud ou le nord, vous êtes certains de passer devant le Gîte du Vieux Quai, à 6 km à l'ouest des Jardins de Métis.

Maison de style suisse. Le confort de nos jolies ch. communicantes, avec un accès aux balcons, vous fera passer un paisible séjour chez nous. Accueil chaleureux et copieux petit-déjeuner santé et créatif servi face au fleuve. La promenade sur le quai et les magnifiques couchers de soleil vous feront vivre des moments inoubliables... **Certifié «Bienvenue cyclistes!^{MD}».**

Aux alentours: Jardins de Métis, Route des Arts à Ste-Flavie, sentier pour VTT à 500 pieds du gîte.

Chambres: lits queen ou 2 lits simples. Accès aux balcons et vue sur le fleuve. **4 ch. S. de bain partagée(s).**

Ouvert: 1er mai au 31 octobre.

2 pers: B&B 73$ **1 pers B&B** 68$

Enfant (12 ans et –): B&B 15$

IT VS

Réduction: hors saison et long séjour.

A **Certifié: 2004**

Ste-Flavie

Centre d'Art Marcel Gagnon ★★★

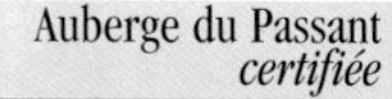

Auberge du Passant *certifiée*

Guillaume Gagnon
564, route de la Mer
Sainte-Flavie G0J 2L0
Tél. (418) 775-2829 1-866-775-2829
Fax (418) 775-9548
www.centredart.net
info@centredart.net

À Ste-Flavie, au feu de circulation, 1 km à l'est en longeant le fleuve. 8 km à l'ouest des Jardins de Métis, 3 km au sud de Mont Joli.

Lieu de dépaysement et d'enchantement sur le bord du fleuve. L'auberge offre: salle à manger, cuisine typiquement régionale, vue sur le fleuve et les sculptures, boutique, mini-librairie, salles d'exposition regroupant les artistes peintres Ghislaine Carrier, Marcel et Guillaume Gagnon. C'est un rendez-vous avec l'art, la mer et la bonne table.

Aux alentours: Route des Arts, le Vieux Moulin, galerie d'art extérieure à Mont-Joli, Jardins de Métis, golf.

Chambres: décor champêtre, vue sur le fleuve et les sculptures, lits doubles. **10 ch. S. de bain privée(s)**

Forfaits: autres.

Ouvert: début mai à mi-octobre. 7 jours 7h30 à 22h, hors saison 7h30 à 21h.

2 pers: B&B 79-99$ **1 pers B&B** 69-89$

Taxes en sus. IT MC VS

Réduction: hors saison.

@ **Certifié: 2005**

Ste-Flavie

Gîte à la Chute ☼☼☼☼

Gîte du Passant *certifié*

Claire et Gervais Gagnon
571, route de la Mer
Sainte-Flavie G0J 2L0
Tél. (418) 775-9432 1-877-801-2676
Fax (418) 775-5747
www.gitealachute.ca
gitealachute@globetrotter.net

Aut. 20 est, rte 132 est dir. Ste-Flavie. À 1,2 km à l'est de l'église.

Coup de Coeur du Public régional 2005. Site d'une rare beauté face au St-Laurent. Maison datant de 1926. Venez vous détendre près de la chute, petit coin spécialement aménagé. Succulent petit-déj. Vue sur la mer, couchers de soleil inoubliables. Petit pont couvert qui traverse le ruisseau pour vous guider à la chute et au petit lac à truite. Chez nous, vous vous sentirez chez vous.

Aux alentours: Jardins de Métis, Centre d'Art Marcel Gagnon, Route des Arts, Musée de la mer, parc national du Bic.

Chambres: fraîchement décorées, 4 avec lit queen, vue sur le fleuve. **5 ch. S. de bain privée(s) ou partagée(s)**

Forfaits: charme, golf, ski alpin, autres.

Ouvert: à l'année.

2 pers: B&B 70-95$ **1 pers B&B** 60-85$

Enfant (12 ans et –): B&B 20$

Taxes en sus. MC VS

Réduction: hors saison.

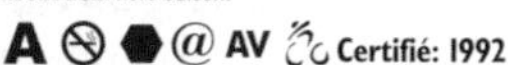

Ste-Flavie
Gîte la Roseraie ☀☀☀

Gîte du Passant *certifié*

Stéphane Massé et Synthia Boucher
525, route de la mer
Sainte-Flavie G0J 2L0
Tél. (418) 775-1400
Fax (418) 775-0032
www.gitelaroseraie.ca
giteroseraie@globetrotter.net

Aut. 20 est dir. Sainte-Luce, rte 132 est dir. Sainte-Flavie, 8e maison après l'église du village.

Située au coeur du village, cette belle ancestrale jeune de 1876 abrite maintenant notre gîte où il nous fait grand plaisir de vous accueillir. Vous profiterez d'une nuit reposante dans une de nos chambres douillettes et d'un petit-déjeuner copieux et personnalisé. «La Roseraie, là où l'on peut s'évader tout en étant toujours un peu chez-soi».

Aux alentours: Route des arts, golf, Jardins de Métis, le vieux moulin (vin de miel), parc du Bic, Musée de la mer.
Chambres: lit simple, double, salle de bain privée, belle vue à l'étage. **5 ch. S. de bain privée(s).**
Ouvert: à l'année.
2 pers: B&B 75-85$ **1 pers B&B** 67$
Enfant (12 ans et –): B&B 5-10$
Réduction: hors saison et long séjour.

A ⊗ **Certifié: 2007**

Ste-Flavie
Marée Bleue ☀☀☀

Gîte du Passant *certifié*

Lise Blais et Louis-Georges Dionne
411, route de la Mer
Sainte-Flavie G0J 2L0
Tél. (418) 775-7801 1-866-480-7801
www.giteetaubergedupassant.com/mareebleue
louisgeorges.dionne@cgocable.ca

Rte 132 est. À Ste-Flavie, 1 km à l'est du kiosque touristique.

Maison construite en 1850, face à l'estuaire du Saint-Laurent. Vue imprenable sur la mer que vous pouvez contempler de votre chambre, du 2e étage, de la salle à manger et de deux terrasses extérieures. Notre accueil chaleureux vous y attend de même qu'un bon repas, si vous voulez profiter de la restauration sur place. Certifié Table aux Saveurs du Terroir MD. P. 168.

Aux alentours: Jardins de Métis, Route des Arts, parc national du Bic, Musée de la mer, terrains de golf.
Chambres: couettes, lits confortables, ventilateurs, sommeil réparateur. **4 ch. S. de bain partagée(s)**
Forfaits: charme, gastronomie, vélo.
Ouvert: 1er mai au 31 décembre.
2 pers: B&B 60-65$ **PAM** 100-105$ **1 pers B&B** 55-60$ **PAM** 75-80$
Enfant (12 ans et –): B&B 10$ **PAM** 20$
Taxes en sus. IT MC VS

A ⊗ ✕ **AV** **Certifié: 2006**

Ste-Irène-de-Matapédia
Songe d'Aventures - Gîte et forfaits ☀☀☀

Gîte du Passant *certifié*

Michel Garceau et Sophie Girard
360, rue Principale
Sainte-Irène-de-Matapédia G0J 2P0
Tél. / Fax (418) 629-4155 Tél. 1-866-629-4155
www.songedaventures.com
songedaventures@globetrotter.net

Rte 132 est, dir. Mont-Joli (Amqui). À Val-Brillant, rte Lauzier à droite, 15 km. Au 1er arrêt, rue Principale à droite.

Situé au coeur de la Matapédia et dans l'ancien presbytère de Sainte-Irène, vous trouverez tout ce qu'il faut pour apprécier la nature et la tranquillité en tout confort. Au matin, l'air s'emplit d'un baume vivifiant. Le café est servi. Vous pourrez ainsi relaxer dans une atmosphère des plus familiales, tout en dégustant votre déjeuner. P. 164.

Aux alentours: forfaits aventures douces et découvertes, randonnée, vélo, ski alpin, quad, motoneige, etc.
Chambres: chacune a un nom qui les distinguent, lit double confortable et moelleux. **5 ch. S. de bain partagée(s)**
Forfaits: plein air, ski alpin, vélo.
Ouvert: à l'année.
2 pers: B&B 65$ **1 pers B&B** 55$
Enfant (12 ans et –): B&B 15$
Taxes en sus. IT MC VS
Réduction: hors saison et long séjour.

A ⊗ ⬣ @ ✕ **AV** **Certifié: 2004**

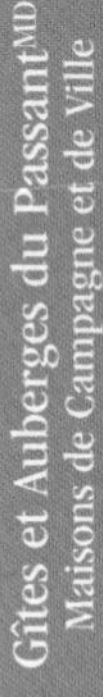

Matane, St-René
Gîte des Sommets

Gîte du Passant à la Ferme
certifié

161, Route 10e et 11e Rang, Saint-René-de-Matane
Tél. (418) 224-3497
www.giteetaubergedupassant.com/sommets
gitedessommets@globetrotter.net

Activités: Venez voir la petite ferme aux mille charmes. Visitez un beau terrain aménagé sur un ruisseau au doux bruit. Faites un détour à l'écluse de castors et laissez-vous charmer par la magnifique cascade d'eau. Excellents endroits pour des photos panoramiques. P. 157.

Animaux: Ferme caprine avec quelques petites poules sympathiques et des lapins tout doux.

Port-Daniel-Gascons
Les Acres Tranquilles

Gîte du Passant à la Ferme
certifié

252, route Gérard-D.-Lévesque, Port-Daniel-Gascons
Tél. (418) 396-3491 1-866-302-3491
Fax (418) 396-2014
www.gite-lesacrestranquilles.com
mynor@globetrotter.net

Activités: Notre jolie ferme, face à la baie des Chaleurs vous offre un tour guidé et une promenade en tracteur. Une occasion de prendre les photos de nos animaux et de la baie. Vous pourrez nourrir nos animaux et chercher vos oeufs pour votre déjeuner en même temps. P. 153, 161.

Animaux: Nous avons des vaches, veaux, cheval, moutons, chèvres, cochons, poules à pond, lapins, chats et chatons qui adorent la visite de nos invités et se faire photographier...

Causapscal
Gîte des Tilleuls

Table aux Saveurs du Terroir *certifiée*

107, rue Saint-Jacques Sud, Causapscal
Tél. (418) 756-5050
Fax (418) 756-5051
www.gite-tilleuls.ca
info@gite-tilleuls.ca

Vous pouvez maintenant profiter des services d'une authentique crêperie! Le gîte a ouvert, à même sa salle à manger, une crêperie où les gourmets comme les gourmands trouveront leur compte. En été, un menu table d'hôte est disponible incluant de délicieuses spécialités régionales. P. 155.

Spécialités : Nous utilisons des produits bien de chez nous pour assurer une fraîcheur et une très bonne qualité: agneau, saumon pané à la chapelure de pleurotes enfourné, etc...

Repas offerts : midi et soir. Réservation recommandée.

Gaspé
La Maison William Wakeham

Table aux Saveurs du Terroir *certifiée*

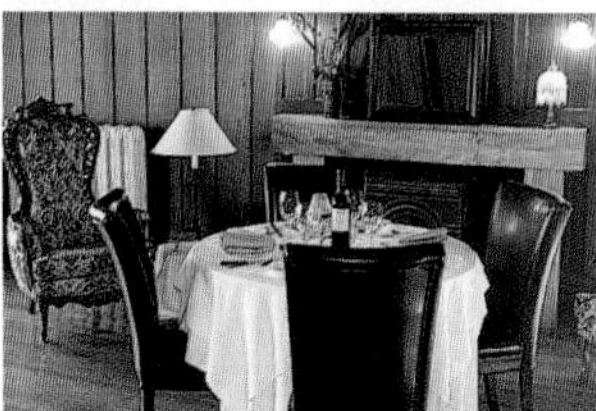

186, rue de la Reine, Gaspé
Tél. (418) 368-5537 (418) 368-5792
www.maisonwakeham.ca
desmond.ogden@cgocable.ca

Professionnels en restauration depuis 30 ans, nous misons sur une cuisine à saveur internationale, créative, raffinée et qui fait un clin d'œil aux richesses du terroir gaspésien. Tous nos produits utilisés sont frais et de qualité, apprêtés avec soin avec les techniques de l'art. P. 20, 156.

Spécialités : Poissons et fruits de mer frais, bouillabaisse, viandes et gibier du terroir, dessert et glace maison, produits bio, menu végétarien, fromages régionaux, belle carte des vins.

Repas offerts : midi et soir. Sur réservation.

Percé
Auberge Au Pirate 1775

Table aux Saveurs du Terroir *certifiée*

169, route 132, Percé
Tél. (418) 782-5055
Fax (418) 782-5680
www.giteetaubergedupassant.com/pirate1775
aupirate@globetrotter.net

Le restaurant est situé sur la véranda de l'auberge. Toutes les places ont vue sur la mer, le rocher et l'île Bonaventure. Exclusivement non-fumeur. Salon fumeur. P. 153, 159.

Spécialités : Saumon à la montagnaise et caviar émerance de Paspébiac. Brandade de morue salée gratinée. Couronne de noix de St-Jacques de barachois grillées. Les homards Dupont et Dupond.

Repas offerts : soir. Réservation recommandée.

Petite-Vallée
La Maison Lebreux

Table aux Saveurs du Terroir *certifiée*

2, rue Longue-Pointe, Petite-Vallée
Tél. (418) 393-2662 1-866-393-2662
Fax (418) 393-3105
www.lamaisonlebreux.com
lamaisonlebreux@globetrotter.net

Salle à manger avec vue imprenable sur la mer, pouvant accueillir 30 personnes autour de grandes tables qui favorisent la convivialité. Cuisine traditionnelle où poissons et fruits de mer sont offerts dans un menu table d'hôte. P. 6, 160.

Spécialités : Bouillabaisse de poissons et fruits de mer gaspésienne. Petits fruits en saison, sirop d'érable, confitures «maison», pains 2 farines et desserts sortis de nos fourneaux.

Repas offerts : soir. Réservation recommandée.

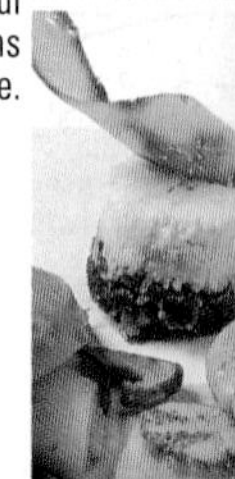

Port-Daniel-Gascons

Gîte la Conche Saint-Martin

Table aux Saveurs du Terroir *certifiée*

252, rue de la Rivière, Port-Daniel-Gascons
Tél. / Fax (418) 396-2481
www.gitelaconchesaintmartin.com
gitelaconchesaintmartin@globetrotter.net

Salle à manger de 12 places avec vue sur le barachois. Une cuisine créative et généreuse mettant à l'honneur le terroir (émeu, chevreuil, poissons et fruits de mer) et les légumes biologiques de notre jardin. P. 20, 161.

Spécialités : Aumonière de chevreuil «Les Beaucerfs», nappée d'une sauce aux cerises sauvages, pavé de flétan rôti aux trois poivres et coulis de tomates et basilic.

Repas offerts : soir. Sur réservation.

Ste-Flavie

Marée Bleue

Table aux Saveurs du Terroir *certifiée*

411, route de la Mer, Sainte-Flavie
Tél. (418) 775-7801 1-866-480-7801
www.giteetaubergedupassant.com/mareebleue
louisgeorges.dionne@cgocable.ca

Situé devant le Saint-Laurent, petit restaurant sympathique, cuisine style bistro, ambiance intime, vue magnifique. Menu varié pour tous les goûts. Un repas inoubliable. P. 165.

Spécialités : Poissons, fruits de mer, boeuf sans hormones et agneau de la région préparés dans un style bistro et présentés de façon unique.

Repas offerts : soir. Sur réservation.

Lanaudière

Tout en vert et en musique!

De sa plaine à son piedmont et jusqu'aux montagnes sauvages, vous y ferez le plein d'air pur. Par son patrimoine, vous serez charmé et par sa culture, littéralement transporté par de sublimes envolées musicales.

Lanaudière, c'est trois régions en une... Au sud, la plaine du Saint-Laurent, parsemée de villes et villages. Au centre, le piedmont et ses nombreux attraits naturels. Et au nord, le plateau laurentien, un royaume du plein air où la Matawinie fait office de capitale de la motoneige! De merveilleuses chutes et cascades enjolivent aussi cette région verdoyante et abondante en cours d'eau, avec ses 10 000 lacs et eaux vives. Un autre petit joyau: les îles de Berthier de l'archipel du lac Saint-Pierre (une réserve mondiale de la biosphère reconnue par l'UNESCO).

Si Lanaudière recèle de fantastiques paysages, elle compte aussi une étonnante richesse patrimoniale avec ses musées, ses maisons et ses bâtiments historiques. On ne saurait oublier son apport au domaine musical avec, entre autres, le célèbre Festival international de Lanaudière: une prestigieuse célébration de la musique classique.

En randonnée, en vélo, en canot, en motoquad, en motoneige, en ski de fond, en traîneau à chiens ou en raquettes, découvrez une région où le goût de la fête, les plaisirs de la bonne table et l'accueil chaleureux laisseront de précieux souvenirs.

Robert Therrien, Tourisme Lanaudière

Saveurs régionales

- Au printemps, le sirop coule à flot dans Lanaudière qui compte un grand nombre de cabanes à sucre, tant familiales que commerciales. La tradition acéricole est très implantée et vous pourrez allégrement vous sucrer le bec avec une belle variété de produits d'érable de qualité, dont le vin d'érable.
- Considérée comme le caveau à légumes de Montréal, il n'est pas surprenant d'y retrouver de nombreuses cultures maraîchères.
- Les fromages au lait de chèvre et de vache, dont plusieurs sont de lait cru, contribuent délicieusement aux saveurs régionales.
- Même du vin! Unique dans la région, l'île Ronde en face de Saint-Sulpice, d'une dimension de 3 km², compte 50 000 vignes.
- D'autres feront de leurs fraises un vin, de leur miel un excellent nectar, de leurs grains une bonne farine traditionnelle et de leurs petits fruits et fleurs de succulents vinaigres.

Inmagine

Produits du terroir à découvrir et déguster

- Sirop, sucre, beurre, gelée, tire, bonbons, chocolat et caramel à l'érable de *Les Sucreries des Aïeux (2003) inc.* P. 177.
- Miels, caramel au miel, chocolats, ketchups, vinaigrettes de *Miel de Chez-Nous* P. 178.

La région compte une (1) Table aux Saveurs du Terroir^{MD} certifiée. Une façon originale de découvrir les saveurs de la région ! (P. 176.)

Marin Savard, Tourisme Lanaudière

Michel Redmond, Tourisme Lanaudière

Lanaudière

Le saviez-vous?

Les origines de la ceinture fléchée, dites de L'Assomption et symbole de la région, restent obscures. Chose certaine, c'est dans Lanaudière qu'elle naquît et que sa technique de tissage en forme de V coloré devint unique. Elle en séduira plus d'un pour devenir un apparat d'habit des nations canadienne-française, amérindienne et métisse, voire même un symbole politique pour avoir été portée par les Patriotes de la rébellion de 1837. Au XIXe siècle, cette étoffe plaisait tellement aux Amérindiens qu'elle fit l'objet de troc contre de la fourrure. Bien des artisanes furent engagées par la Cie de la Baie d'Hudson pour tisser cette précieuse monnaie d'échange.

Clin d'œil sur l'histoire

Si certains passés façonnent le patrimoine, d'autres forment le paysage, comme celui du petit village de Saint-Ignace-du-Lac qui devint le réservoir Taureau. En pleine phase d'industrialisation, le Québec avait besoin d'énergie pour alimenter ses entreprises de pâtes et papiers. C'est ainsi qu'en 1931 les 700 âmes de ce village furent contraintes à l'exil pour faire place au barrage hydroélectrique qui noya la région sur plus de 45 km de long et 250 km de circonférence. Ce réservoir, à la forme d'un taureau vu du haut des airs, est devenu un superbe lac dont le pourtour n'est que plages et le centre, du sable fin. Aujourd'hui, il fait le bonheur des plaisanciers.

Robert Therrien, Tourisme Lanaudière

Quoi voir? Quoi faire?

Le chemin du Roy, de Repentigny à Saint-Barthélemy (route 138): de jolis quartiers, dont le vieux L'Assomption et le Vieux-Terrebonne avec son site historique de l'Île-des-Moulins.

La patinoire de la rivière l'Assomption, une boucle de 9 km et la plus longue au Québec. Plaisir garanti!

Le Festival international de Lanaudière à Joliette et ses concerts sous les étoiles à l'Amphithéâtre(fin juin au début août).

Le lieu historique national Sir-Wilfrid-Laurier, 1er Canadien-français élu premier ministre du Canada (Saint-Lin-Laurentides).

Le Musée Gilles-Villeneuve (Berthierville) et l'histoire du pilote de course automobile émérite, de renommée internationale.

Le Festival mémoires et racines (juillet): accordéonistes, tapeurs de pieds, joueurs de cuillères, souffleux de ruine-babines... (Saint-Charles-de-Borromée).

Les Jardins du Grand-Portage (Saint-Didace) et les villages de Saint-Donat et de Saint-Côme, sympathiques villages et porte d'entrée du parc du Mont-Tremblant.

L'été, un nombre considérable de parcours de golf sont offerts.

Marc-Olivier Guilbault, Tourisme Lanaudière

Faites le plein de nature

Îles de Berthier: sentier d'interprétation de 8 km (Sainte-Geneviève-de-Berthier).

Le parc des Chutes-Dorwin et le parc des Cascades (Rawdon).

Arbraska, d'arbre en arbre (Rawdon).

Le mont Ouareau, un classique de la randonnée pédestre. Son sentier des contreforts est l'un des plus beaux tronçons du Sentier national dans la région de Lanaudière pour la raquette (Saint-Donat).

Lac Archambault (Saint-Donat).

La Montagne Coupée: ski de fond et randonnée pédestre (Saint-Jean-de-Matha).

Les parcs régionaux des Chutes-Monte-à-Peine-et-des-Dalles et des Sept-Chutes (Saint-Zénon).

Le parc national du Mont-Tremblant: le sentier de la Corniche, la chute aux Rats... Sublime!

Les réserves fauniques Rouge-Matawin et Mastigouche, des oasis de tranquillité en toutes saisons pour les amateurs de plein air.

Ski alpin (Rawdon, Saint-Côme, Saint-Donat).

Pour plus d'information sur la région de Lanaudière : 1-800-363-2788
www.lanaudiere.ca

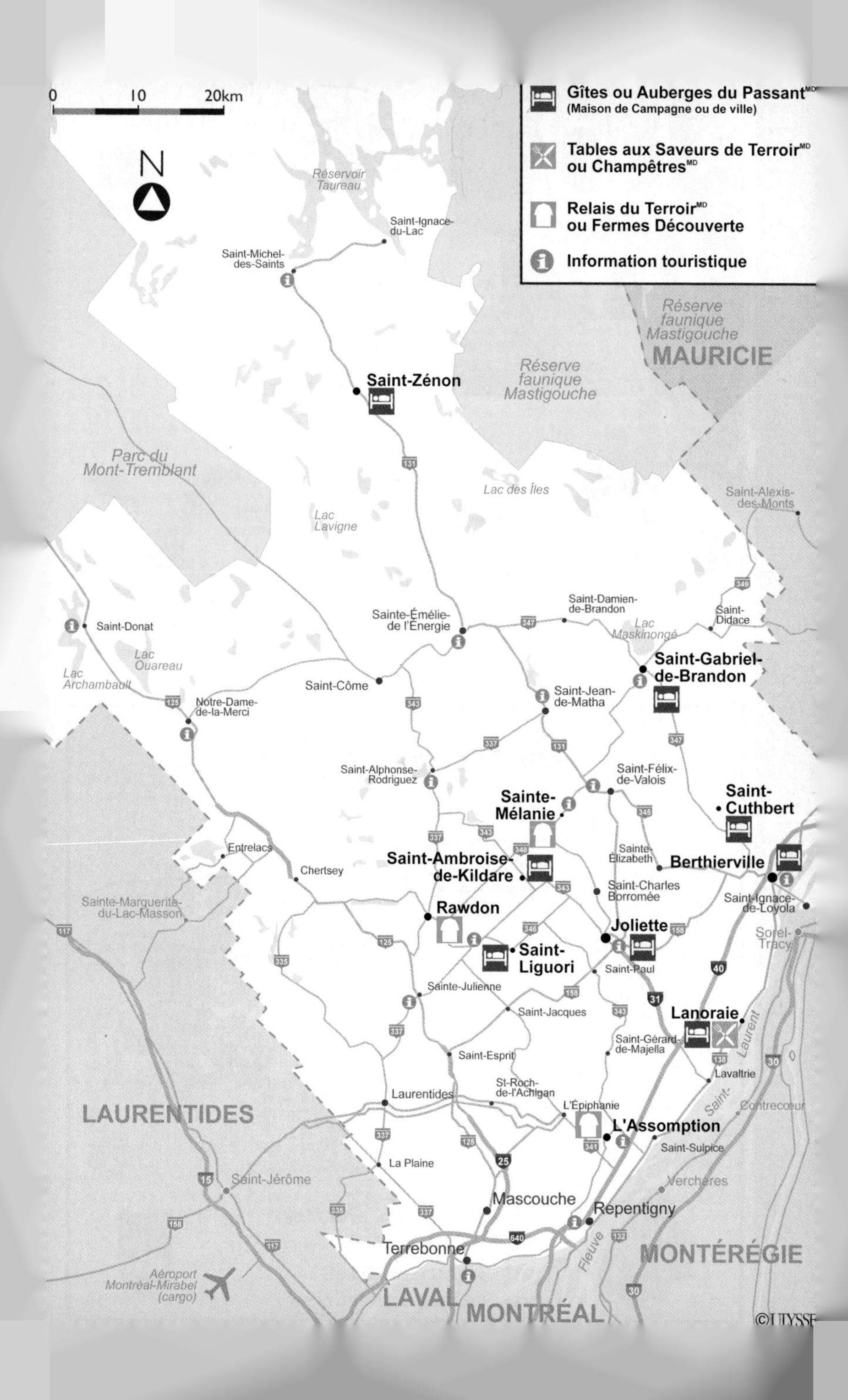

0 10 20km
N
Gîtes ou Auberges du Passant[MD] (Maison de Campagne ou de ville)
Tables aux Saveurs de Terroir[MD] ou Champêtres[MD]
Relais du Terroir[MD] ou Fermes Découverte
Information touristique
Réservoir Taureau
Saint-Ignace-du-Lac
Saint-Michel-des-Saints
Réserve faunique Mastigouche
MAURICIE
Saint-Zénon
Parc du Mont-Tremblant
Lac des Îles
Lac Lavigne
Saint-Alexis-des-Monts
Saint-Damien-de-Brandon
Sainte-Émélie-de l'Énergie
Lac Maskinongé
Saint-Didace
Saint-Donat
Lac Ouareau
Lac Archambault
Saint-Côme
Saint-Gabriel-de-Brandon
Saint-Jean-de-Matha
Notre-Dame-de-la-Merci
Saint-Alphonse-Rodriguez
Saint-Félix-de-Valois
Sainte-Mélanie
Saint-Cuthbert
Entrelacs
Chertsey
Saint-Ambroise-de-Kildare
Sainte-Élizabeth
Berthierville
Saint-Charles Borromée
Sainte-Marguerite-du-Lac-Masson
Rawdon
Saint-Ignace-de-Loyola
Joliette
Sorel-Tracy
Saint-Liguori
Saint-Paul
Sainte-Julienne
Saint-Jacques
Lanoraie
Saint-Gérard-de-Majella
Saint-Esprit
Lavaltrie
Laurentides
St-Roch-de-l'Achigan
LAURENTIDES
L'Épiphanie
Contrecoeur
L'Assomption
Saint-Sulpice
La Plaine
Saint-Jérôme
Verchères
Mascouche
Repentigny
Terrebonne
Fleuve Saint-Laurent
MONTÉRÉGIE
Aéroport Montréal-Mirabel (cargo)
LAVAL
MONTRÉAL
©ULYSSE

Berthierville
Gîte de l'Oie Blanche B&B ☀☀☀

Gîte du Passant *certifié*

Vivianne Morin et Réjean Desjardins
980, rue Montcalm
Berthierville J0K 1A0
Tél. / Fax (450) 836-6592 Tél. (514) 743-6580
www.gitedeloieblanche.com
info@gitedeloieblanche.com

Aut. 40, sortie 144, av. Gilles-Villeneuve à gauche, rue Montcalm à droite.

Pour un séjour inoubliable dans une maison ancestrale, plus que centenaire, on vous offre une hospitalité chaleureuse. De plus, vous apprécierez nos petits-déjeuners copieux 4 services. Nous vous promettons un séjour mémorable. Nous sommes assurés que votre visite sera agréable et relaxante pour un moment de bonheur et de détente bien mérité... **Certifié «Bienvenue cyclistes!MD».**

Aux alentours: Chemin du Roy, Route verte, Chapelle des Cuthbert, Musée Gilles Villeneuve, golf, croisières.

Chambres: la décoration de nos chambres fait notre fierté. **4 ch. S. de bain privée(s) ou partagée(s)**

Forfaits: charme, détente & santé, golf, vélo.

Ouvert: à l'année.

2 pers: B&B 60-100$ **1 pers B&B** 60-100$

Enfant (12 ans et –): B&B 10$

Taxes en sus.

Réduction: hors saison et long séjour.

@ **AV** AC **Certifié: 2006**

Berthierville
Manoir Latourelle ☀☀☀

Gîte du Passant *certifié*

Colette, Roxane et Jules Rémillard
120, rang rivière Bayonne Nord
Berthierville J0K 1A0
Tél. / Fax (450) 836-1129 Tél. (450) 836-2188
www.valremi.qc.ca
gite@valremi.qc.ca

Aut. 40 est, dir. Berthier, sortie 144, rte 158 est, rte 138 est, 1,5 km.

Cette élégante demeure victorienne de 1888 ouvre grand ses portes. Colette vous accueille avec ses petites gâteries qui vous feront découvrir des cachettes de la région. Embellissez votre séjour avec les multiples activités de la région: musique, nature, vélo, art et culture vous convaincront d'y demeurer plus d'une journée. Déjeuner 4 services.

Aux alentours: Route verte, golf, croisière dans les îles de Berthier, concerts amphithéâtre de Joliette.

Chambres: chacune a son cachet particulier, à vous de choisir. **4 ch. S. de bain privée(s) ou partagée(s)**

Forfaits: détente & santé, golf.

Ouvert: 1er mai au 31 octobre.

2 pers: B&B 60-80$ **1 pers B&B** 50-70$

Enfant (12 ans et –): B&B 15$

Taxes en sus. IT VS

AV **Certifié: 2005**

Joliette
Gîte la Petite Monet ☀☀☀

Gîte du Passant *certifié*

Francine et Claude Coulombe
3306, boul. Base-de-Roc
Joliette J6E 3Z1
Tél. / Fax (450) 759-5798
www.giteetaubergedupassant.com/monet

Aut. 40, sortie 122, aut. 31 nord, sortie 7 dir. St-Paul, 1er chemin à droite, 3e maison. Rte 158 est, sortie boul. Base-de-Roc à gauche, dir. amphithéâtre et golf.

Détente et bien-être vous attendent dans un gîte chaleureux et champêtre! Déjeuner savoureux et varié. Jardin enchanteur, endroit paisible et calme. Bienvenue à la clientèle d'affaires. Situé à 2 km de l'amphithéâtre de Joliette et de «La Distinction».

Aux alentours: musique, golf, musée, vélo, théâtre, patins, ski de fond, festival, canot, visite guidée $, parcs.

Chambres: dans la belle campagne, lit double ou lits simples, vue sur la terrasse. **3 ch. S. de bain privée(s) ou partagée(s).**

Ouvert: à l'année.

2 pers: B&B 80$ **1 pers B&B** 65$

Enfant (12 ans et –): B&B 25$

A AC **Certifié: 2000**

Lanoraie
Auberge du Petit Bois d'Autray ☀☀☀
Gîte du Passant *certifié*

Sophie et Maryse Dallaire, Victor Conceicao
598, rg du Petit-Bois-d'Autray
Lanoraie J0K 1E0
Tél. / Fax (450) 836-7696 Tél. 1-877-836-7696
www.aubergepetitboisdautray.com
info@aubergepetitboisdautray.com

Aut. 40, sortie 130, ch. Joliette à droite, rte 138 à gauche, Montée d'Autray à gauche, rang du Petit Bois d'Autray à droite.

Notre maison fermière de 1852 est blottie au milieu des champs. La beauté des paysages, la basse-cour caquetante et le bruissement des feuilles seront synonymes de répit. Notre copieux petit-déj. 3 services, accompagné de jus pressé, de confitures maison et de viennoiseries, vous sera servi dans notre salle à manger de pièce sur pièce d'origine. Certifié Table aux Saveurs du Terroir^MD. **Certifié «Bienvenue cyclistes!^MD».** P. 22, 176.

Aux alentours: chemin du Roy, croisière, kayak, sentiers pédestres, agrotourisme, pistes cyclables, pêche.
Chambres: du rez-de-chaussée au grenier, chacune différente mais toutes chaleureuses. **5 ch. S. de bain partagée(s)**
Forfaits: charme, plein air, théâtre, vélo.
Ouvert: à l'année.
2 pers: B&B 65-90$ **PAM** 105-130$ **1 pers B&B** 60-85$ **PAM** 80-105$
Enfant (12 ans et –): B&B 10$ **PAM** 30$
Taxes en sus. IT MC VS
Réduction: long séjour.

A ⊗ ⬢ @ ✕ **AV** **Certifié: 2004**

St-Ambroise-de-Kildare
Bergerie des Neiges ☀☀☀☀
Gîte du Passant *certifié*

Desneiges Pepin et Pierre Juillet
1401, Rang 5 (Principale)
Saint-Ambroise-de-Kildare J0K 1C0
Tél. (450) 756-8395 1-866-756-8395
www.bergeriedesneiges.com
info@bergeriedesneiges.com

Aut. 40, sortie 122, aut. 31 N., rte 158 O., 1er feu, rue St-Pierre à dr., dir. St-Ambroise, boul. Manseau à g., rte 343 N., Beaudry à dr., 15 km. Au feu, rang 5 à g., 2,7 km.

Domaine paisible à la campagne, décor bucolique et enchanteur, fruit de 20 ans de passion. Intimité et autonomie à l'école de rang restaurée, toute équipée, déj. gourmands à la maison principale centenaire. Histoire inspirante, ferme authentique, accueil humain, un délice pour les sens à 1h de Mtl. Visite et produits de la ferme. Disp. en chalet. P. 172.

Aux alentours: agrotourisme artisans, golf, sentiers, vélo, patinoire, musée, spectacles, festivals et bons restos!
Chambres: cachet d'autrefois, raffinement, romantisme dans le confort d'aujourd'hui. **5 ch. S. de bain privée(s)**
Forfaits: gastronomie, golf, autres.
Ouvert: à l'année.
2 pers: B&B 89$ **1 pers B&B** 79$
Enfant (12 ans et –): B&B 20$
Taxes en sus. IT VS

A ⊗ @ **Certifié: 1999**

St-Cuthbert
Gîte l'Hibiscus ☀☀☀
Gîte du Passant *certifié*

France Laurens et Serge Paulin
2040, rang York
Saint-Cuthbert J0K 2C0
Tél. (450) 885-1530 1-866-885-1530
www.gitehibiscus.com
bnb@gitehibiscus.com

Aut. 40, sortie 151, rte 138 E. dir. St-Viateur, St-Viateur à g., York à g. Ou rte 138 E. dir. St-Cuthbert, Berthelet à g., St-Viateur à dr., ch. du Roy, York à dr., 2 km.

Invitante et chaleureuse centenaire de 1865, sur le chemin du Roy et la Route verte #5. Hiver et été, arpentez nos boisés et coulées sur 82 arpents ou faites la sieste dans le hamac au gré du clapotis de nos bernaches dans l'étang. Un coin paisible et agréable pour tous les sens. Sentez les odeurs, voyez les couleurs... non loin, le fleuve et ses îles. **Certifié «Bienvenue cyclistes!^MD».**

Aux alentours: la plus grande héronnière au monde, excursion-guide kayak, tourbière, sentier pédestre, ski de fond.
Chambres: d'époque, confortables, lits doubles. Suite avec vue panoramique. **2 ch. S. de bain partagée(s)**
Forfaits: détente & santé, gastronomie, autres.
Ouvert: à l'année. Sur réservation.
2 pers: B&B 65-85$ **1 pers B&B** 55-75$
Taxes en sus.
Réduction: long séjour.

⊗ ⬢ @ **AV** **Certifié: 2004**

St-Gabriel-de-Brandon
La Belle Victorienne ☼☼☼

Gîte du Passant *certifié*

Hélène Gravel
115, chemin Saint-Gabriel
Saint-Gabriel-de-Brandon J0K 2N0
Tél. (450) 835-0707 1-877-835-0707
Fax (450) 835-5584
www.labellevictorienne.com
labellevictorienne@labellevictorienne.com

Aut. 40, sortie 144. Rte 347 nord.

Située au coeur du village, cette maison de 1887 est à 2 pas des pistes de motoneiges et de quad. Le village est bordé par le lac Maskinongé. À 1h15 de Montréal et à 2h de Québec. Sa décoration intérieure a gardé un cachet antique. Votre hôtesse vous accueillera chaleureusement et vous servira de copieux déj. agrémentés de produits régionaux.

Aux alentours: festivals, plage, golf, sentiers de randonnée, motoneige, quad, cabanes à sucre.
Chambres: la décoration de chacune est originale avec un cachet raffiné. **3 ch. S. de bain partagée(s)**
Forfaits: gastronomie, autres.
Ouvert: à l'année. Réservation recommandée.
2 pers: B&B 80$ **1 pers B&B** 53$
Enfant (12 ans et –): B&B 0-20$
AM IT MC VS
Réduction: long séjour.

A @ **AV Certifié: 2006**

St-Liguori
Gîte Le Liguori ☼☼☼

Gîte du Passant *certifié*

Robin Martel
1321, rang Camp Notre-Dame
Saint-Liguori J0K 2X0
Tél. (450) 834-6804 (450) 757-5507
www.giteleliguori.com
info@giteleliguori.com

Aut. 25, rte 125 dir. Rawdon, rtes 346 à dr., 341 à g., Camp Notre-Dame à g. Aut. 40, rtes 31, 158, 341 à dr., dir. Rawdon, Golf Montcalm, au bout à dr., Camp Notre-Dame à g.

Maison ancestrale, datant du début du 19e siècle, située sur les bords de la rivière Ouareau. Déjeuners champêtres. Différents forfaits disponibles comme golf, massothérapie, repas champêtre et traîneau à chiens. Boutique de produits du terroir de Lanaudière et expositions d'artistes locaux. Location en chalet disponible.

Aux alentours: chutes Dorwin, golf, chemins de campagne, Arbraska, visite à la ferme, jardins, théâtres, musée.
Chambres: Italienne, Française, Québécoise, Chalet des Pins et Chalet Ouareau. **5 ch. S. de bain partagée(s)**
Forfaits: charme, détente & santé, gastronomie, golf.
Ouvert: à l'année.
2 pers: B&B 78-98$ **1 pers B&B** 68-83$
Enfant (12 ans et –): B&B 15$
Taxes en sus. IT MC VS
Réduction: long séjour.

@ **AV Certifié: 2004**

St-Zénon
Au Vent Vert ☼☼☼

Gîte du Passant *certifié*

Maryse Thériault et Franck Turbot
6300, rue Principale
Saint-Zénon J0K 3N0
Tél. / Fax (450) 884-0169
www.auventvert.com
mail@auventvert.com

De Montréal, aut. 40 est et aut. 31 dir. Joliette, route 131 dir. St-Michel-des-Saints, gîte à 300 m de l'église.

Découvrez la Haute-Matawinie et reposez-vous dans une maison centenaire située au cœur d'un des villages les plus élevés du Québec. Accueil chaleureux, chambres et espaces de vie confortables et relaxants. Excellent petits-déjeuners maison. Les amants de la nature et des sports seront comblés. P. 172.

Aux alentours: parc des Sept-Chutes, réserves fauniques, ski de fond, motoneige, quad et activités de plein air.
Chambres: avec lits doubles. Situées à l'étage. **2 ch. S. de bain partagée(s).**
Ouvert: à l'année. Sur réservation pendant l'hiver.
2 pers: B&B 70$ **1 pers B&B** 50$
Enfant (12 ans et –): B&B 10$
Taxes en sus.

A 

Lanoraie

Auberge du Petit Bois d'Autray

Table aux Saveurs du Terroir *certifiée*

598, rg du Petit-Bois-d'Autray, Lanoraie
Tél. / Fax (450) 836-7696 Tél. 1-877-836-7696
www.aubergepetitboisdautray.com
info@aubergepetitboisdautray.com

Au coeur de notre maison centenaire, venez déguster la passion d'une région. Au rythme des saisons, notre table d'hôte varie et propose des mets simples et conviviaux. P. 22, 174.

Spécialités : Osso buco de bison, carpaccio de cerf, brie fumé farci de truite fumée, porc élevé à l'ancienne, oie, fromages régionaux, petits fruits et légumes du jardin.

Repas offerts : soir. Sur réservation.

L'Assomption
La Seigneurie des Patriotes

Ferme Découverte *certifiée*

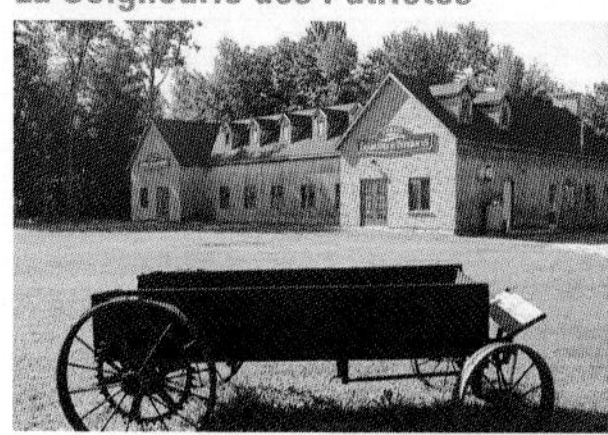

Micheline Lamothe
573, Montée Ste-Marie
L'Assomption, J5W 5E1

Tél. (450) 588-7206
Fax (450) 588-1837
www.seigneuriedespatriotes.qc.ca
erabliere_des_patriotes@hotmail.com

Aut. 40 est, sortie 108, au 2e accès, rte 343 nord dir. Joliette, à l'église traverser le pont (Montée Ste-Marie), 2,9 km.

Tarif(s) : 5$ adulte / 3$ enfant

Ouvert: à l'année. Sur réservation.

@ AC **Certifié: 2002**

Centre d'interprétation

À deux pas de Montréal, fondée en 1995, La Seigneurie des Patriotes est une ferme d'élevage exotique multifonctionnelle ayant conservée la mémoire et le patrimoine de notre passé. Nos personnages d'époque vous proposent donc de partager leur savoir au sein de différentes activités éducatives reliées à l'exploitation de la ferme.

Activités: Choix offerts: à la découverte de l'érable, visite des daims, promenade en voiture, visite du centre d'interprétation.

Services: Repas champêtres disponibles sur réservation. Bâtiment ou chapiteau. Boutique de ferme. Groupes: sur réservation. Capacité d'accueil: 160 personnes.

Rawdon
Les Sucreries des Aïeux (2003) Inc.

Relais du Terroir *certifié*

Guylaine Léveillé et Guy Breault
3794, chemin de Kildare
Rawdon, J0K 1S0

Tél. (450) 834-4404
Tél. / Fax (450) 834-6454
www.membres.lycos.fr/aieux
sucreries-des-aieux@efferent.net

Aut. 25 nord, rte 125 nord, sortie 337, rte 348 est. Aut. 40 ouest, rtes 158 nord et 345 dir N.-D-de-Lourdes, 30 km, rte 348.

ER

Ouvert: à l'année. Lun. au ven. 9h-18h. Sam. 9h-15h. Dim. 12h-17h en mars.

@ AV **Certifié: 2002**

Les Sucreries des Aïeux, reconnues comme un transformateur d'élite, vous feront découvrir le sirop d'érable sous toutes ses formes. Producteur acéricole à la fine pointe de la technologie, Les Sucreries demeurent une entreprise familiale grandissante qui fabrique artisanalement ses produits, tout comme le faisait ses ancêtres. Érablement vôtre!

Produits: Beurre d'érable pur, bonbons érable pur, sucre d'érable mou et dur, sucre d'érable granulé, sirop d'érable pur, tire d'érable pure, arachides à l'érable, bonbons clairs et suçons à l'érable, chocolat belge à l'érable, caramel à l'érable, gelée à l'érable, tartes au sucre d'érable, emballages-cadeaux, cornets à l'érable.

Activités: Admirez la nature lors d'une randonnée pédestre. Sur réservation: visite guidée de l'usine de transformation du 15 mars au 15 avril. Visite possible de l'érablière.

Services: kiosque à la ferme où il y a aussi vente de produits. Emballages-cadeaux, etc.

Aux alentours: chutes Dorwin, théâtre d'été, golf, centre équestre, ski, gîte.

Ste-Mélanie

Miel de Chez-Nous

Relais du Terroir *certifié*

Suzanne Scultéty et Jean-François Letarte
1391, rang du Pied-de-la-Montagne
Sainte-Mélanie, J0K 3A0

Tél. (450) 889-5208 (450) 750-5208
www.miel.qc.ca
info@miel.qc.ca

Aut. 40 est, sortie 122 dir. Joliette, aut. 31 nord, rte 131 nord, de N.-D.-Lourdes à gauche, ch. du Lac sud à gauche, au feu, ch. du Lac nord, rg du Pied-de-la-Montagne à dr.

VS

Ouvert: 20 février au 20 décembre. Du mercredi au dimanche de 10h à 17h.

Certifié: 2006

Miel de Chez-Nous est une entreprise familiale fondée en 1969 par Paul et Monique Scultéty, transmise à leur fille Suzanne et son mari Jean-François Letarte. Ils ont continué la production de miel de façon ancestrale et ajouté un volet transformation pour obtenir des produits exclusifs à base de miel. Boutique, centre d'interprétation et fermette.

Produits: Découvrez le monde des abeilles. Miel de trèfle, fleurs sauvages, sarrasin, crémeux. Miel à la framboise. Miel à la cannelle. Miel canneberge et amaretto. Caramel au miel. Bonbons au miel et eucalyptus. Suçons au miel. Amandes dans le miel. Caramel chocolat et miel.

Moutarde au miel. Vinaigrette pour salade et viande. Gelée Royale. Pollen. Et plusieurs autres produits...

Activités: Découvrez l'intriguant monde des abeilles et comment se fait le miel. Visite de la boutique champêtre, de la ruche d'observation et du centre d'interprétation, plus que centenaire, de la petite ferme.

Services: Aires de pique-nique et de repos situées dans un décor exceptionnel. Toilette. Centre d'interprétation. Boutique champêtre. Petite ferme.

Aux alentours: chutes Monte-à-Peine, ferme de bisons, courgerie, fromagerie, équitation, vélo.

Laurentides

La villégiature à son sommet!

Magnifiquement sauvage, tout en vert ou en blanc, en lumières et en couleurs flamboyantes, les Laurentides c'est la villégiature avec un grand V!

Philippe Renault

Dans cette région située aux portes de Montréal, les grands espaces, les plaines et les vallées, les collines et les montagnes, les forêts, les lacs et les rivières se savourent à travers une impressionnante pléiade d'activités de villégiature. Imaginez, des lieux idéals pour le canot, le vélo, le golf, la descente de rivière, la baignade, la pêche, la chasse, le ski, la raquette, la motoneige, le traîneau à chiens... Bref, un paradis pour les mordus de la nature!

«Montez dans le Nord», comme le disent si bien les Montréalais. Les Laurentides, de réputation internationale, possèdent la plus grande concentration de pistes de ski alpin en Amérique du Nord. Tremblant, la première grande station de ski au Canada avec son village touristique animé au style «Vieux Québec», possède le plus haut sommet de la région (935 m).

Enfin, les Laurentides c'est aussi d'agréables et coquets villages où les boutiques, les bars, les artisans, les restaurants, et les cafés se mettent de la partie pour terminer votre journée de grand air dans la plus douillette des atmosphères. Quant à ses nombreux festivals et événements, ils ajouteront tout le piquant et la joie de vivre qui rendent une escapade mémorable.

Saveurs régionales

Auberge du Lac à la Loutre, Huberdeau

Les petites fermes diversifiées à vocation touristique et agricole vous feront découvrir un terroir riche en produits succulents. On y retrouve des vignobles, des érablières, des vergers, des cidreries, des fromageries et des mielleries; des élevages d'agneau, de lapin et, moins traditionnels, de bison, de sanglier, d'autruche et de cervidés. Le caribou, le daim et les viandes de petits gibiers sont excellents accompagnés de gelée de cèdre ou de sapin.

Chose inusitée, on y fait la conservation des cœurs de quenouille, les boutons d'asclépiade, qu'on dit plus tendres et délicats que ceux de l'artichaut ou du palmier. Enfin, les cultures maraîchères en serre, une spécialité de la région, produisent tomates, laitues et fleurs comestibles.

Produits du terroir à découvrir et déguster

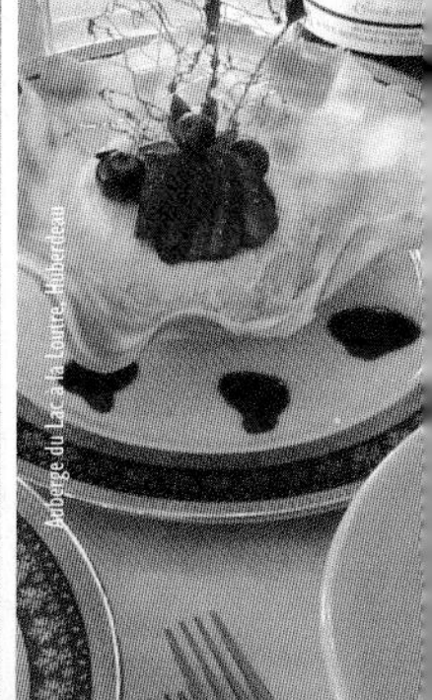
Auberge du Lac à la Loutre, Huberdeau

- Boissons alcoolisées à base d'érable dont des apéritifs et des digestifs de *L'Ambroisie de Mirabel*. P.211
- Les produits du miel (ganache, caramel, hydromel) les produits de l'érable *d'Intermiel*. P. 211.
- Viandes d'autruche sous toutes ses formes du *Nid'Otruche*. P.212.
- Variété de 13 cidres dont un cidre de glace ainsi que divers produits transformés de la pomme de la *Cidrerie Les Vergers Lafrance*. P.213.
- Vins: blancs, rosés, rouges, de vendanges tardives et de glace du *Vignoble de la Rivière du Chêne*. P. 212.
- Produits de la pomme : jus, tartes, confitures, gelées... du *Verger Richard Legault*. P. 214.
- Fromages à pâte ferme ou semi-ferme, à croûte lavée et au lait cru biologique des *Fromagiers de la Table Ronde*. P.214.

La région compte quatre (4) Tables aux Saveurs du Terroir[MD] et sept (7) Tables Champêtres[MD] certifiées. Une façon originale de découvrir les saveurs de la région ! (P. 206.)

Philippe Renault

Laurentides

Le saviez-vous?

C'est dans les Laurentides que la première remontée mécanique en Amérique du Nord fit son apparition en 1932 le long de la Big Hill de Shawbridge (Prévost). On attribue à Moïse Paquette un "patenteux" de Sainte-Agathe-des-Monts, cet incroyable mécanisme composé d'un câble actionné par la jante arrière d'une Dodge 1928 et relié à une autre jante fixée à un poteau au sommet de la pente. Par ailleurs, il fut commercialisé par un jeune champion sauteur de Montréal, Alex Foster. Si certains skieurs refusèrent de s'agripper à cette «patente», le temps des montées à pied à bout de souffle était bien révolu! Son invention permit au ski alpin de prendre le pas sur le ski nordique et donna naissance à plusieurs centres de ski.

Clin d'œil sur l'histoire

C'est au curé Labelle de Saint-Jérôme, surnommé le « Roi du Nord », que l'on doit les Laurentides d'aujourd'hui. Mobilisant les gens de sa communauté, il obtint un chemin de fer pour faire le transport du bois vers Montréal en 1879. Suivant sa volonté, son successeur le curé Grenier fera monter la ligne jusqu'à Mont Laurier en 1909. Alors que l'ingénieur norvégien«Jack Rabbit» popularise le ski de fond, le fameux «P'tit Train du Nord» arrive à temps pour répondre à la demande grandissante des citadins pour ce sport en 1928. Il prendra sa retraite en 1960 et son tracé renaîtra en parc linéaire en 1996: un réseau de 200 km accueillant cyclistes et skieurs. C'est le plus long parc cyclable du monde.

Agatha Lopez, ATR Laurentides

Quoi voir? Quoi faire?

Le Vieux Saint-Eustache: Église Saint-Eustache, Maison et Jardins Chénier-Sauvé, Moulin Légaré...

L'abbaye cistercienne d'Oka.

Le Lieu historique national du Canada du Canal-de-Carillon (Carillon).

Glissades d'eau: les cascades d'eau de Piedmont, Parc aquatique Mont-Saint-Sauveur, le Super Splash de Sainte-Adèle et le Boisé du fou du roi pour une descente en tube sur la rivière Rouge.

Pente des Pays-d'en-Haut: glissade sur tubes en hiver (Piedmont).

Les Factoreries Saint-Sauveur.

Pour les tout-petits : au Pays des Merveilles (Sainte-Adèle) et le Village du Père-Noël (Val-David).

Le centre de villégiature Tremblant: village touristique, télécabine panoramique...

Les Jardins de Mireille, petit coin de paradis olfactif (Saint-Jovite).

Plusieurs centres de santé et bains finlandais.

De nombreux théâtres d'été.

Jean-François Bergeron, Sépaq

Faites le plein de nature

Le parc national d'Oka et son large éventail d'activités éducatives et récréatives.

Le Parc régional du Bois de Belle-Rivière: marche, jardins, baignade... (Mirabel).

Le Parc linéaire le P'tit Train du Nord: de Saint-Jérôme à Mont Laurier, 200 km de vélo, 45 km de ski de fond. Attraits de toutes sortes.

Pour le vélo: La Vagabonde (46 km), le Parc linéaire des Basses-Laurentides (23 km), le Corridor Aérobique (58 km).

Le Centre Touristique et Éducatif des Laurentides (Saint-Faustin-Lac-Carré).

Le parc national du Mont-Tremblant: en canot, à pied, en vélo, à skis ou à raquettes, vous serez étonnés par l'immensité de son territoire.

Les réserves fauniques de Papineau-Labelle (diverses activités de plein air) et de Rouge-Matawin (haut lieu de la motoneige).

Nominingue : plage, vélo, villégiature…

Le mont Sir-Wilfrid-Laurier: randonnée, raquette, ski de fond, vélo, motoneige, la chute de Windigo... (Ferme Neuve)

Parc du Domaine Vert, tentez l'expérience d'Arbre en Arbre, une piste d'hébertisme aérien (Mirabel).

Pour plus d'information sur la région des Laurentides: 1-800-561-6673
www.laurentides.com

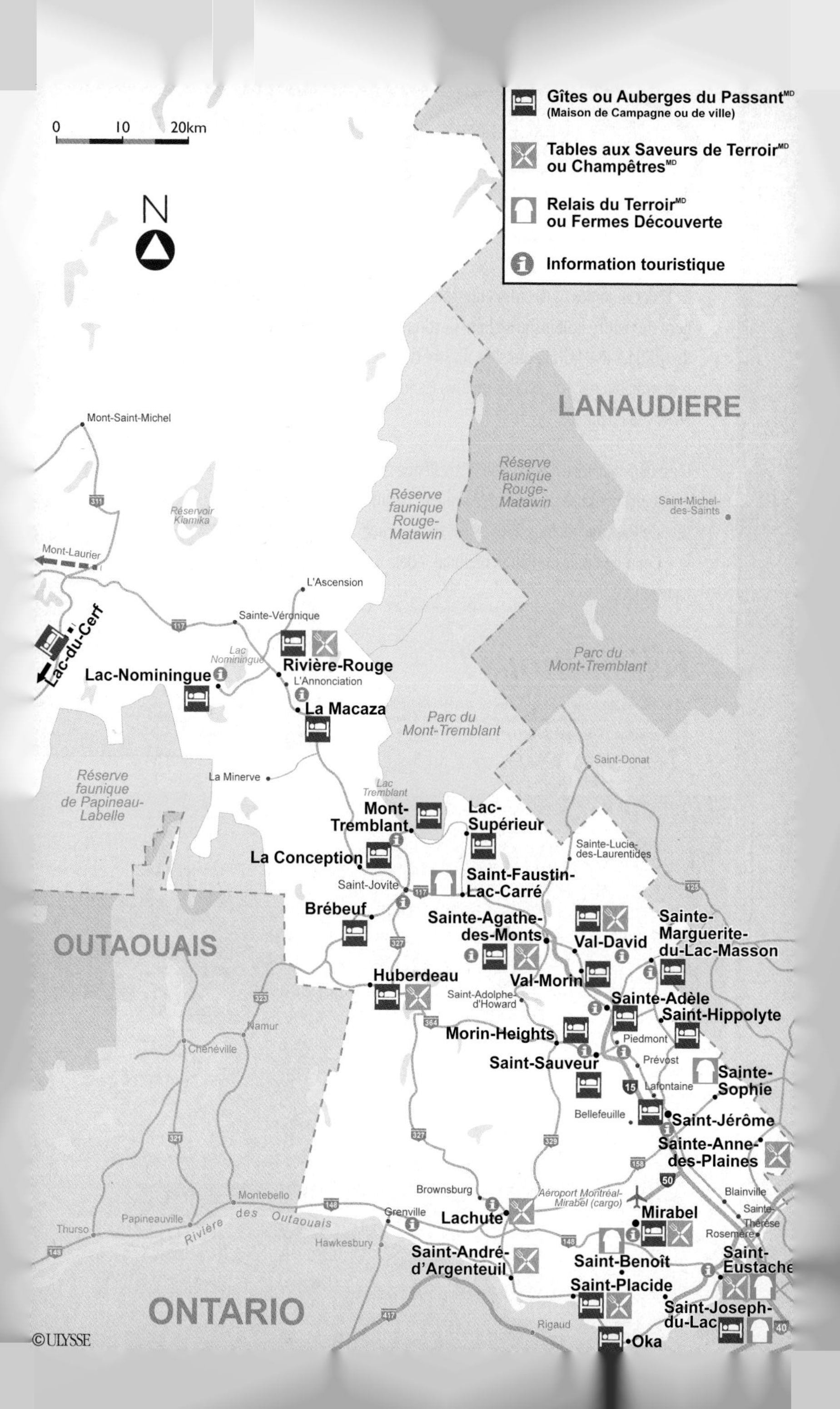

0 10 20km
N
Gîtes ou Auberges du Passant[MD]
(Maison de Campagne ou de ville)
Tables aux Saveurs de Terroir[MD]
ou Champêtres[MD]
Relais du Terroir[MD]
ou Fermes Découverte
Information touristique
LANAUDIERE
Réserve faunique Rouge-Matawin
Saint-Michel-des-Saints
Mont-Saint-Michel
Réservoir Kiamika
Mont-Laurier
L'Ascension
Sainte-Véronique
Lac-du-Cerf
Lac Nominingue
Rivière-Rouge
Lac-Nominingue
L'Annonciation
La Macaza
Parc du Mont-Tremblant
Saint-Donat
Réserve faunique de Papineau-Labelle
La Minerve
Lac Tremblant
Mont-Tremblant
Lac-Supérieur
Sainte-Lucie-des-Laurentides
La Conception
Saint-Jovite
Saint-Faustin-Lac-Carré
Brébeuf
Sainte-Agathe-des-Monts
Val-David
Sainte-Marguerite-du-Lac-Masson
OUTAOUAIS
Huberdeau
Val-Morin
Saint-Adolphe-d'Howard
Sainte-Adèle
Saint-Hippolyte
Namur
Morin-Heights
Piedmont
Chénéville
Saint-Sauveur
Prévost
Sainte-Sophie
Lafontaine
Bellefeuille
Saint-Jérôme
Sainte-Anne-des-Plaines
Brownsburg
Aéroport Montréal-Mirabel (cargo)
Blainville
Montebello
Grenville
Lachute
Mirabel
Sainte-Thérèse
Thurso
Papineauville
Rivière des Outaouais
Hawkesbury
Rosemère
Saint-André-d'Argenteuil
Saint-Benoît
Saint-Eustache
Saint-Placide
ONTARIO
Saint-Joseph-du-Lac
Rigaud
Oka

Val-David

Gîte La Romance

1183, ch. de la Rivière
J0T 2N0
(819) 322-1766
info@gitelaromance.com
www.gitelaromance.com
P. 203.

La Fédération des Agricotours du Québec* est fière de rendre hommage à l'hôte Gordon Flynn, du GÎTE LA ROMANCE, qui s'est illustré de façon remarquable par son accueil de tous les jours envers sa clientèle.

C'est dans le cadre des Prix de l'Excellence 2006 que le propriétaire de cet établissement, certifié Gîte du Passant[MD] depuis 2005, s'est vu décerner le « Coup de Cœur du Public régional » des Laurentides.

Félicitations !

**La Fédération des Agricotours du Québec est propriétaire des marques de certification : Gîte du Passant[MD], Auberge du Passant[MD], Maison de Campagne ou de Ville, Table Champêtre[MD], Relais du Terroir[MD] et Ferme Découverte.*

Merci au nom des lauréats!

Chaque année, les fiches d'appréciation permettent de décerner le Prix de l'Excellence, dans la catégorie « Coup de Cœur du Public », aux établissements qui se sont démarqués de façon remarquable par leur accueil. En remplissant une fiche d'appréciation, vous contribuez non seulement à maintenir la qualité constante des services offerts, mais également à rendre hommage à tous ces hôtes.

COUREZ LA CHANCE DE GAGNER UN SÉJOUR !

Chacune des fiches d'appréciation , vous donne la chance de gagner un séjour de 2 nuits pour 2 personnes dans un « Gîte ou une Auberge du Passant[MD] » de votre choix.
La fiche d'appréciation est disponible dans tous les établissements certifiés et sur Internet :
www.gitesetaubergesdupassant.com

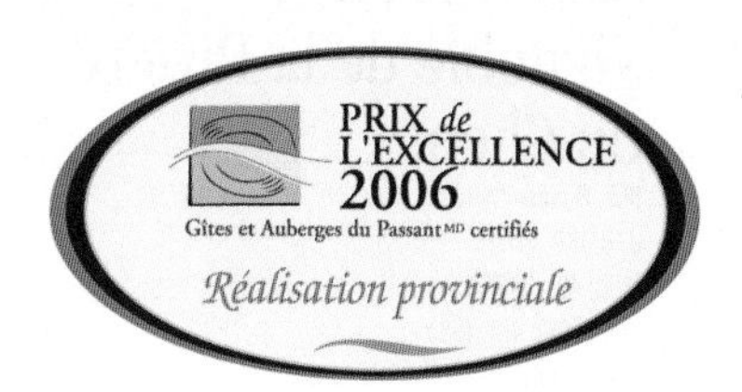

Val-David

Le Creux du Vent

1430, rue de l'Académie
J0T 2N0
(819) 322-2280 1-888-522-2280
Fax : (819) 322-2260
info@lecreuxduvent.com
www.lecreuxduvent.com
P. 20, 203, 210.

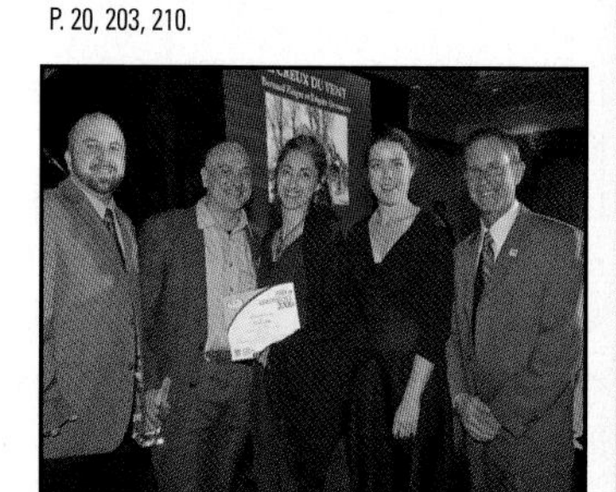

La Fédération des Agricotours du Québec* est fière de rendre hommage aux hôtes Bernard Zingré et Brigitte Demmerle, de l'auberge LE CREUX DU VENT, qui se sont illustrés de façon remarquable dans leurs efforts à développer, promouvoir et offrir une prestation de qualité.

C'est dans le cadre des Prix de l'Excellence 2006 que les propriétaires de cet établissement, certifié Auberge du Passant[MD] depuis 2005, se sont vu décerner la « Réalisation provinciale » dans le volet hébergement.

« Si bien des réalisations partent d'un rêve, il y a des rêves qui ne se réaliseraient pas sans audace… Le comité jury tient ici à souligner l'exceptionnel travail de revalorisation qui a été réalisé tant sur le plan de l'aménagement que sur le plan des services offerts. Ce qui a permis de donner une réputation de qualité à cet établissement. Un travail colossal qui s'exprime par l'amélioration de l'aménagement des chambres, l'offre d'une cuisine créative élaborée à partir des produits régionaux, des efforts promotionnels originaux, l'élaboration de forfaits et bien plus. »

Félicitations !

**La Fédération des Agricotours du Québec est propriétaire des marques de certification : Gîte du Passant[MD], Auberge du Passant[MD], Maison de Campagne ou de Ville, Table Champêtre[MD], Relais du Terroir[MD] et Ferme Découverte.*

Saint-Eustache

Vignoble de la Rivière du Chêne

807, Rivière Nord
J7R 4K3
(450) 491-3997
Fax : (450) 491-4995
vignobleduchene@videotron.ca
www.vignobledelariviereduchene.qc.ca
P. 212.

La Fédération des Agricotours du Québec* est fière de rendre hommage aux hôtes Daniel Lalande et Isabelle Gonthier, du Relais du Terroir[MD] le VIGNOBLE DE LA RIVIÈRE DU CHÊNE, qui se sont illustrés de façon remarquable dans leurs efforts à développer, promouvoir et offrir une prestation de qualité.

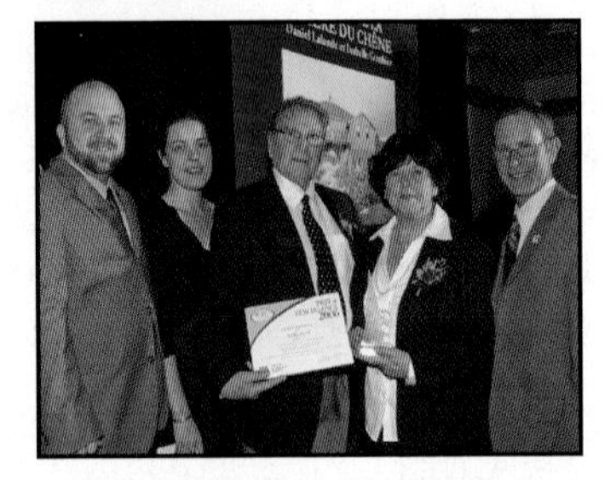

C'est dans le cadre des Prix de l'Excellence 2006 que les propriétaires de cet établissement, certifié Relais du Terroir[MD] depuis 2002, se sont vu décerner la « Réalisation provinciale » dans le volet agrotourisme.

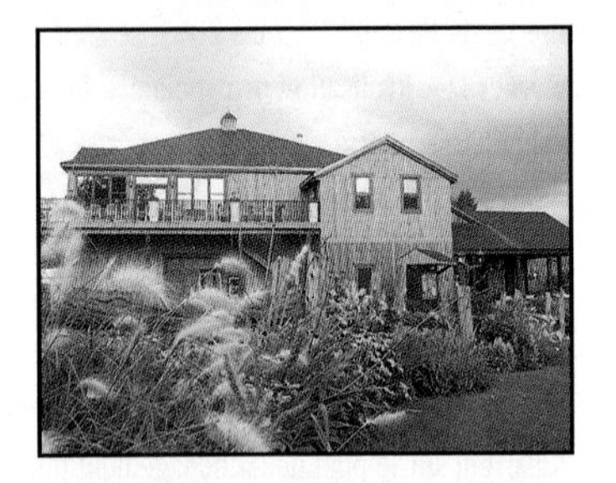

« D'un rêve, d'une passion et de moult efforts, les artisans récipiendaires de ce prix ont fait preuve, depuis le début de leur aventure, de beaucoup de volonté pour développer leur entreprise. La réalisation de cette entreprise a été d'entreprendre des travaux d'aménagement des lieux. Ce résultat témoigne surtout de leur amour pour leur métier et leur envie du dépassement. Récipiendaire de plusieurs prix, cet établissement a aussi le mérite de mettre à profit toutes les personnes impliquées dans leur entreprise où solidarité et amitié représentent le pilier de leur réussite. »

La Fédération des Agricotours du Québec est propriétaire des marques de certification : Gîte du Passant[MD], Auberge du Passant[MD], Maison de Campagne ou de Ville, Table Champêtre[MD], Relais du Terroir[MD] et Ferme Découverte.

Aux couleurs de l'auberge
L'Été Indien
Indian summer Inn Colors
À proximité du Mont Tremblant,
en bordure de la rivière Rouge
découvrez un endroit calme
et chaleureux.
1 877 429-6622
www.eteindien.qc.ca

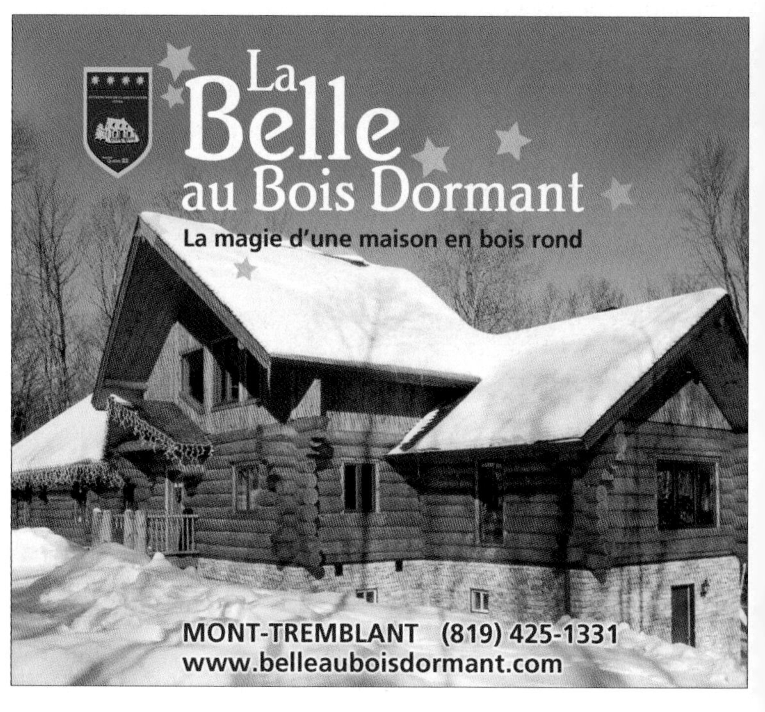
La
Belle
au Bois Dormant
La magie d'une maison en bois rond
MONT-TREMBLANT (819) 425-1331
www.belleauboisdormant.com

Brébeuf

Auberge l'Été Indien ✵✵✵✵

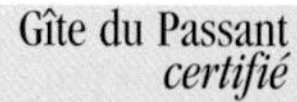
Gîte du Passant *certifié*

L'Été Indien c'est: une douce mélodie, une magnifique saison, un endroit à découvrir, idéal pour relaxer en bordure de la rivière Rouge, à 15 minutes de Mont-Tremblant. Spa 4 saisons, piscine, plage privée, vélos, foyer au salon et au jardin. Découvrez le repas du soir sur réservation et les matins aux couleurs de l'Été Indien. **Certifié «Bienvenue cyclistes!MD».** P. 185.

Aux alentours: ski, ski fond, traîneau à chiens, piste cyclable, golf, pêche, randonnée, canot, kayak.

4 ch. S. de bain partagée(s).

Ouvert: à l'année.

2 pers: B&B 85-105$ **PAM** 145-165$ **1 pers B&B** 65-85$ **PAM** 95-115$

Enfant (12 ans et –): B&B 20$

Taxes en sus. MC VS

Réduction: hors saison et long séjour.

A ⊗ ⬢ @ ✕ AV AC **Certifié: 2007**

Johanne Pépin et Luc Lemay
157, route 323
Brébeuf J0T 1B0
Tél. 1-877-429-6622 (819) 429-6622
Fax (819) 429-6922
www.eteindien.qc.ca
info@eteindien.qc.ca

Aut. 15 nord, rte 117 nord, sortie 117 dir. Montebello à gauche, 8 km. Ou rte 50 est, rte 148 est dir. Montebello, rte 323 nord dir. Mont-Tremblant.

Huberdeau

Auberge du Lac à la Loutre ★★★

Auberge du Passant *certifiée*

Venez découvrir un lieu privilégié; un domaine privé sur les rives d'un lac d'eau pure et cristalline. Appréciez le charme bucolique de la nature et offrez-vous un temps d'arrêt pour relaxer et profiter des plaisirs des sens. Au menu, une cuisine française classique avec produits du terroir et gibiers vous sont offerts. Certifié Table aux Saveurs du TerroirMD. P. 209.

Aux alentours: à quelques minutes de Tremblant, golf, concerts, fermes écologiques, ski de fond, ski alpin.

Chambres: chacune au décor et cachet particulier, avec vue sur le lac ou la montagne.

13 ch. S. de bain privée(s) ou partagée(s)

Forfaits: charme, détente & santé, romantique, ski de fond.

Ouvert: à l'année.

2 pers: PAM 184-244$ **1 pers PAM** 113-174$

Enfant (12 ans et –): PAM 55-74$

Taxes en sus. AM IT MC VS

Réduction: hors saison et long séjour.

A ⊗ ✕ AV AC **Certifié: 2005**

Rémi Rouillier
122, chemin Trudel
Huberdeau J0T 1G0
Tél. (819) 687-8888 1-888-568-8737
Fax (819) 687-1044
www.aubergedulacalaloutre.com
lacalaloutre@qc.aira.com

Aut. 15 nord, rte 117 nord, à St-Jovite, sortie 117 vers Brébeuf, rte 323 sud jusqu'à Brébeuf, à l'arrêt à gauche, au 1er chemin rang des Erables à gauche, 10 km vers Auberge.

Huberdeau

Gîte le Coq en Pâte ✵✵✵✵

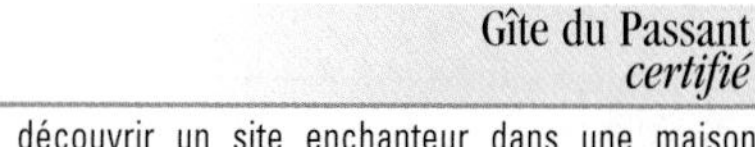
Gîte du Passant *certifié*

Venez découvrir un site enchanteur dans une maison centenaire rénovée pour votre confort. Vous pourrez au gré des saisons, utiliser nos sentiers balisés, profiter du lac, observer les animaux et découvrir les plaisirs de la nature. Le calme et la tranquillité de l'endroit vous feront oublier tous vos soucis. Au plaisir de vous accueillir.

Aux alentours: piste cyclable Corridor Aérobique, Temple Bouddhiste, parc Oméga, Mont-Tremblant, Territoires Nature.

Chambres: lit double, ventilateur, vue sur étang, dormir au son apaisant de la chute.

2 ch. S. de bain partagée(s)

Forfaits: plein air, vélo, autres.

Ouvert: à l'année.

2 pers: B&B 80$ **1 pers B&B** 70$

Enfant (12 ans et –): B&B 15$

Réduction: long séjour.

⊗ **Certifié: 2007**

Liette et Pierre Auclair
1668, chemin du Bois Coursolle
Huberdeau J0T 1G0
Tél. (819) 687-8244
www.gitelecoqenpate.com
domaineducoqenpate@sympatico.ca

Aut. 15 dir. Mont-Tremblant, rte 327 ouest, Arundel, arrêt à droite, Huberdeau, arrêt à gauche, 7 km, rue Boileau à gauche, 3 km. Suivre les indications.

La Conception

Les Jardins de l'Achillée Millefeuille ✻✻✻✻

Gîte du Passant *certifié*

Monique et Claude
4352, chemin des Tulipes
La Conception J0T 1M0
Tél. / Fax (819) 686-9187 Tél. 1-877-686-9187
www.millefeuille.ca
achillee@millefeuille.ca

Aut. 15 nord, rte 117 nord, sortie 126 La Conception. À l'arrêt tout droit, 6 km. Au 2e arrêt, garder la gauche, 1 km.

Notre domaine de 9 acres et nos jardins écologiques sont nichés en forêt, au creux de la vallée de la rivière Rouge, à 10 min de Mont-Tremblant et en bordure de la piste cyclable. Nous cuisinons dans notre magnifique maison en bois rond, à partir des récoltes du jardin et des oeufs frais de notre poulailler. Nous sommes certifiés biologiques. **Certifié «Bienvenue cyclistes!MD».**

Aux alentours: vélo, canot, baignade, ornithologie, équitation, sentiers en forêt, spa, ski, ski de fond, raquette.
Chambres: décor inspiré de nos jardins. Balcon, terrasse, de construction écologique.
5 ch. S. de bain privée(s)
Forfaits: détente & santé, gastronomie, vélo.
Ouvert: à l'année.
2 pers: B&B 99-139$ **1 pers B&B** 84-124$
Enfant (12 ans et –): B&B 15-30$
Taxes en sus. IT MC VS
Réduction: hors saison et long séjour.

A **Certifié: 2007**

La Macaza

Le Gîte du Lac Chaud ✻✻✻

Gîte du Passant *certifié*

Carole Lesage
444, chemin du Lac-Chaud
La Macaza J0T 1R0
Tél. (819) 275-7886
Fax (819) 275-2997
www.LeGiteDuLacChaud.com
info@legitedulacchaud.com

Aut. 15 nord, rte 117 jusqu'à l'Annonciation. Au feu, ch. Macaza à droite, ch. de l'Aéroport à gauche qui devient le ch. du Lac-Chaud, 4,4 km.

Maison située en retrait des voisins et de la route par son grand terrain boisé, face au lac, terrasse panoramique, jardin. Sa décoration intérieure dégage une atmosphère chaleureuse par son agencement harmonieux du mobilier, des peintures et ses boiseries. TV, musique, bibliothèque et foyer incitent à la détente et à la discussion entre amis.

Aux alentours: vélo, golf, équitation, tours d'avion, ski de fond, Mont-Tremblant, sentiers pédestres, raquette.
Chambres: douillettes avec vue panoramique sur lac et forêt qui inspirent le repos.
3 ch. S. de bain privée(s) ou partagée(s).
Ouvert: 1er septembre au 1er juin.
2 pers: B&B 75$ **1 pers B&B** 55$
Enfant (12 ans et –): B&B 10$
Taxes en sus. IT
Réduction: long séjour.

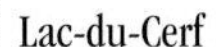

A @ **AV** **Certifié: 2005**

Lac-du-Cerf

Auberge le Gentilhomme ★★★

Auberge du Passant *certifiée*

Christine et Marcel Richard
12, rue Bondu
Lac-du-Cerf J0W 1S0
Tél. (819) 597-4299
www.auberge-le-gentilhomme.ca
gentilhomme.auberge@tlb.sympatico.ca

Aut. 15, rte 117 nord, rte 311 sud.

Ou aut. 50 ouest, rte 309 nord, rte 311 sud.

Chaleureuse auberge au bord du grand Lac du Cerf dans les Hautes-Laurentides, 8 chambres rénovées avec salle de bain privée, un grand salon avec TV et foyer, une salle à manger et 2 magnifiques terrasses au bord de l'eau. Paradis pour la pêche, le vélo, la randonnée, les activités nautiques.

Aux alentours: le grand Lac du Cerf et ses plages de sable, le sentier écologique, la nature à l'état...
Chambres: confortables, très propres, lit queen ou double, vue sur le lac, terrasse.
8 ch. S. de bain privée(s)
Forfaits: charme, automne, hiver.
Ouvert: à l'année.
2 pers: PAM 72-87$ **1 pers PAM** 57-72$
Enfant (12 ans et –): PAM 15-20$
Taxes en sus. IT MC VS
Réduction: long séjour.

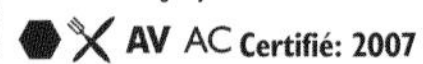

AV AC **Certifié: 2007**

Lac-Nominingue
Auberge chez Ignace ★★★

Auberge du Passant
certifiée

Yolande Louis et Ignace Denutte
1455, ch. Bellerive sur le lac
Lac-Nominingue J0W 1R0
Tél. (819) 278-0689 1-877-278-0677
Fax (819) 278-0751
www.ignace.qc.ca
info@ignace.qc.ca

Aut. 15 nord et rte 117. Après l'Annonciation, au clignotant, rte 321 sud. 8,8 km, ch. Bellerive sur le lac à droite, 200 m. À vélo, km 141,5 du P'tit Train du Nord.

Un havre de paix où douceur de vivre retrouve tout son sens. Yolande vous accueille avec simplicité et chaleur. Ignace vous fait découvrir sa cuisine personnalisée. Vous apprécierez le décor et le confort de notre demeure. Un spa extérieur et un salon avec foyer vous invitent à la détente. Grand Prix du tourisme 1999, 2001, 2003, 2004, 2005.

Aux alentours: vélo et patin à roues alignées sur P'tit Train du Nord, activités sur le lac Nominingue, motoneige.
Chambres: vue sur le lac ou le parc, bain thérapeutique. **5 ch. S. de bain privée(s)**
Forfaits: détente & santé, romantique, vélo.
Ouvert: à l'année.
2 pers: B&B 95-105$ **PAM** 150-160$
Taxes en sus. IT MC VS
Réduction: hors saison et long séjour.

A AV AC **Certifié: 1999**

Lac-Nominingue
Auberge Villa Bellerive ★★★

Auberge du Passant
certifiée

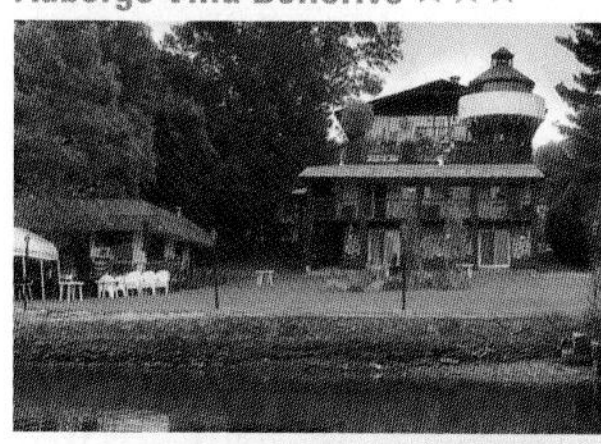

Yvon Massé
1596, ch. Bellerive sur le lac
Lac-Nominingue J0W 1R0
Tél. (819) 278-3802 1-800-786-3802
Fax (819) 278-0483
www.villabellerive.com
villabellerive@hotmail.com

Aut. 15, rte 117 nord. Après L'Annonciation, au clignotant, rte 321 sud, 9 km. Km 142 P'tit Train du Nord.

Auberge historique, située sur la rive du grand Nominingue et du parc linéaire, retrouve sa vocation en faisant la joie des cyclistes et des motoneigistes. Au café du quai ou à la salle à manger, notre table d'hôte de six services vous séduira. Jardin terrasse et piscine. Spa chauffé vous enchantera même l'hiver. Couchers de soleil splendides.

Aux alentours: golf, équitation, ski de randonnée, vélo, ornithologie, sentier pédestre, canot, pêche, baignade.
Chambres: luxueuses avec foyer, bain tourbillon, terrasse privée, personnalisées.
18 ch. S. de bain privée(s)
Forfaits: golf, romantique, vélo.
Ouvert: à l'année.
2 pers: B&B 90-160$ **PAM** 138-198$
Enfant (12 ans et –): B&B 10$
Taxes en sus. AM ER IT MC VS
Réduction: hors saison.

A AV AC **Certifié: 2000**

L'Annonciation, Rivière-Rouge
La Clairière de la Côte ☀☀☀

Gîte du Passant à la Ferme
certifié

Monique Lanthier et Yves Bégin
700, chemin Laliberté
Rivière-Rouge J0T 1T0
Tél. (819) 275-2877
www.giteetaubergedupassant.com/clairieredelacote

Aut. 15 nord et rte 117 jusqu'à L'Annonciation (Rivière-Rouge). De l'hôpital, 4,3 km, ch. Laliberté à gauche.

Hiver blanc, été fleuri, un petit coin de montagnes à nous, pour vous. Enseignants à la retraite, nous sommes des gens simples et vrais qui ont le goût de partager avec vous leur bonheur de vivre et les valeurs d'antan. Venez profiter de la vue, du décor antique et du charme de cette nature et vous amuser à notre ferme. P. 205, 206.

Aux alentours: P'tit Train du Nord, golf, baignade, canotage, centre d'exposition, randonnée pédestre, équitation.
Chambres: Dentellière, Rêverie, Paysanne, Romantique avec salle de bain privée. **4 ch. S. de bain privée(s) ou partagée(s).**
Ouvert: 1er décembre au 31 octobre.
2 pers: B&B 55-70$ **PAM** 85-100$ **1 pers B&B** 35-50$ **PAM** 50-65$
Enfant (12 ans et –): B&B 15$ **PAM** 25$

Certifié: 1997

Mont-Tremblant

Auberge Le Lupin B&B ★★★

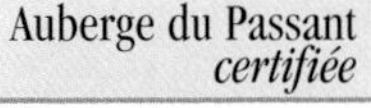

Auberge du Passant *certifiée*

Sylvie Senécal et Pierre Lachance
127, rue Pinoteau
Mont-Tremblant J8E 1G2
Tél. (819) 425-5474 1-877-425-5474
Fax (819) 425-6079
www.lelupin.com
lelupin@lelupin.com

Aut. 15 nord, à Ste-Agathe rte 117 nord, sortie 119, montée Ryan, 2e rond-point, chemin du Village à gauche, rue Pinoteau à gauche, en haut de la côte à droite.

À 1 km de Tremblant, Sylvie et Pierre ont pris soin de préserver l'ambiance chaleureuse d'antan de cette accueillante maison de bois rond construite en 1945. Le Lupin accueille les vacanciers désirant se reposer près du foyer et profiter des grands espaces, de la montagne et des superbes lacs. Petits-déj. gourmands. Tarifs d'hiver à la hausse. **Certifié «Bienvenue cyclistes!MD».**

Aux alentours: plage privée lac Tremblant, ski alpin et fond, vélo P'tit Train du Nord, parc national, golf, spa.
Chambres: avec lit queen, certaines avec télévision et air climatisé, foyer. **9 ch. S. de bain privée(s)**
Forfaits: détente & santé, ski alpin, autres.
Ouvert: à l'année.
2 pers: B&B 110-140$ **1 pers B&B** 95-140$
Enfant (12 ans et –): B&B 15$
Taxes en sus. AM ER IT MC VS
Réduction: hors saison et long séjour.

A @ **AV** AC **Certifié: 2006**

Mont-Tremblant

Auberge le Voyageur B&B ★★★

Auberge du Passant *certifiée*

Linda Lancup et Jean-Claude Poirier
900, rue Coupal
Mont-Tremblant J8E 2P1
Tél. (819) 429-6277
www.bbvoyageur.com
linda.lancup@cgocable.ca

Aut. 15 nord, rte 117 nord, sortie Mont-Tremblant centre-ville, rte 327 nord, 1,3 km. Aut. 50, rte 323 nord, sortie Mont-Tremblant centre-ville, rte 327 nord, 1,3 km.

Construction neuve de style québécois avec un vaste stationnement et un salon avec foyer. Vous avez accès à une terrasse, un grand balcon et des jardins pour vos temps de repos. Situé en face de la piste cyclable le P'tit Train du Nord, près des restos, terrasses et boutiques. Un service chaleureux et un accueil personnalisé combleront vos attentes. **Certifié «Bienvenue cyclistes!MD».**

Aux alentours: station Tremblant, parc national, canot, kayak, randonnée pédestre, ski, piste cyclable, raquettes.
Chambres: vastes, climatisées, décor champêtre et personnalisé. Lit queen, TV. **11 ch. S. de bain privée(s)**
Forfaits: ski alpin, théâtre, vélo.
Ouvert: à l'année.
2 pers: B&B 85-95$ **1 pers B&B** 75-85$
Enfant (12 ans et –): B&B 20$
Taxes en sus. AM IT MC VS
Réduction: hors saison et long séjour.

A AV AC **Certifié: 2006**

Mont-Tremblant

Au Grenier des Cousins ★★★

Auberge du Passant *certifiée*

Caroline Trottier et Steve Quevillon
100, chemin au Pied-du-Courant
Mont-Tremblant J8E 1N7
Tél. / Fax (819) 425-5355 Tél. 1-888-425-5328
www.tremblant-gites.com
info@tremblant-gites.com

Aut. 15 nord, rte 117 nord, sortie 119 Montée Ryan à droite, au rond point, dir. Village Mont-Tremblant à gauche, 1 km.

Située en bordure de la rivière du Diable, dans un cadre enchanteur, notre chaleureuse maison de style victorien vous charmera avec ses huit chambres confortables, chacune décorée avec soin. De copieux petits-déjeuners servis dans une ambiance bistro et un accueil des plus chaleureux vous attendent. **Certifié «Bienvenue cyclistes!MD».**

Aux alentours: golf, ski alpin, ski fond, piste cyclable, Spa le Scandinave, parc national, randonnée pédestre.
Chambres: grandes chambres décorées avec soin, climatisées et très éclairées. **8 ch. S. de bain privée(s) ou partagée(s)**
Forfaits: charme, détente & santé, gastronomie, autres.
Ouvert: à l'année.
2 pers: B&B 85-135$ **1 pers B&B** 65-95$
Enfant (12 ans et –): B&B 20-30$
Taxes en sus. AM IT MC VS
Réduction: hors saison.

A @ **AV** AC **Certifié: 2007**

Mont-Tremblant

Gîte la Tremblante ☀☀☀☀

Gîte du Passant *certifié*

Coup de Coeur du Public régional 2005. Venez profitez d'un séjour inoubliable dans une grande et chaleureuse maison de style canadien. Décoration rustique agencée d'un côté zen. Vous serez accueillis avec tant d'attentions que vous vous sentirez comme chez vous dès les premiers instants. À 9km de la montagne, site enchanteur, immense terrain boisé et tranquillité. Petit-déj. raffiné.

Aux alentours: Mont-Tremblant, P'tit Train du Nord, golf, rafting, ski, bain scandinave.
Chambres: décorées avec goût au style d'autrefois et de meubles rustiques. **4 ch. S. de bain privée(s)**
Forfaits: détente & santé, golf, ski alpin.
Ouvert: à l'année.
2 pers: B&B 85-95$ **1 pers B&B** 75-85$
Enfant (12 ans et –): B&B 20$
Taxes en sus. AM IT MC VS

A AV AC **Certifié: 2000**

Serge Champagne et Doris Lavoie
1315, montée Kavanagh
Mont-Tremblant J8E 2P3
Tél. (819) 425-5959 1-877-425-5959
Fax (819) 425-7607
www.tremblante.com
info@tremblante.com

Aut. 15 nord, rte 117 nord. 1re sortie dir. Mont-Tremblant centre-ville à droite, 30 m, 1re intersection à droite, montée Kavanagh, 1,8 km.

Mont-Tremblant

La Belle au Bois Dormant ☀☀☀☀

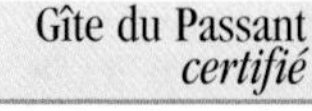

Gîte du Passant *certifié*

Bienvenue dans notre chalet! À 2 min du village, vivez Tremblant dans un autre monde. La magie et la chaleur du bois rond vous enchanteront. Imprégnez-vous du charme de la nature dans un décor antique. De notre somptueux salon avec cheminée, observez les chevreuils. Splendide vue sur le lac et montagnes. Déjeuners copieux et personnalisés. P. 185.

Aux alentours: spa, ski alpin et fond, motoneige, traîneau à chiens, luge, golf, sentiers pédestres, vélos.
Chambres: personnalisées, lit queen ou king, vue superbe. **5 ch. S. de bain privée(s)**
Forfaits: golf, ski alpin, autres.
Ouvert: à l'année.
2 pers: B&B 89-149$
Enfant (12 ans et –): B&B 30$
Taxes en sus. IT MC VS
Réduction: hors saison et long séjour.

A @ AV **Certifié: 2003**

Isabelle et Didier Jougler
108, chemin des-Bois-Francs
Mont-Tremblant J8E 1L6
Tél./Fax (819) 425-1331
www.belleauboisdormant.com
info@belleauboisdormant.com

Aut. 15 nord, rte 117 nord, sortie 119 Montée Ryan à droite, au rond point, dir. Tremblant à gauche, 2 km, dir. Labelle à gauche. Suivre panneaux bleus.

Mont-Tremblant

Le Pimbina Spa & Massage ☀☀☀☀

Gîte du Passant *certifié*

De style canadien, notre maison possède tout le charme des maisons d'autrefois. Pour ajouter du confort à votre séjour, un spa extérieur est opérationnel à l'année. Une remise est prévue pour vos vélos, skis et équipements de sport léger. Nous vous offrons l'accès gratuit à nos services d'Internet et au fax. Il y a un arrêt d'autobus à 2 pas.

Aux alentours: spa scandinave, piste cyclable, randonnée pédestre, golf, baignade, ski et ski de randonnée.
Chambres: meublées avec goût en style antique. Chacune offre un coin lecture et TV. **5 ch. S. de bain privée(s)**
Forfaits: détente & santé, ski alpin, vélo.
Ouvert: à l'année.
2 pers: B&B 75-100$ **1 pers B&B** 65-90$
Taxes en sus. MC VS
Réduction: hors saison et long séjour.

Chantal Beaudry
1239, rue Labelle
Mont-Tremblant J8E 2N5
Tél. (819) 681-0746
Fax (819) 681-7367
www.pimbina.com
info@pimbina.com

Aut. 15 nord, rte 117 nord, sortie Mont-Tremblant centre-ville, rue St-Jovite à droite, rue Labelle à gauche, 3 km.

Mont-Tremblant
Les Dames du Lac ☀☀☀☀

Gîte du Passant *certifié*

Nicole Bidegain et Gaétane Plante
163, chemin des Amoureux
Mont-Tremblant J8E 2A6
Tél. / Fax (819) 681-0702 Tél. (819) 429-0877
www.lesdamesdulac.com
lesdamesdulac@cgocable.ca

Aut. 15 nord, rte 117 nord dir. Mont-Tremblant, sortie 116 dir. rte 327 sud, 1,5 km, chemin des Amoureux à gauche.

L'instant d'un été, venez vous détendre sur le bord de l'eau pour prendre un apéro, vous promenez en pédalo, en canot ou à vélo. Le temps d'un hiver, venez faire de la motoneige, raquette, ski ou marche dans un site étonnant. Enjôler vous serez par cette demeure à caractère d'époque dans un décor raffiné, confortable ... et d'une table plantureuse. **Certifié «Bienvenue cyclistes!MD».**

Aux alentours: lac maskinongé, baignade, pédalo, canot, pêche, vélo, ski, raquette, motoneige, Mont-Blanc.
Chambres: vue sur le lac, insonorisées, climatisées, lit queen, bain, douche, TV. **5 ch. S. de bain privée(s)**
Forfaits: été, motoneige, vélo.
Ouvert: à l'année.
2 pers: B&B 95-125$ **1 pers B&B** 80-110$
Enfant (12 ans et –): B&B 15-20$
Taxes en sus. VS
Réduction: hors saison et long séjour.

A @ **AV** AC **Certifié: 2007**

Mont-Tremblant
Le Second Souffle ☀☀☀☀

Gîte du Passant *certifié*

Monique et Jean-Marie Leduc
815, montée Kavanagh
Mont-Tremblant J8E 2P2
Tél. / Fax (819) 429-6166
www.giteetaubergedupassant.com/secondsouffle
second.souffle@sympatico.ca

Aut. 15 nord, rte 117 nord, sortie Mont-Tremblant centre-ville, rue Saint-Jovite et immédiatement dans la sortie, mtée Kavanagh à droite, 800m.

En flanc de colline et entourée d'arbres matures, notre maison fut construite dans le but d'y aménager un Gîte du Passant de 5 chambres, avec salle de bain privée, différemment décorées. Que ce soit sur une de nos terrasses, au salon devant un feu de foyer ou à la salle à manger pour le petit-déj., vous serez enchantés de votre séjour chez nous.

Aux alentours: piste cyclable le P'tit Train du Nord, 10 terrains de golf, parc du Mt-Tremblant, ski.
Chambres: insonorisées, équipées d'un lit queen dont une a un lit simple en plus. **5 ch. S. de bain privée(s)**
Forfaits: golf, ski alpin, vélo.
Ouvert: à l'année.
2 pers: B&B 85-95$ **1 pers B&B** 75-85$
Enfant (12 ans et –): B&B 15$
Taxes en sus. IT MC VS
Réduction: hors saison et long séjour.

A @ **AV** **Certifié: 2000**

Mont-Tremblant, Lac-Supérieur
Côté Nord Tremblant ★★★★

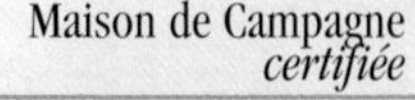

Maison de Campagne *certifiée*

Michel Beaulieu
141, ch. Tour du Lac
Lac-Supérieur J0T 1P0
Tél. (819) 688-5201 1-888-268-3667
Fax (819) 688-2393
www.cotenordtremblant.com
sukie@cotenordtremblant.com

Aut. 15 nord, rte 117 nord, sortie Saint-Faustin-Lac-Carré. À l'arrêt, rue Principale à droite, 3 km, ch. du Lac-Supérieur à gauche, 15 km, ch. Tour du Lac à droite.

Niché dans la forêt, nos maisons offrent un panorama à couper le souffle sur le lac Supérieur et la rivière Le Boulé, à quelques minutes de Tremblant et du parc national du Mont-Tremblant. Pour les visiteurs en quête d'authenticité, voici de magnifiques et luxueuses maisons de bois rond, de 2 à 5 chambres, avec piscine, tennis et plage privée.

Aux alentours: Tremblant, parc national du Mont-Tremblant, théâtre d'été, spa, boutiques, restaurants, activités.
Maison(s): entièrement équipées, balcon, BBQ, lits simples et queen, TV/DVD, Internet. **45 maison(s) 2-5 ch. 4-10 pers.**
Forfaits: famille, plein air, ski alpin.
Ouvert: à l'année.
SEM 1215-2310$ **WE** 570-1088$ **JR** 428-612$
Taxes en sus. IT MC VS
Réduction: hors saison et long séjour.

A @ **AV** **Certifié: 2007**

Mont-Tremblant, Lac-Supérieur

Gîte et Couvert la Marie Champagne ☼☼☼☼

Gîte du Passant *certifié*

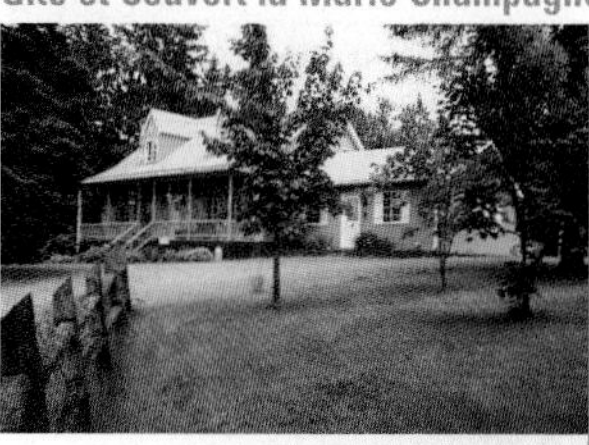

Micheline Massé et Gérald Gagnon
654, chemin Lac-Supérieur
Lac-Supérieur J0T 1J0
Tél. (819) 688-3780 1-877-688-3780
Fax (819) 688-3758
www.mariechampagne.ca
lamariechampagne@qc.aira.com

Aut. 15 nord, rte 117 nord, sortie St-Faustin/Lac-Carré. À l'arrêt à droite, 2,3 km, suivre indication parc Mont-Tremblant, 2,5 km sur chemin Lac-Supérieur.

À la porte du parc du Mont-Tremblant et du versant nord de Tremblant, magnifique maison canadienne embrassée par la nature. Parc linéaire à 2,5 km. Ski, vélo, piscine, terrasse, détente devant le feu de foyer. Repas du soir sur réservation. Déj. copieux avec la joie de vivre des gens qui vous y invitent. Notre priorité: votre bien-être et confort!

Aux alentours: station touristique Tremblant, parc du Mont-Tremblant secteur La Diable, ski, golf.
Chambres: nommées en l'honneur de nos mères et grands-mères. Lit queen ou double. **4 ch. S. de bain privée(s).**
Ouvert: à l'année.
2 pers: B&B 75-90$ **1 pers B&B** 65$
Enfant (12 ans et –): B&B 20$
Taxes en sus. MC VS
Réduction: hors saison et long séjour.

Certifié: 2006

Morin-Heights

Auberge Clos-Joli ★★★

Auberge du Passant *certifiée*

Gemma Morin et André Théorêt
19, chemin Clos-Joli
Morin-Heights J0R 1H0
Tél. (450) 226-5401
www.aubergeclosjoli.net
atheo@aubergeclosjoli.net

Aut. 15 nord, sortie 60, rte 364 ouest dir. Morin-Heights. Suivre les panneaux bleus.

Ancienne maison ancestrale des années 20, offrant quiétude et bien-être. Autour de la maison: une grande piscine creusée, un aménagement fleuri, des jardins et un potager de fines herbes. Été comme hiver, une gamme d'activités sportives ou culturelles vous est offerte. Dégustez notre table du soir, une cuisine santé aux saveurs méditerranéennes.

Aux alentours: ski Morin-Heights, Spa Ofuro et à 5 min de St-Sauveur et de ses nombreuses activités.
Chambres: vous invitent à la détente grâce à leur cachet champêtre. Bien éclairées.
9 ch. S. de bain privée(s)
Forfaits: charme, détente & santé, gastronomie, plein air.
Ouvert: à l'année.
2 pers: B&B 90-100$ **PAM** 160-170$ **1 pers B&B** 72-82$ **PAM** 107-117$
Taxes en sus. AM IT MC VS

A ✕ AV **Certifié: 2006**

Morin-Heights

Au Cocon Douillet ☼☼☼☼

Gîte du Passant *certifié*

Françoise et Louis
54, rue du Lièvre
Morin-Heights J0R 1H0
Tél. / Fax (450) 226-3524 Tél. 1-866-335-3524
www.aucocondouillet.com
louisducatel@bellnet.ca

Aut. 15 nord, sortie 60, rte 364 ouest, rue du Village à droite, rue Grand-Orme à gauche, rue du Lièvre à droite.

Maison de style victorien, le Cocon Douillet, gite idéal pour la famille, vous accueille toute l'année. Vous pourrez choisir parmis nos 3 chambres avec salle de bain privée et TV câblée. Un succulent petit-déjeuner vous sera offert. Après une bonne journée d'extérieur vous pourrez vous relaxer dans notre spa.

Aux alentours: ski de fond sur place, sentier pédestre, vélo, ski alpin, raquette, spa. À 5 km de St-Sauveur.
Chambres: 1 grande chambre avec lit king et 2 chambres avec lit queen et salon. **3 ch. S. de bain privée(s).**
Ouvert: à l'année.
2 pers: B&B 98-120$ **1 pers B&B** 83-105$
Enfant (12 ans et –): B&B 15$
Taxes en sus. IT MC VS
Réduction: hors saison.

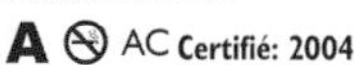
Certifié: 2004

Morin-Heights

Aux Berges de la Rivière Simon ☼☼☼

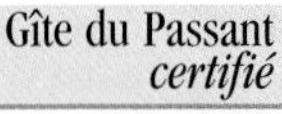

Gîte du Passant *certifié*

Gaétane Martel et Gilles Normand
54, rue Legault
Morin-Heights J0R 1H0
Tél. (450) 226-1110 1-877-525-1110
Fax (450) 226-5015
www.aubergedelariviere.com
info@aubergedelariviere.com

Aut. 15 nord, sortie 60, rte 364 ouest, dir. Christieville à dr., rue côte St-Gabriel est, rue Papineau à g., rue Legault à dr., après le pont à dr., 1re entrée à g.

Venez vous reposer dans notre charmante maison ancestrale, construite en 1885. Vous serez comblés autant par notre accueil chaleureux que par nos petits-déjeuners copieux. Laissez-vous dorloter à notre spa de jour: massages, soins corporels et esthétiques, bains. Dans ce décor de rêve au coeur de la nature, vous vivrez des moments inoubliables.

Aux alentours: ski alpin et fond, raquette, piste cyclable, sentier pédestre, glissade, golf, boutiques, restos.
Chambres: chacune a son charme. Lit confortable avec couette. Vue sur la nature.
4 ch. S. de bain privée(s) ou partagée(s)
Forfaits: détente & santé.
Ouvert: à l'année.
2 pers: B&B 75-90$ **1 pers B&B** 65-80$
MC VS
Réduction: long séjour.

A @ **Certifié: 2002**

Morin-Heights

Gîte L'Ombrelle ☼☼☼☼

Gîte du Passant *certifié*

Line Charette et Claude Cornellier
160, chemin de Christieville
Morin-Heights J0R 1H0
Tél. (450) 226-2334 (514) 592-2840
Fax (450) 226-8027
www.lombrelle.com
info@lombrelle.com

Aut. 15 nord, sortie 60, route 364 ouest, chemin de Christieville à droite.

Découvrez la paix et la tranquillité rêvées au bord de la rivière à Simon. Charme, confort et beaucoup de petites pensées spéciales pour vous! Piscine creusée chauffée, air climatisé, déjeuner gourmet 3 services, 3 grandes chambres avec salle de bain privée.

Aux alentours: spa, golf, piste cyclable, ski de fond et alpin, traîneau à chiens, équitation, boutiques, restos.
Chambres: lit queen, plumard, TV câblée, air climatisé, bain, douche, séchoir. **3 ch. S. de bain privée(s).**
Ouvert: à l'année.
2 pers: B&B 95-130$ **1 pers B&B** 80-115$
Enfant (12 ans et –): B&B 10$
Taxes en sus. IT MC VS
Réduction: long séjour.

A AC **Certifié: 2005**

Morin-Heights

Le Corps-y-Dort ☼☼☼☼

Gîte du Passant *certifié*

Madeleine Beauchesne et Jean-Pierre Dorais
980, chemin du Village
Morin-Heights J0R 1H0
Tél. (450) 226-5006 (514) 249-6233
www.lecorpsydort.com
giteducorpsydort@cgocable.ca

Aut. 15 nord, sortie 60, rte 364 ouest, chemin du Village à gauche.

Jolie maison campagnarde, tout en cèdre, qui vous accueille chaleureusement. Située directement à l'entrée du corridor aérobic de Morin-Heights d'où le nom Le Corps-y-Dort. Stationnement privé pour y laisser votre véhicule et partir en vélo, randonnée pédestre ou ski de fond. 58 km de piste vous attendent. **Certifié «Bienvenue cyclistes!^MD».**

Aux alentours: randonnée pédestre, piste cyclable, ski de fond et alpin, spa, manufacture, restos.
Chambres: Campagnarde, Médiéval, Michael Angelo, c'est votre choix. Lit queen, TV.
3 ch. S. de bain privée(s)
Forfaits: croisière, motoneige, vélo.
Ouvert: à l'année.
2 pers: B&B 120-130$
AM MC VS
Réduction: long séjour.

Oka
Le Zibou ☼☼☼

Gîte du Passant *certifié*

Guylaine Gérault et Éric Lebailly
119, rue des Cèdres
Oka J0N 1E0
Tél. / Fax (450) 479-6407
www.giteetaubergedupassant.com/zibou
zibou@videotron.ca

Aut. 15 ou 13 nord, sortie 640 ouest, rte 344 ouest, 10 min.

«Mi Casa es tu Casa»... Cela pourrait être notre devise. Guylaine la «Zibie» et Éric le «Zibou» vous accueillent chez eux en toute simplicité, chaleur et bonne humeur. Venez vous détendre dans ce petit coin du monde où l'on prend encore le temps de vivre et où le sens de l'hospitalité n'est pas un vain mot ... On vous le promet! **Certifié «Bienvenue cyclistes!^MD^».**

Aux alentours: parc national d'Oka, traversier, auto-cueillette et lac des Deux-Montagnes.
Chambres: une âme et une personnalité propre à chacune vous émerveilleront. **4 ch. S. de bain partagée(s)**
Forfaits: romantique, spectacle.
Ouvert: à l'année.
2 pers: B&B 58-65$ **1 pers B&B** 45-50$
Enfant (12 ans et –): B&B 0-15$
Taxes en sus.
Réduction: hors saison et long séjour.

AV AC **Certifié: 2001**

St-Hippolyte
Auberge Lac du Pin Rouge ★★★

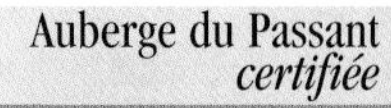
Auberge du Passant *certifiée*

Denis Trottier et Albert Orth
81, chemin Lac-du-Pin-Rouge
Saint-Hippolyte J8A 3J3
Tél. / Fax (450) 563-2790 Tél. 1-800-427-0840
www.aubergelacdupinrouge.com
denistrottier1@hotmail.com

Aut. 15 nord, sortie 45 dir. St-Hippolyte, rte 333 nord, 16 km, chemin des Hauteurs à gauche, 4 km, chemin Lac du Pin Rouge à droite.

Face au lac, au coeur des montagnes où s'étale une flore luxuriante, se trouve cette chaleureuse auberge où il fait bon se détendre. À la salle à manger, avec terrasse face au lac, vous dégusterez vos plats favoris préparés par un chef d'expérience, tout en admirant le coucher du soleil. Un vrai paradis à 1 heure de Montréal. Déjeuner copieux.

Aux alentours: plage privée, canot, pédalo, kayak, ski de fond et alpin, théâtre, randonnée en forêt, cyclisme.
Chambres: confortables, propres et chaleureuses. 5 avec vue sur le lac. Repos assuré! **7 ch. S. de bain privée(s) ou partagée(s).**
Ouvert: à l'année.
2 pers: B&B 75-99$ **PAM** 135-159$ **1 pers B&B** 65-89$ **PAM** 95-119$
Enfant (12 ans et –): B&B 20$ **PAM** 35$
Taxes en sus. AM IT MC VS
Réduction: long séjour.

A AV AC **Certifié: 1998**

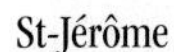

St-Jérôme
L'Étape chez Marie-Thérèse et Gérard Lemay ☼☼☼☼

Gîte du Passant *certifié*

Marie-Thérèse et Gérard Lemay
430, rue Melançon
Saint-Jérôme J7Z 4K4
Tél. (450) 438-1043
www.giteetaubergedupassant.com/letape

Aut. 15 N., sortie 43 E. vers centre-ville. Après le pont, rue Labelle à droite. Au feu, rue Du Palais à gauche, après 2 autres feux, rue Melançon à gauche, 100 m à gauche.

Hospitalité à la québécoise, généreuse et attentionnée. Maison de charme, avec jardin d'eau, située à proximité des services, des activités culturelles et sportives. Joli salon avec foyer, salle télé. L'Étape? Là où on refait le plein avec un «grand petit-déjeuner» avant de partir à la découverte des «Pays-d'en-Haut» ou du Québec tout entier!

Aux alentours: piste cyclable le P'tit Train du Nord à 100 mètres, Parc régional de la Rivière-du-Nord.
Chambres: confortables, climatisées, lits doubles, 2 s. de bain partagées. **3 ch. S. de bain partagée(s).**
Ouvert: à l'année.
2 pers: B&B 75$ **1 pers B&B** 55$
Enfant (12 ans et –): B&B 10-15$
Réduction: hors saison et long séjour.

A AV AC **Certifié: 1990**

St-Joseph-du-Lac

Gîte des Jardins de la Montagne ☀☀☀

Gîte du Passant *certifié*

Jocelyne Dion et Richard Gravel
2371, chemin Principal
Saint-Joseph-du-Lac J0N 1M0
Tél. (450) 623-0574 1-866-623-0574
Fax (514) 623-5631
http://pages.videotron.com/jardinsm
jardinsm@videotron.ca

Aut. 13 N. ou 15 N., 640 O. dir. Oka, sortie 2, St-Joseph-du-Lac à g., 4 km après l'église. D'Oka, rte 344 E., Ste-Sophie à g., Ste-Germaine à dr., ch. Principal à g.

Entouré de forêt, jardins fleuris et pommiers, notre gîte chaleureux vous accueille pour partager bonne humeur et déjeuners gourmands. Cet havre de détente, situé à 100 mètres de la route, offre des ch. romantiques et insonorisées avec salle de bain privée. Sur le site: piscine, sentier pédestre et abri pour vélo. Sur demande: gestion de stress.

Aux alentours: 40 vergers, 3 vignobles, Super Aqua Club, parc d'Oka, piste cyclable: la Vagabonde, St-Eustache.
Chambres: insonorisées et confortables, vue panoramique, TV, lit queen ou simple. **4 ch. S. de bain privée(s).**
Ouvert: à l'année.
2 pers: B&B 65-75$ **1 pers B&B** 55-60$
Enfant (12 ans et –): B&B 10$
Réduction: long séjour.

A ⊘ **AV** **Certifié: 2001**

St-Placide

Gîte La Capucine ☀☀☀☀

Auberge du Passant *certifiée*

Julie Fréchette et Alcide Paradis
42, rue de l'Église
Saint-Placide J0V 2B0
Tél. (450) 258-0202 (514) 895-5103
Fax (450) 258-1870
www.gitelacapucine.com
gitelacapucine@yahoo.fr

Aut. 15 N., sortie 20 O., aut. 640 O., sortie 11 St-Eustache, rte 148 O., rang St-Étienne dir. St-Benoît/St-Placide, rte 344 O., à la Caisse pop., rue de l'Église vers le lac.

Repos et plein air... remplis de saveurs! Au cœur d'un secteur agricole et villageois, venez découvrir la campagne et tous ses attraits. Confort d'une maison ancestrale de style colonial anglais avec 2 foyers, un grand salon, une spacieuse salle à manger. Site enchanteur, quai public, face au lac des Deux-Montagnes. Certifié Table aux Saveurs du Terroir[MD]. **Certifié «Bienvenue cyclistes![MD]».** P. 186, 209.

Aux alentours: piste cyclable, lac des Deux-Montagnes, pêche, ski, raquette, vignobles, pommes, cabane à sucre.
Chambres: ambiance intime et relaxante. 1 ch. offre grand bain thérapeutique. **5 ch. S. de bain privée(s) ou partagée(s)**
Forfaits: charme, gastronomie, vélo, autres.
Ouvert: à l'année.
2 pers: B&B 78-108$ **PAM** 148-178$ **1 pers B&B** 68-98$ **PAM** 103-133$
Enfant (12 ans et –): B&B 15$ **PAM** 40$
Taxes en sus. AM MC VS
Réduction: long séjour.

⊘ ⬢ @ ✕ **AV** AC **Certifié: 2005**

St-Sauveur

Auberge Sous l'Édredon ☀☀☀☀

Gîte du Passant *certifié*

Kim Mailloux et Alexandre Caron
777, rue Principale
Saint-Sauveur J0R 1R2
Tél. / Fax (450) 227-3131
www.aubergesousledredon.com
info@aubergesousledredon.com

Aut. 15 nord, sortie 60 à gauche, rte 364 ouest à droite, 3e feu, rue Principale à gauche, 1,5 km.

Maison centenaire avec ambiance champêtre, face aux pentes de ski, terrains de tennis et lac, à distance de marche du village. Tranquillité de notre salon avec foyer, petites attentions, présence et discrétion. Piscine chauffée, spa extérieur 4 saisons, climatisation centrale et jardin fleuri. Un petit-déj. de gourmet vous attend. Hablamos Espanol.

Aux alentours: factoreries, parc Aquatique Mont-Saint-Sauveur, le P'tit Train du Nord, une foule d'activités...
Chambres: chacune revête sa personnalité, vue sur la montagne. **5 ch. S. de bain privée(s)**
Forfaits: été, hiver, autres.
Ouvert: à l'année.
2 pers: B&B 100-180$ **1 pers B&B** 80-100$
Enfant (12 ans et –): B&B 25-45$
Taxes en sus. AM IT MC VS
Réduction: long séjour.

A ⊘ @ **AV** AC **Certifié: 2006**

St-Sauveur
Le Petit Clocher ☼☼☼☼☼

Gîte du Passant *certifié*

Richard Pilon
216, av. de l'Église
Saint-Sauveur J0R-1R7
Tél. (450) 227-7576
Fax (450) 227-6662
www.giteetaubergedupassant.com/lepetitclocher
lepetitclocher@bellnet.ca

Aut 15, sortie 60, au feu à gauche, rte 364 est, chemin de la Gare à droite, rue Principale à droite, avenue de l'Église à gauche.

Cet ancien monastère vous offre un hébergement haut de gamme. Situé en haut du chemin de la Montagne, entouré d'un verger et d'érables centenaires, ce gîte offre une vue panoramique sur la vallée de St-Sauveur. Laissez-vous séduire par le charme authentique de cette demeure ancestrale, à une distance de marche du village et de ses activités.

Aux alentours: à 1 km du village animé de St-Sauveur et de ses boutiques, pentes de ski, glissades d'eau, restos.
Chambres: décor unique, charmantes et champêtres, meubles exclusifs, œuvres d'art. **5 ch. S. de bain privée(s)**
Forfaits: détente & santé.
Ouvert: à l'année.
2 pers: B&B 185-215$
Enfant (12 ans et –): B&B 50$
Taxes en sus. AM MC VS
Réduction: long séjour.

A @ **AV** AC **Certifié: 2005**

Ste-Adèle
À l'Écoute des Saisons ☼☼☼☼

Gîte du Passant *certifié*

Louise Plamondon et Jocelyn Lavoie
1480, rue de la Cascatelle
Sainte-Adèle J8B 1X9
Tél. (450) 229-4665
Fax (450) 229-8416
www.alecoutedessaisons.com
info@alecoutedessaisons.com

Aut. 15 nord, sortie 69 dir. Ste-Marguerite, 2 km, rue de la Cascatelle à droite.

Gîte de style champêtre, conçu de façon à assurer intimité, confort et détente à nos visiteurs. Quoi de plus reposant que notre salon-détente avec foyer pour lire, discuter entre amis ou consulter les dépliants des activités de notre région. Une cuisinette attenante met à votre disposition un réfrigérateur pour vos rafraîchissements.

Aux alentours: le P'tit Train du Nord, théâtre, ski de fond et alpin, randonnée pédestre, golf, galeries d'art.
Chambres: insonorisées et climatisées. Des petites gâteries vous attendent. **3 ch. S. de bain privée(s).**
Ouvert: à l'année.
2 pers: B&B 89-105$ **1 pers B&B** 79-95$
Enfant (12 ans et –): B&B 20$
MC VS

A AC **Certifié: 2006**

Ste-Adèle
Auberge de la Gare ☼☼☼☼

Gîte du Passant *certifié*

Geneviève Ostrowski et Michel Gossiaux
1694, ch. Pierre Péladeau
Sainte-Adèle J8B 1Z5
Tél. 1-888-825-4273 (450) 228-3140
Fax (450) 228-1089
www.aubergedelagare.com
infos@aubergedelagare.com

Aut. 15 nord, sortie 69, 4 km.

Coup de Coeur du Public provincial 2002. Auberge centenaire aux abords de la piste cyclable, mobilier artisanal, antiquités, décoration minutieuse... Le charme de la belle époque, un cachet d'autrefois. Déjeuners raffinés et produits maison. Salons, foyer, air climatisé central, billard, jeux, TV, juke-box avec disques en vinyle, bibliothèque, terrasse, dégustation de bières. **Certifié «Bienvenue cyclistes!MD».**

Aux alentours: piste cyclable, ski de fond, P'tit Train du Nord, théâtre, golf Alpine, Pavillon des arts, restos.
Chambres: retour à la belle époque, au mobilier antique d'autrefois. **5 ch. S. de bain partagée(s)**
Forfaits: charme, gastronomie, romantique, vélo.
Ouvert: à l'année.
2 pers: B&B 70-80$ **PAM** 120-130$ **1 pers B&B** 60-70$ **PAM** 85-95$
Taxes en sus. IT MC VS
Réduction: long séjour.

AV AC **Certifié: 2000**

Ste-Adèle
Auberge les 3 G ✺✺✺✺

Gîte du Passant *certifié*

Gérald Gagné et Éric Chaltin
2605, rue de la Rivière
Sainte-Adèle J8B 1C4
Tél. (450) 229-1396 1-888-922-1396
Fax (450) 229-9411
www.aubergeles3g.com
auberge.les3g@qc.aira.com

Aut. 15 nord, sortie 64. Au 1er arrêt à droite, rte 117 nord à gauche, rue de la Rivière à droite.

L'auberge les 3 G est un gîte chaleureux au décor et à l'ambiance d'autrefois. Une maison ancestrale construite en 1844 avec des planchers en bois et des plafonds à caissons. Un site enchanteur pour sa nature et ses activités de plein air à proximité. Un service de massothérapie et une cuve thermale sont disponibles sur place.

Aux alentours: piste cyclable, randonnée pédestre, golf, baignade, ski de fond, ski alpin.
Chambres: nos 4 ch. ont le nom d'une personne qui a fait l'histoire de la région. **4 ch. S. de bain privée(s).**
Ouvert: à l'année.
2 pers: B&B 100$ **1 pers B&B** 75$
Enfant (12 ans et –): B&B 15$
MC VS

A @ **AV** **Certifié: 2004**

Ste-Adèle
Gîte Bonne nuit Bonjour ✺✺✺✺

Gîte du Passant *certifié*

Sylvie et Gérard Beaudette
1980, boul. Ste-Adèle
Sainte-Adèle J8B 2N5
Tél. (450) 229-7500 1-866-941-7500
www.nuitetjour.net

Aut. 15 nord, sortie 67, rte 117, boul. Ste-Adèle, 2 km.

Près de tout et de rien. Venez vous faire chatouiller les 5 sens dans notre petit nid douillet. Touchez la détente dans le spa 4 saisons et la piscine. Voyez et entendez la nature de notre chaleureuse verrière. Humez les arômes gourmands de la cuisine qui vous mèneront à une explosion de saveurs. Accueillant cocktail de bienvenue de 5 à 7.

Aux alentours: ski de fond, parc aquatique, théâtre d'été, golf, motoneige, ski alpin, vélo, équitation, plage.
Chambres: le confort et le style unique de nos chambres éveilleront votre imaginaire. **4 ch. S. de bain privée(s) ou partagée(s).**
Ouvert: à l'année.
2 pers: B&B 90-99$ **1 pers B&B** 85-90$
Réduction: long séjour.

Certifié: 2006

Ste-Agathe-des-Monts
Auberge aux Nuits de Rêve ★★★

Auberge du Passant *certifiée*

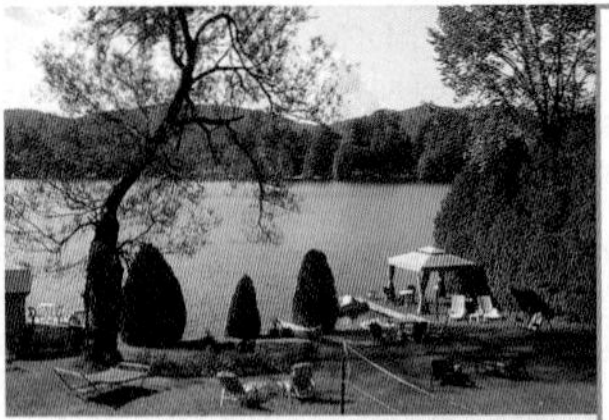

Carol McCann
14, rue Larocque Ouest
Sainte-Agathe-des-Monts J8C 1A2
Tél. / Fax (819) 326-5042 Tél. 1-888-326-5042
www.reve.ca
auberge@reve.ca

Aut. 15 nord, sortie 86. Rte 117 nord à droite, rue Principale à gauche, rue Ste-Lucie à gauche, rue Larocque à gauche.

Directement sur le bord du lac des Sables avec plage privée, 5 chambres thématiques luxueuses, comprenant un bain thérapeutique double, cheminée, système de son, air climatisé, salle de bain privée et petit-déjeuner servi dans l'intimité de votre chambre ou sur votre balcon. Canots, pédalos et vélos gratuits! Soins corporels sur place.

Aux alentours: tous les sports d'été et d'hiver disponibles à proximité.
Chambres: thèmes pour le plaisir, l'amour du romantisme, l'extase du cocooning...
5 ch. S. de bain privée(s)
Forfaits: détente & santé, romantique, autres.
Ouvert: à l'année.
2 pers: B&B 165$
Taxes en sus. IT MC VS
Réduction: hors saison.

A  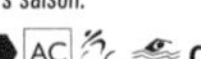  AC **Certifié: 2000**

Ste-Agathe-des-Monts
Auberge de la Tour du Lac ★★★

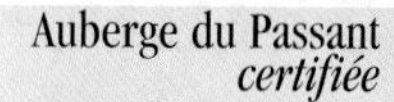

Auberge du Passant *certifiée*

L'endroit idéal pour souligner les événements importants de votre vie: anniversaire, mariage, etc. Le pavillon Félix met à votre disposition huit chambres avec foyer et bain tourbillon au cachet unique. Le séjour comprend le souper et le petit-déjeuner servi à la chambre. Choisissez parmi nos forfaits, tels que théâtre, massage, golf, romantique. **Certifié «Bienvenue cyclistes!^MD».** P. 200.

Aux alentours: Théâtre le Patriote, croisière sur le lac des Sables, piste cyclable, golf, ski, Mont-Tremblant.

Chambres: coquettes aux couleurs pastel, lit queen, bain tourbillon, foyer, TV. **11 ch. S. de bain privée(s)**

Forfaits: charme, gastronomie, romantique, théâtre.

Ouvert: à l'année.

2 pers: B&B 75-99$ **PAM** 155-169$ **1 pers B&B** 65-85$ **PAM** 105-120$

Enfant (12 ans et –): B&B 20$ **PAM** 37$

Taxes en sus. IT MC VS

Réduction: hors saison et long séjour.

A @ AV AC **Certifié: 1998**

Mario Grand-Maison
173, ch. Tour-du-Lac
Sainte-Agathe-des-Monts J8C 1B7
Tél. (819) 326-4202 1-800-622-1735
Fax (819) 326-0341
www.aubergedelatourdulac.com
info@aubergedelatourdulac.com

De Montréal, aut. 15 nord, sortie 86. Rte 117 nord, 7e feu rue Préfontaine à gauche et chemin Tour-du-Lac à droite.

Ste-Agathe-des-Monts
Auberge la Sauvagine ★★★

Auberge du Passant *certifiée*

Merveilleuse et centenaire demeure victorienne au décor antique, endroit idéal pour réaliser des événements. Salle à manger installée dans l'ancienne chapelle, le chef propriétaire, René Kissler, médaillé d'or en 1999, vous propose de savourer son art culinaire. 9 ch. dont une dans un chalet vous accueilleront dans ce havre de paix et de douceur. Certifié Table aux Saveurs du Terroir^MD. P. 20, 210.

Aux alentours: À 5 min de Ste-Agathe, 25 min de Mont-Tremblant, toutes les activités à proximité.

Chambres: chacune a son style particulier et une vue sur la nature. **9 ch. S. de bain privée(s) ou partagée(s)**

Forfaits: détente & santé, gastronomie, autres.

Ouvert: à l'année.

2 pers: B&B 91-146$ **PAM** 160-195$

Enfant (12 ans et –): B&B 25$ **PAM** 55$

Taxes en sus. AM IT MC VS

Réduction: hors saison et long séjour.

A AV AC **Certifié: 2004**

René Kissler
1592, route 329 Nord
Sainte-Agathe-des-Monts J8C 2Z8
Tél. (819) 326-7673
Fax (819) 326-9351
www.lasauvagine.com
infos@lasauvagine.com

Aut. 15 nord, sortie 89, rte 329 nord à droite, 1,5 km.

Ste-Agathe-des-Monts
Auberge le Saint-Venant ★★★

Auberge du Passant *certifiée*

Coup de coeur du Public régional 2003. Entre lacs et montagnes, notre établissement est le balcon souriant des Laurentides, son regard se pose sur un panorama apaisant allant du majestueux lac des Sables jusqu'à la forêt du mont Sainte-Agathe. Un déjeuner raffiné et divin, une atmosphère chaleureuse et confortable sont notre gage de qualité.

Aux alentours: face au lac, à deux pas du village et de nombreuses activités.

Chambres: toutes aménagées avec grand soin en vue d'offrir un cachet unique. **9 ch. S. de bain privée(s)**

Forfaits: théâtre.

Ouvert: à l'année.

2 pers: B&B 105-150$ **1 pers B&B** 95-140$

Enfant (12 ans et –): B&B 30$

Taxes en sus. IT MC VS

Réduction: hors saison.

A @ AV AC **Certifié: 2001**

Kety Kostovski, Benoît et Lucas Meyer
234, rue Saint-Venant
Sainte-Agathe-des-Monts J8C 2Z7
Tél. 1-800-697-7937 (819) 326-7937
Fax (819) 326-4848
www.st-venant.com
info@st-venant.com

Aut. 15 nord, sortie 83. À l'arrêt à gauche, dir. rte 329. Au 2e arrêt à droite, faire 500 m, puis à droite au #234 (chemin privé).

Ste-Agathe-des-Monts
Gîte aux Champs des Elfes ✵✵✵

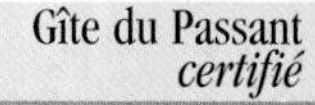

Gîte du Passant *certifié*

Richard Lussier
4420, ch. Daoust
Sainte-Agathe-des-Monts J8C 2Z8
Tél. (819) 321-0797
Fax (819) 321-0934
www.gitedeselfes.com
info@gitedeselfes.com

Aut. 15 nord. Quand l'aut. se termine et rejoint la rte 117, 1re rue chemin Renaud à gauche, 0,5 km ch. Daoust à gauche.

Entourée d'arbres et de fleurs, chaleureuse maison de style antique construite pièce sur pièce et joliment décorée. Les boiseries et la douce musique de notre demeure enjoliveront votre séjour, sans oublier le boudoir et la merveilleuse vue sur le lac Daoust.

Aux alentours: Mont-Tremblant, glissades d'eau, ski, golf, piste cyclable, motoneige, équitation, théâtre.
Chambres: décorées avec douceur, romantisme et chaleur. **3 ch. S. de bain privée(s) ou partagée(s)**
Forfaits: autres.
Ouvert: à l'année.
2 pers: B&B 90-110$ **1 pers B&B** 80-100$
Enfant (12 ans et –): B&B 15$
Taxes en sus. AM IT MC VS
Réduction: hors saison et long séjour.

AV Certifié: 2003

Ste-Marguerite-du-Lac-Masson
Auberge au Phil de l'Eau ✵✵✵✵

Gîte du Passant *certifié*

Marie-Noëlle Brassine et Bruno Leclerre
150, chemin Guénette
Sainte-Marguerite-du-Lac-Masson J0T 1L0
Tél. (450) 228-1882
Fax (450) 228-8271
www.auphildeleau.com
aubergeauphildeleau@yahoo.com

Aut. 15 nord, sortie 69, rte 370 est, 8 km. À la résidence «Les 2 Roses d'Or», chemin Guénette à gauche, 4,5 km.

Dans un site enchanteur au bord d'un lac, nous vous accueillons dans une maison spacieuse et chaleureuse qui vous invite à la détente. Profitez de la grande terrasse pour déguster une bière belge et le soir, au coin du feu, notre table d'hôte de fine cuisine belge et française vous ravira. Lauréat régional Grands Prix du tourisme québécois 2004.

Aux alentours: sentiers en forêt, lac Masson, Bistrot à Champlain, le P'tit Train du Nord, St-Sauveur.
Chambres: coquettes et confortables, vue sur le lac, 1 s.de bain privée, lit queen. **5 ch. S. de bain privée(s) ou partagée(s)**
Forfaits: détente & santé, motoneige, plein air.
Ouvert: à l'année.
2 pers: B&B 75-95$ **PAM** 123-163$ **1 pers B&B** 65-85$ **PAM** 89-119$
Enfant (12 ans et –): B&B 15$ **PAM** 30-49$
Taxes en sus. IT MC VS
Réduction: hors saison.

A AV Certifié: 2000

Ste-Marguerite-du-Lac-Masson
Gîte du Lièvre ✵✵✵

Gîte du Passant *certifié*

Thérèse Chouinard et Daniel Fraser
34, rue Du Lièvre
Sainte-Marguerite-du-Lac-Masson J0T 1L0
Tél. (450) 228-1877
http://pages.citenet.net/users/ctmx0131
gite_du_lievre@citenet.net

Aut. 15 nord, sortie 69, rte 370, rue des Lupins à gauche, rue des Rapides à gauche.

Notre gîte est situé en retrait de la route, entouré d'arbres, de fleurs, de petits animaux et de plusieurs variété d'oiseaux. Le calme des lieux, la sérénité du décor vous apporteront bien-être et repos. Nos petits-déjeuners copieux vous satisferont.

Aux alentours: piste cyclable, quad, motoneige, patinoire.
Chambres: confortables et bien éclairées. **3 ch. S. de bain privée(s) ou partagée(s).**
Ouvert: à l'année, tous les vendredis et samedis soir.
2 pers: B&B 75-80$
Enfant (12 ans et –): B&B 15$

A Certifié: 1998

Manoir Mazarine
B & B suites campagnardes

Val-David

Gîte La Romance ☼☼☼☼

Gîte du Passant *certifié*

Gordon Flynn
1183, ch. de la Rivière
Val-David J0T 2N0
Tél. (819) 322-1766
www.gitelaromance.com
info@gitelaromance.com

Aut. 15 nord, sortie 76, rte 117 nord, 4 km. 2e feu à droite, chemin de la Rivière à droite.

Coup de Coeur du Public régional 2006. Gîte situé dans le pittoresque village de Val-David, à une distance de marche du centre du village et de toutes les activités. Entre St-Sauveur et Mont-Tremblant, La Romance est l'endroit rêvé pour se faire dorloter ou tout simplement pour relaxer dans les jardins près de la cascade d'eau. Ma porte est toujours ouverte. Chez-moi, c'est chez vous! P. 182.

Aux alentours: piste cyclable à la porte, ski de fond, ski alpin, théâtres d'été, boutiques, artisanat.
Chambres: lit queen ou double. Une avec foyer, une de style victorien. **3 ch. S. de bain privée(s) ou partagée(s)**
Forfaits: romantique, vélo, autres.
Ouvert: 1er décembre au 31 octobre.
2 pers: B&B 89-109$ **1 pers B&B** 75-85$
VS
Réduction: hors saison et long séjour.

A ⊘ ✕ **AV** **Certifié: 2005**

Val-David

La Maison de Bavière ☼☼☼☼

Gîte du Passant *certifié*

Agathe Gendron et Yves Waddell
1470, chemin de la Rivière
Val-David J0T 2N0
Tél. (819) 322-3528 1-866-322-3528
www.maisondebaviere.com
contact@maisondebaviere.com

Aut. 15, sortie 76 dir. Val-David, 5 km. En vélo, km 42,3 du Parc linéaire le P'tit Train du Nord. Accessible par transport en commun.

Gîte tranquille, près du paisible village de Val-David. Site d'une beauté exceptionnelle au bord des cascades de la rivière du Nord. De notre porte, vous avez accès gratuitement à plus de 200 km de pistes pour le vélo ou le ski. Généreux déjeuners santé, qui vous garderont en forme pour la journée. Cuisine inventive. **Certifié «Bienvenue cyclistes!MD».**

Aux alentours: situés sur le Parc linéaire le P'tit Train du Nord et à moins de 15 min de St-Sauveur.
Chambres: studios avec terrasse, vue sur les rapides. **4 ch. S. de bain privée(s)**
Forfaits: ski alpin, ski de fond, vélo.
Ouvert: à l'année.
2 pers: B&B 85-125$ **1 pers B&B** 78-115$
Taxes en sus. VS
Réduction: long séjour.

A ⊘ **Certifié: 2006**

Val-David

Le Creux du Vent ★★★

Auberge du Passant *certifiée*

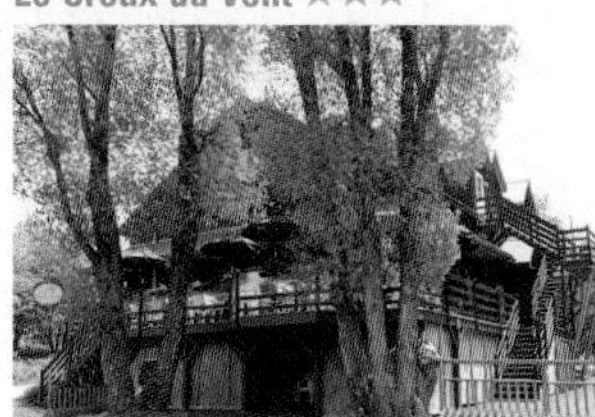

Bernard Zingré et Brigitte Demmerle
1430, rue de l'Académie
Val-David J0T 2N0
Tél. (819) 322-2280 1-888-522-2280
Fax (819) 322-2260
www.lecreuxduvent.com
info@lecreuxduvent.com

1h de Montréal, aut. 15 nord, sortie 76, rte 117 nord, rue de l'Église à droite dir. Val-David, ch. de la Rivière à gauche, jusqu'au coin rue de l'Académie.

Prix Réalisation 2006 - Hébergement. Notre charmante auberge est située en bordure du parc linéaire le P'tit Train du Nord, à 2 min de marche du centre du village. La terrasse vous offre une vue imprenable sur la rivière du Nord et vous invite à la détente. L'accueil convivial, le décor chaleureux et notre cuisine créative sauront vous enchanter. Choix de forfaits gastronomiques. Certifié Table aux Saveurs du TerroirMD. P. 20, 183, 210.

Aux alentours: outre les activités saisonnières régionales, nous vous proposons des ateliers gastronomiques.
Chambres: elles vous invitent à un tour du monde au rythme des vents. **6 ch. S. de bain privée(s)**
Forfaits: gastronomie, romantique, vélo.
Ouvert: à l'année.
2 pers: B&B 105$ **PAM** 195$ **1 pers B&B** 80$ **PAM** 120$
Enfant (12 ans et –): B&B 20$ **PAM** 30$
Taxes en sus. IT MC VS
Réduction: hors saison et long séjour.

A ⊘ ✕ **AV** **Certifié: 2004**

Les
Jardins
de la Gare
Val-Morin
1 888 322-4273
www.lesjardinsdelagare.com
LAURÉAT RÉGIONAL
Hébergement
6 à 49 chambres
Les Grands
Prix
du tourisme
québécois
2000
Québec
ATTESTATION DE CLASSIFICATION
GÎTES

Val-Morin
Auberge Les Jardins de la Gare ★★★

Auberge du Passant *certifiée*

Grand Prix du tourisme Laurentides 2000. Jadis magasin général et bureau de poste. Joyau du patrimoine. Décor ancien et superbe collection de meubles antiques. Site privilégié en bordure du parc linéaire et du lac Raymond. Grande galerie face au lac pour la détente. Canots et pédalos sans frais. Plage privée. Forfaits. Déjeuner 5 services. **Certifié «Bienvenue cyclistes!MD».** P. 204.

Aux alentours: vélo, équitation, yoga, baignade, canotage, golf, ski de fond sur place, ski alpin à moins de 5 min.
Chambres: luxueuses et paisibles, au charme victorien avec vue sur le lac ou jardin.
6 ch. S. de bain privée(s)
Forfaits: gastronomie, ski de fond, vélo.
Ouvert: à l'année.
2 pers: B&B 110-150$ **1 pers B&B** 90-130$
Enfant (12 ans et –): B&B 20$
Taxes en sus. IT MC VS
Réduction: hors saison et long séjour.

A AV AC **Certifié: 1997**

Jacqueline Gaudet et Jules Chiasson
1790, 7e Avenue
Val-Morin J0T 2R0
Tél. (819) 322-5559 1-888-322-4273
Fax (819) 322-3671
www.lesjardinsdelagare.com
jacqueline@lesjardinsdelagare.com

Aut. 15 nord, sortie 76, rte 117 nord, 0,5 km, Curé-Corbeil à droite, rue Morin à droite, 0,5 km, premier arrêt 7e Av. à gauche jusqu'au bout.

Val-Morin
Manoir Mazarine

Gîte du Passant *certifié*

Pour une escapade dans un environnement naturel, nous vous offrons 3 suites spacieuses avec vue sur un lac privé et collines, dans un magnifique manoir des années 20 décoré d'antiquités et d'oeuvres d'art originales. Servez-vous et dégustez, dans l'intimité de votre suite, un petit-déjeuner aux saveurs biologiques. Stat. privé. Accès Internet. P. 202.

Aux alentours: natation et canotage dans notre lac privé, golf, parc linéaire pour vélo et ski de randonnée.
Chambres: suites spacieuses avec salon et cuisinette. Atmosphère paisible et intime.
3 ch. S. de bain privée(s)
Forfaits: charme, détente & santé, romantique, ski de fond.
Ouvert: à l'année.
2 pers: B&B 160-190$ **1 pers B&B** 115-140$
Enfant (12 ans et –): B&B 25-35$
Taxes en sus. AM IT MC VS
Réduction: long séjour.

A @ AV **Certifié: 2004**

Dorit Dornier Leutsch
1750, rue de la Gare
Val-Morin J0T 2R0
Tél. (819) 326-9988 1-866-558-9988
Fax (819) 322-3652
www.manoirmazarine.com
info@manoirmazarine.com

Aut. 15, sortie 76, rte 117 à droite, Curé Corbeil à gauche, 10e Av. à droite, De la Rivière à droite, De la Gare à gauche (juste avant la Petite Gare), montez au Manoir.

■ Information supplémentaire sur l'hébergement à la ferme

L'Annonciation, Rivière-Rouge
La Clairière de la Côte

Gîte du Passant à la Ferme *certifié*

Activités: Observation et soin des animaux, récolte des oeufs, le couvoir (en saison), balade en forêt (300 acres), aires de repos, observation des oiseaux, etc. P. 189.

Animaux: Sur une belle route de campagne, voyez nos animaux choyés qui paissent dans les pâturages: veaux, agneaux et chevreaux, à la basse-cour: lapins, poules, poulets, etc.

700, chemin Laliberté, Rivière-Rouge
Tél. (819) 275-2877
www.giteetaubergedupassant.com/clairieredelacote

Lachute, Argenteuil

Au Pied de la Chute

Table Champêtre *certifiée*

Respirez, vous êtes à la campagne! À la lisière d'une forêt, notre table vous offre charme, confort et caractère. Cuisine authentique où canard, perdrix, pintade, daim, agneau et poulet sont à l'honneur. L'étang, la chute et la rivière ajoutent au charme de la propriété. En saison, une terrasse de 152 places vous accueille pour nos méchouis.

Spécialités: champignons sauvages, canard de Barbarie, poulet fermier, méchoui sur feu de bois: poulet, sanglier, agneau, longe de porc.

Menu

Terrine de foie de canard, salsa de poires et tomates jaunes
ou Ballotine de dinde et salade d'endives à la betterave
ou Croustillant de pintade, salade au jus de volaille
Velouté de champignons sauvages, croûtons au pain de seigle
ou Crémeuse de courgettes, émulsion à la tomate séchée
Confit de cuisse de canard au vinaigre de cassis
ou Médaillons de daim, échalotes braisées à la sauge
ou Gigot d'agneau rôti, jus de cuisson à la tomate séchée
ou Perdrix rôtie au citron confit ou
Poulet fermier sauté aux champignons sauvages et marjolaine
ou Poitrine de canard, jus et confit de carottes à l'orange
Raclette de l'abbaye d'Oka, buisson de verdure à l'érable
Tarte feuilletée aux poires et framboises
ou Gâteau aux noix et chocolat, crème à la lavande
Autres menus sur demande

Aux alentours: centrale hydroélectrique de Carillon, Saint-Monastère-Vierge-Marie-la-Consolatrice.

Émilie Kervadec et Yves Kervadec
273, route 329 Nord
Lachute, J8H 3W9

Tél. / Fax (450) 562-3147
www.pieddelachute.com
info@pieddelachute.com

Aut. 15 nord, sortie 35, aut. 50 ouest, sortie 272, Côte St-Louis à droite, rte 158 ouest à gauche, rte 329 nord à droite. 1,5 km à gauche.

Nbr pers. semaine: 16-30
Nbr pers. week-end: 20-30
Min. de pers. exigé varie selon les saisons.
Sur réservation.

Repas: 42-45$ / pers.
Taxes en sus.

Ouvert: à l'année

A **Certifié: 1989**

L'Annonciation, Rivière-Rouge

La Clairière de la Côte

Table Champêtre *certifiée*

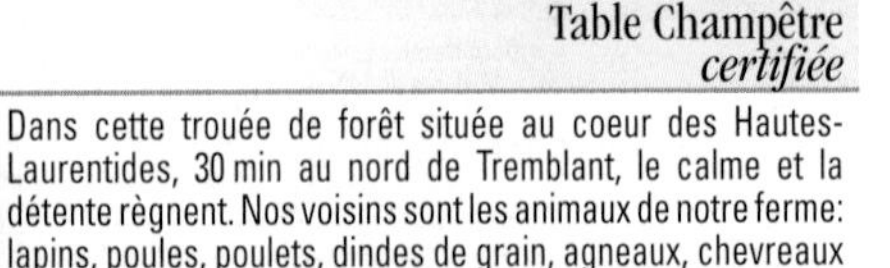

Dans cette trouée de forêt située au coeur des Hautes-Laurentides, 30 min au nord de Tremblant, le calme et la détente règnent. Nos voisins sont les animaux de notre ferme: lapins, poules, poulets, dindes de grain, agneaux, chevreaux et veaux. Vous les retrouverez au menu accompagnés de légumes frais sortis de nos jardins biologiques. P. 189, 205.

Spécialités: Tous les mets sont cuisinés maison. Je cuisine au beurre et à la crème. Ici, chaque plat est traité de façon spéciale. Mes livres de chevet sont mes livres de recettes.

Menu

Gelée de légumes quatre saisons
Foie gras fermier
Fondue aux cinq fromages et sa confiture d'oignons
Velouté de saison
Lapin au beurre, thym sur coulis de moutarde de Meaux
Flambé d'agneau au cognac avec couscous Arabe et Jardinière
Verdurette arrosée d'une émulsion érabelle
Fromagerie et ses accompagnements
Granité de nectar de mangues
Gâteau aux carottes et sa crème brûlée façon d'autrefois
Autres menus sur demande

Aux alentours: piste cyclable asphaltée, golf, équitation, péniche sur Rivière-Rouge (nouveauté), ski, raquette.

Monique Lanthier et Yves Bégin
700, chemin Laliberté
Rivière-Rouge, J0T 1T0

Tél. (819) 275-2877
www.giteetaubergedupassant.com/clairieredelacote

Aut. 15 nord et rte 117 jusqu'à L'Annonciation (ville de Rivière-Rouge). De l'hôpital, 4,3 km, ch. Laliberté à gauche.

Nbr pers. semaine: 6-26
Nbr pers. week-end: 6-26
Sur réservation.

Repas: 35$ / pers.

Ouvert: 1er décembre au 31 octobre.

Certifié: 1997

Mirabel, Ste-Scholastique
Les Rondins

Table Champêtre *certifiée*

Lorraine Douesnard et François Bernard
10331, côte Saint-Louis
Mirabel, J7N 2W4

Tél. (514) 990-2708 (450) 258-2467
Fax (450) 258-2347
www.petite-cabane.com
lapetitecabane@qc.aira.com

Aut. 15 nord, sortie 35, aut. 50 ouest, sortie 272 chemin Côte St-Louis. À l'arrêt à gauche, 3 km. «La P'tite cabane d'la Côte» à gauche.

Nbr pers. semaine: 10-50
Nbr pers. week-end: 15-50
Min. de pers. exigé varie selon les saisons.

Sur réservation.
Repas: 37-39$ / pers.
Taxes en sus.

Ouvert: à l'année
A ⊗ ✕ **Certifié: 1989**

Tout près de l'aéroport de Mirabel, un site enchanteur s'offre à vous. La splendeur de notre vaste érablière vous ravira; l'ambiance chaleureuse de nos 2 salles à manger, aménagées dans notre cabane à sucre «rustique», vous enveloppera; nos mets raffinés mijotés à partir de nos différents élevages vous combleront de plaisir. Apportez votre vin!

Spécialités: Confit et suprême de canard de Barbarie, poulet de grain, sirop d'érable et ses sous-produits, produits régionaux qui répondent à des critères de qualité et de fraîcheur.

Menu
Bouchées d'avant
Roulade de chapon farcie
Potage de saison et pain maison
Salade tiède au confit de canard
Suprême de volaille farci sauce aux mûres ou
Mijoton de veau au parfum de basilic ou
Suprême de pintade sauce raisins et vin rouge ou
Suprême de canard sauce à la framboise
Fromage fermier
Verdure et 2 fromages chauds
Gâteau petits fruits mousse au sirop d'érable ou
Tarte sirop d'érable et fruits
Sorbet maison
Autres menus sur demande

Aux alentours: Parc régional du Bois de Belle-Rivière, sentiers pédestres, équitation, vignobles, golf, Intermiel.

St-André-d'Argenteuil
La Ferme de Catherine

Table Champêtre *certifiée*

Marie Marchand et Robert Dorais
539, route du Long-Sault, rte 344
Saint-André-d'Argenteuil, J0V 1X0

Tél. (450) 537-3704
Fax (450) 537-1362
www.fermedecatherine.com
fermecatherine@videotron.ca

Aut. 15 ou 13 N., sortie aut. 640. D'Oka, rte 344, 19 km. Aut. 50 dir. Lachute, sortie 258, rte 327 dir. St-André E., rte 344 dir. St- Placide, 7 km, devient rte du Long-Sault.

Nbr pers. semaine: 14-48
Nbr pers. week-end: 14-48
Min. de pers. exigé varie selon les saisons.
Sur réservation.

Repas: 42-48$ / pers.

Ouvert: à l'année
A @ AV AC **Certifié: 1998**

Marie, Catherine et Robert vous accueillent chaleureusement sur leur site enchanteur; véritable ferme avec vue sur le lac des Deux-Montagnes. Nous servons une cuisine raffinée et des menus élaborés à partir des produits de qualité de la ferme et de la région. Le tout servi dans un décor splendide et intime.

Spécialités: Convivialité renommée. Noce champêtre sous le chapiteau en saison.

Menu
Crémant de pommes
Terrine de bison accompagnée de gelée à saveur de romarin
Rillettes de canard et confiture d'oignons rouges au vinaigre de framboise
Demi-avocat agrémenté de crabe et sa sauce
Velouté du fermier
Médaillon de bison réduction de porto et poivre du moulin ou
Suprême de volaille farci, sauce à l'orange et hydromel ou
Cuisse de canard confite et ses légumes potagers
Plateau de fromages et panaché de laitue
Délices de la saison au coulis fruité
Autres menus sur demande

Aux alentours: parc Oka, Parc régional du Bois de Belle-Rivière.

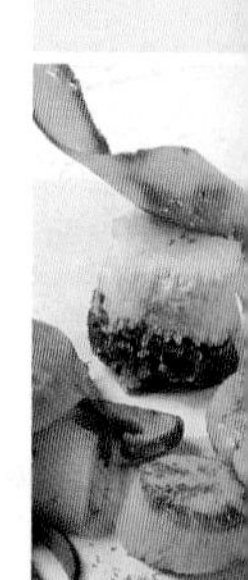

St-Eustache
Le Régalin

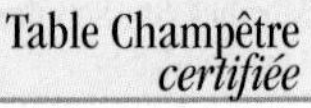
Table Champêtre *certifiée*

Chantal Comtois et Philippe Martel
991, boul. Arthur-Sauvé, route 148 Ouest
Saint-Eustache, J7R 4K3

Tél. / Fax (450) 623-9668 Tél. 1-877-523-9668
www.regalin.com
regalin@videotron.ca

Aut. 15 nord, sortie 20 ouest, aut. 640 ouest, sortie 11 boul. Arthur-Sauvé dir. Lachute, 5 km. 8 maisons après la pépinière Eco-Verdure du côté droit de la route.

Nbr pers. semaine: 10-55
Nbr pers. week-end: 15-55
Min. de pers. exigé varie selon les saisons.
Sur réservation.

Repas: 39-44$ / pers.
Taxes en sus. IT MC VS

Ouvert: à l'année

A **Certifié: 1992**

Pétale d'Or, Comité d'embellissement du Conseil des Arts de St-Eustache. À 30 min de Montréal, dans le quartier des érables, une belle grosse canadienne aux lucarnes éclairées surplombe un potager à perte de vue. Nous recevons dans 2 salles à manger climatisées, situées à chaque extrémité de la maison. Vous avez donc l'exclusivité de votre salle. P. 186.

Spécialités: L'élevage (lapins, faisans, pintades, oies, canards et autruches) nous inspire dans l'élaboration de nos menus. Soupers-concerts où vous n'êtes pas tenus d'être en groupe.

Menu
Mousse de foies de lapereau et pain maison
Feuilleté d'autruche au poivre vert ou
Aumônières de pintade à l'érable
Potage de saison
Lapin aux abricots et à l'érable ou
Rôtisson d'autruche à l'hydromel ou
Suprême de faisan au poivre rose
Salade verdurette
Plateau de fromages fins
Profiteroles au chocolat ou
Gâteau mousse aux abricots
Autres menus sur demande

Ste-Anne-des-Plaines
Basilic et Romarin

Table Champêtre *certifiée*

Jocelyne Parent
12, boul. Normandie
Sainte-Anne-des-Plaines, J0N 1H0

Tél. / Fax (450) 838-9752
www.basilicetromarin.com
basilicetromarin@sympatico.ca

Aut. 15, sortie 31, 14 km dir. est sur rue Victor qui devient rang Lepage. Au boul. Normandie à droite, dir. sud, 500 m.

Nbr pers. semaine: 2-24
Nbr pers. week-end: 2-24
Sur réservation.

Repas: 48-58$ / pers.

Ouvert: à l'année

A **Certifié: 2001**

Sise au coeur d'une érablière, la verrière de Basilic et Romarin offre en spectacle une forêt d'arbres matures et un grand potager. Ce dépaysement n'est pourtant qu'à 45 min du centre-ville. La table, inspirée d'un long périple sur deux continents, s'alimente des fraîcheurs du jardin, des oiseaux de la basse-cour et des douceurs de l'érablière.

Spécialités: Pain fait de grains bio moulus sur place juste avant le pétrissage. Vinaigrette au sirop d'érable. Feuilletés. Cailles cuites au tournebroche.

Menu
Rillettes de lapin aux noisettes ou
Gravad lax à la lime et à la coriandre
Potage aux zucchinis et basilic
Pâté de lapin en croûte sur coulis de champignons ou
Tourte de perdrix et d'amandes ou
Feuilleté mousse de foie de pintade sur coulis d'oseille
Granité de vin blanc et lime
Dindonneau sauvage avec farce au riz sauvage ou
Caille glacée au sirop d'érable et romarin ou
Pintade à l'orange et aux canneberges
Faisan aux petits fruits
Tarte aux pommes pochées au sirop d'érable ou
Marquise au chocolat sur crème anglaise ou
Corne de Mascarpone et framboises
Autres menus sur demande

Aux alentours: parc de la Rivière-des-Milles-Îles, Maison de Sir Wilfrid Laurier, golf, équitation.

Ste-Anne-des-Plaines
La Conclusion

Table Champêtre *certifiée*

Chez nous, c'est une passion pour la bonne cuisine que nous partageons avec vous dans un décor champêtre et une ambiance décontractée. Notre souci constant de vous offrir un accueil chaleureux, nous a valu d'être en nomination à chaque année depuis 1996 pour le Coup de Coeur du Public et lauréat provincial en 2000 et 2005.

Spécialités: Au rythme des saisons, nous servons une cuisine raffinée composée de produits frais de nos élevages de lapins, cailles et faisans. Notre grand potager complète votre assiette.

Chantal et Gilles Fournier
172, chemin La Plaine
Sainte-Anne-des-Plaines, J0N 1H0
Tél. (450) 478-2598
Fax (450) 478-0209
www.laconclusion.com
chantal@laconclusion.com

Aut. 640, sortie 38, rte 337 nord, 11 km, rte 335 sud à gauche, 2 km à gauche. Aut. 15, sortie 31, rue Victor est, rte 335 nord à gauche, 7,7 km.

Nbr pers. semaine: 2-34
Nbr pers. week-end: 2-34
Min. de pers. exigé varie selon les saisons.

Sur réservation.

Repas: 32-58$ / pers.
Taxes en sus. VS
Ouvert: à l'année

A AV AC **Certifié: 1997**

Menu
Potage ou crème du jardin, pain maison aux cinq grains
Salade tiède au confit de lapereau
ou Aumônière de foies de lapin à la crème
ou Duo de tartes chaudes
ou Canapés chauds et froids
Lapin farci aux abricots
ou Lapin chasseur aux olives
ou Brochette de cailles désossées, marinade exotique
ou Faisan deux façons, sauce pommes, érable et romarin
Salade maison ou sorbet digestif aux fruits des champs
Tarte aux framboises glacée au sirop d'érable
ou Crêpes de blé, mousse Cointreau, coulis de bleuets
Crème glacée maison et gourmandises
Menu dégustation disponible et fromages régionaux
Autres menus sur demande

Aux alentours: plusieurs terrains de golf, équitation, théâtres.

Huberdeau
Auberge du Lac à la Loutre

Table aux Saveurs du Terroir *certifiée*

Notre table vous offre tous les jours une cuisine française classique aux présentations originales, avec produits du terroir et gibiers, tels le caribou, cerf, pintade, canard, foie gras..., ainsi qu'une variété de poissons et fruits de mer. Tous nos produits sont fait maison. P. 187.

Spécialités : La "Dunette" à l'érable, le cerf de la Petite-Nation et sa sauce cognac et fraises, le lapin biologique du Clapier de la vallée, mignon de boeuf sauce au Victor et Berthold...

Repas offerts : soir. Réservation recommandée.

122, chemin Trudel, Huberdeau
Tél. (819) 687-8888 1-888-568-8737
Fax (819) 687-1044
www.aubergedulacalaloutre.com
lacalaloutre@qc.aira.com

St-Placide
Gîte La Capucine

Table aux Saveurs du Terroir *certifiée*

Capacité de 6 à 20 personnes. Ambiance intime et chaleureuse. Terrasse extérieure en été ou la chaleur du foyer en hiver. P. 186, 196.

Spécialités : Venez découvrir les surprises du chef: canard, autruche, sanglier, bison et cerf aux saveurs du terroir.

Repas offerts : soir. Sur réservation.

42, rue de l'Église, Saint-Placide
Tél. (450) 258-0202 (514) 895-5103
Fax (450) 258-1870
www.gitelacapucine.com
gitelacapucine@yahoo.fr

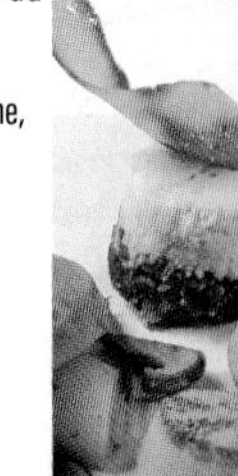

Ste-Agathe-des-Monts

Auberge la Sauvagine

Table aux Saveurs du Terroir *certifiée*

1592, route 329 Nord, Sainte-Agathe-des-Monts
Tél. (819) 326-7673
Fax (819) 326-9351
www.lasauvagine.com
infos@lasauvagine.com

C'est dans le cadre chaleureux d'une ancienne chapelle, qui abrite la salle à manger, que vous pourrez déguster les mets raffinés d'une gastronomie sans faille, concoctés par le chef propriétaire et membre des 33 Maîtres-Queux. P. 20, 199.

Spécialités : Fine cuisine française dont la carte évolue selon les saisons. Foie gras poêlé, caribou sauce Grand-Veneur et autres produits du terroir québécois.

Repas offerts : soir. Sur réservation.

Val-David

Le Creux du Vent

Table aux Saveurs du Terroir *certifiée*

1430, rue de l'Académie, Val-David
Tél. (819) 322-2280 1-888-522-2280
Fax (819) 322-2260
www.lecreuxduvent.com
info@lecreuxduvent.com

C'est dans l'ambiance chaleureuse et conviviale de notre salle à manger, que vous pourrez découvrir en soirée, une fine cuisine inspirée de la fraîcheur des produits du terroir. Tous les midis, nous vous proposons un menu familial, ainsi que le soir sur notre magnifique terrasse. P. 20, 183, 203.

Spécialités : Foie gras poêlé, lasagne de fruits de mer à l'huile de truffe, jarret d'agneau confit, étagé de légumes grillés au fromage de chèvre, civet de chevreuil. Desserts maison.

Repas offerts : midi et soir. Réservation recommandée.

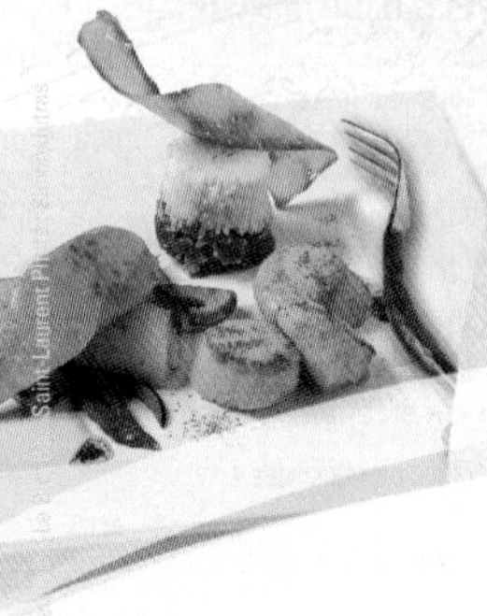

Mirabel
L'Ambroisie de Mirabel

Relais du Terroir *certifié*

Chantal Laframboise et Michel Roy
14 501, chemin Dupuis
Mirabel, J7N 3H7

Tél. (450) 431-3311
Fax (450) 431-3617
www.agricotours.qc.ca/lambroisiedemirabel
info@lambroisie.com

Aut. 15 nord, sortie 39 dir. 158 ouest, 6,5 km, chemin Dupuis à gauche.

AM IT MC VS

Ouvert: à l'année. De novembre à mai, sur réservation.

A Certifié: 2007

Dans un cadre chaleureux et champêtre, vous découvrirez des bâtiments qui, de l'extérieur, ressemblent à ceux du siècle dernier. Vous découvrirez également un cellier voûté en briques d'argile unique dans les Laurentides. Enfin, autour du petit lac, vous pourrez également vous détendre. Chaque saison a son charme à L'Ambroisie!

Produits: L'Ambroisie produit différentes boissons alcoolisées à base d'érable (appelées aussi: acéritifs). Toutes nos boissons sont réalisées par fermentation traditionnelle et sont issues d'un long et lent procédé de vieillissement. Trois boissons sont disponibles : «Chimères» notre apéritif, «Rupin» notre digestif et enfin «Caldeira» notre boisson effervescente produite en cellier selon la méthode traditionnelle.

L'Ambroisie de Mirabel produit également un vinaigre d'érable. Tout comme le vinaigre balsamique, il est produit à partir d'un vin. Notre vinaigre «Érablique» est issu d'une boisson alcoolique à base d'érable, est doux comme un nectar et quelques gouttes suffisent à apporter une saveur particulière à tous vos plats ou vinaigrettes.

Activités: Visite guidée et commentée des installations (salle de transformation, cuverie, cellier, etc.). Dégustation de deux produits (dégustation de l'effervescent sous certaines conditions). Aire de pique-nique. Aire de jeux pour les enfants et gâteries. Boutique.

Services: Sur la terrasse ou à l'une des tables situées en bordure du petit lac, nous espérons que vous pourrez vous imprégner de la quiétude des lieux tout en dégustant nos produits. Peu importe la saison, votre regard y trouvera toujours quelques nouveautés à y découvrir.

Aux alentours: circuit agrotouristique, St-Sauveur, centres urbains (Laval et Montréal) .

Mirabel, St-Benoît
Intermiel

Ferme Découverte *certifiée*

Viviane et Christian Macle
10291, rang de La Fresnière
Saint-Benoît, Mirabel, J7N 3M3

Tél. (450) 258-2713 1-800-265-MIEL
Fax (450) 258-2708
www.intermiel.com
intermiel@sympatico.ca

Aut. 15 nord, sortie 20, aut. 640 ouest, sortie 8. Suivre les panneaux bleus de signalisation touristique du Québec, 18 km.

Tarif(s) : 4-5$ adulte / 2$ enfant
IT MC VS
Ouvert: à l'année

A Certifié: 1993

Promenade à la ferme – Ferme éducative – Centre d'interprétation

À Mirabel, visitez, «le monde des abeilles». Le tour guidé vous propose la visite de notre hydromellerie, un vidéo, des démonstrations, une salle de jeux éducatifs et l'ouverture de ruches en saison. Le prix de groupe comprend une visite éducative de 2 heures. Visite de notre érablière et dégustation des liqueurs d'érable.

Activités: Film sur les différentes activités apicoles de la ferme. Interprétation de l'abeille et observation de ruches vivantes (mur d'abeilles). Manipulation par l'apiculteur d'une ruche en activité (saison estivale). Démonstration des techniques de production. Visite de l'hydromellerie. Dégustation de produits de miel et d'hydromel. Mini-ferme. Visite de l'érablière et dégustation des liqueurs d'érable.

Produits de qualité: miels, sirop d'érable, 8 hydromels médaillés à l'international, 2 liqueurs d'érable (100% érable), sous-produits du miel et de l'érable.

Services: Aire de pique-nique, salle à manger intérieure, visite de la mini-ferme, boutiques, emballages-cadeaux.

St-Eustache
Nid'Otruche

Ferme Découverte *certifiée*

Nicolas Charbonneau
825, rue Fresnière
Saint-Eustache, J7R 4K3
Tél. (450) 623-5258
Fax (450) 623-0512
www.nidotruche.com
info@nidotruche.com

Aut. 15 nord, aut. 640 ouest, sortie 11, rte 148 ouest, boul. Arthur-Sauvé, après l'hôpital, boul. Industriel à gauche, 1,5 km, chemin Fresnière à droite, 5 km.

Tarif(s) : 8-42$ adulte / 7-22$ enfant
Tarif de groupe offert.
IT MC VS

Ouvert: 1er mai au 31 octobre.

A ✕ AV AC **Certifié: 2007**

Centre d'interprétation

Le centre d'interprétation de l'autruche est une entreprise qui élève plus de 200 autruches et a remporté plusieurs honneurs. Un safari guidé permet non seulement de se familiariser avec le plus grand volatile du monde, mais aussi de découvrir l'émeu et le nandou. De plus, des repas y sont offerts pour ceux qui désirent vivre l'aventure complète.

Activités: Un safari guidé unique! Les aventuriers et les aventurières pourront découvrir des autruchons à la pouponnière, se retrouver, bec à bec, avec un troupeau d'autruches et avoir la possibilité de leur toucher. Présentation des 3 espèces d'autruches: les noires, les bleues et les rouges.

Nid'Otruche est un mélange de terres africaines et de «Jurassic Park». Les visiteurs pourront voir la similitude entre l'autruche et son ancêtre le Gallimimus. Cet oiseau peut paraître doux mais il sait se défendre quand il est terrassé par un lion; il peut le tuer d'un seul coup de patte.

Services: Le dîner safari: un safari guidé à pied, un safari en tracteur et un dîner à l'autruche comprenant une animation africaine. Le safari guidé: un safari guidé à pied (durée 1h) avec dégustations. Votre visite se terminera à la boutique où vous y trouverez des oeufs peints, plumeaux, etc. Aussi, viande d'autruche, sous toutes ses formes, incluant des recettes. Terrain de jeux pour les enfants.

St-Eustache
Vignoble de la Rivière du Chêne

Relais du Terroir *certifié*

Daniel Lalande et Isabelle Gonthier
807, Rivière Nord
Saint-Eustache, J7R 4K3
Tél. (450) 491-3997
Fax (450) 491-4995
www.vignobledelarivierreduchene.qc.ca
vignobleduchene@videotron.ca

Aut. 640, sortie 11, rte 148 dir. Lachute, boul. Industriel à gauche, chemin Rivière-Nord à droite, 5km. Suivre les panneaux bleus de la Route des vins.

IT MC VS

Ouvert: tous les jours de 10h à 17h.

A AV AC **Certifié: 2002**

Prix Réalisation 2006 - Agrotourisme. Situé au coeur des Basses-Laurentides, une visite au Vignoble de la Rivière du Chêne, c'est découvrir, sur une belle route de campagne, une gamme de produits remarquables, un accueil chaleureux et un site exceptionnel. Propriétaire d'une terre familiale de 18 hectares, c'est plus de 55 000 pieds de vignes qui y sont cultivés avec soin. P. 184.

Produits: Cuvée William blanc, ce vin se rapproche des Riesling d'Alsace. Cuvée William rouge, d'un rubis profond, un vin sec charnu, fruité et généreux. Le Rosé Gabrielle, ce vin rosé saura vous plaire à l'apéritif. L'Adélard, ce vin blanc aromatisé à l'érable dégage un parfum de pomme, d'érable et de miel. La Cuvée glacée des Laurentides, une vendange tardive à découvrir!

MONDE (vin de glace), ce vin blanc liquoreux permet aux plus fins palais d'apprécier toute la finesse d'un produit tiré d'un climat froid. L'Éraportéross, ce vin rouge fortifié aromatisé au sirop d'érable rappelle le caractère des portos et des Banyuls. Découvrez aussi bientôt Les Bulles de Gabrielle, Lalande signé Bastien blanc et rouge (des vins élevés en fûts de chêne) et Folie d'Automne, un vin nouveau!

Activités: Le Vignoble de la Rivière du Chêne ouvre ses portes à l'année pour vous permettre de visiter ses installations. Sur le site : vente de vins, visites guidées et dégustations, vendanges à l'automne sur réservation, tables à pique-nique, salle de dégustations.

Services: Dégustations de vins et fromages. Coffrets-cadeaux originaux. Site unique au Québec propice à différents tournages. Visites guidées passionnantes. Cours de dégustation. Étiquettes personnalisées pour entreprises.

Aux alentours: cabane à sucre, piste cyclable, agrotourisme, glissade d'eau, marché aux puces, théâtre d'été.

St-Faustin-Lac-Carré
Ferme de la Butte Magique

Ferme Découverte *certifiée*

Diane Gonthier
1724, ch. de la Sauvagine
Saint-Faustin-Lac-Carré, J0T 1J2

Tél. / Fax (819) 425-5688
www.agricotours.qc.ca/buttemagique/
fermedelabuttemagique@hotmail.com

Aut. 15 nord. À St-Faustin, 2 km après le Mont-Blanc, ch. de la Sauvagine à gauche, 6,3 km.

Tarif(s) : 7-15$ adulte / 5-10$ enfant

Ouvert: mai à oct, 7 jrs/sem., pour groupe min. de 15 pers., sur réservation seulement.

A **Certifié: 2000**

Ferme éducative

Intégrée harmonieusement dans l'environnement Laurentien, notre ferme vit au rythme de sa nature. Pittoresque jusque dans son architecture, elle a comme maître d'oeuvre, une «vraie» bergère et une artiste textile professionnelle. Nos visites, hautement éducatives, allient donc l'agriculture et l'art. Toutes les clientèles y sont bienvenues!

Activités: Le tour guidé de la ferme: visite de 2h à caractère démonstratif qui vous entraînera dans la diversité des savoir-faire du mode de vie berger, en partant du soin des animaux (4 races de moutons dont certaines rares ou en voie de disparition, poules ou autres volailles, cochons, lama gardien du troupeau, chiens et chats...) jusqu'à un produit de laine fini! Au 3e étage de la grange, dans le «Grenier des Souvenirs», vous ferez des découvertes surprenantes!

La bonté du mouton «sous toutes ses coutures». Une journée à la ferme: formule pique-nique comportant de multiples choix d'ateliers participatifs, tels: sélection d'une toison, lavage et teinture de la laine au Pavillon extérieur, visite de l'atelier de cardage et feutrage, présentation de l'histoire du filage à travers le temps et d'une collection inédite de rouets, fabrication d'un souvenir de laine feutrée, excursion sur la Butte Magique, jeux et courses aux trésors...

Services: Ratio de 1 animateur par groupe de 10 à 15 personnes. Programmation souple et adaptée au besoin de chaque clientèle ou groupe. Informez-vous sur notre calendrier de cours en art, textile (une fin de semaine ou mois) et nos portes ouvertes en métier d'art... Stationnement et aire de pique-nique sans frais. Les activités ont lieu beau temps, mauvais temps.

St-Joseph-du-Lac
Cidrerie Les Vergers Lafrance

Relais du Terroir *certifié*

Éric Lafrance et Julie Hubert
1473, chemin Principal
Saint-Joseph-du-Lac, J0N 1M0

Tél. (450) 491-7859
Fax (450) 491-7528
www.lesvergerslafrance.com
info@lesvergerslafrance.com

Aut. 13 ou 15 nord. Aut. 640 ouest, sortie 2, chemin Principal à gauche, 3,5 km. Ou sortie 8. Suivre les panneaux bleus.

AM IT MC VS

Ouvert: à l'année. Tous les jours de 9h à 17h.

A **Certifié: 2007**

Les Vergers Lafrance est un magnifique domaine agrotouristique offrant des installations de style champêtre où on a su transformer et magnifier la pomme en de multiples produits de grande qualité. On y trouve: la boutique de campagne, la cidrerie artisanale, le café-terrasse, le parc de jeux, la mini-ferme, 12 000 pommiers et bien plus encore.

Produits: Une halte s'impose à la cidrerie qui vous propose 13 variétés de cidre, incluant le renommé cidre de glace Domaine Lafrance, plusieurs fois médaillé. Chacun d'eux est patiemment élaboré dans la pure tradition artisanale des Vergers Lafrance, misant avant tout sur l'authenticité et la qualité du produit. On peut les déguster à la propriété. Les papilles gustatives des plus exigeants seront comblées!

À la boutique de campagne, vous trouverez la pomme sous toutes ses formes. Admirez nos présentoirs de bois ornés de nos succulents produits maison que vous pouvez agréablement savourer à notre comptoir de dégustation. Jus, gelées, beurres, tartinades, caramels, sirops, tartes, galettes, beignes... et évidemment plusieurs variétés de pommes fraîches et savoureuses. Un vrai délice pour tous les goûts!

Activités: Cueillette de pommes, balade en tracteur parmi les pommiers, mini-ferme, parc de jeux géant, aires de pique-nique, animation, spectacle de notre mascotte Pépin La Pom. Visites guidées de la cidrerie et programmes éducatifs avec théâtre de marionnettes (sur réservation).

Services: Café-terrasse offrant des plats cuisinés sur place. Pique-nique au verger. Micro-ondes disponible en saison. Toilettes avec eau courante, savon, table à langer. Emballages personnalisés et paniers corporatifs. Dégustations gratuites. Service de réservation pour groupes.

Aux alentours: parc d'Oka, piste cyclable, vignobles, érablières, parc aquatique, traversier du Lac Deux-Montagnes.

St-Joseph-du-Lac

Verger Richard Legault

Relais du Terroir *certifié*

Nathalie Audette et Richard Legault
425, rue Binette
Saint-Joseph-du-Lac, J0N 1M0

Tél. (450) 623-6306 (450) 974-1345
Fax (450) 974-2582
www.vergerrichardlegault.com
fermelegault@videotron.ca

Aut. 15 ou 13 nord, sortie 640 ouest, rte 344 à droite, rue Binette à droite.

IT

Ouvert: août à novembre. Tous les jours de 9h à 17h.

A Certifié: 2006

Le Verger Richard Legault vous invite à venir passer une journée où la pomme et la nature sont au rendez-vous. Dès votre arrivée, les grands et les tout-petits seront intrigués par M. Pom. Laissez-vous séduire par une ambiance familiale et chaleureuse sur un site enchanteur. Idéal pour une sortie de groupe.

Produits: C'est à la boutique que vous trouverez différents produits maison: jus de pomme 100% pur pressé sur place, tartes, muffins aux pommes, galettes aux pommes, confitures, gelées, autres produits du terroir et choux de Bruxelles en tige.

Activités: Une balade en tracteur dans le verger et l'érablière vous amènera à l'endroit pour la cueillette de vos pommes. Mini-ferme, carrousel de poneys, maquillage pour enfants, musée qui vous fera découvrir les multiples facettes de la pomiculture, aire de jeux pour enfants.

Services: Aire de pique-nique sous les pommiers, salle à manger intérieure, boutique-cadeaux. Bistro «Resto-Pom» pour manger sur place. Profitez des forfaits sur mesure pour les groupes de tous âges.

Aux alentours: parc d'Oka, vignobles, piste cyclable, Super Aqua-Club, traversier, lac des Deux-Montagnes.

Ste-Sophie

Fromagiers de la Table Ronde

Relais du Terroir *certifié*

Famille Alary
317, rte 158
Sainte-Sophie, J5J 2V1

Tél. (450) 530-2436
Fax (450) 438-7446
www.fromagiersdelatableronde.qc.ca
fromagerie@fromagiersdelatableronde.qc.ca

Aut. 15 nord, sortie 39, rte 158 est dir. Sainte-Sophie, du village, 2 km, à droite.

IT

Ouvert: à l'année

A Certifié: 2007

Ferme laitière établie depuis 1922 à Sainte-Sophie. Nous produisons depuis 2003 de délicieux fromages au lait cru. La ferme est certifiée biologique (champs et troupeau). Fabrication artisanale pour des produits de qualité supérieure procurant à nos fromages un goût distinctif.

Produits: Notre comptoir de vente, ouvert à l'année, vous offre nos variétés de fromages. Vous pouvez goûter aux plus populaires comme le Rassembleu: un fromage bleu à pâte ferme, le Fou du Roy: un fromage à croûte lavée et à pâte semi-ferme, le Troubadour: un fromage fermier au lait cru bio ou laissez-vous tenter par les nouveautés du fromager.

Vous pourrez également voir le fromager en action, grâce à une fenêtre donnant sur la salle de fabrication. Notre boutique regorge de produits du terroir.

Activités: Dégustez nos fromages et observez la fabrication. Sur réservation, vous pourrez obtenir une visite de notre musée du lait, une interprétation de la fabrication et, en saison, une visite à la ferme. Des forfaits et des prix sont disponibles sur demande.

Services: Des tables à pique-nique et des breuvages vous sont offerts. Boutique, visite, dégustation.

Aux alentours: musée, équitation, patinage, golf, piste cyclable, ski de fond.

Laval

Des fleurs par millions…

Ceinturée par deux magnifiques rivières, la rivière des Prairies et la rivière des Mille-Îles, on oublie souvent que Laval est une île fort originale et étonnante…

C'est autant le charme de sa campagne que de ses agréables anciens quartiers et le caractère avant-gardiste de ses nombreux attraits qui confèrent à la région de Laval un petit quelque chose d'unique.

Envie de fleurs, de sciences, d'eau, de vélo ou de calme? Capitale horticole du Québec, Laval est une ville de jardins où l'on produit 35% des fleurs de la province. Prenez-en toute la mesure en parcourant la Route des Fleurs et en visitant l'ÉCONOMUSÉE® de la fleur. Mettez aussi à votre agenda le Cosmodôme, le Musée Armand-Frappier, un haut lieu de recherche sur les grandes maladies, le Parc de la Rivière-des-Mille-Îles et le Centre de la Nature. Vous y découvrirez des petits trésors insoupçonnés et, pour la famille, des activités divertissantes. Pour le magasinage, on retrouve à Laval plusieurs centres commerciaux d'envergure.

Située à deux pas de Montréal et des Laurentides, cette île de 23 km, belle de ses rivages, ses boisés, ses forêts et ses champs cultivés, se révèle un agréable pied-à-terre pour les vacanciers et les gens d'affaires.

Tourisme Laval

Saveurs régionales

Favorisée par son climat et la qualité de ses sols, la région de Laval compte d'innombrables champs cultivés, notamment de légumes tels le brocoli, le chou et le réputé maïs sucré de l'île. En ce qui a trait aux fruits, la pomme et l'exceptionnel cantaloup (melon) sont ses deux vedettes. On y retrouve aussi de très bons fromages.

L'île comptant un grand nombre de serres horticoles et floricoles, on ne sera pas surpris d'apprendre que les restaurateurs agrémentent leurs plats de jolies touches florales. Côté gastronomie, plusieurs des restaurants de la région sont reconnus parmi les meilleures tables du Québec.

Très présente sur l'île, la serriculture a inspiré plusieurs initiatives agrotouristiques, dont l'agréable événement La Venue des Récoltes. D'autres belles occasions de faire une escapade à Laval: la Tournée Gourmande en août et Le bon goût de notre campagne en septembre. Sans oublier le plaisir de cueillir soi-même ses fraises, ses framboises et ses pommes…

Inmagine

Inmagine

Laval

Le saviez-vous?

En raison de son cadre champêtre et de ses beaux plans d'eau comme la rivière des Mille-Îles, l'île de Laval fut un centre de villégiature qui attirait chaque été une multitude de plaisanciers. En 1941, Sainte-Rose et ses 2 300 habitants accueillirent 4 000 touristes! Pas étonnant que des villas et des infrastructures de plaisance y furent érigées avec, tout comme aujourd'hui, le souci du confort et de la qualité. Avec l'urbanisation la villégiature s'est déplacée vers le nord, mais un caractère bucolique est demeuré. Le Parc de la Rivière-des-Mille-Îles, l'un des derniers sites naturels, est un endroit exceptionnel où l'on peut s'offrir une bouffée d'air frais.

Clin d'œil sur l'histoire

Laval fut d'abord concédée aux jésuites en 1636, d'où son nom de l'époque, l'île Jésus. En l'absence d'un titre de propriété, les jésuites furent dépossédés de leur île en 1672 au profit du conseiller de Louis XIV, François Berthelot, qui l'échangea contre l'Île d'Orléans de Mgr Laval en 1675. Cinq ans plus tard, Mgr Laval céda la majorité de ses terres au Séminaire de Québec, dont il est le fondateur. À la suite du massacre de Lachine de 1689, Laval n'échappe pas à la terreur des Iroquois, ce qui freine son développement. Avant la signature de la paix avec les Iroquois en 1701, on ne comptait que 13 habitants! En 1965, la fusion des villages fit naître la ville de Laval.

Quoi voir? Quoi faire?

Le Cosmodôme, centre d'interprétation des sciences spatiales. Idéal pour une sortie familiale (Chomedey).

Le Musée Armand-Frappier: la bioscience et la biotechnologie, vous n'y connaissez rien? Voilà une formidable ressource de vulgarisation scientifique (Chomedey).

Les vieux quartiers de Sainte-Dorothée, Sainte-Rose et Saint-Vincent-de-Paul pour une charmante promenade.

Le Théâtre l'Ollonois, un concept inusité de théâtre en milieu aquatique. Partez en rabaska avec l'intrépide Capitaine Dubord. Activités en été comme en hiver (Sainte-Rose).

Fleurineau, l'ÉCONOMUSÉE® de la fleur, où un monde fleuri et odorant vous attend (Sainte-Dorothée).

La Route des Fleurs: un circuit de 11,5 km qui regroupe une trentaine de producteurs de fleurs en serre.

Les Chemins de la Nature, un circuit de produits gourmands.

La Venue des Récoltes: circuit de kiosques fermiers, autocueillette de fraises, de framboises et de pommes.

La centrale de la Rivière-des-Prairies, une des plus anciennes installations hydroélectriques (Saint-Vincent-de-Paul).

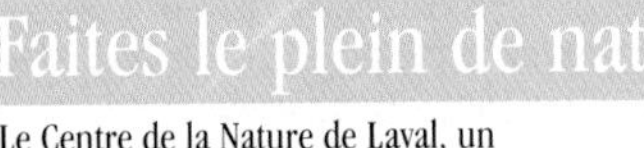

Faites le plein de nature

Le Centre de la Nature de Laval, un immense îlot de verdure et l'un des plus beaux parcs urbains de la région métropolitaine: randonnée, ski de fond, patin sur le grand lac... (Saint-Vincent-de-Paul).

Le parc de la Rivière-des-Mille-Îles, un refuge faunique spectaculaire composé d'îles, de marécages et de berges: excursions en canot, en kayak ou en rabaska. Partez en randonnée muni d'une carte de parcours autoguidé.

Envie de vélo? Un réseau de 133 km traverse l'île. Vous y longerez des berges, des boisés et des parcs qui vous inviteront à la détente.

Le Bois Duvernay: randonnée et ski de fond (Vimont).

Le Bois Papineau: un écosystème forestier exceptionnel avec ses arbres âgés de plus de 160 ans. Observation du grand duc d'Amérique et du renard roux (Duvernay).

Tourisme Laval

Pour plus d'information sur Laval: 1-877-465-2825
www.tourismelaval.com

LAURENTIDES
LANAUDIÈRE
MONTRÉAL
Aéroport Montréal-Mirabel (cargo)
Bois-des-Filion
Terrebonne
Rosemère
Boisbriand
Saint-Eustache
Île Bizard
Pont David
Pont Mathieu
Pont Marius-Dufresne
Pont Gédéon-Ouimet
Pont Pie-IX
Pont Papineau-Leblanc
Pont Viau
Rivière des Mille Îles
Rivière des Prairies
Auteuil
Sainte-Rose
Fabreville
Duvernay
Saint-François
Saint-Vincent-de-Paul
Laval-Ouest
Vimont
Laval-sur-le-Lac
Sainte-Dorothée
PONT-VIAU
Laval-des-Rapides
Chomedey
Avenue des Terrasses
Boulevard Sainte-Marie
Boulevard des Mille-Îles
Montée Masson
Avenue Marcel-Villeneuve
Montée du Moulin
Boulevard Sainte-Rose
Avenue Des Perron
Avenue Papineau
Montée Saint-François
Rang Saint-Elzéar
Boulevard Saint-Elzéar
Boulevard des Laurentides
Boulevard Lévesque Est
Boulevard Gouin
Boulevard Henri-Bourassa
Boulevard des Érables
Boulevard Curé-Labelle
Boulevard Saint-Martin
Boulevard de la Concorde
Boulevard Notre-Dame
Boulevard Samson
Ch. du Bord-de-l'Eau
Autoroute Métropolitaine
boulevard Pie-IX
avenue Papineau
rue Lajeunesse
rue Berri
0 5 10km
©ULYSSE
Gîtes ou Auberges du Passant[MD] (Maison de Campagne ou de ville)
Tables aux Saveurs de Terroir[MD] ou Champêtres[MD]
Relais du Terroir[MD] ou Fermes Découverte
Information touristique

Laval, Pont-Viau

Gîte du Marigot ☼☼☼☼

Gîte du Passant
certifié

Chantal Lachapelle
128, boul. Lévesque Est
Pont-Viau, Laval H7G 1C2
Tél. (450) 668-0311
Fax (450) 668-5624
www.gitedumarigot.com
gitedumarigot@sympatico.ca

Aut. 15 nord, sortie 7, boul. Concorde est, rue Alexandre à droite, boul. Lévesque à droite.

Jolie maison de style champêtre située en face du parc Marigot. Faites une randonnée sur le sentier menant à la rivière des Prairies ou traversez le pont vers le métro de Montréal. Vous pourrez profiter de notre coin jardin qui possède un bassin d'eau et une cascade vous invitant à la détente. Déjeuners copieux dans une ambiance conviviale.

Aux alentours: piste cyclable, tennis, pétanque, 15 min de marche du métro de Montréal, théâtre, Cosmodôme.

Chambres: mignonnettes, romantiques, lits queen ou double. Secteur tranquille. **5 ch. S. de bain privée(s) ou partagée(s).**

Ouvert: à l'année.

2 pers: B&B 70-90$ **1 pers B&B** 55-75$

Enfant (12 ans et –): B&B 15$

Taxes en sus. MC VS

   **Certifié: 2000**

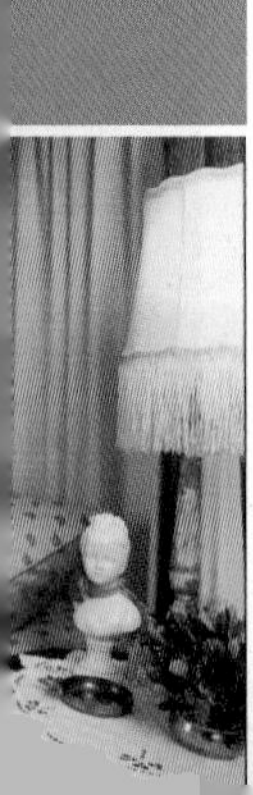

Mauricie

Plein air et nature à perte de vue...

La Mauricie est une destination de prédilection pour les amateurs de plein air. On y compte quelque 17 500 lacs et la nature occupe 85% de son territoire! De quoi revenir chaque fois que l'appel de la nature se fait sentir...

Vélo, randonnée pédestre, canot, pêche, motoneige, ski de fond, raquette, patin, traîneau à chiens: le plein d'énergie en toutes saisons! Les amoureux de l'eau seront aussi choyés: à elle seule, la réserve faunique du Saint-Maurice compte 150 lacs cristallins reliés entre eux et nichés au cœur de la forêt.

Si la nature est riche en Mauricie, son histoire l'est tout autant. Pionniers, coureurs des bois et bûcherons ont en effet su tirer profit des belles forêts et de la rivière Saint-Maurice qui servait au transport du bois (drave). L'exploitation forestière et ses dérivés y jouent toujours un rôle important.

Située à presque égale distance entre Montréal et Québec, la Mauricie reliait ces villes importantes par le chemin du Roy (route 138). Parsemé de témoignages patrimoniaux, il vous transportera à l'époque des calèches et des diligences. Tout au long de son parcours vous apercevrez d'un côté le fleuve et de l'autre de sympathiques petits villages ruraux à visiter: Louiseville, Yamachiche, Champlain, Bastican, Sainte-Anne-de-la-Pérade...

Patrick Escudero

Saveurs régionales

Avec des terres agricoles parmi les plus riches et fertiles du Québec, la Maurice se fait délicieuse de bien des façons:

- Les produits des fermes maraîchères, où l'on peut cueillir des petits fruits, sont bien reconnus pour leur saveur.
- D'excellentes fromageries, érablières et fermes d'élevage de bison, de cerf rouge et de poulet y sont bien implantées.
- À découvrir: les bières artisanales de Gambrinus (Trois-Rivières) et celles de la réputée microbrasserie Les bières de la Nouvelle-France (Saint-Paulin). Et, pour poursuivre dans le pétillant, la rafraîchissante eau minérale de Saint-Justin, la seule eau pétillante du Québec.
- Les Québécois aiment bien les crêpes, mais elles sont rarement faites avec du sarrasin, mais en Mauricie c'est la tradition ! La culture du sarrasin à Louiseville a même donné naissance à son Festival de la Galette de Sarrasin.

En hiver, c'est le poulamon (petit poisson des chenaux) que l'on pêche. La chair de ce minuscule poisson est excellente lorsqu'enfarinée et poêlée au beurre, sans plus de préparation. C'est en 1938 que la pêche au poulamon débuta lorsqu'Eugène Mailhot, occupé à couper des blocs de glace sur la rivière, ne put s'empêcher de tendre sa ligne à la vue des poulamons.

La région compte deux (2) Tables aux Saveurs du Terroir^{MD} certifiées. Une façon originale de découvrir les saveurs de la région ! (P. 228.)

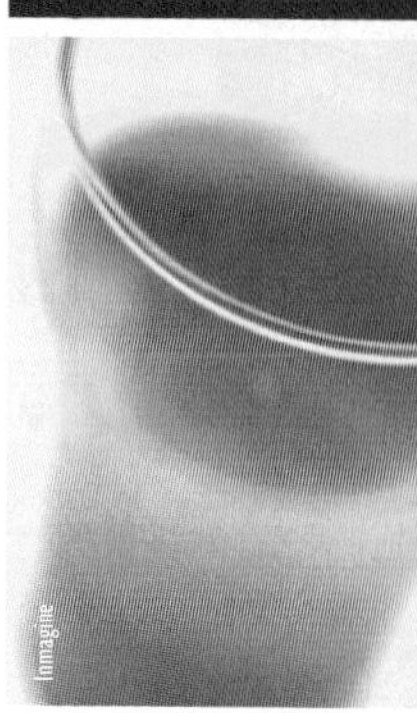
Inmagine

Inmagine

Patrick Escudero

Mauricie

Le saviez-vous?

Ce n'est qu'en 1994 que cessa le transport du bois sur la rivière Saint-Maurice, suite aux pressions des groupes écologiques et des plaisanciers. La drave, si spectaculaire fut-elle pour acheminer le bois vers les usines de transformation avoisinantes, laissait des tonnes et des tonnes d'écorce dans le fond de la rivière. La drave ayant nui au frayage et libéré des substances nocives, une vaste opération de nettoyage des rives fut entreprise. Pas étonnant, puisqu'on estime qu'un milliard et demi de mètres cube de bois ont voyagé sur cette rivière entre 1909 et 1983. Une chaîne de bois d'une longueur équivalente à 19 fois la distance entre la terre et la lune!

Fondation du Patrimoine Religieux du Québec

Clin d'œil sur l'histoire

Le chemin du Roy, première route carrossable construite au début du XVIIIe siècle, était entretenu par tous les habitants des seigneuries qu'il traversait. Même le seigneur était tenu de participer aux travaux, mais on le devine bien, il pouvait payer quelqu'un pour le remplacer... Ces travaux communautaires obligatoires étaient la «corvée» de l'époque. L'hiver, le chemin devait aussi être ouvert et son tracé signalé. Des épinettes plantées dans la neige servaient de repères lors des tempêtes où champs et chemin se confondaient.

Philippe Renault

Quoi voir ? Quoi faire ?

Envie de culture, de poésie, de petits cafés et restos sympathiques, de musées, de spectacles et de festivals? Visitez le Vieux-Trois-Rivières.

Le fascinant lieu historique national Les Forges-du-Saint-Maurice (Trois-Rivières).

Le sanctuaire Notre-Dame-du-Cap, qui attire des milliers de pèlerins (Cap-de-la-Madeleine).

Shawinigan, jadis industrielle et de plus en plus touristique, vous étonnera.

Une agréable traverse en ponton de la rivière Saint-Maurice (Shawinigan).

D'Arbre en Arbre, un ensemble de parcours aériens (Île-Melville, Shawinigan).

La Cité de l'énergie où technologie, expositions et spectacles (Kosmogonia) se marient avec succès (Shawinigan).

Le Village du Bûcheron et son Musée (Grandes-Piles) qui nous transportent à la fabuleuse époque de la drave.

Un vrai rodéo? Le populaire Festival western de Saint-Tite (septembre).

Sainte-Anne-de-la-Pérade: pêche aux petits poissons des chenaux, de la fin décembre à la mi-février.

Au Domaine de la Forêt Perdue (Notre-Dame-du-Mont-Carmel), patinez en pleine forêt. Féerique!

Faites le plein de nature

Le lac Saint-Pierre (réserve de la biosphère de l'UNESCO): 40% des milieux humides du Saint-Laurent et la plus importante héronnière d'Amérique du Nord.

Canot, randonnée et ski de fond au Parc national du Canada de la Mauricie. Pour les raquetteurs aguerris, le sentier des Deux Criques.

La réserve faunique du Saint-Maurice, un espace naturel inoubliable avec la plage du lac Normand, l'une des plus belles au Québec (Rivière-Mattawin).

La réserve faunique Mastigouche, pour une nature sauvage (Saint-Alexis-des-Monts).

Baignade, canot et randonnée au Parc de la rivière Bastican (Saint-Narcisse).

Les plus hautes chutes du Québec sont au Parc des chutes de la petite rivière Bostonnais (La Tuque).

Randonnée au Parc des chutes de Saint-Ursule, un oasis de paix.

Divers circuits pour le vélo qui longent le fleuve et traversent la nature et les plus belles villes de la région.

Pour plus d'information sur la Mauricie: 1-800-567-7603
www.tourismemauricie.com

Patrick Escudero

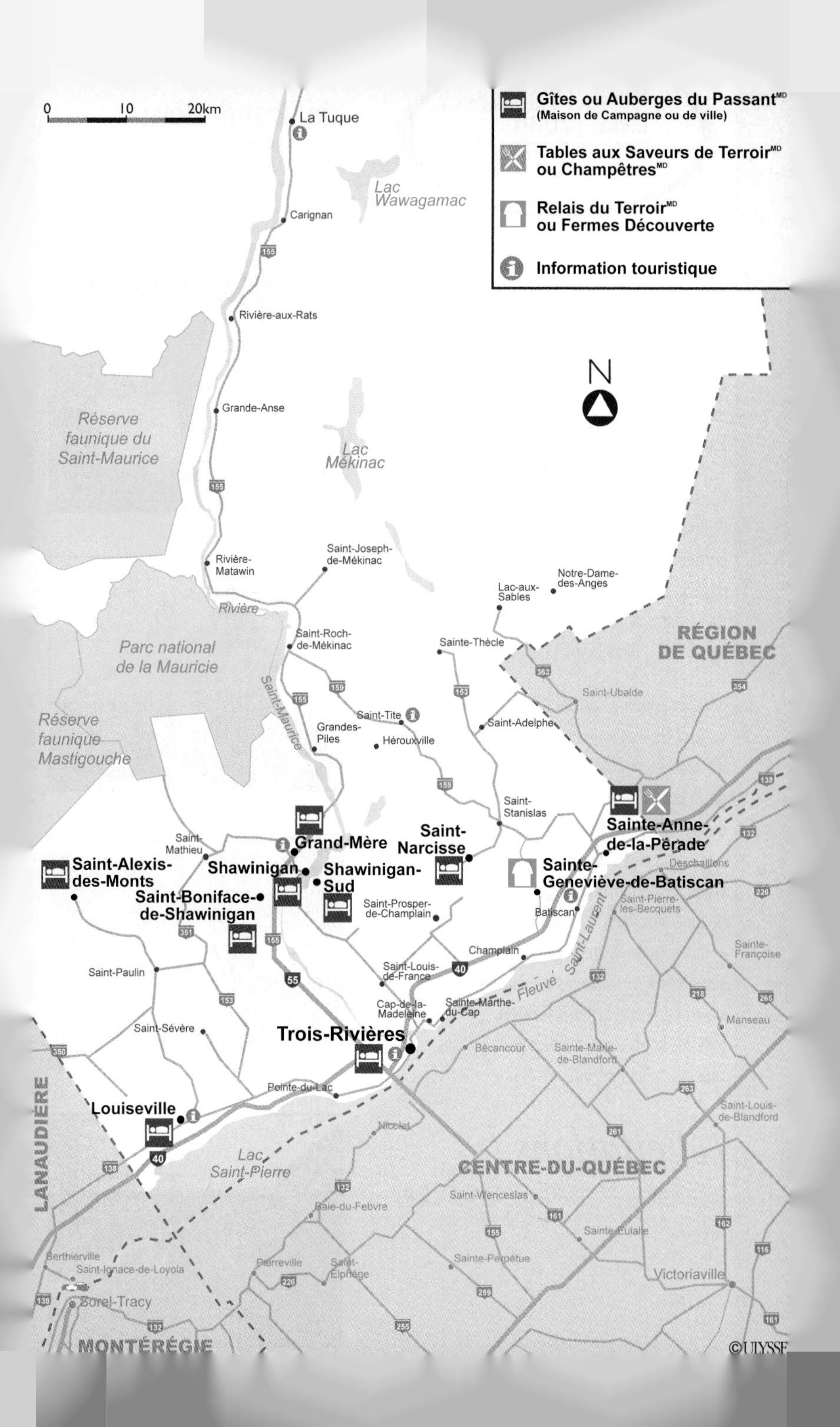

Gîtes ou Auberges du Passant^MD
(Maison de Campagne ou de ville)
Tables aux Saveurs de Terroir^MD ou Champêtres^MD
Relais du Terroir^MD ou Fermes Découverte
Information touristique
0 10 20km
N
La Tuque
Lac Wawagamac
Carignan
Rivière-aux-Rats
Grande-Anse
Réserve faunique du Saint-Maurice
Lac Mékinac
Rivière-Matawin
Saint-Joseph-de-Mékinac
Notre-Dame-des-Anges
Lac-aux-Sables
Rivière Saint-Maurice
Saint-Roch-de-Mékinac
Parc national de la Mauricie
Sainte-Thècle
RÉGION DE QUÉBEC
Saint-Ubalde
Réserve faunique Mastigouche
Saint-Tite
Grandes-Piles
Hérouxville
Saint-Adelphe
Saint-Stanislas
Sainte-Anne-de-la-Pérade
Saint-Mathieu
Grand-Mère
Saint-Narcisse
Saint-Alexis-des-Monts
Shawinigan
Shawinigan-Sud
Sainte-Geneviève-de-Batiscan
Deschaillons
Saint-Boniface-de-Shawinigan
Saint-Prosper-de-Champlain
Batiscan
Saint-Pierre-les-Becquets
Champlain
Sainte-Françoise
Saint-Paulin
Saint-Louis-de-France
Fleuve Saint-Laurent
Cap-de-la-Madeleine
Sainte-Marthe-du-Cap
Manseau
Saint-Sévère
Trois-Rivières
Bécancour
Sainte-Marie-de-Blandford
Pointe-du-Lac
Louiseville
Saint-Louis-de-Blandford
Nicolet
LANAUDIÈRE
Lac Saint-Pierre
CENTRE-DU-QUÉBEC
Saint-Wenceslas
Baie-du-Febvre
Sainte-Eulalie
Berthierville
Saint-Ignace-de-Loyola
Pierreville
Saint-Elphège
Sainte-Perpétue
Victoriaville
Sorel-Tracy
MONTÉRÉGIE
©ULYSSE

Grand-Mère

Le Manoir du Rocher de Grand-Mère

85, 6e Avenue
G9T 2G4
Tél./fax : (819) 538-8877
lemanoirdurocher@hotmail.com
www.giteetaubergedupassant.com/manoirdurocher

P. 224.

La Fédération des Agricotours du Québec* est fière de rendre hommage aux hôtes Johanne Caron et Michel Bergeron, du gîte LE MANOIR DU ROCHER DE GRAND-MÈRE, qui se sont illustrés de façon remarquable par leur accueil de tous les jours envers leur clientèle.

C'est dans le cadre des Prix de l'Excellence 2006 que les propriétaires de cet établissement, certifié Gîte du Passant[MD] depuis 2005, se sont vu décerner le « Coup de Cœur du Public régional » de la Mauricie et le « Coup de Cœur du Public provincial » dans le volet hébergement.

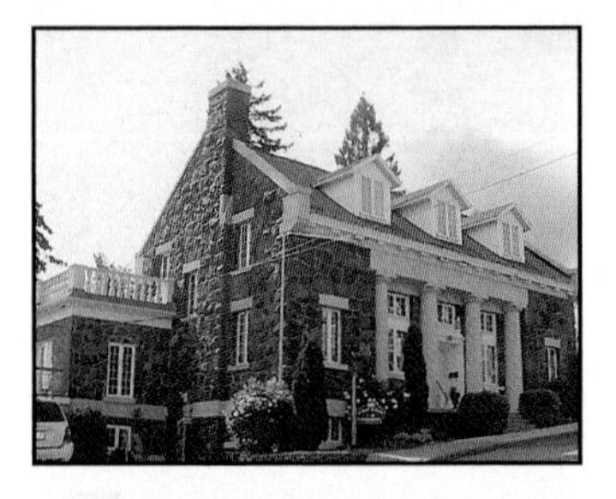

« La disponibilité de ces hôtes ne laisse rien au hasard. Ils sont toujours présents pour accueillir les visiteurs et pour s'assurer que tout soit prêt pour leur confort. Tant d'efforts louables et de dévouement envers leur clientèle ont engendré des témoignages éloquents. Les clients se sentent vraiment chez eux, le temps de quelques heures, de quelques jours… Les visiteurs décrivent ce gîte comme étant « le mariage de la perfection et la simplicité »… Le professionnalisme, la qualité du savoir-faire et la générosité des propriétaires en font des hôtes remarquables et de parfaits ambassadeurs de leur région. »

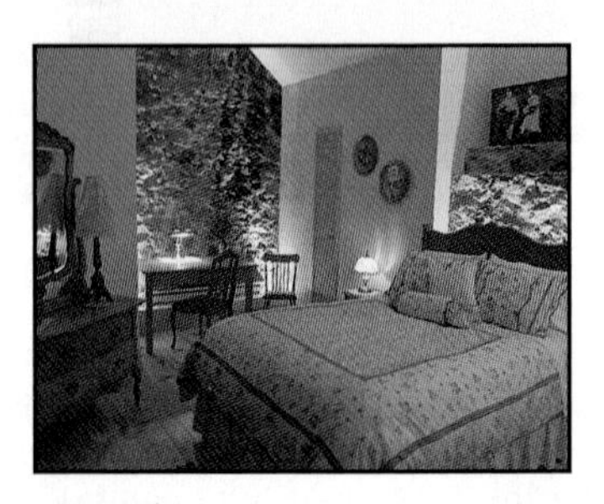

Félicitations !

**La Fédération des Agricotours du Québec est propriétaire des marques de certification : Gîte du Passant[MD], Auberge du Passant[MD], Maison de Campagne ou de Ville, Table Champêtre[MD], Relais du Terroir[MD] et Ferme Découverte.*

Gîte du Joyeux Druide
Shawinigan
Forfaits: famille, randonnée
Meurtre & mystère
chambres confortables
produits maison
galerie d'art
relais cycliste
piscine
3573, rue Bellevue
819-539-4705
info@joyeuxdruide.com
www.joyeuxdruide.com

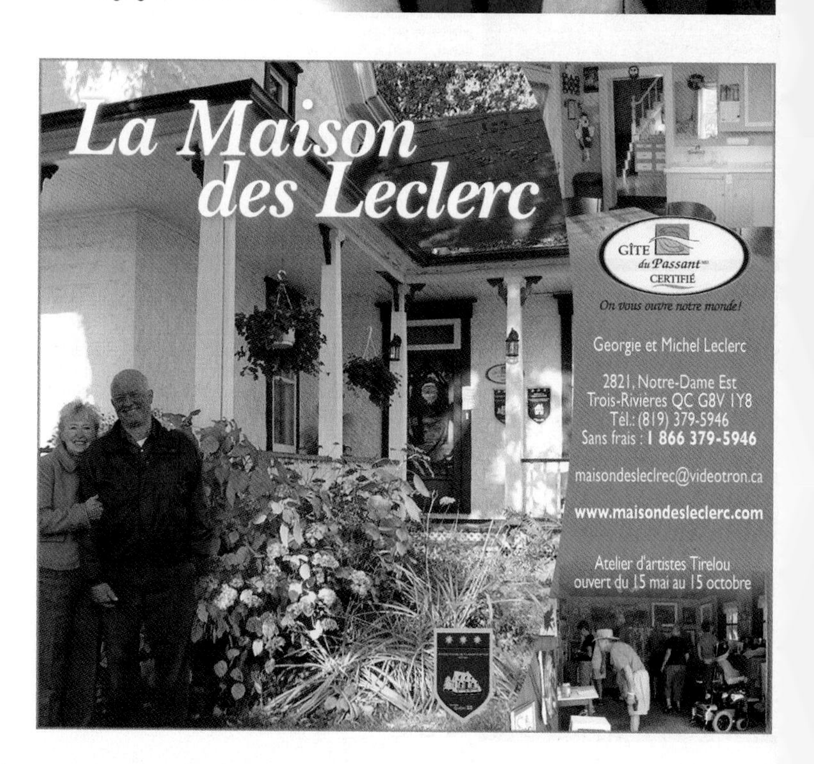
La Maison des Leclerc
GÎTE du Passant CERTIFIÉ
On vous ouvre notre monde!
Georgie et Michel Leclerc
2821, Notre-Dame Est
Trois-Rivières QC G8V 1Y8
Tél.: (819) 379-5946
Sans frais : 1 866 379-5946
maisondesleclrec@videotron.ca
www.maisondesleclerc.com
Atelier d'artistes Tirelou
ouvert du 15 mai au 15 octobre

Grand-Mère

Auberge Santé Lac des Neiges ★★★

Auberge du Passant *certifiée*

100, ch. du Lac-des-Neiges
Grand-Mère G9T 5K5
Tél. (819) 533-4518 1-800-757-4519
Fax (819) 533-4727
www.lacdesneiges.ca
info@lacdesneiges.ca

Aut. 40 est, aut. 55 nord, sortie 220. 100e rue dir. ouest, 50e Avenue, 35e Rue, suivre panneaux bleus, ch. Lac-des-Neiges à gauche.

Située sur une presqu'île, ce site en pleine nature offre un dépaysement total. Dans une douce ambiance, le personnel vous accueille avec chaleur et simplicité. On vous offre une fine cuisine champêtre aux couleurs régionales, avec le souci du détail dans la présentation de nos assiettes. Salon avec foyer, piscine intérieure, sauna. Bienvenue! P. couvert intérieur.

Aux alentours: parc national de la Mauricie, Cité de l'énergie, golf, centre de ski Vallée du Parc, etc.
Chambres: toutes uniques, certaines avec vue sur le lac, d'autres avec balcons.
11 ch. S. de bain privée(s)
Forfaits: détente & santé, golf, ski de fond.
Ouvert: à l'année.
2 pers: B&B 125-215$ **PAM** 205-295$ **1 pers B&B** 105-180$ **PAM** 145-225$
Enfant (12 ans et –): B&B 30$ **PAM** 50$
Taxes en sus. AM IT MC VS

A AC **Certifié: 2005**

Grand-Mère

Gîte l'Ancestral ☀☀☀

Gîte du Passant *certifié*

Andrée Allard et Richard Stephens
70, 3e Avenue
Grand-Mère G9T 2T3
Tél. (819) 538-7797 1-888-538-7797
www.giteetaubergedupassant.com/l_ancestral
gite.l.ancestral@qc.aira.com

De Québec, aut. 40 O., sortie 220 dir. Grand-Mère. De Montréal, aut. 40 E., 55 N, sortie 223, 5e Av., 3 km. Contourner le parc vers la gauche, 1re rue 3e Avenue à gauche.

Coup de Coeur du Public régional 2005. Retrouvez une page d'histoire de la Mauricie. Une grande galerie vous invite au repos et à la causerie. Un contact unique avec vos hôtes, confort douillet et petits-déjeuners copieux sont au rendez-vous. Un incontournable en Mauricie!

Aux alentours: piste cyclable, golf, croisières et parc de la Mauricie.
Chambres: douillettes, personnalisées avec vue sur la rivière. **4 ch. S. de bain privée(s) ou partagée(s).**
Ouvert: 1er mars au 31 décembre.
2 pers: B&B 75-85$ **1 pers B&B** 55-60$
Enfant (12 ans et –): B&B 20$
Réduction: long séjour.

A AV Certifié: 2002

Grand-Mère

Le Manoir du Rocher de Grand-Mère ☀☀☀☀☀

Gîte du Passant *certifié*

Johanne Caron et Michel Bergeron
85, 6e Avenue
Grand-Mère G9T 2G4
Tél. / Fax (819) 538-8877
www.giteetaubergedupassant.com/manoirdurocher
lemanoirdurocher@hotmail.com

Aut. 40, aut. 55 N., 30 km, sortie 223 Centre-Ville. À l'arrêt, 5e av. à gauche, 3 km. Au clignotant jaune, prendre la fourche à gauche, 6e av. à gauche, 200 m à gauche.

Coup de Coeur du Public provincial 2006 - Hébergement. Venez profiter de cette magnifique maison construite en 1916 et entièrement rénovée pour votre confort. Située à 5 mètres du fameux «Rocher de Grand-Mère», nous sommes à proximité de tous les services. Savourez notre délicieux petit-déjeuner gastronomique et profitez du spectacle panoramique qu'offre notre grande terrasse au 2e étage. P. 222.

Aux alentours: avis aux amoureux du golf, des sports de plein air et de bonne bouffe, un séjour qui vous comblera.
Chambres: insonorisées, décor unique, plafond haut, mur en pierre, duvet d'oie, TV.
4 ch. S. de bain privée(s)
Forfaits: charme, détente & santé, romantique, autres.
Ouvert: à l'année.
2 pers: B&B 112-132$ **1 pers B&B** 94-114$
Enfant (12 ans et –): B&B 20$
Taxes en sus. IT MC VS
Réduction: long séjour.

A @ AV AC **Certifié: 2005**

Louiseville
Auberge Épicurium ☼☼☼☼

Gîte du Passant
certifié

Éric Monette et Stéphane Bernier
100, avenue Saint-Laurent
Louiseville J5V 1J7
Tél. (819) 228-8408 1-866-628-8408
Fax (819) 228-0050
www.epicurium.ca
info@epicurium.ca

Aut. 40 est, sortie 166, rte 138 à droite, juste avant l'église. Aut. 40 ouest, sortie 174, au carrefour à gauche, juste après l'église.

L'Épicurium offre une suite et quatre chambres avec salles de bain privées ou à l'étage. Il y a possibilité de combiner réception et hébergement pour un petit groupe: réunion d'affaires, événements spéciaux. Venez admirer la beauté de cette immense demeure de 1927 avec ses boiseries, ses vitraux et ses moulures d'origine.

Aux alentours: St-Paulin: ski de fond et randonnée. Lac St-Pierre: kayak et pêche sur la glace. Route verte.
Chambres: cachet d'époque, insonorisées, lits simples, double ou queen, terrasse.
5 ch. S. de bain privée(s) ou partagée(s)
Forfaits: charme, golf, romantique, ski de fond.
Ouvert: à l'année.
2 pers: B&B 75-120$ **1 pers B&B** 65-110$
Enfant (12 ans et –): B&B 60-105$
Taxes en sus. AM IT MC VS
Réduction: long séjour.

@ **AV** AC **Certifié: 2007**

St-Alexis-des-Monts
Le Gîte de la St-Lawrence ☼☼☼

Gîte du Passant
certifié

Charles et Micheline Lemay
91, rue St-Olivier
Saint-Alexis-des-Monts J0K 1V0
Tél. (819) 265-3351 (514) 891-8196
Fax (819) 265-3315
www.giteetaubergedupassant.com/st-lawrence
lastlawrence@telmilot.net

Aut. 40 est, sortie 166, rtes 138 est et 349 nord dir. St-Alexis-des-Monts. Aut. 40 ouest, sortie 174, rtes 138 ouest et 349 nord.

Laissez-vous séduire par le charme de notre gîte qui gît au creux d'arbres centenaires. Construite en 1940, cette maison d'architecture anglaise typique de la Nouvelle-Angleterre, a appartenu à la compagnie St-Lawrence Paper Mills. On vous offre: salle de bain avec baignoire thérapeutique, salle de séjour avec foyer, piscine creusée et véranda.

Aux alentours: réserve Mastigouche, sentier pédestre, pêche, excursion en canot, chute, zoo, motoneige, ski.
Chambres: l'Automnale, La Bleue, La Fleurie: lit queen, double ou simple. **3 ch. S. de bain partagée(s)**
Forfaits: motoneige.
Ouvert: à l'année.
2 pers: B&B 75-85$ **1 pers B&B** 50-65$
Taxes en sus. AM ER MC VS
Réduction: hors saison et long séjour.

A **AV** **Certifié: 2004**

St-Boniface-de-Shawinigan
Auberge du Domaine de la Baie ☼☼☼☼

Auberge du Passant
certifiée

Serge Champagne et Mireille Jean
4200, boul. Trudel Est (rte153)
Saint-Boniface-de-Shawinigan G0X 2L0
Tél. (819) 535-6876 1-888-535-6876
www.domainedelabaie.ca
champagne.serge@cgocable.ca

Aut. 55 nord, sortie 211 à droite, 2 km.

Une vue imprenable sur la rivière St-Maurice. Très belle situation géographique (parc national de la Mauricie). Cuisine «fusion» incomparable et accueil chaleureux par les propriétaires. Spa extérieur, sentier pédestre et passerelles sur l'eau vous donnant accès à la rivière. Nous serons le plus beau souvenir de votre voyage. **Certifié «Bienvenue cyclistes!MD».**

Aux alentours: parc national de la Mauricie, Village du Bûcheron, observation orignaux et ours, kayak de mer.
Chambres: à thème: Antique, Chinoise et la grande Roméo et Juliette. Lit queen. **3 ch. S. de bain privée(s)**
Forfaits: charme, plein air, romantique.
Ouvert: à l'année.
2 pers: B&B 85-115$ **PAM** 155-185$ **1 pers B&B** 69-99$ **PAM** 104-134$
Enfant (12 ans et –): B&B 25$ **PAM** 40$
Taxes en sus. IT MC VS
Réduction: long séjour.

A @ **AV** AC **Certifié: 2006**

St-Narcisse

Gîte la Marjolaine

Gîte du Passant *certifié*

Marjolaine Baril-Lafrance
21, chemin du Barrage
Saint-Narcisse G0X 2Y0
Tél. (418) 328-8113
Fax (418) 328-4069
www.giteetaubergedupassant.com/lamarjolaine
marjolainebaril@globetrotter.net

Aut. 40, sortie 229, rte 361 nord, 14 km, chemin du Barrage à droite, 300 pieds, gîte à votre gauche.

Située entre Québec et Montréal, magnifique maison en bois rond sise sous les grands pins. Environnement indompté et sauvage en bordure d'un petit lac privé vous séduira. Toute de bois et climatisée, elle vous offre un confort moderne. Vous serez surpris du silence total qui y habite et serez ravis des déjeuners substantiels servis à votre heure.

Aux alentours: parc de la Mauricie, parc de rivière Batiscan, piste de motoneige no.3, Route verte, chemin du Roy.
Chambres: murs externes en bois rond, vue superbe sur le lac. Téléphone, TV.
2 ch. S. de bain privée(s) ou partagée(s).
Ouvert: à l'année. Sur réservation.
2 pers: B&B 85$ **1 pers B&B** 75$
Enfant (12 ans et –): B&B 15$
Taxes en sus.
Réduction: long séjour.

Certifié: 2006

Ste-Anne-de-la-Pérade

Auberge à l'Arrêt du Temps

Auberge du Passant *certifiée*

Serge Gervais et René Poitras
965, boul. de Lanaudière, Chemin du Roy
Sainte-Anne-de-la-Pérade G0X 2J0
Tél. / Fax (418) 325-3590 Tél. 1-877-325-3590
www.laperade.qc.ca/arretdutemps
arretdutemps@globetrotter.net

Sur le chemin du Roy, rte 138, à 2 h de Montréal, 1 h de Québec. Aut. 40, sortie 236, 2 km à l'est de l'église.

Coup de Coeur du Public régional 2002. Maison ancestrale où le temps s'est arrêté. On risque d'être ému par le cachet intérieur. Séjournez dans un musée; meubles et maison 1702. Jardin français, 2 gazebos, spa, solarium. Table gourmande du terroir. 2 fois lauréat aux Grands Prix du tourisme québécois 2002-2004 en hébergement et restauration. Certifié Table aux Saveurs du Terroir[MD]. P. 22, 228.

Aux alentours: piste cyclable, chemin du Roy, parcs rivière Batiscan et Mauricie, site historique, pêche.
Chambres: meubles et vestiges du passé, 1 suite à 2 paliers (6 pers.) s.d.b privée.
4 ch. S. de bain privée(s) ou partagée(s)
Forfaits: charme, gastronomie, vélo.
Ouvert: à l'année.
2 pers: B&B 75-110$ **PAM** 115-150$ **1 pers B&B** 65-100$ **PAM** 85-130$
Enfant (12 ans et –): B&B 15$
Taxes en sus. AM ER IT MC VS
Réduction: long séjour.

AV AC **Certifié: 1999**

Ste-Anne-de-la-Pérade

Eaux-Berges la Jarnigouenne

Gîte du Passant *certifié*

André et Denise Grandbois
353, Île-aux-Sables
Sainte-Anne-de-la-Pérade G0X 2J0
Tél. (418) 325-3447
Fax (418) 325-3137
www.giteetaubergedupassant.com/lajarnigouenne
lajarnigouenne@globetrotter.net

Rte 138 est dir. Sainte-Anne-de-la-Pérade, Ile-aux-Sables ouest à droite.

Venez vivre une escapade au bord du fleuve en harmonie avec la nature. La découverte de notre table exceptionnelle coiffera la liste de vos belles trouvailles que ce soit en couple ou en groupe. Un as de coeur dans le jeu des amateurs de la gastronomie. Avec le fleuve comme décor et les oiseaux comme musiciens qui vous invitent à la détente. Certifié Table aux Saveurs du Terroir[MD]. P. 228.

Aux alentours: parc de la Mauricie, parc de la rivière Batiscan, chemin du Roy, ski, piste cyclable, baignade.
Chambres: douillettes, bien éclairées et à caractère romantique. **4 ch. S. de bain privée(s) ou partagée(s)**
Forfaits: charme, gastronomie, plein air, romantique.
Ouvert: à l'année.
2 pers: B&B 75-125$ **1 pers B&B** 65-115$
Enfant (12 ans et –): B&B 20$
Taxes en sus. AM IT MC VS

Certifié: 2007

Shawinigan

Gîte et galerie du Joyeux druide ☀☀☀

Gîte du Passant *certifié*

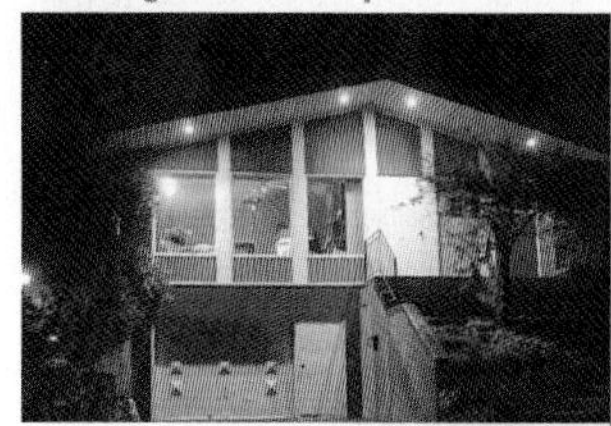

Gilles Rivest
3573, rue Bellevue
Shawinigan G9N 3L4
Tél. (819) 539-4705 (819) 531-0654
www.joyeuxdruide.com
info@joyeuxdruide.com

Aut. 55, sortie 217 à gauche, rue Desormeaux à droite.

Le gîte du Joyeux druide est un endroit où l'on peut se détendre en s'immergeant dans une ambiance celtique unique. Parmi les atouts: chambres confortables, forfait famille, produits maison, galerie d'art, salle de jeux, accès à la Mauricie, activités à proximité. Forfaits de rêve, de charme, de soirées meurtre et mystère et autres activités. **Certifié «Bienvenue cyclistes!MD».** P. 223.

Aux alentours: la Route verte est à 100 mètres et en hiver, c'est la piste de ski de fond et de raquette.
Chambres: coquettes, confortables et calmes. Repos garanti. **3 ch. S. de bain partagée(s)**
Forfaits: charme, ski de fond, vélo, autres.
Ouvert: à l'année.
2 pers: B&B 65$ **1 pers B&B** 50-65$
Enfant (12 ans et –): B&B 10-15$
Taxes en sus. MC VS
Réduction: hors saison et long séjour.

A @ **AV** **Certifié: 2007**

Shawinigan-Sud

Les P'tits Pommiers ☀☀☀

Gîte du Passant *certifié*

Michelle Fortin et Jean-Louis Gagnon
2295, rue Albert-Dufresne
Shawinigan-Sud G9P 4Y6
Tél. (819) 537-0158 1-877-537-0158
Fax (819) 537-4839
www.giteetaubergedupassant.com/pommiers
pommiers@yahoo.com

Aut. 55 N., sortie 211 dir. Shawinigan-Sud. Après Cité de l'énergie, 1re sortie à dr., Capitaine-Veilleux, Lacoursière à g., Adrienne-Choquette à dr., Albert-Dufresne à dr.

Coup de Coeur du Public régional 2004. Gagnant Maisons Fleuries 2004 et Grand Prix tourisme québécois 2001. Gâtez-vous au douillet refuge de deux artistes. Retirez-vous dans vos appartements; ils sont nés d'un rêve. Regardez la Cité de l'énergie, humez le parc national. Salon privé avec foyer, salles de bain avec douche ou bain tourbillon, piscine, terrasse, il ne manque... que vous. **Certifié «Bienvenue cyclistes!MD».**

Aux alentours: Cité de l'énergie, Kosmogonia, parc national de la Mauricie, observation de l'ours, Arbre en Arbre.
Chambres: décorées avec goût et amour, elles plairont à vos yeux. Lit queen. **3 ch. S. de bain partagée(s).**
Ouvert: à l'année.
2 pers: B&B 68$ **1 pers B&B** 58$
Enfant (12 ans et –): B&B 15$
VS

A **AV** **Certifié: 1998**

Trois-Rivières

La Maison des Leclerc ☀☀☀

Gîte du Passant *certifié*

Georgie et Michel Leclerc
2821, Notre-Dame Est
Trois-Rivières G8V 1Y8
Tél. (819) 379-5946 1-866-379-5946
Fax (819) 379-9840
www.maisondesleclerc.com
maisondesleclerc@videotron.ca

De Montréal, aut. 40, sortie 205 à droite, 1er feu à droite dir. Ste-Madeleine, rte 138 à gauche. De Québec, aut. 40, sortie 220 dir. Champlain, rte 138 à droite, 11 km.

Ombragée par les plus beaux érables du Québec, cette belle maison vous dévoile une histoire vécue par une famille modeste, mais riche en personnalité. Sobre en dehors, mais chaude en dedans. Galerie magnifique, cuisine d'été pour prolonger les déj. Visite de la ferme, promenade sur le sentier qui inspira Félix Leclerc. Accès au fleuve. **Certifié «Bienvenue cyclistes!MD».** P. 223.

Aux alentours: musées, croisières, festivals, golf, sanctuaire, parc-jardin, motoneige, poissons des chenaux.
Chambres: Fabiola & Léo, Marie-Paule & Jean-Marie, Enfants, Félix. **4 ch. S. de bain privée(s) ou partagée(s).**
Ouvert: à l'année.
2 pers: B&B 70$ **1 pers B&B** 60$
Enfant (12 ans et –): B&B 10$
VS
Réduction: long séjour.

A **Certifié: 2002**

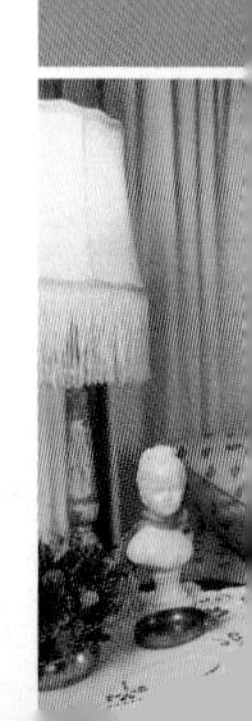

Ste-Anne-de-la-Pérade

Auberge à l'Arrêt du Temps

Table aux Saveurs du Terroir *certifiée*

Menus inspirés et exquis. Cuisine évolutive qui actualise les produits du jardin (en saison), les produits du terroir et la culture de fines herbes. P. 22, 226.

Spécialités : Poulamon en fine gastronomie, cerf au "Ciel de Charlevoix", autruche, côte de biche au fromage Peradiem le "Baluchon", ainsi qu'un menu au goût plus conservateur.

Repas offerts : midi et soir. Sur réservation.

965, boul. de Lanaudière, Chemin du Roy, Sainte-Anne-de-la-Pérade
Tél. / Fax (418) 325-3590 Tél. 1-877-325-3590
www.laperade.qc.ca/arretdutemps
arretdutemps@globetrotter.net

Ste-Anne-de-la-Pérade

Eaux-Berges la Jarnigouenne

Table aux Saveurs du Terroir *certifiée*

Salle à manger romantique. Endroit bucolique, décor champêtre au bord du fleuve, gastronomie exceptionnelle. Endroit inoubliable. Chez nous, vous êtes chez vous... P. 226.

Spécialités : Cuisine régionale et française, produits du terroir, 99% fait maison. Canard, cailles, lapin, agneau, poissons, fruits de mer, viandes et flambés, cuisinés avec amour.

Repas offerts : soir. Sur réservation.

353, Île-aux-Sables, Sainte-Anne-de-la-Pérade
Tél. (418) 325-3447
Fax (418) 325-3137
www.giteetaubergedupassant.com/lajarnigouenne
lajarnigouenne@globetrotter.net

Ste-Geneviève-de-Batiscan

Ferme pédagogique Champs de Rêve

Ferme Découverte *certifiée*

Marie-Claude Gaudet, intervenante en zoothérapie
241, rue Principale
Sainte-Geneviève-de-Batiscan, G0X 2R0

Tél. (418) 362-2337
www.agricotours.qc.ca/champsdereve
fermepedagogique@globetrotter.net

Aut. 40, sortie 229 dir. Sainte-Geneviève-de-Batiscan, rte 361 nord, 4 km. À l'arrêt, traverser le pont, tourner à droite pour longer la rivière, ferme à 400 m.

Tarif(s) : 5-10$ adulte / 4-10$ enfant
Tarif de groupe offert.
Ouvert: à l'année

A AV Certifié: 2004

Ferme éducative

Contact privilégié avec la réalité agricole d'une ferme à échelle humaine. Câlinez nos chèvres Angora élevées dans une serre, aménagement insolite. Soyez impressionnés par nos gros chevaux belges. Fabriquez votre propre fil de mohair au fuseau. Vivez des moments inoubliables à la campagne au bord de la rivière Batiscan.

Activités: En famille ou avec des amis, accompagnez le chevrier pour nourrir les chèvres Angora et brosser les chevaux belges. Découvrez les étapes de la transformation du mohair. Durée: 1 heure. À l'automne, allez au champ en voiture à cheval pour cueillir votre citrouille. Groupe d'adultes: présentation sur l'élevage de la chèvre Angora et la transformation du mohair, initiation à la technique du filage du mohair au fuseau. Durée: 1 heure et plus. Capacité: 60 pers. Sur réservation.

Groupe scolaire: les enfants se souviennent longtemps de cette sortie éducative. Ils ont un contact direct avec les chèvres Angora, les chevaux et le chien de troupeau. Ils font un bricolage avec du mohair, participent à des jeux éducatifs, etc. La présentation est adaptée selon le cycle ou le type de clientèle. Du matériel didactique est remis à l'enseignant. Durée: 5 heures. Capacité: 60 élèves. Aussi, conférences animées à l'école et camp de jour (activités inspirées de la ferme).

Services: Grande salle au cachet ancien d'une classe, aménagée au deuxième étage de la grange-étable disponible pour fête d'enfants, retrouvailles, réunion d'affaires, etc. Vente des produits de mohair de "La toison d'art" dont le fameux bas de mohair, couvertures, jetés et vestes, mitaines, tuques et foulards tricotés à la main. Promenade en voiture à cheval le long de la rivière Batiscan en été comme en hiver.

Montérégie

Riche en histoire et belle à croquer!

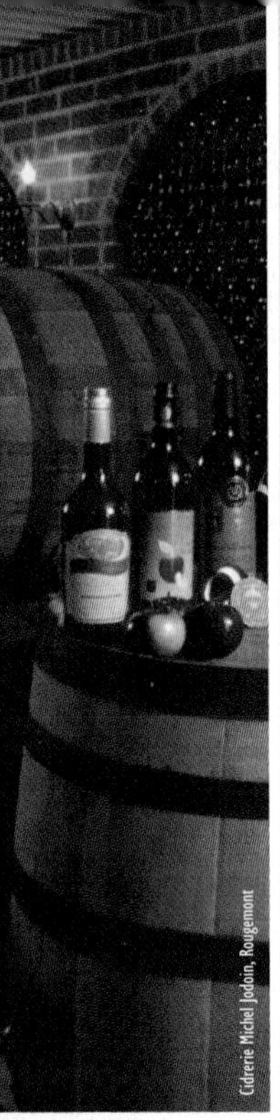

Cidrerie Michel Jodoin, Rougemont

La Montégérie : une agréable invitation aux plaisirs du terroir et de l'histoire. Une région de détente et de petits plaisirs vous attend à une enjambée de Montréal.

Invitante à souhait et généreuse de nature comme en témoigne son surnom de «Jardin du Québec», la Montérégie a développé des produits du terroir extraordinaires. Plusieurs circuits ont été créés pour diriger vos découvertes: la Route des cidres, le Circuit du Paysan, la Route des vins, la Route du Sud et la Route gourmande des fromages fins.

Découvrir la Montérégie, c'est aussi découvrir l'histoire du Québec et du Canada. Vous en apprendrez beaucoup sur le beau rêve de la Nouvelle-France et sa conquête par les Britanniques. Cette région est la troisième en importance au Québec pour sa quantité de sites historiques, musées et centres d'interprétation.

On y retrouve aussi plusieurs beaux endroits méconnus où il fait bon de se promener sur l'eau. Du plaisir garanti avec une excursion dans les îles de Sorel ou la réserve nationale de faune du Lac-Saint-François ou encore une croisière sur la rivière Richelieu. Si vous avez envie d'une agréable randonnée, optez pour l'une des «montérégiennes» (monts Saint-Bruno, Saint-Hilaire ou Rougemont). Pistes cyclables, terrains de golf et théâtres d'été se mettent également de la partie pour agrémenter votre escapade.

François Rivard, Tourisme Montérégie

La Face Cachée de la Pomme, Hemmingford

Saveurs régionales

La Montérégie est la région agricole la plus importante du Québec. On y compte plus de 8 000 fermes. Cidreries, vergers, microbrasseries, hydromelleries, vinaigreries, vignobles, autocueillette de petits fruits, dont le bleuet de Corymbe, chocolateries, érablières, fromageries, élevages de veaux de grain et de lait… bref, on y trouve de tout!

Produits du terroir à découvrir et déguster

- Bières, vins de miel et produits de la ruche de la *Brasserie Saint-Antoine-Abbé*. P. 247.
- Les cidres de glace *Frimas* et *Neige* de *La Face Cachée de la Pomme*. P. 247.
- Vins rouges, blancs et rosés, cidres et vinaigres du *Clos de la Montagne*. P. 248.
- Cidres, brandy, eau-de-vie, liqueur, cidre et jus de pommes pétillant de la *Cidrerie Michel Jodoin Inc*. P. 248.
- Pomme de glace, vins, vinaigres et autres produits du *Clos Saint-Denis*. P. 249.
- Fromages certifiés biologiques au lait cru de vache de la *Fromagerie au Gré des Champs*. P. 249.
- Agneau : jarrets confits, tourtes, saucisses variées, brochettes… de la *Bergerie Richelieu*. P. 250.
- Petits fruits frais et transformés : tartes, confitures, gelées, boissons alcoolisées… de Les *Fraises Louis-Hébert*. P.251.
- Chocolats, confitures, compotes, sirop, beurre et sucre à l'érable de l'*Érablière l'Autre Versan*. P. 252.

La région compte une (1) Table aux Saveurs du Terroir[MD] et cinq (5) Tables Champêtres[MD] certifiées. Une façon originale de découvrir les saveurs de la région ! (P. 244.)

Montérégie

Le saviez-vous?

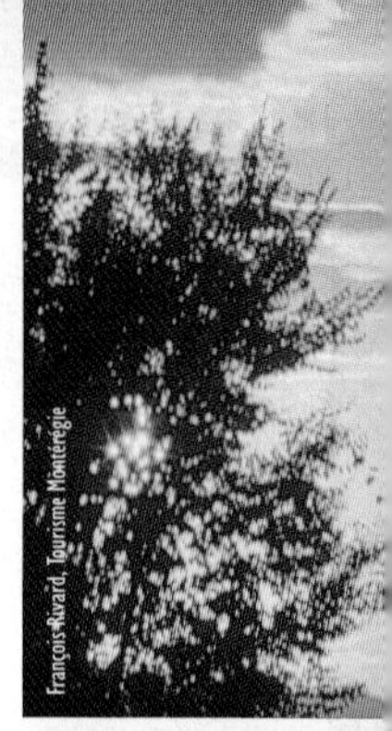

François Rivard, Tourisme Montérégie

L'archipel du lac Saint-Pierre (Réserve mondiale de la biosphère de l'UNESCO), abrite la plus importante colonie de hérons de la planète! C'est sur la Grande Île, dans le delta de Sorel, que près de 5 000 hérons viennent nicher pendant les 3 mois que dure leur rituel de reproduction. Il est rare qu'une héronnière abrite plus de 100 oiseaux, car leurs excréments, fortement acides, détruisent leur habitat. La Grande Île fait exception à cette règle parce que les crues printanières qui lessivent l'île neutralisent l'acidité, préservant du même coup la flore locale. La vue de ce long échassier aux pattes traînantes en envoûtera plus d'un...

Clin d'œil sur l'histoire

Philippe Renault

La Montérégie a longtemps été un avant-poste qui servait à protéger la colonie contre les Iroquois, les Anglais et les Américains. Le fort Chambly est un témoin fascinant de ce passé. Au Québec, le souvenir de la rébellion des Patriotes (1837-1838) contre les Britanniques, reste très vivant. La Maison nationale des Patriotes (Saint-Denis-sur-Richelieu) vous raconte ce soulèvement qui eut lieu à l'époque où le Canada était encore une colonie de la Couronne d'Angleterre (depuis la Conquête de 1763), et où les francophones du Bas-Canada n'avaient que quelques bribes de pouvoir. De cette impasse diplomatique naîtra la rébellion.

Quoi voir? Quoi faire?

Fondation du Patrimoine Religieux du Québec

Les lieux historiques nationaux du Canada de : Bataille-de-la-Châteauguay, Canal-Saint-Ours, Coteau-du-Lac, Fort-Chambly, Canal-de-Chambly et Fort-Lennox.

Le Parc archéologique de la Pointe-du-Buisson et la centrale hydroélectrique de Beauharnois (Melocheville).

Les beaux villages de Saint-Antoine-sur-Richelieu, de Verchères et ceux situés sur la frontière américaine. Le plus vieux pont couvert (1861) à Powerscourt.

Le Blockhaus-de-la-rivière-Lacolle (Saint-Bernard-de-Lacolle).

Le Théâtre de la Dame de Cœur et ses spectacles extérieurs avec sièges pivotants et bretelles chauffantes (Upton).

Le Jardin Daniel-A.-Séguin (Saint-Hyacinthe).

Le Musée d'art de Mont-Saint-Hilaire, la Maison nationale des Patriotes (Saint-Denis), le Centre d'interprétation du patrimoine de Sorel, le Musée du Fort Saint-Jean et le labyrinthe (Saint-Jean-sur-Richelieu).

Pour la famille : l'Électrium d'Hydro-Québec, (Sainte-Julie), L'Arche des Papillons (Saint-Bernard-de-Lacolle), le Parc Safari (Hemmingford), Chouette à voir! (Saint-Jude) et le Fort Débrouillard (Roxton Falls).

Faites le plein de nature

Jean-Sébastien Perron, Sépaq

L'Escapade - Les sentiers du Mont-Rigaud: ski de fond et randonnée pédestre (25 km).

Canot à la réserve nationale de faune du Lac-Saint-François (Dundee).

Parc national des Îles-de-Boucherville: vélo, canot et randonnée pédestre (25 km).

Parc national du Mont-Saint-Bruno: randonnée pédestre et ski de fond en forêt, Domaine de ski Mont-Saint-Bruno: ski alpin.

Croisière sur la rivière Richelieu jusqu'à Saint-Paul-de-l'Île-aux-Noix.

Excursions (croisière, canot, rabaska) dans les îles de Sorel ou dans les marais de l'archipel du lac Saint-Pierre

Centre de la Nature du Mont-Saint-Hilaire: randonnée pédestre, ski de fond et raquette (24 km de sentiers).

Douze pistes cyclables (600 km) dont celle qui longe le fleuve de Boucherville à Sainte-Catherine, pour une vue imprenable sur Montréal.

Pour plus d'information sur la Montérégie : 1-866-469-0069

www.tourisme-monteregie.qc.ca

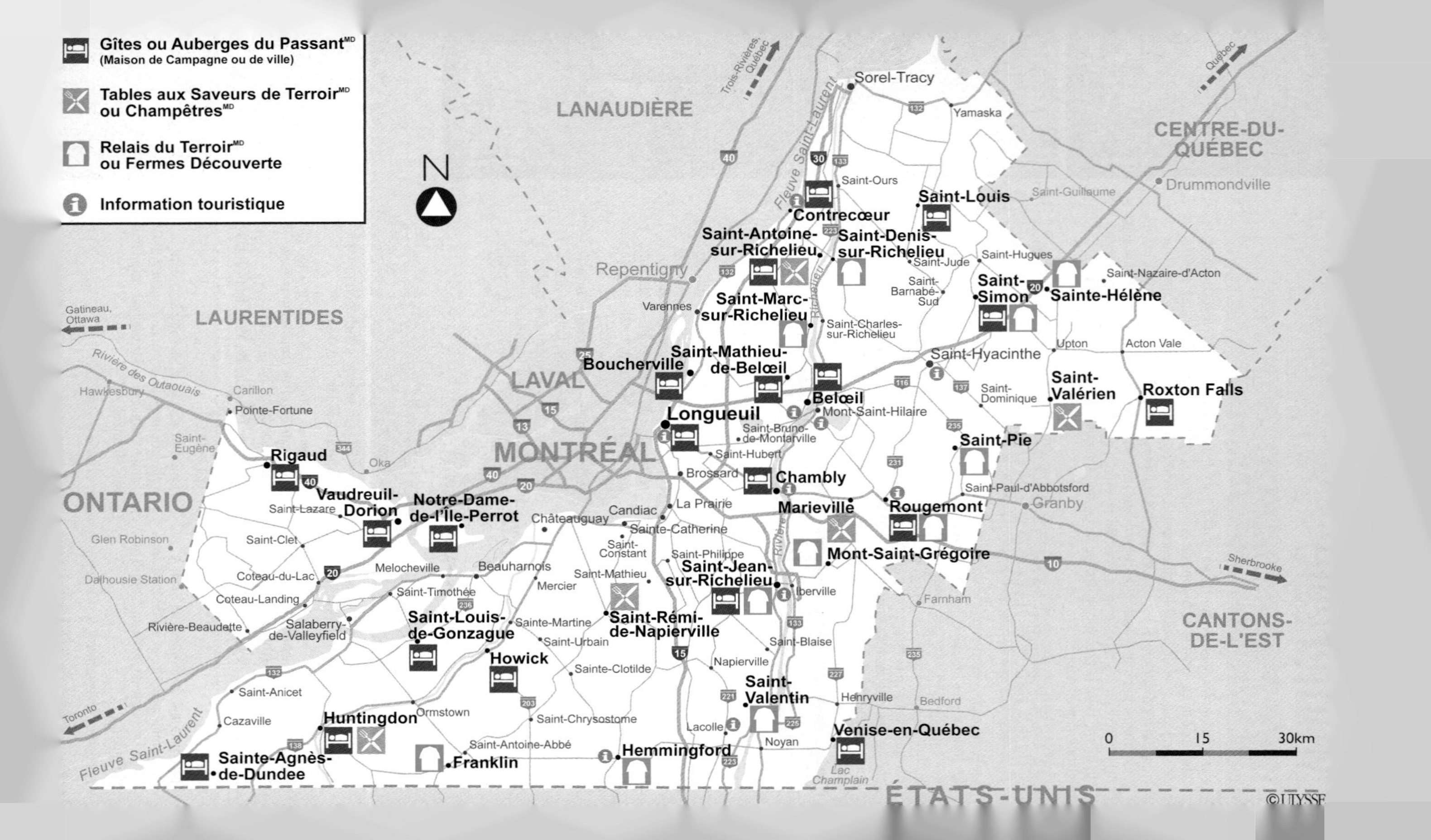

Gîtes ou Auberges du Passant[MD]
(Maison de Campagne ou de ville)
Tables aux Saveurs de Terroir[MD] ou Champêtres[MD]
Relais du Terroir[MD] ou Fermes Découverte
Information touristique
N
LANAUDIÈRE
LAURENTIDES
CENTRE-DU-QUÉBEC
ONTARIO
LAVAL
MONTRÉAL
CANTONS-DE-L'EST
ÉTATS-UNIS
Trois-Rivières, Québec
Québec
Gatineau, Ottawa
Toronto
Sherbrooke
Fleuve Saint-Laurent
Rivière des Outaouais
Richelieu
Rivière Richelieu
Lac Champlain
Sorel-Tracy
Yamaska
Saint-Ours
Contrecœur
Saint-Louis
Saint-Guillaume
Drummondville
Saint-Antoine-sur-Richelieu
Saint-Denis-sur-Richelieu
Saint-Jude
Saint-Hugues
Saint-Nazaire-d'Acton
Repentigny
Saint-Barnabé-Sud
Saint-Simon
Sainte-Hélène
Varennes
Saint-Marc-sur-Richelieu
Saint-Charles-sur-Richelieu
Upton
Acton Vale
Saint-Mathieu-de-Belœil
Boucherville
Saint-Hyacinthe
Saint-Dominique
Saint-Valérien
Roxton Falls
Belœil
Mont-Saint-Hilaire
Longueuil
Saint-Bruno-de-Montarville
Saint-Hubert
Saint-Pie
Hawkesbury
Carillon
Pointe-Fortune
Saint-Eugène
Rigaud
Oka
Brossard
Chambly
Saint-Paul-d'Abbotsford
Granby
Vaudreuil-Dorion
Notre-Dame-de-l'Île-Perrot
Saint-Lazare
Candiac
La Prairie
Marieville
Rougemont
Châteauguay
Sainte-Catherine
Glen Robinson
Saint-Clet
Saint-Constant
Saint-Philippe
Mont-Saint-Grégoire
Dalhousie Station
Coteau-du-Lac
Melocheville
Beauharnois
Saint-Mathieu
Saint-Jean-sur-Richelieu
Iberville
Coteau-Landing
Saint-Timothée
Mercier
Farnham
Rivière-Beaudette
Salaberry-de-Valleyfield
Saint-Louis-de-Gonzague
Sainte-Martine
Saint-Rémi-de-Napierville
Saint-Urbain
Saint-Blaise
Howick
Sainte-Clotilde
Napierville
Saint-Anicet
Saint-Valentin
Henryville
Bedford
Cazaville
Huntingdon
Ormstown
Saint-Chrysostome
Lacolle
Venise-en-Québec
Saint-Antoine-Abbé
Noyan
Sainte-Agnès-de-Dundee
Franklin
Hemmingford
0
15
30km
©ULYSSE

Saint-Jean-sur-Richelieu

Aux Chants d'Oiseaux

310, rue Petit-Bernier
J3B 6Y8
(450) 346-4118 (514) 770-2270
Fax : (450) 347-9386
www.giteetaubergedupassant.com/chantsdoiseaux
P. 240, 243.

La Fédération des Agricotours du Québec* est fière de rendre hommage aux hôtes Lisette Vallée et Claude Berthiaume, du gîte AUX CHANTS D'OISEAUX, qui se sont illustrés de façon remarquable par leur accueil de tous les jours envers leur clientèle.

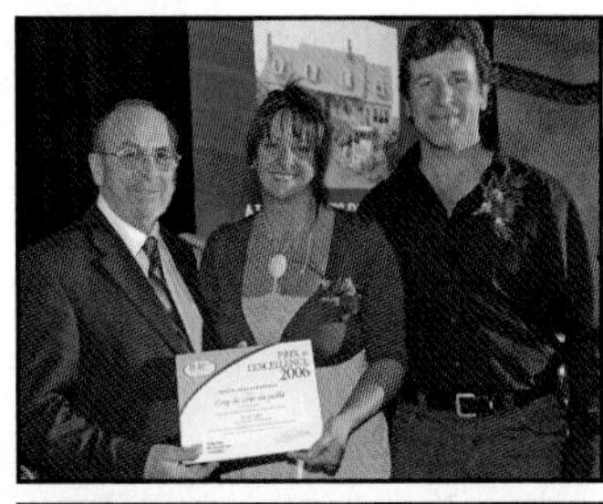

C'est dans le cadre des Prix de l'Excellence 2006 que les propriétaires de cet établissement, certifié Gîte du Passant[MD] à la Ferme depuis 2003, se sont vu décerner le « Coup de Cœur du Public régional » de la Montérégie.

Félicitations !

**La Fédération des Agricotours du Québec est propriétaire des marques de certification : Gîte du Passant[MD], Auberge du Passant[MD], Maison de Campagne ou de Ville, Table Champêtre[MD], Relais du Terroir[MD] et Ferme Découverte.*

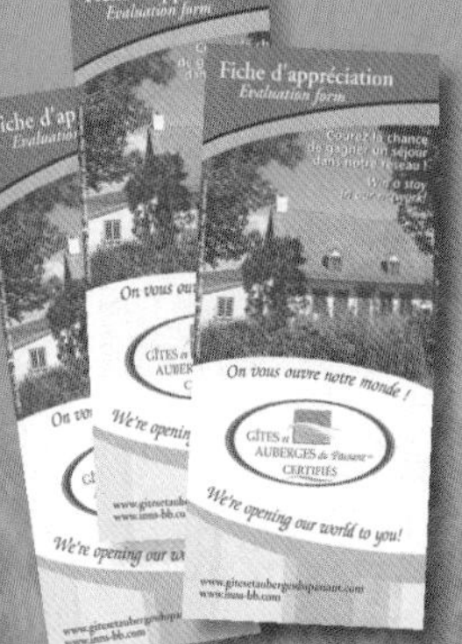

Merci au nom des lauréats!

Chaque année, les fiches d'appréciation permettent de décerner le Prix de l'Excellence, dans la catégorie « Coup de Cœur du Public », aux établissements qui se sont démarqués de façon remarquable par leur accueil. En remplissant une fiche d'appréciation, vous contribuez non seulement à maintenir la qualité constante des services offerts, mais également à rendre hommage à tous ces hôtes.

COUREZ LA CHANCE DE GAGNER UN SÉJOUR !

Chacune des fiches d'appréciation , vous donne la chance de gagner un séjour de 2 nuits pour 2 personnes dans un « Gîte ou une Auberge du Passant[MD] » de votre choix. La fiche d'appréciation est disponible dans tous les établissements certifiés et sur Internet :
www.gitesetaubergesdupassant.com

Beloeil
Gîte Beaux Brunelles ☼☼☼

Gîte du Passant *certifié*

Belle maison ancestrale datant de 1846, offrant une vue spectaculaire sur la rivière Richelieu et le mont St-Hilaire. 1re maison en briques supérieures dans la ville de Beloeil. Grandes pièces, boiseries, entièrement rénovée. Entourée d'arbres matures et d'un jardin fleuri. Au cœur des activités du Vieux-Beloeil avec sa variété de bons restos.

Aux alentours: golfs, piste cyclable, théâtres, restos, canot, sentiers pédestres, mont St-Hilaire.
Chambres: jolies et spacieuses, très éclairées, décorées de meubles d'époque. **5 ch. S. de bain privée(s) ou partagée(s).**
Ouvert: à l'année.
2 pers: B&B 80-90$
Enfant (12 ans et –): B&B 15$
Réduction: long séjour.

A ⊘ **Certifié: 1996**

1030, rue Richelieu
Beloeil J3G 4R2
Tél. (450) 467-4700 1-877-508-4700
Fax (450) 467-4539
www.giteetaubergedupassant.com/beauxbrunelles
beauxbrunelles@convitech.ca

Aut. 20, sortie Beloeil, rue Richelieu à droite, ou rte 116 dir. Beloeil. Gîte voisin de l'église du Vieux-Beloeil.

Beloeil, St-Mathieu
La Maison du Gazebo ☼☼☼☼

Gîte du Passant *certifié*

Coup de Coeur du Public provincial 2001. Situé à la campagne, sur la rive-sud de Montréal, à 20 min des ponts. Maison centenaire, paisible et conviviale, de style d'antan au confort moderne. Entièrement climatisée. Extérieur ombragé, balançoire dans le gazebo entouré de moustiquaire avec une vue sur le mont St-Hilaire. Grand stationnement gratuit.

Aux alentours: golfs, centre Nature Mont-St-Hilaire, restaurants gastronomique, vol ultra-léger, canots, kayaks.
Chambres: spacieuses, décor champêtre, meubles antiques, grands lits confortables. **4 ch. S. de bain privée(s) ou partagée(s)**
Forfaits: été.
Ouvert: à l'année.
2 pers: B&B 70-95$ **1 pers B&B** 60-85$
Enfant (12 ans et –): B&B 15$
MC VS

A ⊘ AV AC **Certifié: 2006**

Monique et Georges Blanchard
2054, ch. du Ruisseau Sud
Saint-Mathieu-de-Beloeil J3G 2C9
Tél. (450) 464-2430 1-888-414-2430
Fax (450) 464-4541
www.lamaisondugazebo.com
monique@lamaisondugazebo.com

Aut. 20, sortie 109 dir. St-Mathieu-de-Beloeil nord, 1 km, 1re rte, ch. du Ruisseau sud à droite, 3,8 km.

Boucherville
Maison Lambert Ducharme ☼☼☼

Gîte du Passant *certifié*

La Maison Lambert Ducharme vous propose une combinaison attrayante de la banlieue calme et paisible, tout en étant à quelques minutes de la vie trépidante d'une grande métropole. P. 258.

Aux alentours: piste cyclable îles de Boucherville, golfs, Vieux-Port de Montréal, casino, ski de fond et alpin.
Chambres: attrayantes et confortables. Lit queen, climatisation murale, coin dînette. **2 ch. S. de bain privée(s).**
Ouvert: à l'année.
2 pers: B&B 80$ **1 pers B&B** 70$
Enfant (12 ans et –): B&B 10$
MC VS
Réduction: long séjour.

A ⊘ @ AC **Certifié: 2006**

Louise Lambert Ducharme
1096, de Corbon
Boucherville J4B 6B8
Tél. (450) 449-2722
www.maison-lambert-ducharme.qc.ca
info@maison-lambert-ducharme.qc.ca

Aut. 20, sortie 92 de Mortagne.

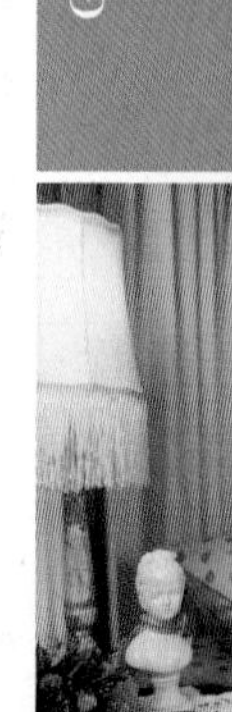

Boucherville
Sonnez les Matines ☀☀☀☀

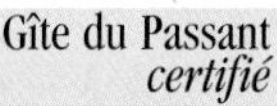
Gîte du Passant *certifié*

Sonnez les Matines vous convie à la détente dans un environnement agréable. Du crépuscule à la brunante, vous serez accueilli aux sons des matines. Situé à quelques minutes de Montréal, son emplacement est idéal pour accéder rapidement à la ville et se reposer en toute tranquillité. En nomination pour le Coup de Coeur du Public en Montérégie 2003.

Aux alentours: parc des Îles-de-Boucherville, village historique Vieux-Boucherville, Montréal et sa vie trépidante.
Chambres: offrent charme et quiétude. **3 ch. S. de bain privée(s) ou partagée(s).**
Ouvert: à l'année.
2 pers: B&B 67-92$ **1 pers B&B** 52-72$
Enfant (12 ans et –): B&B 10$
MC VS
Réduction: long séjour.

A @ AC **Certifié: 2002**

Ginette Poirier
217, rue Denis-Véronneau
Boucherville J4B 8L7
Tél. (450) 655-1112
Fax (450) 655-3306
www.sonnezlesmatines.com
info@sonnezlesmatines.com

Aut. 20, sortie 90, dir. 132 E., sortie 17, rue Marie-Victorin à droite, rue Fréchette à gauche, rue Jean-Talon à gauche, rue Denis-Véronneau à droite.

Chambly
À la Claire Fontaine ☀☀☀☀

Gîte du Passant *certifié*

Coup de Coeur du Public régional 2004. À 20 min de Montréal, havre de paix au cœur du Vieux-Chambly. Antiquités, boiseries et moulures d'époque sont au rendez-vous. Venez succomber à nos copieux petits-déjeuners. Enchantement pour vos yeux et papilles assuré! Vivez l'émerveillement avec l'un de nos forfaits détente. Cacaothérapie & vinothérapie sur place. Spa extérieur 4 saisons.

Aux alentours: Fort & canal de Chambly, rapides, piste cyclable, restos réputés, théâtre d'été, vergers, etc...
Chambres: élégantes, romantiques, bain thérapeutique, lit queen, Internet. **4 ch. S. de bain privée(s) ou partagée(s)**
Forfaits: charme, détente & santé, gastronomie, autres.
Ouvert: à l'année.
2 pers: B&B 75-100$ **1 pers B&B** 65-85$
Taxes en sus. AM IT MC VS
Réduction: long séjour.

A @ AV AC **Certifié: 2002**

Isabelle Frenette et Gilles Landry
2130, av. Bourgogne
Chambly J3L 1Z7
Tél. (450) 447-7940 1-866-447-5888
www.alaclairefontaine.ca
alaclairefontaine@videotron.ca

Aut. 10, sortie 22 ou rtes 112, 133 ou 223. Suivre les indications pour le Fort-Chambly.

Contrecoeur
Les Malards ☀☀☀☀

Gîte du Passant *certifié*

Coup de Coeur du Public régional 2005. Soif d'évasion loin du tumulte quotidien? Besoin de vous ressourcer? Notre belle demeure de 1935, située face à un magnifique parc avec vue sur le fleuve Saint-Laurent, saura répondre à toutes vos attentes. Gastronomie, confort de nos ch. et petites attentions, qui font notre renommée, seront au rendez-vous pour rendre votre séjour mémorable.

Aux alentours: Maison Lenoblet-du-Plessis, croisière, golf, tennis, théâtre, vergers-vignobles, chasse aux canards.
Chambres: spacieuses, confortables, paisibles, sauront vous séduire en toute saison. **3 ch. S. de bain privée(s)**
Forfaits: charme, détente & santé, gastronomie, romantique.
Ouvert: à l'année.
2 pers: B&B 77-112$ **1 pers B&B** 62-92$
MC VS
Réduction: long séjour.

A @ AV AC **Certifié: 2000**

Hélène Delisle et Gilles Fortin
4741, rue Marie-Victorin
Contrecoeur J0L 1C0
Tél. (450) 587-5581 (514) 953-2307
www.lesmalards.com
info@lesmalards.com

Aut. 20, sortie 98, aut 30 est dir. Sorel-Tracy, sortie 158, à gauche dir. Contrecoeur, rte Marie-Victorin (132), droite, 1,6 km. Face au kiosque d'info touristique.

Howick
Rivers Edge B&B 

Gîte du Passant
certifié

Gloria & John Peddie
1987 chemin Rivière-des-Anglais
Howick J0S 1G0
Tél. (450) 825-2390
www.riversedgequebec.com
gpeddie@sympatico.ca

À 40 km de Montréal, rte 138 ouest, rte 203 sud à droite dir. Howick. Traverser le pont, rue Lambton à gauche, 4 km sur ch. Rivière-des-Anglais.

Charmante maison victorienne entourée de grands jardins fleuris et de vastes champs, surplombant une rivière de rapides. Idéal pour l'observation d'oiseaux. Une atmosphère tranquille de campagne, rehaussée d'une hospitalité chaleureuse pour vous accueillir. Nos invités repartent en amis. Appréciez nos copieux déjeuners et nos spécialités maison.

Aux alentours: Parc Safari, musée, golf, équitation, ski de fond, patins, vélo.
Chambres: joliment décorées. **3 ch. S. de bain privée(s) ou partagée(s).**
Ouvert: à l'année.
2 pers: B&B 65-85$ **PAM** 83-103$ **1 pers B&B** 40-60$ **PAM** 49-69$
Enfant (12 ans et –): B&B 12$ **PAM** 18$

A **Certifié: 2006**

Huntingdon
Domaine de la Templerie

Gîte du Passant
certifié

Roland et François Guillon
312, chemin New Erin
Huntingdon, Godmanchester J0S 1H0
Tél. / Fax (450) 264-9405
www.domainedelatemplerie.com

Rte 138 ouest dir. Huntingdon. 9 km après l'arrêt d'Ormstown, au chemin Seigneurial à droite, 4,7 km, chemin de la Templerie à gauche, 350 m à l'arrêt, New Erin, 1 km.

Coup de Coeur du Public provincial 2002 pour notre Table Champêtre. Notre maison ancestrale offre le confort douillet d'un gîte - exclusivement réservé - aux clients de la Table Champêtre. Cette exclusivité des lieux est pour vous offrir la tranquillité et le bien-être après un succulent repas gastronomique. Pour plus d'information sur la Table Champêtre, consultez la section suivante. P. 244.

Aux alentours: randonnée, cabane à sucre, soccer, volley-ball, pétanque, fer, site archéologique, réserve faunique.
Chambres: chaleureuses dans une maison à l'aspect rustique et champêtre. **3 ch. S. de bain partagée(s).**
Ouvert: à l'année.
2 pers: B&B 60$ **1 pers B&B** 55$
Taxes en sus.

Certifié: 1991

Longueuil
À la Brunante

Gîte du Passant
certifié

Louise Bélisle
480, rue Sainte-Élisabeth
Longueuil J4H 1K4
Tél. (450) 442-7691
www.giteetaubergedupassant.com/brunante

Rte 132, sortie 8, rue St-Charles, 2e feu de circulation, boul. Quinn à droite, 100 m, rue Ste-Élizabeth à gauche.

Sur la Rive-Sud à 10 min du centre-ville de Montréal, au cœur du Vieux-Longueuil, près du métro. Maison accueillante sur rue tranquille, vous invite à la détente dans une atmosphère chaleureuse. Venez apprécier le charme de ses chambres confortables, ainsi qu'un copieux petit-déjeuner. Climatisation, foyer au gaz au salon.

Aux alentours: casino, traversée navette fluviale, piste cyclable.
Chambres: décor chaleureux. **2 ch. S. de bain privée(s).**
Ouvert: à l'année.
2 pers: B&B 77-87$ **1 pers B&B** 60-65$
Enfant (12 ans et –): B&B 20$

AV **Certifié: 1999**

Longueuil
Le Refuge du Poète ☼☼☼

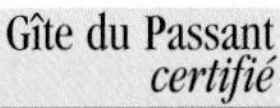
Gîte du Passant *certifié*

Louise Vézina
320, rue Longueuil
Longueuil J4H 1H4
Tél. (450) 442-3688 1-866-902-3688
Fax (450) 442-4782
www.giteetaubergedupassant.com/refugedupoete
refugedupoete@videotron.ca

Rte 132, sortie 8, rue St-Charles et rue St-Jean à droite. Situé derrière l'hôtel de ville de Longueuil.

"Il n'y a pas de honte à préférer le bonheur" (Albert Camus). Charmé par l'ambiance poétique de la maison et par la gentillesse de vos hôtes, vous découvrirez un endroit magique et magnifique. Sous l'oeil intéressé de Cybelle (notre labrador), Mamie-lou vous préparera un délicieux petit-déj. où amour rimera avec humour. À bientôt!

Aux alentours: piste cyclable, centre-ville de Montréal par métro ou navette fluviale, casino, La Ronde, Biodôme.
Chambres: climatisées, lit double et d'appoint. 1 ch.: s. de bain privée, TV, frigo. **3 ch. S. de bain privée(s) ou partagée(s).**
Ouvert: à l'année.
2 pers: B&B 70-80$ **1 pers B&B** 60-70$
Enfant (12 ans et –): B&B 20$
VS
Réduction: long séjour.

A ⊘ ⬢ AC **Certifié: 1992**

Notre-Dame-de-l'Île-Perrot
La Perrot Damoise ☼☼☼☼

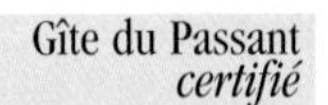
Gîte du Passant *certifié*

Louise Lapointe et Rodrigue Fraser
25, rue de l'Eglise
Notre-Dame-de-l'Île-Perrot J7V 8P4
Tél. (514) 453-1444
Fax (514) 453-5438
www.giteetaubergedupassant.com/laperrotdamoise
laperrotdamoise@videotron.ca

Sur l'Île-Perrot, boul. Don Quichotte, boul. St-Joseph à droite, boul. Perrot à gauche, rue de l'Église à droite.

Dissimulé dans un manoir en pierre construit en 1754, nous offrons le meilleur confort pour un sommeil de rêve. Climatisation centrale, lavabo dans chaque chambre, literie soignée et peignoir enveloppant. Vous trouverez en ces lieux plus qu'un nid douillet pour une nuitée mémorable. Situé à deux pas de l'Église Ste-Jeanne-de-Chantal et du quai. **Certifié «Bienvenue cyclistes!MD».** P. 234.

Aux alentours: cyclisme sur l'Ile, golf, kayak, théâtre d'été, site historique de la Pointe du Moulin, photos, etc.
Chambres: nous offrons des lits queen, double et jumeau et plein de petites douceurs. **5 ch. S. de bain partagée(s).**
Ouvert: à l'année.
2 pers: B&B 95$ **1 pers B&B** 85$
Taxes en sus. AM IT MC VS
Réduction: hors saison.

A ⊘ @ AC **Certifié: 2007**

Rigaud
Gîte Touristique Le Point de Vue ☼☼☼☼

Gîte du Passant *certifié*

Jules Marion et Mario Ménard
135, rue Bourget
Rigaud J0P 1P0
Tél. (514) 927-6468 Tél. / Fax (450) 451-0244
www.lepointdevue.net
gite@lepointdevue.net

Aut. 40, sortie 12 Rigaud, St-Jean Baptiste ouest à gauche, 1er feu St-Viateur à gauche, au bout Bourget à gauche, 2 km au sommet.

Profitez d'une vue panoramique où l'accueil et le confort sont à l'honneur, sans oublier la gastronomie du matin, soit un continental, plat chaud et dessert. Pour la détente: spa extérieur et massothérapie. Côté corporatif: salle de conférence et équipements. Tout cela au coeur d'un sanctuaire d'oiseaux et ravage de chevreuils. Nous vous attendons.

Aux alentours: golf Falcon, ski Mont-Rigaud, sentier escapade, équitation, sanctuaire Lourde, vélo, pêche.
Chambres: 2 ch. et 3 suites, lit queen, foyer, balcon, bain à remous. **5 ch. S. de bain privée(s)**
Forfaits: charme, détente & santé, gastronomie, golf.
Ouvert: à l'année.
2 pers: B&B 85-190$ **1 pers B&B** 80-185$
Enfant (12 ans et –): B&B 30$
Taxes en sus. MC VS
Réduction: hors saison et long séjour.

A ⊘ AV **Certifié: 2004**

Rougemont
Verger et Gîte du Flâneur ✷✷✷✷

Gîte du Passant à la Ferme *certifié*

Yvan Garon
1161, rang Petite-Caroline
Rougemont J0L 1M0
Tél. (450) 469-0505 (450) 521-2629
Fax (514) 469-0505
www.vergerduflaneur.com
vergerduflaneur@sympatico.ca

Aut. 10, sortie 29 à droite, 3 km. Rte 112 à droite. À Rougemont, 2e entrée, face à Robert Transport, 3 km.

Offrant un panorama époustouflant et situé près du Théâtre de Rougemont, le Verger du Flâneur vous accueille à l'année. 3 chambres et un petit-déjeuner 5 services aux saveurs fruitées vous est servi. Piscine sur place. Faites un saut dans les cidreries et vignobles du coin. Ouverture prochaine d'une brasserie artisanale sur place, au verger. **Certifié «Bienvenue cyclistes!MD».** P. 243.

Aux alentours: situé près du Théâtre de Rougemont, cidreries, vignobles et savonnerie.
Chambres: offrent une vue imprenable sur la montagne et la Montérégie. **3 ch. S. de bain privée(s) ou partagée(s)**
Forfaits: automne, théâtre, vélo.
Ouvert: à l'année.
2 pers: **B&B** 70-90$ **1 pers** **B&B** 60-90$
Enfant (12 ans et –): **B&B** 20$
Taxes en sus. IT
Réduction: hors saison et long séjour.

A AV Certifié: 2004

Roxton Falls
Auberge Le Privilège ★★★

Auberge du Passant *certifiée*

Myriam Pierru
768, rang Sainte-Geneviève
Roxton Falls J0H 1E0
Tél. (450) 548-2797
Fax (450) 548-2779
www.laubergeleprivilege.com
auberge@cooptel.qc.ca

Rte 139. À Roxton Falls, chemin de la Rivière qui devient ensuite le rang Sainte-Geneviève, 3,5 km.

Située dans un cadre enchanteur, notre auberge en bordure de la rivière vous offre quiétude et bien-être. Endroit idéal pour la détente et le repos. Possibilité de belles promenades dans le bois. Dégustez notre table d'hôte dans le raffinement de notre salle à manger et les méandres de la rivière que celle-ci surplombe. Abri pour vélo et motoneige.

Aux alentours: sentier de motoneige, équitation...
Chambres: inspirées par de grands personnages européens. **6 ch. S. de bain privée(s) ou partagée(s)**
Forfaits: romantique, théâtre.
Ouvert: à l'année.
2 pers: **B&B** 77-99$ **PAM** 123-145$ **1 pers** **B&B** 67-89$ **PAM** 90-122$
Enfant (12 ans et –): **B&B** 15$ **PAM** 25$
Taxes en sus. AM IT MC VS
Réduction: long séjour.

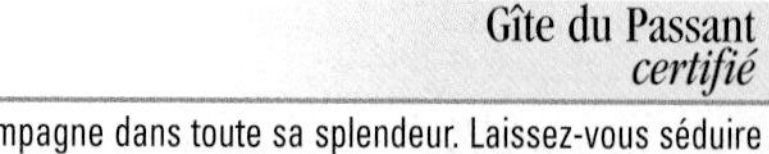

AV AC Certifié: 2006

Roxton Falls
Aux Portes du Médiéval ✷✷✷

Gîte du Passant *certifié*

Claire-Marie Laplante
573, rte 222
Roxton Falls J0H 1E0
Tél. (450) 548-2245
Fax (450) 548-2730
www.auxportesdumedieval.com
costumiere@cooptel.qc.ca

Aut. 20, sortie 147 dir. Acton Vale, boul. Roxton, Roxton Falls, rte 222, 5 km. Aut. 10, sortie 68 dir. Granby, rte 139. Rte 222, Sherbrooke, Valcourt, 22 km.

La campagne dans toute sa splendeur. Laissez-vous séduire par la décoration médiévale des chambres, de la salle à manger où un copieux petit-déjeuner et une table d'hôte d'une grande variété de menus vous attendent ainsi que l'aménagement extérieur qui vous mèneront dans des sentiers thématiques. Pour compléter le tout, massothérapie et spa. **Certifié «Bienvenue cyclistes!MD».**

Aux alentours: centre équestre de Roxton Falls La Bergerie d'Autrefois, Club de golf d'Acton, 3 pistes cyclables.
Chambres: lit queen, balcon, décor médiéval, tour, baldaquin, chant d'oiseaux, jardin **3 ch. S. de bain partagée(s)**
Forfaits: charme, à la ferme, détente & santé, golf.
Ouvert: à l'année.
2 pers: **B&B** 67-77$ **PAM** 110-120$ **1 pers** **B&B** 57-67$ **PAM** 79-89$
Enfant (12 ans et –): **B&B** 47-57$ **PAM** 62-72$
IT VS
Réduction: long séjour.

@ AV Certifié: 2007

St-Antoine-sur-Richelieu
De Par Chez Nous

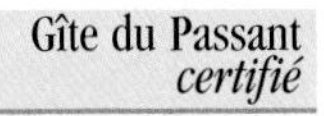
Gîte du Passant
certifié

Jacques Fecteau
858, rte du Rivage
Saint-Antoine-sur-Richelieu J0L 1R0
Tél. (450) 787-3884 1-888-962-3884
Fax (450) 787-2968
www.deparcheznous.ca
info@deparcheznous.ca

Aut. 20, sortie 112, rte 223 dir. St-Marc, 20 km. Aut. 30 est dir. Sorel-Tracy, sortie 158 à droite dir. St-Antoine. Ch. montée Pomme d'Or, à la rivière, rte du Rivage à droite.

Un gîte où vous êtes accueilli avec les mêmes petits soins que lorsque nous recevons nos amis. Maison centenaire, robuste et élégante, cachant un confort bien d'aujourd'hui. Des pièces de séjour vastes et agréables, inondées de soleil, situées dans un des plus beaux villages du Québec, sur le bord de la rivière Richelieu, à 40 min de Montréal. Certifié Table aux Saveurs du Terroir[MD]. P. 22, 246.

Aux alentours: atelier d'artistes, antiquités, expositions maison Eulalie-Durocher, produits du terroir, vignobles.
Chambres: vue sur la rivière ou la campagne. Chacune a un charme unique. **5 ch. S. de bain privée(s)**
Forfaits: charme, gastronomie, romantique, vélo.
Ouvert: à l'année.
2 pers: B&B 140-170$ **PAM** 240-270$
Enfant (12 ans et –): B&B 15$ **PAM** 5-15$
Taxes en sus. AM IT MC VS

A @ AV AC **Certifié: 2005**

St-Jean-sur-Richelieu
Aux Chants d'Oiseaux

Gîte du Passant à la Ferme
certifié

Lisette Vallée et Claude Berthiaume
310, rue Petit-Bernier
Saint-Jean-sur-Richelieu J3B 6Y8
Tél. (450) 346-4118 (514) 770-2270
Fax (450) 347-9386
www.giteetaubergedupassant.com/chantsdoiseaux

Aut. 10, sortie 22, aut. 35 dir. St-Jean-sur-Richelieu, sortie Pierre-Caisse tout droit, Grand-Bernier à gauche, des Carrières (rte 219) à droite, Petit Bernier à gauche, 2 km.

Coup de Coeur du Public régional 2006. Maison canadienne construite dans un environnement enchanteur. Accès à un lieu de détente aménagé dans un espace fleuri près d'un bassin d'eau. Intérieur meublé d'antiquités et décoré avec goût par des créations de l'hôtesse. Tables de billard et d'échec sont à votre disposition. Découvrez l'ambiance chaleureuse de cette ferme familiale. **Certifié «Bienvenue cyclistes![MD]»**. P. 233, 243.

Aux alentours: International de mongolfières, piste cyclable, golf, vignobles, vergers, piste motoneige et quad.
Chambres: campagnarde avec lit queen. Salle de bain rustique sur l'étage. **3 ch. S. de bain privée(s) ou partagée(s)**
Forfaits: détente & santé, spectacle.
Ouvert: les récoltes nous obligent à fermer du début octobre à la mi-novembre.
2 pers: B&B 80-90$ **1 pers B&B** 70-80$
Enfant (12 ans et –): B&B 25$
Taxes en sus.
Réduction: hors saison et long séjour.

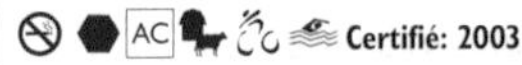

St-Jean-sur-Richelieu
Château DuBlanc

Gîte du Passant
certifié

Manon Leblanc et André Durand
605, rue des Fortifications
Saint-Jean-sur-Richelieu J2W 2W8
Tél. (450) 359-7452 (450) 349-6990
www.chateaudublanc.com
andre@chateaudublanc.com

Aut. 10 est, sortie 22, aut. 35 sud, sortie 14 chemin Saint-André. À l'arrêt à droite, au bout, boul. Saint-Luc à gauche, rue des Légendes à gauche, 2e rue à gauche.

Résidence de béton d'une architecture européenne dans laquelle règne convivialité, bien-être et le charme d'un château d'époque Renaissance. Prenez le petit-déjeuner autour d'une table historique impressionnante. Observez la faune de notre boisé arrière. Au centre du Golf Les Légendes, vous êtes à 300 m du départ. **Certifié «Bienvenue cyclistes![MD]»**.

Aux alentours: vignobles, golf, piste cyclable, croisière sur le Richelieu.
Chambres: antiquités de qualité. Lit double de 72 pouces. **2 ch. S. de bain partagée(s)**
Forfaits: golf.
Ouvert: à l'année.
2 pers: B&B 122-142$ **1 pers B&B** 122-142$

St-Louis
Les Jardins du Bourgchemin ★★★

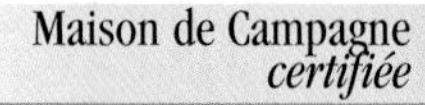

Maison de Campagne *certifiée*

Francine Arbour et Jean Lasalle
312, rue Bourgchemin Ouest
Saint-Louis J0G 1K0
Tél. (450) 788-2686
www.jardinsdubourgchemin.ca
arbour@ntic.qc.ca

Aut. 20 est, sortie 130 nord, 2e feu à droite, rte 235 nord dir. St-Barnabé et St-Jude. Au clignotant, à droite.

Maison de campagne située sur une petite ferme paysagée, à proximité d'un boisé. Site calme et enchanteur près d'une piste cyclable. Classé 3 étoiles. Piscine, vélo et canot en été. Raquette et ski de fond en hiver. Repos et discrétion assurés. Petit sentier aménagé sur la terre. Havre de paix.

Aux alentours: St-Hyacinthe: jardin, Chouette à voir, Ferme Coq à l'Âne, cidrerie. Sorel: croisière, théâtre, golf.
Maison(s): chaleureuse et accueillante. Cour arrière intime et paysagée. Paisible.
1 maison(s) 2 ch. 4-6 pers.
Ouvert: à l'année.
SEM 446-530$ **WE** 186-214$ **JR** 93-121$
Réduction: long séjour.

A **Certifié: 2007**

St-Louis-de-Gonzague
Le Cardinal Viau ☼☼☼

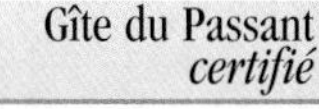

Gîte du Passant *certifié*

Guylaine Cardinal
189, rue Principale
Saint-Louis-de-Gonzague J0S 1T0
Tél. (450) 371-4768 (514) 887-8600
Fax (450) 371-6956
www.lecardinalviau.com
info@lecardinalviau.com

Rte 138, rang du 40 à droite, rue Principale à gauche.

Situé au coeur des plus belles terres agricoles du Québec et de pistes cyclables longeant les lacs, rivières et canaux, Le Cardinal Viau est une maison à l'allure de presbytère. Depuis 1845, cette résidence demeure un lieu d'accueil, de fêtes et de plaisirs de la table. Les héritiers du Cardinal poursuivent dans la tradition familiale.

Aux alentours: pistes cyclables, nautisme, ornithologie, golf, équitation, vergers, vignobles, musées, antiquaires.
Chambres: balcon partagé, vue sur les champs de soya et les Adirondack. **3 ch. S. de bain partagée(s)**
Forfaits: automne, golf, vélo.
Ouvert: à l'année.
2 pers: B&B 70$ **1 pers B&B** 60$
Enfant (12 ans et –): B&B 20$
Taxes en sus. VS

A @ **AV** **Certifié: 2007**

St-Simon
Gîte à Claudia ☼☼☼☼

Gîte du Passant à la Ferme *certifié*

Diane Chamberland
923, 4e Rang Ouest
Saint-Simon J0H 1Y0
Tél. (450) 798-2758 (514) 953-0673
www.domaine-st-simon.qc.ca
gite@domaine-st-simon.qc.ca

Aut. 20 O., sortie 143, à l'arrêt à droite 2 km. À l'arrêt, 4e rang à gauche, 0,5 km, suivre indications Domaine St-Simon. Aut. 20 E., sortie 145, reprendre l'aut. 20 O.

En campagne, près de notre cabane à sucre traditionnelle et de l'écurie, nous vous accueillerons dans une maison ancestrale rénovée, haut de gamme avec ses plafonds d'origine de style champêtre et cuisinière au bois. Nous vous servirons un déj. gourmand dans la verrière avec produits du terroir. Au plaisir de vous voir chez nous. Claude et Diane. P. 243, 251.

Aux alentours: Village Québécois d'Antan, Théâtre de la Dame de Coeur, Zoo de Granby, parc de la Yamaska, golf.
Chambres: La Paysanne mobilier d'époque, La Canadienne sa suite, L'eau Vive la mer.
3 ch. S. de bain privée(s) ou partagée(s)
Forfaits: charme, à la ferme, golf, théâtre.
Ouvert: à l'année. Sur réservation seulement.
2 pers: B&B 75-115$ **1 pers B&B** 60-100$
Enfant (12 ans et –): B&B 15$
Réduction: long séjour.

AV AC **Certifié: 2003**

Ste-Agnès-de-Dundee
Le Gîte chez Mimi ☼☼☼

Gîte du Passant à la Ferme *certifié*

Maison spacieuse avec colonnades et balcons, rappelant la Louisiane. Jardins fleuris. Le gîte est situé en pleine nature dans une campagne paisible avec vue sur champs et boisés. Au plaisir de vous recevoir sur notre ferme. À 15 km de la douane Dundee vers New-York. P. 243.

Aux alentours: lac St-François, archéologie, Droulers, kayak, golf, ski nautique, vélos.
Chambres: sur balcon, avec vue sur le jardin, champs et couchers de soleil. **3 ch. S. de bain partagée(s)**
Forfaits: golf, vélo, autres.
Ouvert: à l'année.
2 pers: B&B 55$ **1 pers B&B** 45$
Enfant (12 ans et –): B&B 10$
VS

AV Certifié: 1998

Émilienne Marlier
5891, chemin Ridge
Sainte-Agnès-de-Dundee J0S 1L0
Tél. / Fax (450) 264-4115 Tél. 1-877-264-4115
www.giteetaubergedupassant.com/mimi

De Valleyfield, rte 132 dir. Cazaville, Montée Cazaville à gauche, ch. Ridge 3e à droite.

Vaudreuil-Dorion
Aux Jalousies Pervenche

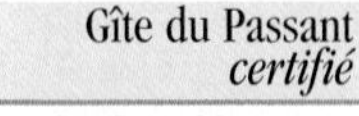
Gîte du Passant *certifié*

À 30 min de Montréal. Face au lac des Deux-Montagnes, maison ancestrale de style Queen Ann et son architecture exceptionnelle. La spécialité de la maison: accueil convivial et déjeuners raffinés aux saveurs du terroir avec ses fromages québécois et avec notre gamme de produits fait maison. Bienvenue aux gens d'affaires, réunion pour 12 personnes.

Aux alentours: antiquités, théâtre d'été, piste cyclable, Maison Trestler (concerts d'été), golf, traversier d'Oka.
Chambres: intimes et douillettes, 2 ch. avec lavabo. **4 ch. S. de bain partagées.**
Ouvert: à l'année.
2 pers: B&B 65-80$ **1 pers B&B** 50-65$

A Certifié: 2007

Lise Roy
42, rue Saint-Michel
Vaudreuil-Dorion J7V 1G1
Tél. (450) 424-4771
www.auxjalousies.com
lise226@sympatico.ca

Aut. 40 E., sortie 35. Au 1er feu, à g. jusqu'à l'église, rue St-Michel à g. Aut. 40 O., sortie 36. Chemin des Chenaux, faire la boucle, passer au dessus de l'aut., tout droit.

Venise-en-Québec
Sous les Ailes de Lyne ☼☼☼☼

Gîte du Passant *certifié*

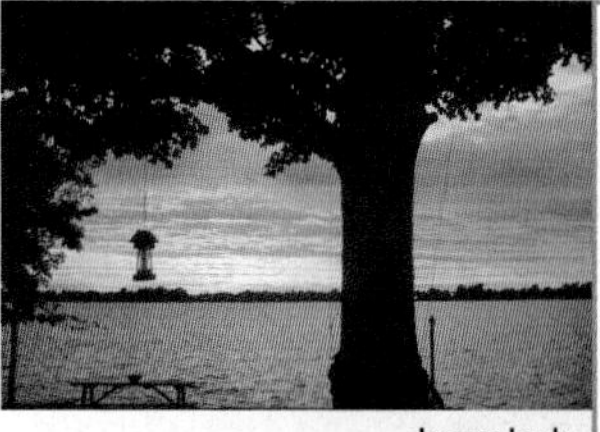

«Se distinguer pour des gens qui se distinguent». Sur la rive du lac Champlain, avec des couchers de soleil à vous couper le souffle, venez vous détendre ou vous gâter. Nous vous offrons de copieux déjeuners et mettons à votre disposition spa, bain tourbillon et bain vapeur, ainsi que vélos, kayaks, pédalos et canots. Une remise est disponible. **Certifié «Bienvenue cyclistes![MD]».**

Aux alentours: Route des vins, sentiers d'interprétation de Philipsburg, visite des Jardins de Versailles.
Chambres: connection Internet, musique d'ambiance. **4 ch. S. de bain privée(s) ou partagée(s)**
Forfaits: gastronomie, golf, vélo.
Ouvert: à l'année.
2 pers: B&B 85-125$ **1 pers B&B** 85-125$
Enfant (12 ans et –): B&B 10$
VS
Réduction: hors saison.

A @ **AV** AC Certifié: 2004

Jacques Landry
321, avenue Pointe-Jameson
Venise-en-Québec J0J 2K0
Tél. (450) 244-3014 1-866-844-3014
Fax (450) 244-5689
www.ailesdelyne.com
info@ailesdelyne.com

Aut. 20, aut. 10 est, aut. 35 sud dir. Iberville, rte 202 sud dir. Venise. Face au lac, à gauche.

Rougemont

Verger et Gîte du Flâneur

Gîte du Passant à la Ferme *certifié*

1161, rang Petite-Caroline, Rougemont
Tél. (450) 469-0505 (450) 521-2629
Fax (514) 469-0505
www.vergerduflaneur.com
vergerduflaneur@sympatico.ca

Activités: Cueillette de pommes et petits fruits en saison, balade en tracteur, fermette, aire de jeux pour enfants, visite des installations. Kiosque de produits du terroir en saison. P. 239.

Animaux: De mai à novembre, venez visiter nos poules, lapins et chèvres.

St-Jean-sur-Richelieu

Aux Chants d'Oiseaux

Gîte du Passant à la Ferme *certifié*

310, rue Petit-Bernier, Saint-Jean-sur-Richelieu
Tél. (450) 346-4118 (514) 770-2270
Fax (450) 347-9386
www.giteetaubergedupassant.com/chantsdoiseaux

Activités: Visite de la ferme de grandes cultures céréalières, des entrepôts de grain, des machines agricoles, tels que les tracteurs, la moissonneuse batteuse et les équipements oratoires. En été, possibilité de petits sentiers de marche, de feux de camp et de baignade. P. 233, 240.

Animaux: Tout au long de l'été, des poussins sont engraissés afin de devenir des poulets de grain. Des colombes et des tourterelles roucoulent dans une volière accessible à tous.

St-Simon

Gîte à Claudia

Gîte du Passant à la Ferme *certifié*

923, 4e Rang Ouest, Saint-Simon
Tél. (450) 798-2758 (514) 953-0673
www.domaine-st-simon.qc.ca
gite@domaine-st-simon.qc.ca

Activités: Soin des chevaux et des petits animaux, entretien du potager et des fleurs. Savourez la quiétude, respirez l'air campagnard et laissez la paresse vous envahir. Une balade dans l'érablière, un saut dans la piscine, une sieste sur la véranda. On vous attend chez nous. P. 241, 251.

Animaux: L'Écurie Kanadian possède un jeune troupeau de chevaux enregistrés pur-sang. Le cheval canadien fut pendant longtemps le seul du Bas-Canada. Mini-ferme avec petits animaux.

Ste-Agnès-de-Dundee

Le Gîte chez Mimi

Gîte du Passant à la Ferme *certifié*

5891, chemin Ridge, Sainte-Agnès-de-Dundee
Tél. / Fax (450) 264-4115 Tél. 1-877-264-4115
www.giteetaubergedupassant.com/mimi

Activités: Jardin potager, foin, nourrir lapins, poules, prendre les oeufs, faire des bouquets pour maison. P. 242.

Animaux: Lapins, poules, chiens, chat.

Huntingdon
Domaine de la Templerie

Table Champêtre *certifiée*

Roland Guillon et son fils François
312, chemin New Erin
Huntingdon, Godmanchester, J0S 1H0

Tél. / Fax (450) 264-9405
www.domainedelatemplerie.com

Rte 138 ouest dir. Huntingdon. 9 km après l'arrêt d'Ormstown, au chemin Seigneurial à droite, 4,7 km, chemin de la Templerie à gauche, 350 m à l'arrêt, New Erin, 1 km.

Nbr pers. semaine: 12-50
Nbr pers. week-end: 12-50
Min. de pers. exigé varie selon les saisons.
Sur réservation.

Repas: 42-60$ / pers.

Ouvert: à l'année
Certifié: 1991

Au milieu des champs et boisés, notre maison ancestrale construite en 1846 vous attend, ainsi que François, le fils, notre relève assurée et diplômé en cuisine. Ouvert depuis 17 ans, l'entreprise familiale grandit, offrant une 2e salle à manger (style normand). Activités: randonnée, volleyball, fer, pétanque etc. P. 237.

Spécialités: Les élevages: oies, canards, faisans, pintades, chapons. On vous offre un produit de qualité et de fraîcheur. Aussi: sangliers, boeufs, autruches, lama.

Menu
Petits fours apéritifs - velouté en cachette - charcuteries
Foie gras poêlé et sa gelée ou
Ris de veau aux poires ou Saucisse de faisan ou
Timbale de pintade madère ou
Tourte 3 volailles ou Saumon mousseline
Granité aux pommes et calvados
Filet d'oie au porto et fromage Ruban Bleu ou
Faisan au cidre de Minot ou Chapon bourguignonne ou
Grenadin de veau aux pleurottes ou
Cerf rouge aux champignons séchés ou
Rôtisson d'autruche aux bleuets
Aussi: marcassin, lapin, canard, pintardeau, agneau, caille
Salade, plateau de fromages de la région
Coupe de la Templerie - Soufflé glacé à l'érable
Autres menus sur demande

Aux alentours: site archéologique Droulers, lac St-François, réserve nationale de la faune, pêche, voile, etc.

Marieville
L'Autruche Dorée

Table Champêtre *certifiée*

Chantale et Michel Noiseux
505, Ruisseau St-Louis Ouest
Marieville, J3M 1P1

Tél. / Fax (450) 460-2446
www.autruchedoree.ca

Aut. 10, sortie 37 dir. rte 227 nord. Au feu de la rte 112 à gauche, 1er feu à droite, 4 km. Dans le cul de sac.

Nbr pers. week-end: 18-80
Sur réservation.

Repas: 29-42$ / pers.
Taxes en sus. IT MC VS

Ouvert: Table Champêtre ouverte en général le samedi. Comptoir de viande du mer. à dim.
Certifié: 2002

Découvrez l'exotisme en Montérégie. Table nichée au pied des monts St-Hilaire et Rougemont dans un décor chaleureux. Laissez-vous dépayser aux sons de la savane africaine. Un délice pour le palais, tout simplement divin! Découvrez la viande d'autruche sous toutes ses facettes. Visite guidée en saison. En nomination Coup de Coeur du Public 2004.

Spécialités: La viande d'autruche compose notre menu. Comptoir de viande d'autruche exclusivement.

Menu
Autruche fumée et mousse à la moutarde
Consommé d'autruche et perles du jardin
Phylo d'autruche framboisine
Médaillons d'autruche sauce porto
Salade tiède au confit d'autruche
Délice du pâtissier
Autres menus sur demande

Aux alentours: piste cyclable, théâtre d'été, vergers, clubs de golf, Fort Chambly.

St-Antoine-sur-Richelieu

Au Fin Palais de Sir Antoine

Table Champêtre *certifiée*

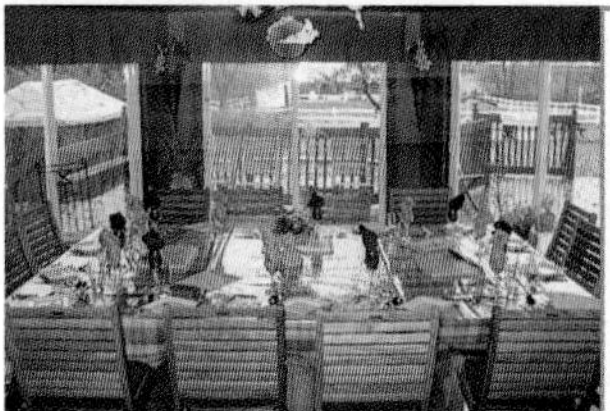

Josée Cloutier et Denis Bernier
1855, rang du Brûlé
Saint-Antoine-sur-Richelieu, J0L 1R0

Tél. (450) 787-2155
www.sirantoine.com
sirantoine@sympatico.ca

Aut. 20, aut. 30 est dir. Sorel, sortie 158, chemin de la Pomme à droite, au clignotant, rang du Brûlé à gauche.

Nbr pers. semaine: 10-50
Nbr pers. week-end: 15-50
Min. de pers. exigé varie selon les saisons.
Sur réservation.

Repas: 50-60$ / pers.

Ouvert: à l'année
Certifié: 2007

Venez savourer un somptueux repas dans un décor campagnard. Un grand salon et une verrière avec foyer, une variété de menus sept services aux saveurs du terroir, une visite de la fermette, des hôtes heureux de vous faire partager leur passion et vous concocter des mets apprêtés avec art et enthousiasme... pour une soirée digne de «Sir Antoine».

Spécialités: Menus inspirés de nos élevages de lapins, poulets et agneaux. Grand jardin de fruits, légumes et fines herbes. Aménagement extérieur conçu pour des événements spéciaux.

Menu
Mousse de truite sur canapés et mousse de foie de canard
Aumônière de truite fumée ou Feuilleté d'agneau ou
Terrine de lapin ou Mille-feuille de lapin et champignons
Potage de saison ou Sorbet et son élixir
Lapin chasseur ou à la moutarde de Meaux ou à l'aneth ou
Suprême de volaille farci de fromage et épinards ou
Filet de porc à la bordelaise ou
Gigot d'agneau «Sir Antoine» ou
Jarret d'agneau caramélisé ou à la dijonnaise et romarin ou
Carré d'agneau à la provençale ou
Magret de canard sauce bière de bleuets ou de framboises
Salade «Au Fin Palais»
Soufflé glacé aux framboises ou Moelleux au chocolat cœur fondant aux fruits ou Profiteroles en caramel d'érable
Autres menus sur demande

St-Rémi-de-Napierville

Ferme Kosa

Table Champêtre *certifiée*

Ada et Lajos Kosa
1845, rang Saint-Antoine
Saint-Rémi-de-Napierville, J0L 2L0

Tél. / Fax (450) 454-4490
www.agricotours.qc.ca/kosa

Rtes 207 et 221 dir. St-Rémi, rte 209 à droite. St-Antoine à droite. Aut. 15 dir É.-U. sortie 42, rtes 132, 209 S., 15 km. À St-Rémi, au feu 3 km, St-Antoine à droite, 4 km.

Nbr pers. semaine: 10-40
Nbr pers. week-end: 14-40
Min. de pers. exigé varie selon les saisons.
Sur réservation.

Repas: 35$ / pers.
Taxes en sus.

Ouvert: à l'année
Certifié: 1992

À 15 min de Montréal. Une charmante entrée, bordée d'érables, vous conduit vers un jardin de pommiers où, tout au fond à proximité de l'étang, une salle à manger, baignée d'une exquise odeur de volaille bien dorée, vous enveloppe d'une douce chaleur. Faites-vous la fête, à vous, à votre famille et à vos amis. Un seul groupe à la fois par jour.

Spécialités: Pintade et canard. Fruits, légumes et fines herbes frais du jardin biologique.

Menu
Punch
Canapés
Crème de légumes
Terrine de lapin aux kiwis ou Terrine de canard à l'orange ou Rillette d'oie
Gnocchi à la Romaine ou Tagliatelle aux asperges ou Feuilletés aux petits légumes
Magret de canard aux poires et raisins ou Confit de canard au chou braisé ou Aiguillettes de canettes aux griottes ou Pintade à la mandarine ou aux pommes
Pomme de terre mousseline et légumes du potager
Salade et fromages
Crêpe farcie aux fruits avec crème anglaise ou Charlotte aux poires ou Framboisier au fromage blanc
Autres menus sur demande

Aux alentours: Circuit du Paysan, Les Élevages du Ruban Bleu, golf le Triangle d'Or.

St-Valérien

La Rabouillère

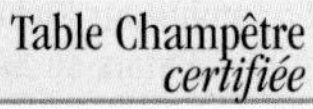

Table Champêtre *certifiée*

Pierre Pilon, Jérémie Pilon et Denise Bellemare
1073, rang de l'Égypte
Saint-Valérien, J0H 2B0

Tél. (450) 793-4998
Fax (450) 793-2529
www.rabouillere.com
info@rabouillere.com

Aut. 20 E, sortie 141. Aut. 20 O, sortie 143. Suivre les indications jusqu'au village, 20 km, le traverser. Faire 3 km, au clignotant jaune à droite.

Nbr pers. semaine: 4-100
Nbr pers. week-end: 4-100
Min. de pers. exigé varie selon les saisons.
Sur réservation.

Repas: 35-70$ / pers.
Taxes en sus. IT MC VS

Ouvert: à l'année
A ⊗ Certifié: 1993

Prix Réalisation 2001-Agrotourisme. Grand Prix du tourisme québécois régional 2003-2004. Une collection animale sans pareille dans un cadre champêtre d'exception. La cuisine de notre chef Jérémie allie tradition et modernité, en mettant en valeur nos spécialités, l'agneau et les fleurs comestibles ainsi que le lapin et les oiseaux fermiers.

Spécialités: Site idéal pour fêtes familiales, mariages, fêtes corporatives et réunions d'affaires.
Aire de jeux, pétanques, fers.
Menus enfants disponibles.

Menu
Rouleau printanier au confit de pintade
Duo de nos étangs (Truite fumée et tartare de truite)
Crème d'oignon au vieux cheddar et au cidre
Filets de canard au caramel balsamique
Escalope de foie gras poêlée, caramel de Sortilège et pommes
Glace aux pommettes et au Brandy de pommes de Rougemont
Agneau braisé à l'érable et à l'anis étoilé
Suprêmes de pigeonneau, cuisses confites, jus aux herbes
Suprême de pintade, sauce vierge
Râble de lapin farci, sauce aux deux moutardes
Magret de canard, sauce au vinaigre de framboises
Fromages du terroir de la Montérégie
Étagé de nougat glacé aux canneberges et pistaches
Fondant au chocolat, coulis de canneberges
Autres menus sur demande

Aux alentours: Théâtre de la Dame de Coeur, Zoo de Granby, Fort Débrouillard, parc de la Yamaska, pistes cyclables.

St-Antoine-sur-Richelieu

De Par Chez Nous

Table aux Saveurs du Terroir *certifiée*

858, rte du Rivage, Saint-Antoine-sur-Richelieu
Tél. (450) 787-3884 1-888-962-3884
Fax (450) 787-2968
www.deparcheznous.ca
info@deparcheznous.ca

Halte gourmande où notre table rend hommage à l'excellente qualité des produits qui ont consacré la Vallée-du-Richelieu «vallée gourmande du Québec». Les plats sont apprêtés pour en tirer les meilleures nuances et épater les palais les plus exigeants. Salle et terrasse pour 65 pers. P. 240.

Spécialités : Parfait de foie de pintade et son chutney de raisins, longe de cerf de Boileau, sauce de gibier aux baies de genièvre, poulet de Cornouailles à l'ancienne, terrines maison.

Repas offerts : midi et soir. Réservation recommandée.

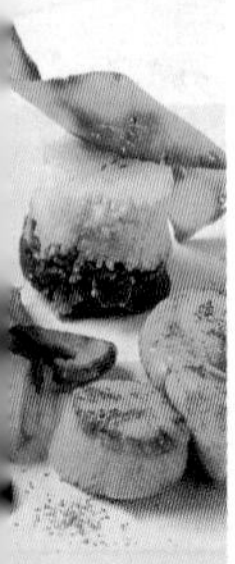

Franklin
Brasserie Saint-Antoine-Abbé

Relais du Terroir *certifié*

Gérald Henault
3299, route 209
Franklin, J0S 1E0

Tél. (450) 826-4609
Fax (450) 826-0585
www.brasserie-saint-antoine-abbe.com
geraldh@rocler.qc.ca

De Montréal, rte 138 ouest jusqu'à Ormstown, à gauche, rte 201 sud jusqu'à Saint-Antoine-Abbé, rte 209 nord à gauche, 5 km. De la rive-sud, rte 132 vers Delson, rte 209...

AM ER IT MC VS
Ouvert: à l'année
AV **Certifié: 2005**

Prix Excellence «La Ruche d'Or», la plus haute distinction apicole émise par le MAPAQ, édition unique 1988. Prix Excellence, concours apicole Fleurs de Lys, MAPAQ 1999 «Lys d'Or» et «Lys de Bronze». Quatre Prix Excellence 2001, catégorie Hydromel, 2 Or, Argent et Bronze. En 2000, ouverture de la Brasserie et 2004 ouverture de la terrasse.

Produits: Découvrez avec plaisir, le raffinement et la distinction de nos bières Saint-Antoine-Abbé. Lors de votre visite à l'hydromellerie, vous pourrez déguster des vins de miel inédits aussi appelés «Boisson des Dieux» dont les bouquets caractéristiques charmeront votre palais. À la miellerie, vous découvrez des miels crémeux, gelées de miel, sangria, moutarde au miel, marinades, gelée royale, pollen, paniers-cadeaux...

Notre brasserie forme un complexe avec la miellerie, l'hydromellerie et notre magnifique terrasse, une construction de bois qui favorise une ambiance chaleureuse et de détente. Découvrez avec plaisir, le raffinement et la distinction de nos produits, auxquels s'ajoutera en 2005, une restauration champêtre. Une destination privilégiée pour des sorties en bonne compagnie dans un décor campagnard.

Activités: Visites guidées de la brasserie, miellerie et hydromellerie. Dégustations de nos produits, aire de pique-nique et de détente. Section «Terrasse», site campagnard original où vous pouvez découvrir notre cuisine régionale et mets du terroir accompagné de vin.

Services: Vente de bières, vins et produits de la ruche, paniers-cadeaux. Restauration, forfait de groupe jusqu'à 60 personnes, section «Terrasse», sur réservation. Min. de pers. exigé varie selon les saisons. Forfait de groupe extérieur, section aire de pique-nique.

Aux alentours: golf, voie cyclable, centre naturiste, camping, vergers, motoneige, observation de la faune.

Hemmingford
La Face Cachée de la Pomme

Relais du Terroir *certifié*

Stéphanie Beaudoin et François M. Pouliot
617, route 202
Hemmingford, J0L 1H0

Tél. (450) 247-2899 poste 228
Fax (450) 247-2690
www.cidredeglace.com
info@cidredeglace.com

Aut. 15 S., sortie 6. Suivre indications pour le village d'Hemmingford. À 15 min des lignes américaines avec New York (douanes de Lacolle), à 45 min de Montréal.

AM IT MC VS

Ouvert: Ouvert tous les jours de 10h à 17h. Fermé entre Noël et le Jour de l'An.

A AV AC **Certifié: 2004**

Depuis sa première récolte, il y a plus de dix ans, LA FACE CACHÉE DE LA POMME redéfinit l'expérience du cidre de glace. Terroir du nouveau monde, élément liant de la culture, des affaires et de l'hospitalité, NEIGE et FRIMAS mettent en appétit l'imaginaire et expriment une soif de finesse. C'est aussi le plus fin de notre culture embouteillé. P. 234.

Produits: FRIMAS est notre cidre de glace prestige. Il est exclusivement produit à partir des pommes gelées aux arbres et cueillies en plein coeur de l'hiver. Garant des plus hautes distinctions, FRIMAS affiche une robe ambrée profonde et dégage des arômes complexes de fruits exotiques. En bouche, on savoure des notes de caramel et de la pomme cuite. La pomme à son summum!

Chaque bouteille de NEIGE - un cidre de glace créé à partir de pommes sélectionnées - contient de l'or liquide. Depuis 1994, en plein coeur de l'hiver québécois, on récolte le sirop pour ensuite le faire fermenter lentement, selon les règles de l'art, durant 6 mois. Plusieurs fois médaillé, NEIGE développe des effluves complexes de fruits confits et atteint le parfait équilibre entre la vivacité et le moelleux.

Activités: Domaine phare de l'élaboration du cidre de glace, nous offrons différents forfaits de dégustation, visites guidées sur r.s.v.p. et journées Classes Neige pour groupes d'affaires. Notre boutique - terroir du nouveau monde - est ouverte sur les lieux même de la propriété.

Services: Outre nos cidres de glace NEIGE ET FRIMAS offerts en plusieurs formats et nos emballages exclusifs, confectionnés sur mesure pour vous, vous avez le loisir de pique-niquer librement sur notre terrasse du Carré de la pomme ou de profiter d'une balade dans le verger.

Aux alentours: Parc Safari (zoo), vélo, golf, équitation, camping, tir aux pigeons d'argile, piste de 4 roues.

Mont-St-Grégoire
Clos de la Montagne

Relais du Terroir *certifié*

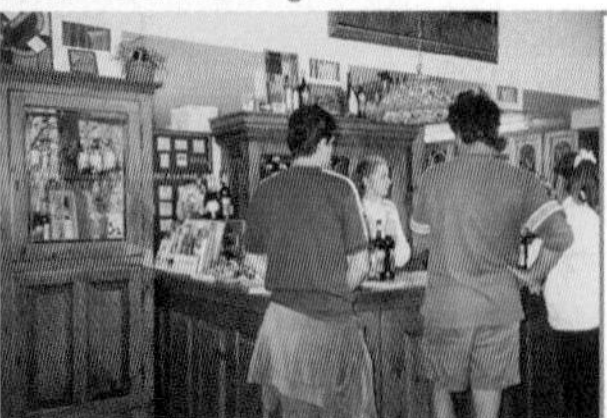

Denise Marien
330, de la Montagne
Mont-Saint-Grégoire, J0J 1K0

Tél. (450) 358-4868
Fax (450) 358-5628
www.closdelamontagne.com
aryden@videotron.ca

Aut. 10 est, sortie 37, rte 227 jusqu'à rue de la Montagne. Rte 104 dir. Cowansville, à 0,5 km de l'arrêt, rue de la Montagne. À 35 km de Montréal.

IT MC VS

Ouvert: à l'année. Heures d'ouverture: de 10:00 à 17:00 heures. Fermé le lundi.

A ⊗ ✕ **Certifié: 2002**

Le nom Clos de la Montagne vient du fait qu'il est situé à 1 km du mont St-Grégoire. Son cachet vient tant de l'aménagement que de la salle d'accueil décorée de vitraux réalisés par les vignerons eux-mêmes. C'est une étape de la Route des cidres de la Montérégie, de la Route des vins du Québec, de la Route des érablières et de la Route des vergers.

Produits: Vins rouges: Le St-Grégoire et Cuvée Versailles. Vins blancs: Le St-Grégoire et Cuvée Joffrey. Apéritif: Le Grégorio rouge et Le Grégorio blanc. Cidre fort: La Drupa. Cidre mousseux: Méthode champenoise. Cidre apéritif: Le Maceron. Pomme sur lie: Cuvée Réserve et Apiaverde. Vin rosé: Le bouquet du Clos. Les vinaigres: de cidre et de framboise. Produits régionaux également en vente.

Activités: Visite guidée, dégustation, auto-cueillette.

Services: Aires de pique-nique, boutique, distributeur en fût de chêne, réception familiale ou affaires (max. 32 personnes).

Aux alentours: chocolaterie, vergers, sentiers pédestres, mont St-Grégoire.

Rougemont
Cidrerie Michel Jodoin Inc.

Relais du Terroir *certifié*

Michel Jodoin
1130, Petite Caroline
Rougemont, J0L 1M0

Tél. 1-888-469-2676 (450) 469-2676
Fax (450) 469-1286
www.cidrerie-michel-jodoin.qc.ca
info@cidrerie-michel-jodoin.qc.ca

Aut. 10, sortie 29, rte 133 à dr., rte 112 à dr., dir. Vergers de Rougemont. À Rougemont, 2e rue à g. Aut. 20, sortie 115 à g., rte 229 sud, dir. des vergers, 1er arrêt à g.

IT MC VS

Ouvert: 7 jours semaine de 10h à 16h.

A ♿ **Certifié: 2005**

La Cidrerie Michel Jodoin jouit d'une solide réputation bâtie depuis 1988 par M. Jodoin, maître cidriculteur, qui élabore des cidres de qualité dans un établissement remarquable. Sise au pied du mont Rougemont, la cidrerie accueille toute l'année des milliers de touristes désireux de découvrir le cidre québécois.

Produits: La Cidrerie Michel Jodoin offre des cidres aptes à satisfaire tous les palais, même les plus exigeants. Sa microdistillerie, la première au Canada, offre trois spiritueux exceptionnels: un brandy de pomme, une eau-de-vie et une liqueur. De plus, vous trouverez une sélection variée de cidres rosés, de cidres de glace, de mousseux méthode champenoise, ainsi qu'un jus de pomme pétillant.

Ne passez pas à côté de «Rubis de glace», tout premier cidre de glace rosé, identifié «meilleur choix» du livre les Vins Sélection 2006 (Éditions Debeur). Le mousseux M.Jodoin rosé, lauréat or à la Coupe des Nations 2006, vaut également le détour. Enfin, pour les amateurs de brandy, la Grande Réserve 6 ans d'âge est offerte au comptoir de la cidrerie en quantité limitée.

Activités: La visite guidée et la dégustation sont offertes gratuitement à tous les clients. Pour des réservations de groupes de 20 personnes et plus, le coût est de 3$ par personne. Un sentier pédestre de 2,7km est à la disposition des randonneurs au coût de 2$.

Services: Une terrasse est disponible pour les pique-niques.

Aux alentours: vinaigrerie, vignoble, terrain de golf, piste cyclable, savonnerie artisanale et vergers.

St-Denis-sur-Richelieu
Clos Saint-Denis

Relais du Terroir *certifié*

1150, chemin des Patriotes
Saint-Denis-sur-Richelieu, J0H 1K0

Tél. (450) 787-3766
Fax (450) 787-9956
www.clos-saint-denis.qc.ca
info@clos-saint-denis.qc.ca

Aut. 20, sortie 113, rte 133 nord, chemin des Patriotes, 18 km.

IT MC VS

Ouvert: à l'année. Lundi au vendredi: 8h à 17h, WE et jours fériés: 10h à 17h.

A Certifié: 2005

Bâtiments patrimoniaux au coeur de la Vallée du Richelieu. Installations ultra-modernes dans un décor historique. 15 hectares dont 7,5 en vignes et 2,5 en pommiers. À l'automne, les proprios vinifient les fruits de la vigne: 35 000 bouteilles de vins rouge, blanc et rosé. À l'hiver, c'est l'opération «Pomme de Glace». 8 fois médaillés d'Or.

Produits: Le produit vedette est le Pomme de Glace, désigné aussi Ice Apple Wine ou Ice Cider. Produit original créé au Québec par le Clos St-Denis. Cette boisson liquoreuse aux arômes de miel et de fruits exotiques se sert très froid: 4 degrés Celsius. En apéritif, il se consomme seul ou en accompagnement avec des bouchées de foie gras. À la fin du repas, il est délicieux avec des fromages, desserts et chocolats.

Le rouge, cépage Sainte-Croix, à la robe rubis, dégage des arômes de cassis et de mûres. Le blanc, cépage Éona, embaume les fleurs blanches et laisse en finale un goût salin. L'autre blanc, cépage Cliche, goûte la pomme verte et d'agrumes. Se sert en toutes occasions. Le rose, Rose Soleil, se marie aux mets les plus recherchés par temps de canicules. À découvrir aussi: foie gras, fromages et chocolats.

Activités: Plusieurs forfaits pour la dégustation de vins et de cidres sont offerts. Dégustation de vins et fromages faite de différents produits du terroir. Repas froids, chauds possibles sur réservation. Visites guidées de groupe du verger, vignoble et du chai pour 40 à 50 pers.

Services: Accueil en français, anglais et espagnol. Boutique de produits du vignoble et autres tels: fromages, chocolats, etc. Présentation cadeaux, prix de volume.

Aux alentours: Forfait 1 jr: visite du musée, lunch à l'auberge, visites église et vignoble, dégustation.

St-Jean-sur-Richelieu
Fromagerie au Gré des Champs

Relais du Terroir *certifié*

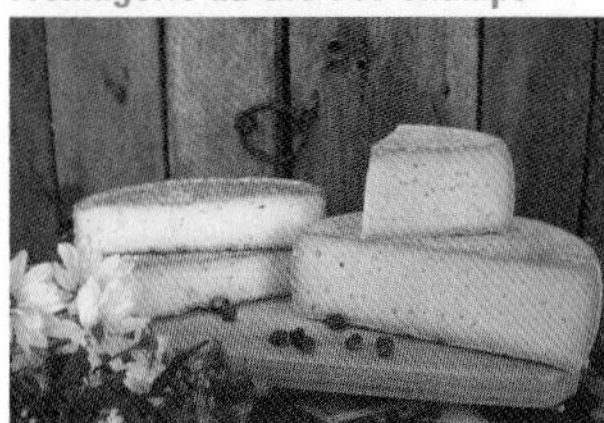

Suzanne Dufresne et Daniel Gosselin
400, rang St-Edouard
Saint-Jean-sur-Richelieu, J2X 5T9

Tél. (450) 346-8732
Fax (450)346-9389
www.augredeschamps.com
gredeschamps@qc.aira.com

Aut. 10, sortie 22, aut. 35 dir. St-Jean-sur-Richelieu, sortie 6. 1er arrêt, av. Conrad-Gosselin à g. 2e arrêt, rang St-Édouard à g. À 30 km de Mtl, 30 min. du pont Champlain.

IT MC VS

Ouvert: Mer au ven de 10h30 à 17h30. Sam et dim de 10h à 17h.

Certifié: 2003

Fromagerie fermière spécialisée dans la fabrication de fromages au lait cru de vache. À la ferme, il existe une saveur, un arôme, un caractère unique. Tous issus d'une rigueur soutenue dans la qualité de tous les éléments, à partir du champ de plantes fleuries et aromatiques, jusque dans la meule et en passant, bien sûr, par le troupeau de vaches.

Produits: 3 fromages fermiers au lait cru de vache, certifiés biologiques. Le D'Iberville, pâte semi-ferme à croûte lavée affiné 60-70 jours. Le Gré des Champs, pâte ferme à croûte mixte affinée 90-120 jours. Le Monnoir, pâte cuite affiné 6 mois.

Activités: Visite libre.

Services: Assiettes de dégustation de nos fromages. Vitrine sur la salle d'affinage et sur la salle de fabrication. Vente de produits du terroir de la région.

Aux alentours: vignobles, vergers, chocolaterie, golf, piste cyclable, théâtre d'été.

St-Marc-sur-Richelieu

Bergerie Richelieu

Relais du Terroir *certifié*

Marie Simard et André Blais
441, rue Richelieu
Saint-Marc-sur-Richelieu, J0L 2E0
Tél. (450) 584-2357 Tél. / Fax (450) 584-1029
www.bergerierichelieu.com
info@bergerierichelieu.com
Aut. 20, sortie 112, route 223 nord, longer le Richelieu, 11 km.

IT MC

Ouvert: à l'année. Du mercredi au vendredi de 13h-18h. Samedi et dimanche de 10h-17h.

A Certifié: 2006

Situé le long de la rivière Richelieu, notre établissement comprend une boutique où nous offrons une vaste gamme de nos produits frais à chaque semaine, de même que de délicieux produits régionaux. Découpes de viande d'agneau, saucisses d'agneau variées, brochettes, jarrets confits ou tourtes sont disponibles pour votre plus grand régal.

Produits: Outre notre boutique où vous trouverez nos produits 12 mois pas année, vous pourrez venir à la Bergerie pour festoyer en groupe ou en famille. Nos méchouis d'agneau mettent en valeur notre agneau et bon nombre de délicieux produits de la région. Dans le cadre des méchouis, vous aurez l'occasion de visiter la ferme.

Activités: Vente de nos produits d'agneau frais à chaque semaine. Vente de produits dans plusieurs épiceries et restaurants de la région. Service de méchoui à la ferme. Visite de groupe de la ferme sur réservation.

Services: Méchoui et visite sur réservation. Kiosque de vente à la ferme.

Aux alentours: randonnée au mont St-Hilaire, nombreuses cabanes à sucre traditionelles...

St-Pie

Ferme du Coq à l'Âne

Ferme Découverte *certifiée*

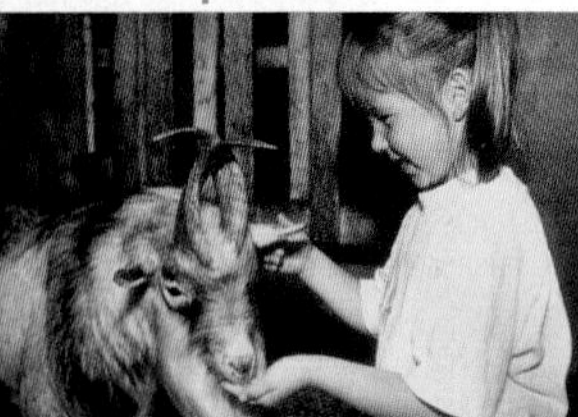

Mario Levesque
1984, Haut-de-la-Rivière Sud
Saint-Pie, J0H 1W0
Tél. (450) 772-6512
Fax (450) 772-2491
www.fermejeanduchesne.com

Aut 20, sortie 123 St-Hyacinthe. Rte 235 S. à g., Emile-Ville à g., Haut-rivière S. à g. Aut. 10, sortie 55 Ange-Gardien, rte 235 N., Emile-Ville à dr., arrêt à g., arrêt à g.

Tarif(s) : 7-8$ adulte / 7-8$ enfant

Tarif de groupe offert.

Taxes en sus.

Ouvert: 7 jours semaine du 14 avril au 21 octobre. Sur réservation seulement.

Certifié: 1996

Promenade à la ferme - Ferme éducative

Notre ferme vous transforme en apprenti fermier. Une journée bien garnie de plaisirs, d'interaction et d'apprentissage. Retrouvez les élevages significatifs des fermes du Québec tout en découvrant nos 2 principales productions. «C'est la ferme magique» des enfants. Une expérience à vivre en famille ou en groupe!

Activités: Un clin d'oeil sur le programme pour vous dire que vous passerez une journée qui sort de l'ordinaire. Tout d'abord le fermier vous accueille dans ses plus beaux atouts de 10h à 15h. Ensuite, passez aux expériences d'apprentis fermiers avec votre guide qui vous prend en charge: donner de la moulée aux chèvres, manipuler des oeufs, des chatons. Découvrir le lapin et son clapier, la vache et sa laiterie, bref, un avant-midi de découvertes. Apportez votre pique-nique!

En après-midi c'est la balade en charette à foin vers nos 2 productions: la bergerie où on nourrit les moutons et l'érablière avec son musée de l'érable. Ouf! Quelle aventure dans le bois. Au retour, l'aire de jeux et le ranch des tous petits vous réservent... des surprises (tour de poney facultatif). L'expérience est couronnée d'un certificat mérite "fermier d'un jour" remis avec la poignée de main du fermier. Aussi, fête d'enfants et la combine en saison avec les pommes.

Services: Aires de pique-nique et de jeux intérieurs et extérieurs. Activités conçues en cas de pluie. Confirmation de sortie par télécopieur (groupe). Aménagement adapté pour les enfants, carosse et fauteuil roulant (toilette). Un guide pour ± 35 personnes adapté selon l'âge avec une formule tout inclus: guide, foin, moulée, tour de charrette et certificat mérite. Table à manger et four micro-ondes. Boutique.

St-Simon
Écurie Kanadian

Ferme Découverte *certifiée*

Claude Chamberland
925, 4e Rang Ouest
Saint-Simon, J0H 1Y0

Tél. (450) 798-2334 (514) 953-0673
www.domaine-st-simon.qc.ca
info@domaine-st-simon.qc.ca

Aut. 20 O., sortie 143, à l'arrêt à droite 2 km. À l'arrêt, 4e rang à gauche, 0,5 km, suivre indications Domaine St-Simon. Aut. 20 E., sortie 145, reprendre l'aut. 20 O.

Tarif(s) : 6-14$ adulte / 6-10$ enfant
Tarif de groupe offert.

Ouvert: à l'année. Pour groupe, sur réservation seulement.

Certifié: 2006

Ferme éducative

Le Domaine St-Simon est établi en campagne près de St-Hyacinthe capitale agroalimentaire. Vous y trouverez le Gîte à Claudia, certifié 4 soleils (3 chambres), l'Écurie Kanadian avec un jeune troupeau de chevaux enregistrés pur-sang et finalement une cabane à sucre typique d'autrefois. P. 241, 243.

Activités: Le temps des sucres pour redécouvrir une cabane typique où l'on entaille à la chaudière avec bouillage au bois comme à l'ancienne. Vous apprendrez à différencier les érables dans notre forêt mixte lors d'une promenade avec nos chevaux. Avec la visite guidée, vous connaîtrez comment cette valeur culturelle a évolué depuis nos ancêtres et les indiens. Sur des airs de folklore, un repas traditionnel avec tire d'érable et un cahier éducatif remis à chaque enfant.

L'historique du cheval canadien, vraiment ignoré en matière éducative scolaire, est intimement lié à l'histoire même du Québec. Originaire de France, il fut longtemps le seul cheval à l'époque de la Nouvelle-France. On vous enseignera pourquoi «notre petit cheval de fer» fait partie du patrimoine québécois depuis 1999 et fut reconnu cheval national du Canada en 2002. Après la balade, nous vous expliquerons les caractéristiques de sa race et les principaux faits marquant son histoire.

Services: Salle d'accueil de 50 à 150 personnes, stationnement pour voitures et autobus, toilettes publiques dans la cabane, sentiers pédestres dans l'érablière de 50 arpents, terrain de balle et balançoires, terrain avec gazon et très ombragé, tables de pique-nique, chevaux en pâturage et petits animaux, antiquités et accessoires agricoles, vente de sirop et produits d'érable.

St-Valentin
Les Fraises Louis-Hébert

Relais du Terroir *certifié*

Robert Hébert et Dominique Larouche Hébert
978, chemin 4e Ligne
Saint-Valentin, J0J 2E0

Tél. (450) 291-3004
Fax (450) 291-3372
www.levalentin.com
fraiseslhebert@netc.net

Aut. 15 sud, sortie 21, rte 221 à gauche. Après Napierville, 6 km, 4e Ligne St-Valentin à gauche. Ou rte 223 dir. St-Paul, après l'église, 4e Ligne à droite.

IT MC VS

Ouvert: mi-juin à mi-sept 7jrs de 8h à 20h. Samedi 10h à 16h. Spécial sur réservation.

AV Certifié: 2007

Pionnier de l'autocueillette au Québec, les Fraises Louis-Hébert possèdent une grande expertise dans la culture des petits fruits. Depuis les 15 dernières années, le volet transformation (tartes, confitures, gelée, coulis) a pris une plus grande importance. La production de boissons alcooliques s'est jointe à notre gamme de produits en 2001.

Produits: Fruits frais: fraises, framboises et bleuets en saison. Produits dérivés: tartes, «pets de soeurs», «trottoirs», confitures, gelées, confit d'oignons au Valentin, saucisses de canard au Valentin. Mistelle de fraise et framboise (Le Valentin) en 3 formats (375, 250 et 50 ml). Vin de fraise et framboise (Le Louis Hébert) en 2 formats (750 et 375 ml). Sangria à base de Valentin.

Emballages cadeaux (coupes en cristal, snobinettes de chocolat noir, bouteilles au choix) présentés dans un seau à glace.

Activités: Cueillette de fruits. Visite des installations. Dégustation de produits alcoolisés. Balade en voiture à cheval. Pique-nique.

Services: Dégustation. Visites libres. Visites guidées tarifiées (sur réservation). Balade en carriole. Auto-cueillette. Emballages cadeaux, cadeaux corporatifs. Boutique. Réservation de groupe. Aire de pique-nique. Grande terrasse.

Aux alentours: Fort Lennox. Pistes cyclables, vignobles. Festival montgolfières de St-Jean-sur-Richelieu.

Ste-Hélène
Érablière l'Autre Versan

Relais du Terroir *certifié*

Hélène Belley et Stéphan Roy
350, 4e Rang
Sainte-Hélène, J0H 1M0

Tél. (450) 791-2616 (450) 261-6271
Fax (450) 791-2282
www.agricotours.qc.ca/erabliere_autre_versan

Aut. 20 est, sortie 152, Ste-Hélène. À l'intersection à gauche, 2 km, 4e rang à droite, 3 km. 20 km de St-Hyacinthe, 20 km de Drummondville, 50 km de Montréal.

IT
Ouvert: à l'année

Certifié: 2002

À Ste-Hélène-de-Bagot, près de St-Hyacinthe, niche une petite cabane des plus charmantes. Ouverte en 2001, l'Autre Versan est probablement la plus jeune des cabanes au Québec. À votre visite, vous serez accueilli par des gens exceptionnels et passionnés de vous faire découvrir leur coup de coeur.

Produits: Notre boutique se retrouve à même nos installations acéricoles et est ouverte à l'année. Elle vous suggère des produits traditionnels comme : sirop, beurre, sucre, bonbon...

Une chocolaterie artisanal, des gelées de piment, des confits d'oignons, des confitures, des ketchups aux fruits, des compotes... tous préparés avec la matière de base: le sirop d'érable. Pour toute occasion, nous pouvons vous préparer des emballages-cadeaux.

Activités: Petit centre d'interprétation de l'érable, notre salle peut recevoir 50 personnes pour des dégustations de repas de cabane à sucre typique et familial, le tout entièrement fait maison. Des promenades en forêt, à pied, à cheval et où la chaudière est reine.

Services: Nous vous offrons des visites guidées ou libre. Cueillette de l'eau d'érable en saison. Produits d'érable en emballages-cadeaux pour toutes occasions. Certificats-cadeaux disponibles.

Aux alentours: théâtre d'été, golf, équitation, promenade à la ferme.

Montréal (région)

Un riche bouillon de cultures!

Aux quatre coins de l'île de Montréal, vous trouverez des trésors captivants d'histoire et de culture, une pléiade d'attraits et d'activités avec pour toile de fond une vie de quartier festive, multiculturelle et gourmande. Montréal fait partie de ces grandes villes uniques où il fait bon vivre.

Perméable aux influences françaises et américaines, principal foyer de la culture québécoise et terre d'accueil de peuples provenant de tous les horizons, Montréal est un formidable carrefour culturel de réputation internationale. Résolument ouverte sur le monde et moderne, elle est surtout d'une originalité attachante.

Son centre-ville, ses quartiers latin, chinois et de la Petite-Italie, son village gai, son Plateau Mont-Royal et l'agréable Vieux-Montréal au cachet européen sont autant de circuits qu'il vous faut explorer. Vous découvrirez une grande métropole à une architecture de style française et anglaise côtoyant les tout premiers gratte-ciel du Canada... Portez votre regard sur ses beaux escaliers, ses corniches et ses balcons… et, surtout, osez contourner ses rues pour pénétrer ses ruelles: les véritables témoins de la joie de vivre des Montréalais.

Chacune des saisons offrant son lot de surprises, il sera impossible de vous ennuyer sur cette île. Vous vous y éclaterez le jour comme la nuit, sans oublier tous ses festivals. Les Montréalais adorent prendre possession de leurs rues, le temps que dure d'aussi prestigieux événements que le Festival International de Jazz, le Festival Juste pour rire et le concours international d'art pyrotechnique. Et le magasinage? Vous serez choyé: un nombre incroyable de boutiques et de commerces s'étale même dans la ville souterraine de Montréal, reliée par des lignes de métro!

Enfin, si vous avez besoin d'une bouffée d'air frais et de relaxation, vous pourrez être surpris d'apprendre que cette île compte plus 700 parcs et espaces verts! Bref, au gré de vos envies, vous pourrez déterminer vos propres circuits. De quoi vous séduire!

Patrick Escudero

Saveurs régionales

La gastronomie de Montréal, de réputation internationale, réunit toutes les saveurs du Québec. On dit que l'on mange mieux à Montréal que partout ailleurs en Amérique du Nord. Ses restaurants de fine gastronomie et ses bistros façonnent de façon magistrale les produits du terroir québécois. Et, plus que nulle part ailleurs, Montréal est l'endroit où vous pourrez déguster des mets de tous les pays du monde, ou presque!

Certains lieux de restauration sont incontournables pour leur cachet typiquement montréalais. C'est le boulevard Saint-Laurent qui a vu naître le célèbre *smoked meat* de Montréal dont la réputation a traversé nos frontières.

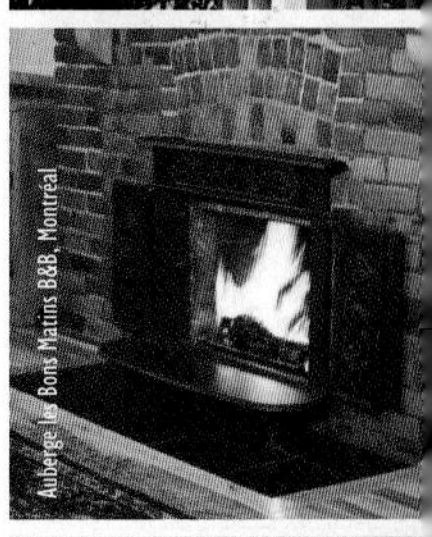
Auberge les Bons Matins B&B, Montréal

Inmagine

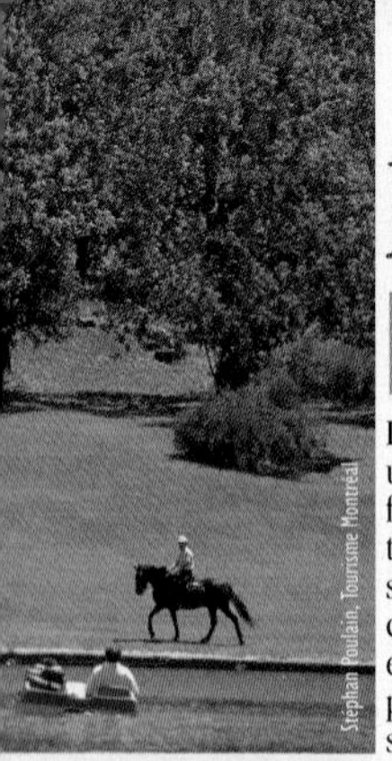
Stephan Poulain, Tourisme Montréal

Montréal (région)

Le saviez-vous?

Lorsque Jacques Cartier gravit le mont Royal en 1535, se doutait-t-il qu'il deviendrait un lieu naturel exceptionnel pour les Montréalais en 1876? Le projet d'y créer un parc fut mis de l'avant en réponse aux pressions des résidants des environs qui voyaient leur terrain de jeu favori déboisé par divers exploitants de bois de chauffage. En réponse au scepticisme de certains opposants au projet qui prétendaient la montagne inaccessible, le colonel Stevenson fit l'ascension par deux fois du mont Royal avec du matériel d'artillerie et tira de son sommet des coups de canon! Avec éclat, c'est le moins qu'on puisse dire, la preuve fut faite de son accessibilité. Les travaux et les expropriations coûtèrent 1M$, une somme colossale pour l'époque.

Patrick Escudero

Clin d'œil sur l'histoire

En parcourant à pied ou à vélo les berges du canal de Lachine (creusé il y a plus d'un siècle pour contourner les rapides et permettre le transport de marchandises par cargo), vous ne soupçonnerez pas que cette agréable région fut le cœur du développement industriel et économique de Montréal et du Canada. Au tournant du siècle, des milliers d'hommes, de femmes et même d'enfants y travaillaient dans des conditions déplorables, vivant dans de petits logements exigus et insalubres. Dans le but de freiner les maladies et les épidémies liées à cette urbanisation effrénée, des bains publics ont fait leur apparition dans les quartiers défavorisés pauvres en structures appropriées.

Patrick Escudero

Quoi voir? Quoi faire?

L'île de Montréal c'est une multitude de choses à faire et à voir, en voici quelques suggestions:

Centre-ville: le Musée des beaux-arts, le Musée d'art contemporain et le Musée McCord.

La Ronde (île Sainte-Hélène) et le Casino de Montréal (île Notre-Dame).

Le lieu historique national du Canada du Canal-de-Lachine.

Sur le mont Royal: la basilique de l'Oratoire Saint-Joseph et le cimetière Notre-Dame-des-Neiges: partez à la recherche de la pierre tombale d'Émile Nelligan, grand poète québécois.

Vieux-Port: randonnée, vélo, patin à roues alignées, patinoire extérieure en hiver, cinéma Imax, excursion nautique, Centre des sciences.

Vieux-Montréal: basilique Notre-Dame, Marché Bonsecours, Musées Marguerite-Bourgeoys et Pointe-à-Callières, lieu historique national du Canada de Sir-George-Étienne-Cartier.

Hochelaga-Maisonneuve : Jardin botanique, Biodôme, Insectarium de Montréal, Stade olympique.

Pour les amateurs de sport, le Canadien de Montréal, la Formule 1, les Alouettes de Montréal et plusieurs autres.

Philippe Renault

Faites le plein de nature

Le parc du Mont-Royal et belvédère qui surplombe la ville. Randonnée l'été et patinoire en hiver.

Parcs-nature : de la Pointe-aux-Prairies (randonnée pédestre), et de Île-de-la-Visitation (pour les amateurs d'histoire).

Le parc Jean-Drapeau (îles Sainte-Hélène et Notre-Dame), mosaïque d'eau et de verdure. Sentier pédestre, vélo, plage.

L'Arboretum Morgan, à quelques minutes du centre-ville: un vaste réseau de sentiers.

Parcs-nature dans l'ouest de l'île : Cap Saint-Jacques (plage), Anse-à-l'Orme (voile), Bois-de-l'Île-Bizard (marche, ski de fond) et Bois-de-Liesse (vélo, marche).

Le parc La Fontaine, un merveilleux lieu de nature. Pédalo en été et patinoire en hiver.

Envie de vélo? La piste cyclable des berges du canal de Lachine. Plusieurs autres circuits sillonnent la ville.

Pour plus d'information sur la région de Montréal : 1-877-266-5687
www.tourisme-montreal.org

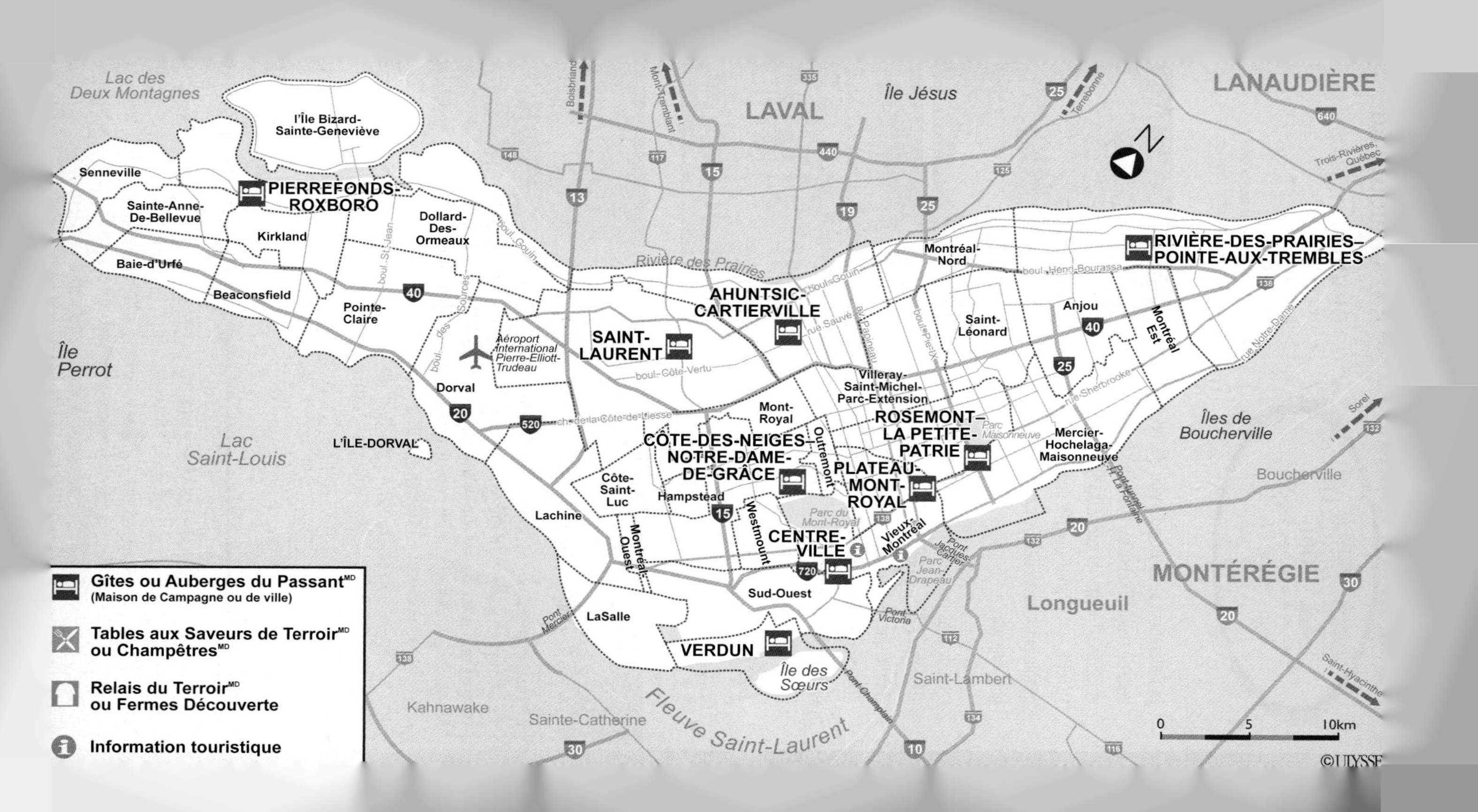
LANAUDIÈRE
LAVAL
Île Jésus
Lac des Deux Montagnes
l'Île Bizard-Sainte-Geneviève
Senneville
Sainte-Anne-De-Bellevue
PIERREFONDS-ROXBORO
Kirkland
Dollard-Des-Ormeaux
Baie-d'Urfé
Beaconsfield
Pointe-Claire
Île Perrot
Aéroport International Pierre-Elliott-Trudeau
Dorval
Lac Saint-Louis
L'ÎLE-DORVAL
SAINT-LAURENT
AHUNTSIC-CARTIERVILLE
Rivière des Prairies
Montréal-Nord
RIVIÈRE-DES-PRAIRIES–POINTE-AUX-TREMBLES
Saint-Léonard
Anjou
Montréal Est
Villeray-Saint-Michel-Parc-Extension
ROSEMONT–LA PETITE-PATRIE
Parc Maisonneuve
Mercier-Hochelaga-Maisonneuve
Mont-Royal
Outremont
CÔTE-DES-NEIGES–NOTRE-DAME-DE-GRÂCE
PLATEAU-MONT-ROYAL
Côte-Saint-Luc
Hampstead
Westmount
Parc du Mont-Royal
CENTRE-VILLE
Vieux-Montréal
Lachine
Montréal-Ouest
Sud-Ouest
LaSalle
VERDUN
Île des Sœurs
Fleuve Saint-Laurent
Kahnawake
Sainte-Catherine
Saint-Lambert
Longueuil
MONTÉRÉGIE
Îles de Boucherville
Boucherville
Pont Mercier
Pont Champlain
Pont Victoria
Pont Jacques-Cartier
Parc Jean-Drapeau
Pont-tunnel H. La Fontaine
boul. Gouin
boul. St-Jean
boul. des Sources
boul. Côte-Vertu
ch. de la Côte-de-Liesse
rue Sauvé
av. Papineau
boul. Pie-IX
boul. Henri-Bourassa
rue Sherbrooke
rue Notre-Dame
Boisbriand
Mont-Tremblant
Terrebonne
Trois-Rivières, Québec
Sorel
Saint-Hyacinthe
0 5 10km
Gîtes ou Auberges du Passant[MD] (Maison de Campagne ou de ville)
Tables aux Saveurs de Terroir[MD] ou Champêtres[MD]
Relais du Terroir[MD] ou Fermes Découverte
Information touristique
©ULYSSE

Montréal

Aux couleurs du monde

3454, rue Oxford
H4A 2Y1
(514) 487-6179
info@auxcouleursdumonde.com
www.auxcouleursdumonde.com
P. 264.

La Fédération des Agricotours du Québec* est fière de rendre hommage aux hôtes Janine Dalaire et Jacques Landry, du gîte AUX COULEURS DU MONDE, qui se sont illustrés de façon remarquable par leur accueil de tous les jours envers leur clientèle.

C'est dans le cadre des Prix de l'Excellence 2006 que les propriétaires de cet établissement, certifié Gîte du Passant^MD depuis 2005, se sont vu décerner le « Coup de Cœur du Public régional » de la région de Montréal.

Félicitations !

**La Fédération des Agricotours du Québec est propriétaire des marques de certification : Gîte du Passant^MD, Auberge du Passant^MD, Maison de Campagne ou de Ville, Table Champêtre^MD, Relais du Terroir^MD et Ferme Découverte.*

Merci au nom des lauréats!

Chaque année, les fiches d'appréciation permettent de décerner le Prix de l'Excellence, dans la catégorie « Coup de Cœur du Public », aux établissements qui se sont démarqués de façon remarquable par leur accueil. En remplissant une fiche d'appréciation, vous contribuez non seulement à maintenir la qualité constante des services offerts, mais également à rendre hommage à tous ces hôtes.

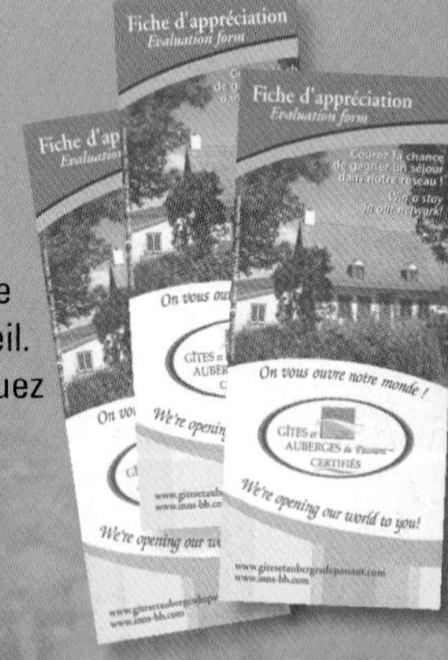

COUREZ LA CHANCE DE GAGNER UN SÉJOUR !

Chacune des fiches d'appréciation , vous donne la chance de gagner un séjour de 2 nuits pour 2 personnes dans un « Gîte ou une Auberge du Passant^MD » de votre choix. La fiche d'appréciation est disponible dans tous les établissements certifiés et sur Internet :
www.gitesetaubergesdupassant.com

Au coeur du Plateau... face au Parc
Auberge de La Fontaine
1301
Auberge de La Fontaine
Hôtel de Charme
1301, rue Rachel Est, Montréal
Tél. : 514 597-0166
Sans frais : 1 800 597-0597
www.aubergedelafontaine.com

Carole's Purrfect BnB
CAROLE'S PURRFECT B&B
ATTESTATION DE CLASSIFICATION GÎTES
Québec
Montréal (514) 486-3995
www.purrfectbnb.com

2002
PRIX EXCELLENCE
(514) 696-2450
www.maisonjacques.qc.ca

Maison Lambert Ducharme
Où se côtoient accueil et confort
Boucherville
450 449-2722
www.maison-lambert-ducharme.qc.ca

Montréal, Ahuntsic
À la Belle Vie ☼☼☼

Gîte du Passant *certifié*

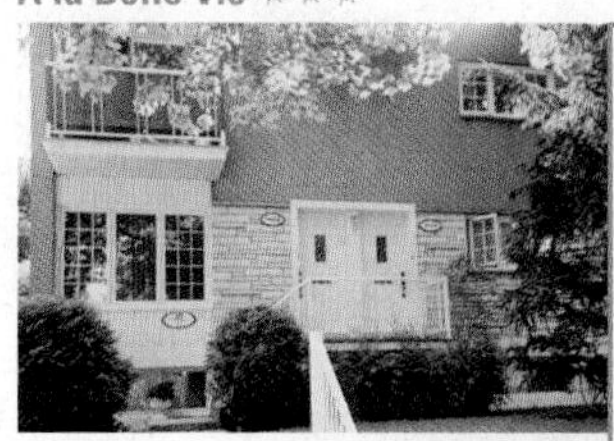

Mme Lorraine et M. Camille Grondin
1408, rue Jacques-Lemaistre
Montréal H2M 2C1
Tél. (514) 381-5778
Fax (514) 381-3966
www.giteetaubergedupassant.com/bellevie
alabellevie@hotmail.com

De l'aéroport P.E. Trudeau de Dorval, rte 520 E. dir. aut. 40 E., sortie 73, Christophe Colomb N., 1 km, Legendre à droite, 0,2 km, André-Grasset à gauche, 1re rue à droite.

Situé dans un quartier résidentiel, sur rue boisée et paisible, nous offrons un accueil chaleureux, une ambiance familiale et un copieux petit-déjeuner varié servi sur la terrasse lorsque possible. Stationnement facile et gratuit, terrasse fleurie, près des services (0,1 km). Proximité des autobus, du métro Crémazie, voie rapide aut. 40.

Aux alentours: piste cyclable, Centre sportif Claude-Robillard, parc Île-de-la-Visitation, église érigée 1751.
Chambres: bien éclairées, confortables, TV, une avec lavabo, lit double ou queen. **2 ch. S. de bain partagée(s).**
Ouvert: 15 janvier au 15 décembre.
2 pers: B&B 75-80$ **1 pers B&B** 60$
Réduction: hors saison.

A 🚭 **AV** **Certifié: 1994**

Montréal, Ahuntsic
Le Clos des Épinettes ☼☼☼☼

Gîte du Passant *certifié*

Diane Teolis et Léo Lavergne
10358, rue Parthenais, app. 1
Montréal H2B 2L7
Tél. (514) 382-0737
www.giteetaubergedupassant.com/closdesepinettes
leclosdesepinettes@sympatico.ca

De l'aéroport Trudeau, rte 520 E., aut. 40 E., sortie 73 Papineau N., 3 km, Prieur à dr., au 3e arrêt Parthenais à dr. À 0,6 km à l'est de Papineau. Près de Henri-Bourassa.

Notre accueil chaleureux, nos «tuyaux» montréalais et nos petits-déj. santé bio et variés vous combleront. Avec une entrée et un stationnement privés, ainsi qu'un frigo et micro-ondes dans une salle attenante, vous profiterez d'un excellent rapport qualité/prix. Relaxez au jardin, café, thé et tisanes à votre disposition. Autres surprises...

Aux alentours: quartier calme, près des services et restos, Route verte, Parc riverain.
Chambres: grandes, ensoleillées, lits double et simple confortables. **1 ch. S. de bain privée(s).**
Ouvert: à l'année.
2 pers: B&B 90$ **1 pers B&B** 75$
Enfant (12 ans et –): B&B 5-10$
Réduction: long séjour.

A 🚭 **AV** **Certifié: 1999**

Montréal, Centre-Ville
À l'Adresse du Centre-Ville ☼☼☼

Gîte du Passant *certifié*

Nathalie Messier et Robert Groleau
1673, rue Saint-Christophe
Montréal H2L 3W7
Tél. (514) 528-9516 1-800-528-9516
www.aladresseducentreville.com
info@aladresseducentreville.com

Métro Berri-UQAM, sortie Place Dupuis. De l'aut. 720, sortie Berri, Ontario à dr., St-André à dr., Maisonneuve à dr., St-Christophe à dr. Du terminus, 1 rue à l'est.

Selon un guide français reconnu, «le meilleur gîte au Québec» situé sur une petite rue calme et colorée du centre-ville. Depuis 18 ans, nous offrons toujours le même accueil chaleureux, celui de gens passionnés de leur métier. Profitez de nos conseils. Maison de 1885 offrant déj. gastronomiques, comptoir café, thé, salon, terrasse.

Aux alentours: métro/bus station centrale, Vieux-Montréal, quartier latin, Plateau Mont-Royal, festivals jazz/film.
Chambres: certaines munies d'un lit queen, TV, climatisation, Internet sans fil. **5 ch. S. de bain privée(s) ou partagée(s).**
Ouvert: à l'année.
2 pers: B&B 90-125$ **1 pers B&B** 85-120$
Taxes en sus. AM IT MC VS
Réduction: hors saison et long séjour.

A 🚭 @ **AV** AC **Certifié: 1989**

PETITE AUBERGE
LES BONS MATINS
Bed & Breakfast
ATTESTATION DE CLASSIFICATION GÎTES
LAURÉAT RÉGIONAL
LES GRANDS PRIX DU TOURISME QUÉBÉCOIS 2004
Tourisme Québec
Auberge de charme au cœur du centre-ville de Montréal
Chambres et suites romantiques. Salle de réunion pour 10 personnes.
1401, avenue Argyle, Montréal (Québec) H3G 1V5
(514) 931-9167 ou 1 800 588-5280
www.Bonsmatins.com

Montréal, Centre-Ville

Auberge les Bons Matins B&B ☼☼☼☼

Gîte du Passant *certifié*

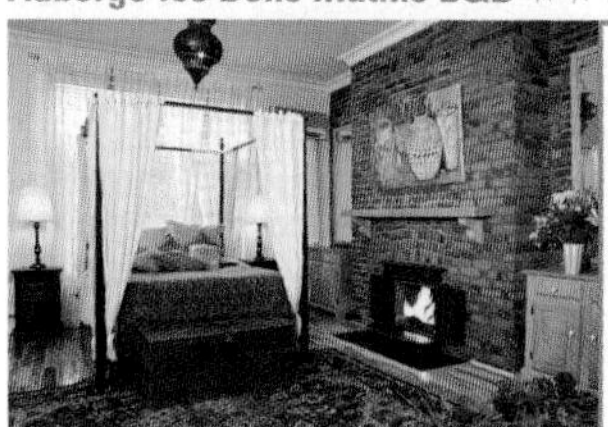

Lauréat régional des Grands Prix du tourisme québécois en 2004. Sise dans une magnifique demeure du siècle dernier, notre petite auberge vous offre ce qu'il y a de mieux en termes d'accueil, de confort et de services. Un petit-déjeuner gargantuesque, où l'accent est mis sur la fraîcheur, vous sera servi dans notre salle à manger ensoleillée. P. 260.

Aux alentours: un bout de rue paisible au coeur du centre-ville, musées, restaurants et grands magasins à deux pas.
Chambres: décor ensoleillé et coloré, oeuvres d'art et mobilier d'époque. **5 ch. S. de bain privée(s)**
Forfaits: croisière, romantique, autres.
Ouvert: à l'année.
2 pers: B&B 119-179$
Taxes en sus. AM ER IT MC VS
Réduction: hors saison.

A AV AC **Certifié: 1993**

Les Frères Côtés
1401, av. Argyle
Montréal H3G 1V5
Tél. (514) 931-9167 1-800-588-5280
Fax (514) 931-1621
www.bonsmatins.com
info@bonsmatins.com

Aut. Ville-Marie 720 est sortie Guy. 1er feu René-Lévesque à droite, 2e feu Guy dir. sud à droite, 1re rue av. Argyle à gauche, après Hotel Days Inn. Métro Lucien-Lallier.

Montréal, Centre-Ville

Gîte touristique Le Saint-André-des-Arts ☼☼☼

Gîte du Passant *certifié*

La clé de votre séjour montréalais... Tous les services du centre-ville sur une rue résidentielle tranquille. Maison patrimoniale de 1883 face à un parc. Vous vous y sentirez rapidement chez vous. Grand appartement luxueux réservé aux clients avec entrée privée. Stat. sur rue. Cuisine, salon, TV, 2 s. de b. partagées, salle de lavage, terrasses.

Aux alentours: Vieux-Montréal, Vieux-Port, Quartier Latin, festivals, parcs, musées, spectacles, cinés, restos...
Chambres: spacieuses, lits de qualité, sèche-cheveux, réveil-matin. **5 ch. S. de bain partagée(s).**
Ouvert: à l'année.
2 pers: B&B 90-105$ **1 pers B&B** 60-85$
Enfant (12 ans et –): B&B 5-10$
Taxes en sus. MC VS
Réduction: hors saison et long séjour.

A @ **Certifié: 2004**

Johanne Lacasse et Robert Derome
1654, rue Saint-André
Montréal H2L 3T6
Tél. (514) 527-7118 1-866-527-7118
www.saintandredesarts.com
lacasse.johanne@saintandredesarts.com

De l'aéroport, aérobus vers métro Berri et terminus (2 min à pied). Auto, 3 rues à l'est de Berri, sens unique vers le sud de Sherbrooke ou Ontario, entre Robin et Maisonneuve.

Montréal, Centre-Ville

Gizella B&B ☼☼☼☼

Gîte du Passant *certifié*

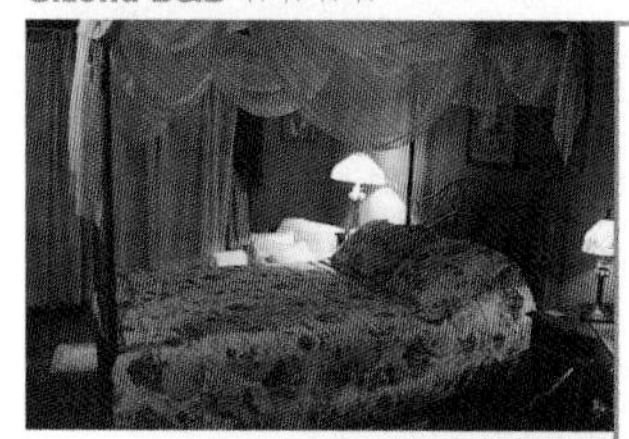

À quelques maisons du parc historique «Carré-St-Louis» se trouve le gîte Gizella, une magnifique maison restaurée, construite en 1887. Situé tout près de nombreux sites touristiques, ce gîte de haute qualité offre le charme du temps passé et le confort d'aujourd'hui.

Aux alentours: à quelques pas de la rue Prince-Arthur reconnue pour ses restaurants «Apportez votre vin».
Chambres: non-fumeur, téléphone, téléviseur et accès Internet. **3 ch. S. de bain privée(s).**
Ouvert: à l'année.
2 pers: B&B 145$
Taxes en sus.
Réduction: hors saison.

A AV **Certifié: 2005**

Gizella Bakonyi
3712, rue Laval
Montréal H2X 3C9
Tél. (514) 849-4702 (514) 214-1842
www.gizella.info
gizella@crismi.ca

De Dorval, aut. 20 E., rte 720 E., sortie boul. St-Laurent N., 1 km, av. des Pins à droite, av. Laval à droite. Métro Sherbrooke, sortie ITHQ, à gauche, traverser le parc.

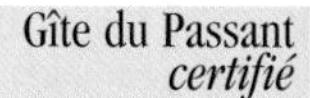

Montréal, Centre-Ville
La Claire Fontaine ☼☼☼

Gîte du Passant
certifié

Philippe Arpoulet
1652, rue La Fontaine
Montréal H2L 1V2
Tél. (514) 528-9862
www.laclairefontaine.com
info@laclairefontaine.com

A 2 min de marche du métro Papineau. Gîte situé à l'entrée du pont Jacques-Cartier, au coin de Champlain et la Fontaine.

Ouvert à l'année, venez vous détendre dans la chaleureuse ambiance de notre bed & breakfast au décor chaleureux ou dans notre spacieux jardin fleuri. Vous apprécierez la tranquillité du gîte où le quartier y est paisible, tout en étant au cœur de l'action du centre-ville de Montréal.

Aux alentours: à proximité de tous les attraits touristiques, Vieux-Montréal, Palais des congrès.
Chambres: toutes ont un lit queen et un accès Internet. **5 ch. S. de bain partagée(s).**
Ouvert: à l'année.
2 pers: B&B 75-95$
Taxes en sus. MC VS
Réduction: hors saison et long séjour.

A ⊘ **AV** **Certifié: 2005**

Montréal, Centre-Ville
Le Petit Prince ☼☼☼☼

Gîte du Passant
certifié

Roberto Londei
1384, rue Overdale
Montréal H3G 1V3
Tél. (514) 938-2277 1-877-938-9750
www.montrealbandb.com
info@montrealbandb.com

Aut. 720, sortie 3 rue Guy, boul. René-Lévesque à droite, 3e feu, rue Mackay qui devient av. Overdale à droite.

Situé à quelques minutes de tout ce que Montréal peut vous offrir. Le Petit Prince vous offre un service personnalisé de qualité supérieure. Chacune de nos 5 ch. possède un cachet qui lui est propre. Le voyageur y retrouve tout le confort de la maison. Chaque matin, notre chef vous préparera un petit-déj. complet à partir de produits locaux.

Aux alentours: situé sur une rue paisible, à deux pas du métro Lucien-L'Allier, musées, shopping et restaurants.
Chambres: romantiques. Lit queen, bain tourbillon ou douche et foyer dans certaines. **5 ch. S. de bain privée(s).**
Ouvert: à l'année.
2 pers: B&B 150-400$ **1 pers B&B** 150-400$
AM IT MC VS

A ⊘ @ AC **Certifié: 2006**

Montréal, Le Plateau Mont-Royal
Auberge de la Fontaine ★★★

Auberge du Passant
certifiée

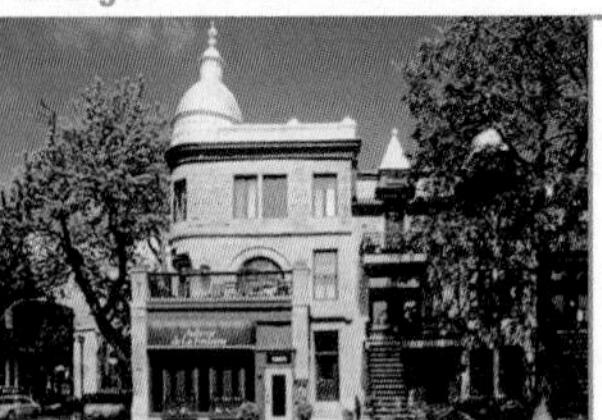

Jean Lamothe
130, rue Rachel Est
Montréal H2J 2K1
Tél. (514) 597-0166 1-800-597-0597
Fax (514) 597-0496
www.aubergedelafontaine.com
mcmcduff@aubergedelafontaine.com

Pont Jacques Cartier, gardez votre gauche, avenue de Lorimier, rue Rachel à gauche.

L'Auberge de La Fontaine, «Hôtel de Charme», est reconnue pour son décor tout en raffinement et son accueil chaleureux. À l'auberge, notre plus grand désir est de vous offrir ce qu'il y a de mieux en termes de confort et de services. Venez apprécier un séjour douillet en plein coeur de Montréal, face au parc Lafontaine. **Certifié «Bienvenue cyclistes!MD».** P. 257.

Chambres: 21 chambres aux couleurs très chatoyantes. **21 ch. S. de bain privée(s)**
Forfaits: gastronomie, romantique, vélo.
Ouvert: à l'année.
2 pers: B&B 119-360$ **1 pers B&B** 99-340$
Enfant (12 ans et –): B&B 0$
Taxes en sus. IT MC VS
Réduction: hors saison.

A @ **AV** AC **Certifié: 2007**

Montréal, Le Plateau Mont-Royal

Aux Portes de la Nuit ✻✻✻✻

Gîte du Passant *certifié*

Olivia Durand
3496, av. Laval
Montréal H2X 3C8
Tél. (514) 848-0833
Fax (514) 848-9023
www.auxportesdelanuit.com
auxportesdelanuit@videotron.ca

Rue Sherbrooke dir. est, rue St-Denis à gauche, av. des Pins à gauche, av. Laval à gauche. Ou rue St-Denis dir. sud, av. des Pins à droite, av. Laval à gauche.

Niché dans une superbe maison du siècle dernier, sur l'une des rues les plus pittoresques de Montréal, le gîte est «un havre de paix dans une mer d'activités». Le petit-déjeuner artistique et savoureux vous émerveillera. Venir au gîte signifie s'imprégner de la vie montréalaise auprès d'une hôtesse qui sait partager sa passion pour la ville. **Certifié «Bienvenue cyclistes!MD».**

Aux alentours: en face du carré St-Louis. Distance à pied de presque toutes les attractions. Localisation idéale.
Chambres: cachet d'époque et vue splendide, ambiance mémorable. **5 ch. S. de bain privée(s).**
Ouvert: à l'année.
2 pers: B&B 110-135$ **1 pers B&B** 110-135$
Enfant (12 ans et –): B&B 15$
Taxes en sus. AM IT MC VS
Réduction: hors saison et long séjour.

A @ AC **Certifié: 1993**

Montréal, Le Plateau Mont-Royal

Azur ✻✻✻

Gîte du Passant *certifié*

Caroline Misserey
1892, rue Gauthier
Montréal H2K 1A3
Tél. (514) 529-6364
Fax (514) 529-0860
www.bbazur.com
informationsbbazur@yahoo.com

Métro Sherbrooke: bus 24 E. Aut. 20 et 720: sortie Papineau/ De Lorimier, Gauthier à gauche. Aut. 40 O.: sortie Papineau, Rachel à gauche, Bordeaux à droite, Gauthier à droite.

Un Gîte du Passant des plus sympathiques, au centre-ville, au coeur du fameux plateau Mont-Royal. Ambiance colorée, chaleureuse et détendue. Petits-déjeuners santé, savoureux, copieux et raffinés. Massothérapie disponible sur place. Conseils pour vos sorties. Stationnement facile et gratuit. Accès Internet illimité. Au plaisir de vous accueillir!

Aux alentours: centre-ville (le Plateau), restos, boutiques, pistes cyclables, parc Lafontaine, festivals, etc.
Chambres: confortables et attrayantes, lits double, queen, king. **3 ch. S. de bain partagée(s)**
Forfaits: détente & santé, autres.
Ouvert: à l'année.
2 pers: B&B 80-110$ **1 pers B&B** 65-90$

A @ **AV** **Certifié: 2001**

Montréal, Le Plateau Mont-Royal

Gîte la Cinquième Saison ✻✻✻

Gîte du Passant *certifié*

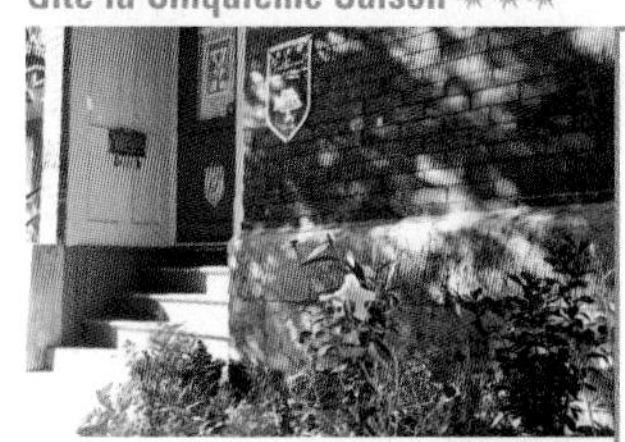

Jean-Yves Goupil
4396, rue Boyer
Montréal H2J 3E1
Tél. (514) 522-6439
Fax (514) 522-6192
www.cinquiemesaison.net
gite@cinquiemesaison.net

Du pont Jacques-Cartier, rue De Lorimier, rue Sherbrooke à gauche, rue Émile-Duployé à droite, rue Rachel à gauche, rue Boyer à droite. Métro Mont-Royal, sortie à droite.

Coup de Coeur du Public régional 2000 et 2004. Bercée par les arbres qui bordent la rue tranquille, à deux pas de l'animation de l'avenue du Mont-Royal, la Cinquième Saison offre une douce atmosphère de temps suspendu pour goûter pleinement un séjour douillet et savourer les copieux petits-déjeuners du matin. Hôte chaleureux et attentionné.

Aux alentours: à deux pas des boutiques et restos, à 5 min du métro, à proximité des attraits et festivals.
Chambres: reflètent la douceur, le charme et les couleurs des saisons. **4 ch. S. de bain partagée(s).**
Ouvert: fermé en décembre.
2 pers: B&B 95-105$ **1 pers B&B** 85-95$
Enfant (12 ans et –): B&B 20$
Taxes en sus. IT MC VS
Réduction: long séjour.

@ **AV** **Certifié: 1997**

Montréal, Le Plateau Mont-Royal

Pierre et Dominique ☼☼☼

Gîte du Passant *certifié*

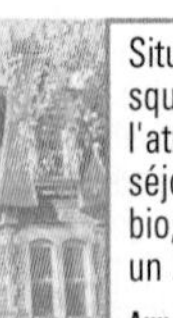

Dominique Bousquet et Pierre Bilodeau
271, Carré Saint-Louis
Montréal H2X 1A3
Tél. (514) 286-0307
www.giteetaubergedupassant.com/pierreetdominique/
pierdom@sympatico.ca

De l'aéroport, aut. 20 est, 720 est, sortie boul. St-Laurent, 1 km, av. Des Pins à droite, av. Laval à droite, carré St-Louis à gauche.

Situés au centre-ville, en face du célèbre et très couru square Saint-Louis, nous sommes près de tout. Chez nous, l'atmosphère familiale accueille le voyageur de court ou long séjour. Le matin, nous servons un petit-déjeuner gourmand et bio, un expresso inoubliable et des conversations animées... un bon départ pour une journée bien remplie!

Aux alentours: restos, boutiques, théâtres, métro, festivals, vélo, universités, activités touristiques, etc.
Chambres: sur 2 étages, 2 avec lavabo, lit simple, double ou queen, tranquille. **5 ch. S. de bain partagée(s).**
Ouvert: à l'année.
2 pers: B&B 90-110$ **1 pers B&B** 60-90$
Taxes en sus.
Réduction: long séjour.

A ⊘ @ **AV** **Certifié: 1996**

Montréal, Notre-Dame-de-Grâce

Aux couleurs du monde ☼☼☼

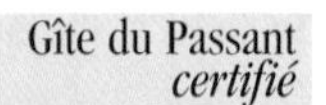

Gîte du Passant *certifié*

Janine Dalaire et Jacques Landry
3454, rue Oxford
Montréal H4A 2Y1
Tél. (514) 487-6179
www.auxcouleursdumonde.com
info@auxcouleursdumonde.com

À 20 km de l'aéroport P.E. Trudeau, dir. centre-ville, aut. 15 nord, sortie Sherbrooke. Station de métro Vendôme.

Coup de Coeur du Public régional 2006. En entrant dans notre chaleureuse maison, vous trouverez calme et détente. Le salon est à votre disposition pour lire, écouter de la musique, brancher votre portable ou simplement relaxer. La variété des plats du petit déj. permet à chacun de composer son menu selon ses goûts, son appétit et son humeur matinale. À 500 m. de la piste cyclable. P. 256.

Aux alentours: les attraits de Montréal : festivals, musées, spectacles, Vieux-Montréal, Mont-Royal, boutiques.
Chambres: lit double ou grand lit, décorées d'œuvres québécoises. **2 ch. S. de bain partagée(s).**
Ouvert: à l'année.
2 pers: B&B 85-95$ **1 pers B&B** 65-75$
Enfant (12 ans et –): B&B 20$
Taxes en sus.
Réduction: long séjour.

⊘ @ **Certifié: 2005**

Montréal, Notre-Dame-de-Grâce

Carole's Purrfect B&B ☼☼☼

Gîte du Passant *certifié*

Carole Irgo
3428, rue Addington
Montréal H4A 3G6
Tél. (514) 486-3995
www.purrfectbnb.com
purrfectbnb@webtv.net

Aut. 20, aut. 15, Décarie à droite, rue Côte St-Antoine à gauche, rue Addington à gauche. Aut. 40, aut. 15 sud, sortie Sherbrooke.

Maison construite en 1920 avec vitraux. Combinaison moderne et antiquités chinoises, objets d'art de 60 pays différents. Grand balcon avant avec fleurs, jardin et petit étang. P. 257.

Aux alentours: festival de Jazz, feux d'artifice, festival du film, Jardin botanique
Chambres: lit queen ou double, air climatisé, machine à café et eau. 2 ch., 1 suite.
3 ch. S. de bain privée(s) ou partagée(s)
Forfaits: charme.
Ouvert: à l'année.
2 pers: B&B 90-140$
Enfant (12 ans et –): B&B 20$
MC VS
Réduction: long séjour.

A ⊘ **AV** AC **Certifié: 2005**

Montréal, Notre-Dame-de-Grâce
Le Kensington ☼☼☼☼

Gîte du Passant
certifié

Josée Lalonde et Reno Gabrielli
4660 rue Kensington
Montréal H4B 2W5
Tél. (514) 489-2027
www.lekensington.com
info@lekensington.com

Aut. 15, sortie 66 Côte-St-Luc/Queen-Mary Ouest, 3e feu, rue Somerled à gauche, rue Kensington à gauche.

Découvrez le majestueux charme du gîte «Le Kensington». Reconnu pour le raffinement de son service et la chaleur de son accueil. Chambres douillettes, salle à manger ensoleillée servant des petits-déjeuners gourmets. Facilité d'accès pour se rendre au centre-ville. «Le Kensington» est l'endroit idéal où séjourner!

Aux alentours: golf, piste cyclable, bibliothèque et piscine municipale, tennis, grand choix de restos et bistros.
Chambres: antiques et chaleureuses. Chambres doubles et quadruples. **2 ch. S. de bain privée(s).**
Ouvert: à l'année.
2 pers: B&B 95-125$ **1 pers B&B** 85-110$
Enfant (12 ans et –): B&B 15$
Taxes en sus. AM ER MC VS
Réduction: hors saison et long séjour.

A ⊘ @ AC **Certifié: 2006**

Montréal, Pierrefonds
Gîte Maison Jacques B&B ☼☼☼☼

Gîte du Passant
certifié

Micheline et Fernand Jacques
4444, rue Paiement
Montréal H9H 2S7
Tél. (514) 696-2450
Fax (514) 696-2564
www.maisonjacques.qc.ca
gite.maison.jacques@qc.aira.com

De l'aéroport, aut. 20 ouest, 7 km, sortie 50 nord, 7 km boul. St-Jean, boul. Pierrefonds à gauche, 1,4 km, rue Paiement à gauche.

Coup de Coeur du Public régional 2002. Vous vous sentirez chez vous ici à notre gîte qui a tout pour vous plaire: stationnement privé gratuit, air climatisé, piano, foyers, lits douillets, solarium, déjeuner gourmand et tranquillité. Situé à l'ouest de l'aéroport Trudeau, on y vient de Dorval ou du centre-ville en auto ou par autobus. P. 258.

Aux alentours: cégep Gérald-Godin, île Bizard, Centre Fairview, golf, piste cyclable, restaurants.
Chambres: meublées avec goût pour votre confort. **3 ch. S. de bain privée(s).**
Ouvert: 15 février au 5 décembre.
2 pers: B&B 78-87$ **1 pers B&B** 58-67$
Enfant (12 ans et –): B&B 3-13$
AM MC VS
Réduction: long séjour.

A ⊘ @ **AV** AC **Certifié: 1994**

Montréal, Pointe-aux-Trembles
La Victorienne ☼☼☼

Gîte du Passant
certifié

Aimée et Julien Roy
12560, rue Notre-Dame Est
Montréal H1B 2Z1
Tél. (514) 645-8328
Fax (514) 645-1633
www.giteetaubergedupassant.com/victorienne

De Trudeau, aut. 520 E., 40 E., sortie 87, Tricentenaire, Notre-Dame, 200 m à droite. Du tunnel L.H. Lafontaine, 1re sortie à dr, Hochelaga jusqu'au bout à dr, Notre-Dame à g.

Coup de Coeur du Public 1997. Dans l'ambiance familiale de notre maison victorienne datant de 1900, située sur le bord du fleuve St-Laurent, vous partagerez un petit-déj. copieux avec des gens de tous horizons. La piscine creusée et le jardin fleuri feront la joie des petits et des grands. Stationnement privé. À 25 min du centre-ville en voiture.

Aux alentours: golf, piste cyclable.
Chambres: amicales, familiales et sentimentales. **3 ch. S. de bain partagée(s).**
Ouvert: 1er mai au 15 octobre.
2 pers: B&B 65$
Enfant (12 ans et –): B&B 5-10$

A AV **Certifié: 1993**

Montréal, Rosemont

À la Carte B&B

Gîte du Passant *certifié*

Daniel Labrosse
5477, 10e Avenue
Montréal H1Y 2G9
Tél. (514) 593-4005 1-877-388-4005
Fax (514) 593-9997
www.alacartebnb.com
dlabrosse@alacartebnb.com

Aut. 40, sortie 75, boul. St-Michel sud, 3.5 km, rue Masson à droite, 10e Ave à droite.

Coup de Coeur du Public régional 2003. Que vous soyez un néophyte ou un assidu de la formule des gîtes et auberges pour vos déplacements, une chose est certaine vous serez impressionné et agréablement surpris par ce gîte urbain moderne où Daniel accueille tout le monde avec courtoisie et où tous se sentent bienvenus! Réservez maintenant, mentionnez ce site et obtenez un rabais.

Aux alentours: près du Jardin Botanique, du Plateau Mont-Royal, de la Petite-Italie et autres endroits d'intérêt.
Chambres: vous serez conquis par l'originalité et la chaleur des chambres. **2 ch. S. de bain privée(s).**
Ouvert: à l'année.
2 pers: B&B 125-135$ **1 pers B&B** 105-110$
Enfant (12 ans et –): B&B 25$
Taxes en sus. AM MC VS
Réduction: long séjour.

A AV AC **Certifié: 2002**

Montréal, Rosemont

Gîte le Petit Bonheur

Gîte du Passant *certifié*

Nicole Gauthier
6790, rue Lemay
Montréal H1T 2L9
Tél. (514) 256-3630 (514) 895-8792
http://bblepetitbonheur.iquebec.com
nicole027@videotron.ca

Aut. 40 est dir. Montréal, sortie 77 sud, boul. Lacordaire sud, 1 km, rue St-Zotique à droite, 3e rue, rue Lemay à droite.

Hébergement dans secteur résidentiel, ambiance calme et chaleureuse. Terrasse ensoleillée, où les petits-déjeuners copieux sont servis. Conseils pour vous aider à découvrir les meilleurs endroits touristiques du moment. Climatisation. Autobus et métro à proximité de la résidence, stationnement facile et gratuit en tout temps.

Aux alentours: Jardin botanique, Biodôme, Stade olympique, Insectarium.
Chambres: chambres avec lit double, plafond insonorisé, ventilateur. **2 ch. S. de bain partagée(s).**
Ouvert: à l'année.
2 pers: B&B 70-75$ **1 pers B&B** 50-60$
Enfant (12 ans et –): B&B 5-10$
Taxes en sus.
Réduction: hors saison et long séjour.

A @ AC **Certifié: 2007**

Montréal, Rosemont

Gîte-O-Lys

Gîte du Passant *certifié*

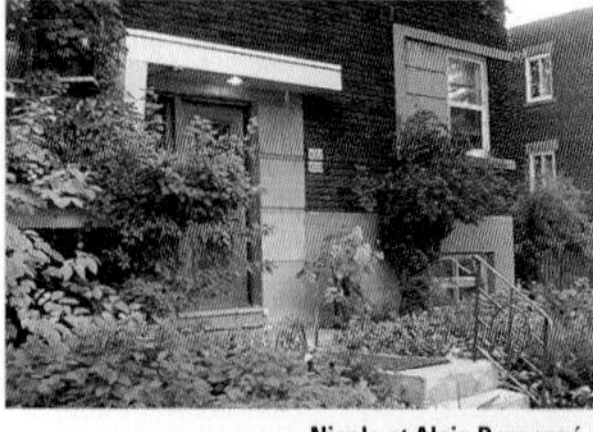

Nicole et Alain Desgagné
6300, rue Lemay
Montréal H1T 2L5
Tél. (514) 252-9900 (514) 527-8920 #4575
www.giteetaubergedupassant.com/gite_o_lys

Aut. 40, sortie rue Viau vers le sud, avenue Rosemont vers l'est, avenue Lemay.

Pour votre confort, une salle de bain privée et une cuisinette toute équipée. Idéal pour couple avec 1 enfant. Vous avez votre propre entrée pour plus d'intimité et l'accès à une cour de style «sous-bois». Dépaysement assuré... Stationnement. Enfin, une invitation: venez observer la propriétaire travailler l'écorce de bouleau et le lys orange.

Aux alentours: piste cyclable, Jardin botanique, métro, autobus, 15 min du Vieux-Montréal.
Chambres: lit queen et simple dans cuisinette. **1 ch. S. de bain privée(s)**
Forfaits: autres.
Ouvert: à l'année.
2 pers: B&B 75$ **1 pers B&B** 65$
Enfant (12 ans et –): B&B 10-20$
Réduction: long séjour.

Certifié: 2005

Montréal, Rosemont
Le Gîte Dézéry ☼☼☼☼

Gîte du Passant
certifié

Gilles Lord
3545, rue Dézéry
Montréal H1W 2S8
Tél. (514) 972-4654
Fax (514) 598-0246
www.gitedezery.com
gitedezery@videotron.ca

Aut. 40 ouest, sortie St-Michel sud. Aut. 20 est, sortie rue de Lorimier.

Notre gîte vous offre le confort et l'originalité de deux chambres pour 3 personnes: l'une de style japonais, l'autre de style art déco. Pour une occupation double, nous vous offrons cette fois-ci un style marocain ou champêtre. Tout pour vous plaire!

Aux alentours: parc Maisonneuve, Jardin botanique, Stade olympique, Musée Dufresne. Tout près d'une piste cyclable.
Chambres: air climatisé, TV câblée, lit queen et balcon. **4 ch. S. de bain privée(s).**
Ouvert: à l'année.
2 pers: B&B 115-130$ **1 pers B&B** 95-110$
MC VS

A @ AC **Certifié: 2006**

Montréal, Saint-Laurent
Studio Marhaba ★★

Maison de Ville
certifiée

Ammar Sassi
2265, rue Sigouin
Montréal H4R 1L6
Tél. / Fax (514) 335-7931 Tél. (514) 515-5655
http://pages.infinit.net/sassi/marhaba/index.htm
ammars@videotron.ca

Aut.40, sortie 67, Marcel-Laurin nord, environ 1,5 km. Lucien-Thimens à gauche. À l'arrêt, boul. Alexis-Nihon à gauche, rue Hufford à droite et rue Sigouin à gauche.

Voici un coquet 3½ situé au demi sous-sol d'une maison privée dans un quartier résidentiel et paisible de l'arrondissement Saint-Laurent au nord-ouest de Montréal. Pouvant accueillir jusqu'à 5 personnes, il est spacieux, soigneusement équipé et meublé. Son appellation "Marhaba" témoigne de l'accueil chaleureux réservé à tous nos clients.

Aux alentours: métro Côte-Vertu, centre commercial, restaurants, parcs, terrain de golf, cinéma Guzzo, musée.
Maison(s): 62m². TV parabole, téléphone, Internet haut débit, lave et sèche linge.
1 maison(s) 1 ch. 1-5 pers.
Ouvert: à l'année.
SEM 300-700$ **JR** 50-130$
Réduction: hors saison et long séjour.

A @ **AV Certifié: 1999**

Montréal, Verdun
Le Relais des Argoulets ☼☼☼

Maison de Ville
certifiée

Ann Guy
759, Willibrord
Montréal H4G 2T8
Tél. (514) 767-3696 1-866-761-3696
www.argoulets.com
lerelais@argoulets.com

Aut 15, sortie 62, 3e feu de circulation, à gauche traverser le pont, à gauche sur Champlain, après le pont, 1re Avenue à droite, De Verdun à gauche, Willibrord à gauche.

Coup de Coeur du Public régional 2005. Maison située dans un quartier tranquille où la nature et le majestueux St-Laurent se côtoient. À deux pas du métro Verdun et à 10 min du centre-ville. Comprenant un salon avec divan-lit et télé, une cuisine avec lave-vaisselle et deux chambres. Un jardin et une terrasse. Un stat, 2 vélos et l'accès Internet gratuit. Séjour minimum de 7 jours.

Aux alentours: immense parc le long du magnifique fleuve St-Laurent, pistes cyclables et sanctuaires d'oiseaux.
Maison(s): 2 lits double, divan-lit, literie, balcon, jardin et terrasse. **1 maison(s) 2 ch. 1-6 pers.**
Ouvert: à l'année.
SEM 800$
Taxes en sus. MC VS
Réduction: hors saison et long séjour.

A @ AC **Certifié: 2003**

Patrick Escudero

Outaouais

Champêtre et urbaine: tout pour plaire!

Région de contrastes, l'Outaouais possède ce don merveilleux d'offrir à la fois le calme et le divertissement, la nature et les plaisirs urbains.

Au printemps, l'Outaouais s'éveille aux couleurs chatoyantes de ses milliers de tulipes. En été, elle s'anime d'activités culturelles et d'espaces verdoyants. Ensuite, elle revêt ses vives couleurs d'automne et vous donne envie... de l'hiver! Découvrez-la à vélo, à pied, en canot, à skis de fond, en raquettes, en motoneige...

Longeant la rivière des Outaouais et choyée par ses réserves fauniques (Papineau-Labelle et la Vérendrye) et ses parcs nationaux (de la Gatineau et de Plaisance), l'Outaouais se fait aussi charmante par ses nombreux attraits, ses activités, ses musées et ses festivals. Entre autres, les belles couleurs du Festival canadien des tulipes en mai et le Festival de montgolfières à la fin août. Et pourquoi pas une escapade à Ottawa, la capitale nationale? Située à une traversée de pont de Gatineau, elle compte plusieurs attraits. De la Colline du Parlement à ses nombreux musées (des beaux-arts, de la guerre, de la nature, de la monnaie...), sans oublier le pittoresque canal de Rideau.

Inmagine

Saveurs régionales

Les paysages agricoles de l'Outaouais sont parmi les plus beaux du Québec et offrent un grand potentiel pour l'agrotourisme, encore relativement récent dans cette région. La Petite-Nation, située dans la portion est de l'Outaouais, est le secteur où l'agrotourisme est le plus présent et animé. Malgré cette nouveauté, des saveurs se distinguent et prennent de l'ampleur partout en Outaouais. Entre autres, vous y trouverez:

De délicieux et réputés fromages, des produits d'érable raffinés, de succulents saumons et esturgeons fumés à la Boucanerie Chelsea.

- Dans la Petite-Nation, on a mis sur pied la Route des herbes, où sept fermes vous présentent leur culture de fines herbes, de plantes médicinales, de petits fruits et de fleurs.
- L'Outaouais, territoire de chasse et de pêche, offre aussi des poissons et gibiers d'élevage, la truite d'élevage, le cerf de Virginie, le poulet de grain, l'orignal et la perdrix. S'approvisionnant en gibier d'élevage, les chefs cuisiniers de la région rivalisent d'ingéniosité pour les apprêter.

La région compte deux (2) Tables Champêtres^MD certifiées. Une façon originale de découvrir les saveurs de la région ! (P. 276.)

Inmagine

Outaouais

Le saviez-vous?

Entre Gatineau et Plaisance, sur près de 50 km2, on retrouve des milieux humides d'une remarquable diversité. Il y a 12 000 ans, la croûte terrestre s'enfonça sous le poids d'un glacier. L'océan Atlantique inonda alors la vallée de l'Outaouais et la mer de Champlain en fut le résultat. Le territoire mit 2 000 ans à se relever, la mer s'en retirant et y laissant des plages, des herbiers aquatiques, des marais et même certains poissons qui réussirent à s'adapter à l'eau douce, dont la «truite rouge», une variété de saumon que l'on trouve partout dans la région. À la fin d'août, il faut voir les plantes aquatiques transformer ces zones humides en de magnifiques jardins flottants.

Clin d'œil sur l'histoire

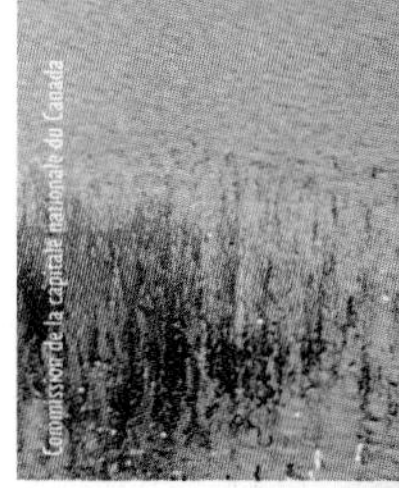
Commission de la capitale nationale du Canada

Des peuples des Premières Nations aux marchands de fourrures, bûcherons et colons, la rivière des Outaouais fut au cœur du développement économique de la région. Elle était la grande autoroute commerciale de la fourrure et du bois. Au début du XIXe siècle, le pin blanc, idéal pour la construction des mâts des navires et des édifices, était fort prisé. La Grande-Bretagne, non seulement en pleine révolution industrielle mais aussi en guerre contre Napoléon et privée de ses ressources, faisait descendre par milliers des billes de bois par cette rivière, puis par le fleuve Saint-Laurent jusqu'à Québec, où elles étaient chargées sur des navires destinés pour l'Europe.

Quoi voir? Quoi faire?

Le Casino du Lac-Leamy: des spectacles, du divertissement et de bons restaurants dans un décor somptueux (Gatineau).

Le Musée canadien des civilisations, la plus importante et populaire institution culturelle au Canada (Gatineau).

Montez à bord du train à vapeur Hull-Chelsea-Wakefield et découvrez le fonctionnement de ces locomotives d'une autre époque.

Le manoir Papineau (Montebello), un exemple unique de manoir seigneurial et lieu historique du Canada.

Le Fairmont Château Montebello, seul établissement au monde entièrement fait de bois rond.

Au Parc Oméga, observez la faune à bord de votre voiture! (Montebello)

Le Domaine Mackenzie-King, ancienne résidence d'été du 10e premier ministre.

La Caverne Laflèche, plus grande grotte du Bouclier canadien (Val-des-Monts).

Ottawa: visitez le Parlement et ses musées. En hiver, apportez vos patins pour parcourir la célèbre et plus longue patinoire au monde (8 km) sur le canal de Rideau.

Train à vapeur Hull-Chelsea-Wakefield

Faites le plein de nature

Pour une bouffée d'air frais en toutes saisons: le parc de la Gatineau.

Avec Souvenirs Sauvages, observez les ours noirs et blonds dans leur habitat naturel.

Parcourez l'espace aérien, à la cime des grands pins du Sentier Suspendu de la Forêt de l'Aigle (Vallée-de-la-Gatineau).

L'excursion en traîneau à chiens, un plaisir qu'il faut s'offrir au moins une fois!

Randonnée bucolique au Parc national de Plaisance (entre Thurso et Papineauville).

Envie de baignade? Le Réservoir Baskatong, une petite mer intérieure artificielle (160 îles).

Pique-niquez aux Chutes Coulonge situées au sommet d'un spectaculaire canyon de 750 m (Fort-Coulonge).

Avec Harloup, assistez à l'appel nocturne des loups à l'état sauvage. Sublime! (Réserve faunique Papineau-Labelle).

Du vélo en pleine nature? Les circuits du Cycloparc PPJ (90km) et du Parc linéaire de la Vallée-de-la-Gatineau (80km).

Commission de la capitale nationale du Canada

Pour plus d'information sur l'Outaouais: 1-800-265-7822

www.tourisme-outaouais.ca

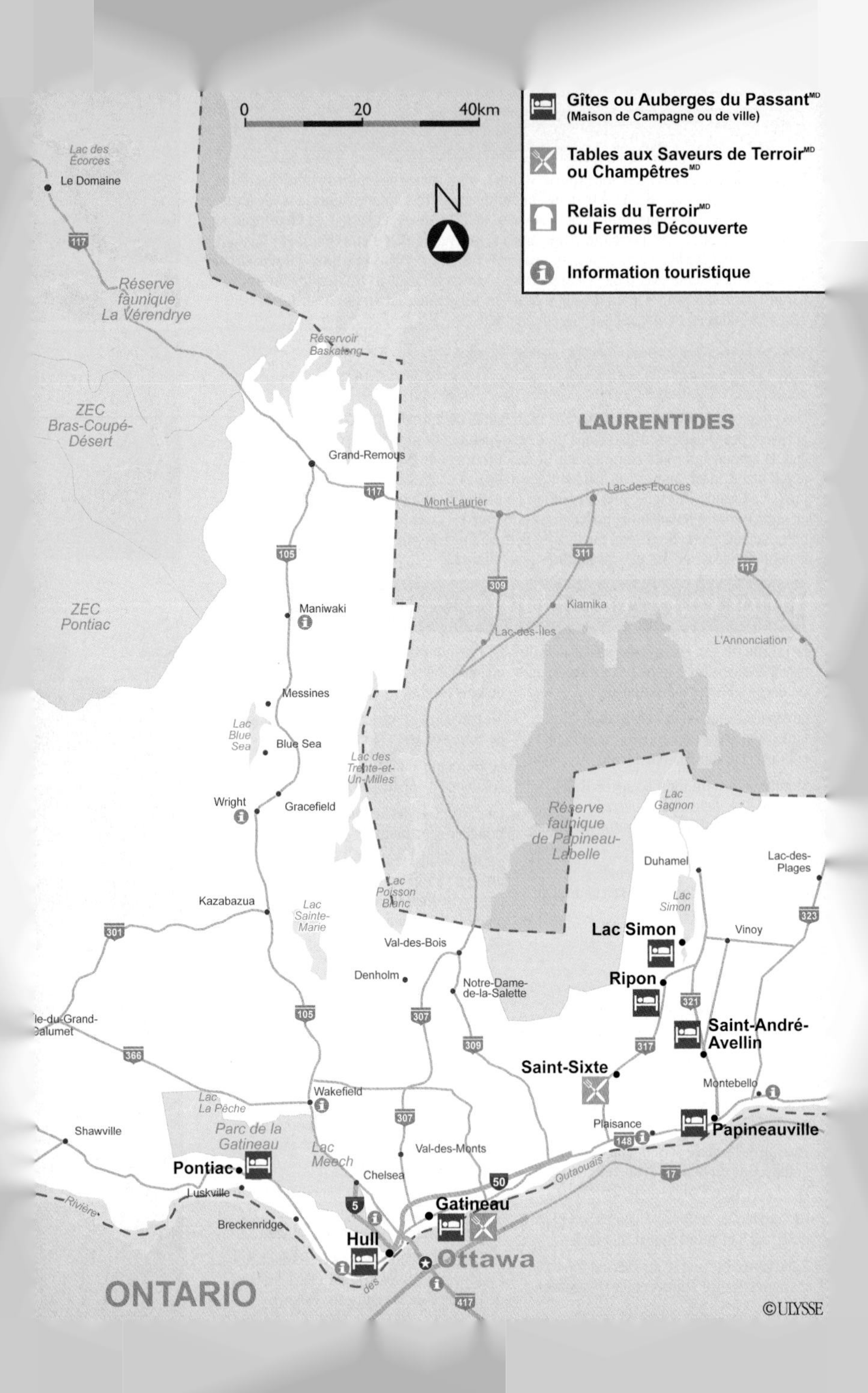

Gîtes ou Auberges du Passant[MD]
(Maison de Campagne ou de ville)
Tables aux Saveurs de Terroir[MD] ou Champêtres[MD]
Relais du Terroir[MD] ou Fermes Découverte
Information touristique
0
20
40km
N
Lac des Écorces
Le Domaine
Réserve faunique La Vérendrye
Réservoir Baskatong
ZEC Bras-Coupé-Désert
LAURENTIDES
Grand-Remous
Mont-Laurier
Lac-des-Écorces
ZEC Pontiac
Maniwaki
Kiamika
Lac-des-Îles
L'Annonciation
Messines
Lac Blue Sea
Blue Sea
Lac des Trente-et-Un-Milles
Wright
Gracefield
Réserve faunique de Papineau-Labelle
Lac Gagnon
Duhamel
Lac-des-Plages
Lac Simon
Kazabazua
Lac Sainte-Marie
Lac Poisson Blanc
Lac Simon
Vinoy
Val-des-Bois
Denholm
Notre-Dame-de-la-Salette
Ripon
Saint-André-Avellin
Saint-Sixte
Montebello
Wakefield
Lac La Pêche
Parc de la Gatineau
Shawville
Plaisance
Papineauville
Pontiac
Lac Meech
Val-des-Monts
Chelsea
Luskville
Breckenridge
Gatineau
Hull
Ottawa
Outaouais
ONTARIO
©ULYSSE

Gatineau

Le Pommier d'Argent

793, Montée Dalton
J8R 3C5
(819) 669-5417 (819) 661-5550
www.lepommierdargent.com
P. 276.

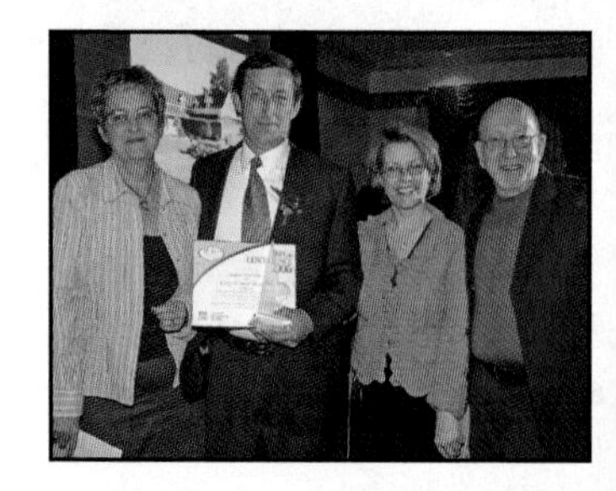

La Fédération des Agricotours du Québec* est fière de rendre hommage aux hôtes Thérèse Desjardins et Philippe Salmon, de la Table Champêtre[MD] LE POMMIER D'ARGENT, qui se sont illustrés de façon remarquable par leur accueil de tous les jours envers leur clientèle.

C'est dans le cadre des Prix de l'Excellence 2006 que les propriétaires de cet établissement, certifié Table Champêtre[MD] depuis 2003, se sont vu décerner le « Coup de Cœur du Public provincial » dans le volet agrotourisme.

« Indéniablement, les visiteurs aiment revenir au Pommier d'Argent pour retrouver la simplicité des hôtes, leur bonne humeur, leur passion du métier et la qualité de leur table. Cette Table Champêtre[MD] est un lieu d'enchantement caractérisé par une fine cuisine aux traditions françaises et par la présentation et la qualité exceptionnelles des plats, agréablement commentés d'information sur les productions et les activités de la ferme. Ce lauréat a très bien démontré jusqu'à maintenant son amour du métier par la réalisation d'un grand rêve.... Un rêve de délices et de saveurs qu'il vous offre... »

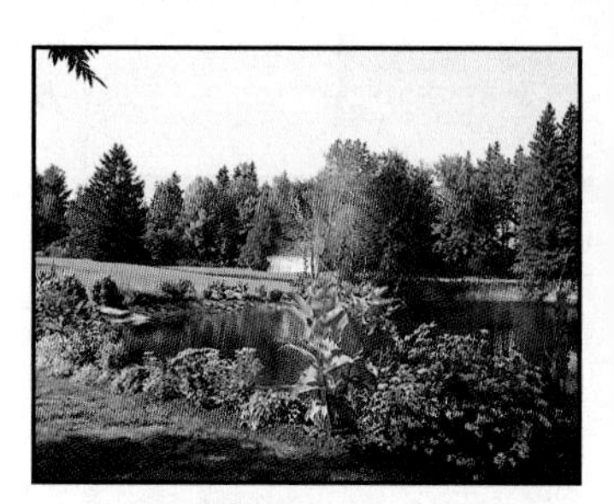

Félicitations !

**La Fédération des Agricotours du Québec est propriétaire des marques de certification : Gîte du Passant[MD], Auberge du Passant[MD], Maison de Campagne ou de Ville, Table Champêtre[MD], Relais du Terroir[MD] et Ferme Découverte.*

Aylmer, Pontiac

Maison Bon Repos ☼☼☼☼

Gîte du Passant *certifié*

Denyse et Guy Bergeron
37, rue Cedarvale
Pontiac, Aylmer J0X 2G0
Tél. (819) 682-1498
www.giteetaubergedupassant.com/maisonbonrepos
denise.bergeron2@sympatico.ca

Aut. 417, sortie 123 Island Park drive, pont Champlain, Aylmer à gauche. À l'hôtel de ville, Eardley à droite, 5 km, Terry Fox à gauche vers la rivière, Cedarvale à droite.

Notre maison mezzanine vous offre le confort, la tranquillité et un accueil chaleureux. Prenez un moment de détente dans la nature et un magnifique boisé, en bordure de la rivière des Outaouais. Venez relaxer dans notre chaleureuse salle de séjour. Un copieux petit-déjeuner vous sera servi. Nous fournissons un abri pour vos articles de sport.

Aux alentours: aux abords du parc de la Gatineau, Musée des civilisations, pistes cyclables, Parlement, etc...
Chambres: chacune a son cachet en particulier. Lit queen. **3 ch. S. de bain privée(s).**
Ouvert: à l'année.
2 pers: B&B 75$ **1 pers B&B** 65$
Enfant (12 ans et –): B&B 10$
Réduction: long séjour.

A ⊘ **AV Certifié: 1996**

Gatineau

Chez les Rossignol

Gîte du Passant *certifié*

Huguette Rocheleau
4, rue Sanctuaire
Gatineau J8R 1T3
Tél. (819) 243-3487 1-866-271-2511
www.chezlesrossignol.com
info@chezlesrossignol.com

Aut. 40 dir. Ottawa, aut. 417, sortie Mann, King Edward dir. Hull, aut. 50 est, sortie 145 montée Paiement sud, 2e feu, rue Nobert à droite, 3e rue, rue Sanctuaire à droite.

Le confort de la campagne à la ville. Vos hôtes vous ouvrent grand leur porte. Maison ensoleillée, chambres accueillantes. Profitez de la terrasse parfumée de fleurs près de la piscine et dès l'automne, d'un bon feu de foyer. Petit-déjeuner copieux et santé. Près des pistes cyclables, à 8 min d'Ottawa, du casino Lac-Leamy.

Aux alentours: parc de la Gatineau, piste cyclable, randonnée pédestre, ski fond, musées, festival montgolfières.
Chambres: lit king ou queen, duvet ou matelassé. Décor moderne, bien éclairées. **2 ch. S. de bain privée(s) ou partagée(s)**
Forfaits: détente & santé, été, autres.
Ouvert: à l'année.
2 pers: B&B 80-95$ **1 pers B&B** 70-85$
Enfant (12 ans et –): B&B 10-15$
Taxes en sus. IT MC VS
Réduction: long séjour.

A ⊘ ⬣ @ AC **Certifié: 2007**

Gatineau

Couette et Café le Philémon ☼☼☼☼

Gîte du Passant *certifié*

Carol Rossignol
47, rue Dumas
Gatineau J8Y 2N2
Tél. (819) 776-0769
www.lephilemon.com
info@lephilemon.com

Aut. 50, sortie St-Laurent O, St-Joseph N à dr., rue Dumas à g. Aut. 417, sortie Mann, King Edward, aut. 5 N., sortie St-Raymond, au feu à g., St-Joseph à g., rue Dumas à dr.

Prix spécial du Jury 2004. De construction récente et d'architecture moderne, Le Philémon offre le confort d'un grand hôtel et l'intimité d'un gîte. Vous trouverez chez nous toutes les attentions et les plaisirs qui font d'un séjour un inoubliable moment, du coucher au petit-déjeuner raffiné. Le Philémon, une passion! **Certifié «Bienvenue cyclistes!MD».**

Aux alentours: musées: civilisations, beaux-arts, guerre, aviation. Parc Gatineau, casino, parlement, canal Rideau.
Chambres: décor raffiné, lit douillet, téléviseur, climatisation, Internet. **3 ch. S. de bain privée(s)**
Forfaits: détente & santé, gastronomie, romantique.
Ouvert: à l'année.
2 pers: B&B 95-125$ **1 pers B&B** 85-115$
Enfant (12 ans et –): B&B 20$
Taxes en sus. AM MC VS

A ⊘ @ **AV** AC **Certifié: 2004**

Gatineau
Ferme de Bellechasse ☼☼☼

Gîte du Passant
certifié

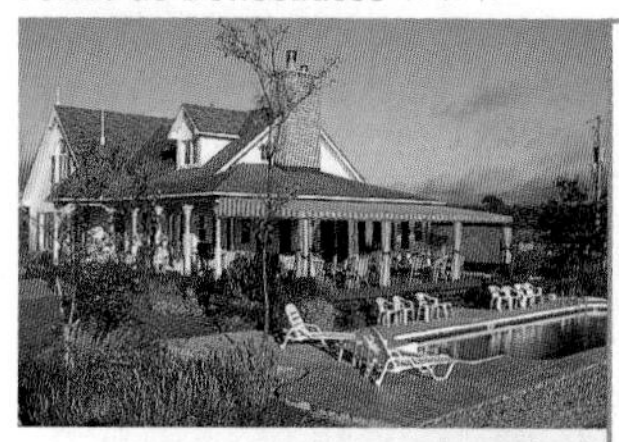

Gîte très confortable, maison de style victorien chaleureusement décorée, bien située en campagne et seulement à 15 min du centre-ville d'Ottawa. Décor champêtre agrémenté de jardins de fleurs, d'un étang à poisson rouge, d'une terrasse couverte et d'une piscine chauffée.

Aux alentours: avantageusement situé à moins de 15 min des musées, du casino, du parc de la Gatineau, pistes vélo.
Chambres: vue sur l'étang ou la campagne, lits queen, confortables. **5 ch. S. de bain privée(s) ou partagée(s).**
Ouvert: à l'année.
2 pers: B&B 75-120$ **1 pers B&B** 60-100$
Enfant (12 ans et –): B&B 20$
Taxes en sus.

A AC **Certifié: 2001**

Jacques Sauvé
115, ch. De Bellechasse
Gatineau J8T 4Y6
Tél. (819) 568-3375 (819) 775-7549
www.giteetaubergedupassant.com/fermedebellechasse
sauvej@videotron.ca

À Gatineau, aut. 50 , sortie montée Paiement, 1,5 km, ch. De Bellechasse à gauche.

Gatineau
Gîte des Arts ☼☼☼

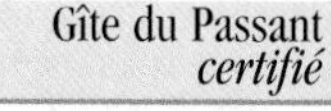
Gîte du Passant
certifié

Dans un environnement calme et empreint de beauté, au sommet de la Côte d'Azur dans le plus beau coin de Gatineau, nous vous invitons à flâner dans le jardin en admirant fleurs et sculptures. Les arbres matures et la piscine ajouteront au doux plaisir de la tranquillité parmi les oiseaux et les papillons. Cuisine variée pour un séjour agréable.

Aux alentours: musées, casino, parc de la Gatineau, train de Wakefield, pistes cyclables, golfs.
Chambres: chaleureuses. **2 ch. S. de bain partagée(s).**
Ouvert: à l'année.
2 pers: B&B 80-90$ **1 pers B&B** 70-80$
Réduction: hors saison et long séjour.

A AC **Certifié: 2004**

Michèle Santerre et Raymond Hébert
13, rue de Menton
Gatineau J8T 5M7
Tél. (819) 243-2624 (819) 661-2624
www.giteetaubergedupassant.com/arts
m.sant@videotron.ca

Aut. 40, aut. 417, sortie Mann, King Edward, aut. 50, sortie rue Saint-Louis, 3,7 km, Monte-Carlo à droite, de Menton à gauche. Rte 148, sortie rue St-Louis.

Gatineau, Hull
Au 55 Taché ☼☼☼☼

Gîte du Passant
certifié

Coup de Coeur du Public régional 2005. Francine et Bruno vous accueillent dans leur chaleureuse demeure qui se veut conviviale et empreinte d'une atmosphère musicale raffinée. Succulent petit-déjeuner aux odeurs fruitées vous est servi comme prélude à vos randonnées sur les pistes cyclables. Piscine creusée, foyer, garage pour skis et vélos. Le plaisir et l'amitié sont au rendez-vous. **Certifié «Bienvenue cyclistes!MD».**

Aux alentours: parc de la Gatineau, Route verte, parlement, musées: civilisations, guerre et beaux-arts, golf, UQO.
Chambres: Alto Soprano Ténor, 1 s. de bain privée, lit double, jumeaux, king, TV, CD.
3 ch. S. de bain privée(s) ou partagée(s)
Forfaits: gastronomie.
Ouvert: à l'année.
2 pers: B&B 85-95$ **1 pers B&B** 75-85$
Enfant (12 ans et –): B&B 20$
Taxes en sus. AM MC VS

A @ AC **Certifié: 2003**

Francine Martin et Bruno Girard
55, boul. Alexandre-Taché
Hull J8Y 3L4
Tél. (819) 772-1454 1-866-714-1454
Fax (819) 772-1461
www.55tache.com
gite@55tache.com

Aut. 417, sortie Mann, King Edward dir. Hull, pont Cartier McDonald, boul. Maisonneuve, Laurier à dr., devient Alexandre-Taché. Rte 148, aut. 50, Montcalm S., A.-Taché dr.

Gatineau, Hull

Gîte du Passant *certifié*

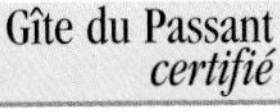

Gîte Fanny et Maxime

Nicole Dubé
31, rue Lessard
Hull J8Y 1M6
Tél. (819) 777-1960 1-866-663-3185
www.fannyetmaxime.com
nickdube@videotron.ca

Aut. 417, sortie Mann, King Edward, dir. Hull, aut. 5 N., sortie 3 Casino, au feu à g., rue Richer à dr., rue Lessard à g. Rte 148, sortie 135, aut. 5 N., sortie 3.

Coup de Coeur du Public provincial 2004 - Hébergement. Gîte moderne avec ses 2 salons et ses 2 foyers en pierre. Vous succomberez à nos copieux déj. qui sont servis sur notre terrasse privée avec vue sur une piscine creusée et chauffée et une cour entièrement entourée de cèdres, pour une tranquillité et relaxation assurées. Suite pouvant accommoder jusqu'à 8 pers. Accès gratuit à l'Internet.

Aux alentours: Casino du Lac Leamy, parc de la Gatineau, Musée des civilisations, train à vapeur, pistes de vélo.
Chambres: climatisées pour 4 à 8 personnes par chambre. **4 ch. S. de bain privée(s).**
Ouvert: à l'année.
2 pers: B&B 85-120$
Enfant (12 ans et –): B&B 20$
MC VS
Réduction: hors saison et long séjour.

A @ AV AC **Certifié: 2003**

Lac-Simon, Chénéville

Gîte du Passant *certifié*

Domaine aux Crocollines

Thérèse Croteau et Franz Collinge
642, chemin Marcelais
Lac-Simon, Chénéville J0V 1E0
Tél. / Fax (819) 428-9262
www.giteetaubergedupassant.com/crocollines
crocollines@infonet.ca

Rte 148 dir. Papineauville, rte 321 nord. À Chénéville, rte 315 sud, 1,3 km, ch. Tour-du-Lac à droite, 1,5 km, ch. Marcelais à gauche.

En bordure du lac, dans une région verdoyante et vallonnée, notre domaine vous accueille dans un lieu pittoresque offrant un panorama magnifique, avec terrain paysager et plage privée de sable fin. Après un déjeuner gourmand, profitez de nos équipements nautiques (pédalos, canot, kayak, chaloupe motorisée) ou de jeux (pétanque, badminton, fer, etc.).

Aux alentours: Parcs Oméga et provinciaux, randonnée, pêche, ski de fond, traîneau à chiens, théâtre, musées.
Chambres: sous les combles, vue sur le lac, lit queen, lavabo, TV. **2 ch. S. de bain partagée(s)**
Forfaits: autres.
Ouvert: du 7 janvier au 1er décembre.
2 pers: B&B 78$ **1 pers B&B** 58$
Enfant (12 ans et –): B&B 15$
Réduction: hors saison.

A AV AC **Certifié: 2000**

Papineauville, Montebello

Gîte du Passant *certifié*

À l'Orée du Moulin

Francine Vandewalle et Michel Joncas
170, rue Joseph-Lucien-Malo
Papineauville, Montebello J0V 1R0
Tél. (819) 427-1177 1-877-423-1120
Fax (819) 427-8534
www.aloreedumoulin.qc.ca
aloreedumoulin@sympatico.ca

À mi-chemin entre Montréal et Ottawa. Rte 148. À Papineauville, dir. nord, au coin du garage «Ultramar».

Prestigieuse maison ancestrale (1840) qui vous transporte au charme victorien du XIXe siècle. Vous craquerez pour l'élégance du gîte, les copieux petits-déj. gourmands et les trésors de la Petite-Nation. Terrain paysager, piscine creusée et foyer extérieur. Des hôtes attentionnés, pleins de joie de vivre. Au coeur du village, à 5 km de Montebello.

Aux alentours: parc Oméga, Manoir-Papineau, chutes de Plaisance, golf, pistes cyclables, équitation, ski de fond.
Chambres: spacieuses aux teintes chaleureuses. Décor raffiné, romantique. Lit queen. **4 ch. S. de bain partagée(s).**
Ouvert: à l'année.
2 pers: B&B 85-90$ **1 pers B&B** 70-75$
Enfant (12 ans et –): B&B 20$
Taxes en sus. IT MC VS
Réduction: hors saison et long séjour.

A @ AV **Certifié: 1995**

Ripon
Ferme fée et fougère ✵✵✵

Gîte du Passant à la Ferme
certifié

Anne Mareschal et Harry Wubbolts
377, route 321 Nord
Ripon J0V 1V0
Tél. (819) 428-1499
Fax (819) 428-7528
www.infonet.ca/fee-et-fougere
amareschal@infonet.ca

De Montréal: rte 148 O. dir. Papineauville, rte 321 N. D'Ottawa: Aut. 50 dir. Thurso, rte 148 E. dir. Papineauville, rte 321 N. (14 km au nord de St-André-Avellin)

Maison centenaire, au décor épuré et apaisant, nichée dans un paysage enchanteur. Accueil chaleureux, familial et authentique. Déjeuner copieux et en soirée table d'hôte concoctée à partir des produits de la ferme: canard, agneau, lapin, porc, boeuf et charcuteries artisanales. Ferme et repas certifiés biologiques par Québec Vrai. P. 275.

Aux alentours: Parc Oméga, chutes et parc de Plaisance, Route des herbes, Circuit des créateurs, lac Simon.

Chambres: 2 suites avec 2 lits et salle de bain privée, salon et balcon communs.

2 ch. S. de bain privée(s).

Ouvert: à l'année.

2 pers: B&B 80$ **PAM** 130$ **1 pers B&B** 75-80$ **PAM** 100$

Enfant (12 ans et –): B&B 10$ **PAM** 23$

Taxes en sus. AM IT MC VS

Réduction: long séjour.

A **Certifié: 2004**

St-André-Avellin
L'Ancestrale ✵✵✵✵

Gîte du Passant
certifié

Diane Cardinal
19, rue Saint-André
Saint-André-Avellin J0V 1W0
Tél. (819) 983-3232 (819) 983-1720
Fax (819) 983-3466
www.lancestrale.com

De Montréal, rte 148 O. ou d'Ottawa-Hull, aut. 50 et rte 148 E. jusqu'à Papineauville, rte 321 N., 12 km. À St-André-Avellin, maison en pierre à gauche face à l'église.

Au cœur historique du village, maison centenaire faisant partie du «circuit du patrimoine». Meubles d'époque et style victorien. 5 chambres douillettes et romantiques. Solarium. Restaurants, boutiques, services et attraits touristiques à proximité. Charme du passé, douceurs d'antan... Accueil chaleureux et amical.

Aux alentours: Manoir Louis-Joseph Papineau, Musée des Pionniers, Route des peintres, parc Oméga.

Chambres: au charme du passé, chaleureuses et reposantes, remplies de souvenirs.

5 ch. S. de bain privée(s) ou partagée(s)

Forfaits: golf, ski de fond, spectacle.

Ouvert: à l'année.

2 pers: B&B 75-95$ **1 pers B&B** 65-75$

Enfant (12 ans et –): B&B 10$

Taxes en sus. IT MC VS

Réduction: hors saison et long séjour.

A **AV** AC **Certifié: 1995**

■ Information supplémentaire sur l'hébergement à la ferme

Ripon
Ferme fée et fougère

Gîte du Passant à la Ferme
certifié

377, route 321 Nord, Ripon
Tél. (819) 428-1499
Fax (819) 428-7528
www.infonet.ca/fee-et-fougere
amareschal@infonet.ca

Activités: Visites guidées des animaux tôt en am et fin pm, sentiers agricoles qui sillonnent la terre (observ. des animaux au pâturage en tout temps), jardin bio, permaculture, aire de jeu (en hiver buttes pour glisser, patinoire), feux de camp et vente de produits de la ferme. P. 275.

Animaux: Basse-cour biologique bien garnie: âne, mulet, moutons, chèvres miniatures, vaches, cochons, canards, poules, oies, lapins, chats et chien.

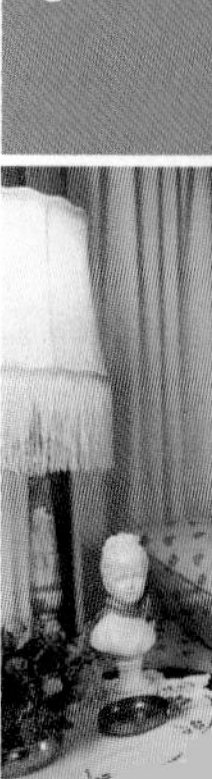

Gatineau
Le Pommier d'Argent

Table Champêtre *certifiée*

Philippe Salmon et Thérèse Desjardins
793, Montée Dalton
Gatineau, J8R 3C5

Tél. (819) 669-5417 (819) 661-5550
www.lepommierdargent.com

Aut. 50 E., sortie de l'Aéroport (154), boul. Industriel à gauche. Montée Dalton dir. nord, 3,5 km, ferme à gauche. Rte 148 jusqu'à Masson, aut. 50 O., sortie de l'Aéroport...

Nbr pers. semaine: 2-30
Nbr pers. week-end: 2-30
Min. de pers. exigé varie selon les saisons.
Sur réservation.

Repas: 50-65$ / pers.
Taxes en sus. IT MC VS

Ouvert: à l'année

AV **Certifié: 2003**

Coup de Coeur du Public provincial 2006 - Agrotourisme. À 15 min de Gatineau, Le Pommier d'Argent est l'une des plus belles fermes de l'Outaouais. Sa belle maison canadienne, ses bâtiments de ferme et l'entrée bordée d'arbres majestueux et d'un magnifique étang, vous séduiront. Une fine cuisine française faite de tendres produits de la ferme est servie dans un décor chaleureux, intime et convivial. P. 271.

Spécialités: Prosciutto de sanglier, terrines de gibier maison et menu dégustation de 8 serv. Lauréat régional 2004 & 2006 de Tourisme Outaouais et Coup de Coeur du Public provincial 2006.

Menu
Spécialité terrines de gibier - 10 variétés
Ballottine de poulet de grain et coulis
Foie de lapereau sauce crème Pinot des Charentes
Mousse fine de foie de volaille au Marsala
Velouté aux poires et panais à l'érable
Confit de notre basse-cour et fondue aux poireaux
Lapereau braisé à la moutarde et au Porto
Magret de canard à l'érable
Tournedos de bison sauce marchand de vin
Pintadeau farci sauce normande
Assiette de fromages
Crème brûlée à l'huile esssentielle de mandarine
Soufflé glacé à l'érable et fruits sauvages avec coulis
Vacherin à l'érable
Autres menus sur demande

Aux alentours: casino du Lac-Leamy, parc de la Gatineau, Musée des civilisations, golf, Aventure Laflèche.

St-Sixte
Ferme Cavalier

Table Champêtre *certifiée*

Gertie et Marc Cavalier
39, montée Saint-André
Saint-Sixte, J0X 3B0

Tél. (819) 985-2490
www.agricotours.qc.ca/cavalier
marccavalier@msn.com

Aut. 50 jusqu'à Masson, rte 148 jusqu'à Thurso. Rte 317 nord, 18 km jusqu'à la montée Paquette, montée St-André à gauche, ferme à 800 m.

Nbr pers. semaine: 15-50
Nbr pers. week-end: 15-50
Sur réservation.

Repas: 30-45$ / pers.
Taxes en sus.

Ouvert: fermé de janvier à avril.

A **Certifié: 1988**

Dans notre belle vallée, au bord de la rivière St-Sixte, agneaux et volailles de notre ferme vous permettent de déguster des mets issus de deux traditions : la richesse de la gastronomie française ou l'exotisme de la cuisine marocaine. Vous êtes reçus chez nous avec la même chaleur et la même attention que nos amis.

Spécialités: Chez nous, l'agneau est apprêté à toutes les sauces. Le filet d'agneau sauce aux herbes, l'épaule au safran, sans oublier les trésors de notre région ou de notre jardin.

Menu
Potage Harira aux petits légumes à la coriandre
Feuilleté à la pintade et aux herbes : la pastilla
Dégustation de sept salades traditionnelles
Tajin d'agneau aux oignons et amandes ou
Coquelet, farce au couscous, sauce au miel et cannelle ou
Épaule d'agneau, dorée au safran, couscous oignons, miel ou
Keftas d'agneau aux tomates, risotto au safran ou
Pastilla à la crème
Briouats au miel et salade d'orange
M'hencha : gâteau traditionnel aux amandes
Pain Kesra au sésame et anis
Nous pouvons vous aider à planifier vos occasions spéciales
Autres menus sur demande

Aux alentours: réserve faunique Papineau, parc national de Plaisance, Parc Oméga, piste cyclable.

Québec (région)

Mille et un plaisirs!

Riche en histoire, en culture, en attraits et en gastronomie et située tout près d'une nature surprenante, la région de Québec attisera votre curiosité!

Surplombant le fleuve, la ville de Québec offre un panorama incomparable où le présent côtoie le passé. Le Vieux-Québec, classé « joyau du patrimoine mondial » par l'UNESCO, est vraiment une perle. Et on ne peut la savourer pleinement qu'en arpentant à pied ses jolis quartiers et ses rues étroites bordées de maisons anciennes.

Étendez votre itinéraire vers les secteurs de la Côte-de-Beaupré, de la Jacques-Cartier et de Portneuf. En parcourant la Route de la Nouvelle France et le Chemin du Roy vous traverserez l'époque des premières seigneuries. Vous pourrez pratiquer vos activités préférées autant dans les quartiers urbains que dans les nombreux espaces verts de la région. Au cours de votre visite de l'île d'Orléans, vous ferez un agréable tour d'horizon gourmand et patrimonial.

Ajoutez à tous ces plaisirs de sympathiques bistros, des restaurants de haute gastronomie, des bars animés, des galeries d'art, des artisans, des festivals renommés (Festival d'été de Québec, Fêtes de la Nouvelle-France, Carnaval de Québec); bref, autant de raisons d'y retourner à chaque saison!

Patrick Escudero

Saveurs régionales

La région a développé une fine gastronomie. D'ailleurs, à l'époque de la colonisation, la Haute-Ville (Vieux-Québec) était déjà reconnue pour son «bien mangé». Pas étonnant qu'on y retrouve un riche terroir.

Sur l'île d'Orléans, les pommes de terre et les pois sont fort réputés, sans oublier les succulentes fraises, la délicieuse liqueur de cassis, les fromageries, les pains artisanaux et les vignobles. Dans Portneuf, on retrouve le wapiti, l'émeu, le dindon élevé au grand air, les fromages de chèvre et bien plus encore. Le maïs est le délice estival des Québécois et celui de Neuville est le plus prisé du Québec. À L'Ange-Gardien, c'est la prune qui vole la vedette. Enfin, on retrouve partout des produits locaux vendus dans les kiosques sur le bord des routes.

Auberge Baker, Château-Richer

Produits du terroir à découvrir et déguster

- Truite fumée et marinée, mousse, rillettes, pâté, pizza à la truite, cidres, porto et liqueurs du *Domaine Orléans*. P. 306.
- Vin blanc, rosé ou rouge et apéritif liquoreux issus de différents cépages de *Le Vignoble Isle de Bacchus*. P. 306.

La région compte quatre (4) Tables aux Saveurs du Terroir^MD certifiées. Une façon originale de découvrir les saveurs de la région ! (P. 305.)

Patrick Escudero

Québec (région)

Le saviez-vous?

Tous près du Vieux-Québec, en longeant le fleuve par la route 138, surgit l'un des plus impressionnants sites naturels de la région, la Chute Montmorency. Vous en serez ébahi, et pour cause : avec ses 83 m de hauteur, elle dépasse de 30 m les chutes Niagara! Un téléphérique, des escaliers situés à flanc de montagne et un pont suspendu vous permettront de mieux la contempler. Par jours ensoleillés, le reflet de la lumière sur les gouttelettes d'eau de la chute offre un beau spectacle d'arcs-en-ciel. En hiver, la vapeur d'eau cristallisée sous l'effet du froid forme le «pain de sucre», un cône de glace qui peut atteindre 30 m.

Clin d'œil sur l'histoire

Après la découverte de l'Amérique du Nord par Cartier en 1534, il faudra attendre Champlain en 1603 pour la réalisation du rêve de ce grand explorateur: la fondation de Québec et de la Nouvelle-France. En 1690, le Québec est prospère et les Anglais, envieux de son commerce de la fourrure, décident de l'assiéger. Le gouverneur général Frontenac rétorque alors par la bouche de ses canons et par ses coups de fusil, sauvant Québec pour le moment. Si la France dû laisser son premier empire colonial en 1763, ce Frontenac a tout de même contribué à retarder la conquête britannique et permis au peuple français de poursuivre leur enracinement. Le majestueux Château Frontenac lui est dédié.

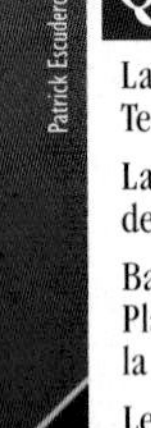

Quoi voir ? Quoi faire?

La Haute-Ville: le Château Frontenac, la Terrasse Dufferin et la rue du Trésor.

La colline Parlementaire, le Musée national des beaux-arts et les plaines d'Abraham.

Basse-Ville: le quartier Petit-Champlain, la Place Royale, le Vieux-Port et le Musée de la Civilisation.

Le jardin historique du Domaine Cataraqui (Sillery) et le Parc Aquarium du Québec (Sainte-Foy).

Prenez le traversier vers Lévis et sa région, pour un panorama magnifique sur les vieux quartiers de la ville de Québec.

Le parc de la Chute-Montmorency (Beauport).

Le sanctuaire de Sainte-Anne-de-Beaupré.

Le tour de l'île d'Orléans en vélo ou voiture.

La réserve nationale de Faune du Cap-Tourmente: 300 espèces d'oiseaux, dont l'oie des neiges.

Le fabuleux Hôtel de Glace (Sainte-Catherine-de-la-Jacques-Cartier).

La Route de la Nouvelle-France et le chemin du Roy, deux circuits patrimoniaux à découvrir.

Au Village-des-Hurons, profitez-en pour vous restaurer selon la tradition huronne (Wendake).

Faites le plein de nature

Le parc du Mont-Saint-Anne.

L'époustouflant canyon Saint-Anne et ses ponts suspendus (Beaupré).

Les Sept-Chutes, saisissantes (Saint-Ferréol-les-Neiges).

Le sentier des Caps, une vaste forêt avec des panoramas inédits sur le fleuve.

Le sentier Mestachibo de 11km (tronçon du Sentier National), insolite!

Le parc national de la Jacques-Cartier: un plateau montagneux et des vallées aux versants abrupts.

La réserve faunique de Portneuf: un relief entrecoupé de lacs de rivières et de chutes.

Les Marais du Nord, pour les ornithologues et les randonneurs (direction Lac Delage).

La Forêt Montmorency (réserve faunique des Laurentides).

La Station Stoneham pour le ski alpin.

Le parc de la Falaise et de la chute Kabir Kouba (Loretteville).

Envie de vélo? Le Corridor des Cheminots (22 km), la Piste Jacques-Cartier / Portneuf (68 km) et le Corridor du littoral (50 km).

Pour plus d'information sur la région de Québec : (418) 641-6654

www.regiondequebec.com

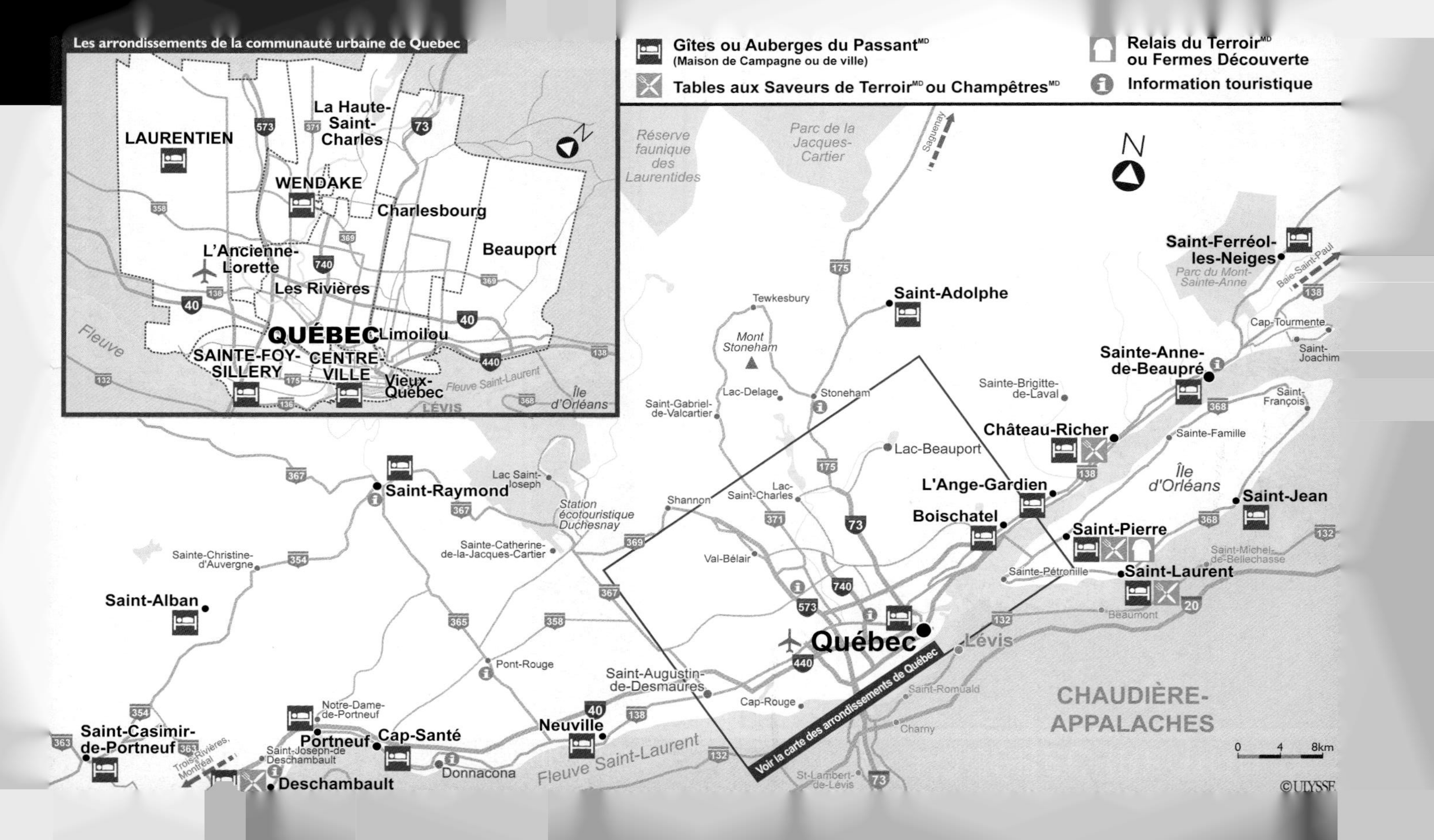
Les arrondissements de la communauté urbaine de Quebec
LAURENTIEN
La Haute-Saint-Charles
WENDAKE
Charlesbourg
Beauport
L'Ancienne-Lorette
Les Rivières
QUÉBEC
Limoilou
SAINTE-FOY-SILLERY
CENTRE-VILLE
Vieux-Québec
Fleuve
Fleuve Saint-Laurent
Île d'Orléans
LÉVIS
Gîtes ou Auberges du Passant^MD
(Maison de Campagne ou de ville)
Tables aux Saveurs de Terroir^MD ou Champêtres^MD
Relais du Terroir^MD ou Fermes Découverte
Information touristique
Réserve faunique des Laurentides
Parc de la Jacques-Cartier
Saguenay
Saint-Ferréol-les-Neiges
Parc du Mont-Sainte-Anne
Baie-Saint-Paul
Saint-Adolphe
Tewkesbury
Mont Stoneham
Cap-Tourmente
Saint-Joachim
Sainte-Anne-de-Beaupré
Sainte-Brigitte-de-Laval
Saint-François
Saint-Gabriel-de-Valcartier
Lac-Delage
Stoneham
Château-Richer
Sainte-Famille
Lac-Beauport
Île d'Orléans
Saint-Raymond
Lac Saint-Joseph
Station écotouristique Duchesnay
Shannon
Lac-Saint-Charles
L'Ange-Gardien
Saint-Jean
Boischatel
Saint-Pierre
Sainte-Catherine-de-la-Jacques-Cartier
Sainte-Christine-d'Auvergne
Val-Bélair
Sainte-Pétronille
Saint-Michel-de-Bellechasse
Saint-Laurent
Saint-Alban
Beaumont
Québec
Lévis
Pont-Rouge
Saint-Augustin-de-Desmaures
Saint-Romuald
CHAUDIÈRE-APPALACHES
Cap-Rouge
Voir la carte des arrondissements de Québec
Notre-Dame-de-Portneuf
Neuville
Charny
Saint-Casimir-de-Portneuf
Portneuf
Cap-Santé
Trois-Rivières, Montréal
Saint-Joseph-de-Deschambault
Donnacona
Fleuve Saint-Laurent
Deschambault
St-Lambert-de-Lévis
0 4 8km
©ULYSSE

Chambre avec vue
gîte et petit déjeuner
Un lieu secret caché en pleine nature
GÎTE CHAMBRE AVEC VUE
1, rue Des Sentiers, Portneuf (Québec)
(418) 286-4612
www.gitechambreavecvue.com

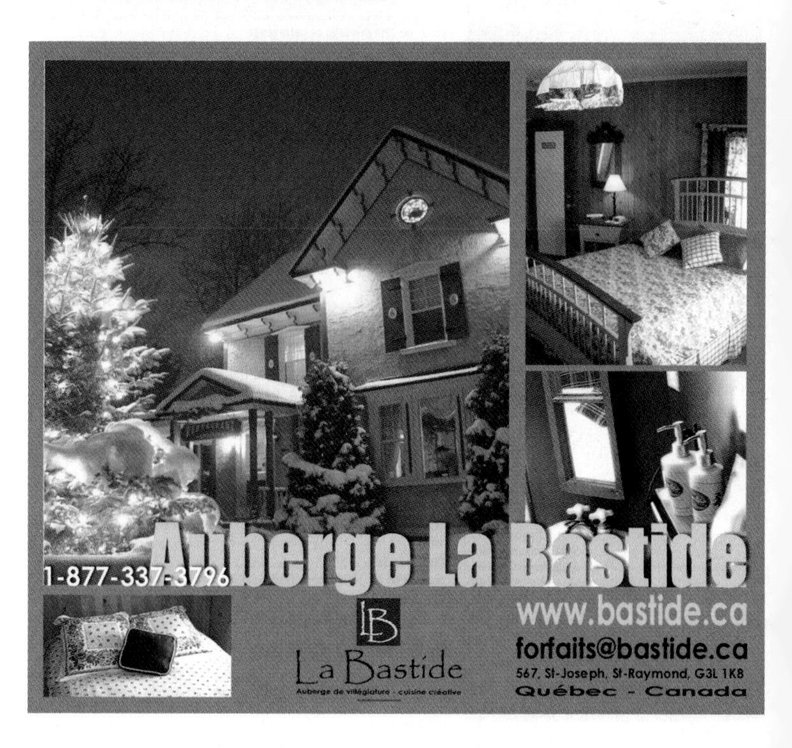
1-877-337-3796
Auberge La Bastide
LB
La Bastide
Auberge de villégiature - cuisine créative
www.bastide.ca
forfaits@bastide.ca
567, St-Joseph, St-Raymond, G3L 1K8
Québec - Canada

Boischatel

Au Gîte de la Chute ☼☼☼

Gîte du Passant *certifié*

Claire et Jean-Guy Bédard
5143, avenue Royale
Boischatel G0A 1H0
Tél. / Fax (418) 822-3789
www.quebecweb.com/gitedelachute
5143gite@clic.net

Aut. 20 E. ou 40 E. dir. Ste-Anne-de-Beaupré. À 1,6 km, après la chute Montmorency 1er feu, Boischatel à gauche, monter la Côte de l'Eglise, rue av. Royale à gauche, 0.6 km.

Grande maison canadienne située dans un endroit paisible vous apportant fraîcheur et repos à proximité du fleuve St-Laurent et à 300 m du Parc de la Chute Montmorency. Petit-déjeuner copieux et mettant à l'honneur les produits saisonniers. Menus sans gluten sur demande. Service Internet et stationnement gratuits. Remise pour les skis et vélos.

Aux alentours: chute Montmorency, route de la Nouvelle-France, théâtre d'été, golfs et plusieurs restaurants.
Chambres: douillettes et confortables. 4 avec lit double et 1 avec 2 lits simples. **5 ch. S. de bain partagée(s)**
Forfaits: croisière, spectacle, théâtre.
Ouvert: à l'année.
2 pers: B&B 85$ **1 pers B&B** 60$
Enfant (12 ans et –): B&B 15$
Taxes en sus. AM MC VS
Réduction: hors saison et long séjour.

A ⊘ @ **AV Certifié: 1995**

Boischatel

Le Refuge du Voyageur ☼☼

Gîte du Passant *certifié*

Raynald Vézina
5514, avenue Royale
Boischatel G0A 1H0
Tél. (418) 822-2589
www.giteetaubergedupassant.com/voyageur
vezina.refuge@videotron.ca

Aut. 440 est ou 40 est dir. Ste-Anne-de-Beaupré, sortie Boischatel. Côte de l'église, av. Royale à droite.

Une maison qui surplombe le fleuve où jailliront bientôt des milliers d'oies blanches offrant le plus beau spectacle du monde. Chez nous: propreté, discrétion, tranquillité, matins chaleureux, petits-déjeuners copieux. Et sous vos yeux, la ville de Québec et ses paquebots de croisières. Vous ferez le plein d'espace et de lumière.

Aux alentours: chute Montmorency, Théâtre de la Dame Blanche, golf, piste cyclable.
Chambres: suite au rez-de-chaussée, au 1er, 2 ch. vue sur le fleuve, entrées privées. **3 ch. S. de bain privée(s) ou partagée(s).**
Ouvert: à l'année.
2 pers: B&B 68$ **1 pers B&B** 60$
Enfant (12 ans et –): B&B 15$
Taxes en sus.

⊘ **Certifié: 1999**

Boischatel

Le Royal Champêtre ☼☼☼☼

Gîte du Passant *certifié*

Denise Caron
5494, avenue Royale
Boischatel G0A 1H0
Tél. (418) 822-3500 1-866-762-1800
Fax (418) 822-1800
www.leroyalchampetre.com
gite.royalbb@bellnet.ca

Aut. 40 est, sortie Boischatel, av. Royale à droite, 1 km.

Nouvelle construction au charme d'autrefois recelant des objets découverts au fil des ans et des voyages. Les petits-déjeuners sont servis devant un authentique poêle à bois de 1910. De notre terrasse, vue magnifique sur le fleuve Saint-Laurent et l'île d'Orléans. Superbe aménagement paysagé. Stationnement gratuit. Garage pour vélo et moto. **Certifié «Bienvenue cyclistes!MD».**

Aux alentours: chute Montmorency, Vieux-Québec, Centre des congrès, canyon Ste-Anne, musées, feux d'artifices.
Chambres: décor différent et recherché, insonorisées, climatisées. **5 ch. S. de bain privée(s).**
Ouvert: à l'année.
2 pers: B&B 90-100$ **1 pers B&B** 85-90$
Taxes en sus. VS
Réduction: hors saison et long séjour.

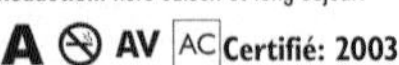
A ⊘ **AV** AC **Certifié: 2003**

Cap-Santé

Panorama du Fleuve ☼☼☼

Gîte du Passant *certifié*

Pearl Blanchette et Jackie Robidoux
211, route 138
Cap-Santé G0A 1L0
Tél. (418) 285-5166
pages.globetrotter.net/panoramab-b
panoramab-b@globetrotter.net

Aut. 40, sortie 269, rte 138 à gauche.

Notre gîte est situé dans un endroit tranquille au bord du fleuve Saint-Laurent. De plus, nous sommes à proximité d'une falaise. On peut donc y observer plusieurs espèces d'oiseaux tout en regardant passer les bateaux. La salle à manger est au 2e étage; nous y servons le déjeuner et nos clients bénéficient d'une très belle vue. **Certifié «Bienvenue cyclistes!MD».**

Aux alentours: golf, piste cyclable, ski de fond, motoneige, pêche, chasse éducative, théâtre, musée historique.
Chambres: lit double, terrasse et solarium, vue sur le fleuve. **3 ch. S. de bain partagée(s)**
Forfaits: charme, golf, romantique, autres.
Ouvert: à l'année.
2 pers: B&B 75-80$ **1 pers B&B** 70$
Réduction: long séjour.

Certifié: 2007

Château-Richer

Auberge Baker ★★★

Auberge du Passant *certifiée*

Gaston Cloutier
8790, avenue Royale
Château-Richer G0A 1N0
Tél. (418) 824-4478 1-866-824-4478
Fax (418) 824-4412
www.auberge-baker.qc.ca
gcloutier@auberge-baker.qc.ca

Rte 138 E. dir. Ste-Anne-de-Beaupré. 18,5 km à l'est de la chute Montmorency. Au 3e feu après l'église de Château-Richer, rue Huot à gauche. Au bout, à droite avenue Royale.

En 1935, Alvin Baker convertit en auberge de campagne la maison construite en 1840 par Ferdinand Lefrançois. Restaurée, avec un grand souci d'authenticité, ses 5 ch., avec salle de bain privée et leur mobilier contribuent à créer l'atmosphère chaleureuse. Une maison ancestrale (1776), un studio ainsi qu'un pavillon complètent l'ensemble hôtelier. Certifié Table aux Saveurs du TerroirMD. P. 305.

Aux alentours: la région, la proximité du Mont-Ste-Anne et du Vieux-Québec rendront votre séjour inoubliable.
Chambres: dans chaque chambre revivez le passé avec tout le confort du 21e siècle. **7 ch. S. de bain privée(s)**
Forfaits: charme, détente & santé, gastronomie, autres.
Ouvert: à l'année.
2 pers: B&B 79-125$ **PAM** 149-195$ **1 pers B&B** 74-120$ **PAM** 109-155$
Enfant (12 ans et –): B&B 10$ **PAM** 28$
Taxes en sus. AM ER IT MC VS
Réduction: hors saison et long séjour.

A @ AV AC **Certifié: 1990**

Château-Richer

Auberge la Malouinière ☼☼☼☼

Auberge du Passant *certifiée*

Françoise Silvestre , Anne Gauthier , Hervé Henry
7168 Avenue Royale
Château-Richer G0A 1N0
Tél. (418) 824-5777 1-888-823-5777
Fax (418) 824-3811
www.lamalouiniere-quebec.com
bb@lamalouiniere-quebec.com

Rte 138 est dir. Ste-Anne-de-Beaupré. À Château-Richer, rue du Petit-Pré à gauche, avenue Royale à droite.

À 15 minutes du mont Sainte-Anne et du Vieux-Québec, à proximité des chutes Montmorency et de l'Ile-d'Orléans, ce magnifique manoir du XIXe siècle vous offre le confort et le raffinement de ses 5 chambres et suites dans un cadre majestueux avec parc et piscine. Soupers sur réservation, possibilité d'y organiser séminaires et réceptions. **Certifié «Bienvenue cyclistes!MD».**

Aux alentours: Vieux-Québec, galeries d'art, musées, ski, motoneige, golf, spa, pistes cyclables, Île-d'Orléans.
Chambres: décor raffiné, haut de gamme, antiquités, lit king ou queen, Internet, TV. **5 ch. S. de bain privée(s)**
Forfaits: charme, golf, romantique, ski alpin.
Ouvert: à l'année.
2 pers: B&B 95-165$ **1 pers B&B** 95-165$
Enfant (12 ans et –): B&B 0-40$
Taxes en sus. MC VS

A @ AV **Certifié: 2006**

Château-Richer
Auberge le Petit Séjour ✵✵✵✵

Auberge du Passant
certifiée

Christiane, Anne-Marie et Pascal
394, rue Pichette
Château-Richer G0A 1N0
Tél. (418) 824-3654
Fax (418) 824-9356
www.petitsejour.com
petitsejour@globetrotter.net

Rte 138 est, de la chute Montmorency, 15 km. À Château-Richer, rue Dick à gauche, av. Royale à droite, rte Ste-Achillée à gauche, rue Pichette à gauche.

À 15 min de Québec, 10 min du Mt-Ste-Anne, une grande demeure victorienne de plus de 2 siècles juchée sur la falaise offre un panorama unique et spectaculaire sur le fleuve, cap Tourmente et l'île d'Orléans. La salle à manger aux larges baies vitrées, le salon d'époque avec foyer en pierre font de cette maison un havre attirant et exceptionnel.

Aux alentours: île d'Orléans, chute Montmorency, basilique Ste-Anne-de-Beaupré, cap Tourmente, Mont-Ste-Anne.
Chambres: charme unique pour chaque chambre; murs en pierre, balcon, vue fleuve.
5 ch. S. de bain privée(s).
Ouvert: à l'année.
2 pers: B&B 75-100$ **PAM** 145-170$ **1 pers B&B** 65-100$ **PAM** 100-135$
Taxes en sus. MC VS
Réduction: long séjour.

A ⊗ ✕ **AV Certifié: 1990**

Château-Richer
À Vol d'Ange ★★★

Maison de Campagne
certifiée

Denis Rochefort et Emmanuel Tremblay
8412, avenue Royale
Château-Richer G0A 1N0
Tél. (418) 805-3055 (418) 628-7820
www.avoldange.com
d.rochefort@videotron.ca

Aut. 40, dir. Ste-Anne, route 138 est, sortie rte de la Station, avenue Royale à droite.

Notre maison, située en campagne, vous offre un endroit agréable pour vous reposer dans un environnement chaleureux, y recevoir parents et ami(e)s confortablement. Dans les chambres, à la cuisine et au salon, tout est mis à votre disposition.

Aux alentours: ski mont Ste-Anne, basilique, chutes Ste-Anne et Montmorency, île d'Orléans, Vieux-Québec.
Maison(s): un lit double dans chaque chambre et possibilité d'ajouter 5 lits pliants.
1 maison(s) 5 ch. 2-15 pers.
Forfaits: famille, ski alpin, ski de fond.
Ouvert: à l'année.
SEM 325-525$ **WE** 325-525$
Réduction: hors saison.

⊗ **AV** AC **Certifié: 2006**

Château-Richer
Gîte un Air d'Été ✵✵✵

Gîte du Passant
certifié

Lynda Boucher et Claude Gingras
8988, boul. Sainte-Anne
Château-Richer G0A 1N0
Tél. (418) 824-9210 1-888-922-8770
Fax (418) 824-5645
www.unairdete.com
gite.unairdete@videotron.ca

De Québec, rte 138 est ou boul. Ste-Anne. À droite tout près du fleuve. Au musée de l'Abeille ralentir, nous sommes la maison dans la cour arrière du Motel Roland.

Vous découvrirez un site enchanteur dont la plus belle pièce de la maison est l'extérieur. Profitez de la vue sur le St-Laurent et l'île d'Orléans, faites une balade avec nos cygnes sur notre lac privé ou prélassez-vous dans notre spa et notre piscine chauffée. Nos déj. avec leurs confitures maison sont servis dans le pavillon ouvert sur notre lac.

Aux alentours: chutes Grand Canyon, Ste-Anne-de-Beaupré, Mont-Ste-Anne, Massif, croisières baleines & musées.
Chambres: rénovées, 1 avec s. de bain privée incluant un bain tourbillon et douche.
3 ch. S. de bain privée(s) ou partagée(s)
Forfaits: charme, ski alpin, autres.
Ouvert: à l'année.
2 pers: B&B 75-95$ **1 pers B&B** 65-85$
Enfant (12 ans et –): B&B 15$
Taxes en sus. AM ER IT MC VS
Réduction: hors saison.

A ⊗ @ **AV** ≈ **Certifié: 2001**

Deschambault
Auberge Amandine ★★

Auberge du Passant
certifiée

Lulu Turgeon
106, rue Saint-Laurent
Deschambault G0A 1S0
Tél. / Fax (418) 286-6958
www.aubergeamandine.com
lulu2005@sympatico.ca

Aut. 40, sortie 254, 1,6 km jusqu'au fleuve. Rte 138 à gauche, 2 km, rue St-Laurent à gauche.

Auberge de charme de 8 chambres, face au fleuve, sur le chemin du Roy, à mi-chemin entre Québec et Trois-Rivières, maison de style victorien datant de 1870. Accueil chaleureux, magnifique jardin inspirant le repos et la détente. Salle à manger avec foyer. Village historique, belles escapades à deux!

Aux alentours: Route verte, ski de fond, randonnée pédestre, ornithologie. Un des plus beaux villages du Québec.
Chambres: situées côté jardin fleuri ou vue sur le fleuve. **8 ch. S. de bain privée(s)**
Forfaits: motoneige, plein air, vélo.
Ouvert: à l'année.
2 pers: B&B 129-159$ **PAM** 189-229$ **1 pers B&B** 119-139$ **PAM** 149-169$
Enfant (12 ans et –): B&B 0$ **PAM** 30-45$
Taxes en sus. MC VS

A AV **Certifié: 1995**

Deschambault
La Maison Deschambault ★★★

Auberge du Passant
certifiée

Hélène Grünert et Claude Fiset
128, chemin du Roy
Deschambault G0A 1S0
Tél. (418) 286-3386
Fax (418) 286-4064
www.quebecweb.com/deschambault
auberge@globetrotter.qc.ca

À mi-chemin entre Trois-Rivières et Québec. Aut. 40, sortie 257, rte 138, chemin du Roy, 2,5 km.

Érigée en 1790, entre le fleuve et les champs, entourée d'arbres centenaires, la Maison Deschambault, majestueuse, vous accueille dans une atmosphère et un décor des plus chaleureux. Coin-apéro, 2 salles à manger, jardin bordé de roses. Les aubergistes vous proposent, à travers des aliments délicieusement apprêtés, leur fine cuisine régionale. Certifié Table aux Saveurs du Terroir[MD]. P. 305.

Aux alentours: village patrimonial de Deschambault, piste cyclable, 4 golfs, antiquaires, fleuve.
Chambres: douillettes, lit king, décor feutré, grande fenestration. **5 ch. S. de bain privée(s)**
Forfaits: golf, romantique.
Ouvert: 1er février au 22 décembre.
2 pers: B&B 129-149$ **PAM** 179-199$
Taxes en sus. AM ER IT MC VS
Réduction: long séjour.

A **Certifié: 2005**

L'Ange-Gardien
Au Domaine de la Sauvagine ✹✹✹✹

Gîte du Passant
certifié

Rémy Beyaert et Michèle Blondeel
6416, boul. Ste-Anne
L'Ange-Gardien G0A 2K0
Tél. (418) 822-4999
www.domainelasauvagine.com
domainelasauvagine@videotron.ca

De Québec dir. Ste-Anne-de-Beaupré, route 138. Après le pont de l'Île-d'Orléans, poursuivre 5 min, Domaine sur le bord du fleuve.

Situé au bord du fleuve St-Laurent, au fil des saisons, venez découvrir un gîte à l'ambiance familiale et une chaleureuse maison en pierre de style canadien où il fait bon vivre. Une étape à ne pas manquer (voyage d'affaires ou halte routière). Délicieux petit-déjeuner fait maison. Vos hôtes Michèle et Rémy se font un plaisir de vous accueillir.

Aux alentours: 5 min. chute Montmorency et île d'Orléans, 10 min. Vieux-Québec, 15 min. Mont-Ste-Anne.
Chambres: spacieuses, douillettes, vue exceptionnelle sur fleuve et île d'Orléans. **4 ch. S. de bain privée(s)**
Forfaits: charme, motoneige, ski alpin, vélo.
Ouvert: à l'année.
2 pers: B&B 75-110$ **PAM** 125-160$ **1 pers B&B** 65-85$ **PAM** 90-110$
Réduction: hors saison et long séjour.

AV **Certifié: 2005**

L'Île-d'Orléans, St-Jean

Au Giron de l'Isle

Gîte du Passant *certifié*

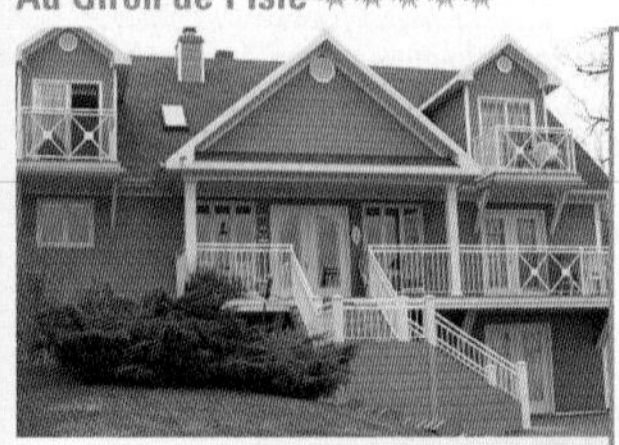

Lucie et Gérard Lambert
120, chemin des Lièges
Saint-Jean-de-l'Île-d'Orléans G0A 3W0
Tél. (418) 829-0985 1-888-280-6636
Fax (418) 829-1059
www.total.net/~giron
giron@total.net

Aut. 40 ou 440 est dir. Ste-Anne-de-Beaupré, sortie 325 Île-d'Orléans. Au feu, dir. St-Laurent et St-Jean. 2,4 km après l'église de St-Jean, chemin des Lièges à droite.

Prix Excellence Réalisation et Coup de Coeur régional 2003. Lauréat Grands Prix du tourisme région de Québec 2001, 2002, 2003. Lauréat national Or 2003 et Argent 2001 aux Grands Prix du tourisme québécois. Appréciez le calme de la campagne à 25 min du Vieux-Québec. Situé à 400 m de la route, près du fleuve, magnifique vue et accès au fleuve.

Aux alentours: Manoir Mauvide-Genest, Espace Félix-Leclerc, Maison de nos Aïeux (généalogie), marche sur la grève.
Chambres: insonorisées, lits queen, balcon, vue sur le fleuve. Internet, TV. **3 ch. S. de bain privée(s)**
Forfaits: charme, gastronomie, golf, vélo.
Ouvert: à l'année.
2 pers: B&B 100-175$ **1 pers B&B** 95-170$
Enfant (12 ans et –): B&B 30$
Taxes en sus. AM IT MC VS

A @ **AV** AC **Certifié: 1997**

L'Île-d'Orléans, St-Jean

Gîte du Quai

Gîte du Passant *certifié*

Rita et Grégoire Roux
1686, chemin Royal
Saint-Jean-de-l'Île-d'Orléans G0A 3W0
Tél. (418) 829-2278
www.giteetaubergedupassant.com/quai

De Québec, aut. 440 est dir. Ste-Anne-de-Beaupré, sortie Île-d'Orléans. Au feu, tout droit, 20 km. À droite, coin chemin du Quai.

À 25 min de Québec, maison ancestrale à quelques pas du fleuve et à proximité des musées, théâtres, boutiques d'artisanat, galeries d'art et restaurants. Ambiance familiale et déjeuner copieux. Nous ferons tout pour rendre votre séjour agréable. Bienvenue à l'île d'Orléans!

Aux alentours: boutiques et restaurants, boulangerie artisanale, épicerie.
3 ch. S. de bain partagée(s).
Ouvert: 1er mai au 30 octobre.
2 pers: B&B 63$ **1 pers B&B** 45$
ER

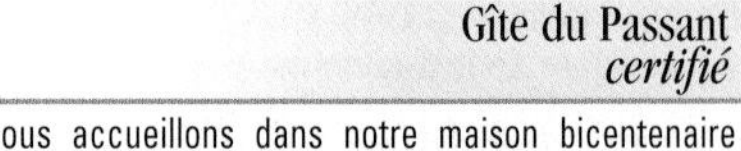

AC **Certifié: 1994**

L'Île-d'Orléans, St-Jean

La Maison sur la Côte

Gîte du Passant *certifié*

Pierre et Hélène Morissette
1477, chemin Royal
Saint-Jean-de-l'Île-d'Orléans G0A 3W0
Tél. (418) 829-2971
Fax (418) 829-0991
http://pages.videotron.com/orleans
p.morissette@videotron.ca

Aut. 40 ou 440 est sortie Île-d'Orléans. Au feu, tout droit, 17,7 km. Après le Manoir Mauvide-Genest, 1re côte à gauche, en haut, maison blanche et verte à droite.

Nous vous accueillons dans notre maison bicentenaire nichée sur le cap et sur les terres ancestrales des «Audet dits Lapointe». Malgré son jeune âge, son intérieur saura vous charmer et quelques antiquités piqueront votre curiosité. La vue sur le fleuve, les jeux des oiseaux et nos jardins fleuris vous inviteront à la détente et à la rêverie. Le Pavillon sur la Côte, p. 287.

Aux alentours: Manoir Mauvide-Genest, Forge à Pique-Assaut, boutiques, cidreries, piste cyclable partagée, etc.
Chambres: 4 avec lavabo. Finies en bois naturel. **5 ch. S. de bain privée(s) ou partagée(s).**
Ouvert: 1er avril au 31 octobre.
2 pers: B&B 70-85$ **1 pers B&B** 70-85$
Enfant (12 ans et –): B&B 15$
Taxes en sus.

A AV Certifié: 1989

L'Île-d'Orléans, St-Jean
La Maison Victoria ✹✹✹✹

Gîte du Passant *certifié*

Francine Fiset
3444, chemin Royal
Saint-Jean-de-l'Île-d'Orléans G0A 3W0
Tél. / Fax (418) 829-3617
www.giteetaubergedupassant.com/maisonvictoria
m.victoria@sympatico.ca

Aut. 40 ou 440 dir. Ste-Anne-de-Beaupré, sortie 325 Île-d'Orléans. Au feu tout droit dir. St-Jean. Après l'église de St-Jean, 4,4 km, côté fleuve.

Belle maison d'époque, meublée avec élégance et souvenirs d'antan. Situé sur un domaine champêtre de 160 acres, avec une vue panoramique sur la voie maritime.

Aux alentours: musée, restaurants, artisanats, golf, vélo, croisière, randonnée pédestre.
Chambres: charme ancestral avec vue sur le fleuve. Lit double ou queen. **3 ch. S. de bain privée(s).**
Ouvert: à l'année.
2 pers: B&B 95-105$
VS

A ⊘ **Certifié: 2006**

L'Île-d'Orléans, St-Jean
Pavillon sur la Côte

Maison de Campagne *certifiée*

Hélène et Pierre Morissette
1477, ch. Royal
Saint-Jean-de-l'Île-d'Orléans G0A 3W0
Tél. (418) 829-2971
Fax (418) 829-0991
http://pages.videotron.com/orleans
p.morissette@videotron.ca

A l'île d'Orléans, au feu, tout droit, 17,7 km. Après le Manoir Mauvide-Genest, 1re côte à gauche, en haut, maison blanche et verte à droite.

Au cœur du village de St-Jean-de-l'Île d'Orléans, près d'une ferme et de notre gîte, vous pourrez admirer le fleuve St-Laurent en tout temps. Notre pavillon vous hébergera en tout confort. Vivez au rythme des saisons et laissez-vous bercer par le jeu des marées. Découvrez les trésors du terroir et culturels de cette île. La Maison sur la Côte, p. 286.

Aux alentours: Manoir Mauvide-Genest, golfs, piste cyclable, location vélos, chute Montmorency, escalade.
Maison(s): vue sur le fleuve et le village, toutes équipées, confortables, antiquités.
1 maison(s) 1-3 ch. 2-8 pers.
Ouvert: 1er mai au 15 octobre.
SEM 450-800$ **WE** 190-500$ **JR** 100-300$
Taxes en sus.
Réduction: hors saison et long séjour.

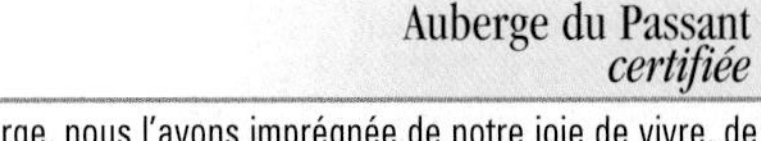

A Certifié: 2005

L'Île-d'Orléans, St-Laurent
Auberge Le Canard Huppé ★★★

Auberge du Passant *certifiée*

Philip Rae
2198, chemin Royal
Saint-Laurent-de-l'Île-d'Orléans G0A 3Z0
Tél. (418) 828-2292 1-800-838-2292
Fax (418) 828-0966
www.canardhuppe.com
info@canardhuppe.com

Aut. 40, 440 est ou rte 138 ouest, sortie Île-d'Orléans. Au feu, tout droit, 5,5 km, chemin Royal à gauche.

L'auberge, nous l'avons imprégnée de notre joie de vivre, de nos rires et de notre passion. C'est ainsi qu'elle est devenue notre maison, c'est notre chez nous. Mais lorsque vous descendez à l'auberge, que ce soit pour un repas, une nuit ou une réunion, vous êtes de précieux invités... Maggie et Philip, aubergistes par choix. Certifié Table aux Saveurs du Terroir MD. **Certifié «Bienvenue cyclistes! MD».** P. 305.

Aux alentours: vélo, promenade sur le bord du fleuve, le golf, les églises centenaires, cidrerie et vignobles.
Chambres: toutes différentes les unes des autres, vous offrent confort et quiétude.
10 ch. S. de bain privée(s)
Forfaits: charme.
Ouvert: à l'année.
2 pers: B&B 125-240$ **PAM** 180-300$ **1 pers B&B** 90-120$ **PAM** 145-185$
Enfant (12 ans et -): B&B 25$ **PAM** 35-50$
Taxes en sus. IT MC VS
Réduction: hors saison.

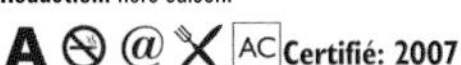

A ⊘ @ ✕ AC **Certifié: 2007**

L'Île-d'Orléans, St-Laurent
Auberge l'Île Flottante ☼☼☼☼

Gîte du Passant *certifié*

Sabine et Stéphane Garel
1657, chemin Royal
Saint-Laurent-de-l'Île-d'Orléans G0A 3Z0
Tél. (418) 828-9476
www.ileflottante.com
ileflottante@oricom.ca

Aut. 40 ou 440 est, sortie 325 Île-d'Orléans. Au feu tout droit, 9 km. Maison jaune et verte à droite.

Notre demeure ancestrale datant de 1836, rénovée avec goût et soin, a conservé tout son cachet. L'atmosphère est à la fois paisible, chaleureuse et gourmande. Petits-déjeuners gourmands fait maison. Notre terrasse au bord du fleuve, avec accès à la grève, vous invite à contempler paisiblement le paysage magnifique et le passage des bateaux.

Aux alentours: parc maritime, port de plaisance, église, golf, tennis, artisanat, galerie d'art, restos.
Chambres: retrouvez le confort douillet des ch. de nos grands-mères. Bain tourbillon. **5 ch. S. de bain privée(s)**
Forfaits: croisière, vélo, autres.
Ouvert: à l'année.
2 pers: B&B 90-110$ **1 pers B&B** 85-95$
Enfant (12 ans et –): B&B 30$
Taxes en sus. MC VS
Réduction: hors saison et long séjour.

A ⊗ ⬢ ✕ **AV** **Certifié: 2002**

L'Île-d'Orléans, St-Laurent
Les Blancs Moutons ☼☼☼☼

Auberge du Passant *certifiée*

Réal Bédard
1317, chemin Royal
Saint-Laurent-de-l'Île-d'Orléans G0A 3Z0
Tél. / Fax (418) 828-1859 Tél. 1-866-828-1859
www.lesblancsmoutons.com
auberge@lesblancsmoutons.com

Aut. 440 est, sortie 325, pont de l'Île-d'Orléans, à l'intersection en haut de la côte, tout droit, direction sud, 16 km.

Chaleureuse maison québécoise du XIXe siècle, située directement en bordure du fleuve. Sur la terrasse, au rythme des vagues ou à l'intérieur, près d'un feu de foyer, vous pourrez vous régaler de notre petit-déjeuner où les produits du terroir sont mis à l'honneur. Au rez-de-chaussée, une galerie d'art d'artistes professionnels québécois.

Aux alentours: musées, galerie d'art, théâtre, concert, vignobles, parc de bisons, pêche, golf, ski, croisières.
Chambres: cachet champêtre, meublées à l'ancienne, intégrant les commodités modernes. **4 ch. S. de bain privée(s) ou partagée(s)**
Forfaits: croisière, autres.
Ouvert: à l'année.
2 pers: B&B 79-89$
Enfant (12 ans et –): B&B 25$
Taxes en sus. AM MC VS
Réduction: hors saison et long séjour.

A ⊗ ✕ **AV** **Certifié: 2004**

L'Île-d'Orléans, St-Laurent
L'Oasis de Rêves ☼☼☼☼☼

Gîte du Passant *certifié*

Lyette Chedore et Jean Tardif
179, chemin Royal
Saint-Laurent-de-l'Île-d'Orléans G0A 3Z0
Tél. (418) 829-3473
Fax (418) 829-0053
www.oasisdereves.com
info@oasisdereves.com

Aut. 40 est, 440 est ou rte 138 dir. Ste-Anne-de-Beaupré, sortie 325 Île-d'Orléans, après le pont, au feu tout droit, 13 km.

Coup de Coeur du Public régional 2004 et 2001. Vous serez charmé par notre belle victorienne, par la beauté exceptionnelle du site, par le calme et la sérénité qui y règnent. Vous dégusterez un petit-déjeuner royal en contemplant le paysage qui se transforme au gré des marées. Vous réaliserez comme il est agréable de se laisser dorloter et n'avoir rien de mieux à faire que de rêver. P. 280.

Aux alentours: artisanat, galeries d'art, histoire et patrimoine, golfs, musées, restos gastronomiques, théâtres.
Chambres: enchantement, envoûtement, romantisme, lit queen, TV. **3 ch. S. de bain privée(s).**
Ouvert: 18 mai au 8 octobre.
2 pers: B&B 115-150$ **1 pers B&B** 105-140$
MC VS

A ⊗ AC **Certifié: 2000**

L'Île-d'Orléans, St-Pierre
Gîte Bel Horizon ☀☀☀☀

Gîte du Passant *certifié*

Yvette et Paul-Émile Vézina
402, chemin Royal
Saint-Pierre-de-l'Île-d'Orléans G0A 4E0
Tél. / Fax (418) 828-9207 Tél. 1-877-828-9207
www.giteetaubergedupassant.com/belhorizon
belhorizon@sympatico.ca

Aut. 440 ou 40 est, sortie 325 Île-d'Orléans. En haut de la côte, au feu à droite, environ 1 km.

Bienvenue à l'entrée de l'île d'Orléans, à 12 min du Vieux-Québec. La nature vous accueille ainsi que vos hôtes Yvette et Paul-Émile. Confort, intimité, déjeuner complet. Vue sur le fleuve, face à la chute Montmorency. Idéal pour familles et groupes.

Aux alentours: chute Montmorency, compétition feux d'artifices. Espace Félix Leclerc.
Chambres: lits doubles (suite spacieuse), queen ou King dans les 2 autres. **3 ch. S. de bain privée(s).**
Ouvert: 1er fév. au 1er nov. (fév. à juin: groupes 3 à 6 pers. sur réservation).
2 pers: B&B 75-85$ **1 pers B&B** 65-85$
Enfant (12 ans et –): B&B 25$
AM MC VS
Réduction: long séjour.

@ AC **Certifié: 1994**

L'Île-d'Orléans, St-Pierre
La Maison du Vignoble ☀☀☀☀

Gîte du Passant *certifié*

Lise Roy
1071, chemin Royal
Saint-Pierre-de-l'Île-d'Orléans G0A 4E0
Tél. (418) 828-9562
Fax (418) 828-1764
www.isledebacchus.com
isledebacchus@sympatico.ca

Aut. 40 ou 440 est dir. Ste-Anne-de-Beaupré, sortie Île-d'Orléans, au feu à gauche, 1,8 km.

Coup de Cœur du Public régional 2002. Lovée dans un vignoble, notre maison ancestrale vous donne rendez-vous avec l'histoire. Visite du vignoble, cuverie et cave à vins, ainsi que dégustation. Déjeuners mémorables! Relaxez au coin du feu, au séjour ou sur la terrasse face au fleuve. Vivez l'expérience de la campagne à 15 min du Vieux-Québec. P. 280, 306.

Aux alentours: Espace Félix-Leclerc, Maison des Aïeux, Manoir Mauvide-Genest, parc de bisons, chute Montmorency.
Chambres: vue sur le fleuve et alliant confort moderne à l'atmosphère d'antan. **4 ch. S. de bain privée(s) ou partagée(s).**
Ouvert: à l'année.
2 pers: B&B 75-90$ **1 pers B&B** 60-70$
Enfant (12 ans et –): B&B 15$
Taxes en sus. MC VS

A **Certifié: 1999**

L'Île-d'Orléans, St-Pierre
L'Auberge sur les Pendants ☀☀☀

Auberge du Passant *certifiée*

Chantale Vignault et Jean-Christophe L'Allier
1463, chemin Royal
Saint-Pierre-de-l'Île-d'Orléans G0A 4E0
Tél. (418) 828-1139
www.giteetaubergedupassant.com/pendants
surlespendants@qc.aira.com

Aut. 440, sortie 325, rte 138. À la sortie du pont de l'île, au feu à gauche, 3 km, après l'église historique de St-Pierre sur le côté gauche de la route.

Dans une maison en pierre de plus de deux siècles, venez découvrir l'ambiance unique des demeures ancestrales de l'île. Un accueil chaleureux et empreint de simplicité vous y attend, ainsi que le calme et le repos que vous méritez. Décor authentique et intime, jardin fleuri, foyer au salon, nouvelles rencontres et déjeuner gourmand sont au menu. Certifié Table aux Saveurs du Terroir MD. P. 22, 305.

Aux alentours: Espace Félix-Leclerc, vignobles, cidreries, galeries d'art, parc des bisons, 15 min du Vieux-Québec.
Chambres: meublées à l'ancienne et douillettes, l'une d'elles vous charmera. **5 ch. S. de bain partagée(s)**
Forfaits: charme, gastronomie, golf, spectacle.
Ouvert: à l'année.
2 pers: B&B 72$ **PAM** 122$ **1 pers B&B** 60$ **PAM** 85$
Enfant (12 ans et –): B&B 23$ **PAM** 153$
Taxes en sus. AM IT MC VS
Réduction: long séjour.

A **AV** **Certifié: 1991**

Mont-Ste-Anne, St-Ferréol

Les Arolles

Gîte du Passant *certifié*

Jean Marsan et Mylène Raymond
3489, avenue Royale
Saint-Ferréol-les-Neiges G0A 3R0
Tél. / Fax (418) 826-2136
www.gitelesarolles.com
jeanmarsan@gitelesarolles.com

Rte 138 est, à Beaupré, rte 360 dir. St-Ferréol-les-Neiges, après l'église du village, 200 m.

À 5 min du Mont Ste-Anne et 30 min de Québec, nichée au cœur du village de St-Ferréol-les-Neiges, découvrez notre maison située dans une région riche en attraits. 5 chambres confortables, un beau salon avec foyer, un spacieux spa nature et sans oublier notre réputé déjeuner, tout cela feront de votre séjour, une expérience à renouveler.

Aux alentours: Mont Ste-Anne, Massif St-François, Sept-Chutes, cap Tourmente, Canyon Ste-Anne, sentiers pédestres.
Chambres: insonorisées, lit queen, lits simples, lavabo, vue sur le mont Sainte-Anne. **5 ch. S. de bain privée(s) ou partagée(s)**
Forfaits: famille, ski alpin, ski de fond.
Ouvert: à l'année.
2 pers: B&B 80-105$ **1 pers B&B** 65-90$
Enfant (12 ans et –): B&B 0-10$
Taxes en sus. VS
Réduction: long séjour.

A AV Certifié: 2007

Neuville

Le Gîte un Été Bleu

Gîte du Passant *certifié*

Ginette Tardif et Jean-Guy Drolet
173, route 138
Neuville G0A 2R0
Tél. / Fax (418) 876-3298
www.etebleu.webhop.net
droletjg@globetrotter.net

De Montréal, aut. 40 est, sortie 281 Neuville, rte 138 est, 6 km. De Québec, aut. 40 ouest, sortie 298 ouest, rte 138 ouest, 10,4 km.

À 15 min de Québec, situé dans un village riverain riche en histoire, notre gîte offre un hébergement de qualité pour fins routards et gourmets. Notre maison en pierre, s'ouvre sur un style épuré et une ambiance feutrée. Un regard direct sur la nature et le fleuve. Pour ceux qui recherchent la différence, venez vivre l'expérience à l'Été Bleu.

Aux alentours: sentiers pédestres (sanctuaire d'oiseaux), golf, directement sur la Route verte.
Chambres: au confort douillet avec lits queen et duvet. **3 ch. S. de bain privée(s) ou partagée(s)**
Forfaits: gastronomie, vélo.
Ouvert: à l'année.
2 pers: B&B 80-95$ **PAM** 135-150$ **1 pers B&B** 70-80$ **PAM** 100-110$
Enfant (12 ans et –): B&B 15$ **PAM** 15$
Taxes en sus.

A Certifié: 1996

Portneuf

Chambre avec Vue

Gîte du Passant *certifié*

Michelle Marquis et Serge Rose
1, rue des Sentiers
Portneuf G0A 2Y0
Tél. (418) 286-4612
www.gitechambreavecvue.com
info@gitechambreavecvue.com

Aut. 40, sortie 261 à droite, dir. Portneuf-secteur sud. Rte 138 est, ch. Neuf à gauche, rue des Sentiers à droite, 1 km.

À 25 min de Québec, chambre avec ... une vue à couper le souffle. Des petits-déjeuners gourmands et des attentions «rien que pour vous». Chez nous, couleurs, textures et odeurs suivent les saisons. Faites un arrêt pour le calme et la nature: repos, lecture, observation des oiseaux et de la voie maritime, randonnées. **Certifié «Bienvenue cyclistes!MD»**. P. 281.

Aux alentours: nature, culture, agrotourisme et plein air. Fleuve et marina.Chemin du Roy et ville de Québec.
Chambres: confortables et aménagées de façon distinctive. **3 ch. S. de bain privée(s) ou partagée(s)**
Forfaits: famille.
Ouvert: à l'année.
2 pers: B&B 70-90$ **1 pers B&B** 55-75$
Enfant (12 ans et –): B&B 5-15$
Taxes en sus. VS
Réduction: long séjour.

 **Certifié: 2004**

Québec, Beauport

Le Gîte du Vieux-Bourg

Gîte du Passant *certifié*

Venez vous détendre dans une ambiance familiale et chaleureuse! Notre maison ancestrale au charme d'antan, mais au confort d'aujourd'hui est située à 5 min de la chute Montmorency et de l'île d'Orléans. L'accès rapide au Vieux-Québec (5 min) vous surprendra. Déjeuners délicieux et copieux, piscine et jardin, air climatisé, remise pour vélos et skis.

Aux alentours: chute Montmorency, Théâtre la Dame Blanche, île d'Orléans, parc Rivière Beauport, piste cyclable.
Chambres: décor chaleureux, 2 ch. avec lavabo, grande ch. familiale. **3 ch. S. de bain privée(s) ou partagée(s).**
Ouvert: à l'année.
2 pers: B&B 80-95$ **1 pers B&B** 70-85$
Enfant (12 ans et –): B&B 15$
Taxes en sus. VS
Réduction: hors saison et long séjour.

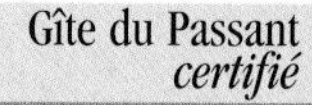 **Certifié: 2000**

Nancy Lajeunesse
492, avenue Royale
Québec G1E 1Y1
Tél. (418) 661-0116 1-866-661-0116
www3.sympatico.ca/vieux-bourg
vieux-bourg@sympatico.ca

Aut. 40 est, sortie 320, rue Seigneuriale à droite et Royale à droite. Du Vieux-Québec, aut. 440 est, sortie François de Laval, av. Royale à droite.

Québec, Centre-Ville

À la Campagne en Ville

Gîte du Passant *certifié*

Maison néoclassique de 1930, où règnent l'Art et le calme. Venez partager nos passions: histoire, architecture, peinture. Au retour, repos sur la galerie à l'ombre des tilleuls ou au salon: catalogues d'expos du MNBA, télé, service de tisanes. Petit-déj. exquis où l'on jase de ce qui vous fait plaisir et des bonnes adresses. Stationnement gratuit.

Aux alentours: vous marcherez vers le Vieux-Québec en admirant le St-Laurent. Plaines d'Abraham, MNBA, av. Cartier.
Chambres: 2 chambres coquettes, au rez-de-chaussée. 1 ch. 3 pers. (+20$). **2 ch. S. de bain partagée(s).**
Ouvert: à l'année.
2 pers: B&B 75-80$ **1 pers B&B** 65$
Enfant (12 ans et –): B&B 10-15$
Réduction: hors saison et long séjour.

 **Certifié: 1994**

Marie Archambault
1160, avenue Murray
Québec G1S 3B6
Tél. (418) 683-6638
www.quebecweb.com/gpq/alacampagneenville
marie.archambault@videotron.ca

Aut. 20: dir. Québec centre-ville, boul. Laurier, 7,8 km, face au Collège Mérici. Aut. 40-440: sortie av. St-Sacrement sud jusqu'à Grande Allée, à gauche, 1,3 km.

Québec, Centre-Ville

À la Maison Lesage

Gîte du Passant *certifié*

L'élégance sobre d'une belle maison de style néo-georgien (1927); espace et tranquillité à 2 km du Vieux-Québec; climatisation centrale, stationnement, transport public.

Aux alentours: quartier boisé, plaines d'Abraham, Musée national des beaux-arts, restos, rue Cartier, Vieux-Québec.
Chambres: suites de style distinctif, lit queen, table de travail, boudoir, TV. **3 ch. S. de bain privée(s).**
Ouvert: à l'année.
2 pers: B&B 110-120$ **1 pers B&B** 90-100$
Taxes en sus. MC VS

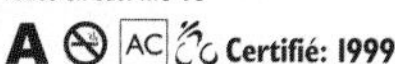 **Certifié: 1999**

Jean-Luc Lesage et Yves Ruel
760, Grande Allée Ouest
Québec G1S 1C3
Tél. (418) 682-9959
www.giteetaubergedupassant.com/lesage
bbmaisonlesage@videotron.ca

Pont Pierre-Laporte, sortie boul. Laurier dir. centre-ville, Grande Allée O., des Laurentides. Aut. 40, 440, Charest O., St-Sacrement S., Grande Allée O. à g., des Laurentides.

Québec, Centre-Ville

Au Château du Faubourg ☼☼☼☼

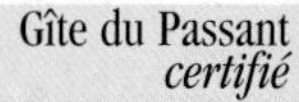
Gîte du Passant
certifié

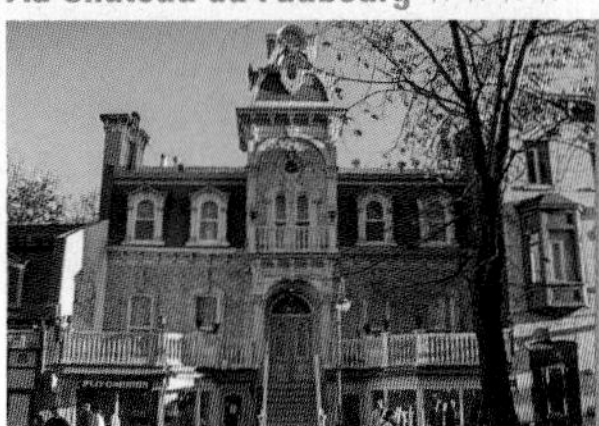

Château privé de style français, restauré, cadre enchanteur et luxueux. Plusieurs articles de magazines ont été publiés sur la qualité de sa restauration. Situé dans le faubourg St-Jean-Baptiste, quartier historique de Québec. Entouré d'objets d'art et de meubles antiques français accumulés par la famille au fil des ans. P. 292.

Aux alentours: Centre des Congrès, restaurants, théâtres et musées.
Chambres: meublées avec style, climatisées. 1 suite. **3 ch. S. de bain privée(s).**
Ouvert: à l'année.
2 pers: B&B 99-169$ **1 pers B&B** 89-149$
Enfant (12 ans et –): B&B 20$
Taxes en sus. AM IT MC VS
Réduction: hors saison et long séjour.

A ⊘ ⬢ AC **Certifié: 2003**

André Bélanger
429, rue St-Jean
Québec G1R 1P3
Tél. (418) 524-2902
Fax (418) 522-2906
www.lechateaudufaubourg.com
info@lechateaudufaubourg.com

Aut. 20, pont Pierre-Laporte, sortie boul. Laurier dir. centre-ville, rue Claire Fontaine à gauche, rue St-Jean à droite.

Québec, Centre-Ville

Au Gîte du Parc ☼☼☼☼

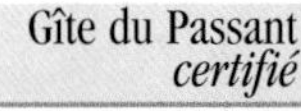
Gîte du Passant
certifié

Maison centenaire baignée dans la tranquillité et la sécurité du quartier Montcalm et presque logée sur les plaines d'Abraham. Un accueil chaleureux, des renseignements touristiques judicieux sur Québec, un déjeuner copieux, un stationnement gratuit font les délices de nos invités. P. 294.

Aux alentours: plaines d'Abraham, musée du Québec, la rue Cartier et ses restos, Vieux-Québec.
Chambres: propres et sécuritaires, lit queen. **3 ch. S. de bain privée(s) ou partagée(s).**
Ouvert: à l'année.
2 pers: B&B 75-115$ **1 pers B&B** 70-105$
Enfant (12 ans et –): B&B 20$
Réduction: hors saison et long séjour.

A ⊘ @ **Certifié: 2000**

Henriette Hamel et René Thivierge
345, rue Fraser
Québec G1S 1R2
Tél. (418) 683-8603 1-888-683-8603
Fax (418) 683-8431
www.giteduparc.com
rene.giteduparc@sympatico.ca

Pont Pierre-Laporte, sortie boul. Laurier, 6,4 km, des Érables à g., Fraser à g. Aut. 40, 440 O., St-Sacrement à dr., René-Lévesque à g., des Érables à dr., rue Fraser à dr.

Québec, Centre-Ville

Aux Trois Balcons ☼☼☼☼

Gîte du Passant
certifié

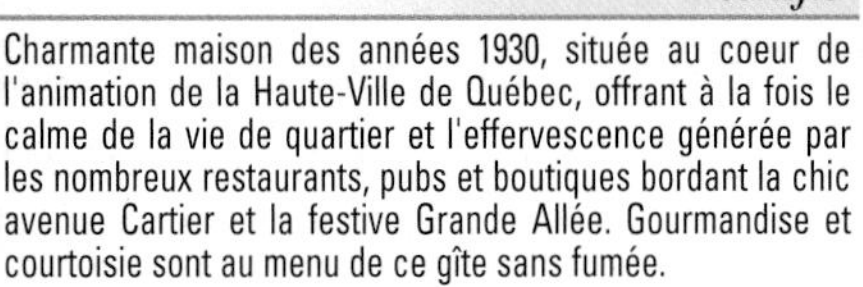
Charmante maison des années 1930, située au coeur de l'animation de la Haute-Ville de Québec, offrant à la fois le calme de la vie de quartier et l'effervescence générée par les nombreux restaurants, pubs et boutiques bordant la chic avenue Cartier et la festive Grande Allée. Gourmandise et courtoisie sont au menu de ce gîte sans fumée.

Aux alentours: plaines d'Abraham (champs de batailles), Vieux-Québec, Musée de Québec, Château Frontenac.
Chambres: sobres et chaleureuses, chacune a son confort selon la nature du séjour. **3 ch. S. de bain privée(s) ou partagée(s).**
Ouvert: à l'année.
2 pers: B&B 85-115$ **1 pers B&B** 65-85$
Taxes en sus. VS
Réduction: long séjour.

A ⊘ **AV** **Certifié: 1995**

Isabelle Ouellet
130, rue Saunders
Québec G1R 2E3
Tél. (418) 525-5611 1-866-525-5611
Fax (418) 525-1106
www.troisbalcons.qc.ca
info@troisbalcons.qc.ca

Pont Pierre-Laporte, boul. Laurier, Cartier à gauche, Saunders à gauche. Aut. 40, boul. Charest, de l'Aqueduc sud, chemin Ste-Foy est, Cartier à droite, Saunders à droite.

Québec, Centre-Ville
B&B Centre-Ville

Gîte du Passant *certifié*

Ancestrale de 1875, entièrement rénovée. Au coeur du Vieux-Québec, votre hôte, guide touristique certifié, offre à ses invités un trajet de ville avec carte. Nous pouvons accueillir des groupes de 12 à 14 personnes. Petits-déjeuners copieux et variés. Planification d'activités: opéra, concert, golf, circuit touristique.

Aux alentours: au coeur de la grande ville de Québec, Vieux-Québec, théâtres, parc, magasins, restaurants.
Chambres: joliment décorées dans le respect de notre maison antique, boiseries. **5 ch. S. de bain privée(s).**
Ouvert: à l'année.
2 pers: B&B 85-155$
Taxes en sus. MC VS
Réduction: hors saison et long séjour.

A Certifié: 2002

Bernard Couturier
257, rue de St-Vallier Est
Québec G1K 3P4
Tél. (418) 525-4741 1-866-525-4741
www.bbcentreville.com
bbcentreville@hotmail.com

Aut. 40, rte 440 est, rue St-Vallier Est à droite, 200 m. Aut. 20, sortie boul. Laurier, boul. Grande-Allée, rue Salaberry à gauche, rue St-Vallier Est à droite, 200 m.

Québec, Centre-Ville
B&B de la Tour

Gîte du Passant *certifié*

Maison des années 20 décorée avec goût, située sur une rue paisible, au coeur d'un quartier animé, à proximité des principales attractions touristiques et des lieux de congrès. Elle vous offre un environnement sans fumée. Des petits-déjeuners gourmands y sont servis dans une agréable salle à manger.

Aux alentours: rue Cartier, Grand Théâtre, Musée des beaux-arts, plaines d'Abraham, Vieux-Québec, Capitole.
Chambres: 2 avec lavabo, 2 avec grand lit, 2 avec lit double. 2 s. de bain partagées. **4 ch. S. de bain partagée(s).**
Ouvert: à l'année. Fermé du 20 décembre au 5 janvier.
2 pers: B&B 80-90$ **1 pers B&B** 70$
Enfant (12 ans et –): B&B 20$
Taxes en sus.
Réduction: long séjour.

@ Certifié: 1996

Huguette Rodrigue et André Blanchet
1080, avenue Louis-Saint-Laurent
Québec G1R 2W7
Tél. (418) 525-8775 (418) 670-1762
www.quebecweb.com/bbdelatour
bbdelatour@qc.aira.com

Pont Pierre-Laporte, boul. Laurier dir. centre-ville, av. Louis-St-Laurent à gauche. Aut. 40, boul. Charest, côte St-Sacrement S. à droite, Grande Allée O. à gauche, 2,6 km.

Québec, Centre-Ville
B&B des Grisons

Gîte du Passant *certifié*

En plein cœur du Vieux-Québec, à l'intérieur des murs et près du Château Frontenac, une famille québécoise vous accueille dans leur demeure raffinée (1888). Des chambres personnalisées avec TV et des petits-déjeuners gourmands vous invitent à la découverte... Nous vous accueillons comme nous souhaitons être reçus ailleurs.

Aux alentours: terrasse Dufferin, Château Frontenac, Citadelle, plaines d'Abraham.
Chambres: chacune a son charme et son caractère. **3 ch. S. de bain partagée(s).**
Ouvert: à l'année.
2 pers: B&B 95$
Taxes en sus. MC

A AV AC Certifié: 1998

Michel Pompilio
1, rue des Grisons
Québec G1R 4M6
Tél. (418) 694-1461
Fax (418) 694-9204
www.giteetaubergedupassant.com/grisons
michelpciccone@sympatico.ca

Pont Pierre-Laporte, sortie boul. Laurier dir. Vieux-Québec. Après la Porte St-Louis, au feu rue d'Auteuil à droite, rue Ste-Geneviève à gauche, rue des Grisons à gauche.

Québec, Centre-Ville

B&B La Bedondaine

Gîte du Passant *certifié*

Sylvie et Gaétan Tessier
912, ave Madeleine-de-Verchères
Québec G1S 4K7
Tél. (418) 681-0783
www.giteetaubergedupassant.com/bedondaine
bedondaine@sympatico.ca

Pont Pierre-Laporte, boul. Laurier dir. Québec centre-ville. Après Université Laval, des Gouverneurs à gauche, René-Lévesque à droite, Madeleine-de-Verchères à gauche.

Maison située sur une rue calme près de tous les services. Salle à manger et boudoir destinés aux invités pour plus d'intimité. Suite familiale avec salle de bain privée. Installations pour enfants. Entrée privée, micro-ondes, frigo. Remise pour skis et vélos. Autobus au coin de la rue. Spécial pour long séjour du 15 octobre au 1er mai.

Aux alentours: restos, centres commerciaux, Jardin Coulonge, Vieux-Québec, chute Montmorency, musées.
Chambres: intimes, décor simple, 2 lits simples, double, queen. **3 ch. S. de bain privée(s).**
Ouvert: à l'année.
2 pers: B&B 65-75$ **1 pers B&B** 65-75$
Enfant (12 ans et –): B&B 20$
AM ER MC VS
Réduction: hors saison et long séjour.

 **AV Certifié: 1999**

Québec, Centre-Ville

B&B Le Transit

Gîte du Passant *certifié*

Gaetan Bernard
1050, avenue Turnbull
Québec G1R 2Y8
Tél. (418) 647-6802
www.giteetaubergedupassant.com/letransit
bbletransit@quebecweb.com

Aut. 20, Pont Pierre-Laporte, sortie 173 nord, boul. Laurier dir. Vieux-Québec.

Notre gîte est situé à quelques minutes de marche du Vieux-Québec, dans le quartier Montcalm, l'un des plus beaux coins de Québec avec ses boutiques originales, ses restos accueillants et ses cafés sympas.

Aux alentours: Citadelle, Plaines d'Abraham, parcourez les rues historiques de ce quartier à l'ambiance unique.
Chambres: climatisées, lit queen, TV, vue sur le jardin. **2 ch. S. de bain privée(s) ou partagée(s).**
Ouvert: à l'année.
2 pers: B&B 95$ **1 pers B&B** 75$
Réduction: hors saison et long séjour.

A Certifié: 2007

Québec, Centre-Ville

Couette et Café Champlain

Gîte du Passant *certifié*

Emily Bellefoy
942, boul. Champlain
Québec G1K 4J7
Tél. (418) 522-6449
Fax (418) 948-9069
www.couettecc.com
couetteetcafechamplain@videotron.ca

Aut. 20 ou 40, pont Pierre-Laporte, sortie 132 boul. Champlain, 5 min. En face de l'entrée du Port Maritime, à gauche.

Pour un séjour des plus agréables et mémorables dans la belle ville de Québec. On vous offre un accueil des plus chaleureux. Un boisé au flanc du cap servira de refuge à un séjour inoubliable au «CCC».

Aux alentours: le Petit-Champlain vous ouvre les bras avec son activité privilégiée à chaque saison.
Chambres: chacune possède une grande terrasse avec salon de jardin. **5 ch. S. de bain privée(s) ou partagée(s)**
Forfaits: famille, romantique, autres.
Ouvert: à l'année.
2 pers: B&B 85-145$ **1 pers B&B** 85-145$
Taxes en sus. IT MC VS
Réduction: hors saison et long séjour.

Québec, Centre-Ville
Douceurs Belges ★★

Auberge du Passant
certifiée

Évadez-vous dans une chambre intime, confortable et aux parfums favorisant votre détente! Relaxez à la terrasse. Goûtez la bière exceptionnelle, la table conviviale, les spécialités d'ici et d'ailleurs! Imaginez le ressourcement de tout votre être par le biais d'une escapade sur mesure au coeur d'un domaine champêtre.

Aux alentours: Vieux-Québec, village vacances Valcartier, village Huron, golf, théâtre d'été, piste cyclable, zoo.
Chambres: chacune est intime avec jacuzzi, calme et douceur. **2 ch. S. de bain privée(s)**
Forfaits: gastronomie, romantique, autres.
Ouvert: à l'année. Réservation en tout temps pour auberge et restaurant.
2 pers: B&B 99$ **PAM** 160$
Taxes en sus. IT MC VS

A AV Certifié: 1999

Lise Gill
4335, rue Michelet
Québec G1P 1N6
Tél. (418) 871-1126 1-800-363-7480
Fax (418) 871-6319
www.douceursbelges.ca
info@douceursbelges.ca

Pont Pierre-Laporte, aut. 73 dir. Ste-Anne-de-Beaupré, sortie 308, Masson-L'Ormière, rue Masson à gauche dir. sud, rue Michelet à droite.

Québec, Centre-Ville
Gîte de la Roseraie

Gîte du Passant
certifié

Vous serez accueillis en toute simplicité dans cette spacieuse demeure des années 40. Blottie dans le paisible quartier Montcalm, vous serez au centre de toutes les activités régionales. Un vaste salon pour vous détendre, des chambres confortables, ainsi qu'un copieux petit-déjeuner vous feront apprécier votre séjour dans notre magnifique ville.

Aux alentours: plaines d'Abraham, Musée des beaux-arts, Parlement, observatoire de la capitale.
Chambres: Verte: lit queen. Jaune: lit queen. Rose: lit king ou lits simples. **3 ch. S. de bain privée(s).**
Ouvert: à l'année.
2 pers: B&B 90-110$ **1 pers B&B** 80-100$
Enfant (12 ans et –): B&B 15$
MC VS
Réduction: hors saison et long séjour.

A @ AV Certifié: 2004

Doris Lavoie
865, ave. Dessane
Québec G1S 3J7
Tél. (418) 688-5076
Fax (418) 688-9217
www.gitedelaroseraie.com
info@gitedelaroseraie.com

Pont Pierre-Laporte, sortie Laurier, Holland à g., René-Lévesque à dr., Dessane à g. Aut. 40, St-Sacrement S, Ste-Foy à g., C-Bégin à dr., Raymond-Casgrain à dr., Dessane à g.

Québec, Laurentien
L'Hydrangée Bleue

Gîte du Passant
certifié

Grande maison, confort, tranquillité, repos. À 15 km du Vieux-Québec. Petit-déjeuner copieux et servi à volonté. Verrière fleurie. Salon privé. Stationnement gratuit. Jardin de fleurs. Une suite familiale offre une cuisinette et une salle de bain privée. **Certifié «Bienvenue cyclistes!MD».**

Aux alentours: golf, restaurants, 20 min chute Montmorency et village indien, 2 km plage, 5 km centres d'achat.
Chambres: Le Refuge: suite familiale. Le Repos et Le Jardin: bien aménagées. **2 ch. S. de bain privée(s) ou partagée(s).**
Ouvert: à l'année.
2 pers: B&B 65-75$ **1 pers B&B** 60-70$
Enfant (12 ans et –): B&B 20$
VS

@ Certifié: 1993

Yvan Denis
1451, rue des Carougeois
Québec G1Y 2T6
Tél. (418) 657-5609 (418) 955-5609
Fax (418) 657-7918
www.giteetaubergedupassant.com/hydrangeebleue
hby@sympatico.ca

Pont Pierre-Laporte, sortie chemin St-Louis ouest jusqu'à Louis-Francœur. Ch. Ste-Foy à gauche, jusqu'à la rue St-Félix, rue des Carougeois à droite.

Québec, Ste-Foy

Au Rêve Fleuri ✵✵✵

Gîte du Passant *certifié*

Jeanne-Mance Dallaire et Gilles Tremblay
1474, rue De Vinci
Québec G2G 1P5
Tél. (418) 872-0117
www.aurevefleuri.qc.ca
aurevefleuri@videotron.ca

Pont Pierre Laporte, aut 40 ouest, Duplessis, sortie Charest ouest, sortie Legendre (304), Jules Verne gauche, Legendre droite, Auclair gauche, De Vinci droite.

«Quand le rêve devient réalité... Merci pour ce voyage au pays des rêves, cachet enchanteur, mets délicats et subtils, bouquets de saveurs et de parfums. Quel dommage de devoir quitter cet endroit si chaleureux. Ce séjour a été plus magnigique que l'aurait été un rêve. Merci à vous deux pour votre accueil et votre gentillesse.»(Jacques et Évelyne).

Aux alentours: piste cyclable, Vieux-Québec, restos, musées, galeries d'art, chute Montmorency, village amérindien.
Chambres: climatisées, décor chaleureux, lit double. Lit pliant disponible. **3 ch. S. de bain partagée(s).**
Ouvert: à l'année. Du 1er septembre au 1er juin, fin de semaine seulement.
2 pers: B&B 70$ **1 pers B&B** 60$
Enfant (12 ans et –): B&B 15$
Taxes en sus. AM VS
Réduction: long séjour.

A @ AC **Certifié: 2004**

Québec, Ste-Foy

Aux Cinq Éléments ✵✵✵

Gîte du Passant *certifié*

Patrick Loret
2742, de Montarville
Québec G1W 1V1
Tél. (418) 651-3216 1-866-651-2003
Fax (418) 651-2711
www.anickpatrick.com
info@anickpatrick.com

Pont Pierre-Laporte, sortie 133 Ch. St-Louis. Aut. 40, 540 sud, sortie 10 Ch. St-Louis. Aut. 73 sud, sortie 136 Ch. St-Louis. Route de l'Église à droite, 1re rue à gauche.

Anciennement «Chez Anick et Patrick». Dans un quartier calme, sécuritaire et résidentiel, vos hôtes vous serviront un déjeuner santé 3 services. À 10 min du Vieux-Québec, proche de tous les services et des centres d'achats. Piscine extérieure et patio vous accueillent dans un jardin paysager. Stationnement gratuit. Internet WIFI. **Certifié «Bienvenue cyclistes!^MD».**

Aux alentours: aquarium, pistes cyclables, Route verte, chutes Chaudière, musées, croisières sur le fleuve, parcs.
Chambres: lit double ou queen, TV, accès Internet. **3 ch. S. de bain privée(s) ou partagée(s)**
Forfaits: golf, vélo, autres.
Ouvert: à l'année.
2 pers: B&B 70-85$ **1 pers B&B** 50-65$
Enfant (12 ans et –): B&B 15$
VS
Réduction: hors saison et long séjour.

A @ AV AC **Certifié: 2003**

Québec, Ste-Foy

Gîte International ✵✵✵

Gîte du Passant *certifié*

Guillermo Velozo Sàez
1218, rue Carswell
Québec G1W 3R3
Tél. (418) 658-5110 (418) 652-1013
Fax (418) 694-0803
www.giteetaubergedupassant.com/guillermo
guillermovelozo@hotmail.com

Pont Pierre Laporte sortie boul. Laurier. Au 2e feu, à droite, descendre un coin de rue. De l'aut. 40, sortie boul. Henri IV, sortie boul. Laurier...

Maison située dans un quartier résidentiel, accueillante et confortable. Située au cœur de Ste-Foy, à 10 min. du Vieux-Québec et à proximité de tous les services : centre commercial, restos, hôpital. Nous parlons français, espagnol et anglais. Terrain de tennis et piscine publique (gratuit) à deux coins de rue. Au plaisir de vous recevoir!

Aux alentours: Aquarium, centre commercial, Université Laval, salle d'exposition, Vieux-Québec, restos.
Chambres: lits jumeaux et queen, douillettes, à l'étage et au sous-sol. **4 ch. S. de bain privée(s) ou partagée(s).**
Ouvert: à l'année.
2 pers: B&B 70$ **1 pers B&B** 60$
Enfant (12 ans et –): B&B 10$
Taxes en sus.
Réduction: hors saison et long séjour.

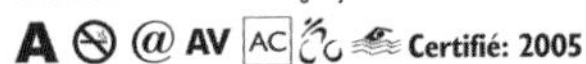

A @ AV AC **Certifié: 2005**

Québec, Ste-Foy

Gîte Monique et André Saint-Aubin ✹✹✹

Gîte du Passant *certifié*

Monique et André Saint-Aubin
3045, rue de la Seine
Québec G1W 1H8
Tél. (418) 658-0685
www.quebecweb.com/staubin
saint-aubin@videotron.ca

Pont Pierre-Laporte, sortie boul. Laurier, 1er feu rue Lavigerie à droite, 3e rue de la Seine à droite. Aut. 40, sortie 305, boul. Duplessis sud sortie boul. Laurier...

Coup de Cœur du Public régional 1995. Accueil chaleureux, atmosphère calme et paisible, grande maison familiale de style canadien située dans un quartier résidentiel, tranquille, à 10 min du Vieux-Québec. Petit-déj. copieux, mets variés, service personnalisé, salle de séjour spacieuse, climatisation centrale. 2 s. de bain partagées. Bienvenue! **Certifié «Bienvenue cyclistes!MD».**

Aux alentours: resto, centres d'achat, Univ. Laval, hôpital, voies rapides, piste cyclable, aquarium, Vieux-Québec.
Chambres: matelas confortables, lit simple, double ou queen, lit d'appoint au besoin
3 ch. S. de bain partagée(s).
Ouvert: à l'année.
2 pers: B&B 70$ **1 pers B&B** 55$
Enfant (12 ans et –): B&B 15$

AV AC **Certifié: 1989**

Québec, Ste-Foy

Maison Dina ✹✹✹

Gîte du Passant *certifié*

Guillermo Velozo et Dina Saéz-Velozo
1114, avenue Fournier
Québec G1V 2H8
Tél. (418) 652-1013
www.giteetaubergedupassant.com/maisondina
alcides@videotron.ca

Pont Pierre-Laporte dir. centre-ville, sortie boul. Laurier. Au 2e feu à gauche, rue Légaré à droite, av. Fournier à droite.

Maison située dans le cœur de la ville de Ste-Foy à 1 km du pont Pierre-Laporte. Très près des plus grands centres d'achat de Québec, de la gare d'autobus inter-provinciale, du bureau de poste, banques, hôpitaux. Possibilité de déjeuner aux saveurs de l'Amérique du Sud. Nous parlons aussi l'espagnol.

Aux alentours: centres d'achat, Aquarium du Québec, parc des Champs-de-Bataille, Vieux-Port de Québec, musée.
Chambres: 2 au sous-sol, confortables, sortie et entrée indépendantes, lits queen.
3 ch. S. de bain partagée(s).
Ouvert: à l'année.
2 pers: B&B 63$ **1 pers B&B** 53$
Enfant (12 ans et –): B&B 15$
Réduction: hors saison et long séjour.

Certifié: 1993

Québec, Sillery

Gîte au Chemin du Foulon ✹✹✹

Gîte du Passant *certifié*

Francine et Yvon Arsenault
2521 C, Chemin du Foulon
Québec G1T 1X6
Tél. (418) 659-1365
Fax (418) 659-1736
www.giteetaubergedupassant.com/chemindufoulon
auchemindufoulon@videotron.ca

Pont Pierre-Laporte, sortie 132 boul. Champlain, ou aut. Henri IV, sortie boul. Champlain. À 3 km à l'est du pont, sortie Côte du Verger, 1re rue à droite.

Coquette maison de ville, joliment décorée, face au fleuve St-Laurent et située à 10 min du Vieux-Québec. Vous serez ravis par les petits-déjeuners très copieux, tout cela dans une ambiance chaleureuse et un confort douillet. Nous serons heureux de vous accueillir.

Aux alentours: Vieux-Québec, aquarium, piste cyclable, zoo, restos, musées, village amérindien, centre commercial.
Chambres: confortables, propres, décorées avec soin, lit double, salle d'eau. **2 ch. S. de bain partagée(s).**
Ouvert: à l'année.
2 pers: B&B 70$ **1 pers B&B** 55$
Enfant (12 ans et –): B&B 15$

A **AV** **Certifié: 2001**

Québec, Sillery

La California ☼☼☼☼

Gîte du Passant *certifié*

Mary Venner Shee
2506, chemin Saint-Louis
Québec G1W 5A6
Tél. (418) 651-9548 (418) 651-4106
www.bblacalifornia.com
mary@bblacalifornia.com

Du pont Pierre-Laporte, boul. Laurier. Le ch. St-Louis est parallèle, descendre à droite pour le prendre.

Le couette et café est situé près du Vieux-Québec et du fleuve Saint-Laurent, non loin de l'Université Laval et des centres d'achat, pour un accès à tous les services. Ce lieu offre un service inégalé dans une atmosphère intimiste, calme et reposante. L'intérieur raffiné réunit l'art victorien et contemporain sous l'œil experte de l'hôtesse.

Aux alentours: 10 minutes du Vieux-Québec, université, centres d'achat Laurier, Ste-Foy et la Capitale.
Chambres: chaque chambre est unique. **3 ch. S. de bain privée(s) ou partagée(s).**
Ouvert: à l'année.
2 pers: B&B 95$
Enfant (12 ans et –): B&B 10$
Réduction: hors saison et long séjour.

A **Certifié: 2005**

Québec, Wendake

La Maison Aorhenche ☼☼☼

Gîte du Passant *certifié*

Line Gros-Louis
90, rue François Gros-Louis
Wendake G0A 4V0
Tél. (418) 847-0646
Fax (418) 847-4527
www.maisonaorhenche.com
aorhenche@sympatico.ca

Aut. 175 est, boul. Robert-Bourassa, rte 740 nord, sortie boul. Bastien à gauche, rue Le Huron à droite, rue François Gros-Louis à gauche.

Maison centenaire, située au coeur du vieux Wendake, où le passé côtoie le présent. Une ambiance chaleureuse òu l'art amérindien nous transporte dans le temps. Nos petits-déj. sont santé et très copieux. Souper à saveur amérindienne sur réservation. À 15 min du centre-ville. Au plaisir de partager notre culture Huronne-Wendat avec vous. P. 300.

Aux alentours: partez à la découverte du Vieux-Wendake, de son arrondissement historique et de sa culture Wendat.
Chambres: de l'Ours, du Loup et de la Tortue vous attendent. **3 ch. S. de bain privée(s) ou partagée(s)**
Forfaits: charme.
Ouvert: à l'année.
2 pers: B&B 90$ **1 pers B&B** 67$
Enfant (12 ans et –): B&B 20$
IT VS

A **Certifié: 1997**

St-Alban

Gîte chez France ☼☼☼

Gîte du Passant *certifié*

France Leduc
87, rang de l'Église Nord
Saint-Alban G0A 3B0
Tél. (418) 268-3440
Fax (418) 268-1299
http://pages.globetrotter.net/gitechezfrance
chezfrance@globetrotter.net

Aut. 40, sortie 254, dir. St-Marc-des-Carrières, à l'épicerie Métro, rue St-Joseph à droite, rue Principale à gauche dir. St-Alban. 1,3 km dépassé l'église de St-Alban.

En pleine campagne, à moins de 45 minutes de Québec. Chez nous, vous serez reçus comme un membre de la famille. Accueil de touristes européens depuis 1990. Déjeuner compris et repas du soir (souper) sur réservation. Repas maison concoctés à partir de produits du terroir. Climatisation centrale. Deux salles de bain. Au plaisir de vous accueillir!

Aux alentours: golf, spéléologie, randonnée pédestre, vélo, canot, traîneau à chiens, ski de fond.
Chambres: occupation double ou triple. **3 ch. S. de bain partagée(s)**
Forfaits: plein air, ski de fond, autres.
Ouvert: à l'année.
2 pers: B&B 60$ **PAM** 90$ **1 pers B&B** 50$ **PAM** 65$
Enfant (12 ans et –): B&B 15$ **PAM** 25$
Réduction: long séjour.

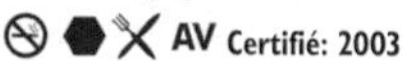

St-Casimir-de-Portneuf
Gîte B&B "Pour les Amis" Hébergement à la Campagne ☀☀☀

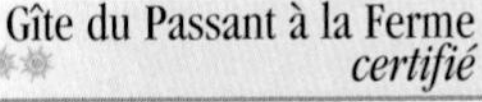
Gîte du Passant à la Ferme
certifié

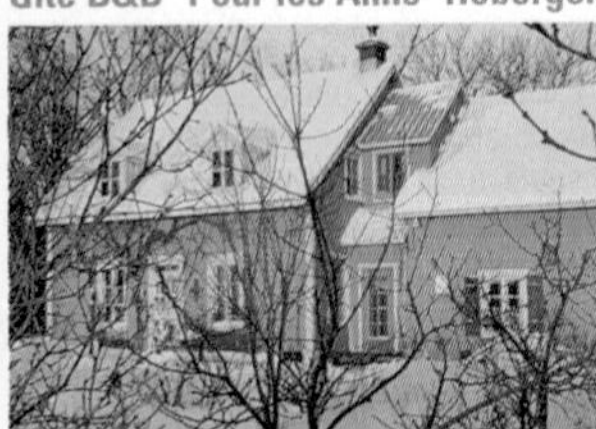

Gabrielle Poisson et Gaston Girard
950, rang de la Rivière Noire
Saint-Casimir-de-Portneuf G0A 3L0
Tél. (418) 339-2320
http://pages.globetrotter.net/gitepourlesamis
gitepourlesamis@globetrotter.net

Aut. 40 est, sortie 254 dir. St-Casimir, rue Tessier est, prendre le pont de l'île Grandbois, rang de la Rivière Noire, 6 km. Dernière maison. GPS: 46°N 41'80 72°O 08'22.

En nomination pour le Coup de Coeur du Public régional 2006. «Une adresse pleine d'authenticité qui porte bien son nom. Un vrai coup de coeur!». Maison de ferme de 1850 avec son poêle à bois, sa cuisine d'été, bordée de la rivière et de ses grands jardins. Visite à la cabane à sucre. Repas du soir: lapin, légumes du potager, desserts à l'érable... P. 304.

Aux alentours: spéléologie, escalade, golf, traîneau à chiens, descente de rivière, vélo de campagne, marche.
Chambres: accueillant de 2 à 5 personnes. **3 ch. S. de bain privée(s) ou partagée(s)**
Forfaits: à la ferme, famille, hiver.
Ouvert: à l'année.
2 pers: B&B 50-70$ **PAM** 94-114$ **1 pers B&B** 40-60$ **PAM** 62-82$
Enfant (12 ans et –): PAM 15$
Réduction: long séjour.

A ● ✕ **AV** **Certifié: 2003**

St-Raymond
Auberge la Bastide ★★★

Auberge du Passant
certifiée

Pascal Cothet, chef propriétaire
567, rue St-Joseph
Saint-Raymond G3L 1K8
Tél. (418) 337-3796 1-877-337-3796
Fax (418) 337-8396
www.bastide.ca
forfaits@bastide.ca

Aut. 40, sortie 281 nord, 25 km St-Raymond, au 1er feu, rue St-Joseph à droite.

À 40 min de Québec, une auberge de charme. Établissement climatisé. Terrain boisé en bordure de la rivière Ste-Anne. Un restaurant renommé pour sa cuisine créative. Concept unique de forfaits expérience: une foule d'activités encadrées à l'année. Terrasse ombragée, chute d'eau. Service professionnel et attentif. Grand Prix du tourisme 2003. P. 281.

Aux alentours: visitez sur le web: casernedulin.ca, valleebrasdunord.com, icehotel-canada.com.
Chambres: lumineuses, climatisées, Internet, TV câblée, décor sobre et chic. **7 ch. S. de bain privée(s) ou partagée(s)**
Forfaits: charme, détente & santé, golf, vélo.
Ouvert: à l'année.
2 pers: B&B 118-130$ **PAM** 186-198$
Taxes en sus. AM IT MC VS

A ⊘ ✕ **AV** **Certifié: 2004**

Ste-Anne-de-Beaupré
Auberge la Grande Ourse ★★★

Auberge du Passant
certifiée

Denise Belval et Guy Tremblay
9717, av. Royale
Sainte-Anne-de-Beaupré G0A 3C0
Tél. (418) 827-1244
www.quebecweb.com/grandeourse
auberge.grandeourse@mediom.qc.ca

Rte 138, à Ste-Anne-de-Beaupré, suivre les panneaux bleus de signalisation touristique.

Située sur l'avenue Royale, route historique et pittoresque de la Côte-de-Beaupré, La Grande Ourse se dresse fièrement au centre de tous les attraits" Tout comme la constellation dans le ciel étoilé...

Aux alentours: basilique Ste-Anne-de-Beaupré, Mont-Sainte-Anne, canyon, cap Tourmente, chute Montmorency.
Chambres: romantiques, suite familiale et pour plus confort, TV, réfrigérateur. **6 ch. S. de bain privée(s)**
Forfaits: croisière, gastronomie, romantique.
Ouvert: à l'année.
2 pers: B&B 64-99$ **1 pers B&B** 59-89$
Enfant (12 ans et –): B&B 10$
Taxes en sus. IT MC VS
Réduction: hors saison et long séjour.

A ⊘ AC **Certifié: 2005**

Ste-Anne-de-Beaupré
La Maison d'Ulysse ✻✻✻✻

Gîte du Passant
certifié

Bruce Lemay et Johanne Marquis
9140, av. Royale
Sainte-Anne-de-Beaupré G0A 3C0
Tél. (418) 827-8224
www.giteetaubergedupassant.com/maisondulysse
lamaisondulysse@videotron.ca

Rte 138 est dir. Ste-Anne-de-Beaupré. À 6 km de Château-Richer, après le Musée de l'abeille, au feu, rue Paré. av. Royale à droite.

Coup de Cœur du Public régional 2000. Complétez votre Odyssée sur la Côte-de-Beaupré en faisant escale chez nous. Jolie maison de campagne (mansarde 1909), confortable, calme et chaleureuse. Déj. raffiné 3 services, servi dans la verrière avec vue sur le fleuve et l'île d'Orléans. Foyer.

Aux alentours: 10 min du Mt-Ste-Anne, 20 min de Québec, près: Massif, cap Tourmente, canyon, Les Sept Chutes.
Chambres: douillettes, confortables, lits double et queen. **4 ch. S. de bain privée(s) ou partagée(s).**
Ouvert: à l'année.
2 pers: B&B 65-75$ **1 pers B&B** 55-60$
Enfant (12 ans et –): B&B 5-15$
Taxes en sus.

A AV Certifié: 1991

Stoneham, St-Adolphe
Auberge de la Ferme St-Adolphe ✻✻✻

Gîte du Passant à la Ferme
certifié

Jocelyne Couillard et Georges Legendre
1035, rue Saint-Edmond
Saint-Adolphe, Stoneham G0A 4P0
Tél. (418) 848-2879 1-866-338-GITE
Fax (418) 848-6949
www.aubergestoneham.com
info@aubergestoneham.com

Aut. 73 nord dir. Chicoutimi. À la fin de la rte 73 ne prendre aucune sortie, 7 km sur la rte 175 jusqu'à indication St-Adolphe. Rue St-Edmond à droite. 3,5 km.

Gîte agricole indépendant de notre maison, près du Vieux-Québec et du parc de la Jacques-Cartier. Accueil avec dégustation de tire d'érable. Sentiers pédestres, rivière, lac de truites frétillantes, rocailles et verdure généreuse. Visite guidée à l'érablière et à la cabane à sucre. P. 304.

Aux alentours: sentiers pédestres, pêche, raquette, érablière, parc de la Jacques-Cartier, ski de fond Le Refuge.
Chambres: toutes charmantes, confortables et aménagées avec simplicité. **3 ch. S. de bain partagée(s).**
Ouvert: à l'année.
2 pers: B&B 60$ **1 pers B&B** 50$
Enfant (12 ans et –): B&B 15$
Taxes en sus.

AV Certifié: 1998

St-Casimir-de-Portneuf

Gîte B&B "Pour les Amis" Hébergement à la Campagne

Gîte du Passant à la Ferme *certifié*

950, rang de la Rivière Noire, Saint-Casimir-de-Portneuf
Tél. (418) 339-2320
http://pages.globetrotter.net/gitepourlesamis
gitepourlesamis@globetrotter.net

Activités: Nourrir tous les animaux de la basse-cour. «Lever» les oeufs. Visite au jardin: découverte de fines herbes et de fleurs comestibles. Promenade à la cabane à sucre en toutes saisons, marche au bord de la rivière, en forêt observation de griffes d'ours. P. 302.

Animaux: «Bella» la petite chienne. La chatte «Mimi» et sa portée. Lapins, oies, poules (oeuf frais), coqs. Les vaches dans les prés.

Stoneham, St-Adolphe

Auberge de la Ferme St-Adolphe

Gîte du Passant à la Ferme *certifié*

1035, rue Saint-Edmond, Saint-Adolphe, Stoneham
Tél. (418) 848-2879 1-866-338-GITE
Fax (418) 848-6949
www.aubergestoneham.com
info@aubergestoneham.com

Activités: Visites guidées de la ferme, observation d'animaux sauvages, pêche en ruisseau, aire de repos dans une pergola, piscine chauffée. Au printemps, participez à la fabrication des produits de l'érable. En hiver: raquette. P. 303.

Animaux: Moutons, poules, truites mouchetées. Observation en milieu forestier: orignal, chevreuil, lièvre, perdrix, aigle pêcheur, le grand héron, etc.

Château-Richer

Auberge Baker

Table aux Saveurs du Terroir *certifiée*

8790, avenue Royale, Château-Richer
Tél. (418) 824-4478 1-866-824-4478
Fax (418) 824-4412
www.auberge-baker.qc.ca
gcloutier@auberge-baker.qc.ca

Le chef vous propose une cuisine raffinée et créée à partir de produits du terroir dans la plus pure des traditions québécoises ou cuisine actuelle. Les planchers de bois ancestraux, les murs de pierres et le foyer ajouteront cette touche particulière que vous recherchez... P. 283.

Spécialités : Le Migneron en croûte dorée sur coulis à l'érable. Longe d'agneau en panade de fines herbes à la moutarde d'ail du domaine Steinbach. L'assiette québécoise. Le boudin noir.

Repas offerts : midi et soir. Réservation recommandée.

Deschambault

La Maison Deschambault

Table aux Saveurs du Terroir *certifiée*

128, chemin du Roy, Deschambault
Tél. (418) 286-3386
Fax (418) 286-4064
www.quebecweb.com/deschambault
auberge@globetrotter.qc.ca

Deux salles à manger soigneusement décorées avec vue sur les jardins. P. 285.

Spécialités : Esturgeon fumé, saumon mariné dans le sirop d'érable, fromages locaux.

Repas offerts : soir. Réservation recommandée.

L'Île-d'Orléans, St-Pierre

Auberge Le Canard Huppé

Table aux Saveurs du Terroir *certifiée*

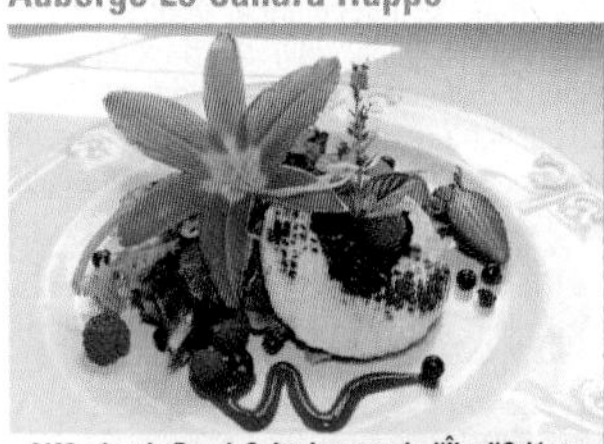

2198, chemin Royal, Saint-Laurent-de-l'Île-d'Orléans
Tél. (418) 828-2292 1-800-838-2292
Fax (418) 828-0966
www.canardhuppe.com
info@canardhuppe.com

Mon plaisir, c'est de vous faire découvrir les produits du terroir. Je cuisine pour vous, avec les meilleurs ingrédients, mais surtout avec toute la passion qui m'anime et la volonté de vous séduire et de vous recevoir à nouveau à l'auberge. P. 287.

Spécialités : Fondant de foie gras de canard au cognac, gelée de cidre, oignons confits. Trilogie de gibiers et ses accords, caribou aux champignons, sanglier et ketchup aux fruits.

Repas offerts : soir. Réservation recommandée.

L'Île-d'Orléans, St-Pierre

L'Auberge sur les Pendants

Table aux Saveurs du Terroir *certifiée*

1463, chemin Royal, Saint-Pierre-de-l'Île-d'Orléans
Tél. (418) 828-1139
www.giteetaubergedupassant.com/pendants
surlespendants@qc.aira.com

Salle à manger intime et chaleureuse aux murs de pierres où une fine cuisine inventive mettant à l'honneur les produits de l'île vous est servie en toute simplicité. Entre amis, en famille ou en amoureux, l'ambiance feutrée fera de votre repas un moment privilégié et inoubliable... P. 22, 289.

Spécialités : Fine cuisine intuitive et inventive où les fruits, légumes et produits du terroir se marient avec viandes et poissons. Tout est fait maison, fraîcheur et saveurs garanties.

Repas offerts : soir. Réservation recommandée.

L'Île-d'Orléans, St-Pierre

Domaine Orléans

Relais du Terroir *certifié*

Jacques Paradis
285, Chemin Royal
Saint-Pierre-de-l'Île-d'Orléans, G0A 4E0

Tél. (418) 828-9071
Fax (418) 828-2935
www.domaineorleans.com
jparadis@domaineorleans.com

À 10 minutes de Québec, autoroute Dufferin Montmorency (aut. 40), à la sortie du pont de l'Île-d'Orléans, à droite, 1km. 15 minutes du Mont-Ste-Anne.

IT MC VS
Ouvert: à l'année

A AV Certifié: 2002

Site agrotouristique le plus près du centre-ville de Québec (10 minutes en voiture). Avec une vue imprenable sur le pont de l'Île-d'Orléans, la chute Montmorency et la côte de Beaupré, le Domaine se consacre à la promotion du poisson et de la pomme. Nous offrons des poissons fumés, marinés, ainsi que des cidres et liqueurs alcoolisées.

Produits: Pisciculture: truites arc-en-ciel et mouchetées. Truite fumée et marinée dans notre vinaigre de cidre, mousse à la truite fumée, pizza à la truite fumée, pâté à la truite, rillettes de truite, etc.

Pomiculture: cidre léger et cidre fort, cidre de glace, porto, liqueurs de pomme et cassis, pomme et canneberge, pomme et framboise, mousseux, vinaigre de cidre aromatisé de petits fruits, beurre de pomme, gelée de pommes, jus de pomme frais.

Activités: Dégustation, pique-nique, boutique, aire de jeux, visite de la pisciculture, observation des Grands Feux Loto-Québec. Auto-cueillette de la pomme, pêche en étang et pêche blanche, randonnée en traîneau à chiens.

Services: Toilettes. Boutique.

Aux alentours: musée Félix-Leclerc, Parc des Bisons, Parc de la Chute Montmorency, Mont-Ste-Anne.

L'Île-d'Orléans, St-Pierre

Vignoble Isle de Bacchus

Relais du Terroir *certifié*

Alexandre et Donald Bouchard
1071, chemin Royal
Saint-Pierre-de-l'Île-d'Orléans, G0A 4E0

Tél. (418) 828-9562
Fax (418) 828-1764
www.isledebacchus.com
isledebacchus@sympatico.ca

Aut. 40 ou 440 est, sortie Île-d'Orléans. Au feu de circulation, à gauche, 1,8 km.

IT MC VS
Ouvert: à l'année

A AV Certifié: 2005

Le vignoble tire son nom de l'appellation donnée à l'île d'Orléans par J. Cartier en 1535 «Isle de Bacchus», vu l'abondance de vignes indigènes. À 30 m du niveau du Saint-Laurent, orientation qui confère un climat bénéfique. Cuverie équipée d'accessoires des plus modernes. Chais d'élevage composé de barriques de chêne américain. P. 280, 289.

Produits: Vin blanc sec «Le 1535». Vin rosé sec « Le Saint-Pierre». Vin rouge sec «Le Village des Entre-Côtes». Vin apéritif semi doux «Le Kir de l'Île». Vin liquoreux «Le Fleur de Lyse». Vin de glace «Le Jardin de Givre».

Tous nos vins sont des vins d'assemblage issus de différents cépages tels : Vandal, Eona, Sainte-Croix, Geisenheim, Maréchal-Foch, Michurinetz. Nous élevons nos vins en fût de chêne. Vins médaillés: «Le 1535» lauréat aux sélections mondiales 2000. Coupe des Nations: «Le Saint-Pierre» médaillé d'or en 2001, «Le Fleur de Lyse» coupe d'argent en 2003, «Le Jardin de Givre» médaillé d'argent en 2005.

Activités: Visites guidées, dégustation, repas du terroir de l'île, vins et fromages pour groupes (max. 35 pers.). Du 15 sept. au 15 oct., fête des vignobles, période des vendanges.

Services: Salle d'accueil, caveau de dégustation, boutique, aires de pique-nique.

Aux alentours: Espace Félix-Leclerc, nombreux sites historiques dont le Manoir Mauvide-Genest, parc de bisons.

Saguenay–Lac-Saint-Jean

Un pays de démesure…

Découvrez ce pays où les forces de la nature ont façonné un spectaculaire fjord et un sublime lac aux allures d'une petite mer intérieure bordée de plages dorées.

Le Saguenay-Lac-Saint-Jean a de quoi impressionner! Que vous fassiez le tour du vaste lac Saint-Jean, que vous exploriez les falaises abruptes et les caps vertigineux du fjord ou que vous visitiez le Haut-Saguenay plein de charme et d'animation, vous en aurez le souffle coupé!

S'offriront à vous des attraits aussi variés que le village de Petit- Saguenay, blotti au creux des montagnes et rappelant le charme des villages suisses; la baie des Ha! Ha!, qui accueille les plus hautes marées du Québec; et ce fameux fjord, classé par l'ouvrage *Enduring Treasures du National Geographic* parmi les cinq destinations nature à explorer en Amérique du Nord.

Pour vous accueillir, des gens de fête et de cœur dont la spontanéité surprenante et le phrasé mélodieux sont un pur ravissement. Certains, un tantinet taquin, vous diront que leurs bleuets sont si gros qu'un seul suffit à faire une tarte! Rien d'étonnant, car ce savoureux petit fruit sauvage y pousse en tellement grande quantité, qu'on surnomme affectueusement les habitants de la région les «Bleuets».

Si l'aventure et la nature vous interpellent, voilà votre prochaine destination écotouristique!

Patrick Escudero

Saveurs régionales

Les habitants du Saguenay-Lac-Saint-Jean ont su conserver des coutumes culinaires traditionnelles où l'on retrouve, entre autres: la ouananiche (un saumon d'eau douce), le wapiti, la tourtière saguenéenne, les soupes et salades aux gourganes et le fromage cheddar Perron. Vins, pains artisanaux, miels et fromages de chèvre viennent aussi agrémenter la table.

Parler des saveurs de la région revient évidemment à parler du bleuet. Cette myrtille québécoise, emblème de la région, se retrouve au nord du lac Saint-Jean. Le bleuet est utilisé à toutes les sauces dans la région: dans les tartes, les confiseries, les coulis, les confitures, les sauces accompagnant les viandes et même dans les excellents chocolats et apéritifs des Pères Trappistes de Mistassini. Des classiques! Quant à la savoureuse tourtière saguenéenne, elle était à l'origine faite à base de perdrix et de divers petits gibiers couverts d'une pâte et longuement mijotés. De nos jours, dans les restaurants, on poursuit la tradition avec des viandes d'élevage.

Aux Bons Jardins, Saint-Fulgence

Produits du terroir à découvrir et déguster

- Produits à base de bleuets, de framboises, de baies d'amélanchier et de mûres: coulis, sirops, tartinades, gelées, vinaigrettes de *La Magie du Sous-Bois Inc.* P. 328.
- Fromages au lait cru, fromage en grain et petits fruits frais de la *Ferme Laitière 3J* Inc.. P.329.
- Produits de l'agneau en différentes découpes et sauces marinades de *la Ferme la Terre Promise*. P. 330.

La région compte quatre (4) Tables aux Saveurs du Terroir^MD certifiées. Une façon originale de découvrir les saveurs de la région ! (P. 327.)

Inmagine

Saguenay–Lac-Saint-Jean

Le saviez-vous?

En 1870, d'un petit feu destiné à brûler quelques arbres abattus naît un foudroyant brasier. Plus de 3 900 km^2 de territoire sont ravagés. Pour se protéger du feu, les gens devaient se réfugier dans des caves ou s'immerger dans les rivières et les lacs. En 1971, un énorme glissement de terrain à Saint-Jean-Vianney déplace l'équivalent de 8 millions de m^3 d'argile et de sable. En 1988, un séisme atteignant 6,5 sur l'échelle de Richter frappe la région. En 1996, c'est un déluge de plus de 260 mm de pluie en 50 heures (l'équivalent de 3 m de neige) qui cause le débordement de plusieurs cours d'eau. Pays de démesure, disions-nous? Ajoutons même, de courage légendaire!

Clin d'œil sur l'histoire

En 1838, 21 colons partent de Charlevoix (la Société des Vingt-et-Un) pour venir coloniser le territoire. On y implanta d'abord l'industrie forestière. Suivront l'industrie fromagère, de l'aluminium et du bleuet. C'est en 1880 que l'industrie fromagère connaît un essor avec la création d'une dizaine de fabriques de cheddar. Sous le Régime anglais, les fromages étant réservés à la noblesse, le cheddar devint l'un des produits canadiens les plus exportés, après la fourrure, la morue séchée et le bois de construction. La Fromagerie Perron de Saint-Prime est l'un des meilleurs exemples du savoir-faire fromager qui s'est transmis sur quatre générations, assurant ainsi le maintien de la qualité exceptionnelle de ce fromage de renommée internationale.

Quoi voir? Quoi faire?

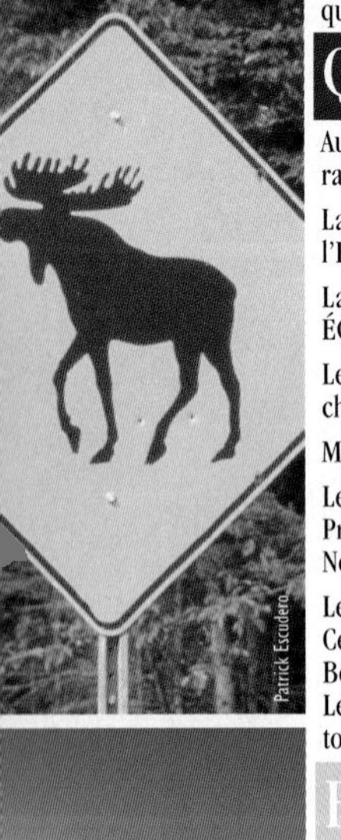

Aux pourtours du lac Saint-Jean: plages, randonnée, diverses activités et attraits.

La caverne Trou de la Fée (Desbiens) et l'Ermitage Saint-Antoine de Lac-Bouchette.

La boulangerie Perron de Roberval, ÉCONOMUSÉE®.

Le Village historique de Val-Jalbert: moulin, chute, sentier... (Chambord).

Mashteuiatsh (Pointe-Bleue).

Le Musée du fromage cheddar (Saint-Prime) et les Grands Jardins de Normandin.

Le Zoo sauvage de Saint-Félicien et le Centre de Conservation de la Biodiversité Boréale Boréalie (Saint-Félicien).
Le Musée Louis-Hémon – Complexe touristique Maria-Chapdelaine (Péribonka).

Le Centre d'interprétation des battures et de réhabilitation des oiseaux (Saint-Fulgence).

À Jonquière, Chicoutimi et La Baie: divers attraits, dont la Pulperie de Chicoutimi, la Maison Arthur-Villeneuve, le spectacle La Fabuleuse Histoire d'un Royaume et le Musée du fjord, entre autres.

L'attrait historique le Site de la Nouvelle-France (Saint-Félix-d'Otis).

Les jolis villages de Petit-Saguenay, Anse Saint-Jean, Sainte Rose-du-Nord et Saint-Félix-d'Otis.

Le Festival des bleuets (août), le Festival international des arts de la marionnette (juillet), Jonquière en musique (juin à août), et plusieurs autres événements.

Faites le plein de nature

Croisière et expédition en kayak sur le lac Saint-Jean et sur le fjord.

La Véloroute des bleuets : un circuit cyclable de 256 km ceinturant le lac Saint-Jean.

Le parc national du Saguenay: plusieurs sentiers parcourant les deux rives du fjord.

Le Mont Lac-Vert (Hébertville) et le Domaine de la rivière Mistassini (Girardville).

Le Sentier des grands pins blancs (Alma).

La réserve faunique des Laurentides.

Le Centre touristique du Lac-Kénogami.

Le Parc de la Pointe-Taillon (Saint-Henri-de-Taillon).

Pour la famille, le Parc Aventures Cap-Jaseux (Saint-Fulgence).

Le parc national des Monts-Valin: marche, raquette, motoneige (Saint-Fulgence).

Le Parc de la Nordicité (La Baie).

Pour plus d'information sur la région du Saguenay-Lac-Saint-Jean: 1-877-253-8387
www.saguenaylacsaintjean.net

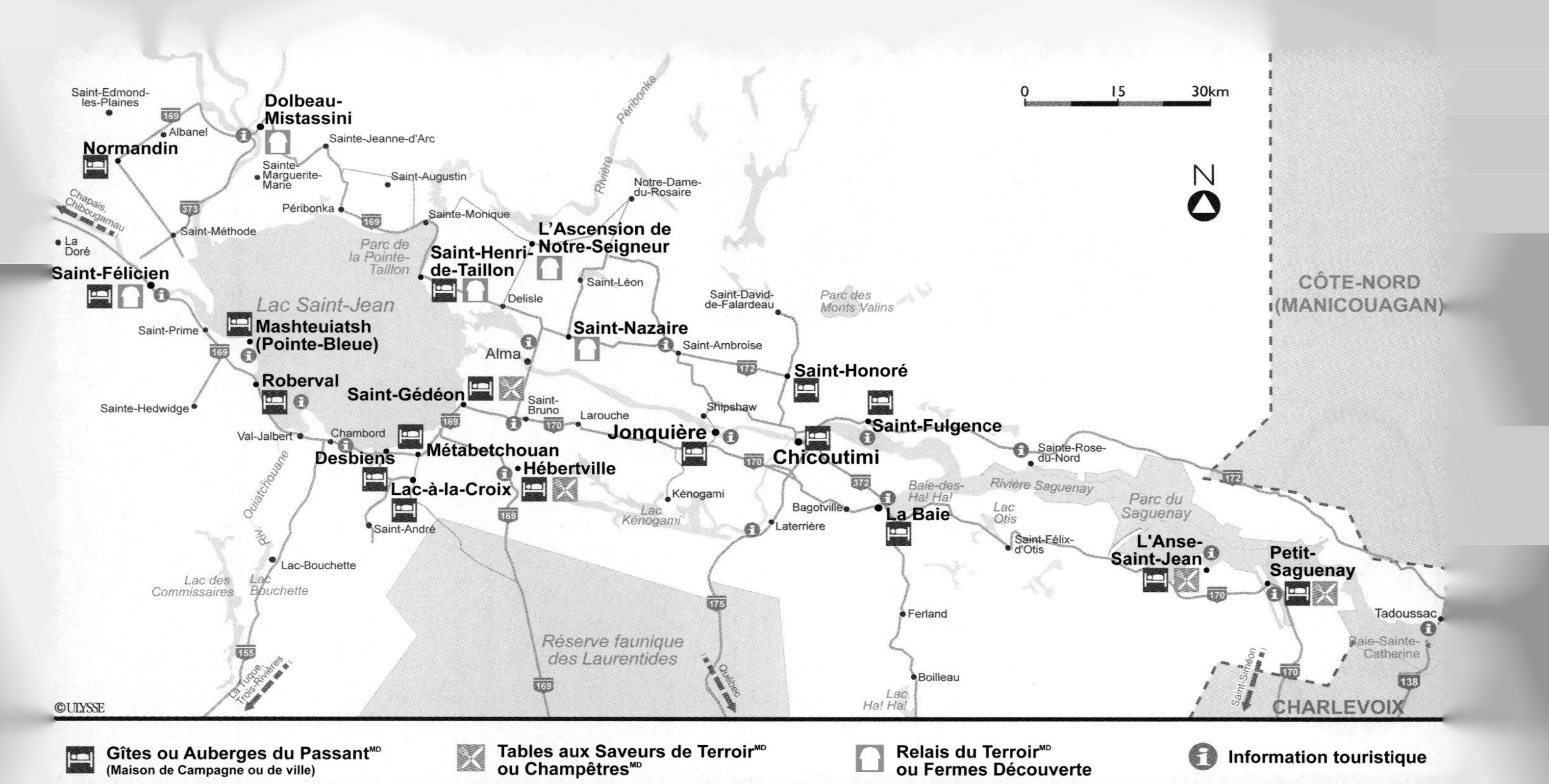

Dolbeau-Mistassini
Normandin
Saint-Félicien
Mashteuiatsh (Pointe-Bleue)
Roberval
Saint-Gédéon
Desbiens
Métabetchouan
Lac-à-la-Croix
Hébertville
Saint-Henri-de-Taillon
L'Ascension de Notre-Seigneur
Saint-Nazaire
Alma
Jonquière
Saint-Honoré
Saint-Fulgence
Chicoutimi
La Baie
L'Anse-Saint-Jean
Petit-Saguenay
Saint-Edmond-les-Plaines
Albanel
Sainte-Jeanne-d'Arc
Sainte-Marguerite-Marie
Saint-Augustin
Péribonka
Sainte-Monique
Saint-Méthode
La Doré
Chapais, Chibougamau
Saint-Prime
Sainte-Hedwidge
Val-Jalbert
Chambord
Saint-André
Lac-Bouchette
Lac des Commissaires
Lac Bouchette
Riv. Ouiatchouane
La Tuque, Trois-Rivières
Lac Saint-Jean
Parc de la Pointe-Taillon
Rivière Péribonka
Notre-Dame-du-Rosaire
Saint-Léon
Delisle
Saint-Bruno
Larouche
Shipshaw
Kénogami
Lac Kénogami
Saint-David-de-Falardeau
Parc des Monts Valins
Saint-Ambroise
Bagotville
Laterrière
Québec
Réserve faunique des Laurentides
Baie-des-Ha! Ha!
Rivière Saguenay
Lac Otis
Saint-Félix-d'Otis
Sainte-Rose-du-Nord
Parc du Saguenay
Ferland
Boilleau
Lac Ha! Ha!
Saint-Siméon
Tadoussac
Baie-Sainte-Catherine
CÔTE-NORD (MANICOUAGAN)
CHARLEVOIX
N
0 15 30km
169
373
170
172
372
175
155
138
©ULYSSE
Gîtes ou Auberges du Passant^MD (Maison de Campagne ou de ville)
Tables aux Saveurs de Terroir^MD ou Champêtres^MD
Relais du Terroir^MD ou Fermes Découverte
Information touristique

L'Anse-St-Jean

Au Globe-Trotter

131, rue Saint-Jean-Baptiste
G0V 1J0
(418) 272-2353 1-866-633-2353
Fax : (418) 272-1731
andreb7@hotmail.com
www.giteetaubergedupassant.com/globe_trotter
P. 319

La Fédération des Agricotours du Québec* est fière de rendre hommage à l'hôte André Bouchard, du gîte AU GLOBE-TROTTER, qui s'est illustré de façon remarquable par son accueil de tous les jours envers sa clientèle.

C'est dans le cadre des Prix de l'Excellence 2006 que le propriétaire de cet établissement, certifié Gîte du Passant^MD depuis 1997, s'est vu décerner le « Coup de Cœur du Public régional » du Saguenay-Lac-Saint-Jean.

Félicitations !

**La Fédération des Agricotours du Québec est propriétaire des marques de certification : Gîte du Passant^MD, Auberge du Passant^MD, Maison de Campagne ou de Ville, Table Champêtre^MD, Relais du Terroir^MD et Ferme Découverte.*

Merci au nom des lauréats!

Chaque année, les fiches d'appréciation permettent de décerner le Prix de l'Excellence, dans la catégorie « Coup de Cœur du Public », aux établissements qui se sont démarqués de façon remarquable par leur accueil. En remplissant une fiche d'appréciation, vous contribuez non seulement à maintenir la qualité constante des services offerts, mais également à rendre hommage à tous ces hôtes.

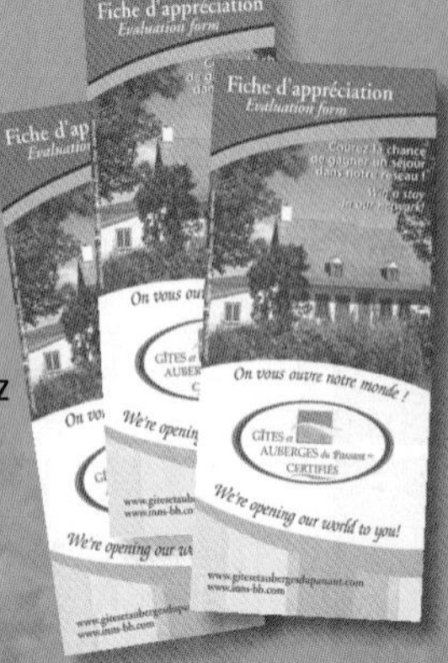

COUREZ LA CHANCE DE GAGNER UN SÉJOUR !

Chacune des fiches d'appréciation , vous donne la chance de gagner un séjour de 2 nuits pour 2 personnes dans un « Gîte ou une Auberge du Passant^MD » de votre choix.
La fiche d'appréciation est disponible dans tous les établissements certifiés et sur Internet :
www.gitesetaubergesdupassant.com

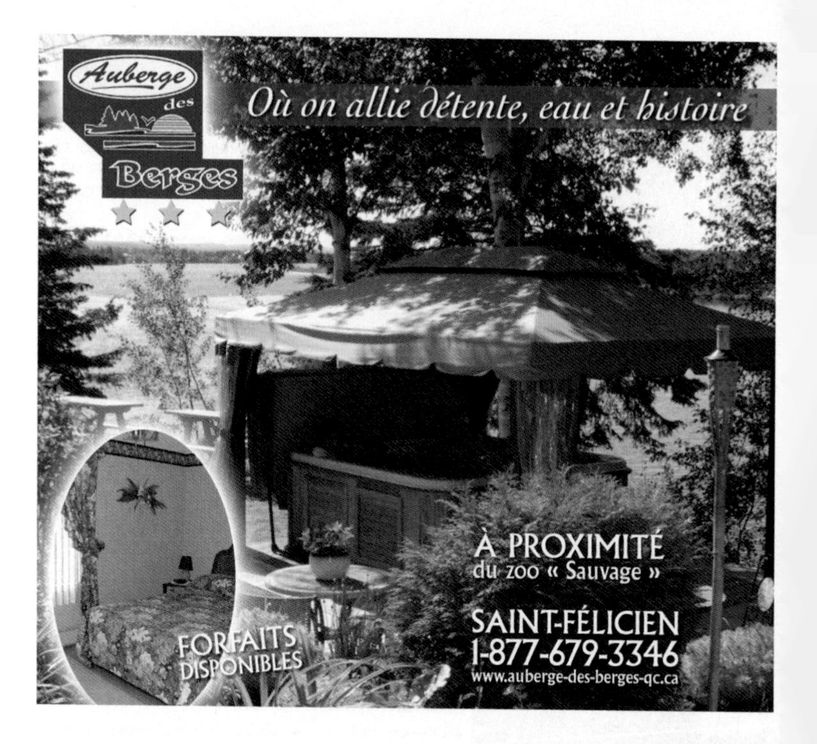
Auberge
des
Berges
Où on allie détente, eau et histoire
À PROXIMITÉ
du zoo « Sauvage »
SAINT-FÉLICIEN
1-877-679-3346
www.auberge-des-berges-qc.ca
FORFAITS
DISPONIBLES

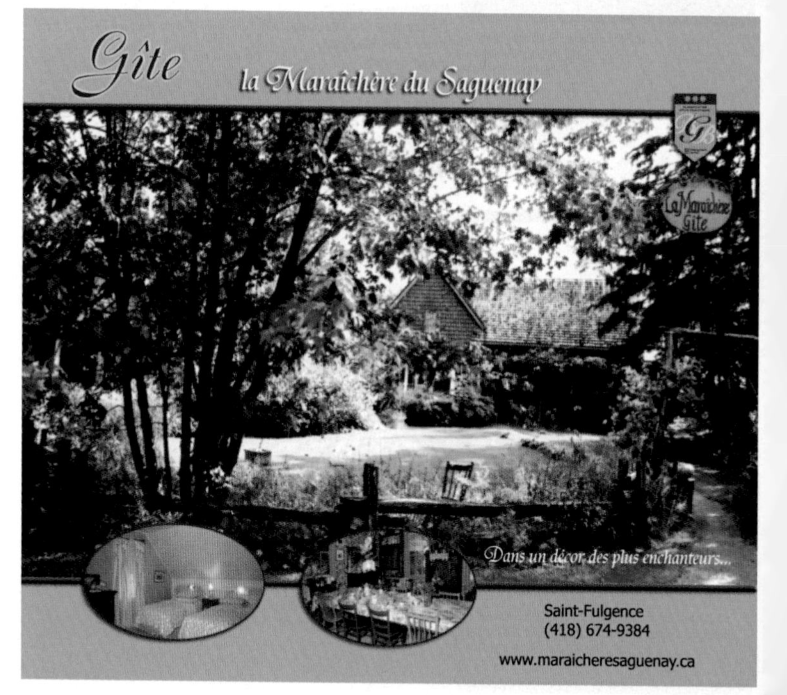
Gîte
la Maraîchère du Saguenay
La Maraîchère
Gîte
Dans un décor des plus enchanteurs...
Saint-Fulgence
(418) 674-9384
www.maraicheresaguenay.ca

Chicoutimi

À la Bernache ☼☼☼

Gîte du Passant *certifié*

Coup de Cœur du Public régional 2000. Surplombant un fjord majestueux, ce gîte très calme est bien centré et situé dans un des plus beaux coins de la région. Les chambres sont douillettes et les déjeuners, abondants et variés, sont servis dans une salle à manger verrière avec vue panoramique sur la rivière.

Aux alentours: la Fabuleuse, croisières Marjolaine sur le fjord, musée de la Pulperie, vélo, équitation, golf.
Chambres: très calme, lumineuses, confortables et décorées avec soin. **4 ch. S. de bain partagée(s).**
Ouvert: à l'année.
2 pers: B&B 60$ **1 pers B&B** 50$
Enfant (12 ans et –): B&B 15$
@ **Certifié: 1994**

Denise Ouellet et Louis Martel
3647, chemin Saint-Martin
Chicoutimi G7H 5A7
Tél. (418) 549-4960
www.gitebernache.com
deniseouellet2@videotron.ca

Rte 175 nord dir. Chicoutimi. Boul. Université est à droite, près centre commercial, boul. Saguenay à gauche, 1re rte à droite, rang St-Martin, 6,7 km.

Chicoutimi

La Maison du Séminaire ☼☼☼☼

Gîte du Passant *certifié*

La Maison du Séminaire construite en 1915 sur une rue patrimoniale à l'ombre d'un magnifique tilleul est un havre de paix au centre-ville de Chicoutimi. La maison est grande, agréable, décorée avec des meubles d'époque, des couleurs chaudes, des papiers peints fleuris et autres commodités. Un séjour confortable vous attend. La belle vie! **Certifié «Bienvenue cyclistes![MD]»**. P. 311.

Aux alentours: restos, activités du centre-ville, CEGEP, UQAC, hôpital, cathédrale, croisières sur le Saguenay.
Chambres: grandes, confortables, situées à l'étage sous les pentes. **5 ch. S. de bain privée(s) ou partagée(s).**
Ouvert: à l'année.
2 pers: B&B 75-100$ **1 pers B&B** 65-75$
Enfant (12 ans et –): B&B 20$
Taxes en sus. MC
Réduction: long séjour.
A @ **AV** AC **Certifié: 2005**

Gaëtane Harvey et Michel Carrier
285, rue du Séminaire
Chicoutimi G7H 4J4
Tél. (418) 543-4724
Fax (418) 545-2195
www.lamaisonduseminaire.com
infos@lamaisonduseminaire.com

Route 175 nord jusqu'à la fin. Rue Jacques-Cartier à gauche, 2e rue à droite.

Chicoutimi

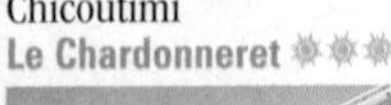

Le Chardonneret ☼☼☼

Gîte du Passant *certifié*

Situé du côté est de Chicoutimi, vaste terrain avec vue imprenable sur la ville et le Saguenay. C'est un chez-soi tout confort. Petit-déjeuner copieux. Divers services à 0,6 km : banque, pharmacie, dépanneur, station-service. Bienvenue chez-moi!

Aux alentours: théâtre, spectacles, vélo, canoë, randonnée, Parc Rivière-du-Moulin.
Chambres: 1 avec vue imprenable sur le fjord. Ch. très accessibles. **3 ch. S. de bain partagée(s)**
Forfaits: croisière, spectacle, théâtre.
Ouvert: 1er mai au 31 octobre.
2 pers: B&B 60-70$ **1 pers B&B** 50$
Enfant (12 ans et –): B&B 15$
AV **Certifié: 1995**

Claire Tremblay
1253, boul. Renaud
Chicoutimi G7H 3N7
Tél. (418) 543-9336
www.giteetaubergedupassant.com/chardonneret
lechardonneret@videotron.ca

De Québec, rte 175 nord dir. Chicoutimi. Boul. Université à droite, près centre commercial, boul. Saguenay à gauche. Après l'hôtel Parasol, boul. Renaud à droite.

Desbiens

Gîte Chez Mes 2 Fils ❄❄❄❄

Gîte du Passant *certifié*

Daniel Senécal et Myriam Dubé
1229, rue Hébert
Desbiens G0W 1N0
Tél. (418) 346-1087
Fax (418) 346-1560
www.chezmes2fils.com
chezmes2fils@sympatico.ca

Rte 155 nord dir. Chambord, rte 169, rue Hébert à droite.

Un accueil amical et cordial vous attend avec vos hôtes Daniel & Myriam dans un décor champêtre qui reflète bien la personnalité de vos hôtes. Il fait bon dormir dans des lits douillets et de se réveiller avec l'odeur du petit-déjeuner et du café. De plus, vous aurez le choix de prendre votre petit-déjeuner à l'intérieur ou à l'extérieur. **Certifié «Bienvenue cyclistes!MD».**

Aux alentours: Véloroute des bleuets, plage, belvédère sur le lac pour regarder le coucher du soleil.

Chambres: décor de style antique avec choix de lit double ou simples. **4 ch. S. de bain privée(s)**

Forfaits: motoneige, plein air, régional.

Ouvert: à l'année.

2 pers: B&B 80$ **1 pers B&B** 65$

AM IT MC VS

A @ **AV** AC **Certifié: 2007**

Hébertville

Auberge Presbytère Mont Lac-Vert ★★★

Auberge du Passant *certifiée*

Danielle Castonguay et Robert Bilodeau
335, rang Lac-Vert
Hébertville G8N 1M1
Tél. (418) 344-1548 1-800-818-1548
Fax (418) 344-1013
www.aubergepresbytere.com
aubergepresbytere@qc.aira.com

Accès par la rte 169, on n'entre pas dans le village d'Hébertville, suivre la dir. Mont-Lac-Vert, 4 km. Face au camping municipal.

Situé aux portes du lac Saint-Jean dans un décor enchanteur, à deux pas du mont Lac-Vert, l'auberge Presbytère a su conserver son cachet d'antan. On vous accueillera dans une ambiance chaleureuse, où vous pourrez bénéficier d'une tranquillité exceptionnelle entourée d'un paysage campagnard qui saura vous inspirer. Certifié Table aux Saveurs du TerroirMD. **Certifié «Bienvenue cyclistes!MD».** P. 327.

Aux alentours: randonnée pédestre, vélo, plage, motoneige, traîneau à chiens, ski alpin, raquette, glissade.

Chambres: personnalisées avec un style campagnard et original. **6 ch. S. de bain privée(s)**

Forfaits: charme, gastronomie, motoneige, autres.

Ouvert: à l'année.

2 pers: B&B 83-93$ **PAM** 129-139$ **1 pers B&B** 68-93$ **PAM** 91-116$

Enfant (12 ans et –): B&B 5$ **PAM** 17$

Taxes en sus. AM IT MC VS

Réduction: hors saison.

AV **Certifié: 1998**

Jonquière

Auberge les Deux Tours ★★★

Auberge du Passant *certifiée*

Marie-Josée Audet et Gérald Rathée
2522, rue St-Dominique
Jonquière G7X 6J7
Tél. (418) 695-2022 1-888-454-2022
Fax (418) 542-6489
www.aubergedeuxtours.qc.ca
info@aubergedeuxtours.qc.ca

Aut. 70 ouest dir. Jonquière, sortie 33 centre-ville, rue St-Dominique, face à l'église.

Idéal pour les visiteurs recherchant confort, charme et simplicité au coeur de la région. Notre auberge entièrement restaurée vous offre l'ambiance chaleureuse d'une maison centenaire et tous les services et confort d'aujourd'hui. Profitez de notre terrasse ombragée pour prendre le rythme des vacances. Nous vous attendons avec plaisir!

Aux alentours: à deux pas du centre-ville, animé des spectacles, piste cyclable, au coeur des attraits régionaux.

Chambres: coquettes et confortables inspirées du style des années 20. **7 ch. S. de bain privée(s)**

Forfaits: charme, croisière, hiver, autres.

Ouvert: à l'année.

2 pers: B&B 88-106$ **PAM** 138-156$ **1 pers B&B** 82-99$ **PAM** 107-124$

Enfant (12 ans et –): B&B 0$ **PAM** 20$

Taxes en sus. AM IT MC VS

Réduction: long séjour.

A @ **AV** AC **Certifié: 2004**

Jonquière
Au Gîte de la Rivière-aux-Sables ✵✵✵

Gîte du Passant
certifié

Chantale Munger et Robert Jacques
4076, rue des Saules
Jonquière G8A 2G7
Tél. (418) 547-5101
Fax (418) 547-6939
www.gitedelariviereauxsables.com
marie@gitedelariviereauxsables.com

Rte 175 ou aut. 70, sortie 33 dir. centre-ville, rue du Vieux-Pont à gauche, rue St-Jean-Baptiste à gauche, rue Des Saules à gauche.

Coup de Coeur du Public régional 2002. Le calme de la campagne en ville. Havre de détente au coeur de la région. À 5 min à pied du centre-ville. Le déjeuner est servi dans spacieuse verrière climatisée. Jardin accessible à la rivière et vue sur passerelle. Salle de repos avec table, frigo et micro-ondes. Venez seul, en couple, en famille ou en groupe découvrir notre coin enchanteur!

Aux alentours: piste cyclable, pédestre, restos, bars, spectacles, pédalo, canot, ski de fond, parcs, cégep, musée.
Chambres: insonorisées, calmes et fraîches en été. Deux lits/chambre, double, simple. **4 ch. S. de bain privée(s) ou partagée(s).**
Ouvert: à l'année.
2 pers: B&B 65-80$ **1 pers B&B** 60-75$
Réduction: hors saison et long séjour.
Certifié: 1994

Jonquière
Gîte Au Mitan ✵✵✵✵

Gîte du Passant
certifié

Denise Fortin Blackburn
2840, boul. Saguenay
Jonquière G7S 2H3
Tél. (418) 548-7388
Fax (418) 548-3415
www.multimania.com/lemitan/
denisefblackburn@hotmail.com

Rte 175 nord, à Chicoutimi rte 170 dir. Jonquière, 8 km, boul. Mellon à droite, dir. carrefour giratoire, 3 km, boul. Saguenay dir. Jonquière, 80 mètres.

Coup de Coeur du Public régional 2003. Coquette maison de style anglais du début du siècle dernier avec des boiseries et un bel escalier en chêne. Située dans le quartier historique d'Arvida. Petit-déjeuner savoureux servi dans la verrière. Garage disponible pour moto et vélo.

Aux alentours: spectacles Québec Issime, Ecce Mundo, centre national d'exposition, croisières, golfs, Alcan.
Chambres: douillettes et confortables au cachet différent, avec lavabo. **4 ch. S. de bain partagée(s).**
Ouvert: à l'année.
2 pers: B&B 75$ **1 pers B&B** 60$
Enfant (12 ans et –): B&B 20$
Réduction: hors saison.
A AV **Certifié: 1996**

Jonquière
Gîte le Coup de Coeur ✵✵✵✵

Gîte du Passant
certifié

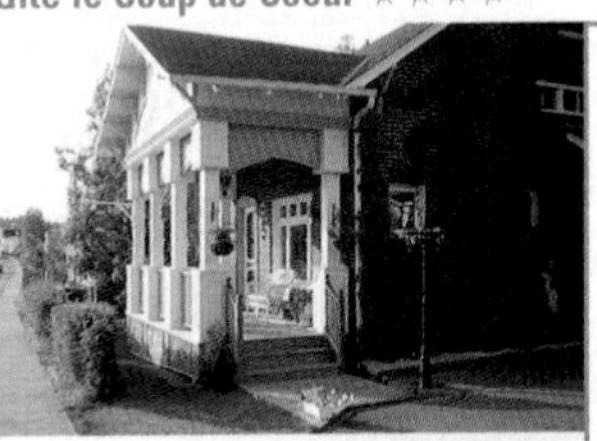

Denise Bouchard
4000, rue du Vieux-Pont
Jonquière G7X 3M6
Tél. / Fax (418) 547-9231
www.giteetaubergedupassant.com/lecoupdecoeur
denisecoeur@videotron.ca

Aut. 70, sortie 33 dir. Jonquière centre-ville, suivre parc de la Rivière-aux-Sables.

Notre maison, âgée de 80 ans et rénovée avec beaucoup de goût et de charme, est située en plein centre-ville de Jonquière avec une vue magnifique sur la rivière aux Sables. Endroit très accueillant et décoré pour vous donner l'impression d'être chez vous. Dès votre arrivée, vous stationnez votre voiture et nous vous accueillons comme des amis. **Certifié «Bienvenue cyclistes!MD».**

Aux alentours: piste cyclable, randonnée pédestre, restaurant-bar, festival, spectacle, golf, pédalo.
Chambres: avec décoration très reposante, atmosphère chaleureuse et de détente. **3 ch. S. de bain privée(s) ou partagée(s).**
Ouvert: à l'année.
2 pers: B&B 70-90$ **1 pers B&B** 60-80$
Enfant (12 ans et –): B&B 15$
Réduction: hors saison et long séjour.
Certifié: 2006

La Baie
À Fleur de Pierre ★★

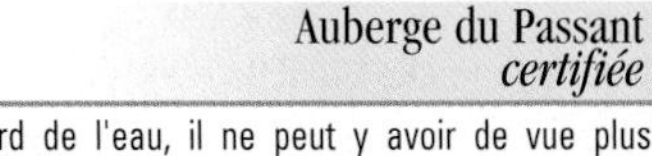
Auberge du Passant *certifiée*

Colette Létourneau et Carrol Tremblay
6788, boul. Grande-Baie Sud
La Baie G7B 3P6
Tél. (418) 544-3260
Fax (418) 544-7903
www.fleurdepierre.com

Du parc des Laurentides, rtes 175 nord et 170 est jusqu'au boul. de la Grande-Baie sud. Après le Musée du Fjord, 5 km. De St-Siméon, rte 170 nord.

Située au bord de l'eau, il ne peut y avoir de vue plus spectaculaire. Entrée privée pour chaque ch. pour plus d'intimité. Marchez sur la grève, découvrez les marées, les sculptures de granit de l'artiste-hôte. Feux de grève en soirée, si le cœur vous en dit. Si la nature vous enchante, un jour c'est trop peu. Vivez l'intimité d'un monde à part.

Aux alentours: pyramide, croisières, spectacles, golf, randonnées pédestres, musée, pistes cyclables, fromagerie.
Chambres: séchoir à cheveux, frigo, TV dans chacune, balcon privé avec vue sur l'eau. **3 ch. S. de bain privée(s).**
Ouvert: à l'année.
2 pers: B&B 75$ **PAM** 125$ **1 pers B&B** 70$
Enfant (12 ans et –): B&B 15$
Taxes en sus. IT MC VS
Réduction: hors saison.

AV **Certifié: 1996**

La Baie
Auberge Au fil des saisons ★★

Auberge du Passant *certifiée*

Murielle Boulé
832, rue Cimon
La Baie G7B 3L2
Tél. / Fax (418) 697-1000 Tél. (418) 815-1272
www.aufildessaisons.com
aufildessaisons@hotmail.com

Rte 138 est, rte 170 ouest, rte 372 sud, rue Dr. Desgagnés à gauche, rue Cimon à droite.

Si vous entrez ici, vous serez conquis, vous découvrirez un endroit charmant où l'accueil est légendaire. Une vue panoramique sur le fjord vous fera oublier tous vos soucis et vous vous laisserez envahir par tant de beauté. P. 311.

Aux alentours: piste cyclable, croisière sur le fjord, kayak de mer, ski, motoneige, observation de l'ours noir.
Chambres: lit queen, vue fabuleuse sur le fjord. **6 ch. S. de bain privée(s)**
Forfaits: charme, automne, croisière, autres.
Ouvert: à l'année.
2 pers: B&B 80-115$ **1 pers B&B** 70-90$
Enfant (12 ans et –): B&B 20$
AM IT VS
Réduction: hors saison.

A @ AV **Certifié: 2007**

La Baie
Auberge de la Rivière Saguenay ★★★

Auberge du Passant *certifiée*

Pauline Gagnon
9122, chemin de la Batture
La Baie G7B 3P6
Tél. (418) 697-0222 1-866-697-0222
Fax (418) 697-1178
www.aubergesaguenay.com
aubergesaguenay@bellnet.ca

Rte 175 nord dir. Chicoutimi, rte 170 est dir. La Baie, chemin de la Batture à gauche.

Située sur la rive sud du Saguenay, à proximité du site de la Nouvelle-France, notre auberge de 14 unités vous offre la tranquillité et la fragilité de la nature à travers les chatoiements des paysages propres au fjord. Notre accueil chaleureux et personnalisé ainsi que l'ambiance conviviale de notre salle à manger sauront vous charmer.

Aux alentours: Site de la Nouvelle-France, croisières, musées, golf, kayak de mer, pêche, randonnée.
Chambres: la majorité avec balcon, vue sur le fjord. Lit queen. **14 ch. S. de bain privée(s)**
Forfaits: charme, détente & santé, plein air, spectacle.
Ouvert: à l'année.
2 pers: PAM 106-146$ **1 pers PAM** 93-127$
Enfant (12 ans et –): PAM 15$
Taxes en sus. AM IT MC VS
Réduction: hors saison et long séjour.

A AV AC **Certifié: 2007**

La Baie
Gîte de la Pêche Blanche

Gîte du Passant
certifié

Jean-Claude Simard
1352, route de l'Anse-à-Benjamin
La Baie G7B 3N9
Tél. / Fax (418) 544-4176
pages.infinit.net/legite
laurence@royaume.com

Du parc des Laurentides, rtes 175 nord et 170 est dir. ville de La Baie, rue Bagot. Rue Victoria à gauche. Garder la droite, 2 km.

Il suffit de jeter l'ancre au bord de l'Anse-à-Benjamin pour retrouver le charme de la campagne d'autrefois. À deux pas de tous les services: théâtre, sentiers pédestres, marina, fromagerie, ferme, bleuetière, etc. Un gîte à découvrir en hiver comme en été. Location de cabanes à pêche.

Aux alentours: piste cyclable, chantier Eucher, Fabuleuse Histoire d'un Royaume, Musée du Fjord.
Chambres: agréables. Site magnifique. **4 ch. S. de bain partagée(s).**
Ouvert: à l'année.
2 pers: B&B 50$ **1 pers B&B** 45$
Enfant (12 ans et –): B&B 10$

@ AV AC **Certifié: 1996**

La Baie
La Maison des Ancêtres ★★★

Maison de Campagne à la Ferme
certifiée

Judith et Germain Simard
1722, chemin Saint-Joseph
La Baie G7B 3N9
Tél. (418) 544-2925 (418) 540-8652
Fax (418) 544-0241
www.maisondesancetres.com
simger@royaume.com

Rte 175 nord, Réserve faunique des Laurentides, rte 170 dir. La Baie, 13 km, rue Victoria qui devient St-Joseph à gauche.

Maison patrimoniale appartenant à la même famille depuis plusieurs générations, soit depuis le début de la colonisation du Saguenay-Lac-Saint-Jean. P. 326.

Aux alentours: La Fabuleuse, Musée du fjord, site de la Nouvelle-France, kayak de mer, cap Jaseux, croisières.
Maison(s): maison historique reconnue dans la région du Saguenay-Lac-Saint-Jean.
1 maison(s) 5 ch. 10-12 pers.
Ouvert: à l'année.
SEM 500-650$ **WE** 250-350$ **JR** 150-200$
MC
Réduction: hors saison.

AV AC **Certifié: 1989**

L'Anse-St-Jean
À la Pantouflarde

Gîte du Passant
certifié

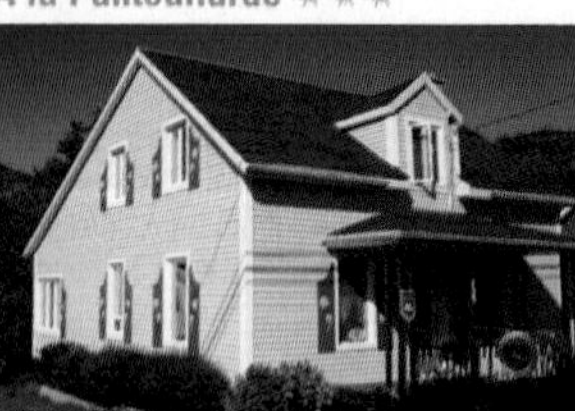

Françoise Potvin
129, rue Saint-Jean-Baptiste
L'Anse-St-Jean G0V 1J0
Tél. (418) 272-2182 1-888-272-2182
Fax (418) 545-1914
www.giteetaubergedupassant.com/pantouflarde
lapantouflarde@hotmail.com

Rtes 138 est et 170 jusqu'à L'Anse-St-Jean. Rtes 175, puis 170, rue Principale de l'Anse, 3,5 km.

Chaleureuse maison québécoise où les couleurs du fjord font écho. Petit-déjeuner servi dans la verrière avec vue sur la rivière et les montagnes. Confortables chambres pour le repos, murmures de la rivière pour la détente et les rêveries. Françoise vous accueille dans sa maison aux volets verts.

Aux alentours: kayak de mer, croisières sur le fjord, vélo de montagne, randonnées pédestres et équitation.
Chambres: une avec lit queen et lit double, deux avec lit double. 2 ch. avec lavabo.
3 ch. S. de bain partagée(s).
Ouvert: 15 juin au 15 octobre.
2 pers: B&B 70$ **1 pers B&B** 50$
Enfant (12 ans et –): B&B 15$
MC VS

@ AV **Certifié: 1993**

L'Anse-St-Jean

Auberge des Cévennes ★★★

Auberge du Passant *certifiée*

Enid Bertrand et Louis Mario Dufour
294, rue Saint-Jean-Baptiste
L'Anse-St-Jean G0V 1J0
Tél. (418) 272-3180 1-877-272-3180
Fax (418) 272-1131
www.auberge-des-cevennes.qc.ca
messages@auberge-des-cevennes.qc.ca

Rte 170 dir. L'Anse-St-Jean, rue St-Jean-Baptiste vers le quai. À 0,2 km de l'église, en face du pont couvert.

«De la terrasse du 2e étage de l'auberge... on ne voudrait plus bouger du reste des vacances» (La Presse, 16 octobre 2004). À quelques pas du fjord et des sentiers du parc, une petite auberge simple et confortable, une table giboyeuse. On y fait bonne chère et bon vin. Fraîcheur des galeries en été, chaleur des foyers en hiver. Certifié Table aux Saveurs du Terroir[MD]. P. 312, 327.

Aux alentours: fjord du Saguenay, parc national, baleines, ski, motoneige, pêche blanche, croisières, kayak.
Chambres: lit double ou queen, 4 avec foyer, TV, frigo, table sur véranda. **14 ch. S. de bain privée(s)**
Forfaits: hiver, motoneige, ski alpin.
Ouvert: à l'année.
2 pers: B&B 85-110$ **PAM** 130-156$ **1 pers B&B** 76-101$ **PAM** 95-120$
Enfant (12 ans et –): B&B 7$ **PAM** 17$
Taxes en sus. IT MC VS
Réduction: hors saison.

A AV Certifié: 1998

L'Anse-St-Jean

Auberge la Fjordelaise ★★★

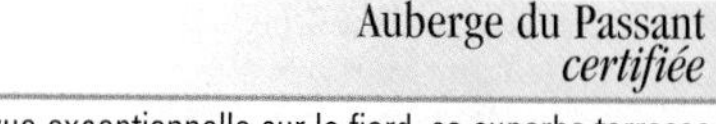

Auberge du Passant *certifiée*

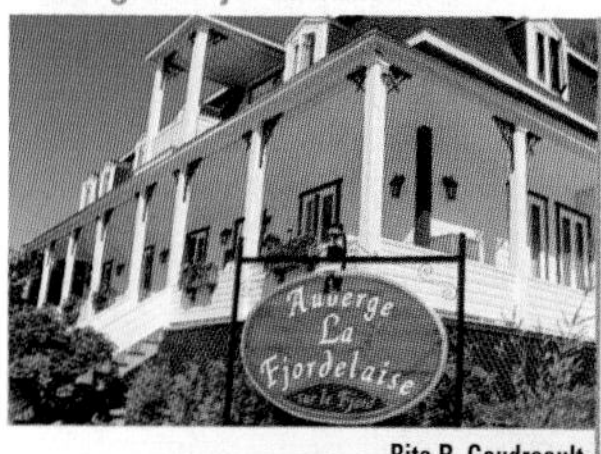

Rita B. Gaudreault
370, rue Saint-Jean-Baptiste
L'Anse-St-Jean G0V 1J0
Tél. (418) 272-2560 1-866-372-2560
www.fjordelaise.com
infos@fjordelaise.com

Rte 138 est dir. St-Siméon, rte 170 dir. L'Anse-St-Jean, rue Saint-Jean-Baptiste jusqu'au bout du village, près de la marina.

Avec sa vue exceptionnelle sur le fjord, sa superbe terrasse face au Saguenay, cette chaleureuse auberge de 5 chambres avec salle de bain privée, à proximité des activités nautiques et des sports d'hiver, est un rêve accessible. Bonne table en plus! Au plaisir de vous accueillir chez nous! Vos hôtes Rita et Denis.

Aux alentours: croisière, kayak, équitation, randonnée, piste cyclable, ski alpin, traineau à chiens, motoneige.
Chambres: coquettes et chaleureuses, certaines avec vue sur le fjord, balcon. **5 ch. S. de bain privée(s)**
Forfaits: croisière, ski alpin.
Ouvert: à l'année.
2 pers: B&B 85-105$ **PAM** 130-150$ **1 pers B&B** 70-90$ **PAM** 95-115$
Enfant (12 ans et –): B&B 15$
Taxes en sus. IT MC VS
Réduction: hors saison.

AV Certifié: 2007

L'Anse-St-Jean

Au Globe-Trotter ✹✹✹✹

Gîte du Passant *certifié*

André Bouchard
131, rue Saint-Jean-Baptiste
L'Anse-St-Jean G0V 1J0
Tél. (418) 272-2353 1-866-633-2353
Fax (418) 272-1731
www.giteetaubergedupassant.com/globe_trotter
andreb7@hotmail.com

De Québec via St-Siméon, rtes 138 est et 170 jusqu'à L'Anse-St-Jean. Par Chicoutimi, rtes 175 et 170. Rue St-Jean-Baptiste, dir. L'Anse-St-Jean, 3,5 km.

Coup de Coeur du Public régional 2006. «À l'arrière du gîte, une rivière et une terrasse où vous pourrez vous abandonner à votre roman préféré et la vue sur les montagnes est splendide. Logis ensoleillé, spacieux et très bien décoré. Excellente adresse si vous recherchez un gîte d'une qualité et d'un confort supérieurs et un petit-déjeuner varié et copieux.» Un touriste européen... P. 310.

Chambres: avec lit double. **3 ch. S. de bain privée(s) ou partagée(s).**
Ouvert: 1er mai au 15 octobre.
2 pers: B&B 70-80$ **1 pers B&B** 50-55$
Enfant (12 ans et –): B&B 15$
MC VS

A @ AV Certifié: 1997

Mashteuiatsh

Auberge Shakahikan ☼☼☼

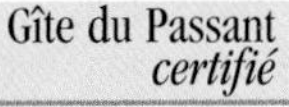
Gîte du Passant *certifié*

Jocelyne Paul et Len Moar
1380, rue Ouiatchouan
Mashteuiatsh G0W 2H0
Tél. (418) 275-3528
Fax (418) 275-3929
www.giteetaubergedupassant.com/shakahikan
auberge_shakahikan@hotmail.com

Du parc des Laurentides, rte 169 nord, au premier feu de Roberval, rue Brassard à droite, boul. St-Joseph dir. Mashteuiatsh.

L'Auberge Shakahikan, «lac» en montagnais, offre un séjour confortable et douillet dans une magnifique maison de style canadien, sise sur le bord du lac St-Jean, au sein même de la communauté Mashteuiatsh. Assurance de tranquillité et offre de déjeuners aux saveurs régionales. En saison estivale, accès à la piscine creusée ou à la plage du lac.

Aux alentours: musée amérindien, village historique de Val-Jalbert, zoo de St-Félicien, Moulin des pionniers.
Chambres: douillettes, aménagées de lit queen. Ch.#4: 1 lit queen et 2 lits simples. **5 ch. S. de bain partagée(s).**
Ouvert: fermé de novembre à avril inclusivement.
2 pers: B&B 75-90$
Enfant (12 ans et –): B&B 25$

A AV **Certifié: 2002**

Métabetchouan-Lac-à-la-Croix

Céline et Georges Martin ☼☼☼

Gîte du Passant à la Ferme *certifié*

Céline et Georges Martin
2193, 3e Rang Ouest
Lac-à-la-Croix G8G 1M6
Tél. / Fax (418) 349-2583
www.giteetaubergedupassant.com/celineetgeorgesmartin

Du parc des Laurentides, rte 169, 1er rang à gauche, à la sortie du parc, 11 km.

Chaleureuse maison de ferme centenaire où l'on aime perpétuer les coutumes. Vaches en pyjama à l'automne, délicieux repas maison. Havre de paix et de détente situé dans un environnement campagnard, bordé des montagnes du parc des Laurentides. Ski de fond sur la ferme et dans les montagnes. Très bien centré pour visiter la région. P. 326.

Aux alentours: ski de fond, plage, fromagerie.
Chambres: chacune a son histoire. Une chambre à deux lits simples. **3 ch. S. de bain partagée(s).**
Ouvert: à l'année.
2 pers: B&B 48$ **PAM** 45-75$ **1 pers B&B** 45$ **PAM** 45$
Enfant (12 ans et –): B&B 13$ **PAM** 18$

Certifié: 1975

Métabetchouan-Lac-à-la-Croix

La Nymphe des Eaux ☼☼☼☼

Gîte du Passant *certifié*

Claire Chagnon et Daniel Rocheleau
27, rue Saint-Georges
Métabetchouan G8G 1E3
Tél. / Fax (418) 349-5076
www.nymphedeseaux.ca
daniel.rocheleau@cgocable.ca

Aut. 20. À Québec, aut. 73 nord. À Stoneham, rte 175, rte 169 dir. Alma. Suivre les indications pour Métabetchouan.

Laissez-vous envoûter par l'élégante douceur de la Nymphe des Eaux. Découvrez l'irrésistible charme, toujours présent, de notre maison centenaire. Le décor et le paysage, tendres et romantiques, vous procureront des moments d'un bonheur insoupçonné, le temps d'une escale en eaux calmes et sans nuage. **Certifié «Bienvenue cyclistes!MD».**

Aux alentours: Véloroute des Bleuets, plage municipale, Camp musical de Métabetchouan-Lac-à-la-Croix.
Chambres: la Romance, l'Audacieuse, la Brise, la Pergola, laquelle choisirez-vous? **4 ch. S. de bain partagée(s).**
Ouvert: en saison estivale seulement. Du 15 juin au 15 septembre.
2 pers: B&B 105-135$ **1 pers B&B** 95-125$
Taxes en sus. IT MC VS
Réduction: long séjour.

A AC **Certifié: 2006**

Normandin
Les Gîtes Makadan

Gîte du Passant *certifié*

Micheline Villeneuve et Daniel Bergeron
1728, rue Saint-Cyrille
Normandin G8M 4K5
Tél. / Fax (418) 274-2867 Tél. 1-877-625-2326
http://gitemakadan.cjb.net
makadan@destination.ca

Du parc des Laurentides, rte 169 dir. Roberval, St-Félicien. Au feu de Normandin dir. St-Thomas, 3 km.

Coup de Coeur du Public régional 2005. Nominés et récipiendaires de prix régionaux de 99-00-01-03-04-05, provinciaux 00-01 et lauréat national or 2001. Laissez-nous vous accueillir dans notre demeure qui était à l'origine un magasin général. Vous y trouverez un petit cachet d'autrefois doublé du charme et du luxe d'aujourd'hui. Nous vous promettons un séjour remarquable et inoubliable. **Certifié «Bienvenue cyclistes!MD».**

Aux alentours: Grands Jardins Normandin, site de la chute à l'Ours, zoo de St-Félicien, Véloroute des Bleuets.
Chambres: avec lavabo, 1 suite avec salle de bain privée. **5 ch. S. de bain privée(s) ou partagée(s)**
Forfaits: charme.
Ouvert: à l'année.
2 pers: B&B 65-85$ **1 pers B&B** 55-75$
Enfant (12 ans et –): B&B 15$
VS
Réduction: hors saison.

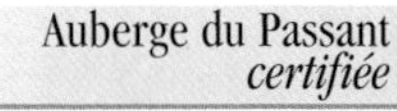

Petit-Saguenay
Auberge du Jardin ★★★

Auberge du Passant *certifiée*

Michel Bloch et Marie Jose Laurent
71, boul. Dumas
Petit-Saguenay G0V 1N0
Tél. (418) 272-3444 1-888-272-3444
Fax (418) 272-3174
www.aubergedujardin.com
aubergedujardin@hotmail.com

Au cœur du village de Petit-Saguenay, sur la route 170. À 55 km de St-Siméon en Charlevoix, 1 heure de Tadoussac, La Malbaie et Chicoutimi.

Véritable havre de paix et de détente au cœur du fjord du Saguenay. Nichée au creux des montagnes, dans un impressionnant parc paysager, au bord de la rivière à saumon. L'Auberge du Jardin vous offre un accueil chaleureux, un confort de grande qualité et une cuisine aussi originale que raffinée. Deux vastes salons avec foyer. Certifié Table aux Saveurs du TerroirMD. P. 327.

Aux alentours: Parc marin Saguenay-St-Laurent, Parc du Saguenay, mont Édouard.
Chambres: décor personnalisé, raffiné avec la même qualité de confort. **12 ch. S. de bain privée(s)**
Forfaits: charme, croisière, plein air, autres.
Ouvert: à l'année. Fermé en novembre.
2 pers: B&B 114-178$ **PAM** 162-226$ **1 pers B&B** 106-170$ **PAM** 130-194$
Enfant (12 ans et –): B&B 25$ **PAM** 55$
Taxes en sus. AM IT MC VS
Réduction: hors saison et long séjour.

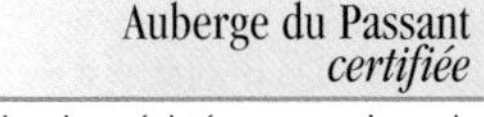

Petit-Saguenay
Auberge les Deux Pignons ★★★

Auberge du Passant *certifiée*

Régine Morin
117, boul. Dumas
Petit-Saguenay G0V 1N0
Tél. (418) 272-3091 1-877-272-3091
Fax (418) 272-1676
www.pignons.ca
contact@pignons.ca

Porte du parc Saguenay, à l'entrée du village près du kiosque touristique sur la route 170, à 54 km de St-Siméon.

Ancien hôtel campagnard qui a résisté aux caprices du temps. Son charme historique et son style champêtre font de cet endroit une escale désirée où la cordialité et l'atmosphère familiale sont à l'honneur. Drapée de souvenirs, elle vous ouvre grand ses portes, pour vous livrer son histoire et vous projeter un court instant dans le passé.

Aux alentours: parc Saguenay, kayak de mer, croisières, baleines, fjord, traîneau à chiens, raquette.
Chambres: côté rivière, montagne, terrasse, potager, grand confort, foyers, balcon. **12 ch. S. de bain privée(s)**
Forfaits: croisière, plein air, romantique.
Ouvert: à l'année.
2 pers: B&B 76-146$ **PAM** 131-201$ **1 pers B&B** 68-138$ **PAM** 96-166$
Enfant (12 ans et –): B&B 10$ **PAM** 28$
Taxes en sus. ER IT MC VS
Réduction: hors saison.

Roberval

Gîte du Voyageur ☀☀☀

Gîte du Passant *certifié*

Colette Taillon et Claude Grenon
2475, rue St-Dominique
Roberval G8H 2M9
Tél. (418) 275-0078 (418) 637-5953
www.giteetaubergedupassant.com/giteduvoyageur
giteduvoyageur@hotmail.com

À la sortie de Roberval dir. St-Félicien, rue Saint-Dominique à gauche.

À 4,5 km du centre-ville de Roberval. Gîte calme et paisible. Nombreux attraits touristiques à proximité. Un déjeuner copieux, un repos bienfaiteur vous y attend au pays des bleuets. Vous serez charmé par l'accueil de Colette et Claude.

Aux alentours: piste cyclable, rafting, Val-Jalbert, Musée du cheddar, Musée amérindien, zoo, moulin.
Chambres: spacieuses, dont 2 avec 2 lits doubles pour petite famille. **3 ch. S. de bain partagée(s).**
Ouvert: à l'année.
2 pers: B&B 60$ **1 pers B&B** 50$
Enfant (12 ans et –): B&B 5-10$
Réduction: hors saison et long séjour.

Certifié: 2007

St-Félicien

À Fleur d'Eau ☀☀☀☀

Gîte du Passant *certifié*

Nicole Nadeau et Réjean Landry
1016, rue Sacré-Coeur
Saint-Félicien G8K 1R5
Tél. (418) 679-0784
www.multimania.com/afleurdeau
paul.hebert@sympatico.ca

Du parc des Laurentides, rte 169 vers Roberval jusqu'à St-Félicien, situé face au «Mets Chinois». De Dolbeau, au 2e feu à gauche rue Sacré-Cœur, situé face au «Mets Chinois».

La rivière Ashuapmushuan à 10 mètres avec une grande terrasse pour se détendre. Quel bonheur de rencontrer des gens de notre pays et de partout dans le monde! Venez nous voir au «Lac», ce sera bien plaisant. Des petites attentions spéciales vous attendent... Très bon déjeuner servi dans une ambiance familiale. **Certifié «Bienvenue cyclistes!MD».**

Aux alentours: situé dans le centre-ville, zoo, cascades, Val-Jalbert, plage, Véloroute.
Chambres: lits queen, 3 avec vue sur la rivière. **5 ch. S. de bain privée(s).**
Ouvert: à l'année.
2 pers: B&B 55-65$ **1 pers B&B** 55-65$
Réduction: hors saison.

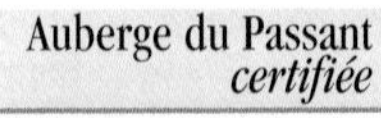
AC **Certifié: 1994**

St-Félicien

Auberge des Berges ★★★

Auberge du Passant *certifiée*

Mireille Fleurant et Jacques Tremblay
610, boul. Sacré-Coeur
Saint-Félicien G8K 1T5
Tél. (418) 679-3346 1-877-679-3346
Fax (418) 679-8760
www.auberge-des-berges.qc.ca
auberge@destination.ca

De Québec, parc des Laurentides, rte 169 N. dir. Roberval, St-Prime. Ou aut. 55 N., rtes 155 N., 169 N. dir. Roberval, St-Prime, à l'entrée de St-Félicien, 1 km, à droite.

Offrez-vous une pause relaxante, au rythme de la nature et de l'eau . Admirez les flamboyants couchers de soleil sur le lit onduleux de la Rivière Ashuapmushuan ou sur son douillet tapis de neige, du SPA extérieur, de la salle à manger ou de la terrasse avec paliers étagés. Vous serez conquis par la beauté naturelle de notre site et par notre table du soir avec sa cuisine traditionnelle et d'antan aux saveurs du jour. **Certifié «Bienvenue cyclistes!MD».** P. 313.

Aux alentours: Zoo St-Félicien, Val-Jalbert, musées: Amérindien, Cheddar, Pionniers, pistes cyclables, motoneige.
Chambres: charme d'autrefois, vue sur la rivière, cachet unique pour chacune. Frigo. **14 ch. S. de bain privée(s)**
Forfaits: charme, famille, motoneige, romantique.
Ouvert: à l'année.
2 pers: B&B 94-121$ **PAM** 134-161$ **1 pers B&B** 86-113$ **PAM** 106-133$
Enfant (12 ans et –): B&B 15$ **PAM** 25$
Taxes en sus. AM ER IT MC VS
Réduction: hors saison.

Certifié: 2005

St-Félicien
La Maison de Cèdre

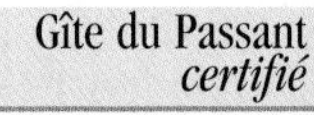
Gîte du Passant
certifié

Gilaine Truchon
1391, rue Bellevue Nord
Saint-Félicien G8K 1J2
Tél. (418) 679-0739 1-877-679-0739
Fax (418) 679-2142
www.lamaisondecedre.com
lamaisondecedre@videotron.ca

Rte 169 sud, à droite, 1re rue avant le pont, Bellevue nord ou rte 169 nord, 1re rue à gauche après le pont.

Erigée en 1920, la Maison de Cèdre, située en bordure de la rivière Ashuapmushuan, servait autrefois de lieu de rendez-vous à des visiteurs venus passer quelques temps au royaume de la chasse et de la pêche. L'âme de ces aventuriers est encore bien présente dans les murs de cèdre qui en auront d'ailleurs très long à vous raconter. Terrain aménagé. **Certifié «Bienvenue cyclistes!MD».**

Aux alentours: mini-golf, Zoo de Saint-Félicien, autodrome, Véloroute des Bleuets, plage, théatre, centre santé.
Chambres: combleront vos attentes et vous séduiront par leur charme et leur confort. **3 ch. S. de bain privée(s) ou partagée(s).**
Ouvert: à l'année.
2 pers: B&B 78-100$ **1 pers B&B** 65-80$
Taxes en sus. MC VS
Réduction: hors saison.

@ **AV** AC **Certifié: 2005**

St-Fulgence
Aux Bons Jardins

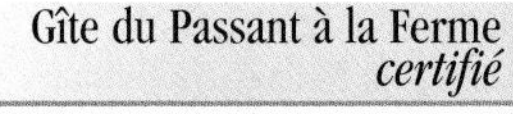
Gîte du Passant à la Ferme
certifié

Mariko Watanabe et Richard Lapointe
127, rue Pointe-aux-Pins
Saint-Fulgence G0V 1S0
Tél. (418) 674-2896
Fax (418) 674-1629
www.auxbonsjardins.com
mariko@auxbonsjardins.com

Entre Tadoussac et Chicoutimi, rte 172, au km 100, du côté du Saguenay, chemin de Pointe-aux-Pins, 1,2 km.

Situé dans une jolie vallée, entourée de montagnes boisées, surplombant le fjord du Saguenay. Un petit lac et un ruisseau traversent une partie de notre domaine. Nous exploitons une petite ferme et avons de nombreux jardins : fruits, légumes, fines herbes. Tous ces produits garnissent notre table. Des randonnées y sont possibles été comme hiver. P. 326.

Aux alentours: Parc Cap-Jaseux, fjord du Saguenay, CIBRO, parc des Monts-Valin, Ste-Rose-du-Nord, Chicoutimi.
Chambres: charme rustique, confortables, intimes et paisibles. Vue sur le fjord. **4 ch. S. de bain privée(s) ou partagée(s).**
Ouvert: à l'année.
2 pers: B&B 67-82$ **1 pers B&B** 52-72$
Enfant (12 ans et –): B&B 10-15$

A AV Certifié: 2005

St-Fulgence
La Maraîchère du Saguenay

Gîte du Passant
certifié

Adèle Copeman et Rodrigue Langevin
97, rte de Tadoussac
Saint-Fulgence G0V 1S0
Tél. (418) 674-9384
www.maraicheresaguenay.ca
infos@maraicheresaguenay.ca

De Chicoutimi, à 8 km du pont Dubuc, rte 172 dir. Tadoussac. 400 m à gauche après la station Esso.

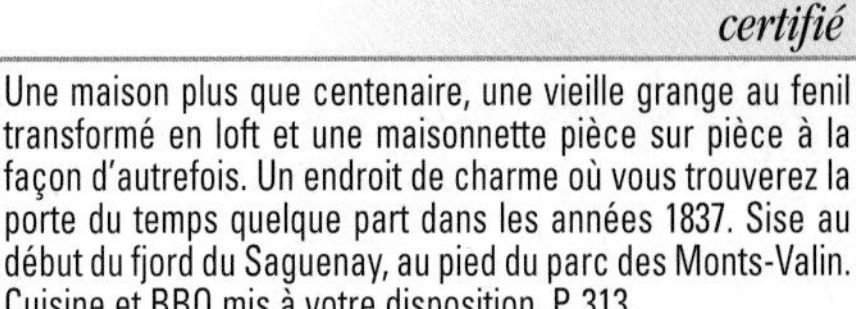

Une maison plus que centenaire, une vieille grange au fenil transformé en loft et une maisonnette pièce sur pièce à la façon d'autrefois. Un endroit de charme où vous trouverez la porte du temps quelque part dans les années 1837. Sise au début du fjord du Saguenay, au pied du parc des Monts-Valin. Cuisine et BBQ mis à votre disposition. P. 313.

Aux alentours: parcs, randonnée, canoë, kayak, croisières, d'Arbre en Arbre, ski de fond, raquette, musées.
Chambres: pour vous: la Fleurie, la Biblio, la Résidence de jardin et le Loft. **4 ch. S. de bain privée(s) ou partagée(s).**
Ouvert: à l'année.
2 pers: B&B 70-80$ **1 pers B&B** 60-65$
Enfant (12 ans et –): B&B 10-25$
VS

A AV Certifié: 1989

St-Gédéon
Gîte et Restaurant Le Parcours des Saveurs ★★

Auberge du Passant
certifiée

Kathleen Lemieux et Danny Thibault
255, rue Dequen
Saint-Gédéon G0W 2P0
Tél. (418) 345-2115
Fax (418) 345-2441
www.giteetaubergedupassant.com/leparcoursdessaveurs
parcoursetsaveurs@bellnet.ca

Aut. 20 dir. Québec, aut. 73. À Stoneham, rte 175, rte 169 dir. Alma. Suivre les indications pour Saint-Gédéon.

Situé au coeur de Saint-Gédéon, notre Gîte et Restaurant Le Parcours des Saveurs est gage de service et de qualité. Nous avons 4 chambres à coucher, tous bien aménagées pour un grand moment de détente et de confort. Nous avons aussi une salle à manger de 30 places mise à votre disposition. Le menu est réalisé à partir de produits du terroir. Certifié Table aux Saveurs du Terroir[MD]. P. 327.

Aux alentours: piste cyclable, terrain de golf, plage, observation de la faune, motoneige, ski alpin, kayak de mer.
Chambres: le printemps, l'été, l'automne et l'hiver, quelles saisons préférez-vous? **4 ch. S. de bain partagée(s)**
Forfaits: gastronomie, romantique.
Ouvert: à l'année.
2 pers: B&B 65-75$ **PAM** 65-75$ **1 pers B&B** 50-60$ **PAM** 50-60$
Enfant (12 ans et –): B&B 15$ **PAM** 15$
Taxes en sus. IT MC VS
Réduction: hors saison et long séjour.

A AV **Certifié: 2007**

St-Henri-de-Taillon
La Vieille Maison de Taillon

Maison de Campagne
certifiée

Julie Martel
274, route 169
Saint-Henri-de-Taillon G0W 2X0
Tél. (819) 561-0993 (819) 775-5366
www.giteetaubergedupassant.com/lavieillemaisondetaillon
julie.martel32@hotmail.com

Rte 175 nord dir. Québec, rte 169 nord dir. St-Henri-de-Taillon.

C'est dans cette maison centenaire que vous découvrirez tout le confort de nos vieilles maisons à la campagne. Si vous voulez passer des vacances en famille ou si vous cherchez un endroit pour vous reposer, voilà l'endroit idéal pour les amateurs de la faune, de vélo et des plages. En hiver, c'est la motoneige et le traîneau à chiens.

Aux alentours: la Véloroute des Bleuets passe devant la maison et le parc de la Pointe-Taillon est à 4 km.
Maison(s): cette maison centenaire est située à la campagne sur un immense terrain. **1 maison(s) 6 ch. 12 pers.**
Forfaits: été, hiver, plein air.
Ouvert: à l'année.
SEM 850-1150$ **WE** 450-650$ **JR** 200-275$
Réduction: hors saison.

A AV AC **Certifié: 2007**

St-Honoré
Gîte du Lac Docteur

Gîte du Passant
certifié

Suzanne Côté et Régis Vallée
431, rue Honoré
Saint-Honoré G0V 1L0
Tél. (418) 673-4428 1-866-673-4001
Fax (418) 673-4679
www.gitedulacdocteur.com
suzanne@gitedulacdocteur.com

De Chicoutimi, pont Dubuc dir. nord. À 2,5 km, route qui mène à St-Honoré. À 1 km avant le village, chemin Volair à droite. Une fois l'aéroport passé, rue Honoré à gauche.

Le gîte du Lac Docteur, situé à proximité de Chicoutimi (10 min), vous offre un séjour dans un site enchanteur au pied des monts Valin. Un séjour tout en douceur dans un endroit calme, tranquille, paisible sur le bord du lac Docteur, là où le temps... suspendu.

Aux alentours: cerfs rouges, motoneige (93), ski alpin et de fond, équitation, raquette, arbre en arbre, croisière.
Chambres: chacune a 1 lavabo, 1 balcon. 2 avec vue sur la cour et 1 sur le lac. **3 ch. S. de bain partagée(s)**
Forfaits: motoneige, ski alpin, ski de fond.
Ouvert: à l'année.
2 pers: B&B 65$ **1 pers B&B** 55$
Enfant (12 ans et –): B&B 15$
Taxes en sus.

@ AV **Certifié: 2004**

St-Honoré
Hébergement avec Mini-Ferme

Maison de Campagne à la Ferme *certifiée*

Bertrand Robitaille
5490, boul. Martel
Saint-Honoré G0V 1L0
Tél. (418) 673-3956 (418) 673-4410
Fax (418) 673-6017
www.lamartingale.net
infos@lamartingale.net

De Chicoutimi, pont Dubuc, rte 172 ouest, 3 km, boul. Martel tout droit, rte Chemin du Lac à droite.

Grand bâtiment en forme de grange avec vue sur les champs arrières et sur les monts Valin. Cachet chaleureux tout en bois. Foyer dans la grande salle et poêle à bois dans la plus petite. Possibilité de cuisiner ou de prendre le traiteur. Repos garanti, aucun voisin proche, au beau milieu de la nature. Classifié Centre de Vacances 3 étoiles. P. 326

Aux alentours: équitation, ski alpin et fond, motoneige, ferme laitière.
Maison(s): construite pièce sur pièce en août 2002. **1 maison(s) 1-5 ch. 2-16 pers.**
Forfaits: croisière, plein air, autres.
Ouvert: à l'année.
WE 200-400$ **JR** 55-200$
ER
Réduction: long séjour.

A AV **Certifié: 2003**

La Baie
La Maison des Ancêtres

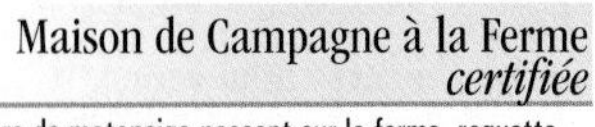

Activités: Les sentiers de motoneige passent sur la ferme, raquette, ski de randonnée sur la ferme, pêche blanche... P. 318.
Animaux: Ferme laitière.

1722, chemin Saint-Joseph, La Baie
Tél. (418) 544-2925 (418) 540-8652
Fax (418) 544-0241
www.maisondesancetres.com
simger@royaume.com

Métabetchouan-Lac-à-la-Croix
Céline et Georges Martin

Gîte du Passant à la Ferme
certifié

Activités: Visite de la ferme. P. 320.

Animaux: Vaches laitières.

2193, 3e Rang Ouest, Lac-à-la-Croix
Tél. / Fax (418) 349-2583
www.giteetaubergedupassant.com/celineetgeorgesmartin

St-Fulgence
Aux Bons Jardins

Activités: Cueillette, promenades aux jardins, observation des différentes tâches de la ferme, information sur la transformation des produits (fromage, yogourt, conserves) et sur l'entretien des jardins et animaux. Excursions en montagne. P. 323.

Animaux: Chèvres, moutons, poules, cochons, oies, canards, chien, chats.

127, rue Pointe-aux-Pins, Saint-Fulgence
Tél. (418) 674-2896
Fax (418) 674-1629
www.auxbonsjardins.com
mariko@auxbonsjardins.com

St-Honoré
Hébergement avec Mini-Ferme

Maison de Campagne à la Ferme
certifiée

Activités: Randonnée à cheval (possibilité groupe de 20 pers.). Tour de voiture. Hiver, tour de carriole. Soin des animaux. Donner le biberon aux agneaux. Assister à la traite des vaches. Ramasser les oeufs. Brosser le poney et les chevaux. Groupe scolaire. Tour de poney. P. 325.

Animaux: Mini-ferme sur place: lapins, moutons, poules, coq, canards, chats, poney, chèvres et chevaux. À proximité de notre centre équestre la Martingale.

5490, boul. Martel, Saint-Honoré
Tél. (418) 673-3956 (418) 673-4410
Fax (418) 673-6017
www.lamartingale.net
infos@lamartingale.net

Hébertville

Auberge Presbytère Mont Lac-Vert

Table aux Saveurs du Terroir *certifiée*

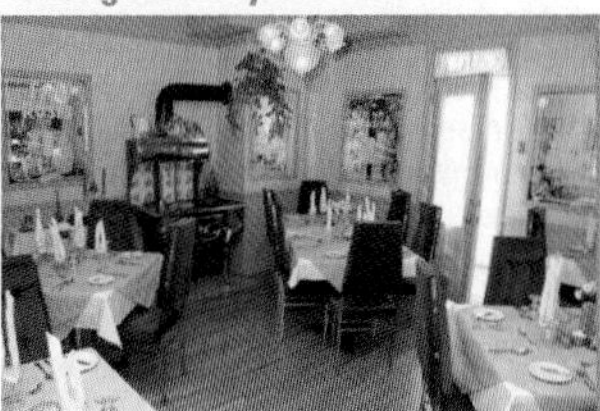

335, rang Lac-Vert, Hébertville
Tél. (418) 344-1548 1-800-818-1548
Fax (418) 344-1013
www.aubergepresbytere.com
aubergepresbytere@qc.aira.com

Nous vous accueillerons dans notre salle à manger intime où vous pourrez vivre une expérience gastronomique hors du commun. Nos tables d'hôte et nos produits du terroir enchanteront votre palais. Vous pourrez agrémenter votre repas d'un bon vin (produit québécois). P. 315.

Spécialités : Nos mets sont cuisinés avec des produits régionaux, tels: bleuets, framboises, gourganes, miel, sirop d'érable, légumes frais du potager, fromages, cerf et fines herbes.

Repas offerts : soir. Réservation recommandée.

L'Anse-St-Jean

Auberge des Cévennes

Table aux Saveurs du Terroir *certifiée*

294, rue Saint-Jean-Baptiste, L'Anse-St-Jean
Tél. (418) 272-3180 1-877-272-3180
Fax (418) 272-1131
www.auberge-des-cevennes.qc.ca
messages@auberge-des-cevennes.qc.ca

«Une partie de la salle à manger donne sur le fameux pont couvert avec en arrière-plan la grande chute. Le paysage bucolique est toutefois rapidement supplanté par la qualité de la nourriture» (La Presse, 16 octobre 2004). P. 312, 319.

Spécialités : «... tout est excellent, des poissons aux fruits de mer, en passant par le gibier et les produits du terroir» (paru dans un guide réputé en 2005).

Repas offerts : soir. Réservation recommandée.

Petit-Saguenay

Auberge du Jardin

Table aux Saveurs du Terroir *certifiée*

71, boul. Dumas, Petit-Saguenay
Tél. (418) 272-3444 1-888-272-3444
Fax (418) 272-3174
www.aubergedujardin.com
aubergedujardin@hotmail.com

Salle à manger chaleureuse et accueillante où l'on déguste une cuisine régionale créative aussi originale que raffinée. P. 321.

Spécialités : Ris de veau saguenoise, médaillon de bison aux bleuets, bavette de cerf à l'échalote, saumon fumé sur place, canard fumé.

Repas offerts : soir. Réservation recommandée.

St-Gédéon

Gîte et Restaurant Le Parcours des Saveurs

Table aux Saveurs du Terroir *certifiée*

255, rue Dequen, Saint-Gédéon
Tél. (418) 345-2115
Fax (418) 345-2441
www.giteetaubergedupassant.com/leparcoursdessaveurs
parcoursetsaveurs@bellnet.ca

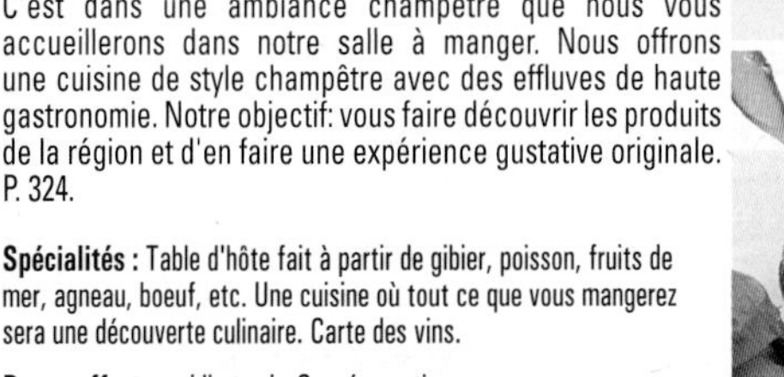

C'est dans une ambiance champêtre que nous vous accueillerons dans notre salle à manger. Nous offrons une cuisine de style champêtre avec des effluves de haute gastronomie. Notre objectif: vous faire découvrir les produits de la région et d'en faire une expérience gustative originale. P. 324.

Spécialités : Table d'hôte fait à partir de gibier, poisson, fruits de mer, agneau, boeuf, etc. Une cuisine où tout ce que vous mangerez sera une découverte culinaire. Carte des vins.

Repas offerts : midi et soir. Sur réservation.

Dolbeau-Mistassini

La Magie du Sous-Bois Inc.

Relais du Terroir *certifié*

Lucina et Mariette Beaudet
801, 23e Avenue
Dolbeau-Mistassini, G8L 2V2

Tél. (418) 276-8926
Fax (418) 276-9447
www.agricotours.qc.ca/magiesous-bois
magiedusousbois@qc.aira.com

De Dolbeau-Mistassini, rte 169 dir. Normandin, 23e Avenue à gauche, 2km.

AM ER IT MC VS

Ouvert: mai à octobre.

A Certifié: 2003

Domaine ancestral. Centre écologique de culture de petits fruits nordiques et de transformation de produits du terroir. Exploitation de 10 km de sentiers pédestres avec stations d'interprétation de la flore sauvage. Un petit lac invite au calme et à la détente.

Produits: Des produits fabriqués artisanalement avec du bleuet biologique: coulis Volupté, sirop Séduction, tartinade Plaisir Divin, tartinade bleuets et framboises Audace, gelée Inspiration, vinaigrette. Avec la framboise nous fabriquons: coulis Délice, un sirop Désir, un beurre de framboises, vinaigre. Avec les baies d'amélanchier nous présentons: coulis Douceur, un sirop Opulence et une tartinade Surprise, beurre

Petits fruits frais: bleuets, framboises, baies d'amélanchier. Chocolats des Pères Trappistes, tarte aux bleuets, sorbets, jus et tisanes. Nos vinaigres agrémentent vos salade et nos coulis, en plus des desserts, vos viandes. Produits régionaux également en vente. Nos produits du terroir sont un délice pour vos papilles.

Activités: L'auto-cueillette de petits fruits, une expérience à vivre. La dégustation des produits transformés, un délice pour les papilles. Visite libre ou guidée du musée du bleuet et des sentiers pédestres. Observation des oiseaux.

Services: Un guide agrémentera vos sorties plein air, ainsi que la visite du musée du bleuet. Observation des oiseaux, abris, tables, auto-cueillette de fruits. Service de détente: massage, reiki, harmonisation, écoute intuitive avec cartes.

Aux alentours: Véloroute des Bleuets. les Grands Jardins de Normandin, musée, golf, équitation, baignade et ski.

L'Ascension de Notre-Seigneur

Jardin Scullion

Ferme Découverte *certifiée*

Brian Scullion
1985, rang 7 Ouest
L'Ascension de Notre-Seigneur, G0W 1Y0

Tél. (418) 347-3377 1-800-728-5546
Fax (418) 347-3378
www.jardinscullion.com
info@jardinscullion.com

Rte 169 nord, à St-Coeur-de-Marie, dir. nord en face de l'église, 6 km. Suivre les panneaux bleus.

Tarif(s) : 18$ adulte / 8$ enfant
Tarif de groupe offert.
AM IT MC VS

Ouvert: 15 juin au 15 octobre. 7 jours semaine de 8h00 à 17h00.

A AV Certifié: 2005

Centre d'interprétation

Découvrez les plus beaux aménagements paysagers du Saguenay-Lac-Saint-Jean. Lauréat régional des Grands Prix du tourisme québécois, la notoriété du Jardin Scullion dépasse largement les frontières régionales. On y retrouve une mini-ferme, des jeux d'enfants, ainsi que des aménagements paysagers exceptionnels. P. 312

Activités: On vous offre des activités variées et pour toutes catégories d'âge. Les passionnés d'horticulture s'émerveilleront devant un concept paysager hors du commun, comprenant des plantes rares et particulièrement bien adaptées aux conditions climatiques du Saguenay-Lac-Saint-Jean. Un sentier de sous-bois, composé de plantes asiatiques, s'offre à vous sous l'ombre d'arbres indigènes de notre région. Les espèces y sont identifiées avec les noms français, anglais et botaniques.

Des visites guidées en forêt vous conduiront à un camp forestier d'époque en passant par une tourbière, des aménagements fauniques et différents peuplements forestiers naturels. En plus du service d'interprétation, on y retrouve un complément d'affiches éducatives en trois langues. De retour au jardin, les enfants profiteront des jeux, des animaux de la ferme, tout en sillonnant les nombreux lacs, ruisseaux, chutes et cascades sur le site.

Services: Le site du Jardin Scullion est annexé à une importante pépinière de production où les visiteurs peuvent se procurer des plantes rares et exclusives. Le jardin offre gratuitement le stationnement, les chariots pour pique-nique, les fauteuils roulants et les parapluies. Nombreuses aires de pique-nique sont aménagées sur le site. Les visites guidées en forêt sont incluses dans les frais d'admission du jardin.

St-Félicien
Ferme Laitière 3J Inc.

Ferme Découverte *certifiée*

Lise Bradette et Régis Morency
805, rang Simple Sud
Saint-Félicien, G8K 2N8

Tél. / Fax (418) 679-2058
www.agricotours.qc.ca/laferme3j

Tarif(s) : 6-10$ adulte / 3-5$ enfant
Tarif de groupe offert.
Taxes en sus.

Ouvert: 15 juin au 15 octobre.

AV AC **Certifié: 2007**

Centre d'interprétation

Nous sommes fiers d'ouvrir les portes de notre ferme familiale, située tout près du Jardin zoologique de St-Félicien. Suivez-nous pour une visite guidée de la ferme laitière, de la fermette avec ses cochons, poules, chèvres, brebis, chatons, le potager, le vignoble, le framboisier et le musée d'interprétation de la traite.

Activités: Les visites de la ferme se font sur réservation, les lundi, mercredi, jeudi et vendredi de 10h00 à 12h00 et de 13h00 à 15h00. Pour les famille et les enfants : visite guidée de la ferme, les cultures de petits fruits, la fermette, le musée (durée 1h15). Pour les groupes : on inclus une petite conférence sur le développement durable, la diversification dans une agriculture humaine et raisonnée, sans visite guidée (durée 1h15).

Notre fromagerie au Pays des Bleuets vous offre la dégustation de deux bons fromages fermiers au lait cru : le Desneiges et le Bouton d'Or, le cheddar et les framboises et autres petits fruits cultivées. Le fromage en grain frais est aussi disponible tous les vendredis à 15h30.

Services: Boutique, dégustation, conférence, visites guidée ou libre, interprétation de la production laitière, variété de petits fruits : framboises, raisins, bleuets et les cerises de terre, aires de pique-nique, service de toilette.

St-Henri-de-Taillon
Ferme Benoît et Diane Gilbert et Fils Inc.

Ferme Découverte *certifiée*

Benoît, Diane, Gino et Pascal
587, rue Principale
Saint-Henri-de-Taillon, G0W 2X0

Tél. / Fax (418) 347-3697 Tél. (418) 487-8021
www.fermegilbert.com
diane@cablotaillon.com

Tarif(s) : 8$ adulte / 3$ enfant

Ouvert: 30 juin au 31 octobre.

AV **Certifié: 2007**

Ferme éducative

Ferme de 4 générations sur les abords du Lac-St-Jean. Offrons des visites guidées, mini-ferme de la fin juin à la fin octobre, tous les mercredis et jeudis, à 10 heures, 14 heures et participation à la traite à 17 heures. Une occasion de prendre contact avec la vie agricole et de jeter un regard sur les hommes et femmes de passion qui y vivent.

Activités: Nous débutons par la visite du poulailler, du jardin, de la laiterie, de la pouponnière et l'étable où se fait la traite matin et soir. On termine par la grange à foin, les bunkers, les champs et le chenil de douze chiens husky. La mini-ferme permet aux parents et aux enfants d'entrer dans les enclos pour nourrir les animaux et les voir réagir dans leurs sites familiers. On peut y voir chevaux, lama, alpaga, veaux, chèvres, moutons, poules.

Une ferme de 179 têtes dont 98 vaches en lactation holdstein pur sang. Les visiteurs peuvent écouter des vidéos à caractère éducatif lié à l'agriculture d'aujourd'hui. Des dégustations des produits du terroir par l'intermédiaire d'un traiteur peuvent avoir lieu sur demande. Documentation offerte aux visiteurs. Possibilité de pique-niquer sur place et de recevoir des petits groupes de 4 à 10 personnes et de 20 personnes et plus.

Services: Kiosque d'accueil, documentation sur la production laitière, sur le bœuf, le porc, les agneaux, les volailles, les œufs, l'horticulture. Visites guidées, visite de la traite, vente de produits d'artisanat, (bas de laine fait à la main, savon au lait fermier, etc.), tables à pique-nique, stationnement.

St-Nazaire

Ferme la Terre Promise

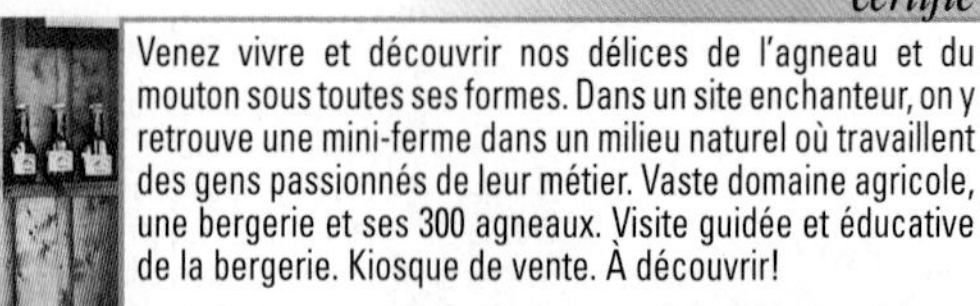
Relais du Terroir *certifié*

Dorisse Tremblay et Alain Fradette
107, rte 172 Est
Saint-Nazaire, G0W 2V0

Tél. (418) 662-2479 (418) 487-6510
Fax (418) 669-0744
www.laterrepromise.com
doris_set@hotmail.com

Rte 172 est, à partir d'Alma, jonction rtes 169 nord et 172 est dir. Chicoutimi nord, 1,5 km, rte 172 nord dir. Alma, 17 km.

ER

Ouvert: 1er juin au 15 oct., tous les jours de 16h30 à 19h, du ven au dim de 10h à 17h.

Certifié: 2006

Venez vivre et découvrir nos délices de l'agneau et du mouton sous toutes ses formes. Dans un site enchanteur, on y retrouve une mini-ferme dans un milieu naturel où travaillent des gens passionnés de leur métier. Vaste domaine agricole, une bergerie et ses 300 agneaux. Visite guidée et éducative de la bergerie. Kiosque de vente. À découvrir!

Produits: Vente des produits de l'agneau sous un tout nouveau concept d'agneau BBQ, accompagné d'une sauce marinade de création maison et commercialisée. De plus, différents produits, tels que fromage de brebis, savons de brebis, laine d'habitant et artisanat sont offerts en période estivale.

Activités: Visite guidée et partage du métier de producteur. Heure de visite: 13h30 et 16h30. 5$ adulte et 2,50$ enfant. Mini-ferme où l'on peut prendre le temps d'apprivoiser des petits animaux. Dégustation au kiosque à la ferme de différents produits de l'agneau.

Services: Vente des produits de l'agneau, petits fruits, gelée, confiture et autres accompagnements pour mets d'agneau. Visites guidées en bergerie. Aires de repos. Interprétation de la production. Stationnement gratuit. Service de toilette.

Aux alentours: 15 km d'Alma, camping St-Nazaire, 17 km de St-Ambroise, 50 km de Chicoutimi.

INDEX PAR ETABLISSEMENT

INDEX PAR MUNICIPALITÉ

Le plaisir de mieux voyager

Le Québec à moto

ULYSSE

Randonnée péde
au Québec

de Québec

.com

ULYSSE